# 投资研习录

## 伯克希尔没有秘密

唐朝 著

### 1957-1989

中国经济出版社
CHINA ECONOMIC PUBLISHING HOUSE
北京

图书在版编目（CIP）数据

投资研习录：伯克希尔没有秘密 / 唐朝著 . —北京：中国经济出版社，2024.4

ISBN 978-7-5136-7732-5

Ⅰ.①投… Ⅱ.①唐… Ⅲ.①巴菲特（Buffett, Warren）–投资–经验 Ⅳ.① F837.124.8

中国国家版本馆 CIP 数据核字（2024）第 076429 号

| | |
|---|---|
| 责任编辑 | 燕丽丽 |
| 责任印制 | 马小宾 |
| 封面设计 | 久品轩 |

| | |
|---|---|
| 出版发行 | 中国经济出版社 |
| 印 刷 者 | 北京富泰印刷有限责任公司 |
| 经 销 者 | 各地新华书店 |
| 开　　本 | 710mm×1000mm　1/16 |
| 印　　张 | 48.25 |
| 字　　数 | 680千字 |
| 版　　次 | 2024年4月第1版 |
| 印　　次 | 2024年4月第1次 |
| 定　　价 | 158.00元 |

广告经营许可证　京西工商广字第8179号

中国经济出版社 网址 www.economyph.com 社址 北京市东城区安定门外大街58号 邮编 100011
本版图书如存在印装质量问题，请与本社销售中心联系调换（联系电话：010-57512564）

版权所有　盗版必究（举报电话：010-57512600）
国家版权局反盗版举报中心（举报电话：12390）　　服务热线：010-57512564

# 自　序

这本书的诞生，纯属偶然。

2021年12月底，唐书房一群老友聚在一起建立了一个小圈子，供日常插科打诨聊天之用。每天早上我都会发个帖子和老朋友们打个招呼，于是就想着这个打招呼的帖子，不如带几句巴菲特谈投资的内容，也算稍微有点营养，没那么枯燥。考虑小圈子可能是个天长地久的事儿，不如索性就从巴菲特的第一封致合伙人信开始摘录，走到哪儿算哪儿。

结果一不小心，这个每天清晨第一帖，成了我和朋友们都离不开的日常挚爱——我们用Good morning的谐音，戏称其为"摸你帖""猫腻帖""摸摸帖"。通过这个帖子和老朋友们交流，几乎成了我每天最期盼和最快乐的事情——那种会驱使我每天早上从床上弹起来，跳着踢踏舞走向书房的乐事。

巴菲特致股东信是一座巨大的知识宝藏，可以说几乎包括了投资所需的一切知识。但中文世界里的版本，对普通投资者而言，普遍存在三个严重问题：

第一，篇幅过长。

数十年的致股东信有数百万字，里面有大量仅仅与伯克希尔股东有关的旗下企业当年经营情况及数据。其中不少内容对非伯克希尔股东毫无用处，也有很多知识是已经被淘汰的旧知识，它们的存在只会吓退部分学习者。

第二，翻译不够流畅。

没有一位译者从头到尾完成翻译，且大部分译者并不懂投资，这就造成大量翻译风格迥异、水平参差不齐的情况。有些译文表达得生硬晦涩，有些译文因译者缺乏金融知识而让人不知所云，甚至充斥着大量知识性错误。

第三，缺乏整体学习观。

巴菲特本人是动态进化的投资者。他的思想和行为模式不是孤立不变的，在不同年份里可能有一些细微的调整，甚至有些错误认知在后面做过自我纠正，这是非常正常的现象，毕竟他是人，不是真正的神。而市面上的相关作品，大部分缺乏对巴菲特思想微妙变化的理解，缺乏将年度致股东信内容放在当年实际环境下，同时又能利用"穿越者"的优势去评判巴菲特当年思考的深度。

在大约一年的时间里，我用了三百多篇长短不一的"摸摸帖"，阐述了我对1957年至1999年巴菲特致股东信的理解——暂时只进展到1999年，是因为在我看来，1999年之后，由于资金规模及信息披露等相关原因，巴菲特的投资模式越来越偏向于整体收购或溢价一次性买入足够的量，这种模式对于我们普通投资者而言，学习的价值和必要性锐降，可以稍后一步再考虑。

"摸摸帖"从一开始寥寥数人参与，到后来每天过千人（小圈子一共约3000人）参与讨论。在这些碰撞中我们发现，普通投资者在投资过程里可能碰到的一切难题，都在对致股东信的讨论过程里出现过，而且这些问题的答案在讨论中越来越清晰了。

在这约三千朋友的热情参与和大力鼓励下，我觉着凭借这三百多篇文章，以及每篇文章下大量新奇有趣的问答，还有小圈子里一群英文高手的协助，用这种方式讲清楚投资中的难题，或可一试。

于是，在翻石头的菜荚、姚队、王冠亚等几位英文高手的协助下，我们一起核查了"摸摸帖"所摘录内容的全部英文原文，并逐句做了精校翻译；然后利用老唐个人的"中翻中"特长及对巴菲特整体投资思想变化过程的理解，做了具有老唐特色的解读；同时收录了部分有代表性的讨论和问答。在成书之时，为方便朋友们回到当年的场景去理解巴菲特的思考过程，我又在每个年度的开始，新增了当年的政经大事及与巴菲特本人相关的当年重要事项及数据。

这个"摸摸帖"有个明显的特点，参与讨论的朋友越来越多，发言质量越来越高，加上巴菲特致股东信的内容，也是以20世纪70年代末为界，之前的相对粗糙简单，之后的越来越丰富细腻，所以虽然全书以年度划分，但每个年度所涉及的内容多寡比较随意。有的年份值得学习的内容少，有价值的问答少，相关内容就只有一两千字；而有些年份摘录的精华内容比较多，参与讨论的朋友多、高质量问答比较多，一年的内容就有数万字。一切以有效学习为目的，没有刻意保持年度内容长短的一致或接近。

总体上，这是一群巴菲特本人所不知道的学生，自主研究和学习巴菲特致股东信理念及实战的课堂记录，而且由于是数千水平参差不齐的朋友共同研讨，几乎是从各种匪夷所思的角度，将巴菲特投资体系"拷问"了一个彻底。相信读者朋友在阅读中也会发现，你有的疑问，别人也曾有过，而且都已经在学习过程中找到了答案。

希望这本书能够对巴菲特价值投资思想在中国的传播贡献微薄的力量。但受老唐个人能力及经历所限，无论是英文翻译还是对巴菲特投资思想及案例的解读，难免有错漏之处。如果您发现了，烦请直接发邮件到 yesvalue@163.com 指点和讨论，谢谢。

祝朋友们都能通过学习巴菲特投资理念，成为更好、更富、更快乐的自己。

好了，想必您已经等不及了，请开始享受阅读，享受沃伦·巴菲特所奉献的思想盛宴。阅读愉快！

唐　朝

2023 年 11 月 25 日于苏州

# 目 录

1956年：合伙基金传奇起步　明确两条重要原则 …………… 001
1957年：专注低估套利策略　意气风发志向远大 …………… 006
1958年：隔离情绪寻找低估　烟蒂投资也需条件 …………… 011
1959年：股市暴涨心存忧虑　坚持保守投资思路 …………… 016
1960年：跌市解锁财富密码　目标超越比较基准 …………… 020
1961年：百万富翁梦想实现　保守投资不做预测 …………… 024
1962年：烟蒂投资尖峰时刻　适当放宽安全边际 …………… 034
1963年：社会环境趋于宽松　怒怼投资机构无用 …………… 038
1964年：冲动收购伯克希尔　低估类投资要控股 …………… 042
1965年：财富帝国即将建立　坦露资金规模障碍 …………… 049
1966年：收购科恩百货公司　别让报价影响判断 …………… 055
1967年：主动降低投资目标　烟蒂之内孕育优质 …………… 062
1968年：追求持续稳定获利　做投资要有钝感力 …………… 072
1969年：合伙基金落下帷幕　投票机称重器思辨 …………… 079
1970年：搭建伯克希尔舞台　客户优先待之以诚 …………… 087
1971年：转变身份摆脱束缚　直言保费收入无用 …………… 093
1972年：收购喜诗促成飞跃　结识政要步入上层 …………… 096
1973年：股市大跌欣喜扫货　价值支撑不惧浮亏 …………… 101
1974年：难掩亢奋点评市场　保险经营困难重重 …………… 106
1975年：持续吐槽保险弊病　首次提出永久持有 …………… 110

| | | |
|---|---|---|
| 1976年：彻底摆脱烟蒂模式 | 首次披露选股标准 | 116 |
| 1977年：开启好人赚钱模式 | 买股票就是买公司 | 121 |
| 1978年：无奈坚守纺织行业 | 公开反思烟蒂投资 | 129 |
| 1979年：伯克希尔挂牌上市 | 论股东与公司关系 | 138 |
| 1980年：反复强调保险困境 | 直言落难王子之殇 | 147 |
| 1981年：顶级投资品的特征 | 投资的核心是比较 | 155 |
| 1982年：股神预测屡被打脸 | 投资要寻求差异化 | 165 |
| 1983年：喜诗糖果重要一课 | 笑看股价癫狂波动 | 183 |
| 1984年：树立金钱平等理念 | 一美元原则看分红 | 198 |
| 1985年：股市利润两大来源 | 报纸与纺织大不同 | 216 |
| 1986年：贪婪恐惧相互交织 | 投资寻找强势企业 | 243 |
| 1987年：笑看专业机构癫狂 | 能力圈内做简单事 | 258 |
| 1988年：畅谈套利投资精要 | 提醒过热市场风险 | 292 |
| 1989年：罗列过往诸多错误 | 陪伴优秀企业成长 | 327 |
| 1990年：逆势投资富国银行 | 长期买家欢迎下跌 | 379 |
| 1991年：成功投资唯一方法 | 切忌能力圈内错过 | 426 |
| 1992年：成长与价值不可分 | 寻找优质是第一位 | 437 |
| 1993年：质疑贝塔系数荒谬 | 再谈内在价值评估 | 473 |
| 1994年：不做预测无视波动 | 关注价格而非时机 | 501 |
| 1995年：估值的理论和实操 | 追求只需聪明一次 | 532 |
| 1996年：寻找注定赢的公司 | 好公司也不要买贵 | 567 |
| 1997年：传授投资棒球打法 | 解决所罗门大难题 | 611 |
| 1998年：规模阻碍增长速度 | 努力不等于赚得多 | 663 |
| 1999年：巅峰时刻遭遇重击 | 理性思考坚守本心 | 701 |

| | |
|---|---|
| 附录一　伯克希尔历年股本及市值 | 745 |
| 附录二　公司名称中英文对照表 | 749 |
| 参考资料 | 753 |
| 致　　谢 | 755 |

# 1956 年
## 合伙基金传奇起步
## 明确两条重要原则

年度背景 // 002
投资的两条重要原则 // 003

## 年度背景

1956年，沃伦·巴菲特的老师兼老板本杰明·格雷厄姆打算退休，他希望巴菲特能留下来，将"格雷厄姆－纽曼基金"延续为"纽曼－巴菲特基金"，但是，巴菲特拒绝了。

巴菲特带着自己约14万美元的"巨额"财富，回到家乡奥马哈。相关故事和原因见《巴芒演义》第十二回"巴菲特拒任接班人　奥马哈传奇初起步"。

当时巴菲特还没满26岁，但已经是两个娃的爹了。怀揣的14万美元，在当时美国人年收入中位数不到2500美元、年平均收入不足3000美元的时代（1955年美国14岁及以上人口年收入中位数2324美元，年收入平均数2916美元），已经是一笔令人惊叹的财富，足以支持他选择自己喜欢的生活。

1956年5月初，巴菲特建立了自己第一个合伙基金，资金总额10.51万美元——当时的私募基金产品还没有如今这么成熟，主要是通过建立一个一个的合伙公司，不断吸收新合伙人的形式运作。我们可以简单地将巴菲特不断成立的这些合伙公司，理解为一个一个独立管理的投资账户。后文为方便叙述，依然会根据需要使用"合伙基金"这个名词，代指巴菲特管理的多个合伙公司投资账户。

该基金一共有7位出资人：①巴菲特的岳父投入2.5万美元；②巴菲特的姐姐和姐夫合计投入1万美元；③巴菲特的姑姑投入3.5万美

元；④巴菲特大学室友查克·彼得森投入 0.5 万美元；⑤查克·彼得森的妈妈投入 2.5 万美元；⑥巴菲特的发小，律师丹·莫奈从岳母那儿借了 0.5 万美元投入；⑦巴菲特本人投入 100 美元。

很明显这是一个由亲朋好友基于血缘和信任建立起来的基金。它的分账规则是：巴菲特承诺保本。收益在 4% 以内的部分，巴菲特分 25%，超过 4% 的部分巴菲特分 50%。在巴菲特唯一授权的个人传记《滚雪球》里，记录着巴菲特对这个合伙公司收益分账规则的表述："4% 以上的收益我拿一半，4% 以下的收益我拿 1/4。因此，如果不赚不赔，我就会亏钱。而且我赔偿损失的责任并不局限于我的资本，它是无限责任的。"

巴菲特自己的 14 万美元没有投进基金里。因为他把这个基金定位得比较长远，打算只要是投进去的钱就永远不拿出来——事实上他未来也确实是这么做的。所以，他打算把自己的 14 万美元单独放一边来给自己的小家庭挣生活费。

## 投资的两条重要原则

在基金成立时，巴菲特向信任自己的合伙人们阐述了几点基本原则，大部分是约定合伙收益计算及提成的，并伴随时间的推移有过修正，这些和我们关系不大。但其中有两条和投资有关的原则，是年轻的巴菲特在合伙之初就强调的。这两条原则不仅重要，而且和我们有相当大的关系，所以我把它们放在本书的开始来强调。

**巴菲特**：基本原则五：尽管我更倾向于以五年为跨度来评价投资表现，但退一步说，三年绝对是评判投资业绩的最短周期，低于三年的业绩表现没有观察意义。

我们的合伙基金肯定有业绩落后于道琼斯指数的年份，甚至可能远远落后。但如果连续三年或以上，合伙基金的表现都不如道琼斯指数，你和我都应该给自己的钱另外找条出路。当然，如果遇到连续三年大牛市的环境，可以例外。

基本原则六：我不预测股市涨跌或经济波动。如果你觉得我能预测这些，或者认为不预测这些就做不了投资，那么，巴菲特合伙基金不适合你。

（摘录时间：2021-12-21）①

1956年，巴菲特额外还成立了两个合伙账户。一个成立于1956年9月，投资人是原格雷厄姆的客户道奇教授。格雷厄姆将基金清盘后，教授拿到钱无处可去，格雷厄姆推荐了巴菲特，道奇教授就投了12万美元。另一个是巴菲特父亲在国会工作时的秘书，于1956年10月投了5.5万美元。

1956年12月27日，沃伦·巴菲特第一次给自己的金主们写《沃伦·巴菲特1956年致合伙人信》。很遗憾，他的第一封信里就忘记了自己的基本原则六，大胆地预测了股市未来走势，并暴露了他对判断股市行情确实是外行。

在这封处女作里，他这样写道："我对市场整体水平的观点是，当前点位已经超过了市场的内在价值。这一观点与蓝筹股有关。如果我的观点是正确的，后续可能会看到全部股票价格的持续下跌，包括低估值型股票还有其他类型。不管怎样，我觉得从现在往后5年内，大家都不太可能会认为当前的市场处于低位。"

简单点说，就是巴菲特认为1956年大盘涨得太高了，会跌。未来五年，人们会认为1956年大盘所处点位偏高。

巴菲特此时这么判断，很可能是受了他所经历的股市走势影响。1956年底，道琼斯工业指数收于499.46点。从他第一次阅读《聪明的投资者》一书接受格雷厄姆投资理念的1950年初算起，指数在最近7年里上涨了约150%，所以，他觉着整体已经偏高也不奇怪。

然而很不幸，或许市场就是特意为了教训未来的"股神"不要预测股市涨跌，巴菲特的第一次预测就被狠狠打脸：五年后的1961年末，道琼斯工业指数收盘点位为731.13点，相比1956年末上涨46%。且其

---

① 摘录时间指上述内容在小圈子发表和讨论的时间。因为某些内容可能和讨论时的市场动态有关，故全书保留了摘录时间。

间最低点位也仅仅是416.2（出现在1957年），相比1956年末收盘下跌仅仅不足17%。以最大跌幅不到17%来论，可以说499.46的位置，虽然不是最低点，但却属于偏低位置。

幸亏，巴菲特从格雷厄姆那儿学来的投资技巧，并不依赖对股市大盘的判断，所以即使他对大盘的看法是错误的，也没影响他在未来五年里获得累计251%的费前收益（净值1变3.51），一代传奇开始起步了。

# 1957 年
## 专注低估套利策略
## 意气风发志向远大

年度背景 // 007

寻找低估和套利 // 008

短期与长期 // 008

投资的目标 // 009

## 年度背景

1957年，主要资本主义国家遭遇二战结束后的第一次经济衰退。美国、加拿大、日本、英国、法国、联邦德国先后陷入衰退，整个资本主义世界1957年工业生产总值同比下降5%，其中钢产量下降14.2%，汽车产量下降9.5%，出口和进口贸易分别下降4.7%和7.4%。

这一年下半年，多个利空因素导致了股市的下挫。9月发生了黑人人权运动中著名的小石城事件：9月25日，在美国101空降师士兵的武力保护下，9名黑人学生才得以突破种族主义者的阻挠，进入阿肯色州小石城中心中学上学；10月爆发叙利亚危机，美国面临卷入战争的危险；12月运载美国第一个实验性人造卫星的先锋号火箭发射失败。

全年道琼斯工业指数从499.46点跌至435.68点，下跌约12.8%。即使加回指数成份股的现金分红约22点（相当于指数成份股合计约4.4%的股息率），指数全年也下跌约42点，跌幅约8.4%。

巴菲特说，据他所知，当年投资股票的基金没有一只是获利的（甚至包括巴菲特的大师兄沃尔特·施洛斯管理的基金也亏损了4.7%），而巴菲特所打理的三个账户都赚钱了。以1956年末净值为基数计算，1957年三个账户的收益率分别为6.2%、7.8%和25%，汇总计算的话，年度收益率为10.4%[①]，大幅跑赢指数。

---

① 全书涉及收益率数据，若无特别注明，均指扣费前收益率。

1957年，巴菲特又发展了两个合伙账户：1957年6月，大学室友查克·彼得森的妈妈单独投入8.5万美元建立一个账户；8月，巴菲特的邻居、查理·芒格父亲的好友戴维斯医生，因为感觉巴菲特和查理·芒格说话做事都很像，就投了10万美元给巴菲特——这是巴菲特第一次听说查理·芒格。这两个新账户建立时股市正好是当年高点，当年亏损约12%。

## 寻找低估和套利

**巴菲特**：如果整个市场回归到低估状态，我们可能会把所有资金都投入到低估类投资中，甚至可能借一些钱来购买低估的股票。反之，假如市场继续大幅走高，我们的策略是将低估类投资不断获利了结，增加套利类投资组合的比重。

前面这两句话是关于市场分析的，但我首要考虑的不是市场分析。无论何时，我都把主要精力放在寻找严重低估的股票上。

（摘自1957年致合伙人信；摘录时间：2021-12-22）

**唐朝**：这里的第一段话是1957年信里引用的1956年内容，它体现了27岁的"小巴"和未来的巴菲特至少有两处区别：第一，尚无陪伴企业成长的思想，低估回升卖出+套利是当时主要的策略。第二，他心中是愿意上杠杆的。当然，事实证明，他对杠杆的使用还是非常谨慎的。

## 短期与长期

**巴菲特**：我们在1956年成立的三个合伙人账户，在1957年均大幅跑赢大市。计入分红后，1957年道琼斯工业指数全年收益约为-8.4%，投资大多数基金所获收益大致也就这样，而且据我所知，今年投资股票的基金没有一个是获得正收益的。

我们三个账户在1956年收益率分别为6.2%、7.8%和25%。面对这组收益率，很自然会有人纳闷，为什么最后一个账户收益率会高出那么多。这个业绩差异表明，短期内运气很重要，尤其是资金入场的时机。

1956年，第三个合伙人账户成立最晚，恰好当时市场跌得比较多，有几只股票特别便宜。收到钱后，我就大笔买入了这几只股票。而先成立的两个账户，前面已经买过，所以低点时买入的比例就小得多。

基本上，所有合伙人账户持有基本相同的股票，连持股比例也基本一致，只是因为账户成立时间不一致，遇到的股市点位不同，所以导致短期业绩有差异。伴随时间推移，这种差异会逐步缩小的。

（摘自1957年致合伙人信；摘录时间：2021-12-23）

**唐朝**：这就和我们新增资金遇到不同的股市点位一样，收益率短期会有差异，但拉长看可以忽视。

刚好有位朋友聊起"因为日内买高了，所以感觉不舒服"。我回复说，我自己经常日内"抄顶"。如果对企业的未来判断错误，腰斩和亏51%感觉不会有啥不同。而如果判断正确，翻倍或赚几倍时，少赚1%根本感觉不到，所以不值得为之浪费"脑花儿"。

**惠风和畅**：短期靠运气，长期看能力。

**山之高**：老唐说的是很多人的心结。

**Glenn**：长期观察自己或他人的投资能力，主要是看收益率，而不是获利金额。

## 投资的目标

**巴菲特**：长远来看，如果我们每年都能领先指数10个百分点，我就会相当满意。按照这个标准，1957年三个账户的业绩都很好，甚至可以说是相当好。通常，我们在熊市的表现往往优于在牛市的表现。而今年大多数股票的表现都不好，因此我们的成绩还可以。如果遇到牛市，我们能跟上指数涨幅就很不错了。

（摘自1957年致合伙人信；摘录时间：2021-12-24）

**唐朝**：1957年指数下跌8.4%，而巴菲特管理的账户年度平均收益10.4%，大幅领先指数。但此时的他很冷静，特意强调自己的投资模式通常会在熊市里有较大优势，而牛市里只能力求跟得上指数。

**佐渡**：每年领先指数 10 个百分点，这标准真的太难实现了。

**唐朝**：那时的"小巴"，意气风发，志向远大，又在募集资金初期，对自己要求比较高，或者说是对外宣传口径比较"激进"。

**佐渡**：是的，1957 年巴菲特真的是意气风发。不过，我觉得目标还是定低点好，或者不定目标更好，这样不容易因急躁而踏出能力圈。

**pm**：我正在看历年致股东信，在 1967 年后他调低了自己的目标：跑赢道指 5 个点或年度收益 9%，二者取其较低者。

## 1958 年
### 隔离情绪寻找低估
### 烟蒂投资也需条件

年度背景 // 012
市场情绪与投资决策 // 013
烟蒂投资的前提 // 014

## 年度背景

　　1958年，美国出兵黎巴嫩，中国人民解放军炮轰金门。但外面的这一切喧闹和美国股市似乎关系不大。当年1—8月，美联储连续多次降息降准，刺激国内经济发展。道琼斯工业指数几乎是一路上涨，全年没有出现较大幅度的调整。年底收于583.64点，相较1957年收盘点位435.68点上涨约34%，计入成份股现金分红后涨幅约38.5%。巴菲特管理的几个合伙账户当年收益率介于36.7%至46.2%之间，综合计算平均收益是40.9%，小幅跑赢指数。

　　这一年，巴菲特合伙基金的经典案例，是新泽西州联合城联邦信托公司（Commonwealth Trust Co. of Union City, New Jersey，简称联邦信托）股票。这是一家管理优良的小银行，总资产大约5000万美元，每股收益大约10美元，巴菲特给它的估值是每股125美元，而当时的股价在50美元上下波动。

　　巴菲特管理的合伙账户前后花了大约一年时间，悄悄买入了该银行12%的股份，成为该银行第二大股东（第一大股东是另一家大银行，持股25.5%），平均买入价格约51美元——该银行只有300多个股东，每个月能有两三笔交易，所以买入耗时很长。

　　1958年末，联邦信托股价已经上涨到约100美元。此时巴菲特发现了一个更好的机会，于是以市价八折的价格，将联邦信托股票整体清仓。这个更好的机会，就是后来的经典案例桑伯恩地图公司（Sanborn

Map Company）——详细案例参看《巴芒演义》第 95 至 99 页。

这一年，已经算是有钱人的巴菲特在妻子苏珊的要求下，花费 3.15 万美元（大概是当时巴菲特身家的 10%）买入了自己的第一套房产——这套房子建于 1921 年，自 1958 年巴菲特买下后，一直居住到现在，其间有过扩建和重建。

买下这座房子后，屋内家具几乎全部采购自一位名叫罗斯·布鲁姆金（Rose Blumkin）的 65 岁老太太经营的家具商场——内布拉斯加家具商场（Nebraska Furniture Mart，简称 NFM）。25 年后，53 岁的巴菲特以 5535 万美元现金收购了 NFM 的 80% 股权，老太太及其家人保留剩余 20% 股份并负责经营，这位老太太就是广为人知的 B 夫人——巴菲特当时支付 5535 万美元收购的是 NFM 90% 的股份，但同时承诺了 10% 的股权激励。后来 B 夫人的儿孙作为管理层得到了这 10%。

这一年，巴菲特的姑妈艾丽斯有个叫杰克·林沃尔特的朋友，是奥马哈国民赔偿保险公司（National Indemnity Company，简称 NIC）的老板，主动给巴菲特打电话说愿意投 1 万美元给巴菲特的合伙基金。巴菲特回复说自己以为杰克这么大的老板，至少应该投 5 万美元呢！杰克很不愉快地表示只愿投 1 万美元，巴菲特谢绝了。9 年后，巴菲特以 860 万美元的价格收购了杰克的保险公司，并逐步将国民赔偿保险公司打造成今天享誉全球的伯克希尔保险帝国。

## 市场情绪与投资决策

**巴菲特：**在 1958 年，人们找各种理由来证明"投资"股市的正确性。和前些年相比，现在股市里情绪剧烈波动的人更多了，只要他们觉得还能轻松赚到快钱，就不可能会离开。同时还有更多这样的人不断涌入股市，推高股价。这个现象什么时候才能停止，不得而知。但有一点我很确定，股市里这样的人越多，持续时间越长，将来的后果就越严重。

我无意预测股市的整体走向，我也不愿把我的精力浪费在这个方面，我所有的精力都放在寻找被低估的股票上。但我相信，一旦公众广泛相信买股票能赚钱，灾难也就快来了。那时，所有股票，包括那些被严重低估的股票，股价都可能会遭受沉重的打击。

（摘自1958年致合伙人信；摘录时间：2021-12-25）

**唐朝**：这段来自28岁年轻小巴的认识，我认为最后一段话最重要。我致力于寻找低估的股票，但我知道真到股市整体大跌时，即使是低估的股票，股价也照样可能跟着跌。那又如何？我不会持币等待的，我还是会在今天去寻找和买入低估的股票。

为啥？我们想通这一点，投资体系才算真的成型。坦率地说，60多年后的今天，这个问题依然是大多数投资者盈利道路上的拦路虎。

**Zsxiang**：投资第一关：关注公司本身，而不是市场情绪。

**好奇求真**：预测股市会跌是观点。但是具体到决策，只要低估就下手，不去等市场（可能）崩溃！

## 烟蒂投资的前提

**巴菲特**：1958年，我把资金从低估的联邦信托换到了另一只同样低估但规模更大的股票上。这只新股票可以容纳我们总资金的25%左右。虽然它的折价没有联邦信托大，但是我们成了它的最大股东。大股东地位给了我们巨大的优势，我们可以施加更多影响，控制估值修复所需的时间。就这只股票而言，在我们持有期间，我们几乎可以保证它的表现会优于道琼斯指数。

（摘自1958年致合伙人信；摘录时间：2021-12-26）

**唐朝**：巴菲特花了一年左右时间，以均价51美元买入了联邦信托12%的股份，成为第二大股东。巴菲特说第二大股东的地位保证了公司有任何并购或出售提议，自己能优先知道并表达举足轻重的观点。

他对联邦信托的估值是125美元/股，然而在1958年以80美元的价格清仓了，因为他需要钱买入另一家折价较小，但规模较大的公司。哪家呢？桑伯恩地图公司。

请特别注意上面倒数第二句关于大股东地位优势的表述。这是早期巴菲特和施洛斯烟蒂股投资方法的重大区别，也是很多投资人容易忽略的烟蒂投资的重要前提条件。

有条件成为大股东，就可以"施加更多影响，控制估值修复所需的时间"，不管是通过分红、回购、分拆还是资产出售或者公司清算，都可以保证收回本金和利润。但如果没有成为大股东的可能，烟蒂股的投资回报其实是不确定的，哪怕它真的严重低估，市值低于清算价值甚至低于账面现金。

关于这个环节，我曾在《巴芒演义》第 93 至 95 页，详细分析了格雷厄姆和巴菲特的烟蒂股投资模式的三种回报途径。正是它们的存在，才让格雷厄姆和巴菲特所开展的烟蒂投资模式，成为几乎是万无一失的投资："买入后上涨，卖出获利；买入后不涨，就买成大股东，推动分红、回购或分拆获利；如果过程中发现财报数据有假，则提起对董事及高管的个人诉讼索赔。"

如果不具备后两种条件，烟蒂投资只能学习施洛斯的分散模式，不能学习巴菲特的集中模式。否则，很容易在某只股票便宜之后更加便宜，在"百年难遇的便宜"变成"三千年一遇的便宜"过程里，赔掉自己宝贵的资本和时间。

# 1959 年
股市暴涨心存忧虑
坚持保守投资思路

年度背景 // 017
股价只能利用,不能预测 // 018

## 年度背景

1959年美联储开始转头加息。同年,古巴爆发革命,古巴人民在菲尔德·卡斯特罗的带领下,推翻当时亲美的古巴政府,建立社会主义古巴,卡斯特罗本人自1959年起担任古巴元首至2011年。

1959年6月,地球上最大的两个社会主义国家苏联和中国关系破裂。苏联转头向美国释放善意,寻求苏美和解,放弃社会主义阵营和资本主义阵营的斗争和对抗,试图建立苏美两个超级大国称霸世界的格局。

1959年9月15日至28日,苏联领导人尼基塔·赫鲁晓夫访美,并与时任总统德怀特·戴维·艾森豪威尔[1]在美国总统度假别墅戴维营里会谈了三天,对外发布了会议公报。这是苏联建国后领导人首次访美。此后"戴维营精神"得到广泛的宣传,大众认为苏美握手言和,为人类历史翻开了新的一页。

不利的事件主要是美国钢铁工人大罢工。当年7月15日至11月7日合计116天,全美钢铁工人联合大罢工,要求增加工资、缩短上班时间。这次罢工大约有50万钢铁工人参加,造成全美约85%的炼钢高炉停产,钢铁及相关产业链企业损失严重。

---

[1] 二战欧洲盟军总司令,五星上将,1952年至1960年任美国总统。1950年至1951年,巴菲特在哥伦比亚大学读硕士期间,艾森豪威尔是哥伦比亚大学校长。

全年道琼斯工业指数从 583.64 点，上涨至年末的 679.35 点，涨幅约 16.4%，加上成份股现金分红，指数收益率是 19.9%。

这一年里，巴菲特管理的六个合伙账户，收益率介于 22.3% 至 30% 之间，平均收益率约 25.9%；这一年里，第六家合伙基金吸收了不少新资金，同时还成立了另外三个新的合伙账户；这一年里，巴菲特主要忙碌桑伯恩地图公司的事情。

## 股价只能利用，不能预测

**巴菲特**：诸位都知道，这几年我一直很担心股市的过热表现。按照传统的估值标准来衡量，目前的蓝筹股估值过高，风险很大。但是截至目前，看起来是我杞人忧天了。

也许新的估值标准正在形成，老的估值标准将被淘汰。我或许是错的，但我宁愿承担过度保守的惩罚，也不想因为跟风而吞下恶果。我认为相信那些漫无边际的"新时代"鼓吹，可能会导致投资者遭受无法挽回的本金亏损。

（摘自 1959 年致合伙人信；摘录时间：2021-12-27）

**唐朝**：29 岁的"小巴"表达了对股市持续暴涨的困惑和担忧。他 1956 年底就在致合伙人信中白纸黑字地预测要跌："我对市场整体水平的观点是，当前点位已经超过了市场的内在价值。这一观点与蓝筹股有关。如果我的观点是正确的，后续可能会看到全部股票价格的持续下跌，包括低估值型股票还有其他类型。不管怎样，我觉得从现在往后 5 年内，大家都不太可能会认为当前的市场处于低位。"

结果明明"蓝筹股估值过高，风险很大"，但股市却丝毫没有反应，继续稳稳当当地持续上涨。"小巴"感叹道："截至目前，看起来是我杞人忧天了。也许新的估值标准正在形成，老的估值标准将被淘汰。我或许是错的。"

诸位有没有觉得眼熟？时至今日，股市里估值过高的板块或个股，照样涨个不停，而你所认为的低估值板块，依然跌跌不休，也是非常常见的场面。

今天的我们，已经懂得了"股价只能利用，不能预测"的道理，自然也就不会再为此而困惑。但当时的"小巴"认知还不够深刻，还在为涨跌而烦恼。

幸好烟蒂股投资的保守气质，已经根植在"小巴"的骨髓里。他说："我或许是错的，但我宁愿承担过度保守的惩罚，也不想因为跟风而吞下恶果。我认为相信那些漫无边际的'新时代'鼓吹，可能会导致投资者遭受无法挽回的本金亏损。"

放过热点，少赚了，没关系。我坚持保守思路，买那些低估值的便宜货，不也一样在赚钱吗！追逐那些"新时代"概念，潜在的损失我可不想承担。是不是人间清醒？六十多年后的今天，股市里也没有缺少过被"为梦想窒息"的鼓吹忽悠，去跟风追逐热点而遭受巨大损失的投资者。

# 1960 年
跌市解锁财富密码
目标超越比较基准

年度背景 // 021
检视投资周期 // 022

## 年度背景

　　1960年，美国股市终于跌了。全年道琼斯指数从年初的679.35点，跌至年末的615.88点（全年最低跌至564.2点），跌幅约9.3%。加上成份股现金分红后，道琼斯指数当年收益率约为–6.3%。

　　这一年的主要大事件是美苏关系重归恶化。1960年5月1日，一架美国U2高空侦察机进入苏联领空侦察，被苏联导弹击落，飞行员跳伞后被俘（服刑1年零9个月后，通过被俘间谍交换的方式回到了美国），原本因戴维营会谈而缓和的美苏关系迅速降温。

　　这一年，二战后作为国际储备货币与黄金挂钩的美元，第一次出现信任危机。布雷顿森林会议确认35美元=1盎司黄金，即每1美元等于0.888671克黄金（1金盎司= 1/12磅≈ 31.1克），然而，在1960年10月21日，伦敦金价飙升至41.5美元/盎司，这代表着市场资本不相信美国政府有能力兑现承诺。

　　这一年，美国历史上最年轻的当选总统产生：约翰·肯尼迪击败竞选对手理查德·尼克松成为美国第35任总统，时年43岁（第26任总统西奥多·罗斯福1901年就任总统时，年仅42岁，但他是因为总统被刺杀后作为副总统替补就职，不是选举产生的）。

　　这一切风云激荡都和巴菲特没有关系。这一年巴菲特重仓（大约是所有合伙基金的35%资金）投入的桑伯恩地图公司，实现了令人满意的获利退出。巴菲特所管理的7个账户在1960年收获22.8%的平均收益率，大幅领先指数。

从1957年至1960年的四个完整年度（1956年非完整年度，忽略），巴菲特累计投资收益率为140.6%（100变240.6），折合年化收益率24.5%，且其间没有一年是亏钱的。

这样的业绩，使1960年成了巴菲特合伙基金的分水岭，现金开始像潮水一样涌入。受限于一个投资顾问若不在美国证券交易委员会（后文简称SEC或美国证监会）登记，合伙伙伴不允许超过100个的规定，很多投资人被引导先自行组团成为正式或非正式组织，再以"一个合伙人"的名义成为巴菲特的客户。此时巴菲特已经不需要去找客户，他的名字开始在一个小范围内变成财富密码，被广泛地传播。

随着更多金钱流入，各种问题也蜂拥而至，如何用这些钱去赚取更多的金钱，以及如何平衡各个基金资金投入节奏，还有一大堆账本需要他整理和记录，巴菲特开始背痛，尤其是坐飞机的时候，会痛得更厉害。他开始思考合伙基金的合并简化工作。

## 检视投资周期

**巴菲特**：我管理合伙人资金的目标，始终是长期跑赢道琼斯工业平均指数。我认为，长期来看，道琼斯工业平均指数的表现基本和大型投资机构的业绩相当。除非我们跑赢指数，否则我们的合伙公司就没有存在的必要。

但必须指出的是，我们所说的跑赢并不是每年都领先指数，更可能是在市场下跌或盘整时超越指数，而在上涨行情里跟上甚至略低于指数。相比我们和指数同步上涨20%的年份，我认为在指数下跌30%而我们只下跌15%的年份，我们的表现更出色。

长期来看，我们会碰上好年头，也会碰上坏年头。我们无须在好年头兴高采烈，也无须在坏年头垂头丧气，重要的是超越我们的比较基准。

（摘自1960年致合伙人信；摘录时间：2021-12-29）

**唐朝：**要求每年都跑赢指数，纯属自己刁难自己。但投资者确实有必要以三到五年为周期（滚动的三到五年更好），检查自己是否超越指数。如果没有，就要非常小心地反思自己的投资体系：是不是存在逻辑问题或者有太多一厢情愿？而不是简单地甩一句"市场错了"了事。

**佐渡：**低估公司被市场重新发现的时间一般不会超过三到五年这个区间。如果超过这个时间，就要警惕自己捡的到底是金子还是镀金的石头。

**林飞：**老唐解读这点很重要，保持自省太重要了。简单一句"市场错了"，是市场中好多悲剧的来源。

# 1961 年
## 百万富翁梦想实现
## 保守投资不做预测

年度背景 // 025

烟蒂投资的要点 // 026

计划与执行 // 028

套利与投资 // 028

确定性事件和概率性事件 // 030

保守投资 // 031

不做预测 // 032

百万富翁 // 032

## 年度背景

1961年以1月3日美国和古巴断绝外交关系开局。当年4月,美国中情局还协助逃亡到美国的古巴势力于古巴的猪湾武装登陆,向社会主义古巴展开反扑。然而,这支入侵部队仅仅三天就被卡斯特罗的政府军消灭了。

1961年,为缓解美元信任危机,美国政府颁布规定,禁止美国公民在世界的任何地方持有黄金。

1961年,美国史上最年轻的民选总统约翰·肯尼迪就职,并与苏联领导人尼基塔·赫鲁晓夫在柏林撤军问题上谈崩。随后,著名的柏林墙开工建设,东西德在柏林一分为二。美苏双方先后宣布增加军费预算、恢复核武器试验,美苏军备竞赛重新掀起高潮。

1961年,道琼斯指数上涨18.7%至731.13点收盘。加回成份股现金分红后,指数含息收益率是22.2%。巴菲特管理的完整年度账户,当年收益率介于43.3%至50.5%之间,整体平均收益率45.9%。1961年内新设的三个合伙账户,收益率分别为13.3%、28.1%和35.3%。

巴菲特一直强调,投资表现最好以五年为周期来观测和评判,而且最好是牛熊交杂的五年。1961年是巴菲特合伙基金第一个完整五年,基金自1957年初至1961年末,五年累计收益率251%(1变3.51),折合年化收益率28.5%;扣费后基金客户实际收益181.6%(1变2.816),折合年化收益率23%。同期道琼斯指数含股息在内的收益率是74.3%

（1 变 1.743），折合年化收益率 11.8%。

这一年，巴菲特实现了他成为百万富翁的儿时梦想。当年结束，巴菲特合伙基金净值达到 717.85 万美元，其中巴菲特和苏珊夫妻拥有 102.5 万美元，首次突破 100 万美元。

这一年，巴菲特增加了上半年结束后的致合伙人信，时间一般在 7 月上旬。这个频率一直保持到 1969 年合伙基金清盘（后面还有几年是一年三次）。

这一年，巴菲特开始介入人生第一家绝对控股并亲自管理的企业：邓普斯特农具机械公司。这是一个经典的烟蒂股投资案例，详情请参阅《巴芒演义》第 101 至 107 页。

## 烟蒂投资的要点

**巴菲特**：多年来，低估类投资一直是我们占比最大的投资类型。我们对这类公司的经营管理没有话语权，掌控不了估值修复所需要的时间。有时，它们的股价很快就会回升，但大多数时候可能需要数年时间。你很难在买入时预测出将来推动股价上涨的真正原因。

对于低估类投资，我们分散持有多只，每一只都要求足够的安全边际。我们没打算在它们身上赚尽最后一分钱。能在买入价格和产业资本愿意收购的公允价值中间卖掉，就让我们很满意了。

这类投资往往受大盘[①]走势影响很大，就算很便宜，照样可能继续下跌。而且大盘暴跌时，这类股票跌幅很可能比指数还厉害。但长期来看，我们认为低估类投资的收益率会超越指数。

（摘自 1961 年致合伙人信；摘录时间：2021-12-29）

**唐朝**：31 岁的巴菲特基本上将烟蒂股的投资精髓在这段话里讲透了，到今天也不需要做任何改动。这一小段大概有五个要点：

第一，低估类投资，估值回归的时间长短不一定，估值回归的理由

---

① 译者注：所谓大盘，指的是股市整体，一般以指数表现为代表。

很难猜——正如我多次在文章里写过的，"估值低了，就会借故上涨。至于这个'故'究竟是什么，千奇百怪，猜不胜猜，所以索性不猜"。

第二，低估并不意味着不会跌。这类股票往往非常脆弱，不仅会跟着大盘跌，甚至会在大盘暴跌时下跌更多。所以，投资者没有必要奇怪为什么那么低估还要跌，这是它们的特性；更不能因为低估而上杠杆买入，因为价值回归之前的跌幅，很可能会先置杠杆客于死地。

第三，即使每一只都具有足够的安全边际，但低估类投资的要点依然是分散持有。当时的巴菲特通常是五六只占比比较大的，每只5%~10%仓位，然后以更小仓位持有10到15只。能看懂这个，就知道以严重低估为理由去"梭哈"一只股票，是对格雷厄姆投资理念的巨大误解。

第四，低估类投资，通常是严重低估时买入，待其接近内在价值时就抛出，不寻求享受企业成长及市场高估的利润。

第五，时至今日，我们经常还能看到大量因低估、严重低估、变态低估而重仓、全仓、杠杆持有某企业或某行业，最终巨亏乃至爆仓的悲剧。这些都是因为没有吃透这段话里展示的烟蒂股投资思想。所以，这是一段价值万金的阐述。吃透它，可以减免大量股市学费和罚款。

**不期而至**：格雷厄姆烟蒂投资是低估+分散，老唐价投是深研+重仓。

**123456**：忽然想到了你少量持有古井贡B股，这是否算烟蒂投资的实践呢？

**唐朝**：不是。古井贡B不是烟蒂股，它是低估的优秀成长型企业。

**林飞**：请教老唐，1951年巴菲特买入350股盖可保险，投入合计10282美元，大约占当时身家的三分之二。他当时敢于下重注的行为，是年轻的巴菲特已经认识到盖可保险不属于烟蒂股呢，还是他对分散没有那么在意？

**唐朝**：可能二者兼而有之。应该说21岁"小巴"的投资体系还不是特别清晰，依然有很多凭感觉的感性举动。毕竟才21岁，人力资本才是占比更大的资本,对一万多元总资金的规划,不是那种需要特别严谨、特别讲逻辑的事情。

**林飞**:伟大如巴菲特,也有年少冲动不理性的例子,这次买盖可保险是获得了好的结果,后来冲动重仓伯克希尔则是坏的结果。老唐说得精辟,自然从不飞跃。

**Kwan**:大部分人看巴菲特是只揪住只言片语。他们看到低估就"单吊"一只,甚至上杠杆。这可不能赖巴菲特,老人家没有这样教过。

## 计划与执行

**巴菲特**:我们的投资按特性可分为三大类:低估类投资、套利类投资和控制类投资。资金在三类投资上的分配比例对我们的业绩会产生很重要的影响。

我们对资金的分配比例,事先的确是有计划的。然而实际的资金分配,很大程度上是非常随机的,主要取决于投资机会出现的时间。

(摘自1961年致合伙人信;摘录时间:2021-12-30)

**唐朝**:我们也经常会遇到计划买入某股,但却因为在此之前,其他个股出现了令人心动的机会而导致计划发生变化。这不是新问题,巴菲特几十年前一样存在这样的问题。你看,经典的思想就是这么睿智,五十年后依然精准有效,依然能让人产生强烈的共鸣。

**BrightQiu**:这段话的意思就是老唐以前说过的,不会为了未来"可能"会遇到更大一堆钱而放弃现在遇到的一堆钱。

## 套利与投资

**巴菲特**:我们的第二大类投资是"套利"。在套利类投资中,投资结果取决于公司行为,而不是股票买卖双方的供求关系。这类收购有公开的进程表,我们可以在很小的误差范围内,事先知道在多长时间内可以获得多少回报，可能出现什么意外，最坏情况会如何等。

套利机会通常出现在并购、清算、重组、分拆等公司活动中。近些年，套利机会主要来自大型综合石油公司收购小型石油生产商。

这些年我们手头总是同时有10到15个套利操作，有的处于初期，有的处于末期。我们一般不借钱，但考虑到这类投资具有高度安全性，我允许自己适当借款用于且只用于套利活动。我自己设定的借款规模，最高不超过合伙基金净值的25%。

（摘自1961年致合伙人信；摘录时间：2021-12-31）

**唐朝：** 即使是今天，市场依然存在类似的套利机会，它不需要什么前瞻能力。通常只需要足够的耐心，去阅读所有相关资料，配合基本的加减乘除能力就够了。

**柏霖：** 老唐，你指的套利机会是可转债？还是有其他什么机会？

**唐朝：** 很多，但要自己去单独挖掘。一般出现在公司并购、转板、私有化以及你说的可转债等领域里。

**柏杨：** 是否指的是企业的某项经营举措必然会带来业绩增长，确定性高且可量化，然后在早期合理位置介入，静待企业价值增长呢？

**唐朝：** 不是。柏杨说的这是投资，不是套利。

**柏杨：** 套利和投机的区别是什么呢？类似您提到的公司并购、转板、私有化等，当企业出现这些行为时，往往意味着企业的价值大概率会瞬间发生变化。追求这种价值的变化就是套利吧？

**唐朝：** 套利指的是在买入的瞬间，就已经赚到确定的钱。不是价值会不会变，而是已经有明确的差价，且这差价有担保或有极大概率按照计划的时间实现。

**边鱼：** 目前古井贡B股价只有古井贡A的36%，能否也视为一种套利机会呢？

**唐朝：** 这不是套利，这是投资。但假设有种途径，可以消耗一定的成本，将36%价格的B转换成全价的A，然后卖出，这个时候去获取二者的差价就变成了套利。

**笨鸟慢飞：** 当年杨怀定倒卖国库券，就是一种套利行为吧？

**唐朝：**对，这个是标准的套利行为。

**好啊：**一直宣扬"远离杠杆"的老唐，如何解释巴菲特说自己会上25%的杠杆这件事呢？

**唐朝：**我以前分享过，100%确定的事情当然可以使用杠杆。不过，出于个人保守性格，我一般不会用。我胆子不够大，也没有能力给事情下"100%确定"的结论，总是担心万一有啥自己没考虑到的因素，所以我是坚决"远离杠杆"的。

## 确定性事件和概率性事件

**巴菲特：**股价低迷，对我们有百利而无一害。如果我们买入的低估类投资对象股价长期低迷，我们会考虑买入更多股份，直至成为公司的控股股东或大股东，将其演变为控制类投资。反之，如果我们买得还不够多，股价就涨起来了，我们通常会选择获利了结。

（摘自1961年致合伙人信；摘录时间：2022-01-02）

**唐朝：**这就是《巴芒演义》第95页谈到的：买入后上涨，卖出获利；买入后不涨，就买成大股东，推动分红、回购或分拆乃至清算获利；如果过程中发现财报数据有假，则提起对董事及高管的个人诉讼。如此，整个烟蒂股投资体系才算形成了完整的逻辑闭环，成为确定性事件。

如果投资烟蒂只能等股价上涨获利，它就不是确定性事件，而是一种概率性事件。概率性事件需要通过大样本重复，去获取预计结果。这就是施洛斯高度分散捡烟蒂体系的核心逻辑。

普通投资者投资烟蒂，需要学习施洛斯的高度分散原则，且必须坦然接受遇到有毒烟蒂时的损失，比如低估、严重低估可能成为变态低估、三千年一遇的低估，然后公司向大股东或关联人定向增发乃至直接私有化退市。忘记分散化的投资者，很容易会中毒，卒。

**东霖商旅：**豁然开朗！是的，投资烟蒂公司发生问题是大概率的。高度分散是最大的确定性。那个有毒的刺，要坦然接受。

**Bobby**：随着对劳动者保护越来越严格，获得烟蒂的控制权，推动破产清算获利的成本将越来越高。

**唐朝**：是的，《巴芒演义》中介绍过芒格的认知：由于法律环境的变化，现在清算烟蒂会有隐性负债，它会让股东的如意算盘落空。

## 保守投资

**巴菲特**：什么是保守投资？

有些人认为保守投资，就是只购买中长期市政债券或国债。但事实上，这种投资策略在大多数时候无法抵御通货膨胀，因此并不能算是保守投资。也有些人对通货膨胀担心过头，认为重要的是买入蓝筹股。他们认为只要未来市场能给出更高的市盈率就行，当下的市盈率和股息率不重要。我认为，这种猜测未来市场会给出什么市盈率的想法属于投机，和保守完全不沾边。

大多数人和你意见一致，不代表你就是正确的。重要人物和你意见一致，不代表你就是正确的。你的正确只能来自于你的假设正确、事实正确、逻辑正确。只有知识和理智，才能协助你实现真正的保守投资。

（摘自1961年致合伙人信；摘录时间：2022-01-03）

**唐朝**：巴菲特在分享完他的三类投资后，谈到自己的投资是保守的。但是，当时的市场环境下，一贯标榜保守投资的债券投资者遭受了重大损失。市场的热点集中在那些据说未来可以靠成长抵御通胀的蓝筹股，说这才是真正的保守投资。因此巴菲特写了这一段，意图为"保守"正名。

**山茶**：即使是"浓眉大眼"的蓝筹，也不能"拍脑袋"就买，还是要按老唐估值法，一步步来。

**拳道（王）**：没有固定的保守产品。只有价格明显低于价值的时候才可以算保守。

## 不做预测

**巴菲特**：我无意预测股市或具体某只股票一年或两年内的走势，因为我对此一无所知。可以确定的是，在未来十年里，可能有几年会上涨 20%~25%，有几年会下跌 20%~25%，但大部分时间，股市会在这两个区间内来回运动。

我不知道股市哪年会涨、哪年会跌。我认为关心这些，对长期投资者没有任何意义。但我认为，长期来看，如果考虑股息和市值增长两个因素，道琼斯指数年化收益率达到 5%~7% 是没什么问题的。

（摘自 1961 年致合伙人信；摘录时间：2022-01-04）

**唐朝**：这里的重点有两处。

第一，关心哪年会涨，哪年会跌，对长期投资者毫无意义。这是青年巴菲特已经非常清楚的要点，也是他的投资事业持续成功的基础。

第二，巴菲特基金之所以后来统一为 6% 以上的收益才提成，就是因为他认为 6% 的收益是股市"自然"增长的结果，不是自己的功劳，自己不应该享受这部分收益的分成。这种站在对方的角度去考虑利益问题的思维方式，是他持续被人爱戴的基础。

## 百万富翁

**巴菲特**：我们有超过 90 个合伙人和大约 40 只股票。从加州到佛蒙特州，我们的合伙人遍布各地。1962 年初基金净资产 717.85 万美元，其中苏珊和我拥有 102.5 万美元，我的亲戚们拥有 78.26 万美元。

（摘自 1961 年致合伙人信；摘录时间：2022-01-05）

**唐朝**：今天这段和投资关系不大，只是让朋友们知道，1941 年，11 岁的巴菲特对小伙伴们吹下的牛皮，"35 岁之前我要成为一名百万富翁，否则我就从这座楼上跳下去"，已经提前实现了。

按照可比购买力折算，1962 年初的 100 万美元，大约相当于 2022

年的1700万美元（约1.2亿元人民币）。所以，以后再遇到有人说巴菲特是很老才有钱的，你可以甩出这个准确数字驳斥流言。我相信，在任何一个国家，一个31岁就拥有1700万美元的人，都算是相当有钱的青年才俊了。

**林飞**：早早树立一个具体的目标，然后一步步想方设法去实现它，这是人生成功的智慧啊！

# 1962 年
烟蒂投资尖峰时刻
适当放宽安全边际

年度背景 // 035
确定性与安全边际 // 037

## 年度背景

1962年，美国股市走出一个大V形。

年初，联合国裁军会议在日内瓦举行。资本市场认为裁军会减少美国国防支出，利空当时市场热门的国防和军工企业。同时，肯尼迪政府伸出了闲不住的手，利用行政权力打压美国钢铁企业产品价格，引发钢铁股大跌。这种环境下，上半年道琼斯指数从1961年收盘的731.13点，持续下跌至6月低点524.6点，跌幅超过28%。

下半年，政府推出救市政策。先是美联储将购买股票的保证金要求从70%下调至50%，然后是肯尼迪政府讨论提交降低企业所得税率和个人所得税率的法案，市场情绪被调动起来，转头上涨。

不过，这一年是人类历史上最接近毁灭的年份。1962年10月22日晚7点，肯尼迪总统通过广播向美国及全世界发表讲话，指责苏联在古巴部署威胁美国安全的核导弹，要求苏联立刻拆除；23日，苏联强硬拒绝，并声明将对美国的威胁进行最激烈的回击；24日，美国全面武装封锁古巴。

美苏双方均徘徊在核按钮旁边，人类距离全面爆发核战争只有一步之遥。幸好，10月28日苏联领导人赫鲁晓夫妥协了。11月11日，苏联拆除部署在古巴境内的全部42枚导弹，11月20日美国宣布解除对古巴的武装封锁。人类和毁灭擦肩而过。

年底，道琼斯指数回升至652.1点收盘，全年下跌10.8%，计入成份股现金分红后，当年道琼斯指数收益率为 –7.6%。

这一年巴菲特把所有的合伙基金合并在一起，成为巴菲特合伙公司（Buffett Partnership Ltd.，简称 BPL），统一改用高于 6% 的部分提成 25% 的分成模式，并将办公地点从家里搬至现在伯克希尔办公室所在地：基威特大厦 810 室，同时雇用了第一名员工：比尔·斯科特。斯科特原本是奥马哈一家信托公司的员工，是巴菲特在奥马哈开设投资夜校时的学生。他在巴菲特身边一直工作到 1993 年退休。

巴菲特管理的账户当年收益为 13.9%，大幅跑赢指数。自 1957 年至 1962 年的完整 6 年里，巴菲特收益率为 299.8%（6 年 4 倍），折合年化收益率 26%。同期道琼斯工业指数含股息收益 61.6%，折合年化收益率 8.3%。

这年底，巴菲特管理的基金净值 940.54 万美元，其中属于巴菲特夫妻的资产有 137.74 万美元；巴菲特的父母、两个姐妹和她们的丈夫、三个姑姑、岳父、自己的三个孩子、四个表亲、五个侄子侄女合计拥有 89.36 万美元；比尔·斯科特夫妻拥有 16.74 万美元——巴菲特披露这些数字，是告诉投资人，我们吃自己做的饭。

这一年，巴菲特的经典案例是控股邓普斯特农具公司，详情参看《巴芒演义》第 101 至 108 页。

这一年，巴菲特第一次白纸黑字地嘲笑当时华尔街如日中天的"东方金融魔术师"蔡至勇，相关故事参看《巴芒演义》第 125 至 146 页。

这一年，巴菲特首次买入一家未来全世界都顶礼膜拜的公司：伯克希尔-哈撒韦（Berkshire Hathaway Corporation，后文简称伯克希尔）。这是一只典型的烟蒂股，1962 年伯克希尔营收 5330 万美元，利润是 –220 万美元（没错，亏损股，无法计算市盈率），年末账面净资产 3250 万美元，净流动资产（剔除工厂设备等固定资产后，用流动资产减去全部负债的结果）1650 万美元，巴菲特首次介入的买入点，折算总市值低于 1300 万美元。

他此时和对待其他烟蒂一样，只是打算小赚一笔股价差然后潇洒离去，完全没想到这个名字会陪伴他的一生。

## 确定性与安全边际

**巴菲特**：过去十年，邓普斯特农具公司营收停滞、存货周转率低下，投入的资本几乎没创造任何收益。1961年8月，我们取得了它的控股权，买入均价是每股28美元。一部分是早些年以每股16美元买的，大部分是8月份通过一笔大宗交易以每股30.25美元买的。

在取得控股权后，价值衡量标准就不再是股票的市价，而是公司拥有的资产价值。考虑到公司资产的盈利能力很差，我没按照未来盈利能力去估值，只是考虑了它的清算价值（35美元/股）。

（摘自1962年致合伙人信；摘录时间：2022-01-06）

**唐朝**：这里注意两点。第一，即使在"小巴"做烟蒂投资的巅峰时刻，他其实也是知道一种"按照未来盈利能力去估值"的估值方法的。

第二，在取得控股权（巴菲特合伙基金拥有该公司总股本的73%）之后，按照清算价值回收投入是可实现的，投资的确定性大大增强，所以买入预留的安全边际要求也就可以降低了。此时巴菲特给这家公司的估值是每股35美元，但买价可以给到30.25元。相比之前不能取得控股权状态时的买价，有大幅提升。这里面就是确定性和安全边际之间的关系。

**股海骑慢牛**：懂了，确定性越高，对安全边际的要求可以适当降低。

**林飞**：控制类投资和套利类投资，确定性都高于低估类投资，所以对赔率的要求也就没有那么高了。

# 1963 年
社会环境趋于宽松
怒怼投资机构无用

年度背景 // 039
投资管理机构的作用 // 040

## 年度背景

1963年1月，肯尼迪总统向国会提交了减税法案，建议将企业所得税率从52%下调至47%，个人所得税率从20%~91%下调至14%~65%。

当年8月，美苏英三国签署了《禁止在大气层、外层空间及水下进行核试验条约》，该条约降低了美苏军备竞赛的强度，也降低了核战争爆发的可能。

这种环境下，美国股市几乎一路轻松上涨。直至11月，在美联储将证券保证金从50%重新上调至70%，以及11月22日肯尼迪总统遇刺身亡的双重打击下，股市才有过短暂调整。

道琼斯指数全年上涨17%至762.94点收盘，加回成份股现金分红后，当年指数收益率为20.7%。

这一年，巴菲特最重要的案例，是将控股73%的邓普斯特农具公司变现退出了。该笔投资累计投入约126万美元，累计变现约356万美元，整体获利约230万美元。[1] 在这笔投资的协助下，当年巴菲特合伙基金全年实现收益率38.7%，继续大幅超越指数。

到年底，巴菲特合伙基金的规模已经扩张到1745.49万美元，其中属于巴菲特夫妻的有239.28万美元，巴菲特的家人及直系亲属合计拥有124.79万美元，下属唯一员工比尔·斯科特拥有23.74万美元。

---

[1] 案例详细情况参看《巴芒演义》101~108页。

1963年，33岁的巴菲特过去七个完整年度，年化收益率高达27.7%（1变5.54），扣费后客户年化收益率22.3%（1变4.11），大幅超越同期指数含股息年化收益率10%的水准（1变1.95）。

这一年，巴菲特未来几十年里相伴相随的两家重要企业都有重大变化。其中一家此时还没走进巴菲特的视线范围内；另一家他已经开始大量买入，并且很快要帮他赚到数千万美元的巨额财富，同时还在他的头脑里首次埋下了陪伴优质企业成长的种子。

前一家公司是华盛顿邮报（Washington Post）。1963年8月，华盛顿邮报总裁菲尔·格雷厄姆自杀，其妻子凯瑟琳·格雷厄姆被迫从家庭妇女走上报社总裁的岗位，开启了她的商业和新闻事业传奇。[①]

后一家公司是美国运通（American Express）。这一年，一位色拉油期货投机者用欺诈手段获得美国运通下属仓库保管公司出具的仓单，并利用仓单质押贷款炒作色拉油期货爆仓，引发运通承担连带赔偿责任，股价腰斩。巴菲特敏锐地发现了这个机会。经过调查后，他开始大量买入美国运通的股票。[②]

这一年的致合伙人信里，年轻的巴菲特用了大量笔墨，无情地挖苦了市场上的知名投资管理机构。

## 投资管理机构的作用

**巴菲特**：下表对比了两家最大的开放式股票基金、两家最大的封闭式股票基金、道琼斯指数及巴菲特合伙基金1957年至今的年化收益率数据。其中道琼斯指数收益率包含成份股现金分红收益，巴菲特合伙基金收益率是扣除基金运行费用及沃伦·巴菲特提成后的收益率。

这四家基金管理着超过30亿美元的资产，每年收取的管理费高达700多万美元，在很大程度上代表了管理着超过200亿美元的投资管理行业整体水平了。

---

[①] 相关案例参看《巴芒演义》241~256页。

[②] 相关案例参看《巴芒演义》330~333页。

| 年份 | Mass. Inv. Trust | Investors Stock | Lehman | Tri-Cont. | 道琼斯指数 | 巴菲特合伙基金 |
|---|---|---|---|---|---|---|
| 1957 | −11.4% | −12.4% | −11.4% | −2.4% | −8.4% | 9.3% |
| 1957—1958 | 26.4% | 29.2% | 24.7% | 30.0% | 26.9% | 44.5% |
| 1957—1959 | 37.8% | 42.5% | 34.8% | 40.9% | 52.3% | 74.7% |
| 1957—1960 | 36.4% | 41.6% | 38.2% | 44.8% | 42.9% | 107.2% |
| 1957—1961 | 71.3% | 76.9% | 70.8% | 77.4% | 74.9% | 181.6% |
| 1957—1962 | 54.5% | 53.2% | 46.2% | 59.7% | 61.6% | 215.1% |
| 1957—1963 | 85.4% | 78.5% | 81.0% | 90.8% | 95.1% | 311.2% |
| 年复合收益率 | 9.2% | 8.6% | 8.8% | 9.7% | 10.0% | 22.3% |

四家基金同期收益率全部低于道琼斯指数，表明那些领取高薪、受人尊敬的知名投资顾问，其实很难超越最简单的市场指数。

我不是要批评这些基金以及和它们投资理念类似的大型银行或信托机构。这些投资中介机构的贡献，并不在于为投资者取得超越市场平均水平的业绩，而是为成百上千的投资者分散投资风险、提供投资便利、避免投资者业绩大幅低于市场平均水平。另外，或许是最重要的，基金可以协助投资者保持平和的心态，避免落入针对散户的大量陷阱。

（摘自1963年致合伙人信；摘录时间：2022-01-07）

**唐朝**：巴菲特最后一段关于同行价值的表述，其实挺尖酸刻薄的。巴菲特此时33岁，已经有200多万美元身家，连续多年投资收益率超越市场平均水平，有点小得意也是可以理解的。不过，如果今天的基金投资者，也能这样去理解基金公司和基金经理的价值，倒是真的有利于保持心态的平和。

**林飞**：这么简单的道理和明显的事实，其实大部分人应该很容易看懂，但还是有这么多人对主动型基金趋之若鹜。有如此情况可能是因为：一是对所谓专业的迷信，二是对市场平均回报的不满足，三是不自觉地高看自己的选择能力。

## 1964 年
冲动收购伯克希尔
低估类投资要控股

年度背景 // 043
专业机构亏钱的原因 // 044
食得咸鱼抵得渴 // 046
控股是一种保险措施 // 047

## 年度背景

1964年2月26日,肯尼迪总统生前推动的《美国减税法案》终于获得国会通过,美国个人所得税最高税率从91%下降为70%,企业所得税税率从52%下降为48%。

1964年4月29日,巴菲特的父亲霍华德·霍曼·巴菲特因癌症去世,年仅60岁。可能正是在父亲去世的悲痛笼罩中,巴菲特做了一个相当不理智的决策:因为公司每股回购价格比原本口头约定的价格低了1/8美元,一怒之下他开始投入巨资收购这家公司,最终使大量资本深陷泥潭,成为巴菲特一生最糟糕的一笔投资。

这就是伯克希尔-哈撒韦公司收购案。虽然伯克希尔最终在没有新增资金投入的情况下,被巴菲特打造成一家市值数千亿美元的巨无霸(1964年底市值不足0.22亿美元,2021年末市值约6500亿美元),但按照后期巴菲特的复盘,这个决策导致他损失的机会成本超过千亿美元。[1]

1964年8月4日,美国称两艘驱逐舰在北部湾遭受越南民主共和国(北越)的鱼雷艇袭击,史称"北部湾事件"。8月5日,美空军轰炸越南北方多个地区。8月7日,美国国会通过议案,授权约翰逊总统在东南亚使用武装力量。

---

[1] 详细情况参看《巴芒演义》第109至123页。

"北部湾事件"是越南战争的分水岭,在此之前,美国并未直接介入战争,只是派遣军事顾问和提供军事装备,帮助南越和老挝对抗北越(越共)。"北部湾事件"之后,美国全面直接军事介入越战,从此陷入长达10年的全面战争中,最终以美国耗资超过2000亿美元,动用除核武器以外的其他一切手段,累计投入兵力超过50万,阵亡和失踪约5万人的代价惨败。

1964年10月14日,苏联发生政变。勃列日涅夫取代了赫鲁晓夫的统治地位。10月16日,中国成功试爆第一颗原子弹,成为全球第五个拥有核武器的国家。

全年道琼斯指数收于874.12点,年度涨幅14.6%。加回成份股现金分红后,指数收益率为18.7%。巴菲特合伙基金当年收益率为27.8%,继续领先指数。

## 专业机构亏钱的原因

**巴菲特**:去年对比的四家最大的基金,现在管理着45亿美元的资金,拥有55万投资者,每年收取管理费用800多万美元。然而,最新的数据显示,从1957年到1964年,这四家基金年化收益率最低9.3%,最高10%,全部低于同期道琼斯指数11.1%的年化收益率。

这些基金管理人来自名校,个个才智超群,旗下拥有大量研究人员、广泛的人脉资源、丰富的投资经验,具备对投资目标调研的能力,以及和管理层展开深入交流的便利渠道。但为什么他们无法打败一个无人管理的、仅仅代表市场平均水平的指数?

大多数时候,这并不是由于愚蠢或者道德败坏造成的,而是以下5种因素作用下的必然结果:

(1)集体决策。在投资领域里如果依赖集体决策,几乎可以肯定,想获得一流的结果是不可能的。

(2)一致倾向。基金管理人普遍存在与其他大型机构保持一致的倾向,无论是策略还是部分投资组合。

（3）制度限制。在目前的激励制度下，保持平均水平是最安全的投资管理之道。特立独行的投资行为，为管理者带来的个人利益与需要承担的风险不匹配。

（4）固守僵化的高度分散策略。

（5）最后一点，也是最重要的一点：惯性。

（摘自1964年致合伙人信；摘录时间：2022-01-08）

**唐朝**：为什么在投资界，专业人士的这种绝对优势并不那么明显？这个问题，在2019年4月18日有读者问过我，我当时给的答复如下。

原因可能有六：

第一，投资这件事短期内很难区分运气和能力，于是有不少低水平选手也混迹于"专业团队"。

第二，代客理财拿管理费这个体制，推动着他们不断努力接近乃至突破他们所能管理资金额的上限，导致失败。

第三，收益有提成加上亏损不分担的体制，引导基金经理相对更倾向于下注高风险高潜在收益率的投资对象。

第四，短期业绩及回撤数据排名，会影响基金的资金募集能力，也会让非专业的基金持有人产生不同的反馈，这种压力强迫基金经理考虑择时、平滑和投机。

第五，基金投资者水平低下，追涨杀跌。持续大涨之后申购基金，迫使基金经理高位买入；持续大跌之后赎回基金，迫使基金经理低位卖出。

第六，基金收取的管理费和分成费用，拉低投资者长期回报。

（上述回复发表于2019-04-18）

**Lols**：为什么老唐的6条原因和巴菲特1964年给的5条原因差距那么大呢？我认为巴菲特所列5条与现在的实际情况已经不太相符了。

**唐朝**：一者1964年和2019年本身有时代背景区别。二者巴菲特当时说的主要是公募基金，我2019年表述的包含私募基金在内。

**佐渡**：我觉得老唐说的第六条费率是影响复利的关键因素。巴菲特为什么不提这一点呢？是不是因为当时他自己也在开合伙公司？

**唐朝**：我认为我说的二三四五条才是关键因素。

**佐渡**：谢谢老唐。我有点明白了。我说第六条，是想到"猴子扔飞镖选股"也能战胜基金经理的故事，所以与其买高收费的主动管理基金，还不如买指数。而您强调的二三四五条，应该是说本应有能力做好投资的专业人士，却受到制度因素影响，没有展现出他应有的实力。我想明白了，二三四五条的确更重要。

**智能铁路信号**：老唐，现在有没有克服这些缺点的代客理财呢？就是只要收益分红，没有管理费。

**唐朝**：有。现在有不少私募基金不收管理费，只分收益。这也是市场竞争的结果。

**Jane**：看第五条和第六条就可以发现，在这些局限条件下运作，出现那样的结果是必然。我突然想起股东大会上芒格的一句："答案早已蕴含在问题的陈述里面，只是并非一目了然。必然蕴含的答案不见得是显而易见的答案。"

## 食得咸鱼抵得渴

**巴菲特**：遭遇下跌百分之二三十的年份，甚至更糟糕的年份，对一个股票投资者来说是家常便饭。如果股价下跌百分之二三十就令您情绪紧张、财务压力陡增，那我建议您最好离开股市。有句老话说"食得咸鱼抵得渴"，怕渴的人，最好还是先考虑一下要不要吃这条"咸鱼"。

（摘自1964年致合伙人信；摘录时间：2022-01-09）

**唐朝**：最后那句话，英文原文直译是"怕热就别待在厨房"。巴菲特一定没想到，现在厨房里也可以装空调了，哈哈。

**慎之**："遭遇下跌百分之二三十的年份，甚至更糟糕的年份，对一个股票投资者来说是家常便饭。"我们投资之前，一定要认真想清楚自己有没有财务能力和心理准备，去承受百分之二三十甚至更大幅度的下跌。

## 控股是一种保险措施

**巴菲特：** 对于低估类投资，我们常常可以做出两种选择，既可以在股价上升时卖出赚钱，也可以在股价持续低迷时买成控股股东。前者是主要运作方式，后者是一种保险措施。如果结果一样，我可不想去控制公司，我宁愿让别人去干活。但请大家放心，如果确有需要，我是会挽起袖子下场的。

不管是低估类还是控制类，最重要的是买入价格远低于企业内在价值。我们之前做过一笔控制类投资，邓普斯特农具公司，后来卖了出去。现在我可以告诉大家，邓普斯特的买方把公司经营得有声有色，我们赚了钱，他们也没吃亏。

做投资不能指望最后让傻子来接盘（华尔街倒是有一套博傻理论，以诱骗傻子为口号来诱骗傻子），在我看来，好的投资就是以低廉的价格买入，最终即使以合理价格出售，也能取得不错的利润。

（摘自 1964 年致合伙人信；摘录时间：2022-01-10）

**林飞：** 原来控制类只是一种保险措施，之前没读出来这层意思。那么同等条件下，巴菲特应该是更看重低估类，控制类是低估之后再低估的被迫选择。一般人因为资金、能力和商业意愿的原因，没法走这一步，那么保险措施就只能是尽量分散。

**唐朝：** 是的，这个漏读是大部分烟蒂股投资者投资体系的一个重大缺环。没有这条，整个烟蒂股投资体系实际上是不完整的。我在《巴芒演义》里为这点要素花了不少笔墨。

**BP：** 如果没有保险，就可能开启"地板下还有地下室，地下室下还有十八层地狱"模式。

**林飞：** BP 大哥这回复让我有种好后怕的感觉，如果没有读到老唐对这个道理的反复解读，很可能走在自以为是的低估类投资道路上还不自知，最终搞不好走到"地狱模式"。真是书中自有黄金屋啊。

《巴芒演义》里还提到，除了控制之外，还有另一重保险，可以对造假的烟蒂公司提起诉讼赔偿。美国的法治传统，让举报造假比造假本身获利更大。两重保险下，低估类才只赚不赔。控制和法治，是我们学不好巴式烟蒂的两大重要原因。

山：好的投资就是以低廉的价格买入，最终即使以合理价格出售也能取得不错的利润。关键在买，而不是在卖。市场流传的口径"会买是徒弟，会卖是师父"，看来也是瞎扯了。

# 1965 年
## 财富帝国即将建立
## 坦露资金规模障碍

年度背景 // 050
规模增长的问题 // 051
单只股票持仓上限 // 052
价值投资老了才能有钱？ // 053

## 年度背景

1965年1月，林登·约翰逊政府提出了"伟大社会"的核心理念，宣布"向贫穷开战"（War on Poverty）。政府实施积极的财政政策组合，包括扶持中低收入者人群的购房计划、消费税退税及减免、老年人医疗保险制度、联邦政府对教育的资助以及环境保护项目投资等。

1965年2月，美国政府继续深度加大对北越的军事打击，并于3月8日派遣3500名美国海军陆战队军人登陆越南，宣告美国军队正式全面介入越南战争。

积极的财政政策加上军费开支带来的刺激效应，推动股市进一步走高。年底道琼斯指数收于969.25点，距离历史性突破千点大关仅一步之遥。全年指数上涨10.88%，加回成份股现金分红后指数的整体收益率是14.2%。

这一年，巴菲特正式控股并入主伯克希尔-哈撒韦公司[①]，一个全新的篇章实际已经开始。但此刻的巴菲特其实并没有意识到，他只是将伯克希尔视为一个类似邓普斯特的投资对象，只是准备在里面榨取一些"金银珠宝"，然后挥挥手潇洒离去。

1965年，巴菲特合伙基金的业绩特别好。全年收益47.2%，大幅

---

① 截至1966年1月21日，巴菲特合伙基金持有伯克希尔-哈撒韦公司552528股，因公司回购总股本减少至1017547股，故巴菲特合伙基金持股比例54.3%，成为控股股东，平均买入成本14.86美元/股。

领先指数。以至于巴菲特也压抑不住地在致合伙人信里轻微嘚瑟："去年的信中，我说我们追求的是费前每年超越指数 10 个百分点……去年刚定完目标，今年就偏离了目标。我的预测实在是不靠谱啊！1965年含股息在内的道琼斯指数收益率是 14.2%，而我们的整体收益率是 47.2%。这是巴菲特合伙基金成立以来取得的最大年度领先优势。我预测错了，大家都看到了。换了谁做出偏差这么大的预测，都应该会感到惭愧的。"

这一年，巴菲特将他的全职员工"扩大了一倍"，除了比尔·斯科特负责整理资料及与经纪公司联系完成交易之外，又聘用了约翰·哈丁来负责基金日常行政工作，同时在基威特大厦也多租了一间办公室，办公场地扩张至 84 平方米。

## 规模增长的问题

**巴菲特**：不错的收益率加上大量新资金的涌入，使我们的基金规模达到了 4364.5 万美元。

我认为合伙基金即将接近规模临界点。一旦超过临界点，规模扩大将降低基金的业绩。这一问题牵涉多个变量，我也说不太准。在某种市场环境下的最佳规模，在其他环境下就有可能太大或者太小。

过去几年，偶尔我会认为规模小些会更有利，但在大多数时候，规模大些反而更有利。目前我认为规模扩大可能会伤害基金收益率的迹象已经出现。

虽然规模扩大可能会增加我的分成绝对额，但可能会影响大家的收益率。因此，除非投资环境发生新的变化，出现一些因为资本增加而提高业绩的机会，或者新加入的合伙人能带来资金之外的其他有价值的资源，否则巴菲特合伙基金今后不再接受新的合伙人加入。

（摘自 1965 年致合伙人信；摘录时间：2022-01-11）

**唐朝**：巴菲特成功的原因之一是不断学习，不断进化。如果他继续比画烟蒂模式，四五千万规模对投资体系已经构成压力。事实上，就在三年后达到一亿美元规模时，巴菲特解散了基金。正是因为愿意抛弃已经轻车熟路且持续赚钱的成熟投资体系，他才有了驾驭数千亿美元的机会。

但我们也不能忽视巴菲特成功的另一个核心因素：善良，内心有高度的信托责任感。虽然此时年轻的他极度渴望财富，但面对扩大规模给自己带来更多分账金额的机会，他会优先考虑这是否会伤害现有客户的收益率，并选择拒绝接受新资金。更难得的是，如果他不说，客户很可能根本感知不到收益率下降是规模扩大造成的。将心比心，当诱惑摆在面前的时候，我认为能做到这一点的，凤毛麟角。

**三文鱼**：巴菲特是如何获知或测算基金规模临界点的呢？

**唐朝**：当你找不到投资机会的时候，金钱就过剩了。或者你为了安排金钱，不得不降低投资标准的时候，规模就太大了。

**IE**：这其实讲了一个为人处世的道理，也就是老唐经常说的："任何时候，都能让我们前后左右的相关人等，因为你而获得好处，看上去似乎你让利了，吃亏了，但维护你的人会越来越多，想创造机会和你合作的人也就越来越多。你的机会越来越多，事业和财富自然就起来了。这也是李嘉诚的传家秘籍：如果一项合作七三开是公平合理的，争取一下甚至八二开也是可以的，此时坚持自己只拿六，想不发财很难。"

## 单只股票持仓上限

**巴菲特**：我们并不像大多数投资管理机构那样实施分散投资。相反，如果依据我们掌握的事实和推理，判断一项投资正确的可能性极高，同时内在价值大幅缩水的可能性极低，我们可能会将基金净资产的40%押上去。

（摘自1965年致合伙人信；摘录时间：2022-01-12）

**唐朝**：到今天为止，我个人其实还没彻底搞明白为什么是40%，而不是35%或50%。只是出于对巴菲特投资体系的信任，我个人多年来也坚守着这么一条个股仓位上限原则。

这也算是一种抄作业吧，只不过抄的不是代码，是体系。正如 2017 年我在书房发表的《三年三倍的背后》一文里，写过的这么一段话：

"如果你的目标是财富增长，老唐强烈建议不要浪费生命探索和碰壁，不要试图重新发明车轮，只需要老老实实地沿着前辈们踩出来的路前行即可。要创新，要建立新体系，可以留待身家突破 10 位数以后考虑。"

**德芙**：终于知道老唐的投资体系里，单只个股买入仓位的上限为什么是 40% 了！

## 价值投资老了才能有钱？

**巴菲特**：1965 年底，巴菲特合伙基金的规模是 4364.5 万美元，其中合伙基金的五名员工合计持有约 60 万美元；巴菲特夫妻持有 685 万美元，准确数字是 6849936 美元，我们的全部净资产几乎都在合伙基金里，所以我绝不会在下午偷偷溜出去看电影。另外，我的家人和亲戚们，包括三个孩子、我的母亲、两个姐妹及她们的丈夫、岳父、三个姑姑、两个叔叔、四个表亲、六个侄子侄女，直接或间接持有另外的 2708233 美元。所以，谁要想抢班夺权，没门。

（摘自 1965 年致合伙人信；摘录时间：2022-01-13）

**唐朝**：摘录这条和投资无关的事，是想打破一个流传很久的谣言，说价值投资者都是很老了以后才赚到钱。实际上 1965 年底，35 岁的巴菲特已经拥有 685 万美元财富。1965 年的 685 万美元，按照《巴芒演义》第 354 页的美元价值速算表折算，大约相当于今天的 5300 万美元，约 3.4 亿元人民币，放在任何国家，都算年少多金的大富翁了。甚至不做币值折算，今天 35 岁的年轻人，靠自己赚到 685 万美元或 4400 万元人民币，无论在美国还是中国，也都算是一位年轻小富翁了。

而且别忘了，1965 年 35 岁的"小巴"还控股着一家年末市值 2446 万美元的股份公司"伯克希尔 - 哈撒韦"，该公司当年营收 4930 万美元，净利润 228 万美元。这也算是小有社会地位。

**爱吃派的 panda**：巴菲特不仅年少就多金，而且年轻时就想清楚了如何面对不断增长的巨大财富。这也是很值得我辈敬仰和学习的地方。

**宁静**：这个时候的巴菲特才 35 岁，为什么说他的孩子和亲戚们持有另外的 270 万美元，孩子们那时候应该还小吧？

**唐朝**：也不小了，巴菲特大女儿苏茜是 1953 年出生的，大儿子霍华德 1954 年出生，这两个都十几岁了。小儿子彼得 1958 年出生，此时 7 岁。

美国的税法对资产赠予有严格的规定，一般美国中产以上的家庭，早早地就会每年利用法律允许的免费赠予金额（当时是年度受赠 1 万美元以内不征税，现在上调至 1.5 万美元），将资产在年度免税额度内持续转移给孩子，降低未来一次性传承时可能面临的巨额税收（遗产税税率超过 40%）。

## 1966 年
收购科恩百货公司
别让报价影响判断

年度背景 // 056
收购科恩百货 // 057
投资不能基于预测或情绪 // 060

## 年度背景

　　1966年，由于前期经济刺激及对越战争陷入泥潭，军费开支日益增加，美国国内通胀恶果初现。10年期美债利率突破5%，创下大萧条之后的历史新高。

　　通胀压力下的美联储的加息可能呼之欲出，而军费开支导致的加税预期也在悄悄蔓延。美国股市在短暂突破千点大关后，出现了大幅调整的行情。年底道琼斯指数收于785.68点，下跌18.94%，加回成份股现金分红后，道琼斯指数全年收益率–15.6%。

　　巴菲特果然擅长在熊市里淘金。1966年是巴菲特合伙基金成立十年来，对道琼斯指数领先优势最大的一年。合伙基金当年收益率20.4%，领先指数36个百分点。

　　但此刻的市场明星，是富达基金来自东方的"神奇魔术师"蔡至勇。富达基金的管理资金规模已经膨胀到约27亿美元。与之相比，当年年末规模约5400万美元的巴菲特合伙基金，只是一只不起眼的小虾米。

　　即便如此，此时个人身家已经高达700万美元的沃伦·巴菲特，终于还是触发了传统媒体的注意力。奥马哈本地大报《奥马哈世界先驱报》的记者罗伯特·道尔，首次采访并报道了这个仿佛拥有"点金术"的男子。1966年5月29日，报纸第二版的醒目位置上刊登了巴菲特的露齿微笑照片。报纸写道："全美国最成功的投资企业之一是由奥马哈一位投资奇才经营的。这位奇才早在他11岁的时候，就成功买入了他的第一只股票。"

虽然在他的投资人圈里，早已经有很多人将他视为神一样的人物，但这是36岁的巴菲特第一次被媒体关注到。

这一年，巴菲特全面拒收新的资金入伙，因为他已经找不到可投资对象了，手头开始出现闲置资金。而且他发现，只要他找到符合格雷厄姆投资标准的股票，往往是他刚刚开始买入，股价马上就出现大幅上涨。巴菲特一度怀疑有人窃听他的电话，并因此聘请了专业的安保公司对自己的办公室实施了一次地毯式搜索，结果什么也没有发现。

实际上，这一方面是格雷厄姆选股标准的广泛传播，另一方面也是电脑的使用协助了部分投资人快速发现和挖掘机会。这种情况下，烟蒂股投资模式越来越难以施展了。

这一年，巴菲特通过从伯克希尔的纺织业务上榨取现金，同时处理部分纺织业务相关的固定资产，将大约500万美元的资金从低效的纺织业务转移到对有价证券的投资上，为下一年投入860万美元收购国民赔偿保险公司备好了军粮——当然，此时他不知道下一年会有这样的收购机会，他只是将资金从低收益率的纺织业务里抽出来，为高收益率的投资做准备。但1966年底，伯克希尔公司持有市值546万美元的投资组合里（不是指巴菲特基金的投资组合，是说伯克希尔公司的），480万美元是债券，股票市值只有不足66万美元，足见他可能已经在为伯克希尔策划什么单笔的大买卖了。

## 收购科恩百货

**巴菲特：**霍赫希尔德·科恩公司是位于巴尔的摩市的一家私营百货商店。今年上半年，我们连同两个合伙人收购了它的全部股份。这是合伙基金有史以来首次通过协议买入一家企业的全部股份。但这并不意味着我们的投资方法发生了改变。我们仍然会全面评估定性和定量因素。计算了内在价值，也和其他投资机会做了对比，从各个角度看HK百货公司都很不错——请容忍我使用字母简称，直到收购完成，我依然不知道这个 Hochschild & Kohn Co. 该怎么发音。

HK 百货拥有一流的管理层。虽然我多年前就在奥马哈杂货店依靠 75 美分 1 小时的工作，积累了丰富的零售业从业经验，但我并无意取代 HK 百货的管理层，公司仍然由他们管理。要是管理层平平无奇，即使它的价格再便宜，我们也不会考虑买。

（摘自 1966 年致合伙人信；摘录时间：2022-01-14）

**唐朝**：让我们一起感受一下巴芒俩帅哥，在 1966 年至 1969 年间初涉零售业的挣扎。

之所以收录这个案例，是因为这次收购对于协助巴菲特的投资体系进化作用很大。我在 2019 年 3 月 13 日的唐书房文章里，曾这样聊过这个案例：

正好，就在喜诗糖果（See's Candies）案例发生前两年多，巴菲特和芒格刚刚结束了一笔教训深刻的标准格式投资：收购科恩百货公司。

虽然收购价格相比账面净资产有巨大的折扣，而且还拥有隐藏的房价上涨和存货低估，结果却浪费了巴菲特和芒格整整三年时间。后来好不容易才逮住一个接盘侠，两人非常幸运地将科恩百货公司按照买入价脱手。

芒格自嘲他们这笔买卖，"开心的日子一共只有两天：买入的那天和卖出的那天"。

而巴菲特则引用了一首美国乡村歌谣形容脱手科恩百货公司时的愉快心情："我老婆跟我最好的朋友私奔了，我是多么地怀念我的朋友啊！"

这两次真金白银的投资经历，让巴菲特和芒格深刻体会到了品牌、无形资产、经济商誉这些被格雷厄姆忽略的资产，所蕴含的强大力量。他们也认识到，将喜诗糖果这类企业的账面资产，与科恩百货这类企业的账面资产放在一张表格里做数字对比，是多么违背商业常识啊！

这家很便宜、拥有很优秀管理层的百货公司，出售意向信息是巴菲特的好友桑迪·戈特斯曼得知的，然后他们仨单独建立了一个收购主体：多元零售公司（Diversified Retailing Company）。巴菲特合伙基金持股 80%，芒格和戈特斯曼各持有 10%。

经过对科恩百货的认真分析，他们出资 1200 万美元收购了全部股份。其中巴菲特合伙基金出资 480 万美元，芒格和戈特斯曼各出资 60 万美元，然后以 8% 的年利率贷款 600 万美元。

然而，认真分析并不保证必然正确，哪怕是未来的"股神"和美国西海岸哲学家。很快巴菲特和芒格就开始头疼了。

芒格总结说："这次收购，我们受到格雷厄姆思想的极大影响。我们以为只要你用自己的钱买到足够便宜的资产，不管怎么样，你总能让它有点儿产出。然而，我们错了。零售业是非常棘手的生意，只要经营的时间足够长，每一家连锁零售公司，最终都会陷入麻烦并且很难调整。在这个二十年里占尽优势的零售商，不一定能在下个二十年里享有同样的优势。"

巴菲特认识到："零售业是一场让人疲惫的马拉松。每一英里都可能有新的、咄咄逼人的竞争者，奋力一跃超过你。"

然而，即便如此，帮助他们赚到钱的格雷厄姆体系，此时在他们的心中依然根深蒂固。在他们哀叹零售业艰难的同时，却遇到另外一家三流的零售公司以四流的价格出售，多元零售的钱包不由自主地又打开了。他们于 1967 年 4 月举债 600 万美元买下了一家名叫联合棉纺（Associated Cotton Shops）的零售连锁店，并改名为联合零售（Associated Retail Stores）连锁公司。

三年后，巴菲特和芒格终于逮住一个机会，将科恩百货"保本出"。

1966—1969 年的科恩案例和紧随其后（1972 年 1 月）的喜诗糖果案例，可以说是推动巴菲特从注重净资产的格雷厄姆烟蒂股体系，转化为注重未来盈利能力的"用合理价格购买优质企业"体系的关键战役。

**林飞**：这次错误一方面是烟蒂股思想根深蒂固，捡便宜的诱惑太大；另一方面可能还是对零售业生意模式认识不足，对这个行业经验不够，导致对未来的判断失误。

但后来巴菲特还投过英国乐购（Tesco），也是失败；并对错过亚马逊感到懊悔，算是另一种失败。既然零售业这么不容易看懂，他们也不止一次栽过跟头，为什么两位老爷子还是一直不放弃这个行业呢？对航空业貌似也是一样的路径。这是兴趣使然，还是拓展能力圈的执念呢？

**唐朝**：可能二者兼而有之。

**林飞**：我感觉两位老爷子身上偶尔还是会体现一些感性色彩，巴芒的形象看起来更立体了。

**IE**：我猜老唐 2011 年买入苏宁的时候，还没读过这一段。

**唐朝**：此情可待成追忆，只是当时已惘然。读是读过的，可惜只是"泥上偶然留指爪，鸿飞那复计东西"，没留下深刻印象，结果就交了学费。

**佐渡**：好公司是时间的朋友，差公司是时间的敌人。

**东北的熊**："财富是思考的副产品。"我认为这句话是对巴菲特、芒格这个例子的最好说明。正因为有了对格雷厄姆式投资的思考和反思，才有了后面精进的巴芒。

## 投资不能基于预测或情绪

**巴菲特**：在道琼斯指数从 2 月份 995 点高位跌至 5 月份 865 点后，有几位投资人打来电话，认为股票将会进一步下跌，建议我卖出持股，等未来市场走势更明朗以后再买入。

这让我想到两个问题：

（1）如果他们 2 月份就知道 5 月份道指会下跌到 865 点，为什么那时不告诉我，以便让我保住合伙基金的胜利果实呢？

（2）如果 2 月份的时候，他们不知道未来三个月会发生什么，那 5 月份的时候他们又怎么会知道呢？

我的回答是：（1）未来对我来说，从来都是不明朗的（如果你可以看清未来几个月或未来几个钟头的走势，请一定来电告知我）；（2）从来没人在道指上涨百点以后，打电话提醒我市场未来走势会是多么不明朗。

一个公司，长期投资的话，我们会有优势。但是如果我们根据猜测或情绪决定是否投资，那就完了。我们不会因为某些占星家预言股价将继续走低（即使这些预言有时是正确的），就出售我们持有的股票。同样，我们也不会因为某些专家认为股价将继续走高，就买入那些据说要涨的股票。如果你自己拥有一家公司，你会听别人的猜测来决定卖掉或买回吗？

其他人给你的股票提供报价，这是好事儿。如果出现高到离谱或低到离谱的报价，好好利用它赚一笔就是了。其他时候，不要让报价影响你的判断，不要让市场的存在成为你的负担。这是十几年前本杰明·格雷厄姆在他的《聪明的投资者》第二章里阐述过的理念。我认为，在投资理念方面，没有其他内容比这段话更重要了。

（摘自1966年致合伙人信；摘录时间：2022-01-15）

**唐朝**：巴菲特这段写于1966年7月12日的回答，如果我们盖住日期，仿佛就是写给今天的某些人的，因为唐书房留言区里也经常出现和几十年前巴菲特遇到的同样问题。

经典的力量，能穿越时空，恰恰是因为在亘古不变的贪婪和恐惧交替驱使下，股市其实没有什么新鲜东西，它只是一遍又一遍地重复那些送钱的故事，老掉牙了。所以，答案也老掉牙了。

**Mr. chen**：没有人可以预知未来，除了傻子和神棍。

**一条离水的鱼**：没有一个企业老板会根据他人对股价的预测买卖自己的企业，太经典了！

**TB**：价值投资体系里最重要的一块认知基石：股票价格短期走势无法预测。

# 1967 年
## 主动降低投资目标
## 烟蒂之内孕育优质

年度背景 // 063

降低目标 // 065

定量与定性 // 067

做预测、搞投机,我们不发这种财 // 069

## 年度背景

在1966年美国股市大幅下跌的基础上，1967年的美国股市是不断震荡、犹豫不决的一年。年初，西方德、英、美等主要国家陆续实施降息降准的宽松货币政策，刺激经济，道琼斯指数走出一拨上扬行情。但当年7月，美国国内爆发了二战之后最大规模的铁路工人大罢工，全国约70万铁路工人卷入这场大罢工，导致全美95%以上的铁路客运和货运线路瘫痪，股市又出现一拨下跌行情。伴随事情的逐步解决，年末指数还是收于905.1点，上涨15.2%，加回成份股现金股息后，道琼斯指数年度收益率是19%，当年巴菲特合伙基金的收益率是35.9%，继续大幅超越指数。

这一年，虽然收益继续大幅超越指数，但巴菲特压力山大。他已经很难在市场找到可投对象了。他悲伤地写信给基金合伙人："摆在我们面前的现实是，用定量方法能找到的便宜货已经基本绝迹了，我们赖以为生的主食没有了。"为此，他不得不在当年将高达1600万美元闲置资金拿去买了短期国债。这对于一直处于资金饥渴状态的巴菲特而言，是罕见的。

这种情况下，巴菲特特意加写了一封致合伙人信，将自己一贯要求"以道琼斯指数含息收益率为基准，巴菲特合伙基金收益率应该每年都领先10个百分点"的标准，公开降低为"巴菲特合伙基金力争取得以下二者中的较低值：年度绝对收益率9%，或领先道琼斯指数含息收益率 5 个百分点"。如果有不认同这个目标的，他希望合伙人退伙。

这年 3 月，巴菲特跨出了他人生的重要一步，出价约 860 万美元收购了国民赔偿保险公司（准确数字是 857.7 万美元收购了 99% 股份）及国民火灾与海事保险公司（National Fire & Marine Insurance Company）100% 的股份——后者算前者的附属公司，在同一个办公室办公。未来的伯克希尔保险帝国开始启动。

巴菲特收购保险公司，主要是冲着保险公司掌控的浮存金去的。所谓浮存金，就是投保人缴纳的保费，减去经纪人佣金及运营费用后，预留下来作为未来赔偿的钱。这部分钱，法律上说是保险公司的债务，但因为赔偿发生在未来，这期间保险公司可以使用这笔钱去投资，收益全部属于保险公司。相当于保险公司利用保单的方式，从投保人群体借钱来投资。只要借款利率低于从市场借钱的成本，就是划算的。

国民赔偿保险的老板是一个对管控成本非常有能力的人。收购前十年里，美国十年期国债的收益率接近 4%（可以理解为美国政府借钱要支付的利率接近 4%），而国民赔偿保险公司的浮存金成本，在 −8.8%[①] 至 2.3% 波动。

1967 年国民赔偿保险公司（含国民火灾与海事保险公司，下同）净资产 670 万美元，年末浮存金规模是 1940 万美元，相当于巴菲特支付了约 190 万美元（860 减去 670）获得了 1940 万美元的使用权，以及该企业未来的盈利及浮存金的全部增长可能。

但这里巴菲特犯了一个相当严重的、未来价值数千亿美元的错误——他没有使用私人资金去收购，也没有使用现金泛滥的巴菲特合伙基金去收购，而是将大约有 39% 股份流落在外的伯克希尔–哈撒韦公司做了收购平台。

他卖掉了伯克希尔账面大约 160 万美元的证券，以 7.5% 的利率发行了 20 年期债券融资 260 万美元，然后从伯克希尔纺织业务里榨出其他资金（收回应收款，减少对供应商的付款，以及处理部分厂房设备），

---

① −8.8% 的意思是，保险业务本身就赚了投保人 8.8%，相当于投保人把钱借给国民赔偿保险公司用，同时还支付保管费。

支付了对国民赔偿保险公司的收购款。

这直接导致这 39% 股份持有者们（约 40 万股伯克希尔 A 股持有者）莫名其妙地搭上了伯克希尔这架战车，成为未来几十年里的大赢家。以 2023 年伯克希尔大约 50 万美元/股的股价折算，这约 40 万股持有者对应的财富是约 2000 亿美元。如果当时巴菲特用自有资金或以合伙基金为平台收购，这 2000 亿美元就是属于自己或自己朋友及客户的财富。

这一年，巴菲特还在伯克希尔实施了入主后第一次也是唯一一次现金分红，每股分红 0.1 美元，全部 1017330 股，合计分掉 101733 美元。分过后巴菲特很快就后悔了，他觉着浪费了本来可以继续用来给股东生财的宝贵资本。此后，伯克希尔再也没有向股东实施过现金分红。

## 降低目标

**巴菲特：** 一直以来，合伙基金的投资目标是每年超过道琼斯指数含息收益率 10 个百分点。

过去，我认为这一目标虽然困难，但可以实现。但现在我认为需要适当调低上述目标了。理由如下：

（1）过去十年来，市场环境逐渐发生了变化，导致从定量角度看明显便宜的投资对象急剧减少。

（2）人们一窝蜂地追逐超额收益，导致市场过度亢奋。这种情况下，我的分析技巧几乎已无用武之地。可笑的是，过去几年，我一直在提醒大家多关注相对比较基准的超额收益，没想到今天事情走到了另一面。

（3）合伙基金的资产已经增加到 6500 万美元，而投资机会却在减少。

（4）相比年轻贫穷时的状态，我个人目前更倾向于不再强求超额收益。

（摘自 1967 年致合伙人信；摘录时间：2022-01-17）

**唐朝**：巴菲特发现过去吹下的牛，有点难实现了。男人何必为难男人，于是1967年他开始向大家坦白，"我要降低及格线了"。

**星光《BEYOND》**：老唐，你假设的三年翻倍目标，会不会随着投资时长的增加，也变成高难度动作了？

**唐朝**：我不强求，反正我也不管理别人的钱。我早就写过，目标三年翻倍，但实际能年化15%我就基本满意了。

**巴菲特**：以前我给巴菲特合伙基金制定的目标，是每年超越道琼斯指数10个百分点。现在鉴于环境和我本人情况的改变，我要降低目标。我以后可能会做一些与追求更高收益不相关的事情。

比如，我可能会控股一家还算满意但也算不上优秀的公司，只是因为我喜欢这门生意和公司相关的人。即使此时有其他更赚钱的投资机会，我可能还是会守住这家公司不换。我更愿意以公司拥有者的身份，通过一些财务决策，让公司一点一滴进步，这样我会更快乐。

总体而言，我会倾向于做一些简单、安全、能赚一些钱且会让我感到快乐的事。这里面有我自己的偏好，我必须向大家说清楚。这改变的结果很可能是，合伙基金风险不会降低，但成长潜力却很可能变小了。

具体地说，我将我们的长期目标修订为每年获取9%的收益，或者每年领先道琼斯指数5个百分点，二者取孰低值。也就是说，比如未来5年道琼斯指数的年化收益率为-2%，我希望我们拿到3%以上的收益率。如果未来5年道琼斯指数的年化收益率是12%，我希望我们能取得9%以上的收益。

这些目标定得不高。但在当下的市场情况下，我认为我们无法再持续领先道指10个百分点，甚至连这个不算太高的新目标也挺难的。

另外，我也希望目标定得低一些，我可以少努力一些。

这是我考虑了很久以后的决定，我将这改变坦诚地告诉大家，希望大家确认自己了解这个变化后，再考虑1968年是否继续将钱留在我这里。我和我家人的资金会继续保留在合伙基金里，但如果您有更好的投资选择，当然可以把资金投到别的地方去，我完全支持和理解。

（摘自1967年致合伙人信；摘录时间：2022-01-19）

**唐朝**：从 1967 年这段开始，巴菲特的风格为之一变。他已经有能力去考虑高收益之外的投资快乐。

1967 年底，巴菲特的内心已经在考虑清算基金，已经在考虑摆脱过去买下烟蒂、清算卖出，被骂为吸血鬼的投资生涯，已经在考虑做一些能让自己快乐的事情。

一者是巴菲特受到费雪、芒格等人的影响，投资体系发生了变化。二者此时巴菲特个人身家已经千万美元，拥有了选择权。正所谓"人生所有的努力就是为了让自己有得选"。此时就算合伙人全部撤资，巴菲特至少已经有能力用个人资产，接盘当年 2 月收购到手的国民赔偿保险公司（860 万美元收购），继续自己的投资生涯。

**林飞**：降低预期反而带来更好的结果，不刻意追求目标，做自己喜欢的事，反而取得更大的成就。在过程中尽自己最大的努力，更和谐地与世界相处，幸福自然来敲门！

**窗外的枫**：人生所有的努力，就是为了让自己有得选！

我们的学习、研究和思考，本质其实也是为了给自己，给自己所爱的人多一点选择的机会。我想我们每个人都没有资格，也不应该去搞所谓的"富有富的过法，穷有穷的过法"的自我麻痹（摘自唐书房）。

**唐朝**：对。你摘录的后半句，让我想起某些人喜欢把自己的不努力，标榜为"顺其自然"。其实顺其自然指的是竭尽全力以后，对结果的无所谓，不是"躺平"、投降、混吃等死的不作为。

人生短短几十年，我认为我们每个人都不应该轻言"富有富的过法，穷有穷的过法"，至少年轻的时候不应该。

**好亮**：有些人明明就是一生碌碌无为，却说平凡难能可贵。

## 定量与定性

**巴菲特**：评估一家企业或一只股票，总是既有定性因素，也有定量因素。极端来看，纯粹的定性派强调"买好公司——前景好、行业竞争状态有序、管理层优秀的公司，不要在意价格"，而纯粹的定量派会强调"不用去管公司怎么样,破铜烂铁也有价,买得足够便宜就能赚到钱"。

投资行当比较幸福,定性定量都能赚到钱。其实所有的企业分析人士或多或少都会同时使用两种方法,没有只用一种而完全不用另一种的。一个人会被归于定性还是定量,只是看他分析过程中更侧重哪方面。

有意思的是,虽然我认为自己更偏向于定量,但这些年我真正抓住的大机会,都是在充分考虑定性因素后做出的"大概率机会判断",这些判断给我们赚到了大钱。不过,这种机会不多见,对能力要求也比较高。而定量分析就不需要什么能力,数据本身就摆在那儿。

所以,少数赚大钱的投资机会通常来源于正确的定性判断,而定量的数据分析会让我们发现更多的、确定性较高的小机会。

最近几年,靠统计数据就能找到的定量型投资机会正在逐步消失。这主要有以下三方面的原因:

(1)过去20年没有发生类似于30年代那样的大萧条。没有人们对股票的厌恶,就没有便宜货出现。

(2)杠杆收购被普遍接受和应用。杠杆收购活动消灭了很多市值低于清算价值的投资对象。

(3)证券分析师地位大幅上升,大量聪明人涌入这个行业,他们把目标企业筛了一遍又一遍。

总之,不管是什么原因,反正结果就是定量角度的便宜货越来越少,我们的口粮要断档了。还好,偶尔出现的定性机会,给我们提供了另一条赚大钱的路,尽管这种机会非常稀少。过去三年我们的大部分收益就来源于"一个"这样的好机会。

(摘自1967年致合伙人信;摘录时间:2022-01-18)

**唐朝:** 通过这部分摘录,我们可以观摩巴菲特投资体系的转折点,看他处于进化过程中的思考。正所谓体系三分,两分定量,一分定性。细看来,烟蒂之内,优质已萌芽。在市场环境的变化下,巴菲特逐步从烟蒂向优质演化。

这部分文末说的"一个"好机会，指的是美国运通。

**林飞**：体系三分，两分定量，一分定性。我对这句话的理解是：评估企业确定性有多大概率的时候，2/3 的因素来自于定量，1/3 来自于定性。企业价值更多还是需要定量因素佐证、定性辅助，这样理解对吗？

**唐朝**：不对。我是说 1967 年的巴菲特，投资体系核心还是定量内容，但定性部分已经萌芽，并且已经带来引人注目的收益。

1967 年的巴菲特，定性可能只占 1/3——数字不重要，两分定量，一分定性是套用的东坡词"春色三分，两分尘土，一分流水"句式，想表达的意思是相对于定量而言，此时定性占比还是偏少的。后面他的理念变化，基本就是定性占比越来越大，定量占比越来越小的过程。

**汉字**：这让我想到了老唐的入伙三问：买什么？怎么拿？何时卖？2011 年老唐写的那段"先定性再定量"回复说："选一个良好前景的生意，一个历史显示值得信赖的伙伴，等待一个自己觉得划算的价格，入伙。然后静静等待'他'帮你赚钱。除非市场疯狂到出一个高得离谱的价格收购你持有的股份，否则绝不退伙——就这样，钱就跟你走了。"

**唐朝**：是的，这其实就是后期的巴菲特体系，是首重定性，价格其次。但 1967 年的巴菲特还没有达到这个认识高度。

**聚水成河**：定性是回答企业好不好，定量是回答价格便不便宜。请问可以这样简单理解吗？

**唐朝**：对。

## 做预测、搞投机，我们不发这种财

**巴菲特**：目前最热门的投资方法是预测市场走势，而不是进行企业估值分析。这种"时尚的"投资方法最近几年赚了不少快钱，本月也是如此。①

　　这种方法是否合理？我无法证实，也无法否认。但它超出了我的理解能力，也不符合我的性格。我不会拿自己的钱去这样投资，也绝对不会拿你们的钱这么投资，无论因此"错过"多少利润。

（摘自 1967 年致合伙人信；摘录时间：2022-01-16）

**唐朝：**我无法证实它，也无法否认它，但只要我无法理解它，我就忽略它，无论别人用它赚了多少。理性的思考、平淡的表述，背后是打破砂锅问到底的逻辑追问，是接受自己"能力一般"的坦然。

**漏网：**1967 年的美国，预测股市走势就是最热门的方法。现在和未来，在美国之外的地方，这种方法还在大行其道。巴菲特靠自己能理解的方式成了世界首富，那些预测股市的大多数人在哪里呢？

**巴菲特：**我的导师本杰明·格雷厄姆过去常说："投机不犯法，也不缺德。它的主要问题只是发不了财。"

（摘自 1967 年致合伙人信；摘录时间：2022-01-20）

**唐朝：**投机与投资既没有水平高下之分，也没有道德高低之分。所不同的，仅仅是回报来源不同、关注因素不同而已。②

　　"我也认同价值投资，但太慢，等我先投机赚到大钱了后，我也会改行做价投。"生人熟人里，持这种论调的，不是少数吧？细想其实蛮搞笑的：投机若能赚到钱，何必做价投？投机若是不赚钱，何必等以后？③

**佐渡：**以发财名义教唆他人投机是缺德的。

**唐朝：**没错。

**L：**投机既然赚钱，为何做价投？原因可能是这些投机者知道投机不可持续。既然是投机，自然是拼运气，说不定买到一只连续涨停的妖股，等赚上一笔，再回去做价投。他们不希望通过工作实现（或者

---

① 译者注：这封信写于 1967 年 1 月 25 日。

② 摘自老唐旧文《赢在投机的起跑线上》，发表于 2014 年 6 月 27 日出版的《证券市场周刊》。

③ 摘自 2017 年 7 月 28 日唐书房旧文《散打投资 4》。

觉得太慢）原始资本积累，而是想赌一把或者买彩票拼运气。

**启航：** 文章虽短，但是把投机与投资剖析得清清楚楚，明明白白。一语中的，一针见血！反正我是彻底断了投机的念头！

**海盗船长：** 投机这东西挺神奇！身边有朋友手上画着趋势线，嘴里喊着波段做T，还热衷于跟别人谈某股的业绩基本面，给人以三头六臂、无所不通的感觉。

# 1968 年
## 追求持续稳定获利
## 做投资要有钝感力

年度背景 // 073
核心是持续稳定获利 // 076
投资需要钝感力 // 077

## 年度背景

　　1968年的美国，充满了混乱和暴力。

　　1968年初，伴随着美国在越南战争的泥潭里越陷越深，军费开支日益扩大，美债及美元发行量剧增。布雷顿森林体系约定的美元与黄金挂钩的信用，日益遭到各成员国的怀疑。每盎司35美元的固定金价开始松动，市场出现了黄金的双轨制：在官定金价之外，出现了浮动的自由市场金价。

　　3月18日，美国正式取消了发行美元必须有25%黄金储备的规定。同时，为了降低美国的黄金兑现压力，美国与布雷顿森林体系各成员国签署了《克制黄金提取协议》，各国政府同意原则上不使用美元向美方要求兑现黄金。但即便如此，当年年底美国依然丧失了大约20%的黄金储备。

　　1968年，对于美国以及奥马哈而言都是一个充满暴力和混乱的年份。3月，亚拉巴马州前州长、支持种族隔离政策的乔治·华莱士作为总统候选人在奥马哈礼堂演讲，示威者们朝讲台上扔棍子、布告碎片、纸杯以及石头。椅子到处飞舞，木棍打裂了，鲜血飞溅，警察用钉头锤驱赶人群。打斗沿着第16街蔓延，暴徒们把司机从汽车里拖出来殴打。人们开始扔燃烧瓶，火焰在周围肆虐，人行道上满是碎玻璃，抢劫者纷纷涌入商店。几个小时以后暴乱平息了，平静最终降临。

　　接着，一名不当班的警察因为怀疑一名16岁的黑人男孩是抢劫者而开枪击毙了这个男孩的恶性事件,导致大量高中学生走出教室,砸窗户、放火。这一年的整个夏天,种族暴力事件持续发生。数千人集中到道格拉斯县①法院大楼前,他们破门而入,企图对奥马哈市长处以私刑,并且殴打、阉割了一个被指控强奸的黑人,然后把他的尸体拖到大街上,朝尸体射击,并且点火焚烧。法院大楼暴乱是奥马哈历史上最耻辱的事件。

几个星期后(4月4日),1964年诺贝尔和平奖获得者、黑人平权运动领袖马丁·路德·金,在孟菲斯市公开演讲时被人开枪射中颈部身亡,年仅39岁。

两个月后(6月5日),1963年被刺杀身亡的前总统约翰·肯尼迪的弟弟,美国前司法部长、参议员,1968年正参与美国总统竞选的罗伯特·肯尼迪,在刚刚赢得加利福尼亚州初选的当晚,被枪手刺杀身亡。

这一年,初露锋芒的巴菲特也参与了政治,他成为反战参议员尤金·麦卡锡在内布拉斯加州总统竞选的财务主管。不过,麦卡锡最终在党内选举中败给另一名党内候选人赫伯特·汉弗莱,汉弗莱最终又输给了共和党候选人理查德·尼克松。尤金·麦卡锡2005年去世,享年89岁。他一生参加过五次(1968年、1972年、1976年、1988年、1992年)总统竞选,都没能赢得选举。

这一年,除了参与政治之外,38岁的巴菲特还受邀成为格林内尔学院信托董事会成员。当时格林内尔学院信托管理着大约1200万美元的捐赠资金。巴菲特曾协助格林内尔学院收购过两家电视台,获得了相当不错的收益。但同时,巴菲特因为不懂高科技,力主信托卖掉了英特尔的10%股份,这个决策可谓损失惨重。在1997年的伯克希尔股东大会上,巴菲特曾自嘲说:

"英特尔的两个主要创始人之一,鲍勃·诺伊斯②在爱荷华州的格林内尔长大。我记得他的父亲是格林内尔的一位牧师,他在格林内尔

---

① 奥马哈就是道格拉斯县治所在地。

② 即罗伯特·诺伊斯,鲍勃是罗伯特的昵称。

学院念的书。60年代后期，当我加入格林内尔信托董事会的时候，鲍勃的父亲是当时的董事长。

"后来，当鲍勃离开仙童①和戈登·摩尔一起创办英特尔的时候，格林内尔信托认购了英特尔10%的股份，实际上这是英特尔的首轮融资。

"鲍勃是个了不起的家伙，待人很随和，这一点和比尔·盖茨一样。这些家伙给我解释他们创办的是什么企业。他们是很好的老师，非常擅长解释他们的企业，可是我这个学生比较呆笨。鲍勃当时是一个实诚的爱荷华男孩，他会告诉你投资英特尔的风险和潜力，他在各方面都非常开朗且绝对诚实。

"所以，我们确实为格林内尔信托在英特尔的首轮融资中购买了10%的股份。可是格林内尔投资委员会的某个'天才'，却在几年之后想方设法地卖掉了这些股份。不过我绝对不会告诉你这个'天才'的名字。而且，现在算出来英特尔10%的股份市值多少，不会得到一分钱的奖金。"

1968年，即使在一片混乱中，美国股市还是小幅收涨。全年道琼斯指数上涨4.3%，收于943.75点，加回成份股现金股息后，指数当年收益率7.7%。巴菲特合伙基金受益于重仓股美国运通股票的上涨，创下了合伙基金运行以来的最好成绩，当年收益率58.8%。这是巴菲特有公开成绩以来的最好成绩，也是巴菲特1956—2023年全部投资生涯里第二好的成绩，仅次于1976年的59.3%。

这一年，一个被称为"格雷厄姆及多德部落"的小团体悄然成形。其第一次封闭式头脑风暴会议，共有包括本杰明·格雷厄姆、沃伦·巴菲特、查理·芒格、桑迪·戈特斯曼、沃尔特·施洛斯、汤姆·纳普、比尔·鲁安等13人参加。其后这种形式固定了下来，每两年举行一次，参会人数逐步扩大至六七十人。毫无疑问，巴菲特逐步成为这个部落的灵魂人物，他们更喜欢被叫作"巴菲特部落"。

---

① 仙童是罗伯特·诺伊斯之前创立的一家公司。

## 核心是持续稳定获利

**巴菲特**：谁都有犯错的时候。1968年初，我预计1968年将是合伙基金最严峻的一年，业绩不容乐观。结果，靠着一点好运，我们全年获利40032691美元，收益率达到58.8%，而道指的收益率则为7.7%（含股息）。合伙基金相对道指的优势再创历史新高。这一结果简直是奇迹，就像在桥牌里连拿了13个黑桃。

而一些所谓的高成长基金，最近似乎改名为"不成长"基金了。比如，蔡至勇管理的曼哈顿基金，大概是这几年世界上最有名的激进风格基金了，但它1968年的收益率仅为-6.9%。

（摘自1968年致合伙人信；摘录时间：2022-01-21）

**唐朝**：这一年，年轻的巴菲特自1956年启动代客理财事业以来，第一次获得超过50%的年度收益，并且管理规模突破了一亿美元。上述摘录我们能感到他内心很有种扬眉吐气的感觉了，哈哈。

这是巴菲特第二次在致合伙人信里挖苦当年如日中天的蔡至勇和他所管理的基金。上次是1962年中，结果1962年下半年蔡至勇翻盘，全年收益率超过50%，狠狠地给了巴菲特一耳光。

1968年巴菲特卷土重来，再次嘲笑蔡至勇，这次蔡至勇没能爬起来。[①]

1968年的58.8%收益率，是巴菲特从1957年有公开业绩后的65年投资生涯里，仅有的两次收益率高于50%的年份——另一次是1976年的59.3%。

巴菲特体系的厉害之处，不是年度高收益（65年投资生涯里最高纪录也就59.3%），而是持续稳定的获利。同样的65年里，巴菲特也仅有两次年度小幅亏损：2008年的-9.6%和2001年的-6.2%。这和那些今年翻倍、明年腰斩的股/赌神，有着非常鲜明的对比。

---

[①] 相关恩怨故事参看《巴芒演义》第125至146页。

**武侃**：听说这个世界第一的老头儿投资生涯只有 2 年收益大于 50%，很多"高手"便露出轻蔑的微笑，开始畅想美好的人生。

**林飞**：巴菲特年度亏损的次数少，收益率波动小，是否主要是他的记账方式不同形成的呢？您说过，他披露的是伯克希尔净资产的增长，年度收益数据会被旗下很多非上市公司的经营利润平滑，而我们记录的收益率主要是股价的波动（少量现金分红），口径不同，我们的收益率波动比巴菲特大是正常的。这样理解对吗？

**唐朝**：对，是这样的。

## 投资需要钝感力

**巴菲特**：在往年的信中，我多次批评基金公司慵懒散漫，没有按照获取相对指数的超额收益去要求自己。在今年的火爆行情里，很多基金公司态度一百八十度大逆转，变得高度亢奋和积极了。

一位管理着超过 10 亿美元的知名投资机构基金经理，在 1968 年发行和推广一只新产品时说："伴随国内国际经济环境的日益复杂，资产管理已成为一份 24 小时运转的工作。一位称职的基金经理研究股票不能只看每周或每天的情况，他必须关注每一分钟的动向。"

真是不可思议！听他这么一说，我有点为自己买百事可乐浪费的时间而感到惭愧。这些掌管着大笔资金的人，一个个像打了鸡血一样亢奋。而且这症状具有传染性，打鸡血的人越来越多，股票数量就那么些，最后的结果会怎样呢？没人知道。反正这场面很热闹，也很吓人。

（摘自 1968 年致合伙人信；摘录时间：2022-01-22）

**唐朝**：投资需要钝感力，投资者的懒和迟钝，是优点。对于一切与企业经营无关的事情，要学会懒得关心、懒得看。甚至和企业有关的事情里，也有大量纯属管理层应该操心的、不涉及企业核心竞争力变化的日常工作，投资人也要学会慢半拍，用人不疑，相信雇佣的管理团队有思考、能应对。

我们的定位是企业老板，不是车间主任，不是销售经理。老板需要去关心那些遥远的、重要而不紧急的事情。我们需要的是不断阅读思考，让自己有能力识别企业是否持续在朝着扩大核心竞争力的方向努力。

懒，可以成为投资人的相对优势。相对那些每天亢奋、每天紧张兮兮上观天、下观地、中间观蚂蚁、每天都是关键一天、决不可松懈的炒家而言，投资人大可"对一张琴、一壶酒、一溪云"，看看书、扯扯淡、刷刷剧、跑跑步、旅旅游、一盏香茶、两杯小酒之间，就把钱赚了。我实在想不出还能有什么其他更美妙的生活状态了！

**悠悠我心**：巴菲特是喝可口可乐还是百事可乐？

**唐朝**：早期一直是百事可乐拥趸，1989年之后才改喝可口可乐的。

**Jane**：神经粗，反应慢，不合群，走路做事太悠闲……来到书院就全是优点了啊！怪不得待在书院这么舒适。

**老徐**：我没大量阅读老唐文章前，真的是看着K线天天心惊肉跳！现在有同事会问："工作这么忙，你哪有空炒股？"她怎会知道，我现在真的有时一天都不会打开一次股票App。

**YongHua_Zhu**："不涉及企业核心竞争力变化的日常工作"，一语惊醒梦中人，感谢老唐。抓大放小是投资人该干的，但这需要"尽你所能，阅读一切"来支撑你的判断。

# 1969 年
## 合伙基金落下帷幕
## 投票机称重器思辨

年度背景 // 080

称重器与投票机 // 082

充满诚意的散伙饭 // 083

## 年度背景

1969年，人类第一次登上月球，这无疑鼓舞了人类征服太空的士气。但地球上的事情似乎比征服太空更加复杂。

1969年美国继续深陷越南战争泥潭，国内通胀高企，商业银行将贷款利率已经提高到7%的高位，这无疑会打击企业的盈利能力，同时对股市形成压力。

在国内浓厚的反战气氛之下，新上任的总统理查德·尼克松大幅修改了前任对越政策，全面停止了对北越的轰炸，并与越共就停止战争展开了谈判。6月，尼克松宣布将在8月之前从越南撤离至少2.5万名美国军人。这是美国自1962年陷入越南战争泥潭后的第一次撤军计划，让人们看到了和平的希望。但11月3日尼克松总统通过电视向全国人民的讲话里，谈及的越战方针是"越南战争越南化，边打、边谈、边撤"，这让全国反战人群大失所望，国内再次掀起反战游行高潮。

股市在这种环境下，总体表现不佳。年末道琼斯指数收于800.35点，下跌15.2%，加回成份股现金分红后，指数全年收益率为–11.6%。

对于巴菲特而言，这一年收益是高是低已经不重要。他已经不投资了，涨跌和他关系都不大。他正忙着把一切可以变现的东西全部变现，然后清算基金，准备散伙。

他除了将伯克希尔及其控制的非上市企业实体、多元零售及其控制的非上市经营实体保留之外，其他一切能卖的全部卖掉，不能卖的也分掉。

至 1969 年底，巴菲特合伙基金持有伯克希尔总股本 983582 股中的 691441 股，占比约 70.3%——总股本数据与之前数据有差异，是因为其间公司做过回购和注销。

此时的伯克希尔控制着三项主要业务：纺织业务、保险业务（来自收购国民赔偿保险公司）以及持股 97.7% 的伊利诺伊州国民银行和信托公司（Illinois National Bank & Trust Company，下文简称 INB），其中银行和保险都是巴菲特特别喜欢和看好的业务，所以他打算保留伯克希尔公司作为未来继续运营的平台。

INB 是伯克希尔于 1969 年 4 月 3 日买入的。当时伯克希尔以每股 190 美元的价格购买了该银行 10 万股总股本里的 81989 股，并同时向其他股东发出要约，愿意以同样价格收购剩余所有股份。到 1969 年底，伯克希尔拥有了 INB 97.7% 的股份。收购资金同样来自出售手头的债券、股票以及发债融资。1969 年伯克希尔的财务报表显示，公司负债提升至 740 万美元，其中大部分就是为了这笔收购而产生的债务。

INB 是一家经营保守的银行，当时拥有 1700 万美元的净资产和 1 亿美元的存款。在 1969 年至 1980 年间，INB 累计向伯克希尔现金分红超过 2500 万美元。1980 年，迫于监管新政策的要求，伯克希尔将该银行的股份分给了伯克希尔公司股东。

另外，1969 年伯克希尔还以 62.6 万美元的价格收购了奥马哈本地报纸太阳报（Sun Newspapers Inc.），同时以 60 万美元的价格收购了太阳报的印刷公司布莱科印刷公司（Blacker Printing Company），以 3.5 万美元的价格收购了国民赔偿保险公司在密苏里州的一家保险经纪公司——捷威保险公司（Gateway Underwriters Agency）70% 股权。这三项业务都非常小，几乎可以忽略不计。

巴菲特合伙基金直接持有 80% 股份的多元零售公司，旗下有两家全资子公司：科恩百货和联合零售，以及一些现金。年底科恩百货已经以略低于当初买价的价格卖给了通用连锁超市，协议已签署，只等收钱。

总规模刚刚跨过一亿美元的巴菲特合伙基金，就此落下帷幕，而伯克希尔舞台上的资本大戏则刚刚开始。这时的伯克希尔，和巴菲特刚刚入主时的伯克希尔相比，已经发生了天翻地覆的变化。1965年伯克希尔的主业是纺织业，当年净利润228万美元，其中224万美元来自纺织业，4万美元来自投资。而1969年的伯克希尔，已经成为横跨纺织、保险、银行、出版及投资的多元化企业集团。在没有任何新增资本的前提下，1969年伯克希尔公司净利润达到了795万美元，而其中只有不到40万美元来自纺织业。

## 称重器与投票机

**巴菲特**：长期必然会发生什么，比较容易想明白。但要想知道短期内会发生什么，就比较难了。正如本杰明·格雷厄姆所说："长期看，股市是称重器；短期看，股市是投票机。"重量由企业价值决定，可以评估；投票由无数参与者的主观情绪决定，难以捉摸。

（摘自1969年致合伙人信；摘录时间：2022-01-24）

**唐朝**：今天谈到的投票机和称重器比喻，广为人知。但这个比喻在传播过程中，本意逐步被人忘记，而多年前我也曾因它困惑过很久，比如2012年我就曾经发过如下一个帖子：

巴菲特的"市场短期是投票机、长期是称重器"的说法，逻辑不通。今天是昨天的短期，却是十年前的长期，今天究竟是投票机还是称重器？我个人的肤浅理解：市场永远是投票机，但投票原则很多，且原则会经常性、神经质般更换。企业价值仅仅是投票的原则之一，历史证明，这个投票原则每隔N年会被应用一回，但N具体等于几，无从得知。价值投资者不过是保守而懒惰的守株待兔者，因无从猜测兔子会死在哪棵树旁边，懒得观摩或猜测兔子的行动轨迹，担心不断换树反而会两手空空，因而固执地在企业价值这棵树下坐等。本人就是保守而懒惰的守株待兔者，非贬义。（发布于2012年8月22日）

直到我后来看到另一段译文，才算彻底明白这句话背后的含义。这段译文来自2001年12月巴菲特在《财富》杂志上发表的文章《巴菲特谈股票市场》。原文如下：

我从来不知道股市在未来 6 个月、1 年或 2 年的走势如何。不过，我认为预见股票长期将会发生什么是很容易的事情。本杰明·格雷厄姆告诉过我们为什么：股市的短期运作像是一个"投票机"，而股市从长期看就像是一个"称重器"。恐惧与贪婪在投票时起着重要作用，但在称重时毫无作用。

重点是最后两句话。恐惧和贪婪这两种情绪，会影响由人的情绪支配的投票活动，但无法改变企业价值。而长期看，股价总是围绕企业价值波动，恐惧和贪婪就相互对冲了。因此，投资者只需要盯住企业价值，完全放弃理解市场情绪并与之共振的梦（这几乎是一个不可能实现的梦），就足够做好投资了。概括起来说，就是六字真言：别瞅傻子，瞅地！

格雷厄姆和巴菲特的投票机和称重器比喻，想表达的道理其实都是：短期内的股市表现更容易被人的恐惧和贪婪左右，是无法预测的。只有盯着企业价值，并以这个锚为依据，坚持利用人们的恐惧和贪婪，才是可行的投资之道。

**凡星**："股市短期看是投票机，长期看是称重器"这句话，之前我认为自己明白了，看您都纠结，才发现只是我"以为"自己明白了。短期是多长时间，长期又是多长？三年、五年、十年？或者三十年？

但又感觉自己似乎是明白的：短期来看，垃圾也能飞上天；时间如果足够长，垃圾公司与优秀公司价值的区别就出来了。如果盯着那条线，上蹿下跳好不热闹。但回看那条线，会发现必然围绕着一个区间波动。

## 充满诚意的散伙饭

**巴菲特**：目前我认为：

（1）通过定量分析能找到的投资机会，在过去二十年里稳步减少，现在几乎找不到了。

（2）合伙基金高达1亿美元的规模，进一步减少了投资机会，因为现在少于300万美元的投资对基金的整体业绩无法产生实质性的影响，而这几乎将总市值在1亿美元以下的公司全部排除在外了。

（3）市场对短期业绩的追逐，导致了投资者日益短视，投机氛围越来越浓。

我心里明白，我不想一辈子和某种比较基准较劲。要慢下来只有一个办法：结束。因此，我现在正式告知大家，我要在今年年底之前退休。

有的合伙人可能会问"你打算做什么"，这个问题，我暂时还没有答案。我只知道，有些东西是20岁的我非常想要的，但60岁的我应该会有一些不一样的想法。

自我成年至今，投资占据了我全部精力和时间，现在我打算抽身出来考虑自己的新目标。我会随后，或许在十月份左右，详细安排合伙基金的清算、善后并对各位的资金做出建议。

（摘自1969年致合伙人信；摘录时间：2022-01-23）

**唐朝：** 今天我们旁观39岁的巴菲特所做的一次重大人生选择。

1969年，他终于不想再为"蜗角虚名、蝇头微利"忙碌。他想趁自己闲身未老，换一种生活模式，去追逐另一种境界。支持这一决策的底气，是巴菲特通过13年代客理财，让自己拥有了2650万美元的财富。他终于觉得自己"有得选"了。

新世界的帷幕徐徐拉开。

**巴菲特：** 我的个人看法是，伴随时间的推移，多元零售和伯克希尔的内在价值都会实现巨大增长。虽然没人知道未来会怎样，但如果它们的复合年增长率达不到10%左右，我会很失望。

股价通常围绕内在价值大幅波动，但长期来看，股价总会在某个时点反映出企业的内在价值。因此，我认为多元零售和伯克希尔的股票都值得长期持有，我很乐意将自己大部分资产投入这两家公司中。

在通过巴菲特合伙基金间接持有这两家公司的股票时，你不在意它们的短期价格波动。当各位直接持有这两家公司的股票时，也不应该在意。在我眼里，它们是公司，不是股票。只要公司长期经营得好，股价不用担心的。

（摘自1969年致合伙人信；摘录时间：2022-01-25）

**唐朝**：今天我们分享巴菲特的散伙饭。当然，散伙不是终点，是另一段传奇的起点。

合伙基金此刻只留下三只股票：691441股伯克希尔（总股本983582股）、多元零售80%股权，以及正在想办法卖掉的蓝筹印花（Blue Chip Stamps）股票。蓝筹印花此刻对于巴菲特而言是个烟蒂股，他能看见印花业务的没落。事实上，蓝筹印花的营收也确实一直在衰退，1969年营收1.24亿美元，到1982年就已经跌至1000万美元以下了。

巴菲特让大家自选。虽然他本人想要伯克希尔和多元零售的股权，但他仍然告诉大家这两只股票以后会有巨大增长，且预估不会低于年化10%——真诚是一种习惯。

当然，这番话里最重要的内容有三处：

第一，"股价通常围绕内在价值大幅波动，但长期来看，股价总会在某个时点反映出企业的内在价值。"

第二，"在我眼里，它们是公司，不是股票。只要公司长期经营得好，股价不用担心的。"这是很重要的口诀。

第三，此时巴菲特说会有"巨大增长"，而且自己押上近乎全部身家的伯克希尔，后面六年全程被"套牢"，1975年底股价比1969年清算时还低10%。这或许是向朋友们展示，短期股价没人能预测，巴菲特也不例外。

**张鹏程**：套牢六年，这份真知真的没有半点动摇吗？

**唐朝**：我相信没有，至少巴菲特没有。因为他拿它当公司看待，不是股票。

**林飞**：巴菲特不仅真诚，还始终维护客户/股东的利益，给出更有利于别人的建议。尽管巴菲特其实更想要股票，但他还是让客户先挑，剩下的给自己。这样的人做事，不成功都难啊！

**儒书屋：**长期看市场价格总有反映内在价值的时候。因此，我们只需盯着企业的内在价值，关注它日常经营是否在加深护城河。至于市场价格的波动，它只是围绕内在价值的循环往复，只当看庭前花开花落，望天外云卷云舒。

# 1970 年
## 搭建伯克希尔舞台
## 客户优先待之以诚

年度背景 //088
伯克希尔大舞台 //089

## 年度背景

1970年，越战形势更加恶化。美军身陷和越南的战争，同时还派遣美国军队和南越军队一起侵入柬埔寨。当年6月，美国最大的铁路公司，拥有超过1万英里铁路网，有着超过100年连续分配现金红利优秀纪录，辉煌时期年度预算比美国政府还高的宾州中央运输公司宣布破产，猛烈打击了市场信心。两项叠加之下，股市一口气从年初的800点左右跌至年中低点627.5点。

下半年，在美联储连续降息，以及尼克松宣布圣诞节前从越南撤军4万的双重刺激下，股市强劲反弹，全年收于838.91点，上涨4.8%。

从这一年起，巴菲特不再使用道琼斯工业指数收益率作为对比数据，转而使用代表性更广泛的标普500指数（SP500）。我们也从这一年起，同步切换成含股息在内的标普500收益数据作为参照物。这一年标普500指数微涨0.1%，加回现金股息后的指数收益率是3.9%。

巴菲特掌控的伯克希尔旗下三大业务部门：纺织业务、保险业务、银行业务，分别获利4.5万美元、210万美元和260万美元，三项业务年初所占用的资本大致差不多，你可以想象巴菲特对纺织业务会有多么不满意。合并下来，当年伯克希尔-哈撒韦公司投资收益率12%，但伯克希尔的股价却从1969年散伙时的42美元跌至1970年末的39美元。

请朋友们注意：从1970年起，若无特别备注，本书谈及伯克希尔投资收益率时，均指伯克希尔公司按照法定会计准则计算的公司当年报表归属股份公司股东的净利润（含下辖实业部门的经营利润和投资部门按照会计准则记录的投资收益）与公司年初净资产值的比率。

## 伯克希尔大舞台

1969 年到 1970 年，巴菲特忙碌于清算合伙基金。他结束了长达 13 年的代客理财生涯，带着属于自己的第一桶金正式登上伯克希尔－哈撒韦大舞台。1970 年 8 月 1 日，伯克希尔－哈撒韦公司宣布将公司总部搬到基威特大厦。巴菲特依然坐在他原来管理合伙基金时的办公室里，只是门口的铭牌换成了伯克希尔－哈撒韦公司。

从 1970 年之后，不再有《致合伙人信》，变成了我们熟悉的《巴菲特致股东的信》，信末落款也从过去简单的"Warren E. Buffett"（沃伦·E. 巴菲特）变成了"Warren E. Buffett Chairman of the Board"（董事长沃伦·E. 巴菲特）。巴菲特从一名基金经理变成了一家公众公司的董事长。

我借 1970 年的空当，简单介绍一下以伯克希尔为舞台的巴菲特，手头所掌控的资源，以方便朋友们更好地理解后面的致股东信。

基金最终散伙时，巴菲特合伙基金大约有 64% 的资产是现金，另外 36% 由三只股票构成：691441 股伯克希尔、80% 的多元零售股权和 371400 股蓝筹印花。

伯克希尔旗下的三大三小共计六项业务，基本情况如下：

三大业务是：①伯克希尔原有纺织业务，由职业经理人、总裁肯·蔡斯负责日常运营；②子公司国民赔偿保险公司和国民火灾与海事保险公司，由原创始人、总裁杰克·林沃尔特负责运营；③持有 INB 97.7% 股权，由原创始人尤金·阿贝格负责经营。

在保险公司内部，巴菲特成立了家乡事业部，目标是在每个州成立独立的保险子公司，拥有伯克希尔总部的资源支持，但只专注服务州内投保人。该事业部首先成立了专注内布拉斯加州的康哈斯特保险公司（Cornhusker Casualty Company），然后扩张到明尼苏达州、得克萨斯州、爱荷华州、堪萨斯州等多个州，分别成立独立的保险公司。起初，势头还不错，巴菲特在1972年和1973年的致股东信里，都用了不小的篇幅表扬家乡事业部的经营。然而，打脸的是，家乡事业部整体自始至终无法产生盈利，后来陆陆续续都关掉了（最后一家是1984年关闭的），它代表了巴菲特在保险业的扩张尝试。

与家乡事业部同样命运的，还有1971年9月30日投资200万美元收购的芝加哥家庭与汽车保险公司（Home & Automobile Insurance Company）。1971年的致股东信里巴菲特也是大力称赞这家保险公司。然而打脸的是，这家公司买来后基本也是一直亏损，而且亏损额还不小，最终于1985年宣布倒闭。

它们或许提醒了巴菲特，想将保险公司经营好，并不是一件简单的事情。后期巴菲特致股东信里，有大量关于保险公司所处竞争环境及商业模式弊病的言论，可能很多感慨来自家乡事业部下属保险公司及家庭与汽车保险公司的经营失败。

三小业务是：①太阳报；②布莱科印刷公司；③一家小型保险代理销售公司：捷威保险。

多元零售旗下有两家全资子公司：科恩百货、联合零售。联合零售连锁公司，由原创始人本·罗斯纳负责经营；科恩百货已经于1969年12月1日"保本出"，以5045205美元现金+654万美元尾款的作价，卖给了通用连锁超市，尾款约定3个月后支付200万美元，15个月后支付剩余的454万美元。

为了打通伯克希尔和多元零售两家公司之间的资金流动，巴菲特在多元零售公司旗下创建了一家再保险公司，为伯克希尔旗下的保险业务提供再保险，它就是后来伯克希尔帝国庞大的再保险业务的雏形。

1978年，伯克希尔通过发行19.5万股新股，交换多元零售的全部股权，对多元零售实施了合并。查理·芒格也是借这次机会，将原本手头持有的多元零售10%的股权，换成伯克希尔公司股权，并成为伯克希尔公司董事会成员及副董事长的。

蓝筹印花公司的股权，本来是准备卖掉分现金的，但由于很快市场就大幅下跌——散伙时巴菲特给蓝筹印花的估值是 24 美元/股，结果很短的时间内成交价就跌至最低 13 美元，没有合适的机会卖掉。这种情况下，巴菲特改主意了。他不但不卖，反而利用自己控制的各个主体大量增持，最终实现了对蓝筹印花的绝对控制，并由亲密伙伴查理·芒格担任蓝筹印花的董事长。

蓝筹印花后来作为收购喜诗糖果、维斯科金融公司（Wesco Financial Corporation）、布法罗晚报（Buffalo Evening News）的主体，为伯克希尔帝国的成长贡献了巨大的力量。1983 年，伯克希尔以换股方式收购了蓝筹印花的全部剩余股份，将其并入伯克希尔集团，喜诗糖果、维斯科金融公司及布法罗晚报公司也由此变成了伯克希尔直接掌控的子公司。

除上述资产之外的其他资产，巴菲特通通做了变现。最终在清算基金时，现金占了 64%，上述保留的股权一律按照巴菲特给出的公允估值折算，占比 36%。他坦然告诉所有合伙人，自己更希望持有伯克希尔和多元零售的股票，而不是现金。但因为估值是他做的，所以基金清盘时，合伙人有优先选择权，可以自由选择全拿现金，或者全拿股票，或者自由组合现金股票各拿一些。总之，最终剩下什么，巴菲特及其家人就拿什么。

对于所有带着现金离开的合伙人，巴菲特逐个一对一协助给出个性化的投资方案。对于需要寻找新的资金管理人的合伙人，巴菲特介绍了桑迪·戈特斯曼的第一曼哈顿和比尔·鲁安的红杉基金。

由于散伙时确实有部分合伙人只愿意拿现金离开，所以到 1970 年底，巴菲特个人已经持有伯克希尔约 36% 的股份（后面他不断还有买入，到 1973 年变成个人持有 40% 以上），多元零售约 39% 的股份（到 1973 年变成约 43%）。巴菲特作为最大个人股东，加上信任和崇拜巴菲特的部分原合伙人持股，巴菲特实现了对伯克希尔、多元零售及蓝筹印花三家公司的绝对控制。

**唐朝：**1970 年的致合伙人信，主要是散伙善后事宜，和投资关系不大,我趁机给大家概括了一下当时巴菲特手头的牌。往后,他就要在另一个舞台上开始他的表演了。

**武侃:**那小部分不要股票要现金的人,会不会隔段时间就算一下账:当年如果我拿了股票,今天……

**唐朝:**投资只有结果,没有如果。

# 1971 年
## 转变身份摆脱束缚
## 直言保费收入无用

年度背景 // 094

保费收入不重要 // 095

## 年度背景

  1971年最重要的事件，一是中美关系解冻，双方借着"乒乓外交"打破僵局，冰冻22年的两个大国找到了坐下来的机遇。美国总统国家安全事务助理亨利·基辛格博士提前秘密访问中国，与中方领导人达成了尼克松总统访华的意向，并于当年7月正式向全球公布。二是尼克松总统宣布废除金本位，拒绝外国政府使用美元向美国财政部兑换黄金。二战后建立的布雷顿森林国际金融及贸易体系正式终结。

  不过，这一切距离巴菲特都太远了。巴菲特从管理基金的日常事务中脱身后，正在寻找自己的兴趣所在。1971年，巴菲特和《太阳报》的编辑一起，挖掘了一家慈善机构儿童城（Boys Town）利用慈善名义大肆敛财的证据。巴菲特运用他的财务知识，通过儿童城的财务报表和报税单，发现了这家机构通过慈善募捐至少积累了超过1亿美元的资金，而且每年募捐善款在1000万美元以上，但儿童城的全部开支也不到500万美元。后来，《太阳报》刊发的相关报道，在1973年获得了美国新闻界的最高大奖：普利策奖。

  这一年，巴菲特遭遇了一次严重的盘尼西林过敏，差点送了命。还好，经过医生们的全力抢救，巴菲特脱离了危险。他又能在病床上看《花花公子》杂志了，只是要依赖妻子苏珊帮他翻页，而苏珊总是因为翻得太快遭受巴菲特的抱怨。

  此时巴菲特的婚姻已悄然亮起红灯，苏珊与初恋男友旧情复燃，她敦促巴菲特花了 15 万美元在加州拉古纳海滩买了一套度假海景房（三室两卫）。这套房产直到 2018 年才被巴菲特卖掉，成交价格 750 万美元，47 年 50 倍，折合年化收益率约 8.7%。

这一年，标普 500 指数从 92.15 点上涨 10.8% 至 102.09 点，加回成份股现金分红后的指数收益率 14.6%。巴菲特掌舵的伯克希尔，当年收益率 16.4%，略微领先指数。但伯克希尔股票价格，却从上年底的 39 美元飙升 80.5% 至 70 美元收盘。

## 保费收入不重要

**巴菲特**：我们不会对我们的保险业务设定具体的保费收入目标，同样也不会对再保险业务设定保费收入目标。只要保险公司愿意放弃保单的盈利要求，实现任何目标的保费收入都不是难题，但那只能是股东的灾难。

（摘自 1971 年致股东信；摘录时间：2022-01-27）

**唐朝**：从 1971 年开始，巴菲特所写信件的口吻发生了显著变化。他从代客理财的基金经理转化为一家公众公司的大股东兼董事长。巴菲特再也不需要担心客户撤资影响自己所控制的可投资资金规模和决策了。

有趣的是，身份转换的第一封信，我们摘录的内容就是关于"保费收入"，巴菲特认为这个指标没有关注价值。但这个指标直到今天，依然是众多保险股投资者眼中公司"增长"的衡量标准之一。

**伯涵**：想要保费还不简单吗？要多少可以收多少，但是出来混都是要还的。

**樱远**：记得有一年巴菲特致股东信还特意写过：保单价格低得不合理的时候，保险销售员拉不到业务，伯克希尔也照发工资让业务员闲待着。

**舞动**：直到现在，保险行业还是比保费，不计一切代价拼费用，各种渠道抢单子，"内卷"得厉害。基本上首年保费对保险公司来说没啥盈利；第二年可能还有续期收不上来的情况。

# 1972年
## 收购喜诗促成飞跃
## 结识政要步入上层

年度背景 // 097
两件大事 // 098

## 年度背景

　　1972年，美国经济整体情况不错。当年主要的大事是尼克松总统2月21日至28日访华，5月22日至29日访苏。通过和地球上最大的两个社会主义国家缓和关系，全球经济的一些隐患得以排除，整个西方世界对未来经济发展呈现乐观心态。尼克松总统也因为取得上述成就（当然，还有其他原因）于当年11月7日竞选连任成功。

　　这种气氛下，股市表现也不错。标普500指数从年初的102.09点上涨至年末的118.05点，涨幅15.6%。加回成份股现金分红后，年度指数收益率18.9%。伯克希尔当年收益率继续略超指数，达到21.7%，但伯克希尔股票价格却落后指数，上涨8.1%至73美元收盘。

　　由于股市的持续上涨（以伯克希尔股价为例，已经从1964年末的12.7美元上涨至1972年末的73美元，8年上涨475%，年化收益24.4%），秉持烟蒂股投资思路的巴菲特此刻已经很难在股市找到合适的投资目标。他通过旗下保险部门持有的金融投资品，合计金额超过1亿美元，但其中只有1700万美元是股票，其他全部是债券类投资。

　　因此，这一年的致股东信，巴菲特简单谈了谈旗下伯克希尔的纺织业务、国民赔偿的保险业务和INB的银行及信托业务，几乎不涉及投资，以至于这一年没有需要摘录和陪读的内容。

　　但其实这一年发生了两件对巴菲特整个人生都至关重要的事情，只是当时还没有人知道它们的意义，正所谓"当时只道是寻常，待到懂时已沧桑"。

## 两件大事

第一件事情是收购喜诗糖果。

这件事巴菲特在多个场合下都回顾过，他通常这样表述收购喜诗糖果的意义：

"1972年1月3日，伯克希尔买下了喜诗糖果。当时卖方报价是4000万美元，但喜诗公司账上有1000万美元的闲置资金，因此真实要价可以理解为3000万美元。

"当时查理和我还不是很了解一个市场特许事业的真正价值。我们看到公司账面净资产只有700万美元后，向对方表示2500万美元是我们可以接受的价格上限——我们当时确实是这样想的。幸运的是，卖方接受了我们的报价。……整个交易没有因为我们愚蠢地坚持2500万美元价格上限而告吹，我们好幸运。

"喜诗糖果是我们第一次购买品牌企业，这对于习惯出价50美分去购买1美元资产的我们来说，是一次艰难的跳跃。

"谢天谢地，我们幸运地收购了这家公司，它教会我们很多东西。如果没有收购喜诗的经验，我们就不会在1988年去购买可口可乐（The Coca-Cola Company）的股票。所以，今天[①]我们在可口可乐上赚到的110亿美元，很大部分要归功于喜诗糖果。"

在喜诗糖果之前，巴菲特长期依赖格雷厄姆传授的烟蒂股投资模式，并获取了良好的回报。而这个良好回报本身，也成为制约伯克希尔进一步做大的枷锁。

在各种机缘巧合下收购喜诗糖果，通过喜诗糖果原班人马的正常经营，这家企业从1972年至2007年累计为伯克希尔贡献了13.5亿美元

---

① 指1997年。

现金[1]，这些现金支撑伯克希尔不断买入其他优质企业，让最初的资本产生了复利的飞跃。而这一切，只不过源于1972年的2500万美元[2]投入，其后巴菲特既没有派人，也没有再注入资金，就等着滚滚而来的金钱。

说来好笑，1972年巴菲特收购喜诗糖果后，喜诗糖果原副总裁查尔斯·哈金斯（昵称查克）留任总裁[3]。但直至90年代后期，哈金斯才第一次到奥马哈的伯克希尔总部来"看看自己一直汇报的总公司是否真的存在"[4]。可想而知，巴菲特对喜诗这个企业的管理是多么放心和放松。这和在此之前，盯着邓普斯特农具公司的经营，卖设备、清算公司被当地人骂为吸血鬼的经历比较，完全不可同日而语。

正是经过喜诗糖果案例的强化教育，巴菲特才开始从烟蒂的固有思维摆脱出来，逐步进化为陪伴优质企业成长模式，这为未来的伯克希尔打开了成长的天花板。

第二件事情是一本书的出版。

这一年，一位名叫乔治·古德曼的作者以亚当·斯密作为笔名（不要和1776年出版《国富论》的经济学鼻祖、英国人亚当·斯密混淆了），出版了一本名为《超级金钱》的畅销书。该书猛烈抨击了20世纪60年代的股市泡沫，同时介绍了一些投资人物。巴菲特和老师格雷厄姆同时被收录进这本书里。这是第一次有正式出版的图书介绍沃伦·巴菲特，而且这本书非常畅销。巴菲特突然开始在全国有了一定的名气。

一年后，1973年2月，当巴菲特开始买入身陷困境的华盛顿邮报

---

[1] 2007年之后由于伯克希尔规模的扩大，喜诗在财报中被归入"其他"，没有再单独披露。但2007年当年贡献净利润8200万美元，其后的岁月，我们推测依然会有小幅的增长，最近的15年至少又给伯克希尔贡献了十几亿美元甚至更多的现金。

[2] 2500万美元的意思是，花了3500万美元买来1000万美元现金及700万美元其他净资产。

[3] 原总裁是喜诗家族继承人，但他兴趣不在糖果业，卖掉企业自然也就离职了。

[4] 这是哈金斯的幽默语言，不是真的怀疑。

股票时（邮报于1971年6月上市），华盛顿邮报掌门人凯瑟琳·格雷厄姆正是通过这本书去了解巴菲特这个人的。而邮报之所以陷入困境，是因为尼克松总统的竞选班子在竞选过程中，非法监听对手的电话（史称"水门事件"）被邮报揭露。这个"水门事件"也发生在1972年。

巴菲特持有华盛顿邮报股票长达40年，这笔投资不仅给巴菲特带来了巨额收益，使巴菲特的投资体系更加丰满完整，更重要的是，这笔投资对巴菲特的人生道路产生了巨大的影响。通过对华盛顿邮报的投资，巴菲特成为邮报实际控制人凯瑟琳·格雷厄姆的导师兼密友，并从此进入美国上流社会圈子，与美国历任总统、外国元首、王室成员、参众两院议员、政府高官、大企业主席、华尔街投行CEO、大律师、大记者、大明星……一起成为"美国最有权势的女人""华盛顿及美国新闻界挚爱的第一夫人"社交流水席上的座上宾。这个小县城的"土财主"，从此登上美国政治经济的中心舞台，也由此得以遇到无数新机会。[1]

---

[1] 更详细的内容，请参看《巴芒演义》第241页至256页。

# 1973 年
## 股市大跌欣喜扫货
## 价值支撑不惧浮亏

年度背景　// 102

大跌中欣喜扫货　// 103

如何面对巨额浮亏？　// 105

## 年度背景

1973年初的好消息是，尼克松总统宣布和越共达成停战协议。协议于1973年1月27日签字，3月美国撤走了在越南的所有军队，结束了美国陷入越南战争泥潭近10年的噩梦。这是全球范围内的重大和平进程，主导谈判的美方亨利·基辛格和前越共政治局常委黎德寿，也因此被一起授予1973年的诺贝尔和平奖（黎德寿拒领这项资本主义世界设置的奖项）。

坏消息是美元危机再次爆发，全球市场自1月起就出现了抛售美元的风潮。到2月初形势越发严峻，美元指数断崖式下跌。美联储不断加息[①]，似乎也无法对抗美元持续贬值的趋势。

1973年2月10日，东京外汇市场被迫关闭（类似当下各国常用的"熔断"措施），随后法兰克福、伦敦、巴黎等外汇市场也相继关闭。

2月12日，美国财政部部长乔治·舒尔茨宣布美元对黄金贬值至42.22美元兑换1盎司黄金[②]，同时对其他主要货币同步实现幅度不等的贬值。

1973年4月3日，世界上第一部手机诞生，只是此刻很少有人能想象未来的世界会被这个东西完全改变。27天后，包括白宫办公厅主

---

[①] 当年内，美联储将贴现利率从4.5%一直加到7.5%。

[②] 布雷顿森林体系确立时，美国承诺的是35美元兑换1盎司黄金。

任、美司法部长在内的尼克松总统四名亲信，因"水门事件"被媒体揭露而辞职。

10月，第四次中东战争爆发。阿拉伯石油生产国为打击以色列及其支持者，将石油的产量及价格作为一种经济武器使用。科威特、伊拉克、沙特、卡塔尔、阿联酋五个主要石油产出国，联手将石油价格提高17%，同时以1973年9月各国石油产量为基数，每月递减5%，并宣布禁止向美、英、加、日、荷等支持以色列的国家出口石油。

石油供应不足，使美国国内石油价格迅速飙升了4倍以上，给美国经济带来巨大压力，美国股市因此而大跌。全年标普500指数大跌17.4%，收于97.55点。加回成份股现金分红后，当年标普500指数收益率为–14.8%。

## 大跌中欣喜扫货

股市的大跌让巴菲特陷入一种狂喜的状态，他打开钱包，开始疯狂采购。不仅动用伯克希尔账面类现金资产购买，他还额外在华尔街投行所罗门兄弟公司的协助下，以8%的利率发行了2000万美元债券（1993年到期），借钱来大买特买。

其中比较著名的一些交易有：投入约1063万美元，买下华盛顿邮报B类股467150股，成为华盛顿邮报公司第二大股东。[1]

通过蓝筹印花公司收购了维斯科金融公司80.1%股份。[2]

购买了《波士顿环球时报》母公司联合出版公司（Affiliated Publications, Inc.）4%股份。[3]

买入著名的广告集团IPG集团（Interpublic Group of Companies）和

---

[1] 详细过程参看《巴芒演义》第249至256页。

[2] 由于监管部门的介入，实际是1974年才完成。2011年6月，伯克希尔收购了维斯科金融公司全部剩余股份，将其变成伯克希尔全资子公司。1984—2011年，查理·芒格担任维斯科金融公司董事长。详细过程参看《巴芒演义》第223至230页。

[3] 全年有107个交易日在买入这家公司的股票。

奥美广告集团（Ogilvy & Mather）的股份……

至于小额投资，那就更多了。

罗杰·洛温斯坦在他的《巴菲特传：一个美国资本家的成长》（*Buffett: The Making of an American Capitalist*）第八章里这样形容此刻的巴菲特：

回顾1973年伯克希尔－哈撒韦公司的股票业绩，人们就会得到这样一种印象，巴菲特似乎要把整个超市席卷一空。他在这儿抓一把国民普莱斯托实业公司，那儿抓一把底特律国际桥梁公司，在超市的另一条购物通道里又找到了斯佩里－哈钦森公司，后来他又往自己的购物筐里买入了美国卡车公司、万星威服装公司、汉迪哈曼工业公司。当股市进一步下挫时，他抢购的速度就更快了——J.沃尔特·汤姆逊广告公司、信义房产公司、添惠公司、国王百货公司、摩西鞋业公司、福特汽车公司、买就省连锁店、米切姆·琼斯及坦普尔顿公司、大联合超市和斯图贝克－沃灵顿公司。

纺织品推销商拉尔夫·里格比在回到奥马哈城时，发现巴菲特处于一种近乎狂喜的状态中。"他说许多人热衷于研究棒球队的战绩或是竞赛规则，"拉尔夫·里格比说道，"而巴菲特则热衷于赚钱，赚钱对于他而言纯粹就是一种消遣（就像打棒球或观看棒球比赛一样）。"

有一次，巴菲特的桥牌牌友、法官约翰·格兰特提到了当时巴菲特的喜悦模样。他说巴菲特突然眨了眨眼睛对他说道："你知道吗，有几天我起床以后甚至想跳踢踏舞。"

这一年，巴菲特掌控的伯克希尔投资收益率为4.7%。

注意，大盘暴跌17.4%时，巴菲特投资收益率为正，主要原因是伯克希尔旗下有纺织、保险、银行、糖果等实业经营利润对冲平滑，而不是巴菲特选的股票股价不跌。实际上伯克希尔买入的股票，一样是暴跌，甚至有些重仓股接近腰斩，比如时代出版公司（Time Inc.）。哪怕是巴菲特声称严重低估的华盛顿邮报，一样在年底跌成790万美元市值，浮亏超过25%。按照《巴菲特传》分享的数据，伯克希尔累计买入股票的总成本是5200万美元，到年底市值只剩下4000万美元，浮亏高达 1200 万美元或 23%。

好在这一年伯克希尔股东的日子不算难过，1973 年全年伯克希尔股票价格只微跌了 2 美元（–2.5%），年底收于 71 美元 / 股。

## 如何面对巨额浮亏？

**巴菲特**：我们的保险部门在 1973 年追加了大量资金投资股票。年底，这些投资出现了巨额的账面亏损，你们可以从公司的财务报表中看到这一点。尽管如此，我们相信，我们的买入价背后有足够的价值支持。即使目前出现了巨额的账面亏损，我们依然认为它们未来会给我们带来令人满意的回报。

（摘自 1973 年致股东信；摘录时间：2022-01-28）

**唐朝**：今天，我们看巴菲特遭遇巨额浮亏的时候，他是怎么"安慰"自己和股东的。正好也可以对应此刻的大 A 股市，现学现用吧。

透过它，我们会知道，"股神"也不是买了就涨，卖了就跌的。他只是知道企业内在价值大致在哪里，所以能在大涨大跌中保持心安。心安的优势，恰恰在于可以让我们不骄不躁地耐心等待，正所谓"心中有了估值锚，红也逍遥，绿也逍遥，耐心等待创新高"。

1973 年巴菲特巨额浮亏，是因为那年全球股灾，美股跌幅巨大。但其实跌得最狠的是港股，从 1972 年高点到 1973 年低点，恒生指数跌了 91%，比美国 1929 年大萧条时期的 89% 跌幅还大。

**小蒋**：如果 1973 年买入恒生指数基金，到现在回报如何呢？

**唐朝**：年化收益率超过 8% 是可以确定的。因为将分红直接视为下跌的指数本身年化收益率已经有 5.3% 了（48 年 12 倍）。恒生指数成份股的分红一直比较高，但最终数据究竟是 9% 还是 10%，要查找全收益指数计算才能知道。

# 1974 年
## 难掩亢奋点评市场
## 保险经营困难重重

年度背景 // 107
让人头疼的保险业 // 108

## 年度背景

1974年的经济环境总体不错。阿拉伯国家对美国的石油禁运于3月18日起取消了；美联储全年总体是在持续降息，基准利率从年初的9.75%一直下降至年末的7.75%。但股市却承接1973年的跌势，继续大幅下挫。

全年标普500指数下跌29.7%至68.56点收盘，加回现金股息后，指数当年收益率–26.4%，创下了自巴菲特11岁第一次买股票后，所经历的股市年度最大跌幅纪录。实际上，在截止到2023年的未来几十年里，这个数据也是仅次于2008年的第二大年度跌幅。

非要找个利空因素，也只能栽给尼克松弹劾案。

1974年，美国的核心大事主要是尼克松总统被弹劾下台。当年3月15日，联邦大陪审团裁定尼克松参与了对"水门事件"真相的掩盖过程。7月24日，美国最高法院裁定尼克松总统必须将白宫录音带交给调查"水门事件"的检察官。7月27日，众议院宣布接受对尼克松的弹劾。8月5日，一段尼克松总统指示助手安排中情局阻止对"水门事件"调查的录音被披露。铁证如山，国会里不再有议员敢于支持尼克松了。8月8日，尼克松宣布辞职，副总统杰拉尔德·福特继任总统。

这一年，也是查理·芒格投资生涯里最灰暗的时刻。芒格管理的基金在1973年大跌31.9%，大幅跑输指数；1974年继续大跌31.5%，仍然大幅跑输指数。基金投资人给了芒格巨大的压力。

对于巴菲特而言，1974年却是个绝好的年头。当年他受邀加入华盛顿邮报董事会，正式亮相美国顶级社交圈。

1974年的华盛顿邮报公司股票，已经跌至最低14.75美元/股，相比1972年股价高点38美元跌幅超过60%，即使相比1973年巴菲特的"抄底均价"22.75美元/股，也跌去了35%以上，巴菲特"惨遭"深套。巴菲特痛哭流涕了吗？没有。这样的股市让巴菲特亢奋不已，他第一次大胆地（甚至略显轻浮地）向媒体做出了他对股市的预测。

在巴菲特加入华盛顿邮报董事会大约一个月后，《福布斯》杂志采访他时，问到他对当前股市的看法。巴菲特说："我此时像一个性欲旺盛的男人闯入了女儿国。现在是绝佳的投资时机。这是有史以来第一次机会，让你能够以本杰明·格雷厄姆所青睐的烟蒂股价格，买到菲利普·费雪所喜欢的成长股。"很可惜，后半句是巴菲特自认最重要的表述，但记者不懂他为什么要说格雷厄姆和费雪两个人，所以正式发表的稿子里删掉了后面这半句话。

这一年股市暴跌时，由于之前伯克希尔只持有较少的上市公司股票，所以全年伯克希尔依然取得了5.5%的净资产增长。然而，伯克希尔的股价却跟随市场暴跌，全年下跌48.7%，跌幅远远高于标普500指数。

## 让人头疼的保险业

**巴菲特：**去年我们曾预计保险业务的利润会出现下降，但没想到会出现如此大幅度的下降。目前看来保险业务是个大问题，今年保险部门的业绩肯定不会理想，有可能会是极糟糕的一年。

行业中出现了许多缺乏理智的竞争，并导致保单费率下降到过低的水平。不论是人身险赔付还是财产险赔付，通货膨胀不可避免地对我们提供的服务产生了严重的影响——我们销售的保单涉及的汽车修理、医疗费用和其他赔偿，正在以大约每月1%的速度增长。当然，这种增长并不是平稳的。几年来，虽然财产理赔和医疗费用等成本快速提升，但保险费率却几乎没有任何变化。一边是成本的快速增加，一边是保单价格维持不变，我们很容易就能猜到利润率会怎样变化。

1974年，除内布拉斯加州之外的其他区域，我们的承保业务都明显恶化。行业的激烈竞争导致业内所有公司都出现巨额亏损，我们也不例外。我们的承保损失超过12%，这是一个可怕的数字。

（摘自1974年致股东信；摘录时间：2022-02-07）

**唐朝**：事后看的英明决策，旁人眼中的顺风顺水，其实当事者当时也经历过巨大的压力。比如1974年的致股东信，主要篇幅就是巴菲特吐槽保险业。上面摘录只是少部分，实际吐槽篇幅远不止这些。

未来人人夸赞、帮助巴菲特腾飞的绝密武器"保险业"，1974年正亏得让巴菲特脑壳青痛。

**668**：古之成大事者，不唯有超世之才，亦有坚韧不拔之志。

# 1975 年
## 持续吐槽保险弊病
## 首次提出永久持有

年度背景 // 111
持续糟糕的保险业 // 112
永久持有 // 113
十年总结 // 114

## 年度背景

　　1975年和1974年正好相反，大环境没有什么特别利好的消息，经济增长数据也不及市场普遍预期，甚至当年10月16日还曝出了纽约州政府无力偿还到期的4.53亿美元债务，濒临破产（州政府财政当时只有3400万美元可支配资金了）的重大利空信息，然而全年股市大涨。

　　1975年标普500指数全年大涨31.5%至90.19点收盘，加回年内指数成份股现金股息，指数当年收益率高达37.2%。这是巴菲特截至此时经历过的股市整体收益率第二好的年份，仅次于1958年。然而，和1958年巴菲特合伙基金拿到40.9%的收益率不同，1975年伯克希尔的表现平平无奇，全年收益率仅21.9%。同时，伯克希尔的股价当年也仅仅微涨2.5%，大幅落后于标普500指数。

　　背后的原因主要是当年伯克希尔的保险部门惨亏，综合成本费用率高达117.8%（简单理解就是每收入100美元保费，保险公司需要支出运营费用及赔偿金合计117.8美元）。他在年报里说："财产和意外险行业的1975年，是有史以来最糟糕的一年，我们也不例外。不幸的是，我们的表现比整个行业还要糟。"

　　这一年，巴菲特还犯了一个巨大的错误。可能是烟蒂股思想还偶尔跳出来作祟，或者是信了所谓的协同效应或规模效应，巴菲特听信了伯克希尔纺织部门的建议，以170万美元的价格收购了另一家经营不善、卖价很便宜的纺织公司——瓦姆贝壳纺织公司（Waumbec Mills）。很快,巴菲特就吃到了苦头。他后来回顾这次收购说:"你相信吗?在1975年,我买了瓦姆贝壳纺织公司,另一家新英格兰地区的纺织企业。当然,花的钱只是便宜货的价格。之所以说是便宜货,是基于我们获得的资产价值以及它能与伯克希尔当时的纺织生意产生协同效应的预期。然而收购瓦姆贝壳是一场灾难,工厂几年后就被我们关闭了。"

巴菲特之所以将收购瓦姆贝壳称为一场"灾难",不是因为它造成的金钱损失。毕竟对于当时净资产已经9290万美元的伯克希尔来说,170万美元并不算特别大的数字。说它是"灾难",是因为巴菲特已经入主伯克希尔10年,已经相当了解纺织业,他已经吃够了纺织业垃圾商业模式的苦,按理说不应该再继续将宝贵的资金投入纺织行业里。他这是两次摔倒在同一个坑里,所以被他称为"灾难"。

除了经营表现不好之外,当年导致伯克希尔股价萎靡不振的因素还有一个:巴菲特被监管部门怀疑商业欺诈,身陷法律泥潭。1975年,美国证券交易委员会(SEC)启动了对巴菲特及芒格收购维斯科金融公司的调查。当年2月,SEC签发传票,全面调查维斯科金融公司收购案,并考虑以民事欺诈起诉巴菲特和芒格。这件事搞得巴菲特几乎崩溃,好在最后涉险过关。[①]

## 持续糟糕的保险业

**巴菲特:**最大的不确定因素是保险业务,我目前完全没有信心去预测我们明年的保险承保收益。

财产和意外险行业的1975年,是有史以来最糟糕的一年,我们也不例外。不幸的是,我们的表现比整个行业还要糟。我们的保险产品线在高通胀环境下处于非常不利的境地。很遗憾,通胀在未来几年可能还会持续,而保险行业会进入更困难的阶段,我们的不利状态会继续存在。

(摘自1975年致股东信;摘录时间:2022-02-08)

---

① 详情请参看《巴芒演义》第225至230页。

**唐朝**：巴菲特延续 1974 年的抱怨，继续吐槽保险业之艰辛。如果看过这位被未来事实证明最懂保险业的保险公司董事长，在保险业上遇到的困难，以及在 1974 年和 1975 年致股东信里白纸黑字地对保险业的长篇吐槽，可能越是景仰巴菲特投资能力的人，越是容易对保险业产生畏难情绪。我就是这样被吓退的。

**Lucy.lu**：低潮时期，两位大师是如何化解的呢？

**唐朝**：学着接受，尽量去看事情的光明面，在自己可以努力的地方努力，大致也就如此吧！

**BP**：保险公司被人吹得再好，我们这种老实人也是不敢碰的。

**武侃**：对定额赔付的寿险、重疾险来说，通胀的环境并不算坏事。

**唐朝**：巴菲特基本不碰寿险，主营财产险和再保险。

## 永久持有

**巴菲特**：我们的股票投资集中于少数几家企业。我们按照企业具有明显的竞争优势、管理层德才兼备的标准来挑选投资对象，然后以产业资本收购整个企业的视角，去衡量市场价格是否诱人。

当这些条件都具备的时候，我们倾向于长期持有。事实上，我们最大的股票投资是 467150 股华盛顿邮报的 B 股，投入约 1060 万美元。我们期望能永远持有它们。

通过这种方法，股市的波动除了给我们提供更好的买入机会之外，不再有其他重要价值。企业的经营状况才是我们关注的重点。

（摘自 1975 年致股东信；摘录时间：2022-02-09）

**唐朝**：1975 年，巴菲特首次在致股东信里阐述"期望永久持有"的思想。它显著地区别于过去巴菲特在烟蒂股时期"买进就是为了找到合适的价格和时间卖出去"的体系。

巴菲特开始明确地将视线从"如何利用市场报价"，转移到"如何找到优质土地，并尽可能长时间地享受它高于社会平均的财富增长能力"上。

这是巴菲特的一次破壁。破壁之后就发现，股市波动从此只负责锦上添花，无论涨跌都不改变自己持续稳定赚钱的宿命了。

**三文鱼**：我很好奇，在从烟蒂股转向优质股的时候，格雷厄姆并未传授他很多相关知识，巴菲特是如何学会分析优质公司的？应该是通过一系列的公司分析，才把分析架构搭建完整吧？

**唐朝**：外因是受到芒格和费雪的影响。巴菲特自己在风车公司的受挫经历、资金规模越来越大带来的投资困境，逼迫他主动思考，这是内因。这种情况下没有芒格费雪，也会有"闲格""费水"推动，走上这条路是必然的，差异是时间早晚。

**红树林**："找到优质土地，享受它长期高于社会平均水平的成长"，这样"股市波动只负责锦上添花"，一语道破天机。

## 十年总结

**巴菲特**：我们是在 1965 年 5 月接手伯克希尔－哈撒韦公司的。该公司在上个财年末（1964 年 9 月）的净资产为 2210 万美元，已发行股本 1137778 股，每股净资产 19.46 美元。

从接手至今，我们先后以协议方式，用现金或现金加股票为对价，收购了六家企业全部或几乎全部的股权，成立了四家新公司，购买了一家大型关联企业 61.5% 股权，并通过回购注销将伯克希尔－哈撒韦公司已发行股本降低至 979569 股。总的说来，每股净资产的年复合增长率略超 15%。

（摘自 1975 年致股东信；摘录时间：2022-02-10）

**唐朝**：历经 1972—1974 年的全球大熊市洗礼，1975 年美国股市大涨，当年标普 500 指数收益率 37.2%。巴菲特也是经历了连续大跌后，突然遇到一轮牛市。然而牛市当年自己的表现并不令人满意，所以在 1975 年的年报里，他给公司股东们算了算自己入主伯克希尔累计 11.25 年取得的成果：每股净资产年化增长率略超 15%。

标普 500 指数 1964 年末至 1975 年末，合计 11 年，含股息总收益只有 57.5%，年化约 4.2%。相对于指数这个同期回报，伯克希尔净资产年化增长略超 15% 应该是让他觉得很满意的，所以在当年表现不好的时候，拿出来给股东嘚瑟一下。否则按常理推测，在之前一年的年报里算账，作为十周年总结才比较正常。

45 岁的"小巴"还是太年轻，没沉住气。要是再忍一年出来嘚瑟，明年，1976 年，将是他从 1957 年拥有公开业绩至今，全部 65 年投资生涯的收益率巅峰：59.3%，净资产年化增长率将超过 18%。那是多么得意的场景啊！

你看，"股神"也是普通人，和你我的那点儿小心思差异不大。

另外，关于每股净资产数据，2210 万美元 /1137778 股 ≈ 19.42 美元 / 股，9290 万美元 /979569 股 ≈ 94.84 美元 / 股，与原文数据有细小差异，估计是期内股本有微小变化，计算时分母使用的是加权股本数。

**Javage：**老唐，这数据是不是有问题？《巴芒演义》里写道，巴菲特当时持有伯克希尔 392633 股，总股本是 1017547 股。这里怎么变成 1137778 股，是有过增发股票吗？

**唐朝：**它们是不同年份的数据，不一样很正常。不能用 A 股的增发回购都要监管部门批准的思维去理解美国股份公司的股本变化。他们没有监管批准这回事儿，股东大会授权董事会后，董事会按照自己的判断在授权范围内随时都可以新发或回购注销股份。

**三文鱼：**那些年巴菲特是不是每年发两次年报？

**唐朝：**1961—1969 年有过一年发多次致合伙人信的情况；入主伯克希尔以后的致股东信，都是每年一次，相当于 A 股上市公司每年年报里的董事长致辞。

# 1976 年
## 彻底摆脱烟蒂模式
## 首次披露选股标准

年度背景 // 117
公开选股标准 // 118

## 年度背景

1976年是美国建国200周年。这一年总体风调雨顺，经济和股市都重现生机勃勃的迹象。1月8日，国际货币基金组织成员国在牙买加达成了《牙买加协定》，全面承认浮动汇率的合法性，建立多元化的国际汇率制度，黄金和美元脱钩，美国不再承担按约定价格兑换黄金的义务，抛弃国家间必须用黄金偿付债务的共识，建立了以美元为主导的国际货币储备体系。

1976年，美联储降息，将贴现利率从6%降低为5.5%，股市趁势大涨。伴随美国经济复苏，多家大公司财报预喜，市场情绪高涨。1月30日，纽交所当日成交3851万股，创下自1792年纽交所成立以来的单日成交量纪录。3月11日，道琼斯指数突破1000点，接近1972年末收盘点位，基本将1973年和1974年两年的巨大跌幅一举收复。

其后，美联储继续降息，吉米·卡特击败在任总统福特，成为美国第39任总统，欧佩克提高油价等事件，基本对股市没有产生什么影响，股市高位盘整至年末，道琼斯指数标志性地收于千点之上（1004.65点）。

以标普500指数衡量，全年上涨19.1%至107.46点收盘，加回当年成份股现金分红，标普500指数当年含息收益率为23.6%。

1976年也是巴菲特的高光时刻。

这一年，在"芒格-托尔斯-里克肖塞尔律师事务所"冠名合伙人里克肖塞尔的帮助下，美国证监会放过了巴菲特和芒格。两人在维斯科金融公司收购案里的问题被定义为疏忽而不是犯罪，最后，他们只是向维斯科金融公司部分小股东赔偿了 11.5 万美元，了结这个官司。

这一年，通过华盛顿邮报 CEO 凯瑟琳·格雷厄姆的牵线搭桥，巴菲特成功地介入了一家对他和他的老师而言均具有极其重要意义的公司：政府雇员保险公司（Government Employees Insurance Company），简称 GEICO 或盖可保险。这不仅让巴菲特在财务上获得巨大的成功，也代表着巴菲特和格雷厄姆烟蒂股模式的彻底脱钩。[①]

这一年，美国证监会成立了专门研究公众公司信息披露制度的小组，巴菲特受邀成为小组成员。小组负责人萨默高度评价了伯克希尔的信息披露。他说："巴菲特写给股东的信是非常独特的。像巴菲特这样有智慧的董事长是极少的，期望所有董事长都能有这种水平的探讨，简直比登天还难。"

这一年，巴菲特凭借重仓持有的盖可保险、华盛顿邮报等公司股票，全年取得了 59.3% 的净资产增长，这是巴菲特自 1956 年有公开业绩后的全部投资生涯里（截止到 2023 年），收益率最高的一年。在这创纪录的收益率刺激下，1976 年伯克希尔的股价暴涨 129.3%，年末收于 94 美元/股。

这一年，巴菲特开始受邀登上斯坦福商学院的课堂，去给这些未来的华尔街精英讲授投资课程。

这一年，芒格开始担任蓝筹印花公司的董事长。

这一年还有一件大事，1976 年 9 月 21 日，巴菲特的恩师本杰明·格雷厄姆去世了，享年 82 岁。格雷厄姆终究没有看到巴菲特在盖可保险身上，以完全不同的投资理念大获成功的时刻。

## 公开选股标准

**巴菲特**：不管股市每年出现多么剧烈的涨跌，只要我们持有的企业在未来几年内能保持出色的经营业绩，我们就一定能从我们的股票投

---

[①] 详情请参看《巴芒演义》第 257 至 266 页。

资中获得丰厚的回报。

截至 1976 年 12 月 31 日，我们持有的市值超过 300 万美元的股份如下：

表 1　伯克希尔历年持股明细（1976 年）

| 股份数量（股） | 公司名称 | 成本（美元） |
| --- | --- | --- |
| 1,986,953 | 盖可保险可转换优先股 | 19,416,635 |
| 934,300 | 华盛顿邮报 B 股 | 10,627,604 |
| 562,900 | 凯撒工业 | 8,270,871 |
| 395,100 | 埃培智 | 4,530,615 |
| 1,294,308 | 盖可保险普通股 | 4,115,670 |
| 141,987 | 加利福尼亚水务 | 3,608,711 |
| 188,900 | 万星威服装 | 3,398,404 |
| 170,800 | 奥美国际 | 2,762,433 |
| 83,400 | Presto 家用厨电 | 1,689,896 |
|  | 其他持仓 | 16,974,375 |
|  | 总计 | 75,395,214 |

你们可能注意到了，我们的重仓股很少。我们以长期投资的眼光来选择这些股票，并像购买一家未上市公司 100% 股份一样来考虑以下这些因素：（1）企业具备长期竞争优势；（2）管理层能干、诚实；（3）市场出现低于产业资本整体收购（退市）的诱人价格；（4）是我们熟悉的行业，我们有能力判断该行业的长期前景。

找到同时符合这些标准的投资，很不容易。这也是我们集中持股的原因之一。

（摘自 1976 年致股东信；摘录时间：2022-02-11）

**唐朝**：1976 年的业绩，是巴菲特拥有公开投资业绩的 65 年投资生涯里，年度收益率的最高纪录。当年赚了 59.3%，突破了管理基金时期的历史最高纪录：1968 年的 58.8%。这也是 65 年里，巴菲特仅有的两次收益率超过 50% 的年份。

1976 年，巴菲特首次在年报中披露自己的非控股类公司持仓，这一惯例一直持续到现在。上表就是伯克希尔投资业务的持仓（历年持仓表均不含旗下全资及控股子公司股权），全部持仓总投入约 7540 万美元，其中年末市值超过 300 万美元的一共 8 只，这 8 只的买入成本为 5842 万美元。

核心主要就是两家公司：（1）盖可保险，投入约 1942 万美元买入的盖可保险可转换优先股（每股优先股可以转换为 2 股普通股），以及投入约 412 万美元买入的盖可保险普通股。假设优先股全部转股（后来的确全部转股了），大致相当于投入 2354 万美元可拿到盖可保险公司约 15.4% 的股份（1976 年内，盖可保险股价最低点时公司市值约 7300 万美元）。（2）投入约 1063 万美元买入的华盛顿邮报股票。

这两只股票都算持有了一辈子。后来伯克希尔逐步收购了盖可保险的全部股份，退市成为全资子公司至今。华盛顿邮报一直持有到 2013 年，持股期长达 40 年。若非华盛顿邮报出现重大转型，分拆出售报纸业务，巴菲特的持股可能依然不会卖。[①]

1976 年，巴菲特首次公开了自己的选股标准。在未来的几十年里，除了第三条价格要求从"诱人"放松到"合理"之外，其他三条始终没有发生变化。这就是那种很早就想清楚了原则和目标，然后按照既定方针走了一辈子的神人吧。

**Viky：**"产业资本整体收购"，这个表达听着很拗口。

**唐朝：**是有点，它确实缺乏一个对应的专用术语。他的意思就是"市场上懂行的私人资本，愿意整体收购这家公司并退市，所能给出的价格"。

而且退市二字其实也不合适，因为巴菲特的投资对象并不都是我们理解的"上市公司"。其中有很多投资对象，并不在任何交易所挂牌交易。这里的退市二字是我特意加的，是考虑到我们投资的都是上市公司，为了强调巴菲特的本意："哪怕以后没有市场交易价格了，这家私人资本依然愿意为收购而开出的价格。"

---

[①] 详细情况参看《巴芒演义》第 256 页。

# 1977 年
## 开启好人赚钱模式
## 买股票就是买公司

年度背景 // 122
做好人不吃亏 // 124
保险业的困境和优势 // 125
买股票就是买企业 // 126

## 年度背景

　　1977年，美国国内通胀数据显著上升，推动通胀上升的核心因素还是能源价格。1976年末至1977年初的这个冬天气温特别低，导致对石油及天然气的需求大增，叠加欧佩克提升油价的统一行动，美国国内能源价格大涨，从而推动通胀上升，2月CPI指数年化增长率高达12%。

　　通胀袭来，即将加息的预期影响股市整体走弱。全年标普500指数下跌11.5%至95.1点收盘。加回成份股现金分红后，标普500指数年度收益率–7.4%。

　　这一年，巴菲特的婚姻生活发生重大变故，妻子苏珊要和他分居。但两人没有离婚。苏珊在搬去旧金山生活之前，给47岁的巴菲特安排了一名"接盘侠"：时年31岁的咖啡馆女招待艾丝翠·孟克斯（Astrid Menks）。经苏珊安排，艾丝翠1977年开始和巴菲特交往，第二年搬入巴菲特家以夫妻名义同居。2004年7月，苏珊·巴菲特因病去世（享年72岁），2006年，巴菲特和艾丝翠结婚。

　　生活之外，1977年的巴菲特意气风发。他投入1091万美元买入大都会通信公司（Capital Cities Communications, Inc.）[①]的股份；斥资1800万美元参与竞购美加贸易大动脉——大使桥，并取得该桥24.9%

---

[①] 某些中文资料里翻译为资本城通信公司。

的股份；耗资 3250 万美元收购了布法罗晚报 100% 股份……这一年，伯克希尔在非控股公司上的累计投资额第一次超过了 1 亿美元。持有市值高于 500 万美元的主要持股见表 2。

表 2　伯克希尔历年持股明细（1977 年）

| 股份数量（股） | 公司名称 | 成本（千美元） | 市值（千美元） |
| --- | --- | --- | --- |
| 934,300 | 华盛顿邮报 | 10,628 | 33,401 |
| 1,986,953 | 盖可保险可转换优先股 | 19,417 | 33,033 |
| 592,650 | 埃培智 | 4,531 | 17,187 |
| 220,000 | 大都会通信 | 10,909 | 13,228 |
| 1,294,308 | 盖可保险普通股 | 4,116 | 10,516 |
| 324,580 | 凯撒铝化工 | 11,218 | 9,981 |
| 226,900 | 骑士报业 | 7,534 | 8,736 |
| 170,800 | 奥美国际 | 2,762 | 6,960 |
| 1,305,800 | 凯撒工业 | 778 | 6,039 |
|  | 其他持仓 | 34,996 | 41,992 |
|  | 总计 | 106,889 | 181,073 |

1977 年，巴菲特继续在保险业里尝试收购，当年以 270 万美元的代价收购了一家从事工伤保险的公司——加州的塞浦锐斯保险公司（Cypress Insurance Company），但后来经营情况也不尽如人意，逐步从致股东信里消失了。

1977 年，巴菲特掌控的伯克希尔大幅超越指数，获得了 31.9% 的收益率。在此数据的刺激下，伯克希尔股价历史性地突破百元大关，全年上涨 46.8% 至 137 美元收盘。

这一年，还有一件对全球投资者意义重大的事情：巴菲特的好友、《财富》杂志编辑卡萝尔·卢米斯女士，从 1977 年起义务协助巴菲特每年的致股东信写作。从那时至今（2023 年），卢米斯一直都是致股东信的御用编辑，对于巴菲特投资思想在全球的传播起到了不可替代的作用。严格地说，我们都是她的受益者。认真的朋友应该能够发现，从 1977 年以后，巴菲特致股东信的行文和表述质量有了明显的提高。

## 做好人不吃亏

**巴菲特**：1977年纺织业务的表现依旧低迷不振。过去两年我们乐观的预期纷纷落空，这或许是我们的预测能力太差，也或许这就是纺织行业的本质，无论你怎么挣扎和努力，销售与制造的问题依旧存在。部分是行业问题，部分是我们自己的问题。

有股东质疑我们为什么不离开纺织行业。虽然从长期资本收益率的角度看，纺织业确实明显低于我们的其他投资，但我们继续留下来有这么三个理由：

第一，我们在纽贝福和曼彻斯特的工厂都是当地最大的雇主，员工年龄普遍偏高，缺乏转换工作的能力。同时，我们的工人和工会，确实在尽力配合公司努力改善成本结构和产品组合，期望公司能够继续生存下去。

第二，管理层相当努力，愿意承认纺织业务所遇到的困境。尤其是在1965年控股权易主后，肯·蔡斯一直无怨无悔地协助我们将纺织业产生的现金流入，调拨给保险部门去做收购扩张。

第三，员工和管理层的努力，加上对制造与未来销售的乐观预期，我认为纺织业务应该还可以勉强维持微薄的利润空间。

（摘自1977年致股东信；摘录时间：2022-02-12）

**唐朝**：1977年年报，巴菲特阐述了自己明知道纺织业回报不佳，却依然不愿将其转手卖掉或者关门清算的原因。

从价值观的角度说，巴菲特不愿意再成为人们拿起干草叉包围的"可恶的吸血鬼"[①]，想做一个被人喜欢的人，且此时的财富条件也足以支持他放弃一些利益去这样做。有得选就是好！

但其实从利益角度说（注意：我并不知道巴菲特此刻是否这么想过，这只是我个人偏阴暗角度的一个猜测），这种"牺牲"恰恰是用

---

① 参看《巴芒演义》第十四回。

真金白银，持续 N 年向有出售企业意向的企业主发出信号："我们不是二道贩子。我们可能是你倾注了心血的企业唯一靠谱的归宿。为了企业，为了跟你半生的老员工有个安心的归宿，哪怕我们报价低一些，但我们依然是你的首选。因为对于已经富裕的你来说，情感、友谊、尊敬和爱是比金钱更有价值的东西。"

所以，我们不妨以小人之心，度君子之腹，将这种坚守视为伯克希尔的一项广告支出，是为了未来少支付收购价格的开支。虽然对于巴菲特而言，很可能仅仅只是出于善良而做出的选择。

巴菲特的一生，证明了做好人不吃亏，做好人照样能赚大钱。你今日的体面行动，总会在人生旅途中的某个时刻，以你意想不到的方式回报你。

**三文鱼**：我认为两种因素都有，既有做好人的动力（以后能以更优惠的价格买好企业），又有做坏人的阻力（被骂"万恶的资本家"）。况且，目前的困境企业又卖不出好价格，那就继续拿着呗。一举多得啊。

**Bobby**：我从小就被教育要做个正直、善良、对社会有用的人。但是随着年龄增长，总会听说一些不那么正直、善良，反而发了大财的人和事。这种扭曲伴随着我成长，让我觉得诚实正直的人都只能被这个社会欺负，永远发不了大财，只有打擦边球走捷径才是发财致富的"正道"。走进书房接触到真实的价值投资后，终于明白什么是真实，什么是假象，为什么要坚守正直、诚实、善良！谢谢老唐！

**K. J**：延长故事线，得失或相反。用大点、远点的视角看问题，会豁然开朗，短期的让渡会让你长期受益。当然，就像老唐一直说的，得先有能力让自己有得选，不至于因为短期的放弃而让自己伤筋动骨。

## 保险业的困境和优势

**巴菲特**：保险公司提供的标准化保单很容易为其他人所模仿。保险公司出售的唯一产品是承诺，保险执照不难取得，费率是公开的，行业商标、专利、地点、企业历史、原材料来源等都不重要，消费者对于保险也没什么特殊要求，各家保险公司无法用消费者定位差异来避开竞争。

在企业的年报中，常常看到某企业强调自家管理层的重要性。这种强调有时是事实，有时是瞎扯。但不可否认的是，保险行业的本质，使得管理层的表现对于公司绩效确实具有举足轻重的影响。我们很幸运，与我们共事的是一群优秀的经理人。

（摘自1977年致股东信；摘录时间：2022-02-13）

**唐朝**：1975年巴菲特曾非常失望地吐槽"最大的不确定因素是保险业务，我目前完全没有信心去预测我们明年的保险承保收益"。结果1976和1977年保险业净利润就持续飙升，巴菲特心情大好，致股东信里对保险业的表述也为之一变。他说，"我们的保险业务在1977年持续获得大幅增长"，然后开始夸自家的管理层优秀。不过，他的这段夸赞，将保险业面临的困境和优势来源说得非常清楚，值得我们学习。

**落入凡间的松鼠**：我的理解是，保险行业特别难，我们远远避开就好了。

**Jimmy_etf**：盖可保险不是通过公务员群体定位取得了一定的优势吗？巴菲特为什么说各家保险公司无法用消费者定位差异来避开竞争？

**唐朝**：他不是说人群没有差异，而是说不管什么人，对保险产品的需求没有差异——都是同样的品种、同等保额下越便宜越好。

## 买股票就是买企业

**巴菲特**：我们买入少量股票的思维方式与收购整家企业的模式基本一致。我们想要的企业必须是：（1）我们能够理解的，（2）具有长期竞争力，（3）由德才兼备的人经营，（4）价格极具吸引力。

我们不会试图预测短期股价变化，并根据这些预测来买入股票。事实上，如果企业表现符合我们的预期，我们反而希望买入之后不要涨，这样我们才有机会以更理想的价格买进更多的股票。

我们过去的经验显示，一家优质企业部分所有权的价格，常常要比通过协议谈判买下整家企业便宜许多。因此，想要低价获取企业所有权，直接收购的方式往往不可行，还不如通过间接拥有少数股权来达到目的。

当价格合理时，我们很愿意持有某些公司的大量股权，这既不是为了获得控制权，也不是为了将来转卖或预期它会被收购，而是希望企业本身能有好的表现，进而体现为市值增长和丰厚的股息。这些回报，不管是做小股东还是当大股东都能享受到。

（摘自1977年致股东信；摘录时间：2022-02-14）

**唐朝：** 仿作一首《浪淘沙令》

五十年前老仙翁，投资体系已成功。

买股就是买企业，不分大小股东。

股价波动没用，企业成长自会推动。

我们落后数十年，心中无须骚动。

中美国情差异，后发也有优势在手中。

更何况人性不变，百年后还是炒家满屏多空。

话说这段摘录里有个翻译疑问，想请教书院里精通英文的朋友们，原文如下：

When prices are appropriate, we are willing to take very large positions in selected companies, not with any intention of taking control and not foreseeing sell-out or merger, but with the expectation that excellent business results by corporations will translate over the long term into correspondingly excellent market value and dividend results for owners, minority as well as majority.

最后的"minority as well as majority"，巴菲特想表达的意思，究竟是①"无论小股东还是大股东都能享受到这市值增长和股息回报"，还是②"无论我们作为小股东还是大股东的时候，我们的想法都是追求企业本身良好表现带来的市值增长和股息回报"？谢谢。

**Jimmy_etf：**我认为两个意思都有，我更偏向于意思①，因为前面说不一定非得寻求控制权。

**唐朝：**我也是这么理解和翻译的。但我看市面上很多译本都用的意思②，所以想请英文高手们确认一下。

**翻石头的菜菜：**老唐，就是您说的意思①，因为这个短语前面还有个owners。也就是说，优秀的生意在长期会提供给所有者（owners）不错的回报，无论是小股东还是大股东。

这段话整体意思是说，当价格合适时，我们愿意在选择的企业中占据非常高的比例（股权）。我们并不意图控制这些企业，或是预计它会被收购或者被合并（换言之，没有想要通过控制企业或者指望"接盘侠"、合并等方式去获利），而是预期（期待）优秀生意的经营结果在长期会传导（反映）到相应的市场价值和投资者的投资回报上，对于大股东或者小股东都一样。

**唐朝：**谢谢菜菜博士，踏实了。

# 1978 年
## 无奈坚守纺织行业
## 公开反思烟蒂投资

年度背景 // 130

重资产行业的弊端 // 131

保险公司的困境 // 133

呆坐也是一种投资能力 // 134

如何看待公司分红？ // 135

反思烟蒂投资 // 136

## 年度背景

1978年整体平静。3月，美联储新任主席上任，主要动作是加息遏制通胀。10月，卡特总统签署了界定美联储职责的新法案，给美联储的政策目标里加入了"充分就业"的新目标，从此美联储具有了双重使命：物价稳定、充分就业。该法案还要求美联储主席每年两次向议会解释美联储相关金融政策出台的原因。

1978年另一件大事，是12月16日中美共同发布《中华人民共和国和美利坚合众国关于建立外交关系的联合公报》，即《中美建交公报》，两国宣布自1979年1月1日起互相承认并正式建立外交关系。

对于巴菲特而言，这一年的大事可能就是查理·芒格正式成为伯克希尔的副董事长。

环境平静，股市也总体平静。全年标普500指数上涨1个点至96.11点收盘，加回成份股现金分红后，全年指数收益率6.4%。

这一年伯克希尔的投资持股基本上没有发生太大变化，除了投入2387万美元新增了对SAFECO保险公司的持股以外，其他没有大的投资，总体属于静坐等待的阶段。

伯克希尔全年收益率24%，继续大幅领先指数。伯克希尔公司股票价格全年上涨14.5%，以157美元/股收盘。

唯一让巴菲特痛苦的是布法罗晚报成了大型"出血口"，1978年巨亏291万美元。而且巴菲特还因为晚报公司而陷入了和《布法罗信报》的诉讼泥潭里，一度接近崩溃，宁愿让 3250 万美元投资打水漂，以结束这场噩梦。①

表 3　伯克希尔历年持股明细（1978 年）

| 股份数量（股） | 公司名称 | 成本（千美元） | 市值（千美元） |
| --- | --- | --- | --- |
| 934,300 | 华盛顿邮报 | 10,628 | 43,445 |
| 1,986,953 | 盖可保险可转换优先股 | 19,417 | 28,314 |
| 953,750 | SAFECO 保险 | 23,867 | 26,467 |
| 592,650 | 埃培智 | 4,531 | 19,039 |
| 1,066,934 | 凯撒铝化工 | 18,085 | 18,671 |
| 453,800 | 骑士报业 | 7,534 | 10,267 |
| 1,294,308 | 盖可保险普通股 | 4,116 | 9,060 |
| 246,450 | 美国广播 | 6,082 | 8,626 |
|  | 其他持仓 | 39,506 | 57,040 |
|  | 总计 | 133,766 | 220,929 |

注：表中为持有市值高于 800 万美元的主要持股。

## 重资产行业的弊端

**巴菲特**：我们纺织部门的管理层很努力。问题在于，我们的竞争对手也很努力。

纺织业的现状充分说明了教科书中提到的，除非遇到供给紧张或干脆短缺，否则生产无差异化产品的资本密集型企业，注定只能获取微薄的回报。只要市场产能过剩，不管你增加多少资本投入，产品价格往往还是只能反映直接的运营成本。

不幸的是，纺织业就长期处于供应过剩的状态，所以我们也只能期望用最少的资本投入，换来勉强合理的回报吧！我们希望自己以后永远不会再碰这类企业。

（摘自 1978 年致股东信；摘录时间：2022-02-16）

---

① 参看《巴芒演义》第 234 至 237 页。

**唐朝**：巴菲特阐述的这个教训，是他花巨资（真正概念上的巨资）买来的，我们应该重视。我们可以笑看巴菲特踩坑，但自己要知道绕开，避免陷入"后人笑之而复踩之，使后人复笑后人也"的境地。

它的含义和我在《手把手教你读财报：新准则升级版》第173页写的这段话意思一致。"重资产行业的一大特点，就是一旦没有新需求后，已经投入的产能退不出来。要退的话，价值归零。因而在行业需求饱和的情况下，企业为了争夺市场，最常见的手段，就是以可变成本为底线展开价格战，力求将固定成本救回一点算一点。届时股东才发现，企业的现金会像流进沙漠的水一样，被资产折旧迅速吸干。"

**风儿**：重资产企业这种不断投入、微薄盈利的模式，不是好的商业模式。

**K.J**：想想自己身处纺织行业十几年，都看不破，现在停下来后，再看这段，真是早已一语道破。

**FY**：这也是您2021年4月排除海螺水泥的原因吧？

**唐朝**：是原因之一。

**无尽**：一番比较才明白，白酒行业真的是老天爷的宠儿，产品明显差异化，重复消费品，产品不但没有保质期，居然还越老越香！听老唐的话，乖乖在白酒里面捡钱吧。

**伯涵**：伯克希尔纺织业经营上的困境可以说是，继续生产吧，找死；停产吧，等死；啥都不干吧，愁死。

**沈阳郭宝荣**：然而，善良的巴菲特，在有实力选择时，并没有卖掉纺织企业，而是为他人着想，选择了不再投入的"找死"之路。

**赵小闲**：生产无差异化产品的资本密集型企业、重资产企业，我们要敬而远之！

**山不语**：无差异化产品导致企业互相打价格战，都无法赚取超额利润，而需要不断地投入现金更新或升级固定资产的，更是雪上加霜。导致重资产型企业不是好投资标的的原因，还真是多重的。

**泊武**：这类企业面临的问题，一是需求侧饱和，二是供给侧无差异化，三是投入端很大、很重，是一个充满艰辛的生意。

## 保险公司的困境

**巴菲特：**再保险的承保利润很容易把人搞糊涂，尤其是理赔时间拉得很长的意外险。我们相信竞争对手们也普遍面临这个问题。

不幸的是，保险准备金的计提具有迷惑性，它很容易导致保险公司推出偏低的保险费率。如果市场主要保险公司对自己的真实成本了解得不够清楚，结果就是恶性竞争，伤害到所有的参与者，包括那些充分了解自己真实成本的保险公司。

（摘自1978年致股东信；摘录时间：2022-02-17）

**唐朝：**巴菲特继续谈论保险公司的困境。他这段话的意思是说，那些先收钱、很久以后才会出现赔付的业务，常常使保险业同行有意无意地低估未来的损失，从而设计出不赚钱甚至亏本的产品费率，只为多卖保单多收钱。

尴尬的是，就算你是行业内唯一一个头脑清醒的，但只要同行同等赔付水平的保单卖1000美元，你的保单想卖1020美元就非常困难。此时，你愿意停售，还是也调低对未来损失的估计，降价参与竞争呢？

难题在于，未来损失完全可能真的就是这么低，1000美元的保单最终或许真是有利润的。谁说得准呢？你是估，同行也是估。作为管理层，你敢于做出决定，放弃收入、市场份额，让业务员白拿钱在公司摸鱼，去赌同行的估算会导致他们亏损吗？如果未来证明人家赚到真金白银，同时还笑纳了你放弃的市场份额呢？这些都是让人头疼的问题。

**祝志远：**老唐，对于保险、银行、地产等需求永续但是经营艰难的行业来说，管理层不去会死的地方，这是否就可以构成竞争优势的一部分？比如，同行普遍做的错事，像保险去接赔率不合适的保单、主动平滑利润，地产搞非标负债、拿地王，银行盲目放贷，等等，这些虽然明显是不该做的事情，却是行业里面绝大多数同业基于各种原因普遍在做的。

从定性的角度出发考虑，如果哪家企业的管理层不这么干，是不是就构成了一种竞争优势呢？

**唐朝**：我认为依然很难。因为非标负债其实大部分是形势所迫，不得不做。地王也是事后看的，就像股市的新高一样，有些当时的地王后来被证明很便宜，这是地王迭出的原因。盲目放贷就更不容易判断了，何为盲目？

**祝志远**：明白了，是我主观了。确实，事后看容易，当时想看清太难了。

## 呆坐也是一种投资能力

**巴菲特**：我们投入了2387万美元，用远低于账面净资产的价格，买入了SAFECO保险公司的部分股权。我们只拥有少数股权，所以我们无权指挥或影响公司的经营决策，但我们乐于如此。因为过去的记录显示，在经营管理方面，他们比我们更优秀。

虽然闲坐一旁看别人表演，难免有点无趣且伤自尊，但我们认为这本就是被动参与某些优秀公司经营所必须承受的。就算有人有幸控股了类似SAFECO这样的好企业，我觉得最好的策略还是坐在一旁，让管理层自由发挥。

（摘自1978年致股东信；摘录时间：2022-02-18）

**唐朝**：今天巴菲特教我们呆坐秘籍：虽然闲坐一旁看别人表演，有点无趣且伤自尊（尤其是自认能力较高的人），但投资的宿命就是需要学会呆坐，需要学会将某些事情放心交给江南春[①]去做，需要忍住我们想指导张小龙[②]运营微信的野心。

**Lucy. lu**：在投资中，呆坐也是一种能力。但若是没有对企业的理解，呆坐也会很惨吧？

---

① 江南春，上市公司分众传媒董事长。
② 张小龙，上市公司腾讯控股微信事业部总裁。

**唐朝**：即便没有对企业的理解，但如果知道自己不理解或理解的深度不够，呆坐也是一种帮助我们赚钱的能力。你说的很惨的情况，确实会出现。它通常出现在对企业理解有重大偏差，但却误以为自己理解正确的情况下，而不是明白自己"没有理解企业"时。

## 如何看待公司分红？

**巴菲特**：如果可以利用留存收益创造更好的投资收益率，我们不反对旗下全资子公司将所赚取的利润全部保留。同样，对于我们持有少数股权的公司，如果历史记录表明它们可以更好地运用留存下来的收益，我们也支持它们保留。

但如果某些行业无法容纳太多资本，或是历史记录显示管理层过去曾将资金浪费在低回报项目上，那就应该将收益分配给股东，或是拿来回购股票。通常回购是资金利用的最佳选项。

（摘自1978年致股东信；摘录时间：2022-02-19）

**唐朝**：今天巴菲特给我们讲述如何看待持股公司分红的问题。简单说就是：对于投资者来说，公司分不分红不重要，重要的是管理层对留存资金的使用效率。

**Lucy. lu**：每一美元留存利润，能否创造出至少一美元的市值？如果可以，就应该留存利润；如果不可以，就应该分派红利。

**好亮**：教科书式的案例有：腾讯最好不分红，茅台最好能全分红。

**唐朝**：简练，精辟，准确。

**门前一棵大杨树**：关于分红，摘抄几段老唐的旧文。

分红的意义主要表现在以下三点：

第一，分红让资金实现更有效配置。

上市公司选择分红，自然是公司已经留足资金，短期之内不需要扩张。如果不分红，钱躺在账上没有创造价值。而股东们可以拿着分红的钱去投资更加优质的资产，让资金得到更加有效的利用。

第二，分红再投资获得更多股权。

很多人觉得，我买的这家上市公司很优秀，而且估值又不贵，所以选择分红再投资，虽然钱还是那些钱，但是获得了更多的股权。

长此以往，通过分红再投资，获得的股权会越来越多，你在将来的分红中可以分得更多的红利。假如这家公司持续增长并且分红，十多年后，一年的分红可能就会比你当初投资的金额还要多。

第三，排雷。

上市公司分红需要拿出真金白银发给股东。从另外一个层面，可以起到排雷的作用，证明公司所赚利润真实。

## 反思烟蒂投资

**巴菲特**：我们的纺织企业仍然在产生现金，但与投入资本相比，产出比例实在太低。这不是管理层的过错，主要是行业环境使然。

在某些行业，比如说地方电视台，只要少量的有形资产就能赚取大量的利润。也正因为这样，这类企业的资产售价通常也奇高：账面1美元净资产，市价往往10美元甚至更高。这种10倍甚至更高PB的估值，所反映的恰恰是企业惊人的净资产收益率。虽然市价看上去有点吓人，但这类企业未来发展可能会更轻松。

我们也曾试图在纺织业里挣扎自救。你们的董事长（我本人）在数年前曾收购了位于曼彻斯特的瓦姆贝壳纺织厂，以扩大我们在纺织业的规模优势。不管从任何角度看，我们的收购价格可谓相当划算，成交价大幅低于这家企业的营运资本，大量的机器设备与不动产等于倒贴钱送给我们。但这次收购已经被证明是个错误。无论我们多努力，费尽移山心力解决旧问题的同时，总是会不断冒出新问题。

经历多次惨痛的教训后，我们现在的结论是：投资所谓有"转机"的公司，很少会有好结果。在投入相同的时间和精力的情况下，以合理价格买下一家好企业，比廉价购买一家烂公司更划算。

（摘自1978年致股东信；摘录时间：2022-02-20）

**唐朝**：1978年的致股东信，是巴菲特第一次公开反驳（或者叫反思）老师格雷厄姆所传授的盯着企业有形资产做投资的模式。他发现高 PB 往往确实有它应该高的道理。

很多我们今天看着仿佛是天经地义的常识，其实前辈们往往付出过血的教训。就好比今天小学生都知道地球是个球体，并没有几只大乌龟在下面撑着；就好比一两岁的小宝宝口中所能念出的 1+1=2，在数字发明出来之前，如何表达它曾是难住人类先祖数十万年的困惑。

阅读的价值，就在于让人类的进步成为一场接力赛，后来者总是在前辈的终点起跑，所以我们才得以战胜在很多方面都优于我们的动物世界。如果我们不去阅读，就仿佛在每个领域的接力赛中，我们总是懵懂无知地站在第一棒起点去和别人第八棒、第十棒的跑者竞赛，结果可想而知。

**leegee55**：当阅读成为一种生活方式，就不用坚持了，如同穿衣吃饭一般，融入生活。还有比这更舒适的吗？

**武侃**：从家庭的角度来说，我们也应该不断拓展认知，给子女多跑几棒，虽然很多时候我们奔跑的终点只是别人的起点。

**Peter**：我越来越意识到阅读的重要性。小时候没有养成阅读的习惯，也没有条件；上学的时候，时间都花在课本上了。书中的黄金屋和颜如玉也需要一双发现的眼睛，之前我就是看不见，现在终于能感受到了。

**蜗牛与黄鹂鸟**：最近闲时总是瞎想：如果人类的经验都能遗传给下一代就好了。孩子一出生就拥有了父母的经验和智慧，不用再从幼儿园开始一直读到大学、考研考博。人一出生就在父母的基础上开始积累知识和经验，父母踩过的坑、犯过的错，孩子都记忆深刻，从不再犯，那人类进步的速度不知加快多少倍。

后来转念一想，爱阅读的人就完美解决了这个问题啊！阅读就是在吸收先辈们终其一生获取的智慧结晶。前人翻车的地方都立着大牌子：此处急弯危险路段，谨慎驾驶。

**戳锅漏 BearG**：我们都是站在巨人的肩膀上前行，所以看得更远。这是人类的复利，值得珍惜和感恩。

# 1979 年
伯克希尔挂牌上市
论股东与公司关系

年度背景 // 139
长尾风险最可怕 // 141
股东与公司的关系 // 144

## 年度背景

1979年1月1日，中美正式建立外交关系。1月29日至2月5日，副总理邓小平应美国总统吉米·卡特的邀请访问美国。这是中华人民共和国成立后，中国高级领导人首次访美，影响巨大。

3月26日，埃及和以色列在卡特总统的主持下，于华盛顿签署了两国和平条约，结束了两国自1948年起的战争状态。随之而来的是中东阿拉伯国家与埃及断交。

这一年，美国的通胀加剧，当年CPI指数大幅上升，同比上涨13.3%，美元不断贬值的预期逐步强化，大宗商品及贵金属价格不断飙升。以黄金为例，自1971年尼克松总统宣布废除金本位，拒绝外国政府使用美元向美国财政部兑换黄金，黄金的价格就开始逐步上升。1973年5月，金价突破100美元/盎司，1978年8月突破200美元，1979年8月突破300美元，10月就突破400美元，年底则收在524美元/盎司。

1979年8月6日，美联储历史上的传奇人物保罗·沃尔克，带着向通胀宣战的使命就任美联储主席。沃尔克通过坚定、持续的加息政策，无情地与通胀战斗，当年年底联邦基准利率就已经提升至14%，至1980年甚至超过20%。

1979年11月4日，美国驻伊朗大使馆被占领，52名美国外交官和平民被扣留为人质，伊朗人质危机在美国国内引起轩然大波。11月12日，美国终止从伊朗进口石油，并冻结了大约价值80亿美元的伊朗在美官方资产。该危机前后持续 444 天，直至 1981 年 1 月 20 日人质才全部获救，它也是卡特总统输掉 1980 年大选的主要原因之一。

但这一年的美国股市，居然几乎没有受到什么影响。全年标普 500 指数上涨 12.3% 至 107.94 点收盘，加回指数成份股现金分红，当年指数收益率 18.2%。

巴菲特这一年最大的收获，他此刻还不知道。那就是招聘了一位员工：未来伯克希尔的副董事长，一位投资能力不低于巴菲特的大神，路易斯·辛普森。

这一年，巴菲特一边主持布法罗晚报和布法罗信报的殊死搏斗——当年布法罗晚报巨亏 462 万美元，创下了巴菲特投资生涯里单家企业亏损纪录[1]；一边继续在股市埋头买买买。伯克希尔当年新增约 5000 万美元投入股市，到年末持股市值已经超过 3.3 亿美元。

表 4　伯克希尔历年持股明细（1979 年）

| 股份数量（股） | 公司名称 | 成本（千美元） | 市值（千美元） |
| --- | --- | --- | --- |
| 5,730,114 | 盖可保险 | 28,288 | 68,045 |
| 1,868,600 | 华盛顿邮报 | 10,628 | 39,241 |
| 1,007,500 | 哈迪-哈曼 | 21,825 | 38,537 |
| 953,751 | SAFECO 保险 | 23,867 | 35,527 |
| 711,180 | 埃培智 | 4,531 | 23,736 |
| 1,211,834 | 凯撒铝化工 | 20,629 | 23,328 |
| 771,900 | 伍尔沃斯 | 15,515 | 19,394 |
| 328,700 | 通用食品 | 11,437 | 11,053 |
| 246,450 | 美国广播 | 6,082 | 9,673 |
| 289,700 | 联合出版 | 2,821 | 8,800 |
| 391,400 | 奥美国际 | 3,709 | 7,828 |
| 282,500 | 媒体综合集团 | 4,545 | 7,345 |
| 112,545 | 阿美拉达赫斯 | 2,861 | 5,487 |
| | 其他持仓 | 28,675 | 38,686 |
| | 总计 | 185,413 | 336,680 |

注：表中为持有市值高于 500 万美元的主要持股。

---

[1]　参看《巴芒演义》第 231 至 240 页。

这一年，伯克希尔不仅把盖可保险的优先股全部转股，同时还额外追加约 476 万美元，以 10.3 美元/股的价格追加买入了 461900 股盖可保险股票，使持股比例上升至 26.8%。

这一年，伯克希尔正式在纳斯达克市场挂牌，这意味着每天的《华尔街日报》上可以直接看到伯克希尔的股价了。

这一年，巴菲特掌控的伯克希尔继续大幅领先指数，获得了 35.7% 的收益率，伯克希尔股票价格也在市场的追捧下翻倍有余，年度涨幅高达 102.5%，股价连续突破 200 美元和 300 美元整数，年末定格于 320 美元。

## 长尾风险最可怕

**巴菲特**：我们认为再保险是个非常艰难的领域，而且未来会变得更加艰难。由于外来资金持续进入再保险行业，越来越激烈的竞争势必压低保单价格，新玩家很可能面临灾难性的后果。

新玩家很可能在大难临头之前，一直对巨大的潜在风险一无所知。再保险保单隐含灾难发生的小概率和一旦发生后的巨额损失，使得灾难性的损失可能推迟很多年后才会被发现。

其实我们也不比竞争对手聪明多少，因此，当市场挤进很多急功近利的玩家时，我们只有选择暂时避让。保费收入的大幅下滑是不可避免的。

（摘自 1979 年致股东信；摘录时间：2022-02-21）

**唐朝**：世界头号"股神"，全球最大保险帝国的老板，被时间证明是最懂保险的人，给我们讲保险行业的竞争。不竖起耳朵认真听的人，那就是存心和自己的财富过不去。

巴菲特在 1979 年说再保险行业很容易长期显示为"躺赚"，导致投资者忽视了自己承担的潜在风险。这话让我想起最近几天媒体热炒的某只百亿私募量化基金巨亏事件。

该量化基金净值走势见图 1。

A 类份额月度收益

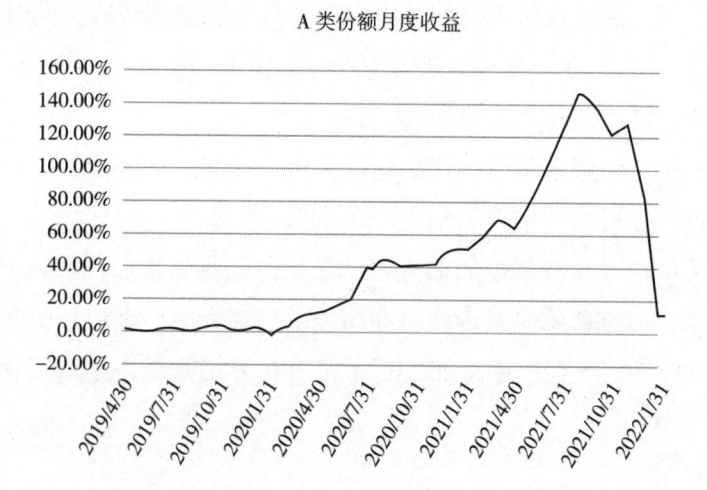

| 成立日期 | 2019 年 4 月 | 本月收益 | −39.13% |
|---|---|---|---|
| 成立以来总收益 | 11.05% | 最大回撤 | −55.09% |
| 年化回报 | 3.77% | 夏普比率 | 0.11 |
| 年化波动率 | 32.77% | | |

图 1　2019 年 4 月—2022 年 1 月该基金 A 类份额月度收益

自 2019 年 4 月成立以来，这只基金基本上就是"躺赚"状态。股市涨也赚，跌也赚，不涨不跌还是赚。然而，一旦所承担的长尾风险出现，市场先生就迅速毫不客气地拉清单收旧账了。

我们看基金净值只是"利润"归零（年化回报还有 3.77%），但对于那些"眼见为实"、看业绩说话、因为基金持续"躺赚"才入场申购的投资者而言，就是惨重的损失。

很不幸，这种因为看别人持续"躺赚"，然后去申购的基金投资者是绝大多数——想想去年媒体对量化基金的无限推崇就知道了。所以基金总是在规模最大的时候遭受重创，收益"率"归零的背后是绝对金额的大幅亏损，几乎没有例外。

归根结底，投资这件事还真不能"你负责正确，我负责赚钱""你越来越聪明，我越来越有钱"。"眼见为实"四个字，在投资领域是靠不住的。重要的是思考背后的逻辑，思考我们承担的风险。

套用《大话西游》里至尊宝的那句台词："以前我看事物是用肉眼去看。但是在我死去的那一刹那，我开始用心眼去看这个世界，所有的事物真的可以看得前所未有的那么清楚。"

**姚恩**：长尾风险是什么意思？

**唐朝**：发生概率很小，但一旦发生损失会很大的事件。

**客栈**：我虽然知道这些道理，但时间久了却又难免生疏，淡忘了。每次从老唐这里温习，总感觉很踏实。

**唐朝**：真经要碎碎念，持续念，就是这个原因。

**凡星**：碎碎念、持续念的目的还在于告诉我们，自以为知道的，并不等于真知道。看书的目的在于，也许有那么一句话，会改变我们，让我们少犯错误。我前几天就有滑出圈外的风险。能力圈不是明确的边界，我们总会一不小心出溜一下滑出去。

**不期而至**：逻辑正确是底层，比"眼见为实"更靠谱。

**冯舞九天**：这是投资的第一性原理。回归股票的本质，长期才能赚钱。违反第一性原理的行为有：量化交易，追热点，高抛低吸，加大杠杆，研究K线图、MACD、KDJ、金叉银叉，听消息，猜主力，无脑抄大V……如果短期还赚到钱了，那就更可怕了。

**唐朝**：对，在投资者的投资生涯里，危害最大的并不是赔钱，而是用错误的方法赚到了钱。

**凡星**：错误的方法赚到钱比亏钱更可怕，因为我们的大脑有路径依赖。

**K.J**：凡事思考背后的逻辑，思考承担的风险，对于大部分人来说，这太难了。很多人买白菜会挑来选去、讨价还价，但是大额投资却不假思索、大胆跟风。

## 股东与公司的关系

**巴菲特**：1979 年，伯克希尔在纳斯达克挂牌上市，这表示在每天的《华尔街日报》证券版将可以看得到我们的股价。在此之前，不管是《华尔街日报》还是道琼斯指数，都不报道我们的经营情况，哪怕我们的净利润已经数百倍于它们常常报道的一些公司。

现在挂牌上市后，当我们披露季度经营情况后，《华尔街日报》将会立即报道相关信息，这帮助我们解决了长期困扰我们的信息发布难题。

我们的股东是相当特别的一群人，这影响着我们撰写年报的方式。举例来说，每年只有2%左右的股票换手率，因此每年撰写年报时可以避免重复之前叙述过的内容。这种撰写方式可以让股东得到更多有用信息，而我们也不会觉得无趣。

另外，我们的股东里大约有90%的人，是以伯克希尔作为他们的第一重仓股，他们之中的许多人愿意花时间研读伯克希尔年报，所以我们也不担心年报太长。我们努力通过年报提供我们认为对股东有用的所有信息。这份年报始终由我本人亲自执笔写作。

大部分情况下，一家公司往往会吸引同类型的人成为其股东。若公司注重的是短期业绩或股价波动，那么喜欢这些特点的投资人便会被吸引；而如果一家公司不尊重它的股东，最终投资者也极有可能以相同的态度回敬它。

菲利普·费雪是一位令人尊敬的投资专家和作者，他曾将一家公司吸引股东的方式比喻成餐厅招揽客户的方法：餐厅会标榜其特色，比如便利的快餐店、优雅的西餐厅或特别的东方食物等，以吸引喜好这一口的客户群。如果服务好、菜品好、价钱公道，客户就会经常光顾。但是餐厅却不能时常变换特色，一会儿是法式料理，一会儿是外卖炸鸡，什么火热追逐什么，最终一定会让所有顾客愤怒、失望。

公司吸引股东也是同样的道理。你不可能满足所有人，不可能同时吸引关注高股息、关注长期成长、关注短期热点的人成为公司股东。

所以，有些公司总是希望自家公司的股票"交投活跃"，我们对此深感疑惑不解。感觉上这些公司管理层好像希望原有股东持续滚蛋，以便给新股东腾出位子。我们不这样。我们希望老股东一直喜欢我们的服务、我们的菜单，然后年复一年地光顾。我们很难找到比现有股东更合适的人来做我们的合作伙伴，因此我们期望公司的股票保持超低换手率，这表示我们的股东了解并认同公司的经营与愿景。

（摘自1979年致股东信；摘录时间：2022-02-22）

**唐朝**：1979年，伯克希尔终于成为我们习惯上理解的上市公司，在纳斯达克上市了。之前的状态类似于中国当下的一级半市场、地方股权交易中心。

这次上市并没有发行新股融资，只是相当于公司出一点费用，给老股东们提供一个便利的交易场所和信息接收渠道（目前香港联交所也有这种上市模式，国内媒体通常称之为"介绍上市"）。

49岁的巴菲特，终于成为每天出现在《华尔街日报》证券版的"上市公司"的董事长。

上述文字，巴菲特重点阐述了股东和公司之间的"人以类聚、物以群分"，你不可能满足所有人的需求。

其实投资体系也一样，任何体系都只能适应一部分符合特点的公司，总会有部分企业是你无法覆盖的。你可以选择自己最认可的系统，并娴熟地利用它。但体系不能经常换，你要什么火热追什么，那就像餐厅一会儿卖龙虾，一会儿卖烤串，一会儿卖肠粉，一会儿卖咖啡，结局一定是一个大写的"死"字。

**伯涵**：任何体系都只能赚到符合这个体系的钱，而将不符合这个体系的机会（更多的是风险）排除在外。我们要坚定认识：做墙头草并不会两面沾光，反而更容易被左右轮番打脸。

**戳锅漏 BearG**：我们这儿有个酸汤兔儿火锅，很是鲜美可口，做了也 20 多年了，从来没火热过，但也从来没缺过生意。老顾客加上口碑相传带来的新顾客，已经让它门庭若市。相反，很多追逐热点、话题的餐饮店都不见了。

**唐朝：**好例子。

**土龙木：**我特意查看了一下，伯克希尔是纽交所上市公司，不是在纳斯达克上市的，老唐是不是搞错了？

**唐朝：**《巴芒演义》第 353 页有介绍，伯克希尔 1979 年在纳斯达克挂牌，1988 年（11 月 29 日）转去纽交所挂牌上市。

# 1980 年
## 反复强调保险困境
## 直言落难王子之殇

年度背景 // 148
投资困境反转企业要小心 // 151
保险行业的困境 // 152
账面利润不如真金白银 // 154

## 年度背景

　　1980年初，投资领域里最引人注目的就是黄金的暴涨了。延续1979年底的黄金暴涨，1980年1月2日，金价涨至560美元/盎司，1月3日634美元，1月15日684美元，1月16日760美元，1月21日创造出未来二十多年里历史高点——850美元/盎司。

　　金价暴涨导致大量的金矿主破产——这个没想到吧？

　　在1978年8月金价突破200美元前后，有大量资本涌入金矿开采行业。黄金开采从投入到产出大约需要三年时间，而此时黄金处于历史性高价阶段，这些新矿主为了避免开采出来后遇到金价大跌，于是预先在期货市场大量抛售黄金空单，意图锁定未来交货的价格。

　　准矿主们的如意算盘是：如果未来金价下跌，三年后开采出来的实物黄金少卖钱了，但期货空单赚钱，最终等于将黄金按照200多美元/盎司的价格卖出了。如果金价上涨，期货空单会赔钱，但未来开采出来的实物黄金能卖到更高价格，最终还是等于将实物黄金按照200多美元/盎司的价格提前卖掉了。这就是所谓的套期保值。

　　然而，没有人想到1979年下半年至1980年初，金价会如此气势如虹，连续突破300、400、500、600、700、800美元整数关口，那感觉就是"只有天空才是金价的尽头"。

　　在这个不断上涨的过程中，已经做空的准矿主们面临三个选择：要么交割实物黄金，要么追加保证金，要么斩仓认赔。交割实物黄金是不可能的，还没挖出来呢；追加保证金继续持有空单，既需要足够的资金，也需要相信金价会下跌。

在金价持续上涨几十年、不断突破新高的时刻，一错再错的准矿主们大多数已经不敢相信金价会跌了。因为他们每次只要这样一想，所有追加的保证金结局都一样，迅速被市场洗劫一空，然后继续接到期货公司的夺命连环电话——请追加保证金、请追加保证金、请继续追加保证金……电话那头就好像有一个燃着熊熊大火的焚烧炉，随便你丢多少钞票过去，它们立刻就能烟消云散，仿佛从来没有存在过一样。

所以，大多数金矿主，既没有足够的资金，也没有足够的信心。结局就是"出师未捷身先死，长使英雄泪沾襟"，金矿还没开始生产，就已经在金价暴涨的大环境下巨额亏损乃至破产。

市场就是这么不可预测。但正如智者所言，每个泡沫背后都有一根针静静地等待，只是我们事前不知道是哪个时点触发。黄金恐怖的牛市，终于在850美元位置到顶，泡沫破裂。一直到27年后的2007年，金价才重回800美元之上——27年啊，人生有几个27年？！

推动金价暴涨背后的力量其实是严重的通货膨胀（当年CPI同比13.5%），是市场对政府稳定纸钞币值能力的不信任票。这种不信任叠加伊朗人质危机的影响，卡特总统的支持率断崖式大跌。罗纳德·里根高举"反对大政府，反对高税收"的大旗，在1980年的总统竞选中，赢得了44个州的489张选举人票（全美一共50个州加一个特区，合计538张选举人票），以绝对优势击溃卡特，成为美国第49届（第40任）总统，并创下了美国历史上"非现任总统"竞选得票率最高纪录。

或许是通胀环境下持有股权以抵抗通胀的信念，也或许是对里根就任后搞活经济的期望，1980年即使美联储持续加息，致使年底银行基准利率已经高达21.5%，但股市全年似乎没有受到加息的影响，标普500指数全年上涨25.8%至135.76点收盘。加回成份股现金股息，当年指数收益率高达32.3%。

这一年，在巨大的通胀面前，巴菲特第一次也是唯一一次给自己涨了工资：伯克希尔董事长的年薪从过去的五万美元上调至十万美元。这个标准一直保持到今天（2023年），预计未来也不太可能再做调整了。

这一年，因为监管要求，伯克希尔出售拥有97.7%股权的INB，另外还卖掉了旗下的《太阳报》。

这一年，查理·芒格悲惨地失去了他的左眼。

这一年，巴菲特在投资领域里大买特买，投入成本3.25亿美元、年底市值5.3亿美元，相比前一年的1.85亿美元和3.37亿美元均有大幅增加。

表5 伯克希尔历年持股明细（1980年）

| 股份数量（股） | 公司名称 | 成本（千美元） | 市值（千美元） |
| --- | --- | --- | --- |
| 7,200,000 | 盖可保险 | 47,138 | 105,300 |
| 1,983,812 | 通用食品 | 62,507 | 59,889 |
| 2,015,000 | 哈迪-哈曼 | 21,825 | 58,435 |
| 1,250,525 | SAFECO保险 | 32,062 | 45,177 |
| 1,868,600 | 华盛顿邮报 | 10,628 | 42,277 |
| 464,317 | 美国铝业 | 25,577 | 27,685 |
| 1,211,834 | 凯撒铝化工 | 20,629 | 27,569 |
| 711,180 | 埃培智 | 4,531 | 22,135 |
| 667,124 | 伍尔沃斯 | 13,583 | 16,511 |
| 370,088 | 平克顿 | 12,144 | 16,489 |
| 475,217 | 克利夫兰-克里夫钢铁 | 12,942 | 15,894 |
| 434,550 | 联合出版 | 2,821 | 12,222 |
| 245,700 | 雷诺兹工业 | 8,702 | 11,228 |
| 391,400 | 奥美国际 | 3,709 | 9,981 |
| 282,500 | 媒体综合集团 | 4,545 | 8,334 |
| 247,039 | 底特律国民 | 5,930 | 6,299 |
| 151,104 | 时代镜报 | 4,447 | 6,271 |
| 881,500 | 国民学生营销 | 5,128 | 5,895 |
|  | 其他持仓 | 26,313 | 32,096 |
|  | 合计 | 325,161 | 529,687 |

注：表中为持有市值高于500万美元的主要持股。

其中对盖可保险追加买入 1469866 股，凑整 720 万股（巴菲特经常有这种凑整的轻度强迫症），合计总投入 4713.8 万美元，拥有盖可保险 35.5% 的股份。后来由于盖可保险不断回购注销股票，伯克希尔持有的这 720 万股占比被动提高至约 50%。最终于 1995 年，伯克希尔以 23 亿美元现金为代价，收购了另外的约 50% 流通股，盖可保险退市，成为伯克希尔的全资子公司。

1980 年，伯克希尔收益率落后于标普 500 指数，只取得 19.3% 的收益率。但伯克希尔股价全年涨幅 32.8%，年末收于 425 美元 / 股，股价涨幅基本与指数含息收益率持平。

## 投资困境反转企业要小心

**巴菲特**：过去几年，我们一再强调买入"有转机的公司"常常会令人大失所望。这些年我们大约接触了几十个行业里的几百家这样的公司，最后不管是否投入了，我们都持续追踪了它们的后续发展。在比较过预期及后续表现后，我们的结论是：当能干的管理层介入一团糟的企业后，往往是后者占了上风，极少有例外。

盖可保险或许是一个例外。能从 1976 年的破产边缘东山再起，杰克·伯恩的优异表现是核心因素。当然，即使身陷财务与经营危机，盖可当时仍保持着最重要的产业竞争优势也是关键。盖可的定位是在汽车保险市场低成本运营，这个行业空间巨大，市场上主要竞争对手的营销体系很难做出改变。盖可通过低成本的运营，在为客户提供价值的同时，也能为自己赚取很高的回报。

几十年来，它一直是这样运作的。它在 70 年代中期遇到的麻烦，也不是因为这个竞争优势的削弱或丧失造成的。它当时遇到的问题与 1964 年美国运通遭遇的色拉油丑闻类似，两家公司都依然拥有自己的竞争优势，短期的财政损失并没有摧毁其根基。这就像身体健壮的人长了一个可切除的肿瘤，只要遇到一位经验丰富的医生，就能化险为夷。

（摘自 1980 年致股东信；摘录时间：2022-02-23）

**唐朝：** 这里有一句被广泛传颂的格言：当能干的管理层介入一团糟的企业后，往往是后者占了上风，极少有例外。

不过，少数的例外总是格外吸引眼球。巴菲特看了几百家公司，也就盖可和运通算是落难王子、转机成真，有转机的比例是相当小的。但先人一步下注"转机"并大获成功，给大脑带来的快感，往往比下注优质公司持续大赚更强烈。就好像拿了一把烂牌打赢了，愉悦感会远远强于起手就是双王四个二所带来的胜利。这是我们大脑的天性，没人能彻底克服。

只是我们需要记住，如果我们某一天关注了所谓的落难王子，一定要注意分辨：陷入危机的公司，原有的竞争优势只是被其他糟糕的、可分离的部分掩盖，还是已经被破坏了（分辨它们并不容易）。如果是前者，或可一赌；如果是后者，还是趁早远离较好。

**不落的太阳：** 就像老唐在分众传媒上的成功，给大脑带来的快感往往比在贵州茅台持续大赚更强，意义也更重大。

**唐朝：** 我竟无言以对。

**沈阳郭宝荣：** 在我们一生的投资中能遇见几次落难王子，是幸运的、可遇不可求的。如果有幸遇见了就不要错过，前提是你能够清晰地确认他真的是王子！

**素菊：** 虽然拿了一把烂牌打赢了的愉悦感会远强于好牌的胜利，但我还是喜欢拿到双王四个二，轻松胜利，这应该也是性格使然。

## 保险行业的困境

**巴菲特：** 不可思议的是：当持有的股票投资组合市值下跌，会使保险公司的净资产大幅缩水，从而威胁保险公司的生存。但持有债券却不一样，即使债券的价格跌幅更大，保险公司的净资产却能不受任何影响。保险公司的理由是不管债券市价多少，反正债券持有到期后会得到全额支付，因此可以忽略持有期间的市价下跌。

但真正的情况却是，保险公司很可能为避免确认损失，有意拒绝出售市价大幅下跌的债券，从而导致错过其他更好的投资机会。更严重的是，由于保险公司的资金主要来自于保户所交的保费，同时产险的投保期间较短，一旦保户规模缩减，资金流动不足时，保险公司将被迫出售部分债券，使损失浮出水面。

更惨的是，有些公司在这种情况下会选择出售更有投资价值的股票，或是不管保单价格多低一概照单全收，以维持流动性。这两种做法无疑是杀鸡取卵，对于公司与产业的长远发展皆会造成重大伤害。

再保险生意的特点是进入门槛极低，事前可收取巨额保费，但灾害发生与理赔却可能在很久以后。起初，这项业务会收到很多钱，却很少有索赔要求。这一状态会引发一种幸福的、近乎愉悦的感觉，就像青少年收到他人生的第一张信用卡一样。

这种致命的吸引力，会使大量行业外资本涌入这个行业。导致的结果就是，如果某年没有发生大型灾难，大量出售的低价保单会导致往后几年的承保利润变得很差；相反，如果某年有大型灾难发生，更大的灾难将会降临在保险公司身上，因为有些同业可能会无法履行当初与客户签订的合约。

（摘自1980年致股东信；摘录时间：2022-02-24）

**唐朝：** 巴菲特继续碎碎念保险行业的困境。虽然我们大部分人都没有买保险股，但这些知识和观点依然很有价值，咱们还是收录了。

巴菲特最后一段所说的更大灾难，指的是部分保险公司无力履约时，将不得不由行业担保基金和剩余有履约能力的保险公司来共同承担损失，避免保单无法兑付的事情冲击行业信誉。保险行业出售的产品就是承诺，一旦人们不相信保险公司的承诺了，整个行业会崩塌。

**庞震撼：** 短短一篇，说明了几个问题：第一，资金的时间成本。第二，资金的长期稳定性。第三，对未来要承担的风险不能过于乐观。

**Jie：** 好的商业模式是不是一种先天优势呢？类似天赋异禀。保险产品天生缺乏差异性，而白酒自带的属性更容易赚取持续的现金流。

**唐朝：** 对，我们这么懒的投资人，就是要聚焦那些"天生的，命中注定会强大，偶失前蹄才是意外"的生意，才有机会把生命"浪费"在美好的事物上。

## 账面利润不如真金白银

**巴菲特**：我们偏爱那些会产生现金的企业，而不是会消耗现金的。由于高通胀的影响，越来越多的公司发现它们必须将所赚到的每一毛钱重新投出去，才能维持其现有的业务规模。这些公司账面利润再好看，看不到真金白银也是白搭，我们必须对它们保持高度警惕。

（摘自1980年致股东信；摘录时间：2022-02-25）

**唐朝**：这就是老唐经常念叨的选企业三大前提：利润为真；利润可持续；维持当前盈利能力不需要大量资本投入。符合这三大前提的企业，巴菲特偏爱，我们也偏爱，其实市场上的聪明资本也会偏爱，所以这类企业相对更难出现很便宜的股价。

## 1981 年
### 顶级投资品的特征
### 投资的核心是比较

年度背景 // 156
顶级投资品的特征 // 158
高通胀对股权投资的威胁 // 160
恶性竞争中的保险业 // 162

## 年度背景

1981年1月19日，在罗纳德·里根总统宣布就职的前一天，伊朗释放了52名已经扣押了14个月的美国人质。几天后，里根总统宣布取消美国国内的汽油价格和配额管制，释放尊重市场、缩小政府权力的信号。

2月18日，里根向国会提交了著名的"经济复苏计划"，展示了后来被称为"里根经济学"的核心内容：放松政府对企业的管制，缩减政府开支，通过市场自由竞争推动经济复苏。主要措施包括：大幅减税；允许企业固定资产加速折旧（相当于允许企业推迟纳税）；削减政府开支，降低财政赤字；控制货币供应量增速，遏制通胀；减少政府对企业微观层面的干涉等。

这份经济复苏计划，被视为"罗斯福新政"之后最具创造性的经济规划，是提振股市信心的利器。然而，1981年全年标普500指数反而下跌9.7%至122.55点收盘，加回成份股现金股息后，全年标普500指数收益率为-5%。

这一年，巴菲特的投资变化很小，持有市值高于1000万美元的主要持股如表6所示。

虽然持股变化很小，但当年伯克希尔的收益率为31.4%，远超标普500含息收益率。这种情况下，伯克希尔股价也从年初的425美元/股，上涨至年末的560美元/股，涨幅31.8%。

表6 伯克希尔历年持股明细（1981年）

| 股份数量（股） | 公司名称 | 成本（千美元） | 市值（千美元） |
| --- | --- | --- | --- |
| 7,200,000 | 盖可保险 | 47,138 | 199,800 |
| 1,764,824 | 雷诺兹工业 | 76,668 | 83,127 |
| 2,101,244 | 通用食品 | 66,277 | 66,714 |
| 1,868,600 | 华盛顿邮报 | 10,628 | 58,160 |
| 2,015,000 | 哈迪－哈曼 | 21,825 | 36,270 |
| 785,225 | SAFECO保险 | 21,329 | 31,016 |
| 711,180 | 埃培智 | 4,531 | 23,202 |
| 370,088 | 平克顿 | 12,144 | 19,675 |
| 703,634 | 美国铝业 | 19,359 | 18,031 |
| 420,441 | 阿克塔 | 14,076 | 15,136 |
| 475,217 | 克利夫兰－克里夫钢铁 | 12,942 | 14,362 |
| 451,650 | 联合出版 | 3,297 | 14,114 |
| 441,522 | GATX | 17,147 | 13,466 |
| 391,400 | 奥美国际 | 3,709 | 12,329 |
| 282,500 | 媒体综合集团 | 4,545 | 11,088 |
|  | 其他持仓 | 16,131 | 22,739 |
|  | 合计 | 351,746 | 639,229 |

不过，此时由50岁巴菲特掌控的这个年末总市值不到5.6亿美元的小企业，关注的投资者依然不多。自1979年在纳斯达克挂牌以来，每年按法规要求公开召开的股东大会，基本没有什么人参加，哪怕类似1981年这种大盘下跌，伯克希尔获利超30%的年份也不例外。据巴菲特官方传记《滚雪球》记载，当年股东大会参会人数仅22人，公司管理层不得不安排员工来捧场，以避免巴菲特尴尬。会场几乎无人提问，15分钟走完法定流程就结束会议了。

## 顶级投资品的特征

**巴菲特**：不管对伯克希尔的利润表产生什么样的影响，我们总是愿意以每股 X 元的价格买下一家好公司 10% 的股权，而不是以每股 2X 元的价格买下这家好公司 100% 的股权。

大部分公司管理层更偏好后者，而且总是可以为这种行为找到合理理由。心照不宣地说，这种行为的真正动机可能来自以下三种之一或全部：

（1）某些管理人员内心喜欢挑战的刺激。伯克希尔和他们不同，只有收购对象具有良好的业务前景时，我们才会心跳加速。

（2）大部分的公司及其管理层，是以公司规模而非获利水平作为衡量自己或别人的标准——问问那些名列 500 强企业的领导人，他的公司在名单上处于什么位置，他的回答总是按规模排名的名次。如果按盈利能力排名，他可能不知道自己排第几。

（3）许多管理层显然过度沉迷于小时候听过的童话故事了。故事里公主亲吻过癞蛤蟆之后，癞蛤蟆变成了英俊的王子。管理层可能以为自己的"管理之吻"也具有公主那样的魔力，会让癞蛤蟆奇迹般地变成王子——哪怕他们的后院里已经挤满癞蛤蟆。

平心而论，这种收购遇到以下两类情况，仍然有成功机会：

第一类是提前谋划或碰巧收购到了那些不惧通胀的企业。这种企业必须具有这样两种特征：（a）能够相当容易地涨价而不用担心失去市场份额或销量，哪怕是在产品需求没有发生变化且产能尚未充分利用的情况下；（b）只要增加少量的额外资本，就能让营业额大幅增加，虽然增加大部分是因为通胀而不是实际增长。

近几十年来，只要符合以上两种条件，即使是能力普通的经理人，也能使收购圆满成功。但是，只有极少数企业同时拥有这两种特征，而且现在对这类企业的出价已经激烈到相互拆台的地步。

第二类是那些经营奇才，他们可以识别那些伪装成癞蛤蟆的王子，并且有能力帮助王子剥离伪装。不幸的是，你们的董事长并不属于这类奇才。尽管我们早就充分认识到应该重点关注不惧通胀的企业，但上场实干比坐而论道难多了，我们真正买到这类企业的机会依然相当少。

过去，我们有时也会尝试以低廉的价格买入癞蛤蟆，但我们的吻同样表现平平，没有什么神奇的法力。我们倒是和几位王子相处得很好，但他们在我们收购时就是王子，我们的吻只是没有把他们变成癞蛤蟆而已。

不过，股市倒是偶尔会给我们机会，让我们以癞蛤蟆的价格买入王子的一部分权益，而且是那种很容易就能识别出来的英俊王子。

（摘自1981年致股东信；摘录时间：2022-02-26）

**唐朝**：巴菲特给我们讲解通过二级市场买入股票的优势，以及市场为什么会有那么多明显出价过高的溢价收购事件出现。

在这个过程中，他顺带给我们分享了顶级投资对象的两种特征。大家别疏忽了，这些都是可以直接照猫画虎的"股神秘籍"。

**林飞**：第一种特征是可以持续内生性增长，这种公司的优势是在生意模式上具备结果必然如此的特质；第二种特征则是要求企业具备外延并购增长的能力，对管理层的能力要求非常高，类似巴菲特赞不绝口的汤姆·墨菲，可遇不可求。

二者从识别难度来说，还是第一种更小，更容易被我们选出来，所以我们作为很难直接接触管理层的"迷你"投资者，在第一种企业领域内努力可能性价比更高，而优质的管理层更像是我们的安全边际，当然二者皆有就更好。

**沈阳郭宝荣**：这段话里，我有三点感悟：（1）财务投资一家公司要比控股有优势，当企业护城河消失时更方便退出。

（2）CEO们喜欢习惯性高估自己的吻，喜欢刺激，难抗诱惑，总想做点什么。毕竟赢了，自我实现、升职加薪；输了股东买单。

（3）有些行业的企业天生好命，产品可以一直涨价，而且需求不会消失，别人还模仿不了，轻资产没库存，或者有库存，但时间是库存的朋友，库存全是宝。面对这样的行业这样的生意，还有什么好讲的呢？买就完了。

## 高通胀对股权投资的威胁

**巴菲特**：人们之所以愿意投资企业股权而不是固定收益的债券，在于公司拿着同等资本可以创造比债券利率更高的回报。人们承担了万一发生损失的风险，理所当然地应该获得一点风险溢价。

过去数十年来，一家公司的净资产收益率只要能有10%便可以被视为优质企业。因为长期债券利率约5%，免税公债利率约3%，10%净资产收益率的企业，即使减去相关税负，投资人实际到手仍能有6%~8%（视被投资企业的股利政策与投资人适用的所得税率而定），大概是债券收益的两倍。所以当人们把一块钱投入这家公司后，其价值会高于一块钱。

股市也认同这种道理。在早期，美国企业的净资产收益率在11%左右，作为一个整体，这些企业的股价通常在净资产值1.5倍的位置交易。这样的企业股权当然是好的投资，因为它们给投资者赚回的钱远远超过投资长期债券所能赚到的钱，这里有一笔巨大的超额收益。

但往事如烟，世界已经改变，经验却很难被迅速抛弃。投资者和企业家的脚已经踏进未来，大脑和神经系统却还留在过去。投资者仍默认参照历史市盈率、市净率，企业家也习惯传统的优劣评判标准。他们忽略了前提的改变。

若变化是缓慢的，更新评估标准或许没那么迫切；但若变化是极端的，基于历史的假设可能会让我们付出很大的代价。

去年长期债券利率超过16%，而免税公债利率约为14%，这是投资人实际落入口袋的收入。与此同时，美国企业的净资产收益率约为14%，这14%尚未考虑落入投资人口袋前所必须支付的税负。因此以1981年的现实条件而言，投资一家美国公司一块钱所产生的价值是低于一块钱的，投资人并没有享受到承担风险的补偿。

当通胀猖獗的时候，普通企业不得不保留所赚到的每一分钱，才能勉强维持过去所拥有的盈利能力。通胀就像寄生在企业体内的巨型寄生虫，它不管寄主的身体情况如何，只是拼命地吸取养分。结果就是无论这些企业有没有盈利、有多少盈利，要想维持往日的生意规模，账面总是会堆积越来越多的应收账款、存货与固定资产。主人的身体越差，寄生虫吸走的养分占比就越大。

以目前的情况来讲，一家公司的净资产收益率如果只有8%或10%的话，根本没有闲钱拿来扩张、还债或发放现金股息，通胀这条寄生虫早就把盘子清光了。

事实上，为了掩饰无钱分红的窘境，很多企业常常提出送股、转增股本，或是向张三发行新股募集资金，用来给李四发放股息。投资者要小心，别被那种另外找钱才能分红的"股息"蒙住了双眼。

我们也无法避免高通胀的威胁。我们历史累计的21%年化收益率，在扣除潜在的资本利得税后（我们预计资本利得税率在未来几年将大幅提高），面对当前的高通胀水平也会黯然失色。

我们会主动保留利润用于再投资，尽最大努力持续跨过那道最低门槛。目前我们还算能勉强超过债券收益，但如果情况继续恶化下去，我们也可能会面临跑输债券的窘境。

（摘自1981年致股东信；摘录时间：2022-02-28）

**唐朝：** 巴菲特开始给我们透露"投资永远是比较"和"收益率两倍于国债才划算"两个重要思想，同时还讲解了高通胀对股权投资的巨大威胁，以及面临高通胀环境的无奈和感叹。

**BP：** 高通胀让人很无奈，这是我们必须接受的又一个无奈。

**Roger. lee：** 老唐，当时债券收益率这么高，巴菲特有没有放弃股票买债券？

**唐朝：** 基本没有（现金替代除外）。当时巴菲特和我们现在的情况一样，处于主意比钱多，"穷病"泛滥的时刻。所以他不仅没有大举投资债券，反而在1980年做过一笔"愚蠢的"融资，发行了6000万美元的25年期债券，利率12.75%，2005年到期。从后视镜看，是不是蠢哭了？

**水声潺潺**：老唐，"一家净资产收益率11%的公司，按照净资产值的1.5倍买入，依然会很有价值"，这句我没弄明白，可以解释一下吗？

**唐朝**：企业净资产收益率11%，按照1.5倍PB买入，相当于花150元买入一份面值100元、利率11%的"债券"，长期收益率仍然会远高于当时3%~5%的其他债券。

## 恶性竞争中的保险业

**巴菲特**：正如Sam Goldwyn所言："预测是相当危险的，尤其是关于未来的预测。"伯克希尔股东读了过去几年的年报，可能也会得出相同的结论，尤其是你们董事长对纺织业务的预测！①

不过，预测明年保险部门的承保利润会很差，就没什么危险。因为同行们自杀式定价行为以及保险合同的特点，已经摆明这将是注定的结局。

汽车保单的定价和销售间隔为6个月，财产保单基本以3年为期。所有财险保单综合计算，平均投保期可能略低于12个月，但保单价格在三年内是固定的。因此，今年的保费收入能决定明年承保利润的一半左右，剩下一半由明年签订的保单决定。盈利的结果在定价时就已经注定了。如果你的保单定价犯了错误，你就不得不忍受几年。

今天的行业定价水平已经注定了日后悲惨的结局，尤其是近几年连续没有重大灾难发生，这种（多年没有重大灾难的）情况概率上也该结束了。

保险承保收入往往因为人们的运气好而变差。②近年来，飓风一直只在海上游荡，司机也都减少了开车出行，这是能让保险公司大量减少赔付的好运气。但飓风和司机可不会一直这么守规矩。

---

① 译者注：这里第一句引用，是冷幽默，意思是所有的预测都很危险。第二句则是巴菲特的自黑，表示过去几年自己对纺织业的预测烂得一塌糊涂。

② 译者注：指没有灾难的提醒，人们的投保意愿会降低。

同时，货币和社会的双重通胀不可阻挡。所谓社会通胀是指法院和陪审团倾向于将保单的覆盖范围，扩大到保单约定和参考赔付案例的范围之外。财产损失及维修费用、人员康复费用会持续不断地增加，这些被社会视为保险公司的当然责任，它所引发的成本上升，看不到尽头。

在去年年报里我们曾提到，许多保险公司因投资不当导致现金流出现问题，不得不放弃承保原则，低价销售保单以维持流动性。

因为不想确认损失而被迫持有问题债券的同行，为了现金周转而以明显荒谬的低价大量出售保单。这波及所有的同行，因为你的保单价格不可能与同行差得太远。于是越来越多的同行被迫跟进，即使明知费率非常不合理，也不得不放弃承保利润，转而追求保单数量的增长，以避免客户被同行抢走后再也回不来。

结果，尽管整个行业都抗议资本回报不足，应该采取一些拯救措施，但几乎没有任何一家大型保险公司，愿意将业务缩减到现金流大幅下降的程度。这种心态的存在，导致保单价格继续承受巨大压力。专家们一再解释，保险产业自身的产业周期规律必然导致承保利润长期接近平衡。对此，我们持不同看法。我们认为，承保损失将成为保险业常态，未来十年的最好表现可能会低于过去十年的平均水平。

面临持续恶化的未来，伯克希尔的保险事业也没有任何良方，我们的管理层已经尽力了。不过，我们不追求承保规模，所以承保利润相比于同行仍显优越。

展望未来，伯克希尔将继续维持低规模保单状态。我们的财务实力使我们有这个底气，这在行业里是罕见的。将来总有一天，同行面对保单胆战心惊不敢伸手的时候，伯克希尔的财务实力将成为我们保险部门营运和发展最强大的后盾。

（摘自 1981 年致股东信；摘录时间：2022-03-01）

**唐朝：** 1982 年初[①]，巴菲特对保险全行业自杀式定价销售导致的恶性竞争非常悲观，也非常无奈。本段基本算是长篇的抱怨，甚至最后

---

① 1981 年致股东信写于 1982 年初。

还放出了类似"等着瞧"的狠话。这种无奈、悲观、抱怨和发狠,在巴菲特的投资史里是不多见的,很值得我们观摩和品味。

**BP**:确实,保险这类靠价格战才能吸引客户,同时价格战又加剧公司风险的行业,实在是太难了。

**林飞**:这样看来,保险业内公司的核心竞争力应该是具备极度理性的管理层,他们可以视短期收入为浮云。

**伯涵**:对于大多数保险公司而言,这就是典型的"囚徒困境"。竞争对手乱降保费,跟吧,根本没有利润空间,找死;不跟吧,保费收不起来,等死。这个时候,伯克希尔的集团优势就发挥出来了,任凭风吹草动,我自岿然不动。收不到保费没关系,等大家作死了,只有我还在。

**不期而至**:巴菲特也有郁闷和抱怨的时候啊!

**唐朝**:都有都有,"股神"也不是真的神仙,依然是肉身凡胎。

# 1982年
## 股神预测屡被打脸
## 投资要寻求差异化

年度背景 // 166

透视盈余 // 168

不要基于预测做投资 // 172

差异化很重要 // 177

供给过剩、同质化竞争的保险业 // 180

## 年度背景

1982年的主要事件就是拉美债务危机。以墨西哥、巴西、委内瑞拉、阿根廷、智利为代表的十几个拉美国家，先后宣布无力偿还或暂停偿还到期外债本息。这种背景下，国际资本大批退出当时的投资热土——拉美发展中国家，挤入美股和美债避险，导致美国股市在国内加息和经济尚未出现起色的大背景下，依然出现一拨小涨。

全年标普500指数上涨14.8%至140.64点收盘，加回成份股现金股息，当年标普500指数收益率21.4%。

这一年，伯克希尔的主要持仓变化不大（见表7），但更偏向于集中了。

伯克希尔全年收益率40%，伯克希尔股票涨至775美元收盘，涨幅38.4%，双双大幅领先指数。

这一年，《福布斯》杂志首次推出"全球亿万富豪排行榜"，在全世界引起巨大关注。当年上榜门槛是1亿美元，巴菲特以2.5亿美元身家上榜。当年榜上超过10亿美元身家的一共13人，首富丹尼尔·路德维希（造船和房地产）身家20亿美元。

这一年，市场投机之风盛行，巴菲特对此深感不安。他给众议院调查与监管委员会的主席写信，建议禁止股指期货的交易，或者对持有时间低于一年的股票及期货产品征收高额所得税。建议没有得到回应。

表7　伯克希尔历年持股明细（1982年）

| 股份数量（股） | 公司名称 | 成本（千美元） | 市值（千美元） |
| --- | --- | --- | --- |
| 7,200,000 | 盖可保险 | 47,138 | 309,600 |
| 3,107,675 | 雷诺兹工业 | 142,343 | 158,715 |
| 1,868,600 | 华盛顿邮报 | 10,628 | 103,240 |
| 2,101,244 | 通用食品 | 66,277 | 83,680 |
| 1,531,391 | 时代出版 | 45,273 | 79,824 |
| 908,800 | 克鲁姆-福斯特 | 47,144 | 48,962 |
| 2,379,200 | 哈迪-哈曼 | 27,318 | 46,692 |
| 711,180 | 埃培智 | 4,531 | 34,314 |
| 391,400 | 奥美国际 | 3,709 | 17,319 |
| 460,650 | 联合出版 | 3,516 | 16,929 |
| 282,500 | 媒体综合集团 | 4,545 | 12,289 |
|  | 其他持仓 | 21,611 | 34,058 |
|  | 合计 | 424,033 | 945,622 |

注：表中为持有市值高于1000万美元的主要持股。

这一年，巴菲特承认自己在保险业务管理上的失败（1982年保险部门综合比率109.5%，即为了收到客户的100元保费，支付的赔付及运营成本合计高达109.5元），他转而聘请了麦肯锡管理咨询公司的高管迈克·高德伯格，来伯克希尔担任保险集团的CEO，自己则专注投资。

高德伯格本身没有给伯克希尔带来什么巨大的利益。因为人事管理方面的能力欠缺，1993年巴菲特撤了他的CEO一职，改到一个新成立的"特殊金融部门"担任负责人。但高德伯格在任期间，挖来一名他原来在麦肯锡的下属，这个人未来对伯克希尔价值巨大，成长为伯克希尔的副董事长，成为巴菲特的钦定接班人，他就是阿吉特·贾恩。贾恩于1986年受原上司高德伯格招揽，跳槽至伯克希尔。巴菲特后期对贾恩的评价是："阿吉特·贾恩是全球十大最佳保险经理之一，他的地位无可取代。"

## 透视盈余

**巴菲特**：我们喜欢"透视盈余"的概念，它是指不管持股多少，一律按比例将持股公司的利润计入我们的"利润"里。我们认为一家公司赚到的利润，对股东的价值在于公司是否将其运用于更高效的用途，而不是分配与否或由谁控制使用。

如果你拥有伯克希尔万分之一的股权，不管你采用哪种会计准则记录，在过去十几年里你都会拥有对应的利益，并真实感受到企业成长带给你的财富。同样，如果你能拥有伯克希尔20%的股权，那你的收益会一样好。

但是，如果你拥有一家资本密集型企业100%的股权，即便你在标准会计准则下认真谨慎地记录全部净利润的精确数字，它对你的真实价值依然很小，甚至可能为零[①]。

这不是要批评现有的会计准则，我们无意设计一套更好的会计系统。我只是想告诉企业管理层和投资者：财报只是评估一家企业的起点，而非终点。

（摘自1982年致股东信；摘录时间：2022-03-02）

**唐朝**：这段话里比较重要的两句是：①一家公司赚到的利润，对股东的价值在于公司是否将其运用于更高效的用途，而不是分配与否或由谁控制使用；②财报只是评估一家企业的起点，而非终点。

**忆溪舟**：为啥我的骨子里总感觉拿到手的才是自己的，放在别人那的总是不放心呢？

**唐朝**：可能还是因为潜意识始终认为只有"钱"才是财富。哪怕拿着股权，也是随时按照股权市值换算为货币值对待的。当然，如果留在公司的一块钱，在一段较长的时间里，依然创造不出一块钱资本所对应的市值，这其实很可能代表一种价值毁灭。比如巴菲特这里所说

---

[①] 译者注：巴菲特说的是那种不得不把所有的净利润全部再投入，甚至可能还需要融资再投入才能维持当前盈利能力的企业。

的资本密集型企业。

**伯涵**：关于投资，巴菲特认为必学的一门基础课就是会计，因为会计是商业的语言。但是会计只是研究商业的起点，而非终点，比如《手把手教你读财报：新准则升级版》里讲到的"小米巨亏"案例，即是如此。研究企业，还必须结合具体公司的业务模式来看财报数据。

**唐朝**：正好，借着巴菲特提出"透视盈余"的机会，我们顺带聊聊阅读致股东信的时候，一定要区分的四个数据口径：净资产、透视盈余、内在价值、市值。弄明白它们了，阅读致股东信才不会晕。

### 一、净资产

2018年之前（含2018年），致股东信以及媒体经常谈到的伯克希尔（或巴菲特）每年赚了多少的那个数值，比如上文表达的1982年巴菲特赚了40%，指的是每年致股东信发布的公司报表上的净资产增加值。我们通常谈论的"巴菲特的收益率及年化收益率"指的也是这个数据及其年化值，严格地说，其实应该叫"伯克希尔的收益率及年化收益率"。

### 二、透视盈余

透视盈余（也有翻译为"透明盈余"或"经济盈余"）是和报表净利润相对应的一个概念，它是巴菲特自创的一个数据。它和会计准则的差异，在于如何处理持有其他上市公司的小比例股份。

伯克希尔持有其他上市公司的小比例股权（通常比例低于20%），既达不到控股标准，也达不到联营/合营企业标准时，按照会计准则要求有两种处理方式。一种是由伯克希尔旗下保险公司持有的小股，要求归为"以公允价值计量且其变动计入当期损益的金融资产"（交易性金融资产），直接将市值波动和现金分红计入当期利润表的投资收益。另一种是由伯克希尔旗下非保险部门持有的，分类为"以公允价值计量的可供出售金融资产"，只能将期间现金分红计入当期利润表的投资收益；最终在卖出股票时，一次性将股价波动带来的盈利或亏损，计入卖出那年利润表的投资收益里。

透视盈余和会计准则的分歧，主要是在后一种类型上。

举个简化例子说明。伯克希尔的非保险部门持有公司甲的小比例股权，比如 7%，因为股权比例较低，且没有施加重大影响的董事席位或其他方式，伯克希尔会将其计入"以公允价值计量的可供出售金融资产"，伯克希尔每年的利润表里就只能记录甲公司现金分红方案的对应比例。

于是这里有了一处巴菲特认为不合理的地方。比如，甲公司今年赚了 1000 万美元，决定拿出 100 万美元分红，伯克希尔持有 7% 股权，就只记录投资收益 7 万美元（我们先忽略可能的税收）。但如果当年甲公司虽然只赚了 500 万美元，却拿出 400 万美元分红，伯克希尔的 7% 股权反而能记录 400×7%=28 万美元投资收益。

巴菲特认为这不合理。他认为留在甲公司的钱一样属于伯克希尔，每一美元都和伯克希尔全资子公司保留的一美元等价。而且由于这些投资对象都是前景远大的优质企业，它们的分红比例通常较低，恰恰是因为企业再投资的收益率较高，所以留存部分的价值甚至远大于分掉的部分，于是他发明了"透视盈余"这个概念，披露给投资者做参考，以提醒投资者注意会计准则的疏漏。

透视盈余，就是将伯克希尔非保险部门持有的、分类为可供出售金融资产的小股投资，每年报表净利润没有分红的那部分，也按照伯克希尔持有的比例，计算出伯克希尔应该分的利润，然后减去假设伯克希尔收到这笔分红时，会被税务局征收的税款，得出的伯克希尔"应得利润"。将这部分"应得利润"加在伯克希尔按照会计准则记录的报表净利润上——相当于将"可供出售金融资产"按照"长期股权投资"里的联营企业同等对待。

具体计算公式是：透视盈余 = 伯克希尔合并报表净利润 + 由伯克希尔非保险部门持有的小股投资企业当年净利润里没有分掉的部分 × 伯克希尔的持股比例 – 假如这笔利润分掉，伯克希尔需要缴纳的税款。

这里面有两点要注意：第一，这个算法不含旗下保险部门持有的上市公司股票。保险部门持有的小股投资，和会计准则要求的处理方法是一致的，归入交易性金融资产，直接将市值波动记录入保险公司的当期投资收益里。

第二，从 2018 年之后，美国开始实施新会计准则。新准则下，伯克希尔持有的其他上市公司小比例股权，一律需要记录为"以公允价值计量且其变动计入当期损益的金融资产"，将市值波动和现金分红直接纳入伯克希尔当期利润表。巴菲特和芒格不喜欢这种处理方式，但胳膊拧不过大腿，只能从了监管部门。所以，2018 年之后的致股东信里，不再有"透视盈余"这个概念。

### 三、内在价值

内在价值，也就是我们通常所说的估值。企业内在价值＝企业生命期内全部年份所产生的自由现金流的折现值加总。

这个数据，是每个投资者依照自己对企业未来全部生命周期里，每年所能创造的自由现金流（拿出来分给股东不会影响企业现有盈利能力的那部分现金）的估算，将每一年的自由现金流，按照某利率折算成相当于今天的多少钱，最后加总所得。

由于这个数据里有对未来的预计，所以不同的人，对同一家企业的内在价值估算可能有巨大差异。哪怕是巴菲特和芒格同时来做伯克希尔的内在价值估算，可能也会不一样。

巴菲特这样表述关于内在价值的问题，他说："一家公司未来全部生存时间里，所能产生的全部自由现金流，按照债券的利率折算到今天，就是这家公司的内在价值。这里的难点是现金流的估算，虽然确实有些公司相对更容易估算一些，但也无法做到准确。所以估值只能是一个区间（一个大概的范围而不是一个精确的数值）。而且，买入时还需要按照保守估值的区间下限，再留有一定的安全边际。如果查理和我对一家企业内在价值的估算是 X 到 3X 之间，我们就只愿意出价 0.5X 购买。"

注意，折现这个概念非常重要。折现的意思就是"折算成相当于现在的多少钱"，是为了便于将不同时间的金钱，放在统一尺度下做比较而采用的技术处理手段。它体现的是金钱的时间价值，在所有有关投资的理论中都会涉及。

这个听上去很高深的概念，理解起来其实很简单。背后的逻辑就是一年后的 100 元，价值低于此刻的 100 元。因为你若此刻有 100 元，就算拿去存银行，买国债，一年后它也会产生一些利息，比如利率为 3% 的时候，一年后就会变成 103 元。也就是说，在利率为 3% 的时候，一年后的 103 元和此刻的 100 元等价。这是将一年后到手的 103 元，用 3% 利率折算成现在的价值：103÷（1+3%）=100，这个过程就叫折现，使用的 3% 这个利率就被称为折现率。

同样的道理，如果是 5 年后的 103 元呢？那就要 103÷（1+3%）÷（1+3%）÷（1+3%）÷（1+3%）÷（1+3%）=88.8487 元，含义就是 5 年后到手的 103 元等价于此刻的 88.8487 元，或者说此刻的 88.8487 元以 3% 的利率存入银行，每年利息继续再存进去，5 年后就可以得到 103 元。

很明显，计算过程的折现率（即上文的 3%）取值越高，未来的同等金额此刻的价值越低。那折现率究竟应该取什么数值呢？它其实是一个相对主观的数据，反映的是投资者本人的机会成本，理论上应该采用投资者本人所能获得的无风险收益率。一般至少会采用十年期国债利率或 AAA 级企业债券利率中的较高值（任何投资者都能将钱投入这两类产品中获得对应的收益），所以巴菲特这里说，"一家公司未来全部生存时间里，所能产生的全部自由现金流，按照债券的利率折算到今天，就是这家公司的内在价值"。

### 四、市值

市值是一家上市公司股价乘以总股本的结果。股东投资上市公司股票所得回报，主要就是现金分红和股价增长两部分。由于巴菲特自 1964 年入主伯克希尔至今（2023 年）从未做过送股，分红也只有一次 10 美分/股，所以，我们计算持有伯克希尔股票的投资者收益率时，直接就可以用股价涨幅来替代。

## 不要基于预测做投资

**巴菲特：**我们投资企业部分股权的做法，只有当我们能够以合理价格买到优质企业股权的时候才行得通。它需要股市的配合。市场就像上帝，会帮助那些靠自己的努力解决问题的人。但是，与上帝不同的是，市场不会宽恕那些不知道自己在做什么的人。

对于投资者而言，以过高的价格买入，就是不知道自己在做什么。过高的买入价可能抵消一家优质企业未来十年的努力。当股市上涨到一定的程度，我们买入股票的能力和机会就会丧失，这种情况会周期性地发生。

十年前，市场狂热的高峰期（高 ROE 企业的股价被炒上天），伯克希尔的保险子公司只拥有市值 1800 万美元的股票（不包括蓝筹印花），只占当时保险子公司投资总额的 15%，而现在这个比例是 80%。

那时的市场里一样不缺优质企业，但当时的股价实在有点离谱。虽然股价上涨会让我们的短期业绩看着不错，但就长期而言反而会影响我们的持续发展。

最近，我们又观察到一些股市狂热的蛛丝马迹。

（摘自 1982 年致股东信；摘录时间：2022-03-03）

**唐朝**：巴菲特阐述了股市火爆会导致投资机会的丧失，过高的买入价格会遭受惩罚。当然，顺带也强调了遇到高估的时候会卖出，而不是某些"纯正夹头"所宣扬的"持股一辈子，死了都不卖"。

巴菲特之所以选择在此时提醒这个问题，是因为当时股市已经持续火爆了很多年。

如果从巴菲特掌控着伯克希尔创造出个人投资史上最高收益纪录的 1976 年算起，从 1976 年初到 1982 年末的完整七年里，巴菲特领导的伯克希尔公司实现了 676% 的收益，即 100 元变 776 元，年化收益率 34%。同期伯克希尔的每股股价，从 1976 年初的 38 美元涨到 1982 年末的 775 美元，7 年 20.4 倍，伯克希尔股东的年化收益率是恐怖到难以想象的 53.8%。

巴菲特内心已经有点发毛了。所以他难得地暴露了自己一贯隐藏的预测"神技"，很小心地提醒大家："我们现在又观察到一些股市狂热的蛛丝马迹。"英文原文是"We currently are seeing early traces of this problem"。根据上下文，我把"麻烦"译成"股市狂热"。

巴菲特厉害吧，是不是头脑特别清醒？没错，拥有大智慧的人就是这么厉害，在狂热的市场环境下也能够保持思维的清晰，太让人佩服了！不愧是"股神"！

然而，神转折来了。股市噼里啪啦地给了他无数个耳光——它再次证明"预测是危险的，尤其是对未来的预测"。下一个 7 年（1983—1989 年），美国股市没有一年是下跌的。标普 500 指数 7 年累计含息收益率是 227%，即 100 元变 327 元，年化收益率 18.44%。巴菲特掌控的伯克希尔公司，同期投资收益是 100 变 582，年化收益率 28.6%，伯克希尔的股价从 1982 年末的 775 美元涨到 1989 年末的 8675 美元，股东年化收益率 41.2%。

对这一通耳光，我相信认真思考的朋友一定会产生很多感触。来，说说你的思考。

**佐渡**：我们投资，永远是做比较而不是做预测。靠预测是发不了财的，暴跌之后再暴跌和暴涨之后再暴涨都是正常的，就连"股神"也不例外。要是巴菲特真的相信自己的预测并减仓的话，后面七年就只能看着股市一骑绝尘而去了。

**无语**：我觉得这足够说明我们没有能力预测市场。另外，预测正确还是错误，其实没有影响巴菲特赚钱，或许原因是巴菲特的投资决策和对市场的预测无关吧。

**素菊**：如果手里拿着一笔钱等到极度低估再买入，这 7 年真的会很煎熬啊！市场先生不可预测，永远将资金配置在收益率更高的资产就行了。

**客栈**：这部分巴菲特的致股东信很好理解。老唐的评论，前半部分也很好理解，读到中间的神转折，我就头皮发麻了。万万没想到，这么高估的情况下，股市还能再涨 7 年！不得不承认，预测是多么不靠谱，哪怕是股神的预测。

我们总在有意无意地预测，毫无疑问，会有很多预测被市场无情打脸。因此，按照永远比较的思路，按照既定买卖点执行，长期来看，既省力，又省心，收益还好。想通这点，投资就会变得更加快乐。

**乐之**：我突然明白了老唐 2021 年初卖出茅台后，为什么会买恒生 ETF 了。

**慧思**：我也明白了，如果遇到这种情况，持有股票以外的其他资产就太难受了。

**K. J**：如果没有一个逻辑严谨的体系，提前思考过买卖点，当时跟着感觉走，那么巴菲特 1982 年后可能就被甩飞了，而且一甩 7 年！而且长期被打脸也很容易让人动摇，怀疑，逻辑紊乱，体系崩溃。

**伯涵**：巴菲特这段话写于 1982 年，这一年其实是美股新一轮牛市的起点。即使聪明如巴菲特，也无法猜中市场情绪，所以不要做空，不要预测市场。

**Seven Zhang**：（1）我们没法预测市场，市场先生是疯癫的，即使强如巴菲特，做预测也难免被打脸。（2）不要做空，即使价格已经高得离谱，但股市狂热助推下的离谱上不封顶。这种情况下做空，只需一次便可血本无归。

**德芙**：为什么巴菲特没有减仓呢？

**唐朝**：在巴菲特的投资世界里（包括我的世界里）一直就没有加仓和减仓概念，只存在买入什么资产的问题。所有资产都是投资对象，对于巴菲特而言，最糟糕的兜底情况是全部买入类现金资产，比如国债。这不是"加仓"或"减仓"，这是不同价格、不同收益率的多种资产之间的比较。

**沈阳郭宝荣**：买股票就是买公司的全部或部分所有权；买股票就是买公司未来自由现金流折现。合理估值之下，买入；合理估值到高估之间，持有；高估，卖出。时刻保持头脑清醒，理性独立思考。不搞预测，不靠预测做决策。预测是危险的、不靠谱的。

**不期而至**：我们不需要预测市场，也没法预测市场。我们能做的就是认真研究企业，提前设定买卖点，根据自己设定的系统操作。市场高估，你的企业不一定高估；同样，你的企业高估，市场不一定高估。这就是老唐当时买恒生 ETF 的核心思想吧。

**不是朱轶**：大幅下跌后有可能继续大跌，大幅上涨后有可能继续上涨。仅仅通过估值预测，会觉得这个可能性不大，但实际上这个可能性还不小。最好的办法就是不去管市场先生的报价，坚定地以内心的锚为准，买点买，卖点卖，不做空，不上杠杆。投资不是比谁的收益高，而是跟自己比较。享受生活跟投资一样重要。

**镜湖：**（1）以过高价格买入优质公司也是不理智的；（2）对于绝对高估的优质持仓公司，要减持或卖出；（3）永远不要试图根据大势预测进行投资操作。

**林飞：**（1）我查了一下标普500的历史估值，1976年至1982年，PE一直在8~9倍区间，算是1956年至今标普最低估值的一个时间段；而1983—1989年，PE由8倍涨至13倍。看来伯克希尔前一个阶段的上涨几乎完全是盈利推动的，而后一个阶段则是估值与盈利共同上升的戴维斯双击。

（2）巴菲特还提到股价高涨对短期业绩有帮助，但长期而言却影响持续发展，就是老唐经常说的，股价上涨的结果，反而会拉低投资者的长期投资收益率。

（3）在市场狂热中保持警惕，是巴菲特的一种本能反应——长期在格雷厄姆的影响下形成的一种投资的自觉；也是"众人贪婪时我恐惧"表现出来的知行合一。

（4）巴菲特指出当时市场狂热的迹象，目的可能是提醒大家不要在当前狂热的市场下对未来抱太高的期望。随时保持正常的预期和良好的心态是相辅相成的。

（5）巴菲特不会基于对未来的预测而行动（买入或退出），只是抱怨狂热的市场没有更好的机会。他对投资的标准从不因市场行情而放松。

（6）未来市场到底怎么发展，事实证明即使巴菲特也判断不准。我们能做的，唯有关注企业，瞅地，永远比较。在任何市场环境下，无论狂热还是低迷，都选择能力范围内收益率相对最高的资产。

## 差异化很重要

**巴菲特：**医疗费用上涨的速度远高于一般物价涨速，加上保险责任日益被扩大的现状，保险公司的承保损失年度增速很难低于10%。大家必须认识到，1982年综合比率为109.5%，已是相当乐观的数据。

一般来说，若企业所处行业面临供给过剩，且产品具有同质化特征时，企业盈利能力就可能触发警报。当然，若价格或成本在某些情况下能获得控制，例如政府立法干预、非法勾结或联合垄断等，或许还有可能稍微降低一些竞争烈度。否则，由于客户不在乎产品或服务由谁提供，成本与价格完全是由市场竞争来决定，企业的下场一定会很悲惨。

这也是为什么所有的厂商都在努力强调并建立自身产品或服务的差异性。这种做法对糖果有用，客户会按品牌购买糖果，而不是仅仅说，"来两盎司糖果"。但是，对砂糖却没有用，你肯定没有听到有人说："一杯咖啡，加奶精和C&H牌砂糖，谢谢。"

有许多产业，注定就无法做到差异化。产业内有部分生产者或许能够因为具有成本优势而表现杰出，然而这种情况极少出现，甚至出现后也可能无法持续存在。对大部分生产销售同质化产品的企业来说，持续的产能过剩注定会导致价格滑落，企业总是躲不开获利艰辛的结局。

当然，产能过剩会因供给的缩小或需求的扩大而自我修正。但不幸的是，这种修正过程通常缓慢而痛苦。行业好不容易面临的反弹，会成为一窝蜂式全面扩产的开始，一段时间之后又必须面对先前的过剩窘况，重新步入无利可图的环境。换句话说，成功会招致失败。

最终决定这些产业长期获利情况的是供应缺口。大部分行业的供应缺口很少出现，以我们在纺织业的经验来看，供给偏紧的情况几年前发生过一次，大约持续了一上午。在某些产业中，供给偏紧的情况却可以维持很长一段时间。有时，是需求的实际增长在很长一段时间里超过了之前的预期；有时，是增加产能需要很长的时间，因为复杂的制造设施必须提前规划并花时间去建造。

言归正传说保险。保险行业的供给很容易提高，只要增加一点资本，然后公司签个字盖个章就行了。有时为了保障投保人免受保险公司倒闭的风险，监管机构甚至会允许保险公司在不增加资本的情况下增加保单供应。所以，除了股市大崩盘或真正的重大自然灾害造成的损失，能让保险公司产生一点生存恐惧之外，其他条件下，保险业几乎都在产能严重过剩导致的过度竞争环境下经营。

此外，尽管业内不断创新，但大家销售的保单大部分仍然属于无差异化产品。许多投保人，甚至包括大公司的管理层在内，根本不关注自己投保的是哪家保险公司的产品。因此，保险行业似乎是一个教科书式的案例，长期面临产能过剩和产品同质化的双重缺陷。

（摘自1982年致股东信；摘录时间：2022-03-04）

**唐朝**：巴菲特继续吐槽保险业面临的同质化竞争困境，这对我们来说意义不大。但他中间插入的关于产品同质化的论述，却是价值千金。

他阐述了两个要点：

第一，产品或服务的差异性，是保证企业轻松获利的根源。运用在实践中最明显的可能就是白酒（主要指高端）和游戏了。

第二，同质化产品最重要的是看供应缺口，看产能是否很容易增加。运用在实践里，就是老唐2021年3月分析陕西煤业的框架：需求确定会有小幅增加，但供应在短期内几乎看不到增加的可能。

简单而舒服的捡钱框架，都来自巴菲特的文字。这大概就是所谓的"书中自有千钟粟，书中自有黄金屋，书中自有颜如玉，书中车马多如簇"吧。

**不期而至**：通过思考找到差异性和供应缺口这两个关键点，捡钱只是理解后动作的闭环。

**WDS**：致股东信里讲述了不少保险的相关知识，且多次提示保险公司不是好生意。为什么这么些年了，那些所谓的巴菲特的崇拜者还是很热衷于保险股呢？

**赵旺**：市场给的估值低，很多人觉得有便宜可占，大多数人都做着

"估值修复"的美梦。我知道,是因为我现在梦醒了。

**星光《BEYOND》**:好多人并没有耐心详细地读致股东信。他们只看到表面:巴菲特有保险公司,然后利用保险公司的杠杆买股票赚了很多钱。

**艺桦 Eva**:同感,包括很多死拿着保险股的投资者都是这么想的。关键是巴菲特用浮存金投资和国内保险公司投资部门的能力、水平能一样吗?

**周明苋**:说实话,关于巴菲特对保险股的论述,如果不是听老唐讲解或者是系统地阅读巴菲特致股东信,人们很难理解,"他买保险股主要为了获取浮存金去搞投资,他甚至能因为市场恶性竞争停止接单"。这是中国的保险公司不敢想象的。中国的保险公司看重地位、规模甚于为股东创造价值。

**伯涵**:如果有差异化,就跟别的产品有区分,企业可以轻松赚钱;如果同质化,供不应求也可以赚钱;如果既有差异化,而且还供不应求,那简直就是赚钱的"戴维斯双击"。好了,大家应该知道我在说哪家公司了吧。

**大 Free 陈**:巴菲特控股这么多很难差异化的保险公司,又是如何获得高收益的呢?他又做了什么"差异化"的事情呢?

**唐朝**:第一,他利用了自己无敌的投资能力,能在同样代价获得浮存金的情况下,比别人赚得多;第二,他将保险和其他产生现金流的企业搭配持有,从而摆脱掉保险行业处于不利情况下仍然被迫卖保单的窘境,也就是说,伯克希尔遇到保险市场竞争过度的时候,敢于完全放弃保费收入、养着员工,坐等同行作死;第三,他开发了具有明显差异化的产品:霹雳猫(巨灾保险),别人做不了或者不敢做,供应受限,所以他具备了定价能力。

**无语**:《竞争优势》一书提到,产品或服务的差异化并不能保证轻松获利的,例如餐饮业、汽车等。如果没有进入壁垒,资本逐利下肯定会降低行业收益。

**唐朝**:是的,这种属于产品或服务虽有差异,但该项差异并非客户所需要的，或者差异没有达到客户愿意为之付费的程度。

## 供给过剩、同质化竞争的保险业

**巴菲特**：保险业是一个教科书式的案例，它同时面临产能过剩和产品同质化这对死亡组合的威胁。但为什么即使在这种情况下，过去几十年保险业还能有得赚呢？1950年到1970年间，行业平均综合比率是99.0%，也就是说保险公司还存在1%的承保利润。

答案在于传统规范和营销方式。20世纪以来，整个行业实际上是在监管机构的定价体系内运行。虽然价格竞争确实存在，但在大型保险公司之间却不普遍。大型保险公司之间的竞争，主要针对的是如何吸引保险代理商和经纪人，而且通常使用与价格无关的方式。

大型保险公司的保单费率，主要通过行业公会与州监管当局协调制定。讨价还价是难免的，但那是保险公司与监管部门之间的行为，不是发生在保险公司和客户之间。当讨价还价结束后，A保险公司和B保险公司的定价可能完全一致，法律甚至还禁止公司或经纪人使用价格手段竞争。

行业与监管机构协商制定的价格，保障了行业获利水平。当数据显示现有保单定价水平低于成本时，监管机构还会与行业共同行动纠正这种情况。因此，保险业的定价行为大多是"绅士的"、可预测的、能够保证盈利的。最重要的是，与大多数商业世界的运作方式完全不同，即使面对严重的产能过剩，保险公司依然可以合法提价以确保盈利。

可惜，好景不再了。虽然旧的规则仍然存在，但可以提供更多产能的行业外资本，正在迫使新老各方作出反应。新入局的竞争者使用各种营销方式，包括毫不犹豫地使用价格作为竞争的工具。在这个过程中，客户逐步了解到保险原来不是一项"一口价"的产品。他们会永远记住这一点的。

尽管不赚钱会让人犹豫，但保险公司不愿冒丧失市场份额与行业地位的风险放弃大笔的保单。恐怕只有重大的自然或金融灾难才会让他们真正收手。这种灾难或许明天就会发生，或许要等上好几年。

等灾难发生后人们会发现，即使把投资收益算进来，保险公司的利润也相当微薄。那时，供给才会真正收缩，大笔的业务将会送给幸存的大型保险公司。只有这些幸存的大型保险公司才有能力和渠道吃下所有的保单，我们的保险子公司已经为迎接这一天的到来做好了准备。

1982年，我们的承保收入下跌幅度超过了行业平均水平。展望明年，我们预期表现将与同业水准相当。水准相当的意思是一样地悲惨。

（摘自1982年致股东信；摘录时间：2022-03-05）

**唐朝**：巴菲特继续分析为什么供给过剩加上产品同质化，保险公司过去却一直能有承保利润。同时，他也指出竞争格局的最新变化和自己的应对措施。

前面就有朋友询问：巴菲特的保险公司为什么能赚到钱？我给出了三条理解，其中一条就是，伯克希尔面临市场竞争过度的时候，敢于完全放弃保费收入，养着员工，坐等同行作死。而上述摘录里，他表达的就是准备坐等同行作死，然后自己大把收钱的"险恶用心"。

在最后一段，巴菲特还预测了自己旗下的保险公司，明年会和同行一样悲惨，这已经够悲观失望了。不幸的是，事实证明巴菲特还是高估了自己和旗下企业。接下来两年，巴菲特旗下的保险公司比行业平均水平差多了。

1983年行业平均综合比率是111%（收100元保费，但运营费用加上赔偿支出合计为111元），巴菲特旗下保险部门是121%。1984年行业平均是117.7%，巴菲特旗下保险部门是134%。惨不忍睹！我们的保险大亨被市场一顿胖揍，鼻青脸肿不说，预测还直接脱靶、脱靶、再脱靶！

**慎之**：我以前一直以为保险靠牌照垄断经营，收浮存金，然后去投资，很简单就能成功。现在终于知道了保险原来一点儿也不好做。

**林飞**：通过保险业的例子，我再次感受到巴菲特的厉害之处：

（1）拥有足够理性的独立思考能力。同质化加供应过剩这样的局面，不可能只有他一个人认识到。但是，能够放弃短期收入，即便让员工闲着也不去搞自杀式低价竞争,这是同行少有人能做到的。归根结底还是深刻的长期思维。

(2)我总能感受到巴菲特性格里有股不信邪的劲儿。即便遇到不利的市场环境,他也总是想方设法创造条件赢。保险业尽管有着固有的缺陷,但是却被巴菲特玩出"差异化"的竞争优势来。所以,对二三流的企业来说,德才兼备、富有创造力的管理层才是核心竞争力啊!

(3)可能巴菲特这种性格特质,又正是他在航空业、零售业等屡败屡战的根源吧。

**Uuvv**:国内汽车保险就是这个类型吧?政策规定了行业最低价格是七折,就是属于传统规范,没有让车险陷入价格战。

**唐朝**:然而,各家保险公司都冒着被打击的风险,坚持偷偷给客户返现金、返购物卡、送维修保养或其他服务……

# 1983 年
## 喜诗糖果重要一课
## 笑看股价癫狂波动

年度背景 // 184
买入不是为了股价差 // 186
死了都不卖？ // 188
账面价值与内在价值 // 190
拒绝拆股 // 190
喜诗糖果的重要一课 // 194
呆坐大法 // 196

## 年度背景

美联储持续加息，叠加里根总统的小政府改革，美国的通胀水平在1983年终于受控了。当年CPI降至3.2%，而GDP增速达到了4.6%。简单的一句话就是，经济开始健康增长了。在此预期下，股市延续涨势。标普500指数全年上涨17.3%至164.93点收盘，加回指数成份股现金分红后，全年标普500指数收益率22.4%。

这一年，伯克希尔用换股方式吸收合并了蓝筹印花公司。

这一年，巴菲特在自己53岁生日那天，收购了一家他心仪已久的私人企业，也是让他讲了一辈子的案例：NFM（内布拉斯加家具商场）。这家企业的创始人及管理者B夫人觉着自己已经很老了，想变现部分股权分给不参与NFM经营的那些孩子。

至少在1972年以前，巴菲特就已经密切跟踪并非常眼馋这家企业，因为1972年出版的《超级金钱》一书里，作者记载了他和巴菲特驾车路过NFM时，巴菲特对作者说，"也许，我无论如何也要买下那家商场，未来的某天"。

大多数资料记录的是巴菲特没有清点资产，也没有核查账本就同意了B夫人的报价，现场开出支票，以超过6000万美元的整体估值购买了NFM 90%的股权（后来B夫人家族成员享受了约定的股权激励，伯克希尔实际是支付了5535万美元，买下了NFM 80%的股权），交易前后一共花费时间不足1小时。但实际上巴菲特在多年的跟踪里，对

NFM 的销售额、税收以及库存情况掌握得近乎一清二楚，他知道 B 夫人对 NFM 的熟悉程度，他知道 B 夫人说话的可信度，他也知道这个价格已经足够划算，所以才能那么干脆利落地做出决定。

这一年，巴菲特还在市场的一片恐慌中投资了一个问题债券——华盛顿电力债券。因为核电站烂尾导致企业现金流出了问题，华盛顿电力公司当时无法偿还到期债务，致使公司债券市价大跌。巴菲特经过研究，判断该公司不会因此而倒闭，债券本息可以得到偿还，于是他逆势买入了市价 1.39 亿美元的华盛顿电力债券。后来，这笔债券果然获得了良好的收益。

这一年最大的喜讯是 1977 年收购的布法罗晚报，在经历了连续六年亏损，累计亏损额近 1500 万美元后，终于熬死了竞争对手布法罗信报。在信报宣布停刊后，布法罗晚报 1983 年大赚 1935 万美元，一举将巴菲特收购以来的全部亏损赚了回来，并从此变身成为一台大功率的印钞机。1983—1999 年布法罗晚报的税前利润见表 8。

表 8　1983—1999 年布法罗晚报的税前利润

（单位：万美元）

| 年度 | 税前利润 | 年度 | 税前利润 |
| --- | --- | --- | --- |
| 1983 | 1935 | 1992 | 4786 |
| 1984 | 2733 | 1993 | 5096 |
| 1985 | 2992 | 1994 | 5420 |
| 1986 | 3474 | 1995 | 4680 |
| 1987 | 3941 | 1996 | 5040 |
| 1988 | 4223 | 1997 | 5590 |
| 1989 | 3605 | 1998 | 5300 |
| 1990 | 4395 | 1999 | 5500 |
| 1991 | 3711 | 2000 年之后 | 不再单独披露 |

注：2000 年后，由于伯克希尔规模日益庞大，布法罗晚报被归入"其他"，不再单独披露。

这一年，伯克希尔持有的普通股市值首次突破 10 亿美元（见表 9）。

表9 伯克希尔历年持股明细（1983 年）

| 股份数量（股） | 公司名称 | 成本（千美元） | 市值（千美元） |
| --- | --- | --- | --- |
| 6,850,000 | 盖可保险 | 47,138 | 398,156 |
| 5,618,661 | 雷诺兹工业 | 268,918 | 341,334 |
| 4,451,544 | 通用食品 | 163,786 | 228,698 |
| 1,868,600 | 华盛顿邮报 | 10,628 | 136,875 |
| 901,788 | 时代出版 | 27,732 | 56,860 |
| 2,379,200 | 哈迪－哈曼 | 27,318 | 42,231 |
| 636,310 | 埃培智 | 4,056 | 33,088 |
| 690,975 | 联合出版 | 3,516 | 26,603 |
| 250,400 | 奥美国际 | 2,580 | 12,833 |
| 197,200 | 媒体综合集团 | 3,191 | 11,191 |
|  | 其他持仓 | 7,485 | 18,044 |
|  | 合计 | 566,348 | 1,305,913 |

注：表中为持有市值高于 1000 万美元的主要持股。

当年，伯克希尔收益率32.3%，继续大幅领先指数。伯克希尔股票价格更是大涨69%，有史以来第一次突破1000美元大关，年末收于1310美元。

## 买入不是为了股价差

**巴菲特**：尽管我们的组织形式是股份公司，但我们是以合伙心态来经营的。查理·芒格和我将伯克希尔的股东视为合伙人，我们两个是执行合伙人——由于我们的持股数量，我们也是控股合伙人。我们不将伯克希尔公司视为下属企业及资产的最终拥有者，它只是股东们间接拥有各项资产的工具。

正因为这样，我们的董事全部是伯克希尔的主要股东。五位董事里的四位，其家族财产的50%以上是伯克希尔公司股票。简而言之，我们吃自己做的饭。

我们的长远目标，是最大化提升伯克希尔的每股内在价值。我们不以企业规模来衡量公司的重要性或表现，相反，我们只看每股增速。由于不断扩大的资金规模，我们相信每股内在价值的年化增长率未来一定会下降。但是，如果我们的增长率还不如美国大公司的平均水平，我们将会感到失望。

我们倾向于直接拥有能持续产生现金、具有稳定高ROE的各类公司的全部股权来实现上述目标。如果不行，我们退而求其次，由我们的保险子公司在股市买进类似企业的部分股权来实现。

（摘自1983年致股东信；摘录时间：2022-03-06）

**唐朝：**"我们吃自己做的饭"，这一点对于受托人来说，真的很重要。套用到现在某些朋友对基金的投资上，也很有价值。

那些目标朝着管理费，不断冲规模的基金，很显然不如那些基金经理将自己的全部身家押进去的基金可信。因为后者至少也吃自己做的饭，虽然这并不能保证这碗饭味道就一定好，但起码做饭人应该不会在里面掺沙子、吐口水。

巴菲特说，"我们倾向于直接拥有能持续产生现金、具有稳定高ROE的各类公司的全部股权来实现上述目标"，即通过股市买入部分股权，只是因为没有能力或途径收购目标企业全部股权而采用的次优选择，也就是说，股价的上涨从来就不是巴菲特投资决策的初心。

如果我们做决策也能依照这样的逻辑去思考，自动就能摒弃击鼓传花、坑死下家的投机意图，天然地就让自己不大可能再赔钱了。毕竟你买入的目标及所支付的价格，就是建立在哪怕退市没有股价后，回报依然会令人满意的基础上。这样的企业股权，又怎么可能不招人爱，怎么可能长期不涨呢？市场先生会强迫你收下股价上涨的利润，不允许你拒绝。

**伯涵：**看到这段关于受托人责任的表述，我想到巴菲特经常跟股东说，"我们在同一条船上"。遇到亏损的年份（股价下跌而非经营亏损），巴菲特的损失比其他股东更多，他说这样他在心理上也会好受一些。巴菲特这种性格，其实是很善良的，总是不愿意辜负别人。

**山茶：**不以股价上涨为目的，只获得公司成长的红利，买入时就会更谨慎地计算安全边际，就不会亏钱。这个道理简单、直白，做到却很难。学习巴菲特，只计算透视盈余，不看股价涨跌，也许能除掉"股价涨了高兴，股价跌了痛苦"的心魔。

## 死了都不卖？

**巴菲特：**查理和我有一种共同态度，它可能有损我们的业绩表现，我认为你应该充分了解这种态度。这种态度是：无论价格高低，我们完全没有兴趣出售伯克希尔拥有的任何优秀企业。甚至对于次一等的企业，只要它们多少还能产生一点现金，并且管理层和劳资关系还不错，我们也没有出售欲望。

我们不希望重复过去将资本配置在次一等生意上的错误。对于投入大量资本去改善次等生意盈利能力的建议，我们持高度谨慎态度。这些建议通常都很真诚，也包含亮丽的预测数据，但在一个糟糕的行业里投入大笔资金，最终基本会像在流沙里挣扎一样，毫无意义。

尽管如此，金拉米纸牌游戏的管理方式（每次都抛弃你最没有前途的业务）不是我们的风格，我们宁愿接受差一点的结果，也不愿意那样做。

（摘自1983年致股东信；摘录时间：2022-03-07）

**唐朝：**这段话里的"无论价格高低，我们完全没有兴趣出售伯克希尔拥有的任何优秀企业"，是中文世界里很多头插纯正价投标签，号称"持股一辈子，死了都不卖"的人的理论依据之一，因为巴菲特白纸黑字写过，就是这么干的。

但我认为这也是人们的理解错误，而且错误很多，很严重。

错误之一：巴菲特此时说的无论价格高低都不卖，指的是旗下全资或控股的公司，不是指投资的股票。

恰好，我这份致股东信资料里夹着一张不知道是哪年读的时候写的数据（见表10），记录了巴菲特1982—1986年间在时代出版公司上高抛低吸的操作（1986年清仓），足以证明他此时说的不是上市公司股票高低不卖。

表10  1982—1986年高抛低吸时代出版公司股票

| 年份 | 持有股数（股） | 成本（万美元） | 市值（万美元） |
| --- | --- | --- | --- |
| 1982 | 1531391 | 4527.3 | 7982.4 |
| 1983 | 901788 | 2773.2 | 5686.0 |
| 1984 | 2553488 | 8932.7 | 10916.2 |
| 1985 | 847788 | 2038.5 | 5266.9 |
| 1986 | 0 | 0 | 0 |

错误之二：即使巴菲特针对全资和控股的未上市公司，他说无论价格高低，其实也是默认未上市企业面临的产业并购，很难有非常离谱的价格出现，毕竟产业界的傻子没有股市里那么多。这个高低，指的是在企业内在价值略高或者略低的范围，并不是字面意思表达的"随便你给我多少钱，我都不卖"。

错误之三：即使是旗下的全资或控股非上市公司，巴菲特也卖过，并不是价格高低不卖。比如在《巴芒演义》里两次出镜的K&W公司就被卖掉了，而且还不是因为这家企业不赚钱而卖出的。

错误之四：即便如此，巴菲特也说得很清楚了，这是有损于伯克希尔业绩表现的做法。只是他已经很有钱了，愿意牺牲一些收益，对已经相熟的企业管理层和员工好一些，让他们感恩。作为和管理层、员工根本没有搭过话的"小散"，学习巴菲特这一点，属于典型的东施效颦。

综上所述，孤立呆板地背诵大师语录，背诵价投口诀，真的会害死人的。

这部分里，还有一段话不要忽视了，就是"在一个糟糕的行业里投入大笔资金，最终基本会像在流沙里挣扎一样，毫无意义"。下次再遇到让大海沸腾、让梦想窒息的热情时，心中多念叨一下这句话，有助于对逆袭或者窒息多一点警惕。

**Mr. chen**：没有什么死了都不卖的投资品！别人拿着同等重量的金子换你手上的花岗岩，谁会不卖？

**林飞**：不卖差一点的企业，理由是对管理层和员工好。伯克希尔要承担企业的社会责任，这样做相当于牺牲一点盈利为社会解决就业问题。这让我想到茅台至今还保留一些本可以用机械替代的人工工序。

## 账面价值与内在价值

**巴菲特**：账面价值是一个会计概念，记录了投入资本和留存收益的累积值；内在价值则是一个经济概念，是估算了未来全部自由现金的折现值。账面价值告诉你投入了多少，内在价值是你预计可以得到多少。

账面价值相同的公司，内在价值可能天差地别。用一个类比可以解释这两个概念的差异：假设你的两个孩子上大学，花费相同。每个孩子教育的账面价值（以投入衡量）是相同的，但这两个孩子未来所创造的成就（内在价值）却可能天差地别，介于零到 X 倍之间。

（摘自 1983 年致股东信；摘录时间：2022-03-08）

**唐朝**：巴菲特这段表述，脱胎于格雷厄姆那句广为流传的名言："价格是你付出的，价值是你得到的。"

**林飞**：请教老唐，信中所述的账面价值，是否就是账面净资产，资产负债表里的"归属于母公司所有者权益"？

**唐朝**：对。

**志勇**：付出了价格，得到了价值。如果付出的价格低于后来所得价值，那就是物有所值，反之亦然。所以，投资总是比较，在做决定的那一刻，要考虑的是后来所得价值，不是当下别人交易的价格。

## 拒绝拆股

**巴菲特**：经常有人问我们为什么伯克希尔不拆股。提问者默认的假设是拆股对股东有利。我们不认同这点，让我来阐述一下原因。

我们有个目标，希望伯克希尔股价能够与企业内在价值增长正相关。注意，正相关不等于完全一致，遇到大量的优秀企业股价远低于内在价值的市场环境，伯克希尔也很难例外。

无论何时，公司股价是否理性与持有它的股东息息相关。如果股东与潜在买家大部分是基于情绪交易的炒家，癫狂的价格就会经常出现。我们买卖其他公司股票时，会想办法去利用这种癫狂。但我们尽量避免让伯克希尔股价癫狂，因为理性的价格更有利于身为股东的你我长期持有。

获得高质量股东并非易事。任何人都可以根据个人喜好买入任何股票，却没有哪家公司可以依靠智力、情绪稳定性、道德感或衣着品位来筛选股东，所以，股东优选学可能是一项毫无希望的事业。

但大致上，我们认为通过坚持传播我们的经营理念，可以吸引并维持一个优质的股东群，实现一定程度的自我筛选。就好比即使任何人都有自由买票入场的权利，但歌剧和摇滚的广告，仍然会吸引截然不同的人群入场。

我们也是如此，通过明确的定位和交流，我们希望吸引那些了解我们的经营方式、经营态度和未来预期的投资者。同样重要的是，我们试图隔离那些不具备此类认知的人。我们希望股东把自己看作公司的主人，愿意长期持有公司股份，更重视公司的经营成果而非短期股价波动。

具备以上特点的投资人是极少数，但我们却拥有不少。我相信大概有90%以上（可能超过95%）的股东，已经持有伯克希尔或蓝筹印花5年以上。甚至我猜想，我们的股东里有95%以上，持有伯克希尔股票的市值是他们第二大持股的两倍以上。

在拥有至少数千名公众股东且市值超过10亿美元的公司里，我敢保证伯克希尔股东与经营者的思维一致程度最高。我认为妄图继续提高我们股东的整体水平是非常困难的事。

如果我们分拆股票，或者采取其他关注股价（而非内在价值）的举措，只能是吸引那些质量不如当前持股股东的潜在买家。当伯克希尔股价为 1300 美元时，买不起的人也不多。如果我们将 1 股拆成 100 股，让一个原本能买 1 股的人买 100 股，有什么意义呢？而那些因为拆细后股价看上去比较低，所以决定买入的人，一定会拉低公司股东平均智力水平。那些认为拥有 9 张 10 美元的钞票比拥有 1 张 100 美元的钞票更富有的人，值得我们吸引他们吗？

人们若基于非价值理由买入股票，迟早也会基于非价值原因卖掉股票。他们的加入只会使公司股价偏离价值，出现非理性波动。我们尽量避免那些会招来短期投机客的举措，只吸引那些关注企业内在价值的长期投资者。

（摘自 1983 年致股东信；摘录时间：2022-03-10）

**唐朝**：巴菲特阐述了为什么伯克希尔不搞股票拆细，原文简单直白，不需要补充，从头到尾其实就说了一个"物以类聚、人以群分"的道理。

其实书房书院也是如此，明明白白的定位，清清楚楚的道理，聚集着志同道合的优秀投资群体，也尽最大可能阻止那些盯着短期股价、技术图形、热点新闻、资金出入的人来关注。我们不想和他们一起抱怨、诅咒、疯狂，对不？

**Mr. chen**：或许从另外一个侧面来说，股价高企对于股价的稳定有那么一点点的作用，毕竟那些市值小的"股神"，不愿意买类似茅台这种没啥新概念、价格又奇高的股票。

**伯涵**：人与人是相互选择，相互吸引的。不合适的人硬凑到一起，最后还是会分开，双方还都会很不愉快。合适的人在一起，大家彼此都舒服。就像我们的书院一样！

**周明芃**：公司与持有公司的股东是相互选择的关系，有什么样的股东就有什么样的企业。从我们自己的角度来说，我们的时间、精力、金钱都是有限的，我们只愿意花在那些对我们很重要的事情和人身上。与老唐等书院的良师益友交往，就能形成人际关系、事业等各方面的良性循环。就像老唐所说："善良会产生复利，与优秀的人打交道，惊喜不断。和垃圾人打交道，惊吓不断。"

**林世迎**：我这里有点不理解：伯克希尔股价波动对巴菲特来说没什么影响吧？如果股价真的波动巨大，特别是跌到远低于内在价值的时候，伯克希尔不是也能通过回购注销的方式，变相提高所有股东的收益率吗？

**唐朝**：因为他不仅想到自己的利益，还希望自己的身边人、老朋友都能长期持有获得财富增值，而不是中途被甩出去。

**林世迎**：理解了，巴菲特这性格真的很温暖，有种邻家老爷爷的感觉。

我想到的唯一好处是，志同道合的股东多点，股东大会上问愚蠢问题的人会少一点。但能通过股东大会布道，把一些投机者教育成投资者，对巴菲特来说，也许会更有成就感。

**佐渡**：巧了，最新的 2021 年致股东信正好提到了这个问题。巴菲特写道："必须得说，伯克希尔股票的回购机会有限，因为它拥有高品质的投资者。如果我们的股票是被短期投机者大量持有，其价格波动和交易量都会大幅放大，这样可能给我们创造更多有价值的回购机会，让长期股东们从投机性回购中获利。尽管如此，查理和我还是更喜欢我们现在的股东。"

**林飞**：读了这一年的内容，感受到巴菲特性格里有几个显著的特征：

一是对长久关系的执着，无论是对生意、朋友还是生活习惯，总是会从更长远的角度考虑，不轻易变换。

二是不轻易放弃任何跟他有关的人或者事。他数十年如一日地坚持传播投资理念，即便是原本完全不懂的股东，也逐渐成为打心底里认同其理念的长期股东。

三是总愿意由衷地赞美身边的好人好事。这封信就是对长期股东的高度赞誉。这种赞美会在巴菲特周围形成一种文化，大家都不愿意相互辜负，从而形成一个不断进化的、不断高水平互动的群体。

正如书院的氛围，在这里不进步、不努力，感觉都不好意思。

## 喜诗糖果的重要一课

**巴菲特**：喜诗糖果给我们上了重要的一课：从逻辑上讲，只要企业净资产收益率大大超过市场平均水平，企业的内在价值就应该远超其有形资产净值。帮助企业带来超额回报的东西就是经济商誉。

多年来，传统观点认为抵抗通胀最好的办法是拥有自然资源、工厂、机械或其他有形资产。"我们只信有形之物"的看法，符合传统但缺了点儿智慧，真实世界不是这样运转的。

重资产企业的收益率通常很低，低到仅能为企业现有业务提供资金以对抗通胀的侵蚀，很难有剩余资金去支持扩大再生产、收购新业务或者给股东分红。

（摘自1983年致股东信；摘录时间：2022-03-11）

**唐朝**：1983年，喜诗糖果以2000万美元的账面资产，赚到了1370万美元的税后净利润。

从这个数据可以看出，1972年1月以3500万美元买下账面现金1000万美元、其他有形净资产不到800万美元、年净利润不足200万美元[1]的喜诗糖果，是多么英明伟大的一笔投资啊。

更吓人的数据，巴菲特留在了1984年的年报里：1972年到1983年间，喜诗累计赚回来8030万美元税后净利润，而这期间不仅没有伸手向巴菲特要一分钱的资本投入，反而给巴菲特输送了五六千万美元的现金红利。

简化一下大概就是：1972年1月，花2500万美元买下一家账面净资产只有不到800万美元、年度净利润不足200万美元的企业。之后12年里，拿到现金分红五六千万美元，企业净资产扩张至约2000万美元（2000-800=1200，来自净利润留存），最近的年度净利润是1370

---

[1] 现在可知的公开资料显示，1972年全年喜诗糖果净利润208万美元，但1972年1月收购时，巴菲特只能参考1971年的净利润，推测应略低于200万美元。

万美元。

诱人吗？不要说2500万美元，就是用5200万美元买下来也是超级划算的，对吧？这个现实深深地刺激了巴菲特，所以他写道，"喜诗糖果给我们上了重要的一课"。这一课就是对当年格雷厄姆教给他的"我们只信有形之物"理念的否定。

另外，这里巴菲特还抖了个小包袱："我们只信有形之物"的英文表达为In Goods We Trust，模仿了美元纸钞上印的那句"In God We Trust"。

**Wkx**：根据这些数据，我计算喜诗糖果的PE是17.5倍，不知道当时的无风险利率是多少呢？

**唐朝**：1972年美元存款利率5.33%，无风险收益率应该比这个略高。

**Wkx**：谢谢老唐，这可真是十足的合理估值，完全没有格雷厄姆眼里的"低估"。巴菲特这个进化不一般。

**Wcx**：喜诗糖果当年的拥有者为什么会卖呢？

**唐朝**：第一代创业者去世了，继承人对经营糖果毫无兴趣。

**董伟**："仅能为企业现有业务提供资金以对抗通胀的侵蚀"，这句话怎么理解呢？

**唐朝**：就是等到设备厂房需要更新的时候，发现历年所提折旧不够，通胀环境下啥都涨价了，所以还需要把财报上显示的"利润"加回去，才够去买新的设备、生产线，结果就白忙活了，或者真实利润大大低于报表显示数据。

**伯涵**：喜诗糖果是一道分水岭，巴菲特从此更看重盈利而非资产，更看重定性而非定量，更看重无形资产而非有形资产，更看重好公司而不是好价格。当然，自然从不飞跃，巴菲特并不是在喜诗糖果上"顿悟"的，而是在这一刻，量变终于引起了质变。这是一次华丽的转身，一次完美的进化，从此告别过去，拥抱未来的星辰大海……

**晨子**：有趣的是，巴菲特和芒格曾说："如果当时喜诗的卖方再多要10万美元，我们就不会买了，那时候我们就是那么傻。"记得老唐也讲过:"这是一次惊险的、巨大的、无价的跨越,这是二老的幸运,也是整个投资领域的幸运。"

**唐朝**:的确如此。

**林飞**:喜诗糖果这笔投资的成功,在于净利润不断增长的同时,只需要投入很少新的资本,大量的盈利都通过分红的方式回到巴菲特手中,用于投资其他优质公司。

从 1972 年至 1983 年,喜诗糖果的年均销售额增长率为 14.2%,年均净利润增长率为 20.7%。不过糖果的销售数量并不出彩,总销售量只增长了 45%。这种情况很像今天的某些在产销量方面有局限的公司。

而如果一家公司有类似喜诗糖果的小投入大产出能力,但是盈利却很少分配给股东,产生大量冗余资金,是不是长期下来,我们未必能获得巴菲特在喜诗糖果身上同等程度的成功呢?

这或许说明,对于无法左右管理层的小股东,最理想的投资目标,一是高 ROE,低分红,但盈余还能有更好的去处,而不是仅趴在账上,类似今天的腾讯或者伯克希尔;二是高 ROE,盈余用于回购或高额分红,类似今天的苹果、喜诗。

**Glenn**:我在 1983 年致股东信里没找到老唐摘录的这几段呢?

**唐朝**:这是当年致股东信后特意附加的一份附件内容,文章题目叫 *Goodwill and its Amortization: The Rules and The Realities*(商誉及其摊销:规则与现实),国内很多中文译本没有收录这份资料。

## 呆坐大法

**巴菲特**:最近十多年,很难找到符合我们定性和定量标准,同时价格又合适的投资对象。我们努力避免调低标准去迎合市场,尽管我们知道什么都不做才是最难做的事。有位英国政治家,把英国在 19 世纪的伟大成就归功于"无为而治"。无为而治比较容易被历史学家表扬,但身处其中的当事人遵循起来却很难。

(摘自 1983 年致股东信;摘录时间:2022-03-12)

**唐朝**：什么都不做，是投资领域里最难做的事。呆坐大法和"本周无交易"并不是容易修炼的功夫。

**K.J**：确实如此，我经常提醒自己啥也别做，奈何又时常手贱，总觉得要做点什么，总以为自己会做对，但事后都是错。

**巴菲唐施洛**：最近市场先生确实有些"调皮"，也让我对呆坐不动的难度有了新的认识。以前以为的呆坐不动，只是当持仓股上涨或者下跌的时候不为所动，难度只能算中等。现在发现还有难度更大的不为所动。当你更为看好的公司一直下跌，然后就会想主动调仓换股！时间拉长了看，恐怕哪个合适还真不好说，最主要的是增加了交易成本！这可是实打实的"亏损"。现在想想，除非出现您说的有明显便宜可占，不然还是少动为妙！

**晨子**：如果现实中办一个"什么都不做"比赛，估计参赛者坚持的时间会比想象中短得多。

**林飞**：低估的时候卧倒装死一动不动，还容易点儿。感觉最难的一动不动，是在估值不高不低（包括指数基金）的情况下，而此时刚好你手里有不少现金。

**唐朝**：下面这段是我2016年发在雪球的帖子，和林飞表达的意思基本一致。

我的个人经验是：满仓套牢不动，最容易，几乎所有炒股的都会；空仓不动，稍难，需要一定的克制力；盈利30%~100%之间呆坐，最难，必须对公司价值有大致估算，能抵御波动的诱惑。如果盈利30%~100%之间，还要每天上雪球聊天吹水扯淡，眼见股票天天涨得烦，难上加难。一旦呆坐盈利超过100%以后，又回归简单了。

唐朝 2016-08-10　16：16，来自雪球

# 1984 年
## 树立金钱平等理念
## 一美元原则看分红

年度背景 // 199

垄断的魅力 // 201

保险公司的"死法" // 202

自由现金等价 // 204

伯克希尔的优势 // 205

高通胀对投资的伤害 // 207

小心那些"假利润" // 208

如何判断公司是否应该分红？ // 210

## 年度背景

1984年，市场的主要关注点在于美国庞大的财政赤字。罗纳德·里根总统的施政纲领就是降低税率，减少政府干预，减少政府开支。减税比较容易，政策一出，税收就降下来了。但减少政府开支，却涉及一个一个的政府机构、一笔一笔的具体支出、一项一项的行政事务，进展起来就没有那么容易了。这一点在古今中外，概莫能外。

开支减少的速度比税收降低的速度慢，结局只有一个：财政赤字扩大，政府只能靠发债借钱来支付当年开支。里根总统上任后，美国政府的财政赤字迅速扩大，1981年至1983年分别为790亿美元、1280亿美元和2078亿美元。

这种赤字增速，市场担心政府接下来要么增加发债数量从而抬高市场利率，要么考虑加税减少企业利润。果然，当年3月，里根总统推出三年削减1500亿美元财政赤字的计划，主要是削减部分开支的同时调整部分税种和税率。依据财政部估算，企业整体税负将提升约25%。这种情况下，股市基本以震荡下跌为主。

7月底，美联储主席释放加息周期结束、货币政策松动的信号，引发股市大幅反弹。11月，美联储降息。

年末股市收复失地。全年标普500指数上涨1.4%至167.24点收盘，加回成份股股息后，标普500指数收益率6.1%。

这一年，伯克希尔以13.6%的年度收益继续超越指数（连续第四年），但伯克希尔股价却从年初的 1310 美元微跌至 1275 美元收盘，年度跌幅 2.7%。

这一年是巴菲特入主伯克希尔的第 20 年。这 20 年里，信任巴菲特，持有伯克希尔股票一动不动的股东，实现了整 100 倍的回报，年化收益率近 26%。

这一年，伯克希尔持有的普通股仓位见表 11，投入成本累计约 5.8 亿美元，年末市值约 12.7 亿美元。

表 11　伯克希尔历年持股明细（1984 年）

| 股份数量（股） | 公司名称 | 成本（千美元） | 市值（千美元） |
| --- | --- | --- | --- |
| 6,850,000 | 盖可保险 | 45,713 | 397,300 |
| 4,047,191 | 通用食品 | 149,870 | 226,137 |
| 3,895,710 | 埃克森 | 173,401 | 175,307 |
| 1,868,600 | 华盛顿邮报 | 10,628 | 149,955 |
| 2,553,488 | 时代出版 | 89,327 | 109,162 |
| 740,400 | 美国广播 | 44,416 | 46,738 |
| 2,379,200 | 哈迪-哈曼 | 27,318 | 38,662 |
| 690,975 | 联合出版 | 3,516 | 32,908 |
| 818,872 | 埃培智 | 2,570 | 28,149 |
| 555,949 | 西北工业 | 26,581 | 27,242 |
|  | 其他持仓 | 11,634 | 37,326 |
|  | 合计 | 584,974 | 1,268,886 |

注：表中为持有市值高于 2500 万美元的主要持股。

这一年，巴菲特在价值投资的圈子里，已经隐隐具备了一代宗师的气质。比较有代表性的是他发表的著名演讲《格雷厄姆和多德的超级部落》，旗帜鲜明地驳斥了有效市场理论，同时将格雷厄姆和多德部落的代表性投资者群体，推到了媒体的聚光灯下。

这一年，恩师本杰明·格雷厄姆邀请巴菲特参与自己的传世巨著《聪明的投资者》的修订和再版工作。但巴菲特的理念已经和恩师产生了不可调和的分歧，尤其是关于优质企业以及集中和分散的问题。

最终巴菲特没有参与该书的修订，没有在该书新版上署名，只是给新版写了一篇推荐序。

当然，这名气依然仅限于投资领域。这一年，伯克希尔股东大会参会人数仍然不到50人，在实业领域里，巴菲特的知名度还远远不够。1984年，巴菲特持有4%的时代出版公司的股份后，他听说时代出版面临恶意收购，随即托朋友转告时代出版公司董事会，说如果董事会愿意，他愿意担任白衣骑士，出资认购时代出版的股份且不要求参与管理。结果时代出版的董事会一脸蒙地询问："巴菲特是谁？谁是巴菲特？"白衣骑士的事儿也就不了了之了。后来，时代和华纳合并，成为知名的时代华纳。

## 垄断的魅力

**巴菲特：** 在商业世界里，一家拥有垄断地位的报纸，优势非常明显。

在一般行业，品质不好的产品，生意一定不好。但在报业可不是这样的，一流的报纸盈利丰厚的同时，一份三流的报纸照样会赚得盆满钵满，甚至还可能超过一流报纸，只要这份三流报纸在它所在区域拥有垄断地位。

一旦报纸形成垄断地位，那么就是报纸本身，而不是市场来决定报纸的好坏。无论好与坏，它都将继续盈利。

（摘自1984年致股东信；摘录时间：2022-03-14）

**唐朝：** 1984年，巴菲特阐述了他对报业的重要理解。不过，这笔投资算是"事后都易，当下最难"的典型代表案例。

阅读这番话的时候，一定要配上《巴芒演义》第三十回的精彩故事才行，否则你会被巴菲特云淡风轻的表述误导，以为这是一笔"一切尽在掌握中"的英明投资。其实这是一部掉进粪坑后努力挣扎并成功上岸的艰苦卓绝的奋斗史。

**周明芃：** 巴菲特讲布法罗晚报的案例时显得云淡风轻，但我们了解了内情之后，才知道其中一波三折。和盖可保险一样，布法罗晚报在巴菲特进入之后，需要和同地区的另外一家报纸竞争，同时还需要面对工会的反复折腾。当时巴菲特还在面对蓝筹印花的官司，备受煎熬，因此一度想放弃，是在芒格等好友的劝说下才坚持下来的。如果让我们这些普通投资者来处理，说不定早就放弃了。

**姚队**：布法罗晚报真是巴菲特系列噩梦中的一个。那时候，苏珊出轨，芒格手术失败不想活了，坏事情一个接一个。我记得芒格拿着判决说，"哎，这判决书的文笔很好啊"，是回看历史唯一的轻松点。

**伯涵**：报纸行业有个特点：读者越多，客户就越多；客户越多，报纸收入越多，可以办得更好，读者也就越多。这跟现在很多媒体是一样的——头部创作者越多，受众就越多；受众越多，也就能吸引更多的头部创作者加入。报纸的衰落，主要是因为互联网大大加强了信息的时效性，大大缩减了信息传递的成本。

**姚文学–成都**：巴菲特对于垄断报业的高利润看法没有问题，确实是高利润且具有提价的权利，简直就是一台印钞机。但巴菲特低估了实现垄断以前竞争的激烈程度和所需的时间。

**客栈**：这个案例和分众传媒很像。换成分众就是："一旦梯媒处于垄断地位，那么就是企业本身，而不是市场来决定梯媒的好坏。无论好与坏，它都将继续盈利。"

## 保险公司的"死法"

**巴菲特**：大多数企业破产时，现金已经枯竭了，但保险公司不同。保险公司即使破产了，账上依然会很有钱。由于现金在保单生效前就到账了，而承保损失的支付可能是很久以后，所以破产的保险公司在它们的净资产归零很久之后，才会用完账上的现金。

事实上，这些"活死人"通常会不计成本地大量出售保单，以保持现金流入。这种态度就好像一个挪用公款赌博的人，输钱后只能被迫继续挪用继续赌，期望下一把能够幸运地捞回本钱以弥补亏空。即使不成功，反正亏空1000万和亏空1个亿的惩罚也差不了太多，赌一把至少还能够继续享受原来的职位和待遇。

　　同行所犯的错误，对伯克希尔来说可不只是听听而已。我们不但要承受那些"活死人"降价竞争之痛，而且当它们真的倒闭时，我们也要跟着倒霉。因为不少州政府所设立的偿债基金是依照保险业经营状况来征收的，伯克希尔最后可能被迫分担这些损失。

　　通常要很晚以后，才会发现事件远比想象的严重，而原本体质略弱但远不至于倒闭的保险公司，也可能受此连累跟着倒闭。如果监管机构能够迅速识别那些即将破产的保险公司，并停止其承接保单，是可以减轻这种危险的，但监管机构在这方面的反应一直很迟钝。

　　（摘自1984年致股东信；摘录时间：2022-03-15）

　　**唐朝：**巴菲特继续絮叨"保险公司的死法"。

　　真经就是要时常念，碎碎念，因为听着仿佛懂了，和面对现实的时候不慌、不疑、不着急，往往还有十万八千里之遥。

　　比如，昨天刚创下单日亏损纪录，今天突发新闻——俄乌谈判又谈崩了，说不定今天日内亏损继续破纪录，明天再创新纪录……隔壁农场主有时就是这么报价的。

　　你是被报价打得晕头转向，还是看着自己的地里日长夜长的小树苗高兴？市场已经出题，你我负责答题，试卷是必须填的，不接受白卷。

　　在股市里轻松赚钱的核心就是，处理好如何面对波动这个天下第一难。企业分析是其次；估值是其次；有没有现金在手，影响更是近于零。

　　**伯涵：**能不能理性看待市场波动，是检验是不是真正的投资者的第一关，也是最重要的一关。心理上迈过这个坎，以后钱只是赚多赚少的问题。

　　**Vic：**老唐以前说过，股票具有"股性"和"票性"两大特征，真正的投资者关注的是股性而非票性。最近大幅下跌，导致很多人卖出，原因是紧盯着"票"的思维模式。

　　**姚队：**所以，不是专业人士，坚决不碰保险股！保险估值，几乎全部是依靠估计和直觉，没有逻辑和数据支撑。

## 自由现金等价

**巴菲特**：1983年10月到1984年6月间，我们买入了大量华盛顿电力系统的债券（以下简称华电债）。

我们评价债券投资的方法，和评价企业股权的方法一样。我们花费1.39亿美元买入面值2.05亿美元的华电债，与同样花1.39亿美元买入股权做比较。华电债"这家企业"每年可给我们产生2270万美元税后盈余（债券利息），且全部以现金形式支付给我们。假如是收购企业，我们可无法用这个价格买到类似的企业。只有很少的企业可以在不举债的前提下，获得税后16.3%的收益率。

如果市场上真有这样的企业出售，价格一般都会很高。以目前的并购市场行情来说，一家无财务杠杆、每年可赚得2270万美元的税后盈余（相当于税前要赚4500万美元）的公司，普遍要价2.5亿美元至3亿美元，有时还会更高。对于我们能搞懂且非常喜欢的企业，我愿意支付这个价格，但这价格是购买同等盈利能力华电债的两倍。

当然，华电债有非常小的概率在一两年内变得一文不值。另外就是可能存在有一段时间里公司付不出利息的风险，但我和查理评估后认为价格折扣足以弥补所承担的风险。

此外，获利上限被封死也是投资债券的一大缺点。华电债"这家企业"的最高价值，就是2.05亿美元的票面价值，只比我们支付的价格高出48%。

然而，我们必须知道，对于大部分生意而言，除非你持续投入大量的资金，否则获利空间其实也是有限的。因为大部分企业即使是身处高通胀环境——传统上认为高通胀环境有利于提高企业净资产收益率——也无法大幅提高净资产收益率。

（摘自1984年致股东信；摘录时间：2022-03-16）

**唐朝**：巴菲特换了一种姿势，给我们演示什么叫作"all cash is equal"，即"金钱都是一样的，比较它们就是了"。

股权是一种特殊的债券，债券同样可以看成一种特殊的股权，投资就是比较它们未来能够产生的自由现金，没什么深奥的。记住这点，投资人自然就不会在严重高估（比如收益率低至1%甚至更低）的时候去追热点概念，也就不会在严重低估的时候担心股价继续暴跌（收益率继续飙升）怎么办。

**笨鸟慢飞**：股权是一种收益率不固定的债券，债券是一种收益率有上限的股权。

**林飞**：最后那句"高通胀环境有利于提高企业净资产收益率"，应该怎么理解？是不是只对具备提价权的公司才有利？否则高通胀环境下，产品虽然可以涨价，但原材料也在涨价，从而会导致所需资本的增加。

**唐朝**：这个观点巴菲特并不认同，他专门写过一篇文章论述通胀同样会对企业造成伤害。这里的意思是，哪怕是传统观点认为的产品或服务会涨价，有助于提高企业净资产收益率的高通胀环境下，企业也很难持续提高净资产收益率。

**林飞**：明白了，这是"传统观点"，不是巴菲特的观点。

## 伯克希尔的优势

**巴菲特**：对于那些大概率是明智的，但也有一定概率变白痴的决策，大部分基金管理人是没有动机去尝试的。因为他们的个人得失太清晰了：一个新奇的主意如果成功了，上司可能拍拍他的肩膀以示鼓励。但要是失败了，他却可能需要卷铺盖滚蛋。所以还是选择随大流比较靠谱，哪怕失败也不会受到特别的责备，毕竟大家都是这么干的。

在伯克希尔不同，查理和我拥有47%的股权，我们不担心被炒鱿鱼。如果我们受到奖励，那也是因为我们的股东身份，而不是管理者身份。我们把伯克希尔的钱当作我们自己的钱一样对待，我们不需要考虑同行是怎么干的。

伯克希尔旗下的保险公司在投资方面集中度很高，包括类似大笔买入华电债的这些行为，都属于资金管理行业的非常规行为。对伯克希尔来说，集中投资是明智的，因为我们的财务实力雄厚。对于几乎所有其他保险公司来说，类似程度的集中可能并不合适。它们的财务实力和资本结构不足以承受任何单一重大错误，不管那个投资机会基于概率分析，潜在的盈利有多诱人。

以我们的实力，我们可以大笔买入那些经过深思熟虑且价格合理的投资（关于过度分散的缺点，Bill Rose 这样形容过：如果你的后宫里有 40 个女人，你就不可能真正了解任何一个）。

虽然多少受到庞大规模的拖累，但长期而言我们的集中持股策略一定会显示出它的优势。就算真遇到糟糕的年份，我也希望各位知道，查理和我的钱同你买入的是一样的股票，我们一点也没少亏。

（摘自 1984 年致股东信；摘录时间：2022-03-17）

**唐朝**：巴菲特给我们讲了伯克希尔有别于其他资金管理人的两大优势：第一，按照管理自有资金的心态和方式去管理所有股东的钱，不需要考虑就业、评比、短期赎回等各种压力；第二，资本结构和财务实力支持伯克希尔以长期视角看问题，有能力承担和忽略其间巨大的波动。

这些相对于其他资金管理机构的优势，我们"小散"其实也可以轻而易举地做到，只要我们能做到：（1）使用闲钱投资，（2）以长期视角去评估自己的投资。

**伯涵**：第一，使用闲钱投资，可以自行掌握交易的决策权，恰恰是个人投资者的优势，切不可加杠杆把交易的决策权拱手相让。第二，拥有长期视角，可以不考虑一年两年的绩效考核，也是个人投资者的优势，切不可站得离市场太近而受市场先生情绪的影响。

**Kknd**：所以我们也可以假装自己有个伯克希尔-哈撒韦。我们也有一样的"资金优势"和"交易权利"，坚持"使用闲钱投资，以长期视角去评估自己的投资"，并且"远离杠杆"。

## 高通胀对投资的伤害

**巴菲特**：通常而言，投资股票或债券并无太大差别，但在高通胀时期就完全不是这么一回事了。在高通胀时期，投资股票组合实质上会蒙受重大损失，但投资已发行债券可能更惨。

鉴于目前显而易见的高通胀状态，我们认为，构建全是债券的投资组合有归零的风险。尽管发生的可能性很低，但一旦发生就属于无法接受的事件。所以我们给长期债券设了门槛，只有当某种债券相比其他投资机会"明显"更有利时，我们才会加以考虑。事实上这种情况少之又少。

（摘自 1984 年致股东信；摘录时间：2022-03-18）

**唐朝**：这里巴菲特给我们讲，高通胀情况下股票投资会受损，但债券组合会更惨，所以投资债券组合需要特别谨慎，需要机会更加"明显"才值得投。

需要特别注意的是，这里他说的债券，指的是过去已经发行的、票面利率已经定死的"旧"债券，不包括面对当下高通胀环境定价发行的"新"债券。因为新债券要想发出去，买卖双方博弈利率时，必然需要将面临的高通胀环境考虑在内，所以和旧债券会有一些区别，不能一概而论。

**史岭**：请问高通胀如何界定呢？

**唐朝**：通胀通常用一国 CPI 指数衡量，高低是个大概的经验分法。习惯上一般把年度 CPI 涨幅在个位数的称为温和通胀，两位数以上的称为高速通胀，月度同比两位数涨幅的就算是恶性通胀了。

**林飞**：虽然巴菲特 1977 年就在《财富》杂志上发表了一篇文章《通货膨胀如何欺诈股票投资者》，讨论高通胀对股票投资的损害，但他还是买了大量股票。

谈到为何在高通胀时期还买了那么多股票，巴菲特的解释是：第一，习惯了；第二，股票意味着企业，经营企业远比拥有黄金等有意思得多；第三，在高通胀时期，股票或许是迫不得已的最佳选择了，但前提是以比较合适的价格买入。

看他的实际做法，在价格大致合适的情况下，巴菲特还是明显更倾向于持有股票。

**三文鱼：**一直没能理解"高通胀下债券更糟"的说法，原来这里还有新、老债券的区分，这样就很清楚了。

**高 lily：**高通胀时，是不是所有的资产都会受损？

**唐朝：**直接将通胀理解为额外的附加税，瞬间就全通了。

**李健屏：**除了您说的额外的附加税外，高通胀下无风险收益率的变化，是不是也是影响股票投资收益的重大因素？

**唐朝：**是。

## 小心那些"假利润"

**巴菲特：**不同企业的净利润并不等价。许多企业，特别是那些总资产收益率偏低的企业，通货膨胀会导致部分甚至全部利润是"假"的。这个"假"利润——我们称之为"受限盈余"，如果企业要维持其原有的竞争地位，就不能作为股息分配。

如果这些收益被勉强分配掉，企业将在以下几个领域受到影响：销售规模，长期竞争优势，财务实力。无论其支付比率多保守，一家持续分配"受限盈余"的公司注定走向衰败，除非追加新的资本投入。

对股东来说，这种受限盈余也不是毫无价值，但它们的折现值通常少得可怜。实际上，受限盈余必须重新投入企业经营活动中，无论其回报有多差。

我们更关注不受限制的盈余。不受限制的盈余，顾名思义就是可以保留也可以分配掉的那部分。而是否分配，应主要取决于管理层认为怎么做对股东更有利。

（摘自 1984 年致股东信；摘录时间：2022-03-19）

**唐朝：**这部分内容大家应该都很熟悉了，就是老唐反复强调的，

"All cash is equal"指"自由现金"等价,不是报表净利润(profit)等价。

老唐估值法三大前提之"维持当前盈利能力无须大量资本支出"设置,就是为了隔离这种报表净利润主要是受限制盈余(非自由现金)的企业。对于部分盯着市盈率或股息率做投资的"价值投资者",这种企业往往是巨大的资本陷阱。

最近一年多大家可能感触深刻,知道某些市盈率三倍的企业,一样可以跌成一倍。某些股息率10%的企业,照样可以跌成股息率30%。这类投资者还非常容易"大彻大悟地"得出"价值投资失灵"的结论,意思是自己投市盈率这么低、股息率这么高的企业,一样跌成"残疾"。

这不是价值投资失灵,是他们错误地理解了价值投资,断章取义地截取了格雷厄姆思想和巴菲特思想中的部分,拼接出一个错误的"价值投资",误导了自己。

如果走格雷厄姆路线,投低市盈率、高股息率股票,就需要配合分散大法,寻找至少30家这样的企业,做投资组合,寻求其中的概率性回归,带动组合获得不错的收益。

如果要走巴菲特路线,那就必须理解企业,隔离那些报表净利润必须重新再投入才能维持当前盈利能力的企业,而不是根据报表数据发现市盈率低或股息率高,就可以做出决策的。

采用低市盈率或高股息率选股,然后做集中投资(甚至上杠杆)并自称"价值投资",格雷厄姆和巴菲特只能同时摆手,异口同声地说:"这锅我不背,不背,就是不背。"

**伯涵**:自由现金等价,不同的企业,净利润含金量是不一样的。大部分企业,我们既看不懂,又无法估值,根本不适合投资。刚好,我们其实也不需要投那么多企业。这种"价值陷阱",比垃圾股更容易亏钱。就像不会游泳的人,根本不会下水。真正容易被淹死的,往往是自己以为会游泳的人。

**伊森**:以低市盈率或高股息投资,武林人称"天残派"。派中自认高手,往往被揍得鼻青脸肿后,才想起掌门教诲,"打架要打群架"。

**唐朝**:这是伊森原创还是网络段子?太有才了!

**伊森：** 百分百原创。

**林飞：** 我想起老唐说的，事出反常必有妖！超低市盈率，超高股息率，这些不寻常的背后一定是有原因的。如果始终没法确认真伪，最好还是远离。

**三文鱼：** 我终于搞清楚了为啥只看市盈率和市净率的"价投"有问题。这种以为自己搞清楚了的"价投"，甚至可能比单纯投机更害人。

**David：** 有没有可能存在这样的企业：低市盈率、高股息并且维持当前盈利能力无须再投入。

**唐朝：** 有，类似喜诗糖果、布法罗晚报这样的企业，就具备高股息、维持当前盈利能力无须再投入的特征。至于低市盈率，等市场先生癫狂的时候就会有。

## 如何判断公司是否应该分红？

**巴菲特：** 假设某投资者拥有一种票面利率10%的无风险永续债，而且这种债券有一个非同寻常的特征：投资人有种特权，每年可以自由选择是领取10%的现金利息，还是直接将利息折算为同样10%利率的无风险永续债。

在任何一年里，如果市场无风险利率是5%，没有人会蠢到选择领取现金利息。理性的投资者一定会选择折算为债券，因为此时这种10%利率的债券，市价一定比面值高。即使他真的急用现金，他也可以选择折算成债券后卖掉换取现金。

但是，如果市场无风险利率是15%，情况将完全相反。哪怕已经被闲钱淹没，也不会有哪个理性的投资人会接受自己的钱以10%的利率去再投资。如果他希望持有更多这种10%利率的债券，他也可以选择拿到现金利息后，再从市场上买入这类债券。在无风险利率为15%的时候，10%利率的债券必然以很大的折扣在市场上交易。

同样的道理，也可以运用在股东思考公司的自由现金是否应该分掉的问题上。当然，这种分析要困难得多，也更容易出错。因为公司再投资的收益率，可不像债券利率那样白纸黑字写成明确的数字。股东必须自行判断，在可预见的未来其平均收益率可能是多少。一旦这个数字能定下来，之后的分析就简单了。

如果再投资的预期收益率较高，你就应该期望公司留存收益用于再投资。反之，如果再投资的预期收益率较低，你就会希望公司尽可能地将利润分掉。

（摘自1984年致股东信；摘录时间：2022-03-20）

**唐朝：**公司是不是应该分红，核心应该取决于公司再投资的预期收益率，是不是明显高于市场无风险收益率。

如果高于市场无风险收益率（类似现在腾讯展开的对外投资业务），不分红才是对股东更为有利的。此时，公司不分红实际等同于股东收到现金红利后，没有去认购4%利率的理财产品，而是反手认购了腾讯投资部门发行的互联网产业基金（假设收益率是15%），委托他们去帮我们赚取更高的回报。

但如果再投资的预计收益率低于无风险利率，比如茅台每年产酒、卖酒的业务，只需要很少的周转金（甚至根本不需要）就可以正常运营，数千亿元的留存利润，只能存银行、拆借给其他银行或财务公司，获取2%~3%的回报。这种时候，留存利润越多，股东价值损毁越大。这样的公司，就应该尽最大可能现金分红，甚至贷款分红。如果法规允许，直接将净资产分成负数才好。

以2021年三季报为例，茅台公司净资产1743亿元，其中货币资金和拆出资金两项合计1600亿元出头，这其中拿1507亿元出来，每股分红120元，丝毫不影响公司的正常盈利能力。

实际上，就是再申请贷款400亿元，直接给所有股东每股分红150元，分掉1884亿元（12.56亿股×150元），把净资产分成负数（1743-1884=-141），也丝毫不影响茅台每年赚到净利润五六百亿元。这种做法才是对股东最有利的。当然，这里只是为了说原理，实际上我国法律不允许企业通过分红将净资产分成负数。但欧美市场的确有不少企业是这样做的，大额分红或回购注销，导致净资产为负值。

对于股东而言，不分红可能有利，也可能有损，高分红同样可能有利或有损。明白这背后的逻辑之后，我们就不会在分析企业时，简单地将高分红视为有回报，将不分红视为没回报了。

**伯涵：** 分红或者不分红，都只是资产配置的一种方式。高分红只能从侧面说明公司有分红的能力，其利润可能是真的。

腾讯和茅台等好公司的共同点是有能力分红，而不是必须分红。腾讯不分红、茅台分红，都是对股东最有利的选择。

**壹贰兄弟：** 借钱分红对股东的利益何在？因为借钱要付利息可以作为费用扣除，从而降低所得税吗？

**唐朝：** 比如借钱利率5%，利息可以作为费用税前扣除，相当于帮助股东以3.75%（5%×75%）的利率贷到一笔款（假设企业所得税率是25%的情况下）。

**笨鸟慢飞：** 对于借债分红的企业，股东是提前受益了，但对企业自身的经营来说，有什么益处呢？

**唐朝：** 脱离股东，并不存在一个"企业利益"，有的只是管理层利益，员工利益，地方利益，税收利益……

**蓉城~张：** 茅台利润为真，分红不多，但是资产越积累越多。茅台的钱都用来发展贵州经济了。我认为，除非贵州富得流油，贵州财政有花不完的钱，到那时茅台才有可能把利润都分了。像这种真实存在但到不了投资者手里的钱，能算利润为真吗？

**唐朝：** 第一，现在也是有部分会分。第二，大家预期未来会有改变。

**鱼风暴：** 为什么贵州茅台、洋河股份不学腾讯的利润再投资大法呢？

**唐朝：** 能力圈差异，行业机会差异，激励机制差异。

**林飞：** 老唐，巴菲特说的"公司每保留一美元，至少将为股东创造一美元的市场价值"，这里的市场价值，是不是就是公司的市值？那即使公司保留盈余没有拿去扩大再生产，类似茅台，但市值也在上涨，是不是说明保留盈余并没有产生太大副作用？我们评估公司的时候，也可以不扣分？

**唐朝：** 茅台市值体现的是卖酒相关盈利能力，保留盈余不增加卖酒盈利能力，反而拉低了本来应该更高的 ROE。从这个意义上说，相当于将股东本来可以拿走去投 5% 收益率的理财、10% 收益率的指数基金或者 20% 收益率的个股的钱，强行存进银行，只能拿 3% 的回报。于是，资本市场实际上已经减少了其"本来应该更高的"市值。

**林飞：** 谢谢老唐，我终于明白这个"一美元原则"了，以前就卡在茅台这个例子上。

**慎之：** 茅台这个案例是懂了。但是巴菲特这个一美元原则究竟是什么意思呢？是指市值吗？

**林飞：** 巴菲特说的就是指公司市值。我们可以这么理解这句话：公司的一美元自由现金，应该是全部属于股东的，它要么以现金形态还给股东，要么以同等金额市值的股票形态继续被股东持有。

**巴菲特：** 在判断是否应该将利润留在公司的时候，股东们不应该单纯地比较增加的资本投入和带来的收入增加，因为这种关系很可能会被企业核心业务的发展所扭曲。

在通胀时期，某些具有特殊竞争力的核心业务，能够运用少量的资金创造极高的收益率（如同我们去年在商誉章节所述）。但是，除非核心业务本身也在高速成长，能够吸纳一部分资本，否则这些业务一定会产生大量"冗余"现金。

即使这家公司把绝大部分冗余现金投入低回报的业务中，公司的资本收益率依然可能非常亮眼。这是因为核心业务所占用的那部分资本产生了超常的回报。这就好像职业选手和业余选手的混合双打比赛，最终看上去非常不错的成绩，很可能是职业选手力挽狂澜的结果，业余选手的发挥其实是一塌糊涂。

（摘自 1984 年致股东信；摘录时间：2022-03-21）

**唐朝：** 巴菲特提醒我们，某些企业核心业务的增长，使得浪费冗余现金的危害性被掩盖了，但其实这依然是毁灭价值的行为。

在前部分摘录的讨论中，有人对巴菲特提出的"一美元法则"表示了困惑。我谈谈我对这个"一美元法则"的理解。

表面上，一美元法则可以理解为企业的市净率（PB=市值/净资产）大于1，且保留利润没有导致市净率下降，此时每一美元的保留利润，就给股东创造了超过一美元的市值。

但这个"保留利润是否导致市净率下降"其实挺难观察的，毕竟导致市净率波动的因素很多，很难一一对应归因。我们不如回到投资的本质去理解：如果企业留存利润所做的扩大再生产（无论是对外金融投资，还是对内实业扩产），收益率没有"明显"超过无风险收益率，就不满足一美元法则，是毁灭股东财富的行为。

反过来说，只要扩大再生产的收益率"明显"超过无风险收益率，那么永不眠的资本一定会在某个时刻，对这笔一美元的投入给出超过一美元的市值。此时就是留存的一美元，产生了超过一美元的市值，是增加股东财富的行为。

从市值角度去看，需要时间，毕竟市场先生是癫的，出价不可预测。所以我认为一美元法则，从资产收益率角度去看，会比从市值角度看更清楚。它最简单直白的理解就是：新增资本投资收益率，必须明显高过无风险收益率。因为只有这样，在"All cash is equal"的原则下，投入的一美元价值才会/就会高于一美元。

**三文鱼**：这个衡量标准中的无风险收益率，只是一个概念吗？如果仅用十年期国债收益率计算，似乎比较低，企业购买货币基金或债券就能实现。仅仅以十年期国债来衡量，茅台都能及格了。

**唐朝**：是的，我国目前确实有很多无风险或近似于无风险的投资品，收益率是高于国债的。但不能说无风险收益率是一个概念，它就是一个数字，我一般毛估取值比国债收益率略高的整数。

**明月奴**：从资产收益率的角度思考就简单了，从市值方面考虑怎么想怎么理不清！

**林飞**：感谢老唐的讲解。原来巴菲特说的一美元原则，是一个衡量公司资本配置是否合理的原则，而且还得以长期视角看待，而不是精确计算估值。从市值角度去看，确实有点绕了。

**Vic**：表面上一美元再投入创造了高于一美元的价值，事实上，可能是它与优秀核心业务中和之后的结果，要是单独把这一美元拎出来分析，它的真实盈利能力也许并不符合"一美元原则"，这是投资者容易忽略的地方。

现实中，要将每项资产与盈利一一对应匹配起来是有难度的，有些甚至不现实，但尝试单独评估每项投入的真实回报能力，这种思维方式是有价值的，如同老唐分析茅台冗余现金的再投入是明显低效的一样。

**鱼风暴：**一美元原则既不是看某一时点的净资产收益率，也不是看某一时点的市值，而是根据不同企业的特征，看其留存利润的长期资本再投资收益率。

# 1985 年
## 股市利润两大来源
## 报纸与纺织大不同

年度背景 // 217
股市的两大利润来源 // 221
价值的源泉 // 224
买入后下跌怎么办？ // 226
生产同质化商品企业的悲剧 // 228
被"套牢"的华盛顿邮报 // 231
"波段"操作大都会 // 236
一个"精确的正确"案例：伊利诺伊州银行股权处置 // 239

## 年度背景

1985年初，美联储主席保罗·沃尔克重申通胀已经得到控制，美元利率将进入下行通道。

持续数年的高利率使美元在国际市场不断升值。这中间的逻辑原理可以简单解释为：人们冲着更高的利息，更期望把手头的其他货币换成美元存入银行。买美元的资金多了，美元自然就涨价了，体现为1美元能够兑换更多其他货币。

美元升值的结果，是更利于美国进口，却不利于美国出口，于是美国就很容易出现大量的贸易赤字①。大量外国商品以更低价格涌入美国，导致美国国内产业遭受重创，美国国内的贸易保护主义思潮给美国政府及美国国会带来巨大压力。

美元升值对美国国内产业造成的压力，可以举一个简化的例子说明。以美日为例，我们简单假设美元兑日元，从1美元兑换100日元升值到1美元兑换150日元，看看两国贸易会有什么变化。

假设日本国内某产品全部成本为1000日元，从日本出口到美国的费用固定为1美元，当美元兑日元比率为1∶100时，这件商品售价11美元为持平状态，此时美国国内所有成本低于11美元的产品（我们假设商品所有特性都一样，顾客只比较价格）还具有竞争力，能够实现销售。

---

① 所谓贸易赤字，就是进口金额超过出口金额。

但如果此时其他条件不变，美元兑日元升值到 1：150，那么该日本产品在美国只要售价在 7.7 美元（1000÷150+1 ≈ 7.67）就足以持平，7.7 美元至 11 美元之间的部分，就是美元升值（日元贬值）给日本企业提供的额外利润。正因为如此，日本企业完全可以通过将价格定在美国企业的成本线以下，占领美国企业的市场份额，甚至将美国企业推向破产，导致美国工人失业。

所以，当美元升值时，美国国内舆论就会倾向于要求增加关税，增加进口管制，甚至直接禁止某些产品的进口，以保护自己的本地企业。此时，对于美日双方而言，就存在了相互妥协的可能，一方面美方不想让国内消费者丧失物美价廉的产品，导致国内通胀上升；另一方面，日方也不想自己的产品被增加关税或受到美方的进口管制。

对整个世界格局影响深远的《广场协议》，就是在这样的背景下于 1985 年 9 月在纽约广场饭店签订的，合约方为美国、日本、联邦德国、法国和英国五国。合约的主要内容就是五国央行和财政部联手干预国际汇率，引导美元对其他主要货币有秩序地贬值，以解决美国巨额外贸赤字的问题。《广场协议》的签订是二战后西方主要国家影响力最大、效果最好的一次汇率干预行动。

在利率下降、美元贬值以及里根政府缩减政府开支的计划初见成效等因素的叠加下，1985 年标普 500 指数全年大涨 26.3% 至 211.28 点收盘，加上指数成份股现金分红，全年标普 500 指数收益率 31.6%，是过去 5 年里年度收益最高的年份。

趁市场表现较好的机会，伯克希尔出现了大量减仓，前一年的第二和第三大持仓均被巴菲特抓住机会卖出。

虽然 1985 年伯克希尔持有的股票市值，只是从 12.7 亿美元微降至 12 亿美元，但主要是股价上涨引起的。观察继续持有的股票成本就会发现，持有股票的成本已经从前一年的 5.85 亿美元锐降至 2.75 亿美元，这就是大量减持造成的。

巴菲特在当年的致股东信里写道："（今年的）这些出售让伯克希尔当年产生高达 4.88 亿美元的投资收益。"那么，巴菲特大量卖出股票，是不看好市场了吗？并不是。这一年巴菲特卖出大量股票套现后，连本带利一起投进去搞了两笔大交易。

表 12　伯克希尔历年持股明细（1985 年）

| 股份数量（股） | 公司名称 | 成本（千美元） | 市值（千美元） |
| --- | --- | --- | --- |
| 6,850,000 | 盖可保险 | 45,713 | 595,950 |
| 1,727,765 | 华盛顿邮报 | 9,731 | 205,172 |
| 900,800 | 美国广播 | 54,435 | 108,997 |
| 2,350,922 | 比阿特丽丝 | 106,811 | 108,142 |
| 1,036,461 | 联合出版 | 3,516 | 55,710 |
| 847,788 | 时代出版 | 20,385 | 52,669 |
| 2,379,200 | 哈迪－哈曼 | 27,318 | 43,718 |
|  | 其他 | 7,201 | 27,963 |
|  | 合计 | 275,110 | 1,198,321 |

注：表中为持有市值高于 2500 万美元的主要持股。

第一笔是协助好友汤姆·墨菲蛇吞象的大收购。1985 年 3 月，汤姆·墨菲掌控的大都会公司，以 35 亿美元的出价收购规模比自己大得多的美国广播公司[①]（American Broadcasting Company，简称 ABC）。巴菲特以每股 172.5 美元的价格，认购大都会公司增发股份 300 万股（约为大都会公司总股本的 18%），为墨菲提供资金近 5.175 亿美元。1984 年全年大都会的股价在 123.5 美元至 174.5 美元范围内波动，巴菲特的这个新股认购价格，基本是大都会公司股票的历史最高价了。

为了支持墨菲的收购，巴菲特加入了大都会的董事会，并为此放弃了华盛顿邮报的董事职位——根据监管规定，他不能同时兼任这两家媒体的董事。不过，巴菲特推荐他的朋友比尔·鲁安替代了他在华盛顿邮报的董事职位。

第二笔大投资是，巴菲特掌控的伯克希尔，第一次整体收购了一家

---

[①] 美国广播公司是当时美国三大广播电视网络之一。另外两大是美国全国广播公司（NBC）和美国哥伦比亚广播公司（CBS）。

上市公司。

1985年10月，伯克希尔以每股60.77美元（总价3.15亿美元）整体收购了上市公司斯科特-费策公司（Scott Fetzer）的100%股权，使其退市成为伯克希尔的全资子公司。由于该公司当时账面有0.85亿美元现金，所以有时巴菲特会说是花了2.3亿美元买下的。

这是一家拥有17项独立业务，年营业额约7亿美元的制造业控股集团公司，最大的收入来源是旗下的世界百科全书公司（World Book）和寇比吸尘器公司（Kirby）。

这次收购非常偶然，巴菲特之前拥有这家公司约25万股股票，属于很小规模的投资。在1984年4月，股价大约45美元的时候，公司管理层筹集了一笔钱，希望按照50美元/股的价格私有化公司。然而，华尔街一位名叫伊万·博斯基的大鳄很快也参与了进来，报价60美元/股收购公司。

这位伊万，在华尔街人称"恐怖的伊万"，是《财富》美国400富豪榜成员，经典电影《华尔街》里投机大佬戈登·盖克的原型。他曾说："Greed is good. Greed is right. Greed works.（贪婪好，贪婪对，贪婪管用。）Greed for life, for money, for love, knowledge has marked the upward surge of mankind.（对生活、金钱、爱与知识的贪婪，构成了人类前进的动力。）"这些言论风靡华尔街。在1988年致股东信的讨论中，我们还要谈及此人，此处先略过。

总之，公司管理层不想公司被伊万收购，于是使用了多种办法拒绝了伊万以及后期陆续参与进来的其他收购者。这时巴菲特感觉自己的机会来了，1985年10月10日，他主动给公司的CEO拉尔夫·舒伊写了一封信，谈了自己的一些想法，并希望见面。

14日（周一）拉尔夫收到信后和巴菲特通了电话，周二晚上两人见了面，周三巴菲特去斯科特-费策公司参观，周四签了协议，周五对外发布了信息。因为斯科特-费策公司的知名度远高于伯克希尔，以至于道琼斯新闻中心首先发布的是斯科特-费策收购伯克希尔的新闻，之后发现弄错了关系，又发了纠错新闻。

这家公司是伯克希尔的一头"现金奶牛"，和喜诗糖果很像，都是那种不需要资本投入，净资产收益率超级高，每年向伯克希尔大量分红的企业。据1999年7月5日的《商业周刊》报道，1998年斯科特－费策净资产仅1.12亿美元，年度税后净利润高达9650万美元，净资产收益率高达86%。

在2000年的致股东信里，巴菲特这样称赞该公司及即将退休的拉尔夫："1985年，我们收购了斯科特－费策公司。我们不仅得到了一家优秀的企业，还得到了拉尔夫·舒伊这样一位杰出的首席执行官。那时，拉尔夫已经61岁了。对于大部分关注年龄而非能力的公司而言，拉尔夫剩余的工作时间已经不多了。而伯克希尔公司正好相反，拉尔夫继续经营斯科特－费策公司长达15年，直至2000年底退休。在他的领导下，这家公司为伯克希尔公司贡献了10.3亿美元现金分红，而我们当初的收购价格只有2.3亿美元。我们又利用这些资金收购了其他企业，算下来，拉尔夫为伯克希尔公司贡献的价值，至少有数十亿美元。"

这两项大买卖就是1985年巴菲特大量卖出持股的主要原因。

这一年，伯克希尔继续领先标普500指数，年度收益率高达48.2%，伯克希尔的股票价格飙升93.7%，成功突破2000美元，年底收于2470美元/股。这也让巴菲特的财富值首次突破10亿美元，在富豪榜上的排名提升了不少。

## 股市的两大利润来源

**巴菲特**：查理和我相当乐观地认为，伯克希尔未来能够保持比其他美国企业更强的获利能力。只要未来的收益如我们所料，那么身为股东的你就会从公司的留存收益中受益。

我们有几个优势：（1）我们不必担心季度或年度数据，只用专注于任何能够最大化提升企业长期价值的事；（2）我们可以将业务扩展到任何领域，完全不受经验、观念和组织形式的限制；（3）我们热爱我们的工作。所有这些都有帮助。

我必须提醒一件事，这与最近购买本公司股票的投资人密切相关。一直以来，伯克希尔的股价始终略低于企业的每股内在价值。所以，只要他们买入后，折价没有继续扩大，投资人可以确定其个人的投资收益会与公司业绩增长保持一致。但最近，这种折价状况消失了，甚至有时还会出现溢价。

折价情况的消失，表明虽然伯克希尔内在价值的增速已经很令人满意了，但市值增速依然高于内在价值增速。这对于老股东而言算是好消息，但对于新股东或潜在买家来说，是个坏消息。

溢价买进的人，要想获得与公司业绩表现一致的收益，需要保证这种溢价状态一直维持才行。然而管理层没有控制股价的能力，管理层只能通过各种信息披露，促使市场参与者的行为尽量理性。

我个人的偏好是期望公司股价的表现尽量与内在价值增长同步。只有这样，所有股东在其拥有股份期间才能与公司共同成长。股东作为一个整体，其获利一定是和公司经营获利一致的。这期间股价的大起大落，只能导致企业的经营成果，按照股东的运气好坏或者聪慧愚笨，在股东群体之间做不平均的分配。

（摘自1985年致股东信；摘录时间：2022-03-23）

**唐朝**：巴菲特这里阐述了两个观念：

第一，股东作为一个整体，其收益的唯一来源只能是公司的经营获利。这也是网上流行的一种说法，"任何股票都只有一个真正的买家，那就是公司自己"的本意：将所有股东视为一个整体，这个"股东"回报的"唯一"来源，就是公司不断创造的真实利润，故公司才是唯一的"终极接盘侠"。

第二，股价围绕内在价值的波动，会导致公司经营利润的资本化价值，在不同股东之间不平均地分配。这是我们最熟悉的互摸腰包场景。

这其实就是股市的两大利润来源：第一，企业的产出；第二，对傻子口袋的利用。前者是可以研究和追求的，是无止境的事业，是有付出就会有收获的确定性工作。后者是搂草打兔子的捎带，遇到了、把握住了就笑纳，遇不到或没把握住就拉倒，不影响我们长期获得良好的收益。

股市参与者之所以长期多数人亏损，主要原因就是投资者常常本末倒置，将后者作为主要追求目标。但很遗憾，后者本质上是无规律运动，无法研究和把握。就好像一个人无论如何刻苦研究，无论投入多少精力和财富，但若目标是发明永动机，那他的归宿注定只能是浪费青春、浪费财富。

当然，这里还有一段提醒也挺有价值：要想超越平均水平，那就必须着眼长远、保持开放的心态以及热爱这项事业。

**伯涵**：巴菲特希望公司股价体现正常估值，这点非常体现人品。因为不希望低估是人之常情，毕竟付出了努力就应该体现为成绩；但巴菲特也不希望高估，就是不希望股东之间互摸腰包，显失公平。

反观有些资本大佬，虽然也有商业才干，但有的趁低估私有化，有的趁高估大肆套现，虽不违反法律法规，但道德层面差了巴菲特远远不止一个档次。有的人身上的标签，注定只是"成功"，而不是巴菲特这样的"伟大"。

**不期而至**：这部分分享让我想起了"股"和"票"的两种思维模式。纲举目张，以股模式为基本核心，偶尔笑纳票模式带来的风落之财。

**林世迎**："我个人的偏好是期望公司股价的表现尽量与内在价值增长同步。"我记得老唐说过，自己最喜欢的状态，是每年股价被企业利润增长顶着走。这跟巴菲特的话好像是同一个意思，但是思考的角度可能不一样。我记得老唐说自己期望这样的原因是："股价被利润推着走，保持在合理估值的下沿，这样既不需要掘地三尺去找企业研究，也不用担心每年的分红没地方可投，舒舒服服坐着就可以每年收获财富的增长。"

我私底下猜测，还有个原因老唐没说，那就是股价保持在合理估值下沿，哪怕真的碰到计划外急需用钱的情况，临时出售股票，也不会太心疼。

## 价值的源泉

**巴菲特**：1985年出售股票带来的投资收益特别高，这个高收益并不一定代表当年就是丰收年（虽然事实上1985年的确是丰收年）。

出售股票的投资收益，就好像大学生的毕业典礼一样，四年来所学的知识在最后一天被正式认可，而事实上当天你可能一点长进都没有。

我们可能持有一只股票长达十年之久，在此期间，它的内在价值和股价可能会以稳定的速度增长。在我们最终出售它的那年，价值可能没有增加，甚至还会有所减少，但自购买以来的所有价值增长，会全部记录在出售当年的报表里。（但如果这只股票由我们的保险子公司持有，会计准则要求我们每期报表都记录市值变动。）

总而言之，任何具体年份财报里体现的投资收益，其实没有什么意义，并不能拿来衡量我们当年的实际表现。

1985年出售股票带来的税前收益，共计4.88亿美元，其中约3.38亿美元来自我们对通用食品公司（General Foods Corporation）股票的处置。我们从1980年开始便持有大部分通用食品的仓位，当初的买价远低于我们认为的企业合理估值位置。然后伴随着时间的推移，以吉姆和菲尔为代表的优秀管理层又大幅提升了公司价值。1985年秋天，菲利普·莫里斯公司报出一个高价要求收购通用食品，这使我们投资通用食品的盈利体现了出来。

我们赚到这笔利润主要来自四项因素的叠加：（1）便宜的买进价格；（2）公司的持续优秀；（3）能干且注重股东权益的管理层；（4）愿意按照企业内在价值上限付款的买家。

最后一项因素是这笔投资收益体现在财报上的原因，但我们认为前三项才是为伯克希尔股东创造价值的关键。在选择股票的时候，我们一贯专注考虑如何买得更合适，而不是如何去卖出高价。

（摘自1985年致股东信；摘录时间：2022-03-24）

**唐朝**：巧了，昨晚（2022年3月23日晚间）腾讯控股披露的年报里有高达 1495 亿元投资收益（第四季度内 862 亿元，其中主要是处置京东带来的 782 亿元），就类似巴菲特在致股东信里讲的，出售股票的投资收益不能代表当年的实际表现，这实际上是整个持有期内的所有获利集中在今年的财报里汇报而已。多好的现场教学啊！

1985 年伯克希尔出售通用食品股票，给伯克希尔带来了 3.38 亿美元的收益。我顺手将伯克希尔披露的对通用食品的持股情况汇总出来，见表 13。

表 13　1979—1985 年伯克希尔对通用食品持股

| 年份 | 股份数量（股） | 成本（千美元） | 每股成本（美元） | 年末股价（美元） | 市值（千美元） |
| --- | --- | --- | --- | --- | --- |
| 1979 | 328,700 | 11,437 | 34.79 | 33.63 | 11,053 |
| 1980 | 1,983,812 | 62,507 | 31.51 | 30.19 | 59,889 |
| 1981 | 2,101,244 | 66,277 | 31.54 | 31.75 | 66,714 |
| 1982 | 2,101,244 | 66,277 | 31.54 | 39.82 | 83,680 |
| 1983 | 4,451,544 | 163,786 | 36.79 | 51.37 | 228,698 |
| 1984 | 4,047,191 | 149,870 | 37.03 | 55.88 | 226,137 |
| 1985 | 被收购 |  |  | 120.55 | 487,870 |

紧接着，巴菲特分享了这笔利润的来源，总结来说就是买得低、发展好（企业和管理层两个角度）、接盘侠。人们容易注意到的是最后一项，但实际上的核心要素是巴菲特说的前三项。

这事儿再次提醒我们，高价卖出只是投资者的"windfall"（风落之财，意外之财），低于合理估值的买入和企业本身的良好发展，才是我们可以关注也需要关注的问题，它们是我们持续盈利的真正保障。

**伯涵**：价值投资经典永不过时，常读常新；太阳底下无新事，所有的历史都在轮番上演。

**唐朝**：有趣的是，通用食品后来又被出售给卡夫食品集团（Kraft Foods Group），2015 年，亨氏公司（Heinz Company）与卡夫食品合并，新公司更名为卡夫亨氏公司（The Kraft Heinz Company），而伯克希尔出资参与了合并过程，并持有卡夫亨氏公司 26.5% 的股份。绕了一大圈，通用食品又回到了巴菲特的怀抱。

## 买入后下跌怎么办？

**巴菲特**：我们的副董事长查理·芒格总是强调，研究商业与人生各方面的失败，比研究成功要重要得多。他这样做是本着某哲人的精神："我只想知道我会死在哪里，然后就坚决不去那个地方。"

你可能立刻就能明白，为什么我俩能成为好搭档：他喜欢研究错误，而我负责给他提供足够的研究案例，尤其是在纺织与保险事业方面。

1985年7月，我们决定永久关闭我们的纺织业务，到年底，这项令人不快的工作已基本完成。这项业务的历史具有指导意义。虽然以肯·蔡斯为代表的管理团队很努力，也很能干，但我们的纺织业务从未赚到过什么钱，即使是在景气高峰时。

伯克希尔后来持续多元化，使得纺织业务对于公司整体的影响越来越轻微。而我们继续赖在纺织行业的原因，我从1978年开始就多次提过：（1）纺织部门是当地的重要雇主；（2）管理层能坦诚面对困境并努力解决问题；（3）员工意识到行业困境并愿意极力配合；（4）勉强还能产生少量的现金收入。

后来我还说，只要这些情况继续存在，即使面临更多更好的投资机会，我们仍会支持纺织部门继续运营下去。可惜，我的第四点看法错得离谱。

（摘自1985年致股东信；摘录时间：2022-03-25）

**唐朝**：巴菲特调侃自己负责给芒格提供失败案例样本。这部分内容很简单直白，不需要多解释。倒是巴菲特这段"经常失败"的自黑挺有意思的。

不知道有没有人注意到，上文讨论的巴菲特大赚好几倍的成功案例通用食品，其实前四年巴菲特一直在追加投资（补仓或追买），但一直是被套牢的状态，到第四年末才小赚，第五年末总体也就赚了不到

40%。坚守到 1985 年通用食品被收购时，才终于大赚。不计期间分红，也实现了 1 变 3.6。

如果当时有网络的话，网上必定也是一大堆人指出一大堆"显而易见"的利空，鄙视巴菲特"水平垃圾""眼光差劲""人老了，投资体系过时了""通用食品将是巴菲特的滑铁卢，不如我给你推荐一只股"……

只不过这些人在 1985 年之后，或者忙着去批评其他人，或者忙着批评巴菲特的其他亏损案例去了，没顾上自己赚钱而已。

这是股市永远的状态，恰巧最近一年我们的股市也跌了，所以故事又会重演。我已经学着接受、习惯接受了。希望朋友们在投资旅途中，也能心平气和地看待这些网络上的嘲笑和"指导"。

**伯涵：**关于巴菲特买入之后不赚钱的案例，还真的是挺多的，远远不止通用食品，包括大名鼎鼎的华盛顿邮报也是这样。巴菲特买入的时候，华盛顿邮报已经是显而易见的低估。

然而，低估不意味着不会继续下跌。巴菲特买入之后，华盛顿邮报大约又跌了 30%，直到 1976 年（买入四年以后），这笔投资才开始赚钱，最后给巴菲特的收益超过 160 倍。

股市下跌中，大部分人表面上是持悲观态度，但反映的实质是内心无法平静面对下跌。正如老唐所言，下跌和悲观互为因果。但投资的成败，往往就是取决于"不顺"的时候。

**林飞：**想起老唐以前说过，股价越是下跌得厉害，越是要乐观一点，上涨的时候反而要更谨慎。

股价大跌一定会伴随大量利空出现，正如当下的腾讯控股。我们需要做的，一是理性辨别利空真伪以及影响大小，以保守的预期去评估对企业的影响；二是拉长周期评估，站在更长的期限看待当下的问题；三是回顾以前的判断逻辑是发生了根本性的变化，还是仅仅是暂时的波动。

若检查完了，都可以得出相对正面的结论，那么反而可以更加乐观一点。

## 生产同质化商品企业的悲剧

**巴菲特：**纺织业生产的是一种同质化商品，它面临着全球大量过剩产能的竞争。我们所经历的大部分麻烦，都直接或间接地归因于外国的竞争，那些国家的工人工资远低于美国的最低工资。但关厂绝对不是我们员工的错，事实上比起美国其他行业员工来说，纺织业员工薪资水平低得可怜。

在我们签订劳资协议时，工会领导和成员非常了解纺织业务所面临的困境，从来没有提过不合理的加薪或降低劳动强度的诉求。相反，大家都很努力地维持公司的竞争力，即使到了公司最后清算的时刻，他们仍然很配合。讽刺的是，要是工会早些年就不予配合，使我们早点认识到纺织业没有前景，早点关掉工厂，我们的损失反而会小一些。

长期以来，我们一再面临追加大量资本，以降低可变成本的选择。每次提出来的方案看起来都稳赚不赔，以标准的投资收益率测算数据看，预期收益甚至比把钱投入我们旗下高利润率的糖果业和报业还要好。

但这些高预期回报最后都被证明只是一种幻想。因为国内外的同行，也同样勇敢地追加了大量资本在同样的项目改造上。一旦有足够多的公司这样做，成本的降低就成为全行业产品降价的基础。

以单独的公司个体视角看，每家公司的资本投入计划都是必要和合理的，但多家公司之间的资本投入相互抵消后，就变成了整体的不合理。就好比所有的围观群众，都以为自己只要踮起脚尖就能看得更清楚，结果大家都踮起脚尖后，情况和之前一模一样。

随着时间的推移，所有同行砸进去的资本越来越多，然而收益率却一点起色也没有。很快，我们又面临新的悲惨选择：投入一大笔资金后，国外低成本劳动力的竞争压力会继续存在。但如果不投，我们的相对竞争力马上就会锐降。我们就像伍迪·艾伦在他的电影里说的那样："此时人类站在抉择的岔路口，一条通往绝望的深渊，另一条通往彻底的毁灭。让我们共同祈祷我们有足够的智慧去作出正确的选择。"

（摘自1985年致股东信；摘录时间：2022-03-26）

**唐朝**：这是巴菲特付出相当于今天数千亿美元的代价，认识到的同质化商品产能过剩时，企业所面临的困境。原文通俗易懂，不需要补充解释，重点是记住它价值数千亿美元，我们不要当作耳边风就好。只要我们在面对"产能过剩的同质化商品生产企业"时多一点警惕，巴菲特的学费就算没有白交。

**慎之**：同质化产品很多时候固定成本不变，然后大家都以可变成本为底线进行厮杀，每一次行业升级改革都会有踮脚尖效应。巴菲特价值千亿美元的教训告诉我们，产能过剩的同质化产品绝对是价值毁灭机器。

**周明芃**：人类大部分的错误都已经写在书上，而我们只需要把它找出来。"同质化"意味着产品很容易被模仿，寻找那些"非同质化"的产品，并搞清楚它们的竞争优势有多大，是我们需要持之以恒做的事情。

**巴菲特**：坚守同质化商品行业的结局，有个现成的反面教材：过去20年里美国最大的纺织公司，伯灵顿纺织。1964年该公司营收12亿美元，是当年伯克希尔营收的24倍。它在内部协同和纺织生产方面，都有我们永远无法企及的优势，当然，财报中的盈利也远远优于伯克希尔。当时公司股价60美元，伯克希尔13美元。

这些年伯灵顿纺织坚守本业，20年里共计投入约30亿美元资本金，折合每股增加约200美元的资本投入。我敢肯定，支出的很大一部分用于成本改进和扩大生产。鉴于伯灵顿坚守纺织品行业的承诺，我还可以推测，该公司的资本投入决策绝不是胡来。尽管如此，相比美元实际购买力的降低，与20年前相比，伯灵顿的实际销售规模大幅萎缩，其毛利率和净资产收益率远低于20年前。

1985年公司营收达到28亿美元。公司股票经历过1拆2，现在股价34美元，相比1964年60美元的股价上涨了约13%。但以CPI指数折算，1985年1美元的购买力只有1964年的约1/3，就算将每年的分红加回去，股东的实际购买力依然是遭受重创。①

对股东来说，这悲惨结局是公司错误配置资本导致的恶果。这就像塞缪尔·约翰逊的那句名言："能数到十的马是一匹了不起的马，但算不上优秀的数学家。"同样，业内最棒的纺织公司是了不起的纺织公司，但算不上优秀的投资对象。

根据我自己的经验以及对其他企业的大量观察，我总结出一个结论：从投资回报的角度考虑，你划什么船比你如何卖力去划更加重要。几年前我曾说过，优秀管理人遇到衰败的企业时，通常是后者占上风。如今我的看法一点没变，当你的船破损漏水时，与其忙着修补，不如赶紧考虑换条好船。

有关我们在纺织业的"辉煌历史"还有要分享的。有些投资人在买卖股票时非常看重账面净资产（就像我早期一样），也有些经济学者相信重置价值对股价有重要的支撑作用。这两种人，如果来看看我们1986年初的纺织设备拍卖会，一定会大受教育的。

我们卖掉了整个工厂里的全部设备，全是可以正常使用的机器。买入成本约1300万美元，经过这些年采用加速计提的折旧方式处理后，账面价值只有86.6万美元。但这些设备如果要今天重新买，大约需要3000万至5000万美元。你知道我们卖掉它们换回来多少钱吗？

处理全部设备我们一共收到163122美元，扣除出售和搬运成本，净值为负。我们1981年花5000美元/台买回来的新款织布机，现在开价50美元也没人要。最后按26美元/台成交，还不够支付搬运工的工资。

（摘自1985年致股东信；摘录时间：2022-03-27）

**唐朝**：这个千亿美元教训对于巴菲特来说，是真正刻骨铭心的痛！我们需要记住他的结论：（1）你划的什么船比你怎么去划更加重要。当你的船破损漏水时，与其忙着修补，不如考虑换条好船。（2）盯着市净率（PB）做投资，是条死路。

---

① 译者注：1985年末伯克希尔的股价是2470美元，从13美元到2470美元，是190倍。

**伯涵：** 一艘船是破船，怎么修补都无济于事，不如换条船。引申到人际交往，当你发现一个人不合适时，千万别试图去"改造"。我们要遇到本来合适的人，这样相处就轻松多啦！

之所以不能看净资产投资，是因为同样的账面价值，资产获利能力是不一样的，有的公司 ROE 超过 30%，有的公司 ROE 甚至为负，那么在估值的时候，价值自然是有天壤之别。没有盈利能力的劣质资产，最后变现的价值，可能会远低于账面价值。

**哈鲁达达：** 这些设备的处理回收率真是低得惊人。我疑惑的是：这些设备重新买需要 3000 万到 5000 万美元，为什么没有其他纺织厂来收购呢？如果这些设备的生产效率或者技术相比新设备没有太大的变化，不至于折价这么低吧？比如工程车，一辆新的要 50 万元，买一辆用了几年的二手车也要三四十万元。是不是纺织业那些年技术更新特别快，导致过去的设备基本没有价值了？

**唐朝：** 重资产行业有一大特点：一旦没有新需求后，已经投入的产能退不出来。要退的话，价值归零。具体论述可以参考《手把手教你读财报：新准则升级版》第 173 页。

**哈鲁达达：** 但是，如果这个行业萎缩，没有需求了，新设备也不该卖这么贵呀？

**唐朝：** 新设备由生产成本决定，不赚钱不生产，不能为了卖一套毁了所有生意。这就和"资本家的牛奶倒进水沟也不会低价出售"的道理一样。处理二手设备不一样，不需要考虑"持续"的事情。出售二手设备倒贴搬运费，在我们日常生活中也是很常见的事儿。

## 被"套牢"的华盛顿邮报

**巴菲特：** 1973 年中期，我们以不超过企业每股内在价值四分之一的价格买入了华盛顿邮报的股票。估算邮报的内在价值并不需要什么独特眼光。大多数证券分析师、媒体经纪人和媒体高管，都估计华盛顿邮报的内在业务价值在 4 亿至 5 亿美元之间，我们也一样。不过，华盛顿邮报的市值却长时间在 1 亿美元上下晃悠，每天都有成交。

我们的优势是对市场波动的理解。我们从格雷厄姆那里学到，投资的关键是在市场价格相对内在价值有很大的折扣时，购买优质企业的股票。

但是在 20 世纪 70 年代初期，大部分机构投资人却认为企业价值与他们的股票买卖决策之间没有什么关系。现在看来当然令人难以置信，然而当时他们被知名商学院所提出的有效市场理论所迷惑：股票市场是有效的，股价反映一切信息，计算企业价值是投资的无用功。

事后想想，我们实在欠这些学者太多了，他们用完整的理论告诉我们的竞争对手：思考是没有用的。这给我们带来的帮助实在是无与伦比。我想不管是在桥牌、国际象棋还是投资活动中都是这样吧！

1973 年至 1974 年，《华盛顿邮报》的经营情况依旧很好，企业内在价值稳步增长。然而，到 1974 年底，我们花费 1060 万美元买进来的股票却跌到 800 万美元左右，跌幅高达 25%。一年前我们已经觉得便宜到离谱的东西，后来变得更加离谱。所谓的有效市场以其惊人的智慧，让邮报的股票在内在价值的两折以下交易着。

美妙的结局可想而知。集智慧与勇气于一身的邮报 CEO 凯瑟琳·格雷厄姆，一边利用其优秀的管理才能提升企业价值，一边以便宜到令人发指的价格大量回购公司股份。

此时，市场投资人开始认识到公司的竞争优势，股价逐步回归其内在价值。这个过程里，我们经历了三重享受：一是企业价值提升；二是公司回购注销导致的每股对应价值的增加；三是随着折价幅度逐渐缩小，股价涨幅超越了内在价值的增速。

（摘自 1985 年致股东信；摘录时间：2022-03-28）

**唐朝：** 这番论述放在今日的腾讯身上也合适。今天，几乎所有的机构和投资人都知道腾讯低估，但有很多人认为跌势未止，要等"跌透"，等"跌势止住"才值得买入，为之甚至愿意将手中持股先卖出乃至清空。

估值上分歧不大，差异是面对市场波动的态度。巴菲特 2.5 折抄华盛顿邮报的底，结果跌到 2 折以下，接着公司启动回购，巴菲特最后享受了三重回报。路径已经在近 40 年前画好，我们有没有机会重走一次"长征路"，顺带收收钱呢？

**茅不易**：2013 年的贵州茅台，当时也是所有人都认为低估，但很多人认为"跌势未止"，所以不买吗？

**唐朝**：是的。当时我还发表过一篇文章，测算假如最近几年所有基酒全部含塑化剂，只能倒掉，公司还能值多少钱？如果茅台破产清算能值多少钱？你想想：那时的市场是什么气氛？！

**佐渡**：为什么不到合理估值的三折，然后还能暴跌 30% 以上？市场其他投资者都不会算账吗？我认为其实没有巴菲特描述的那么简单。正如保罗·萨缪尔森所说："巴菲特有次演讲中说'任何傻瓜都看得出来华盛顿邮报的股价太低了'。我不算傻瓜，但我就没看出来。"这笔投资套了三年多的主要原因，是邮报下属电视台经营许可证官司前后打了两年半，邮报仅诉讼费就支付了超过 100 万美元，企业前景和利润的不确定性大增。等 1976 年官司尘埃落定，当年股价就暴涨了 120% 多。

市场虽然偶尔会发疯，但绝对不傻。低价的出现一般都伴随着某些重大利空，犹如塑化剂于茅台，瘦肉精于双汇，三聚氰胺于伊利……投资者如果意图获取企业经营增长之外的超额收益，就必须在利空袭来时冷静、理性地思考，判断各种可能性的概率、影响情况，然后作出自己的选择，并承受这种选择带来的结果。

以上摘自《巴芒演义》第 253 页

**唐朝**：佐渡补充得好！巴菲特致股东信里忽略掉的东西，是"事后都易，当下最难"。要结合《巴芒演义》里的故事背景来看，才能完整理解当时的场景。

**巴菲特**：除了 1985 年按比例接受公司回购之外，我们在 1973 年投入 1060 万美元买入的华盛顿邮报一股未动。年底持股市值，加上被强制回购股份所得，合计是 2.21 亿美元。

假如 1973 年我们将 1060 万美元投资于最受投资者青睐的六家媒

体公司中的任何一家，到今年年底我们的持股市值大约会在 4000 万到 6000 万美元之间。这结果仍然比市场平均水平高出很多，其原因是媒体行业本就具有一种特殊的竞争力。

至于多出来的 1.6 亿美元，当然是华盛顿邮报 CEO 凯瑟琳的贡献，是她作出的许多决策优于其他媒体经营者的结果。她在商业领域巨大的成功很大程度上没有被报道，但伯克希尔股东，真不应该忽视这一点。

由于我们买下了大都会通信公司的大量股份，使得我 1986 年不得不离开华盛顿邮报董事会。但只要法规许可，我们将无限期地持有邮报的股份。因为我们预计华盛顿邮报的内在价值将以合理的速度增长，而管理层是既有能力又以股东利益为导向的。

不过，目前市场对该公司的估值已超过 18 亿美元，其市值增速很难保持过去仅 1 亿美元时的速度。同样，由于我们目前持有其他主要公司的股价也都被哄抬至基本合理的估值水平，可以预计，我们的投资组合很难再像过去几年那样高速增长，希望大家有心理准备。

（摘自 1985 年致股东信；摘录时间：2022-03-29）

**唐朝：**这里需要补充两点背景知识，帮助大家理解。

第一，巴菲特 1973 年投入约 1063 万美元（准确地说是 10627604 美元），持有华盛顿邮报 93.43 万股，相当于平均成本约 11.38 美元/股（以 1976 年末股本情况折算），详细数据见表 14。伯克希尔年报 1977 年首次披露含成本及市值的持股明细表，所以表 14 也是从 1977 年开始，但巴菲特投入 1062.8 万美元买入是 1973 年完成的，1974 年至 1977 年无交易。

表 14 中的股份数量变动，都不是巴菲特主动选择的结果。1979 年的股份增加，是华盛顿邮报股票再次一拆二的结果（相当于 A 股的十送十股）。而 1985 年，则是公司回购的时候，要求巴菲特配合按照回购比例，等比例将持股回售给公司，这是为了避免巴菲特在邮报的表决权扩大，危及格雷厄姆家族对邮报的控制权。

《巴芒演义》第 251 页写过，凯瑟琳担心巴菲特进入是为了夺取格雷厄姆家族对邮报的控制权。为打消这种担心，1973年11月5日，巴菲特给凯瑟琳写过一个书面保证，主要是两项内容：（1）未经凯瑟琳允许，巴菲特及其关联公司不得再买入1股邮报股份；（2）巴菲特将所持邮报全部股份的表决权，委托给凯瑟琳的儿子唐纳德·格雷厄姆。

表14　1977—1985年伯克希尔对华盛顿邮报持股明细

| 年度 | 股份数量（股） | 成本（千美元） | 年末股价（美元） | 市值（千美元） |
| --- | --- | --- | --- | --- |
| 1977 | 934,300 | 10,628 | 35.75 | 33,401 |
| 1978 | 934,300 | 10,628 | 46.50 | 43,445 |
| 1979 | 1,868,600 | 10,628 | 21.00 | 39,241 |
| 1980 | 1,868,600 | 10,628 | 22.62 | 42,277 |
| 1981 | 1,868,600 | 10,628 | 31.12 | 58,160 |
| 1982 | 1,868,600 | 10,628 | 55.25 | 103,240 |
| 1983 | 1,868,600 | 10,628 | 73.25 | 136,875 |
| 1984 | 1,868,600 | 10,628 | 80.25 | 149,955 |
| 1985 | 1,727,765 | 9,731 | 118.75 | 205,172 |

1985年，按照披露数据反推，公司回购的价格应该在106.5美元附近。巴菲特持有邮报12年间，不计其间现金分红，仅股价涨幅已经获利近20倍（1元变20.75元），年化收益率28.75%。

此时，企业基本回到合理估值水平。巴菲特特意提醒，后面继续期望这么高的年化收益率，是不太现实的，因为少了市场先生额外送的那部分。

第二，是关于大都会的。1984—1985年，巴菲特累计在大都会公司投入约5.45亿美元。1985年末，这些股份的市值约10.9亿美元。

当时，大都会面临外部力量的恶意收购威胁，巴菲特是受好友、大都会CEO汤姆·墨菲邀请，追加投资来扮演白衣骑士角色的。墨菲邀请巴菲特加入大都会董事会，以增加自己这方的表决权。

按照当时的法律规定，他不能同时进入两家重要媒体的董事会，只能选择其中一家。鉴于当时华盛顿邮报已经走上正轨，凯瑟琳对邮报的掌控力已经非常牢固，而大都会面临着外部力量的恶意收购威胁，巴菲特选择接受大都会董事席位，放弃了邮报董事席位。但那时他对凯瑟琳承诺道："如果你有需要，我随时都在。"

**大佑**：巴菲特一直在做正确的事情。

**唐朝**：做正确的事，同时发大财。这才是最有价值的正面榜样！

**大佑**：对，他的故事真是大气磅礴，同时又有点波澜不惊。对得堂堂正正，赚得潇潇洒洒。

**伯涵**：巴菲特投资华盛顿邮报的故事，在很多方面都为我们树立了典范。比如长期主义的报偿，2.5折买入之后，股价继续暴跌至2折，但最终获取了上百倍的回报。再比如巴菲特向凯瑟琳表明善意，通过各种友善的举动让凯瑟琳有安全感，真可谓是暖男一枚。凯瑟琳也把巴菲特带入了首都地区的政商名流圈子，实现了人际关系的"良性循环"。

**三文鱼**：企业管理层优秀，还会适时回购，但这些在巴菲特买入华盛顿邮报时并不存在。当时的凯瑟琳就是一个长期在家的家庭主妇，孤儿寡母，没有经营管理经验。巴菲特是如何分析管理层从而做出投资决策的呢？

我回看了《巴芒演义》华盛顿邮报章节，感觉巴菲特起初只是因为凯瑟琳的家族背景强大，父亲和老公都很优秀，她本人也受过良好的高等教育等，才有信心。对她能否经营好华盛顿邮报，则是持有先看看的态度。

或许巴菲特是觉得报纸的护城河足够宽，这匹马不错，即使骑手差一点，问题也不大。当然，可能也因为价格已经足够便宜，可以容忍些许小问题。至于后来的经营优秀、经常回购，算是意外惊喜吧！

**唐朝**：我没有什么需要补充的。

## "波段"操作大都会

**巴菲特**：1985年末，我们以3月份谈好的172.5美元/股的价格（这是当时的市价），认购了约300万股大都会公司（Capital Cities Inc.）的股票。我跟踪该公司及公司管理层的表现已经有很多年，我认为他们是上市公司当中最优秀的。汤姆·墨菲和丹·伯克不但是最优秀的管理者，还是那种你会愿意把女儿嫁给他的人。跟他们合作实在是我的荣幸，也相当愉快，相信各位若认识他们，应该也会有这种感觉。

有人可能会觉得很奇怪，为何同一家公司，你们的董事长在五六年前以 43 美元的价钱卖掉，现在却以 172.5 美元的高价买回。有关这个问题，容我再多花点时间，尽量想出一个漂亮的答案。请大家拭目以待。

（摘自 1985 年致股东信；摘录时间：2022-03-31）

**唐朝**：对于大都会的"波段操作"，可以说是巴菲特心中永远的痛，具体操作过程见《巴芒演义》第 283 页。

① 1978 年，巴菲特以约 24.68 美元/股的价格买进约 25 万股，1980 年以 43 美元清仓。

② 1985 年以 172.5 美元/股买进 300 万股。注意，股价相比 1980 年清仓价涨了好几倍。

③ 1986 年致股东信，巴菲特信誓旦旦地将大都会列为和华盛顿邮报、盖可保险并列的三大"死了都不卖"的股票。

④ 1987 年致股东信，再次强调大都会、华盛顿邮报和盖可保险的股价再怎么涨，也不会卖。

⑤ 1993 年食言，以 63 美元价格卖掉 1000 万股。股票经历过一拆十，相当于以 630 美元的价格卖掉了 100 万股。1994 年底，股价收于 85.25 美元，相比 1993 年 63 美元的卖出价，又涨了 35%。

⑥ 1995 年大都会被迪士尼收购。股价相比巴菲特的卖价翻倍，达到 127 美元/股。63 美元卖出的 1000 万股，少赚了 6.4 亿美元。6.4 亿美元对巴菲特来说有多痛，看看喜诗糖果和布法罗晚报两大至爱的利润吧：1993—1995 年，喜诗糖果净利润合计为 8241 万美元，布法罗晚报净利润合计为 8870 万美元。

⑦ 1997—1998 年，巴菲特正在不断减持用大都会换来的迪士尼股票，这期间因从"死了都不卖"变成大幅减持，且卖出价过低而被媒

体和市场大范围嘲笑和打脸。

我在所有的资料中都没有找到他这么干的理由,他自己也从未给出过说得通的理由。毕竟该公司的竞争优势从未消失,管理层的优秀也从未改变。这种情况下,巴菲特的"波段"操作实在让人难以理解。唯一能揣测的理由,或许是估值上的计算问题。自己以为是高估卖出,结果老是卖在山腰,被无情打脸。

这里巴菲特通过自黑的形式,轻描淡写一笔带过了。或许,这就是年轻人体内偶尔的冲动战胜理智的时刻?正如书房朋友 pancho 的原创段子:"交易冲动就像年轻人的性欲一样,唯有时间的蚕食雕琢,才能渐渐消停。"

大都会的股价走势,活脱脱一曲"冲动的惩罚":"我相信我心中的感觉,它来得那么快来得那么直接。就算我心狂野,无法将火熄灭。这是对冲动最好的惩罚。"

这惩罚,让巴菲特"辗转反侧难以入睡,在冰与火的情欲中挣扎徘徊",最终导致 1998 年又反过来在可口可乐的案例上交了罚款,正所谓"出来混迟早要还的"。当然,可口可乐之战后,巴菲特的投资体系更加成熟了,算是"冲动的惩罚"换来的重大收获吧。

**客栈:** 可口可乐之战,是指在过分高估后依然不卖的"死了都不卖"吗?

**唐朝:** 对,高估也不卖,然后又交了学费(少赚了很多)。

**小蒋:** 大都会卖了,不对;可口可乐不卖,也不对。后来得出的结论是什么呢?

**唐朝:** 后来的结论是:还是要回到看山还是山、看水还是水的境界,明显高估了还是要卖出。不能因为曾经估值有问题,就矫正成永远不卖。

**冰冻 273k:** 所以,应该是尽量不卖,但明显高估了还是要卖。不再纠结永久持有,至于到底是不是"明显",就让自己的估值能力去背锅吧!

## 一个"精确的正确"案例：伊利诺伊州银行股权处置

**巴菲特**：五年前，我们被要求依照1969年的《银行控股公司法》规定，于1980年12月31日之前，将旗下拥有的伊利诺伊州银行（位于伊利诺伊州罗克福德市）97.7%的股权处理掉。

由于一时之间没有满意的买家，我们选择在1980年最后一天，宣布了罗克福德金控公司（Rockford Bancorp Inc.）（伊利诺伊州银行的控股公司）股票与伯克希尔股票之间的交换比例。然后让伯克希尔除我之外的所有股东，优先决定是否愿意用所持伯克希尔股票，交换罗克福德金控公司的股票。最终没人愿意换的那部分罗克福德金控公司股票，全部由我本人兜底置换。所以，我在罗克福德金控公司的持股数量最终由大家决定。

当时我说："这种方法体现了世界上最古老、最基本的公平。就像当你还是个孩子的时候，一个小孩切蛋糕，就要让另一个小孩先选。我按我的设想公平地'切'开公司，而你们优先选择想要哪一块。"

1985年秋天，伊利诺伊州银行正式出售。当罗克福德金控公司清算完毕后，股东收到的钱与我当时给出的估值吻合。我很高兴，这五年的结果证明我当时的那块蛋糕切得相当公平。

（摘自1985年致股东信；摘录时间：2022-04-01）

**唐朝**：巴菲特为我们展示了一个"精确的正确"案例。记得每次我按计算器给一家公司估值的时候，网络上总有各种仙风道骨的画外音：模糊的正确优于精确的错误。

这话倒是没错，但很可惜往往被用来作为偷懒的借口。实际上，某些投资里面除了精确的错误、模糊的正确之外，还可以有"精确的正确"这一选项，比如巴菲特的这个案例。虽然不容易，但还是应该作为我们努力的方向。

当然，这个案例更重要的地方，是巴菲特再次像1969年合伙基金清算的时候那样，将所有的资产做出估值然后摆在桌面上，让合伙人优先选择，剩下的就是自己的。

这大概能证明优秀是一种习惯，善良是一种本能。这样的人不成功，难道让那些永远要求别人无私奉献，自己好趁机占便宜的人成功？那才叫没天理，对吧？

这次交易的相关资料非常少，以我的推测，这次交易的过程可能是这样的。[①]

第一步，巴菲特对伊利诺伊州银行97.7%的股权做了估值，他估出来的结果是价值约17461500美元。

第二步，伯克希尔当时的股价是425美元，所以17461500美元≈41086股伯克希尔股份。

第三步，巴菲特把97.7%银行股份上面安排了一个持股公司——罗克金控，总股本设置为41086股或41086的N倍。罗克金控的唯一资产就是持有伊利诺伊州银行97.7%的股份。

第四步，就和当年用可可豆回购股票一样，巴菲特用罗克金控公司股权回购伯克希尔股票，当作给股东的分红。

任何股东都可以选择用一股伯克希尔，交换一股（或N股）罗克金控股份，先到先得，换完为止。

最终如果所有股份都有人愿意换，则伯克希尔及巴菲特本人均不持有一股罗克金控，彻底与伊利诺伊州银行脱钩，满足监管要求。

如果截至约定时间点，罗克金控的股份没有换完，剩余部分巴菲特个人兜底。极端情况下，若没有一个人愿意换，罗克金控会成为巴菲特的私人公司，代价是巴菲特付出自己的41086股伯克希尔股票。

但是，鉴于监管规则不允许巴菲特一个人拥有这家银行，所以如果没有其他人愿意换，该方案会失败。由于巴菲特设计的交换价格是合理的，所以现实里没有出现无人交换的情况。最终罗克金控公司成为一家由67名股东持股的私人企业，下辖唯一资产为97.7%的伊利诺伊州银行股权。

---

[①] 这只是我综合大量资料后的推测，不一定正确，只是作为一种思路分享给大家。

第五步，伯克希尔将41086股伯克希尔股份注销，相当于将97.7%伊利诺伊州银行股份，分给了全体伯克希尔股东。

第六步，罗克金控公司董事会继续寻找愿意收购伊利诺伊州银行的买家。等卖出去后，再通过清算罗克金控公司（届时唯一资产是卖银行收到的现金），就可以让所有持股者实现投资回报。当然，其间罗克金控的股东也可以直接转让持有的罗克金控股票。

本文巴菲特记录的就是1985年伊利诺伊州银行找到了买家，然后罗克金控清算的结果："1985年秋天，伊利诺伊州银行正式出售。当罗克福德金控公司清算完毕后，股东收到的钱与我当时给出的估值吻合。我很高兴，这五年的结果证明我当时的那块蛋糕切得相当公平。"

**白菜王**：为什么巴菲特不是把这些银行股份直接分给股东，而是要用伯克希尔的股份去交换呢？

**唐朝**：一者出于避税理由，和可可豆案例一样，换股回购不征税，直接分股票会有税收。二者因为股东不是经营银行的实业家，目标不是掌控银行。单独成立控股公司持股，是为了继续方便给伊利诺伊州银行找买家，然后直接将97.7%的银行股权卖掉分钱就可以了。如果直接分掉银行股份，想收购这家银行的买家就要和一大堆个人股东一个个去谈，交易难度会大幅提升。

**刀刀**：精确的正确这个说法，我第一次在唐书房看到的时候，就觉得非常精彩。我也在一些投资群看到人们迷恋于模糊的正确，他们只要看到有人精确地计算来估值，就嗤之以鼻。还有很多人受知名投资者的影响，不看财报，不学习财务知识，痴迷定性分析，觉得这样做很高级。尤其是只看商业模式派，我觉得也是对巴菲特的一种误解。巴菲特现在也确实是首先考虑商业模式，但是通过数据分析得到的结论，可以让我们对商业模式的认知更牢靠。

**伯涵**：关于"精确的正确"，我也有同感。就像有人常常说，"我们在乎的是长期的利益"，但是"长期主义"并不能一直作为"短期业绩不佳"的挡箭牌啊！长期和短期业绩都好，不是更理想的状态吗？

关于分配，我想到一个问题：如何才能把蛋糕分得最公平？答案是：让分蛋糕的人最后拿。巴菲特自己作为分配者，总是让投资人、合伙人先选，他就是一直按照标准答案做的。

**唐朝**：这招我们常用。酒鬼在酒桌上分酒就是这样的，一个人分，另一个人挑，都不吃亏。

**林飞**：精确的错误、模糊的正确之外，既有"精确的正确"，还有"模糊的错误"。

精确的错误，在错误之后，至少经历了寻求"精确"的过程，因此更容易获得反思、改进、提升的机会；模糊的错误，在错误之后，可能都不知道错在哪个环节，对于投资的精进没有多大益处。

以"正确"为目标，以寻求"精确"为工作导向，对了，自然很好；错了，那么通过实践—失败—反思—改进，下一次就能够更逼近"精确的正确"，获得投资能力的提升。

所以我认为，追求精确是值得的。

# 1986 年
## 贪婪恐惧相互交织
## 投资寻找强势企业

年度背景 // 244
估值是个模糊的区间 // 246
物以类聚、人以群分 // 248
贪婪与恐惧 // 250
税负是谁承担的？ // 254
财报是分析企业的起点 // 256

## 年度背景

1986年引人注目的国际大事件不少。

首先是国际原油价格大跌,从1985年底的26.5美元/桶一直跌到1986年7月的9.6美元/桶。

其次是美国与利比亚之间的战争。1986年3月24日,利比亚以美国舰队入侵其领海为由,向美发射12枚导弹,击落3架美机,引发两国军事冲突。

4月15日凌晨,美国出动3艘航空母舰、34艘其他舰船和几百架飞机,对利比亚进行代号为"黄金峡谷"的突然空袭,大规模超低空轰炸利比亚首都的黎波里和重要港口班加西市。

这次空袭,由于法国和西班牙拒绝提供空中走廊,美军飞机从驻英国空军基地起飞,长途奔袭,行程5188公里,途中4次空中加油,创造了现代空战的新纪录。轰炸全程仅持续18分钟,但由于美军大量使用先进的精确制导武器,这次轰炸摧毁了包括利比亚领导人卡扎菲指挥中心在内的5个重要军事场所,开创了现代外科手术式精准打击作战模式的先河。

再次是1986年4月26日,苏联(现乌克兰境内)的切尔诺贝利核电站发生爆炸,大量放射性物质泄漏,成为核电时代最严重的事故。

当年11月,美国司法部以证券欺诈罪起诉了美国金融界风云人物,曾影响和改写美国证券金融业发展及企业并购模式的金融大亨,"垃圾债券之王"迈克尔·米尔肯[①]。

这些动荡,对1986年的美国股市似乎没有产生什么重大影响。股市在《税制改革方案》通过的利好刺激下,标普500指数承接上一年涨势继续上涨14.6%,至242.17点收盘,加上期内成份股现金分红,1986年标普500指数含息收益率18.6%。

这一年,伯克希尔的持股除了上年敲定的5.175亿美元投资的大都会/美国广播公司(Capital Cities/ABC, Inc.)300万股之外(有1万股1987年才入账,原因不详),其他投资变化不大。

表15 伯克希尔历年持股明细(1986年)

| 股份数量(股) | 公司名称 | 成本(千美元) | 市值(千美元) |
| --- | --- | --- | --- |
| 2,990,000 | 大都会/美国广播 | 515,775 | 801,694 |
| 6,850,000 | 盖可保险 | 45,713 | 674,725 |
| 1,727,765 | 华盛顿邮报 | 9,731 | 269,531 |
| 2,379,200 | 哈迪-哈曼 | 27,318 | 46,989 |
| 489,300 | 利尔·西格勒 | 44,064 | 44,587 |
|  | 其他持仓 | 12,763 | 36,507 |
|  | 合计 | 655,364 | 1,874,033 |

注:表中为持有市值高于2500万美元的主要持股。

这一年,伯克希尔以26.1%的收益率,让公司净资产达到了23.8亿美元,相比1964年巴菲特入主伯克希尔时的2200万美元,增值突破100倍,算是一个重要的里程碑。

这一年,伯克希尔股价上涨14.2%至2820美元/股,再创历史新高。巴菲特春风得意地查看了股东名单,发现仅小小的奥马哈市内,因为持有伯克希尔股票而导致财富总值超过1亿美元的亿万富翁就多达52个。

这一年,现场参加伯克希尔股东大会的人数首次突破400人。

这一年,一家公司的老板主动写信给巴菲特,说因为长期持有伯克希尔股票,并深度认同伯克希尔的价值观,愿意把自己的企业卖

---

① 相关故事请查看《巴芒演义》第179至185页。

给伯克希尔，这就是费希海默兄弟制服公司（The Fechheimer Brothers Company）。几次书信聊天后，伯克希尔出资4620万美元收购了费希海默兄弟制服公司84%股权，即公司估值5500万美元，相对该公司1986年税后近500万美元的净利润规模而言，大约11倍市盈率。

受此案例影响，加上美国的税制改革契机，巴菲特尝试花费4.7万美元在《华尔街日报》包下一个整版，刊登收购广告，意图寻找税后净利润超过1000万美元，估值至少超过1亿美元的企业卖家。不过，这4.7万美元广告费最终一无所获，没有得到任何回应。

这一年，巴菲特人生第一次摆出了亿万富翁的谱，他动用伯克希尔的公司财产，花费85万美元购买了一架已经使用了20年的二手飞机，专供自己出行使用。主要原因是巴菲特逐步具有了一定的知名度，他厌烦了在民用航班上被人认出来追问应该买哪只股票的对话。1989年，他折价卖掉了这架飞机，再次花费670万美元买了一架更加高档的二手飞机。对，还是二手的。

## 估值是个模糊的区间

**巴菲特**：1986年伯克希尔的账面净资产增加了4.925亿美元，增幅26.1%。在我们接管伯克希尔的22年多时间里，每股净资产从19.46美元增加到2073.06美元，年化增长率23.3%[①]。

在每股净资产的计算过程中，分子（净资产）和分母（股本）同样重要。在这22年里，公司净资产增加了10600%，股本增加了不到1%。

在过去的年报中，我不止一次地提醒大家，大多数公司的账面净资产值与企业内在价值存在着极大的差异，而后者才是股东真正需要关心的。不过以我们伯克希尔来说，过去十多年里伯克希尔的账面净资产值，基本合理地反映了企业内在价值的保守估计值。具体来说，我

---

[①] 译者注：同期伯克希尔股价从1964年末的12.7美元涨到1986年末的2820美元，22年222倍，年化增长率27.8%。

们的内在价值通常略超我们的账面净资产值，且两者的比值相对稳定。

今天要向各位报告的好消息是，1986年公司的内在价值增幅，应该是超过了账面净资产增幅。我用"应该是"一词，是因为企业内在价值的判断是个区间，而不是一个精确值。以我们自己为例，查理和我两个完全了解公司的人，对伯克希尔做出的估值可能也会有10%以上的差异。

（摘自1986年致股东信；摘录时间：2022-04-02）

**唐朝**：上述内容要点有两个：一是大部分公司的内在价值和账面净资产值是脱钩的，投资者真正要关心的是内在价值与市值关系，而不是市净率PB（PB=市值/账面净资产）。二是对内在价值的判断只能是一个区间，哪怕是巴菲特和芒格给伯克希尔做估值，也会有10%以上的差异。知道了这点，我们自己做估值的时候，也要习惯留一个有弹性的区间，而不是为难自己去追求一个精确值。

**佐渡**：类似的案例如贵州茅台。茅台股份公司总资产是首次破千亿元，创下历史新高，眼看着净资产也直奔千亿去了。当然，任何对茅台稍有了解的人，都会知道这个报表资产是严重偏低的。

其一是土地、酒库、酒窖都是按照成本扣除折旧以后入账。但谁都知道，今天你不可能用原价在茅台镇上买到一平方米的土地，不可能去挖一口酒窖，更不用说还要扣除折旧。其二是存酒全部按照制造成本入账，而哪怕将所有老酒按照普通茅台出厂卖掉，1元钱成本的茅台存酒，要变成超过12元的营业收入，其中会给股东带来超过6元钱的净利润。

以上摘自2016年10月28日唐书房文章《茅台三季报杂谈》

**林飞**：估值的时候可以分别从悲观、中性、乐观的角度想一遍。从最悲观的角度出发，估值都大于市值，大概率是个不错的投资机会。

**武侃**：企业价值不是一个精确数值，而是一个模糊区间，一个至少足以容纳百分之二三十波动的模糊区间。因此，在30%空间内的所谓高抛低吸、波段操作，在我看来，是自欺欺人，不值得关心。考虑到中国股市有10%日涨跌停限制，所以，日间盯盘，是完全没有价值的生命浪费。

　　以上摘自2017年11月24日唐书房文章《三年三倍的背后》

## 物以类聚、人以群分

　　**巴菲特**：查理和我的工作其实只有两项。一项是吸引并留住优秀的经理人来经营公司的各种事业。这项工作不难，通常，这些优秀的经理人是和我们所收购的公司一起获得的，他们在跨越各种商业环境的职业生涯中已经展示了他们的才华。早在认识我们之前，他们就已经是管理明星，我们的主要贡献就是不去妨碍他们。这方法看起来很简单：假如我的工作是管理一支高尔夫球队，球员是杰克·尼克劳斯或阿诺德·帕尔默这种高手，我们完全没有必要指导他们如何挥杆。

　　其实我们一些核心经理人早就相当富有了（我们希望所有的经理人都能如此），但这并不影响他们继续为公司效力。因为他们热爱自己所做的事情，并享受出色业绩带来的快感。他们总是像企业拥有者那样去思考（这是我们能给予企业经理人的最高赞美），而且乐在其中。

　　拥有这种职业热情的典范是一位天主教的裁缝，他省吃俭用好几年存下一笔钱到梵蒂冈朝圣。回来后，教友们特地举行集会，争先恐后地想知道教皇是个什么样的人。我们的英雄淡淡地说："44英寸腰围、中等身材。"

　　当你拥有一群正直又能干的人，帮你经营一项他们自己热爱的事业时，你的管理上限完全可以扩大一倍，还能抽空睡个懒觉。与之相反，如果管理层存心骗你，或是能力不够、缺乏热情，有一个就够你头疼的。

　　我们会继续保持这种"只与我们喜欢和尊敬的人共事"的原则。这种原则不但可以确保企业效益最大化，还能让我们有时间和心情享受每天的愉悦时光。和那些让你反胃的人一起工作，就像只为了钱而结婚，在任何情况下都很可能是个坏主意。而如果你已经很富有了，还为了钱而结婚，那就纯粹是疯了。

查理和我的第二项工作是资金分配,这对于伯克希尔很重要,其主要原因有三:一是我们赚的钱比别人多;二是我们通常将所赚的钱保留下来做投资;三是我们旗下的企业,基本都不需要太多的新增资金便能保持自身的竞争力和成长性。

的确,一家每年赚23%且能全部保留的公司,比起那些每年只赚10%还要分掉一半的公司,很显然前者的资金分配工作要"繁重"得多。

(摘自1986年致股东信;摘录时间:2022-04-03)

**唐朝:** 巴菲特和芒格分享了快乐、长寿同时还赚大钱的秘籍:只和自己喜欢并尊敬的人打交道。

这些人的优秀往往是一种习惯,就像优秀的裁缝会习惯性盯着身材和腰围一样,根本就不需要你处心积虑去激励他/她。这些人诚实,让你可以相信他/她说的话,不需要绞尽脑汁去核查,节省彼此的大量时间和精力。如此,怎么能不轻松快乐呢?!

当然,套用芒格的一句话:想拥有这样的伙伴,重要的是要让自己配得上这样的伙伴。毕竟物以类聚、人以群分。据说对味儿的人,隔着屏幕也能闻到同类人的气味,是吗?

**哈尼Zzz:** 拒绝无用社交,靠近那些和自己同样优秀,或者比自己更优秀的人,这样才会变得更加优秀。

**连休一周:** 人品、能力和意愿决定财富水平和心情。其中人品最重要,芒格说人很难改变,我觉得说的是人品/性格很难改变,而能力和意愿可以后天发现和培养。

我又想起芒格那3条绝佳建议:(1)别兜售你自己不会购买的东西。(2)别为你不尊敬和钦佩的人工作。(3)只跟你喜欢的人共事。

**周明芃:** 我之所以喜欢老唐,喜欢待在书院里,就是因为这里有一群我所喜欢的人、尊敬的人、能以之作为榜样的人。用巴菲特的话讲,值得把自己女儿托付给对方的人在这里。这里能够激励自己不断日拱一卒,就像混在不断向前移动的人群里一样,自觉或者不自觉地会跟着向前走。这比一个人孤单地走,更快乐,更持久。

## 贪婪与恐惧

**巴菲特**：1986 年内，我们旗下保险公司总计买进了 7 亿美元的免税国债，大多数的期限在 8 到 12 年之间。或许你会觉得这样的投入规模表明我们对债券情有独钟。事实并非如此，国债只是个平庸的投资工具，它只是我们暂时选不出投资对象时，最不招人讨厌的替代品。（目前我既不喜欢股票，也不喜欢债券。我发现自己与知名女演员梅·韦斯特截然相反，她说："我只喜欢两种男人，外国的和本国的。"）

在保险公司，伴随着资金的持续涌入，我们只有 5 种选择：（1）长期股票投资；（2）长期固定收益债券；（3）中期固定收益债券；（4）短期现金等价物；（5）短期套利交易。其中，股票投资是最有乐趣的。

当我们找到经营得当、业绩蒸蒸日上而价值被低估的公司时，我们会享受市场提供的大满贯全垒打。但不幸的是，目前我们根本找不到满足要求的投资对象。这并不表示我们要预测未来的股市，事实上，我们从来不知道股市接下来会涨还是会跌，过去不知道，现在不知道，未来也不会知道。

我们能确定的是，贪婪与恐惧这两种传染病在股市里会周期性暴发，只是发生的时点和幅度很难预计。所以我们做的事其实很简单：当众人贪婪时，我们尽量小心些；当众人恐惧时，我们尽量贪婪一点。

当我写下这段文字的时候，整个华尔街几乎嗅不到一丝恐惧的味道，到处充满了欢乐的气氛。他们有理由这样。股价大涨，股东赚到了比公司经营获利更多的利润，当然值得狂欢。

但我必须泼冷水，股价表现不可能永远超过公司本身的经营表现。反倒是股票频繁的交易成本与投资管理费用，将无可避免地使投资人的最终收益，远低于他们所持公司的经营获利。如果将美国企业作为一个整体来看，平均净资产收益率约为 12%。这表示投资人作为一个整体，能够获得的回报必然会低于12%。

狂热的牛市可以暂时扭曲数学规律，但无法推翻它。

（摘自1986年致股东信；摘录时间：2022-04-04）

**唐朝**：1986年的致股东信发表于1987年3月，这正是全球股市最狂热的时间段，前三个月美国股市大盘就已经上涨了约25%（标普500指数首次突破300点）。

回头看我们已经知道了，半年后，从1987年10月19日开始，发生了全球大股灾。这一天标普500指数下跌20.5%（道琼斯指数当日下跌22.6%），创下美国股市迄今为止没有被打破的单日跌幅纪录。当然，更猛的是中国香港股市，恒生指数在1987年10月26日当天暴跌33.33%。

这一切，就是巴菲特说的"狂热的牛市可以暂时扭曲数学规律，但无法推翻它"，换成我们喜欢的表述，就是"出来混，迟早要还的"。整体股市收益率不会超过企业经营年化12%的天花板，短期超过太多，未来就会还账。同样，短期落后太多，未来就会补涨。

未来一定会来，但究竟几点来，说不好。幸好，投资只要能够清楚地知道"未来会来"，就足够赚大钱了。

1986年度伯克希尔股东大会，是目前市面上有文字记录的最早一届股东大会。原因很俗套，继1982年挤上福布斯全球亿万富翁排行榜之后，1985年巴菲特首次登上了更具影响力的福布斯全球前400富豪排行榜，名气带来了追捧者。当然，名气也带来过坏处：这一年有两名男子持枪闯进巴菲特的办公室，挟持巴菲特索要10万美元。幸好警方快速反应，平安解救了巴菲特（后来伯克希尔的办公室加装了监控摄像头及重达300磅的安全门）。

1986年度股东大会规模空前，到会人员突破了400人（你没有看错，就是400，不是4万）。要知道，1981年巴菲特召开股东大会，全场一共22人，旗下管理人员不得不召集员工参会捧场，避免巴菲特尴尬。

在这一年股东大会问答里，巴菲特和芒格透露他们只保留了华盛顿邮报、大都会和盖可保险三只死了都不卖的股票，其他上市公司的股票全部清仓了。

在市场一片看好的声音里，福布斯富豪公开表示清仓，后来还被证明对了，这无疑是媒体最爱的题材（当时一定是口水漫天，巴菲特如果有社交媒体账号的话，留言区画风一定惨不忍睹），巴菲特头上的"股神"光环越发金光灿烂了。

**BP：**价值投资者做的是"反人性"的事。所以卖的时候被骂，买的时候也会被骂。

**客栈：**巴菲特当时买入债券，是因为找不到合适的股票投资。虽然明确说了不预测股市，但其实心里的那杆秤是预测了。只是不知道啥时候会跌，并且买入债券其实也是在等待大跌后重入江湖吧。

**唐朝：**不是等待，是放置。是永远选择将财富放置在收益率和确定性综合性价比更高的资产上面，而不是去预测资产未来的市价会如何变化。这动作，就像呼吸那样，是一种本能。将财富放置于类现金资产和等待股市下跌，外形看起来高度相似，但理念内核天差地别。

**巴菲特：**大家要特别注意的是，我们希望永久保留三个主要持股，即大都会、盖可保险和华盛顿邮报。即使它们的股价明显高估，我们也不愿卖出。就像即使有人出再高的价格，我们也不打算卖掉喜诗糖果或布法罗晚报一样。

这种态度看起来很过时老套。现在当红的基金经理所持投资组合，基本都是迎合华尔街喜好的"资产重组"概念——有趣的是，这些企业的"重组"经常会抛弃那些不被喜欢的企业，却不会抛弃那些当初买下这些企业的决策者。"恨罪恶，但爱罪人"的神学，在500强企业里同样流行。

基金经理们现在更加亢奋，他们在股市开盘时间总是忙着奔跑叫嚣，一刻不停。事实上，现在"机构投资者"已经成为洋相百出、自我矛盾的代名词，类似巨型小虾米、淑女摔跤手、平价律师、正方形的圆等。

尽管这种对资产重组概念的热衷已经横扫金融界和企业界，但我们仍然坚守我们"死了都不卖"的长期持有策略。唯有如此，查理和我才会感到舒适，同时获得还算不错的回报，而且还能让我们旗下的经理人和投资对象的管理者心无旁骛地工作。

（摘自 1986 年致股东信；摘录时间：2022-04-05）

**唐朝**：20 世纪 80 年代前期，正是美国资产重组、兼并收购等概念大行其道的时候，市场里什么股票沾上这概念，什么股票就涨。所以整个市场换手率畸高，不管是机构投资者还是散户，都在忙碌着疯狂追逐新的收购案。

巴菲特在这种情况下，白纸黑字地宣告：某些优秀企业，无论什么价格我们都不卖。我们言行如一，坚持长期投资，坚持将股票看成代码后面那家企业和那群人的组合体，而不是击鼓传花游戏里的道具。

同时巴菲特狠狠地嘲讽了市场主流投资机构"恨罪恶，爱罪人"的神学投资行为，指出"机构投资者"已经成了洋相百出、前言不搭后语的代名词。

请注意，上文中的"正方形的圆"是我额外添加的，为了帮助朋友们理解巴菲特想说的那种自相矛盾的含义。总之一句话，巴菲特嘲讽的是那些"一边号称要做时间的朋友，一边忙着杀出杀进"的机构投资者在股市里自相矛盾的言行。

另外，经过漫长的讨论和立法过程，1986 年里根的减税改革新措施落地。企业所得税从之前的 46% 降低为 34%，这是企业税后利润能够飙升的实质性利好。所以当时大部分市场参与者都认为，这次牛市有坚实利好支撑，有十足上涨理由，和以往的泡沫完全不一样。

今天，我们这些"穿越者"已经知道了，半年后就是惊天动地的大股灾。没什么不一样，股市永远就这样：估值足够高，戳破泡沫的针总会从匪夷所思的地方刺出来；估值足够低，上涨的理由也总是会莫名其妙地被发现。周而复始，循环往复。

**伯涵**：每次上涨或下跌，总是有"这次不一样"的声音，回头来看，却是"太阳底下无新事"。

**浩然斯坦**：市场一直在变化：无风险利率、税收政策、行业发展、公众偏好……每十年都有很大不同。在这个过程中，巴菲特能始终坚守正确的投资理念内核，并且适应新情况不断进化。他没有后视镜，他做的只是当时情况下逻辑正确的事情，并一以贯之，实在太了不起了。

## 税负是谁承担的？

**巴菲特：** 关于税负究竟是企业承担的，还是消费者承担的，多年来一直有争论。当然，最热闹的争论通常发生在政府要求加税时，而不是减税时。那些抵制提高企业税率的人经常会声称，税负的提高并不是由企业买单，企业只是充当了一种"管道"，将所有税负转嫁给消费者的管道。

根据这种说法，任何企业税率的增加最终都会导致产品或服务的价格上涨，从而抵消了公司税负的增长。站在这一立场上，管道论的支持者也会得出这样的结论：对企业减税也不会增加利润，它会传导至消费端，相应地降低产品或服务的价格。而另一拨人则认为是企业承担税负，针对企业的加税降税，与消费者没有关系。

事实到底是怎样呢？当企业税率降低时，伯克希尔、华盛顿邮报或是大都会，究竟是将这部分钱放进自己口袋，还是通过降价与客户分享收益？这对投资人、经理人或是政策制定者来说，都是一个很重要的问题。

我们的结论是，在某些情况下减税的好处，全部或几乎全部会进入企业和它的股东口袋里。而另外一些情况下，好处的全部或几乎全部会由客户享受。造成这种差异的关键是企业竞争优势的强弱，以及这种竞争优势带来的收益是否被管制。

举例来说，某些拥有很强竞争优势但利润率受到严格监管的行业，比如电力公司，其税率降低时，电价通常也会在短期内降低，减税不会增加企业利润。反之亦然，当税率上调时电价会跟着上升，尽管往往不是那么迅速。

同样，价格竞争激烈的行业也会出现类似结果。市场竞争以一种迟缓、不规律但通常有效的方式，"调节"着企业的税后利润，其作用类似政府的价格管制，这同样会导致减税的大部分好处由客户享受。

对于具有竞争优势且没有价格管制的企业，情况就完全相反。企业和它的股东将会是减税的最大受益人。我们有许多子公司和持有少数股权的公司，都属于此种类型，减税的全部好处最后都会落到我们的口袋，而不是消费者的口袋里。

这样的表达可能会让某些人感觉不舒服，但事实就是这样。如果你想否认这个事实，请想想你周边那些最有名的医生或律师，会不会因为个人所得税率降低而降低收费标准？

（摘自1986年致股东信；摘录时间：2022-04-06）

**唐朝**：1986年通过的《税制改革方案》，将原46%的企业所得税税率降低为34%。巴菲特这里就是阐述税率降低后的好处将由谁获得。他认为只有强势且不受管制的企业，才有能力享受减税的好处，或转嫁加税的坏处。普通企业或价格受管制企业做不到这点。那么，我们该找啥样的企业投资，一目了然。

之所以摘录这部分，是因为每次市场出现有关白酒消费税的传言时，都会有朋友询问它的影响。我每次都回答目前对于茅台没有影响，对其他白酒企业会有影响，影响程度要等加税幅度、征收细则出台后才能判断。

其背后的逻辑就和这番话类似。加税一定是有损产业整体利润的，但具体到白酒行业，茅台有足够的能力将税负增加额转嫁给渠道（渠道是否有能力转嫁给消费者呢？不一定），其他白酒企业不一定能做到。在市场竞争压力之下，其他白酒企业很可能不得不承担部分税负增加额。当然，名酒企业总体竞争力较强，分摊也只是部分，不会是全部。

**伯涵**：阅读这番话，就像之前读的很多巴菲特语录一样，给我最大的感受就是，好像是为今天所写，只需要换个时间、换个标的就行。经典之所以为经典，就是因为它具有穿越时空的力量，历经风雨却依然熠熠生辉。当然，一般人读后不一定能和当下联系起来，这就是老唐"中翻中"的重要作用。

**周明芃**：这是否就和判断通货膨胀能否转嫁给消费者是一样的逻辑？与加不加税毫无关系，与企业的竞争优势有很大关系。企业竞争优势有限，消费者选择很多，即使是企业成本降低，也不得不让利给消费者。

**唐朝**：是的，通胀可以视为一种隐性税收，的确是一样的道理。

**无语**：我们是否可以通过观察企业面对加税、通胀时能否转嫁，来侧面评估企业竞争优势？

**唐朝**：可以的。

**哈鲁达达**：寻找优质企业，就是要找那种具有竞争优势且不受价格管制的公司。这些公司能将加税的负面影响转移到需求端，能将减税的收益放在自己的腰包。通货膨胀同理。

## 财报是分析企业的起点

**巴菲特**：质疑财报数据，在某些人看来有些不敬，毕竟我们年复一年地支付大笔费用给会计师。如果我们不信任他们提供的数据，那我们花钱买来的是什么呢？

现实世界不是这样运行的。会计师收费后，所做的工作是记录，不是评估。评估工作应该由使用财报的投资者或管理者自己承担。

会计是商业的语言，对投资者或管理者评估企业价值和管理层表现，有巨大的帮助。没有它们，查理和我就会迷失方向。但对我们而言，这些数据始终只是我们评估一家企业的起点，而不是终点（无论是我们自己的企业还是别人家的企业）。所有的投资者和管理者都需要记住，财报数据是理解和分析企业的辅助手段，不是替代品。

（摘自1986年致股东信；摘录时间：2022-04-08）

**唐朝**：巴菲特这是手把手教我们怎么回怼那些"要是财报能指导投资，所有的会计师都是富豪"及类似言论。

财报是企业分析的起点，不是终点。会计师的工作是记录而不是评估，如何运用和评估这些数据，是投资者自己的事情。我们应该明白，妄图不假思考地从财报里提取几个现成数据，然后输入某个公式就能得出该买还是该卖的结论，那是永远不可能实现的幻想。

**Nick**：这解决了我一直以来的一个疑问：身边有好多从事会计和审计工作的同学，但投资依然做得不好，有些人甚至不参与投资。

**伯涵**：会计是商业的语言，如果不懂会计，那你就根本看不懂一家公司的基本业务及财务状况。但是，会计也不是万能的。会计本身的记录有规则有局限，它不是完美的。比如说，国际会计准则下，腾讯有41%的净利润增幅，这只不过是投资收益等因素导致的短期扭曲。投资实践中，我们必须理解公司业务，看懂公司核心竞争力，将这些和财报结合起来看。

**超级南多**：在我看来，企业投资者阅读财报，最重要的是通过企业经营数据及公司的表述来理解这家企业，在脑袋里将这家企业的货与钱的流动线路揣摩出来，知道这家企业怎么赚钱，其商品怎么流动，金钱怎么流动，各个环节的优势如何，可持续性是否可以判断，劣势在哪里，能否有可能改善，企业规划的愿景是什么，自己对此愿景是否认同，等等。

一言以蔽之，财务数据不是我们研究的最终目的，貌似专业地就财务数据来做加加减减，画多少曲线图、柱状图、饼状图，那也是自欺欺人。财报数据背后的企业运行逻辑，才是最重要的，因此，读财报只能是我们理解企业的起点。

以上摘自2018年5月4日唐书房文章《关于格力作业的探讨》

**明月奴**：我们读财报的目的是理解公司的发展靠什么赚钱，竞争优势何在，现金流如何，等等，可以为企业定性。但读财报本身又涉及很多数据分析，又是定量的过程，所以定性和定量是合二为一的，不是能分得那么清的。请问这样理解对吗？

**唐朝**：可以这么理解。读财报的过程中，本来就是通过记录的这些数据来了解企业的性质，从而得出自己的判断。

**笨鸟慢飞**：财报只是一种工具，同一种工具在不同的人手中所起到的作用也是千差万别，就像科技，既可以造福人类，也可以毁灭世界。踏踏实实学习运用财报这个工具去分析企业，评估企业，这样做虽然我们可能悟性差一点，领悟慢一点，但进一寸也有进一寸的欢喜。

# 1987 年
## 笑看专业机构癫狂
## 能力圈内做简单事

年度背景 // 259
评估企业的要点 // 261
简单的才是最好的 // 264
保险之难与我们的优势 // 266
建立在假设上的保险业 // 269
市场先生 // 272
何时卖出？// 275

控制类投资与小股投资 // 277
"专业"投资者的疯狂 // 281
套利 // 283
不懂不做 // 284
不回应传言 // 287
最坏情况 // 288
1987 年伯克希尔股东大会问答摘要 // 290

## 年度背景

　　1987 的开年是令人亢奋的。年初美国国内经济数据强劲，股市一路上升，1月8日，道琼斯工业指数有史以来第一次突破 2000 点。道琼斯工业指数首次突破 1000 点还是在 1966 年，短暂触摸后跌下去，再重返 1000 点已经是 1972 年。然后这是又花了 15 年时间实现翻倍，于 1987 年突破 2000 点。

　　1987 年 6 月，里根总统提名艾伦·格林斯潘接替保罗·沃尔克担任美联储第 13 任主席。这位美国历史上担任联储主席时间最长（直至 2006 年 1 月 31 日才卸任美联储主席一职，任期跨越 6 届美国总统）、后来被称为"泡沫先生"、广受市场欢迎的传奇人物，从此登上了人生的巅峰舞台。

　　1987 年 8 月 11 日，格林斯潘正式上任。有趣的是，道琼斯工业指数和标普 500 指数均在 8 月创下历史新高，分别为 2736.6 点和 337.89 点，年内涨幅分别达到 44.3% 和 39.5%。8 月之后便是逐步盘跌，直至 10 月 19 日突然毫无征兆地暴跌。当天标普 500 指数暴跌 20.5%，道琼斯工业指数更是暴跌 22.6%，跌幅超过了 1929 年 10 月 29 日的崩盘纪录。

　　美国股市的暴跌像瘟疫一样，迅速传染给全球金融市场，当日英国 FT100 指数暴跌 10.8%，创英国股市单日下跌纪录。法国、荷兰、比利时、新加坡、日本、巴西、墨西哥等多个国家的股市均出现创纪录的暴跌。最惨的是中国香港，10月19日当天暴跌11.12%，交易订单多到香港联交所系统无法处理，直接宣布停市四天。结果10月26日复盘，当日又暴跌33.33%，创下世界股市单日跌幅最高纪录。

格林斯潘领导下的美联储在这次救市中表现果断，立刻向市场大量投放流动性，股市慢慢平静了下来。至年底，标普500指数自年内低点反弹超过14%，收于247.08点，全年还上涨2%（道琼斯工业指数全年上涨2.26%），加回成份股现金股息，标普500指数年度收益率5.1%。

这一年，对巴菲特而言，是按部就班、波澜不惊的一年。早在股灾发生前，他已经将大都会、华盛顿邮报和盖可保险之外的所有上市公司股票全部抛售，年末持股明细成为最干脆和简单的状态——仅三只持股。

表16 伯克希尔历年持股明细（1987年）

| 股份数量（股） | 公司名称 | 成本（千美元） | 市值（千美元） |
| --- | --- | --- | --- |
| 3,000,000 | 大都会/美国广播 | 517,500 | 1,035,000 |
| 6,850,000 | 盖可保险 | 45,713 | 756,925 |
| 1,727,765 | 华盛顿邮报 | 9,731 | 323,092 |
|  | 合计 | 572,944 | 2,115,017 |

可惜，巴菲特虽跳出了虎穴，却掉入了狼窝。就在股灾发生前的一周，他刚刚投下了人生最大的单笔投资——7亿美元买入了华尔街投行所罗门兄弟公司（Salomon Brothers）的优先股，约定年固定股息9%，三年后有权以38美元的股价转为1842.1万股普通股。

这个条件在当时所罗门普通股股价为32美元时，看着还是很香的条件。只是巴菲特没想到的是，一周后所罗门股价就近于腰斩，最低跌至16.62美元，此时再看38美元的转股条款，就不那么香了。这笔投资最终差一点儿血本无归，完整故事请参看《巴芒演义》第297至306页。

股灾不仅重创了所罗门兄弟公司，还重创了巴菲特的亲姐姐多丽丝·巴菲特。多丽丝投机期权，在股灾中爆仓，不仅亏光了自己的全部资产，还欠下了经纪商200万美元的负债。多丽丝向弟弟求助，身家数十亿美元的弟弟冷酷地拒绝了。巴菲特说："如果我愿意，我可以很轻松地拿出几百万美元帮助她偿还债务，但是，让他们做梦去吧！我是说把这些垃圾卖给多丽丝的女人，她让买了那些产品的人都破了产。"

亿万富翁的亲姐姐在股灾里破产，这显然是媒体喜欢的热点。相关报道对巴菲特的声誉也有一定的损害，不过，巴菲特坚持没有帮助姐姐，他只是悄悄从自己管理的父亲留给姐姐的遗产里，每月支付1万美元给多丽丝，供她维持生活。后来一位名叫爱尔·布莱恩特的律师，协助多丽丝走出了困境。再后来，多丽丝成了布莱恩特夫人。

1987年巴菲特是市场赢家，全年伯克希尔的收益率是19.5%，继续大幅领先指数。伯克希尔的股价在10月股灾发生之前已经突破4000美元，最高点达到4270美元。虽然在股灾当天就暴跌至3170美元，后期也随大势滑落，但年底依然收于2950美元，全年顽强保持了4.6%的涨幅。

## 评估企业的要点

**巴菲特**：1987年，伯克希尔账面净资产值增加了4.64亿美元，增幅19.5%。在我们接管伯克希尔的23年多里，每股净值从19.46美元增长到现在的2477.47美元，年化增长率约为23.1%。

比账面净资产值更重要的，是企业内在价值的增加。在许多情况下，一家公司的账面净资产值和它的内在价值可能没什么关系。比如LTV钢铁公司和鲍德温联合公司在宣布破产前，经审计过的年报上还显示着账面净资产值分别有6.52亿美元和3.97亿美元。与之对应的是，贝尔里奇石油公司1979年以36亿美元的价格卖给壳牌石油时，账面净资产值仅仅1.77亿美元。

不过在伯克希尔，两者增长的趋势倒是密切相关。过去10年公司的内在价值增长率略高于账面净资产值增长率。值得高兴的是1987年仍然如此。

（摘自1987年致股东信；摘录时间：2022-04-09）

**唐朝**：这段我们需要记住的内容很简单：企业内在价值和账面净资产值之间可能有关系，也可能没关系。重要的是理解企业，而不是看PB数据。

**龟速行驶中**：企业内在价值应该怎么评估呢？

**唐朝**：企业内在价值等于企业生命期内全部年份所产生的自由现金流折现值加总。

**唐葫芦**：除了投资，生活中对于同一个"客体"，也存在"内在价值"和"账面净值"之间的差异，我们也经常面对并需要做出抉择。

**巴菲特**：1987年，伯克希尔旗下七家核心非金融企业：布法罗晚报、费希海默兄弟制服公司、寇比吸尘器、NFM、斯科特-费策、喜诗糖果与世界百科全书，合计赚到的息税前利润是1.8亿美元。这数字本身不能直接说明什么，毕竟我们还需要关注它们总计使用了多少资本和债务去获取这笔利润的。

事实上，这些公司负债都非常低，1987年它们的利息支出合计也就200万美元，所以税前获利是1.78亿美元。这些企业年初的账面净资产总共只有1.75亿美元！如果把这七家公司视作一个整体，它的税后净利约为1亿美元，净资产收益率高达57%。

其他公司很难取得这样的收益，更别提那些资产负债率超高的多元化大公司了。根据《财富》杂志1988年出版的投资人手册，在全美最大的500家制造业企业和最大的500家服务业企业里，只有6家公司过去10年的平均净资产收益率超过30%。这1000家大企业里表现最好的是商业结算所，净资产收益率也就40.2%。

当然，伯克希尔从这些公司赚到的收益率并没有这么高，因为我们当初买下这些公司时，是支付了相当高的溢价才成交的。经统计，我们购买这些企业时支付的价格，比当时的报表净资产高出约2.22亿美元。

但是，我们用多少钱买下这些公司，与管理层的绩效评估没有关系。哪怕我们用 6 倍 PB 买下商业结算所的部分或全部股权，也不能改变商业结算所的净资产收益率，因为管理层实际只是掌控和运用账面上那些资产去创造的利润。

（摘自 1987 年致股东信；摘录时间：2022-04-10）

**唐朝**：巴菲特用真实运营数据痛痛快快地表扬旗下的七家企业。这七家企业的表现确实惊艳，值得表扬。这样优秀的企业，值得溢价买入。

这个表扬的过程，顺带也给我们展示了巴菲特评估企业的习惯：首先看净资产收益率，然后再看这个收益率是否依赖了巨额债务。如果低负债率+高净资产收益率，那就很可能说明该企业有不寻常的核心竞争力。

**佐渡**：当我们明白所有能产生未来收入的资源都是资本时，我们就应该明白，当我们看见一家公司财务报表里，用很少的净资产就创造了很高的利润（ROE 很高），它的含义并不是这家公司的资产有什么神奇之处，而是代表它家一定有些什么能带来收入的东西，没有被记录在财务报表上。

净资产收益率这个指标，要倒过来看（查理·芒格常说：倒过来看，总是倒过来看）。看到高净资产收益率，去想这家公司有些什么资产没有记录在账面上？看到低净资产收益率，去想这家公司的什么资产已经损毁了，却没有从账面上去掉？

以上摘自唐书房 2018 年 3 月 5 日文章
《ROE 指标的正确使用方法》

**伯涵**：高净资产收益率，说明公司盈利能力强；没有依赖巨额债务，说明公司要么是周转效率高，要么是利润率高。如果长期维持较高的利润率，说明公司有可能存在某种竞争优势，值得研究。

**林飞**：老唐，这里说的值得"溢价买入"，是相对于账面净资产的溢价，而不是相对于内在价值溢价，对吗？

**唐朝**：对，指的是出价高于账面净资产。

## 简单的才是最好的

**巴菲特：**我们旗下这些企业，实在没有什么新变化值得特别谈论。没有消息就是最好的消息，剧烈变化通常都不会带来优异的业绩表现。这与大部分投资人的认知刚好相反。

大部分投资人喜欢给预计将会发生剧变的行业或企业，赋予更高的市盈率水平。这类企业展示的梦想，往往让投资人为之窒息，让他们忘记企业的现实，沉迷于对未来巨大获利空间的幻想之中。对于这类投资人来说，邻家少女无论多漂亮聪慧，也比不上随机摇出来的相亲对象有吸引力。

然而，经验表明，最好的商业回报，通常由那些现在从事的业务与它们五年、十年前非常类似的公司获得。这不是说管理层就可以自我满足了，企业总是有机会改善服务、产品线、制造技术等，显然，这些机会应该被抓住。但若一家公司总是经历巨大变化的话，犯大错的机会也会很多。不断发生剧烈变化的地形，不太可能建造出一座固若金汤的城堡。稳定的行业环境和商业模式，往往是企业持续获取高额利润的关键。

之前提到的《财富》杂志研究报告，可以充分支持我的这个观点。从1977年到1986年的10年里，制造业500强和服务业500强里，合计只有25家企业能够达到①十年平均净资产收益率达到20%，且②没有任何一年净资产收益率低于15%。这些商业巨星同时也是股市的明星，全部25家企业里的24家，股价表现超越了同期标普500指数的表现。

这些商业巨星可能有两个特点让你惊讶。首先，相较于它们的付息能力，它们运用的财务杠杆都相当有限。真正好的企业不需要借钱。其次，除了一家是所谓的高科技企业以及有限的几家医药企业之外，其他公司所从事的业务相当平凡。绝大多数公司现在销售的产品或服务与10年前大致相同，只是销售量更多，或者单价更高，甚至二者兼而有之。

这些公司的记录表明：充分运用现有的行业地位，或是专注于单一产品领导品牌，通常是创造企业高额利润的不二法门。

（摘自 1987 年致股东信；摘录时间：2022-04-11）

**唐朝**：简单的、变化很小的行业或者企业，才可能持续获利。"不断发生剧烈变化的地形，不太可能建造出一座固若金汤的城堡。稳定的行业环境和商业模式，往往是企业持续获取高额利润的关键。"

**周明芃**：酒、饮料等消费品行业容易出"长跑健将"，是因为人们的口味很难发生改变。这就是很难发生剧烈变化的地形，才容易出现固若金汤的城堡。

**lols**：稳定、可靠、持续，这些我们关注得太少！我们总是高看成长，关注核心技术，想着赚更多，而不是赚得更长久。

**翻石头的菜荚**：这段里的"沉迷于对未来巨大获利空间的幻想之中"让我想到 2007 年上市的阿里巴巴。当时正是这种幻想导致阿里巴巴在发行时受到市场的狂热追捧，后来几乎所有的投资者都没获得什么好的回报。

还有刘炽平接受采访时，谈腾讯为什么当时没选择纳斯达克上市，看后我觉得更认同腾讯的价值观了。

刘炽平说："腾讯选择在香港主板上市是经过深思熟虑的。选择香港还是美国是这个项目中的难点之一。当时选择在美国上市非常有利，因为处于互联网行业重新升温的美国市场，同期在纳斯达克上市的公司估值应该会高很多，创始人可以赚更多的钱。但腾讯上市并不只是追求那一刻更高的估值，也不是为了短期的套现，追求长期可持续发展才是腾讯上市的最终目的。高盛和腾讯的领导层达成了共识，于是都把目光投向了香港市场。比起美国纳斯达克，香港的投资者更了解腾讯，更明白腾讯的价值。当然也要让熟悉 QQ、熟悉腾讯的用户有一个更好的办法来接触腾讯，获得参与腾讯发展的机会。除了以上的考虑，腾讯员工的利益才是选择香港主板最重要的一颗砝码。因为腾讯在上市之前承诺了员工持股，如果起初的估值越合理的话，便可以让员工和投资者以同样的金额获得更多的股票数量，长期来看，增值空间更大。"刘炽平继续说道："腾讯这种关心公司长期发展，关心公司员工的文化和思想，对我来说印象非常深刻。因为在一家企业稳固发展的时候，你很难看出领导人的本质，但是当要做一些关乎自己命运，或者是做一些比较艰难的决定时，我们看到腾讯做出了正确和长期的决定。"

## 保险之难与我们的优势

**巴菲特**：保险业总是被一堆令人沮丧的经济诅咒所包围，导致它只能是前景黯淡。这些诅咒是：数以百计的竞争对手、超低的进入门槛、高度同质化的产品。在这样一个产品高度同质化的行业中，只有运营成本非常低或在受保护的小型利基市场里，才有可能获得良好的盈利水平。

当产品供给短缺时，即使是同质化商品行业也能蓬勃发展。不过在保险业界，这种好日子早就已经过去了。资本主义最讽刺的地方就是：对于同质化产品行业，供应短缺明明是行业内企业唯一的获利机会，但偏偏这些企业的管理层都非常"痛恨"供应短缺。他们一旦发现有供应短缺迹象，便争先恐后地想要扩充产能，这无异于立刻堵死了自己的生财之道。在1985—1987年，保险行业的管理者们就是这么干的。它再次验证了迪斯雷利的名言："我们唯一能从历史中得到的教训，就是我们从来无法从历史中得到教训！"①

在伯克希尔，我们通过两种方式努力摆脱同质化特征。首先我们凭借自己强大的资金实力，来凸显我们的保险产品具有不一样的保障能力。但这种效果实在是有限，尤其在个人险的部分，因为即使是客户投保的保险公司倒闭（事实上这种状况真不少），汽车险或房屋险的投保人仍可获得理赔。在商业险的部分也是如此。光景好的时候，许

---

① 译者注：本杰明·迪斯雷利（1804—1881年），英国作家、保守党领袖，曾两次担任英国首相。这句名言，国内众多资料显示是德国哲学家黑格尔说的。黑格尔比迪斯雷利大34岁，因此，首相或许是转述的黑格尔名言。

多大企业的投保人和他们的保险经纪，也很少关注保险公司的偿付能力。因为即使是比较复杂的案件，拖个三五年后还是有办法可以解决，只是他们忽略了这种"解决"背后的代价。

不过，偶尔有段时间，投保人也会想起富兰克林的名言"空麻袋站不直"，并打算寻找一家可靠稳定的保险公司投保。这时，我们发挥优势的机会就来了。当投保人愿意认真想想未来五到十年，如果是经济不景气叠加金融市场低迷，某些保险公司是否有能力轻松支付千万美元级别的理赔金时，就会发现可供挑选的麻袋没有几个了。而这些麻袋里，伯克希尔无疑会是站得最直的那一个。

其次我们试着不考虑市场占有率。下一个年度，我们完全愿意一口气售出比上一年多5倍的保单，但如果只能售出五分之一的保单也无所谓。我们当然希望保单越多越好，但我们无法掌握保单的市场价格。如果价格不理想，我们愿意暂时退出市场、少做一点生意。没有哪家同行有我们这样的自制力。

与大多数行业不同，经营保险业有三项原则，这让我们可以保持自身业务的灵活性。第一，市场占有率并不决定盈利能力。这和报纸或零售业的"胖者生存"法则不一样。第二，包括我们所发售的主要险种在内的许多保险品种，销售路径和渠道众多，并不存在垄断专营，我们可以按照需要随时将产品轻松地投入渠道。所以今年业绩不好，不代表明年也不会好。第三，对保险业而言，闲置的产能主要是人力，这部分造成的负担并不算大，在印刷业或是钢铁业的话就不会这么轻松。因此，我们可以做到龟速前进的同时，继续保持随时扩张的能力。

我们不需要依靠对手的决策来决定我们的承保规模。我们以保单价格决定保单规模的大小，因为只有这样才能对股东有价值。而且很高兴地说，这也有益于社会。这一承保策略意味着，只要价格合适，我们随时有能力承保任何类型的财产意外险。

大部分保险公司的承保策略反复无常，当它们因为巨额损失、资本不足或是任何理由出局的时候，我们就可以登场了。当其他保险公司急于通过杀价抢市场的时候，我们愿意让出市场份额。当然，我们同样也提供服务，只不过价格略高。我们为投保人和保险经纪提供了备用选项。

（摘自1987年致股东信；摘录时间：2022-04-12）

**唐朝**：巴菲特用这几段文字，通俗而精练地阐述了保险行业面临的困境，以及伯克希尔保险公司的相对优势所在。对于帮助我们理解"为什么巴菲特经常说保险行业很艰难，但自己却将保险公司视为珍宝"的矛盾，应该说有着巨大的价值。

**伯涵**：保险行业很艰难，主要是因为产品同质化现象太严重，客户选产品大多只看价格，导致"劣币驱逐良币"。如果大家都遵守承保底线，反而有可能改善供需关系，但往往更容易出现的局面是"囚徒困境"。

巴菲特钟爱保险业，是因为他认识到一味降费以扩大短期承保规模的做法不可取，同时他执掌的伯克希尔拥有不参与恶性竞争的能力（别的保险公司可能也能认识到降费的危害，但为了眼前的生存不得不这样做）。巴菲特就是"人生的努力就是为了让自己有得选"的典范。

**庞震撼**：保险业和巴菲特结合在一起，似乎起到了相互增益的作用。保险业为巴菲特提供稳定的浮存金，巴菲特为保险公司提供了资金的安全性。

**无语**：我学到个新词，经济诅咒。经济诅咒：数以百计的竞争对手、超低的进入门槛、无法大幅差异化的产品特性。这是竞争优势的反面，普通人还是要远离被诅咒的企业。

**慎之**：多年前我认为保险浮存金这种免费的资金，加上投资的复利，简直是天作之合的模式，现在才知道保险公司这么难经营，它其实是同质化行业，而持续的复利更难。巴菲特是把两件最难的事同时做好，打造出了自己的护城河。

**儒书屋**：保险业的劣势主要是：（1）无差异产品，（2）业内普遍低价策略，（3）并非赢家通吃，（4）渠道无法形成壁垒。但巴菲特却对保险公司喜爱有加，原因是：（1）保险的过剩产能主要是人力，这一相对于高额的存货及固定资产折旧而言更为灵活的成本支出。

（2）伯克希尔雄厚的资本可以让他有得选，谷产峰退。（3）最重要的，这是难得（也许是唯一）可以低成本融到巨额长期资本的融资渠道，让自己得以充分发挥资本配置的能力。

**戳锅漏 BearG**：原来如此，保险的成功不仅要看操盘手运筹帷幄的能力，操盘手还要有作壁上观的底气。伯克希尔的保险很独特，不是行业惯例。

**姚队**：一言以蔽之，伯克希尔经营保险业的方式与众不同——规模服从利润。

**投资是一种信仰**：价值投资者其实也偶尔扮演市场调节器的角色。当市场暴跌没有买盘时，我们接手；当市场疯狂暴涨没有卖盘时，我们放手，满足大众的欲望。

## 建立在假设上的保险业

**巴菲特**：对保险公司的净利润数据，大家应该时刻保持怀疑的态度，包括我们伯克希尔保险公司在内。我们的历史记录已经显示，你要是怀疑伯克希尔保险部门的净利润数据，那你就做对了。

过去十年的记录显示，诸多知名保险公司向股东报告的净利润，后来都被证明错得离谱。大多数情况下，这些错误并非有意而为之：承保案件诉讼判决结果的不可预测性，使得即使是最有良知、最有责任心的保险公司，也不可能准确判断长期保单的真实成本。

然而，会计师每年都能给管理层提供的财务报告，出具"标准无保留意见"的审计服务，认为这些数据"公允反映"了公司的财务状况。尽管审计人员从长期痛苦的经验中知道，经他们审计的财务报告很可能与同期的真实收益有巨大差异，但他们还是会给出这种让人感觉踏实的"标准无保留意见"的表述。

从另一个角度看，就算是历史记录不佳，投资者还是会相信会计师的意见，因为对于会计门外汉来说，他们根本就不懂"公允反映"的真正含义是什么。

我们认为，给财产保险公司财报的标准无保留意见，应该这样写："这份财报依赖于管理层提供的损失准备与相关费用估算数据，这些估算数据对公司净利润及财务状况影响巨大。受限于损失准备计提信息的先天不足，我们认为我们无法确认这些估算数据的准确性。在此前提下，我们的意见是……"

（摘自1987年致股东信；摘录时间：2022-04-13）

**唐朝：** 这段关于"保险公司的财报数据不可信，包括我们自己的保险公司在内"的观点，所阐述的含义是我多次分享过的：保险（包括银行）业的利润，建立在大量的模型假设和估计数据上。这些估计和假设的取值，只要有非常细微的调整，最终结果就可能天差地别。所以，投资保险（包括银行）股一定不能依赖财报数据做出决策。要更多地思考：这些数据是怎么得出来的？模型取值和你理解的真实世界偏差会有多大？

这当然是挺难的，不仅对你我很难，对自认非常懂金融业的巴芒二老也不简单。比如巴菲特长期持有的、最为看好的、屡屡夸赞的富国银行（Wells Fargo），现在看其实也只是一笔失败的投资。[①] 而芒格亲自掌控的每日期刊公司的投资组合里，多年重仓持有不动的三家银行股（除2021年新进的阿里巴巴和占比可以忽略的浦项钢铁外，仅有的三只持股），其中有两家也没跑赢同期指数。

**伯涵：** 保险公司的数据是基于无数的模型假设得出的，我们无法判断净利润一定是真实的。缺了这个前提，估值的基础也就不存在了。

**夏纪：** 是不是可以延伸理解为：如果一个企业需要前置假设ABCD，才能获得收益E，那么这个企业多半是没看头，是七尺跨栏。

**唐朝：** 是的，变量越多，变量越难证伪，脱靶概率越大。

**林飞：** 董事长要求股东对公司旗下业务的财务数据保持怀疑，能做到这么坦诚的上市公司董事长太稀有了。坦诚，既需要足够的自信，也需要开阔的心胸，更需要很高的智慧。只有坦诚才能避免犯错而不

---

[①] 详细数据参看2021年3月4日唐书房文章《巴菲特2020年度致股东信精要及老唐解读（中）》。

自知，才能取信于人，让自己即便犯错也能获得理解和支持，这也是好运气的来源之一吧。

**超级南多：** 保险公司的利润来源，无外乎费差、死差和利差。寿险的费差和死差，严重依赖模型对人均寿命和医疗支出的取值。然而，未来 5 年、10 年或者在你的投资生命周期里，会不会有类似抗生素的黑科技诞生，从而使保险公司精算模型里人均寿命和医疗支出取值错得离谱呢？

如果没有，今天预计的利润，就真是利润；如果有，可能"腰斩八次郎"重现江湖。极端看，现存的寿险公司，很可能只是一个"旁氏"，最终的费差和死差究竟比保险公司模型预期的高还是低呢？保险公司的态度可能是：管它呢，今朝有酒今朝醉，我死之后任它洪水滔天，到时再说吧！

除了费差和死差之外，与利差有关的通胀和利率水平可预测吗？图 2 是过去 60 年美国 10 年期国债收益率，代表着市场无风险利率水平。

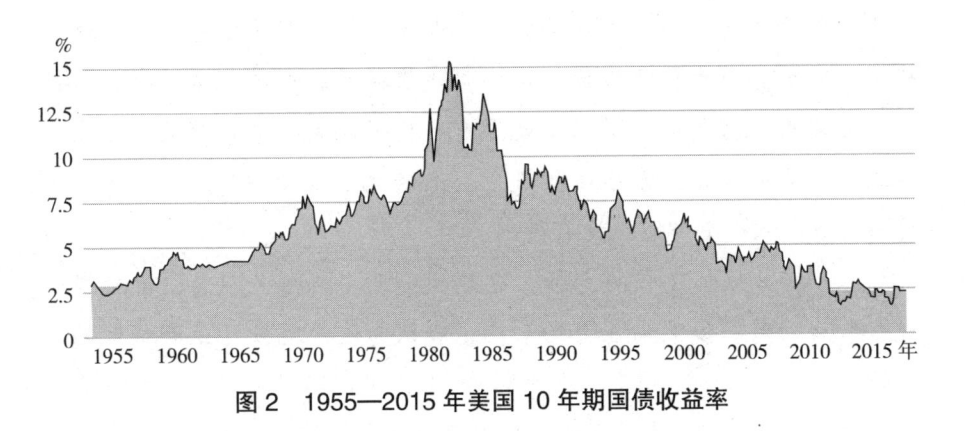

**图 2　1955—2015 年美国 10 年期国债收益率**

看来不仅我们经历过 15% 利率的时代，美国也没好多少。在未来的时间段里，利率和通胀的波动区间，会不会在某段时间里大幅超过了寿险公司的利率假设，从而使保险公司原本对产品的定价也大错特错，爆出巨大的亏损呢？我不知道。

一旦死差、费差、利差这一个、两个甚至三个环节都出现了意料之外的变化时，叠加保险公司的巨大杠杆，那就是又一个《赌金者》的故事。"腰斩八次郎"重现江湖的时候,前面赚过多少倍,还有任何意义吗?我不知道。

以上摘自唐书房2017年12月11日文章《对保险股的思考05》

## 市场先生

**巴菲特**:当查理和我买入股票时,我们的态度和买入一家非上市公司没有区别(套利行为除外)。我们考虑的是企业的发展前景、企业管理层以及我们需要支付的价格。我们从来不考虑转手卖出去的时间和价格。

事实上,只要我们预计企业的内在价值会以令人满意的速度成长,我们愿意无限期地持有它。在投资的时候,我们将自己视为企业分析师,不是市场分析师,不是宏观经济分析师,更不是股票分析师。

我们的方法使活跃的股市能为我所用,因为它时不时地为我们奉上令人垂涎的机会。但这不是必需的,即使我们持有的股票长期停牌,我们也不会觉得有什么困扰。就如同我们持有的世界百科全书公司或者费希海默兄弟制服公司根本就没有股价,也完全不影响我们赚钱一样。投资者的赚赔,最终由所投资企业的经营情况决定,这一点上,持有部分股权或全部股权没有区别。

本·格雷厄姆是我的老师,也是我的朋友。很久以前,他就描述过投资者面对市场波动应有的心态,我认为这是对投资最有帮助的一段话。

他说,你应该把市场报价想象成来自一个非常热心的家伙,他叫市场先生,是你在一家私营企业中的合伙人。这位市场先生从不失信,他每天定时出现并报出一个清晰的价格,然后由你决定是否按照这个价格买下他手中的股份,或者将你的股份卖给他。

虽然你们两人的合伙生意可能相当稳定,但市场先生的报价却是不可预测的。因为这个可怜的家伙有无法治愈的精神缺陷。有时他很高兴,只看到生意中有利的因素,他会报出一个很高的价格,他担心报低了，你会借机买走他的股份；有时他又很悲观，认为无论是生意还是整个世界都将面临大麻烦，他会报出很低的价格，他害怕报高了，你会趁机把你自己的股份甩给他。

如果他的报价很低，你或许愿意买进；如果报价很高，你或许愿意将你的股份卖给他；又或者你也可以干脆对他的报价不予回应。

市场先生还有一个可爱的性格：他不在乎被你冷落。如果你今天对他的报价不感兴趣，他明天会再给你报一个新的价格，交易与否完全由你决定。很显然，他的行为越癫狂，对你就会越有利。

但是，你必须记住一个铁律：市场先生是为你服务的，而不是来指导你。对你有用的是他的口袋，而不是他的脑袋。如果他在某一天表现得特别愚蠢，你有权选择忽视他或利用他。但如果你受到他的影响，那将是一场灾难。

事实上，如果你不能确定你比市场先生更清楚一家企业的内在价值，你最好就不要和他玩这个游戏。正如纸牌游戏里常说的那样："如果你在牌桌上玩了30分钟，还不知道谁是凯子，那你就是那个凯子。"

（摘自1987年致股东信；摘录时间：2022-04-14）

**唐朝**：这个经典的、被重复过无数次的市场先生寓言，可以说是自股市诞生以来最值钱的一番话。内容简单直白，不需要额外解释。如果你愿意将它背诵下来，我认为你一分钟也不会浪费。

**周明芃**：它的核心意思就是讲解"如何正确面对市场波动"，投资者只要过了这一关，区别就是赚多赚少的问题。

**林飞**：投资一共两门课，一是如何面对市场波动，二是如何评估企业价值。全文背诵下来关于市场先生的寓言，并且照做，第一门课就结业了！

**巴菲特**：谈格雷厄姆的市场先生理论，在当下的投资界或许显得不合时宜。今天的投资世界里，大多数从业人员和专家学者热衷的是有效市场理论、动态对冲和贝塔系数。

他们对这些感兴趣是可以理解的，因为无法言说的神秘技术，显然对给人提出投资建议的那些人更有价值。毕竟，靠"吃两片阿司匹林"

这样的建议，是无法让医生名利双收的。这是各种各样股市秘籍存在的意义。

在我们看来，那些神秘公式、电脑程序或者屏幕里上蹿下跳的股价信号，与投资成功一点关系都没有。只要你具有优秀的商业判断力，并能够使自己的思考和行动不受市场情绪感染，你就一定会投资成功（完全不需要关心前面那些公式、程序和信号）。而这个市场先生的寓言，在隔离市场情绪方面非常有用。

牢记格雷厄姆的教诲，查理和我关注的是投资对象本身的经营情况，以此来判断投资是否会成功，而不是关注它们每天或每年的股价变化。短期内市场或许会忽略一家经营成功的企业，但最终这些企业一定会获得市场的肯定。就像格雷厄姆所说的："市场短期是一台投票机，长期是一台称重器。"

此外，一家优秀企业能否被市场迅速认可，其实并不那么重要，重要的是这家企业的内在价值是否能够持续成长。事实上，越晚被认可，好处可能会越大，因为我们有了更多以便宜价格买进的机会。

（摘自1987年致股东信；摘录时间：2022-04-15）

**唐朝**：巴菲特阐述了专家学者为什么热衷深奥难懂的"秘籍"。好巧，前几天有人发帖"吐槽"，说老唐敢押陕西煤业股价上涨的真正秘籍是秘而不宣的。说老唐只讲财务分析，是因为要维持人设，好方便卖财报书。

老唐分享的那些陕煤供需关系的推理，就类似"吃两片阿司匹林""多喝水，卧床休息，过几天自己就好了"的建议，简单有效，但是不容易形成信任，也打不开病人的钱包。没有医生能靠这类建议成名和发财，大部分人只崇拜笼罩在神秘光环里的理论和技术，并愿意为之买单。

后面部分巴菲特讲述了市场先生理论的主要价值：避免自己的思想和行为受到市场情绪干扰。我一直说能正确面对波动，就已经足够稳稳地赚钱了，它解决的是赚与赔的问题。至于商业判断能力、企业分析能力、估值的准确性等，只不过是锦上添花，解决的只是赚更多的问题。

唯一需要特别补充的是，摘录的最后一句，巴菲特引用的格雷厄姆那句话不全，容易被误解。那句投票机和称重器的完整意思是：股市的短期运行像是投票机，但长期看就像是称重器。恐惧与贪婪在投票时起着重要作用，但在称重过程里却一点儿作用也没有。

**姚队**：还是那句"别瞅傻子，瞅地"。

**何为贵**：真知，行不难。但是获得真知很难，获得真知很难的原因，在于真知太过简单。

**唐朝**：很有哲理。

## 何时卖出？

**巴菲特**：有时，市场也会高估一家企业的价值，这种情况下，我们会考虑卖出股票。有时，我们也会卖掉处于合理估值甚至略有低估的企业，只因为我们需要资金投向更低估或是我们自认更了解的投资对象。

然而必须强调的是，我们不会因为一家企业的股价涨了很多，或者因为我们已经持有很久了，就把它卖掉。在华尔街有句特别愚蠢的流行语，常常被用来蛊惑客户卖出处于获利状态的股票。他们说："你永远不会因为获利了结而亏钱。"

我们很愿意无限期地持有一家企业的股份，只要这家企业所掌控的资本可以产生令人满意的回报、管理层德才兼备，同时股价没有过分高估。需要特别声明的是，这个标准里不包括盖可保险、华盛顿邮报和大都会/美国广播公司。这三家企业股价涨再高，我们也不会卖出。

事实上，我们把这三家企业当作自己的控股子公司看待。在我们眼中，它们不是可以买来卖去的商品，它们永远是伯克希尔的组成部分。市场先生无论出多高的价格，我们也不会卖出。

不过，我要附加一个特殊说明：如果因为我们的保险部门发生巨额亏损，必须出售部分持股来弥补亏损，那时我们会被迫卖出的。当然，我们会竭尽所能避免让这种情况发生。

（摘自 1987 年致股东信；摘录时间：2022-04-16）

**唐朝：** 巴菲特阐述了可能导致自己做出卖出决策的两种情况：一种是股价高估；另一种是虽然没高估但发现了更好的投资目标。股价涨了很多或者持有很久，不是卖出的理由。

后面这段再次强调了无论多高都不卖的三家企业。这些表述，是市场上大部分口诀派"纯正"价投拿来批判别人卖出股票的主要武器。

用自己的金钱去实践"纯正"，当然没什么不妥。但若是要求别人也必须这样"纯正"，或者因为别人卖出而指责对方不纯正，这里至少包含了对巴菲特理念的三大误解：

（1）巴菲特后来修正了这条策略，不再将持有的上市公司股票归为非卖品。我们学习巴菲特要学习其理念发展，而不是揪着某个时期的某句话刻舟求剑。就好像我们不能因为巴菲特早期只投烟蒂股，就认为只有烟蒂路线的投资才是"纯正"价投。

（2）即便在没有公开修正这种策略前，巴菲特也食言卖出过"永远不卖"的大都会。1993—1998年，在不缺现金的情况下，巴菲特依然在多个价位卖出直至清仓了大都会，且给不出任何解释。更有趣的是，巴菲特卖出后大都会股价继续暴涨。[①]

（3）即便不考虑上述两种情况，当时巴菲特将盖可保险、华盛顿邮报及大都会三家公司归为永远不卖，除了公司本身优质之外，还有一个非常重要的原因，那就是巴菲特和这三家公司的核心掌舵人——伯恩、托尼和辛普森，凯瑟琳·格雷厄姆，汤姆·墨菲——是至交好友，他清楚地知道这些人的能力、三观和做事风格。正是这种了解支持了巴菲特的"永远不卖"信念。

很遗憾，这条标准对我们而言几乎是不可能达到的。先不说管理层是不是可以让我们如此信任，就算他们确实是类似凯瑟琳或墨菲那样值得信任的人，我们第一无从知晓，第二无法判断他们能否持续干下去。这样的前提标准达不到，去学习"死了也不卖"，很容易就演化成东施效颦。

---

[①] 详细情况参看《巴芒演义》第283页。

**周明芃：**"对于收购的非上市公司，我们一般不会卖掉它，除非确认公司将不可逆转地持续亏损，或者是遇到重大的劳工问题。

"但对于上市公司股票，我们会卖掉它们。如果竞争优势消失了，或者我们对管理层失去信心了，或者我们发现最初分析的是错误的，甚至偶尔因为我们找到了更有吸引力的东西，我们都会卖出。"

此时（2009年），在巴菲特心中，已经没有哪家上市公司股票是"死了也不卖"的非卖品。这就是明显的思想变化。

以上摘自唐书房2022年1月27日文章
《经典陪读：伯克希尔股东大会问答18》

## 控制类投资与小股投资

**巴菲特：**在交易频繁的华尔街，我们这种长期持有的做法看起来很古怪。在华尔街的竞技场里，所有的公司或股票都只是交易筹码。但是，我们的做法完全符合我们自己的性格特征，这就是我们想要过的生活。

丘吉尔曾经说过："你塑造你身处的环境，然后环境又塑造你。"我们知道我们希望最终被塑造成的模样，为此，我们宁愿与喜欢和敬重的人联手赚到X，也不愿意通过和那些乏味或讨厌的人合作，去得到110%X。

盖可保险、大都会和华盛顿邮报的管理层，就是让我们仰慕和钦佩的天花板，我们想不出世上有哪家公司的管理层比他们更好。我们实在看不出控制这些优质企业，和只持有它们少量股权有什么区别。

任何情况下，我们总是尝试买入能够长期创造价值的企业。我们的目标是以合理的价格买到杰出的企业，而不是以便宜的价格买下平庸的企业。查理和我发现，让我们用丝绸做个钱包，我们可以完成得很漂亮。但如果把原料换成猪耳朵，很遗憾，我们搞不定。

必须特别提醒的是，你们的董事长以反应迅速著称，只花了20年就明白了购买好企业的重要性。在此之前，我努力寻找便宜货。不幸的是真的让我找到了一些，于是我就在农具机械公司、三流的百货公司、纺织厂等企业里接受了深刻的再教育。

当然，查理和我有时也会误判一家企业的核心竞争力，使我们不得不面临一大堆问题与挑战。但这与买下全部股权或是部分股权无关。甚至，真遇到这种麻烦时，部分股权反而更容易脱身。

（摘自1987年致股东信；摘录时间：2022-04-17）

**唐朝：** 巴菲特借着不打算卖出这三家企业的话题，继续向我们阐述自己收购一家企业，和持有一家企业少量股权的考虑是一样的。顺带调侃了自己过去饱受烟蒂股投资理念的误导，干了很多尝试用猪耳朵去制作精美钱包的蠢事，耽误了太多时光。

**巴菲特：** 无论是试图取得控制权还是做少量股权投资，我们都试图选择商业模式优秀，并且是由优秀的、才华横溢且受人爱戴的经理人经营着的企业。如果不幸看错了人，在具有控制权的情况下，我们有机会发挥影响力来改变。但事实上，这点优势的价值并不大，更换管理层就像更换配偶一样，是痛苦、耗时且充满不确定性的。

但控制一家公司也有两个优点。

第一，控制公司后，我们就有了分配资金与资源的权力。相比之下，拥有少量股权投资时，我们话语权就弱得多。这点非常重要，因为大部分公司经营者并不擅长资本配置。

这并不值得惊讶。大部分经营者之所以能成功，通常是因为他们在生产、销售、工程或行政管理方面的特长，有时甚至只是因为他们擅长办公室政治。

一旦成为CEO后，他们必须马上面临许多新的责任与挑战，其中包括要作出资本配置的决策。这是一项艰巨且重要的任务，他们中的大多数人可能之前从未经历过。这就像一位才华横溢的音乐家，被任命为美联储主席后所面临的情况。

CEO缺乏资本配置能力可不是一件小事。公司如果每年保留相当于期初净资产10%的盈利，十年下来，企业将有60%以上的资本是由这位CEO负责配置的。

某些能认识到自己缺乏资本配置能力的 CEO（缺乏这种自知的 CEO 更多），会向下属、管理顾问或投行人士寻求建议。以查理和我的多年观察结果看，这类寻求来的建议，大多数时候不但不解决问题，反而让问题变得更严重。最终，美国企业界出现了大量愚蠢的资本配置操作。这就是你经常听到"重组"这个词的原因。

不过，我们比较幸运，伯克希尔投资少量股权的公司，管理层的资本配置工作大部分都做得不错，某些甚至可以评价为卓越。

第二个优点，相对于少量股权投资，控制权投资享有税收优惠。伯克希尔身为一家控股公司，在投资少量股权时，必须承受很高的税收成本。而当我们持股比例不低于 80% 时，我们不需要承担这么高的税收成本。长期以来，这种税收的不利因素一直伴随着我们，而税法的变化导致税负在去年显著增加。结果导致同样的获利，若发生在我们持有 80% 及以上股权的公司里，收益会比其他小比例持股的投资高出 50% 以上。

不过这种劣势有时可以被另一个优势所抵消。股市偶尔会给我们创造机会，让我们以近于荒谬的价格买到优质企业的少量股权，远低于意图取得控制权要付出的平均价格。举例来说，1973 年我们以相当于每股 5.63 美元的价格，买到了华盛顿邮报的股票，而它在 1987 年的每股净利润为 10.30 美元。同样地，我们在 1976 年、1979 年和 1980 年以平均相当于每股 6.67 美元的价格买到了盖可保险的股票，盖可保险在 1987 年的每股净利润为 9.01 美元。从这些数据看，市场先生实在是一位非常大方的好朋友。

（摘自 1987 年致股东信；摘录时间：2022-04-18）

**唐朝**：巴菲特给我们讲述了控制类投资和小股投资的优劣势，内容简单。但其中有两个知识点需要解释。

第一，是里面一段话的翻译，市面上几乎所有的中文版本都译错了。

这段话是："CEO 缺乏资本配置能力可不是一件小事。公司如果每年保留相当于期初净资产 10% 的盈利，十年下来，企业将有 60% 以上的资本是由这位 CEO 负责配置的。"

英文原文是：The lack of skill that many CEOs have at capital allocation is no small matter: After ten years on the job, a CEO whose company annually retains earnings equal to 10% of net worth will have been responsible for the deployment of more than 60% of all the capital at work in the business.

市面上现有的译本基本都是："CEO 缺乏资金分配的能力可不是一件小事，一家公司若是每年保留 10% 的盈余在公司的话，10 年后，他所要掌管的资金等于增加了 60%。"

我认为巴菲特想要表达的意思是：假设每年公司从净利润里保留相当于期初净资产 10% 的部分，超出部分都分给股东（默认了该企业的净资产收益率 ≥ 10%），十年后这位 CEO 掌控的总资本，会是期初资本的 2.59 倍（$1.1^{10} \approx 2.59$），也就是说这十年里新增的保留资本占总资本的比例 ≈（2.59-1）/2.59 ≈ 61.4%，60% 以上指的是这个 61.4% 的数字，不是指掌管的资金增加了 60%。要说增加值的话，相比期初其实是增加了 159%，而不是 60%。

因为有 60% 以上的资本，其用途是由这位 CEO 决定的，所以这位 CEO 如果缺乏资本配置方面的能力（他可能因为其他能力而升职到 CEO 岗位上），对于企业而言很可能是巨大的灾难。

第二，是这里的美国税法背景。巴菲特说 "同样的获利，若发生在我们持有 80% 以上股权的公司里，收益会比其他小比例持股的投资高出 50% 以上"，这是因为按照美国税法规定，伯克希尔持有投资对象的股权比例以 80% 为界，大于等于 80% 时享受两项税收优惠：一是投资对象现金分红给伯克希尔时，不需要被扣 14%~28% 的股息税；二是如果未来转让投资对象股权，持有期间累积的未分配利润不算资本利得，无须为之缴纳 35%~40% 的资本利得税。持股比例低于 80% 时，不享受上述两项税收优惠。

## "专业"投资者的疯狂

**巴菲特**：1987 年的股市是一场跌宕起伏的大戏，但最终全年的大盘指数却变化不大，道琼斯指数全年小涨 2.3%。这就像坐上游乐园的过山车，在 10 月以前市场先生狂躁亢奋，市场飙升；10 月后又经历了一场大规模的癫痫发作，暴跌了下来。

我们要感谢那些"专业"投资者。正是那些管理着几十亿资金的人，为这次动荡做出了卓越的"贡献"。现在，知名的基金经理们不关注企业在未来几年会做什么，他们关注的是其他基金经理在未来几天会做什么。对他们来说，股票只不过是赌博的筹码，游戏的代币。

这种做法的极端代表，便是 1986—1987 年间，基金经理们普遍接受的所谓"回撤控制"策略。揭开名词的画皮，这种策略的实质与市场熟知的投机者止损策略差不多——当投资组合或股票指数期货价格下跌到一定程度或跌破某个阈值，便触发固定数量或固定比例的减仓指令。

这种策略下，其他因素都不重要，单纯的价格下跌就会触发卖出指令，而卖出指令会导致新的下跌，新的下跌可能再触发新的卖出指令，循环往复。根据布雷迪研究报告测算，在 1987 年 10 月那几天，有高达 600 亿至 900 亿美元的股票基金面临被迫卖出的窘境。

如果你认为你雇佣的这些基金经理是帮你做投资的，那你一定是有什么误解。买下一套房子后，理性的主人会不会指示他的经纪人，只要附近的房子以较低价格出售，我们就马上以更低的价格卖出自己的房子？再或者，你会仅仅因为 9 点 30 分时，类似的房子成交价比昨天低，就在 9 点 31 分把自己的房子卖掉吗？

而这正是养老基金或大学基金当下的做法：不管是福特公司还是通用电气公司，越便宜就应该越坚决地卖掉它们。按照这一策略的逻辑，一旦这些公司的股价大幅反弹，那就应该马上买回来。天量资金掌握在这样的基金经理手中，市场的大起大落又有什么可奇怪的呢？

很多市场观察人士，却从这件事里得出一个不正确的结论：主力机构的风格飘忽不定，在由他们主导的市场中，散户没有任何赚钱机会。这种结论实在是大错特错。这样的市场绝对有利于任何理性投资者，这和资金量大小毫无关系。

事实上，手握重金的基金经理们所造成的大幅市场波动，正好给理性投资者创造了更好的买入机会。只要投资者不会因为财务因素或心理因素被迫在错误的时机卖掉持股，那就不可能被股市的暴跌伤害。

（摘自1987年致股东信；摘录时间：2022-04-19）

**唐朝**：35年前的这番话，今天读起来有没有一种魔幻的感觉？把时间改成2022年，一切都完美契合。包括控制回撤，包括基金经理们的清仓避险，包括市场的大起大落，包括小散在股市有没有机会，以及如何才能不受股市暴跌伤害……在如今的市场，你全部可以在身边找出有名有姓的真实案例。

感觉就像是巴菲特昨晚上赶工写出来的稿子。这就是永远不变的人性，在历史长河里一再重复所留下的痕迹，也是股市能持续让我们轻松赚到钱的核心因素之一。

**佐渡**：昨天看到一位基金经理发帖谈资管行业的困境说："投资在服务业中是一门最坏的生意，也是一门最好的生意。就前者而言，用户想要我们帮他抓住波动，想要自己的股票或者基金净值始终比别人涨得多，这种正常的主流需求是无法满足的。我们要么假装可以满足，要么就跟投资人说清楚，不能满足这种需求。

"就后者而言，服务业一般来说没人认同你，你就做不下去。而投资领域里，没有人认同，你至少也可以替自己赚钱。所以如果你真能把投资做好，又得不到认同的话，你需要做的不是每天花力气去说服任何人，而是继续把自己的事做好就行了。这是其他服务业没有的独特优势。"

**武侃**：人性永远在贪婪和恐惧之间转换，这是不会变的，哪怕在未来的元宇宙里也不会变。股价本身只是映射了人性的这种变化，展示了人们"妄图猜测他人行为然后提前做出自己的决策，殊不知他人亦是如此猜测和决策"的死循环。这个死循环里，低估之后照样可能更低估，高估之后照样可能更高估。

以上摘自唐书房2022年3月16日文章《最棒的教学现场》

**刀刀**：普通人有个误解，总觉得华尔街会技高一筹。刚入股市的人要听说华尔街在卖出或者不看好某家公司，发布了什么降级的评级报告，就会非常慌，经常会以"你比华尔街机构聪明？他们都是傻子"来讽刺跟华尔街不同的看法。我觉得怎么看待大型机构的买卖和观点，也是价值投资者必须过的重要一关。

## 套利

**巴菲特**：1987年，除了原本打算永久持有的股票及短期套利头寸外，我们没有任何5000万美元以上的股票投资。不过请你放心，一旦市场先生给我们机会的时候，我们会好好把握的。

去年，我们在套利方面仍然表现出色，不过这可能是因为我们的套利规模十分有限。我们每年只做几笔套利交易，而且仅限于参与那些有公开信息披露的大型交易。那些将上市公司置于两难境地的绿票讹诈式"套利"，我们不参与。

我们做套利已经有好几十年经验了，到目前为止成绩还算不错。虽然没有仔细核算过，但估计我们在套利方面的税前年均回报应该有25%以上。我确信我们1987年的套利收益高于这个数字。

不过必须强调的是，套利这种事情只要遇到一两次糟糕的结局（就像1987年很多套利者所经历的那样），年化收益率就可能显著降低。

（摘自1987年致股东信；摘录时间：2022-04-20）

**唐朝**：1987年股市整体估值偏高，巴菲特没有买到啥股票，主要资金投了债券和套利。

要读懂这部分内容，先要知道什么是绿票讹诈。英文原文是："We do not participate in situations in which green-mailers are attempting to put a target company 'in play'."如果不懂什么是绿票讹诈，就很难理解。多

数中译版本翻译为"我们不介入那些已被投机套利客锁定的个案"，读后反而会让人更加困惑。

我在唐书房 2018 年 11 月 1 日的《散打巴菲特 01》一文里写过绿票讹诈，原文如下："绿票讹诈 Greenmail，由 Green（美元的俚语）和 blackmail（讹诈函）两个词语合并演绎而来。指的是单个或一组投资者大量购买目标公司股票，主要目的是迫使目标公司溢价回购上述股票。出于不愿意被恶意收购的考虑，目标公司最终支付溢价实施定向回购，类似交赎金。"

知道了这个，这段英文就好理解了，巴菲特其实说的是：我们不参与那些将上市公司置于两难境地的绿票讹诈式所谓"套利"。

巴菲特同时还提醒，套利这种事情，往往会因为一两次失败而葬送累积的战果，所以要特别小心。顺带他还嘚瑟了一把，"你看你看，我 1987 年的套利大赚，但不要以为这很好做，很多人在 1987 年的套利交易都出现了惨痛的损失"，真是个风趣幽默的老头！

**龙之志**：绿票讹诈是不是要资金量很大才会达到目的？

**唐朝**：是的，很多绿票讹诈都依赖发行垃圾债券来操作，《巴芒演义》里写过的"垃圾债券之王"迈克尔·米尔肯，就是大量绿票讹诈的幕后推手。

**水声潺潺**：绿票讹诈和黑色骑士是一回事吗？

**唐朝**：动作有点像，但不是一回事。黑色骑士是偷偷买，目标是最终收购企业。绿票讹诈是偷偷买，然后让上市公司知道，目标是逼迫上市公司溢价买回股票，赚一笔差价。

## 不懂不做

**巴菲特**：我们在 1987 年最大的公开投资，是一笔附带转股权的中期固定收益债券。我们以 7 亿美元购买了所罗门兄弟公司年利率为 9% 的优先股。这些优先股三年后有权按照每股 38 美元的价格转换为所罗门兄弟公司普通股。如果我们不实施转换，所罗门公司将从 1995 年 10

月 31 日起的五年内分批赎回。

我们对投资银行①的业务方向或未来盈利能力，没有什么有价值的见解。就其产业特点而言，这个行业的未来远不如我们有持股的大多数行业那样可预测。这种不可预测性，是我们以可转换优先股形式（而不是直接买入普通股）参与的原因之一。

投资所罗门，主要是因为我们信赖 CEO 约翰·古弗兰的能力和职业操守。他是查理和我都喜欢、钦佩且信任的人。我们是 1976 年认识他的，当时他在盖可保险摆脱濒临破产的困境时发挥了关键作用。自那之后，我们多次观察到古弗兰劝阻客户放弃一些不明智的交易：当客户很想做一些明显不理智的交易时，约翰只要假装不在就会给所罗门创造大量的佣金，但约翰引导客户放弃了。这种客户利益至上的特点可不是华尔街里常有的。

年终我们对所罗门这笔投资的估值为面值的 98%，比我们的成本低 1400 万美元。然而，我们相信这笔投资应该能获得合理的回报，毕竟所罗门兄弟公司是一家领先的、高质量的投行，应该可以帮助股东获得良好的投资收益率。如果事情如我们所料，我们拥有的转换权就会展示出它的价值。

（摘自 1987 年致股东信；摘录时间：2022-04-21）

**唐朝：** 在巴菲特的一生里，有一些明知道产业特点不够优秀，但总是由于这样那样的原因，投一些钱去试试的案例，主要集中在零售和航空领域。这些试试的结果，大部分是"试试就逝世"，成为巴菲特投资史里著名的失败案例。

对所罗门兄弟的这笔投资也是如此。他说了自己对于投行没有什么有价值的见解，该行业的不可预测性很高，只是因为认为所罗门是一家老牌的顶级投行，而掌舵人又是一个值得信赖的朋友，所以投入了一笔资金，还是以最保守的优先股形式投入的，想的是只要公司不破

---

① 译者注：投资银行简称投行，是专业从事证券发行、承销、交易、企业重组、兼并与收购、投资分析、风险投资、项目融资等业务的金融机构，在我国属于证券公司的业务范畴，通常称呼为"券商"，不是我们日常看到的经营存款贷款业务的银行。

产，最坏情况也就是回报有点低。

结果没想到还真就这么巧，这笔钱押下去一周后，股票就开始暴跌。三年后所罗门就不可思议地面临破产困境了。巴菲特不得不撸起袖子，押上自己的声誉，亲自担任所罗门的董事长，并带领芒格及其豪华律师团队一起拯救所罗门。

经历了一场动用各种社会资源的努力，最终确实将所罗门挽救了回来，将这笔投资挽救了回来（十年后赚钱离场了）。但那段记忆，对于巴菲特来说是惨痛的，他事后曾调侃自己，"导致所罗门濒临破产的当事人才被判入狱 4 个月，我却因为这笔投资被判了 10 个月有期徒刑"——他指的是被迫担任所罗门公司董事长的 10 个月心力交瘁期。

这笔投资的前因后果以及最终解决方案，在《巴芒演义》的第 297 页至 306 页详细分享过，感兴趣的朋友不妨细读。这个案例可能是对"不懂不做"四个字的最好注解了。

**客栈**：投资中的侥幸心理是可怕的。巴菲特在所罗门和航空公司的尝试十分痛苦但尚且不伤元气，毕竟钱比主意多。但普通人的侥幸心理往往造成一次失败，就需要从头再来了。时间成本最昂贵！

**周明芃**：从巴菲特的失败中我学到两个道理：第一，选择一尺高的栏杆而非七尺高的栏杆，面对恶龙我们最好避开它。第二，能力圈的重要性。尽可能待在能力圈内，扩大能力圈需要相当谨慎。

**Nick**：这个故事还可以从古弗兰的角度看到另一个问题，那就是努力做个好人，那么在你遭遇困难或者挫折时，也可能会有更多的贵人/好人拉你一把。

**林飞**：巴菲特愿意在这些不太好的生意中试试，是不是主要原因还是现金多过主意，总是需要不停寻找还过得去的投资机会？

另外，虽然说"不懂不做"是导致失败的原因，不过也有不少试试之后成功的例子吧？这些或成功或失败的例子，共同拓展了巴菲特的能力圈，也积累了经验。失败也是另一种价值，人生大概就是在各种"试试"和"失败"中最终走向成功。

**唐朝**：是。林飞说得有道理，事情确实有这么个另一面。

**姚队：**正是这些失败的案例，如科恩百货、德克斯特鞋业（Dexter Shoe Company）、航空业，铸就了巴菲特的人性。如果都是华盛顿邮报、可口可乐，那巴菲特就真成神仙了。

**唐朝：**是的，有对有错，结果依然大赚，这才是体系的力量。从来不错的"股神"，只存在于无知者的幻想里。

## 不回应传言

**巴菲特：**关于我们的持仓，我还有两点要补充。第一，照例提醒大家，我们今年的投资组合有变化，而且是在没有告知大家的情况下实施的变化。未来我们的投资组合还是会不断变化，照样不会提前告知。

第二，和往年一样，1987年内同样有很多媒体，时不时地发布我们买入或卖出某家公司股票的猜测。这些猜测有的是对的，有的对错参半，有的则完全是错的。有意思的是，信息可靠程度和媒体的规模或声望毫无关联。

有一家在美国有举足轻重地位的杂志，曾刊登一个完全捕风捉影的谣言。而另外一家主流媒体，则将我们的一桩短期套利描述成长期投资，误导了读者。这里之所以不点名，是因为我们遵循古训：不要和抓着笔杆子的人吵架。

大家需要记住，我们从来不以任何方式评论传言，无论它是真是假。如果我们否认虚假报道，并对真实的猜测说无可奉告，那我们实际上就是帮着那些人确认真假了。

在当今世界，大型的投资机会相当稀少、相当值钱。所以，如果没有法规的强制要求，我们不会向潜在的竞争对手透露我们在做什么。当然，我们也不奢望别人向我们分享他们的目标，这就如同媒体不会与同行分享独家信息，一名记者不会将选题和消息来源告诉其他记者一样。

每次遇到朋友或熟人告诉我"他们买入某股票，是因为看到媒体说伯克希尔正在买入"，虽然我不会去纠正他们，但我会感觉到非常不舒服。因为若是谁真想搭伯克希尔的便车，他完全可以直接买入伯克希尔股票。然而，这可能太简单、太无趣了，所以他们并不这么干。我猜测，他们虽然打着"抄伯克希尔作业"的旗帜，但绝大多数时候，只是因为买入报纸上热议的股票，能让他们亢奋。至于这策略到底能不能赚钱，我们不予置评。

（摘自1987年致股东信；摘录时间：2022-04-22）

**唐朝**：这番言论对于投资而言没有多大价值，主要是巴菲特阐述自己对江湖传言的态度，以及解释为什么不回应这些信息。

其中"不要和抓着笔杆子的人吵架"这句话，英文原文的直译是：和成桶成桶买墨水的人吵架是不明智的。巴菲特想表达的意思是，"与依赖码字为生（发帖、发新闻、吸引眼球）的人吵架，是不明智的"。

## 最坏情况

**巴菲特**：无论是举债或其他决策，我们所坚持的原则一贯是：我们追求最坏情况下也能取得"还可以"的结果，而不是去追求乐观情况下如何获取最棒的结果。

好的公司或者好的投资决策，自然会产生令人满意的结果，这不需要杠杆的帮助。在我们看来，为了一些不重要的超额回报，将对我们重要的东西（包括伯克希尔投保人的权益和员工的岗位及福利）暴露在风险之下，是愚蠢和不恰当的行为。

这种观点不是今天才产生的，我们对债务的看法一直没有变。当然，我们也不怕借贷，我们还不至于认为借钱是十恶不赦的。我们并不反对在不会损害伯克希尔利益的限度以内举债。至于这个限度在哪里，我们必须评估自己的实力。

伯克希尔的收益来源于许多行业里具有竞争优势的企业；这些企业几乎都不需要大量资本再投入；我们的负债结构良好；我们还持有大量流动资产。显然，我们有能力适当提升负债水平。

（摘自1987年致股东信；摘录时间：2022-04-23）

**唐朝：**1988 年初，伯克希尔发行了总额 2.5 亿美元的债券，2018 年到期，利率和发行成本一起算在内，大约折合资金年利率是 10%，和当时的无风险收益率差不多。这部分内容主要就是巴菲特解释自己如何看待借债这件事。1987 年致股东信，发表于 1988 年 2 月 29 日，所以会提及 1988 年初的借贷。

因为我们具备了"穿越者"的优势，知道后期利率很快就大跌下去了，所以我们知道这笔长期债务其实是借亏了。但这个借亏的行为，也向我们佐证了两个重要结论：第一，巴菲特不具备预测未来利率变化的能力，这是事实而不是谦虚；第二，不具备预测利率变化的能力，一点儿也不影响他持续赚大钱。

举债这事儿，似乎没什么我们可以学习的地方。我摘录并分享这番话，是因为里面有两处亮点。

第一处是："我们所坚持的原则一贯是：我们追求最坏情况下也能取得'还可以'的结果，而不是去追求乐观情况下如何获取最棒的结果。"

我们思考一项投资的时候，也应该学习这种思路，多想想如果情况比较糟糕会如何，而不是一切如我们所愿会如何。

这就好比我 2020 年 9 月所写《回顾对洋河的投资决策》一文里谈到的，我同时拥有贵州茅台、洋河股份和古井贡 B，就是因为当时不知道未来行业的发展方向是高端还是中端。我追求的是不管未来如何，都能取得"还不错"的收益，它的必然结果就是，不如集中资金押中未来方向收益高（我们此时已经知道了未来是高端大发展，当初单押茅台才是最棒的决策）。"只持有茅台，不持有洋河、古 B"就是这段表述里不去奢望的"最棒的结果"。

第二处是："为了一些不重要的超额回报，将对我们重要的东西暴露在风险之下，是愚蠢和不恰当的行为。"这是《巴芒演义》以及唐书房多篇文章反复阐述过的重要观点。这个思维模式不仅对投资有价值，对我们人生所有的决策应该都很有帮助。当我们面对选择的时候，一定要去想想什么对我们是重要的？是我们所放弃的东西重要，还是我们意图换来的东西更重要？

**周明芃**：这是一种极限思维，思考如果最坏的情况发生了，我们能否承受。

**浩然斯坦**：这就是芒格所说的"理性"吧。在每个做选择的时刻，都做且只做"当时"合理的事情。

**佐渡**：在过程中全力以赴，对结果淡然处之。坚持做"当时"合理的决策，哪怕结果不佳，也不必为坏运气反省。

**ViV**："为了一些不重要的超额回报，将对我们重要的东西暴露在风险之下，是愚蠢和不恰当的行为。"我对这句话深有感触，谨记它会减少很多心存侥幸去冒险的行为。

近日，好几个前同事因涉嫌违纪被查，惊愕痛惜之余又怒其不争。因为侥幸，为了不重要的东西，他们最终失去了前途、名誉、信任这些更加宝贵的东西。

人生中没有小聪明，还能以勤补拙。但没有大智慧，就要遭遇重大的挫败。

## 1987年伯克希尔股东大会问答摘要 [1]

**股东提问**：如何应对高通胀？

**巴菲特**：和没有高通胀时一样。寻找那些具备良好管理的优质公司，在相对便宜的价格买入，然后静静地待着。优质企业自带抗通胀能力。

**股东提问**：如何看待经济周期？

**巴菲特**：如果我将所有的时间都拿来预测经济周期，那么伯克希尔今天的股价大概应该在15美元 [2]。你不可能靠预测来决定自己进场和出场时机的。我们不去研究宏观经济，我们只专注于寻找低估的优质

---

[1] 引自 University of Berkshire Hathaway（简称 UBH），该书的繁体字版名为《波克夏大学》，中文简体版名为《巴菲特和查理·芒格的内部讲话》。

[2] 译者注：1987年末实际收盘价是2950美元。

企业。

**股东提问**：如何评价对所罗门兄弟的这笔投资？

**巴菲特**：我们非常欣赏所罗门兄弟 CEO 约翰·古弗兰。

**芒格**：所罗门兄弟人才济济，潜力巨大，将来定有不俗的表现。

**股东提问**：有什么好书推荐？

**芒格**：强烈推荐多读优秀人物传记，那是和逝去的伟人交朋友。

**巴菲特**：嗯，而且他们还不会和你吵嘴。

**武侃**：我们无法证明在不同经济周期里，借助市场的系统波动买卖股票可以获得盈利……在将近 20 年时间里，我在 5 个不同的投资组合里尝试过基于信贷周期理论的择时策略，却从未取得一次成功。（约翰·凯恩斯）

不要浪费你的时间和精力去分析什么政治经济形势，不要浪费你的时间和精力去看每日股票的涨跌。你为它们花的时间越多，你就越容易陷入思想的混乱并难以自拔。（沃伦·巴菲特）

我从来没有通过预测宏观经济的变化赚到过一分钱。（查理·芒格）

对于宏观经济，老唐一贯的态度是：政府总是热了打、凉了救。宏观环境总是时而出乎意料的糟，时而出乎意料的好。至于转折点，凯恩斯、巴菲特、芒格也搞不懂，老唐这个小脑袋瓜就拉倒吧。有那闲工夫，不如琢磨琢磨怎么逗我家领导高兴。所以以长期视角看，冷热好糟相互对冲，直接忽视。（唐书房《实盘周记 2019/12/14》）

# 1988 年
## 畅谈套利投资精要
## 提醒过热市场风险

年度背景 // 293
冷静的提示：真正重要的是内在
　价值 // 294
伯克希尔当下的困境 // 295
阅读财报的目的 // 297
收购波仙珠宝：零售业的特色 // 299
行政及立法干预的弊病 // 302
好东西多多益善 // 303
所罗门兄弟公司优先股：由乐观到
　谨慎 // 305

为什么做套利？ // 307
经典套利案例：可可豆套利 // 309
套利的"秘籍" // 311
红杉林套利案详解 // 313
套利也要谨慎 // 317
荒谬的有效市场理论 // 319
套利并不容易 // 321
上市的目的 // 322
1988 年伯克希尔股东大会问答
　摘要 // 325

## 年度背景

　　1988年美国没有什么值得记录的大事发生，整体处于经济增速下行且利率持续上行的不利局面，但股市却在1987年股灾释放风险后，稳步上扬。全年标普500指数上涨12.4%至277.72点收盘，加回成份股现金股息后，全年指数收益率为16.6%。

　　1988年，巴菲特开始悄悄买入他的投资生涯里非常重要的另一只个股：可口可乐——持有至今（2023年）无卖出。

　　这一年，他还借助旗下互助储贷公司（Mutual Savings and Loan）享受的制度红利，在上市前按照规则允许认购的上限，认购了7173万美元的联邦住房贷款抵押公司（俗称"房地美"）（Federal Home Loan Mortgage Corporation）股票。这笔投资后来在1992年又追加了3.4亿美元投入，一直持有至2000年清仓，大约赚了30亿美元。

　　由于可买入对象不多，这一年巴菲特介入了不少套利投资，获利丰厚。当年致股东信有大量的套利内容讲解。

　　当年年末持股就五只，原有的三只"死了都不卖"的股票加上可口可乐和房地美。

　　全年伯克希尔的收益率是20.1%，继续领先指数。伯克希尔股价这一年大涨59.3%至4700美元/股收盘，年内最高点5050美元，第一次突破5000美元大关。

表 17　伯克希尔历年持股明细（1988 年）

| 股份数量（股） | 公司名称 | 成本（千美元） | 市值（千美元） |
| --- | --- | --- | --- |
| 3,000,000 | 大都会/美国广播 | 517,500 | 1,086,750 |
| 6,850,000 | 盖可保险 | 45,713 | 849,400 |
| 14,172,500 | 可口可乐 | 592,540 | 632,448 |
| 1,727,765 | 华盛顿邮报 | 9,731 | 364,126 |
| 2,400,000 | 房地美 | 71,729 | 121,200 |
|  | 合计 | 1,237,213 | 3,053,924 |

注：表中为持有市值高于 1 亿美元的主要持股。

## 冷静的提示：真正重要的是内在价值

**巴菲特**：1988 年，我们的净资产增加了 5.69 亿美元，同比增幅 20.1%。我们掌控伯克希尔的 24 年多，每股净资产从 19.46 美元增加到 2974.52 美元，年化增长率约 23.0%。

我们在往年财报中强调过，真正重要的是内在价值，它代表我们旗下的所有业务加起来值多少钱。当然，这个内在价值只能是个大概的估算。

根据我们的估算，目前伯克希尔内在价值远超账面净资产值。过去 24 年多时间里，伯克希尔内在价值的增速一直要高于净资产增速，但 1988 年情况略有不同。1988 年的内在价值增速略低于账面净资产增速。

（摘自 1988 年致股东信；摘录时间：2022-04-25）

**唐朝**：1988 年致股东信的开头，巴菲特就给市场泼了冷水，说 1988 年伯克希尔的内在价值增速低于净资产增速。这是董事长亲自告诉市场投资人，1988 年企业的内在价值增速低于 20%，你们不要太激动。

说这话的背景是当年股市走牛，伯克希尔股价当年上涨近 60%，从 1987 年末的 2950 美元/股上涨至 4700 美元/股。在巴菲特掌控伯克希尔的 24 年里，股价从 1964 年末的 12.7 美元涨到 1988 年末的 4700

美元，24 年 370 倍，对应股东的年化收益率约 28%。

巴菲特没有能力控制伯克希尔的股价，所以市值变动也不是巴菲特可以掌控的。短期市场情绪波动对股价的影响更大。所以，巴菲特只能提醒大家，不要头脑过热。

**武侃**：我们希望股东在持有股票期间，能够获得与公司每股内在价值损益同步的收益。为了这一目标，公司的内在价值与股价需要保持一致，能"一比一"最好。我们宁愿看到一个"合理"的股价，而不是一个"高估"的股价。（沃伦·巴菲特）

## 伯克希尔当下的困境

**巴菲特**：现在我们所面临的不利因素主要有：（1）目前股市过热，股价偏高；（2）针对投资收益的税率提高了；（3）企业并购市场普遍出价偏高；（4）约占伯克希尔净值一半的三大核心投资（大都会、盖可保险和华盛顿邮报），未来表现会比五到十年前差一些。虽然它们都有杰出的管理层和强大的竞争优势，但以今天的股价为基础，它们未来继续上升的空间会比前几年要小得多。

正如我们之前谈过的，对我们造成更大困扰的，是我们日益庞大的资金规模。不过，这困扰就像我们的年龄一样，反正你也无法阻碍它增长。实际上，我们非常欢迎这种"困扰"能变得越来越严重。

4 年前我曾告诉大家，若想在未来 10 年内维持年化 15% 的收益率，我们需要赚回来 39 亿美元。今天这任务更加艰巨了，要赚回来 103 亿美元，才能实现未来十年年化收益率 15% 的目标。对查理和我来说，这是一个恐怖的数字。这数字最终如果没有实现，查理可能会变成伯克希尔的前副董事长。

虽然资金规模对收益率有负面影响，但同时我们也拥有一个以前没有的重要优势：过去，我们的资本被锁在低收益率的纺织事业上；今天，它们绝大部分变成了卓越的生意。我将这些卓越的生意命名为伯克希尔的七圣徒，它们是：布法罗晚报、喜诗糖果、费希海默兄弟制服公司、内布拉斯加家具商场、斯科特－费策控股集团、寇比吸尘器和世界百科全书。

如果将七圣徒视为一家公司，以账面成本观察，这家公司的净资产收益率相当惊人——在没有使用任何财务杠杆的情况下，净资产收益率高达67%。这种高回报，大部分来自这些企业本身所具备的竞争优势，但卓越的管理绝对也是必要的条件。查理和我的主要贡献，就是没去打扰他们。

（摘自1988年致股东信；摘录时间：2022-04-26）

**唐朝：** 巴菲特谈论了1988年末伯克希尔所面临的两大困境：（1）三大核心投资的股价已经涨太高了，未来可能继续上涨的潜力有限；（2）钱太多。

但是，巴菲特不小心又暴露了自己对股市预测能力的"低下"。此时他说股市太热，所以未来涨幅不会好。但很不幸，1989年伯克希尔的情况更好。

1989年，巴菲特的投资收益率高达44.4%，远超1988年20%的收益率水平。伯克希尔的股价也从1988年末的4700美元，变成1989年末的8675美元，涨幅近85%，同样远超1988年约60%的涨幅。预测又一次脱靶。

关于规模问题，巴菲特开了两个玩笑，一是说自己喜欢规模的增长，就像喜欢自己的年龄继续增长一样（只有死了，年龄才会停止增长）。当然，这里也偷偷地霸气侧漏了一把，默认自己的规模继续变大是必然的，就像变老一样无法阻挡。

另一个玩笑是说业绩不达标，芒格就可能会变成前副董事长。这个玩笑不太确定是指股东们会因为业绩不好让芒格下台；还是说芒格会觉得要赚那么多太难，所以要撂挑子；或者意思是说业绩不好必须由查理"背锅"。或许三种意思都有吧。

除了保险和上市公司股票投资之外，伯克希尔的核心利润来源就是此处提到的"七圣徒"。从高达67%的净资产收益率就知道，这些全部都是非常优秀的公司（没有股价）。巴菲特调侃自己和查理的存在价值，就是没有去干扰企业的运行。

这里需要附加说明的有两点：第一，"七圣徒"里的寇比吸尘器和世界百科全书，原是属于斯科特 - 费策控股集团的下属子公司；第二，在这些巴菲特曾经说过无论多高价格也不会卖出的非上市"七圣徒"里，寇比吸尘器公司在 2021 年被巴菲特卖掉了。

**星光《BEYOND》**：老唐，1987 年股灾里，伯克希尔的股价是个什么情况？

**唐朝**：1987 年全年视角是微涨，从 2820 美元 / 股涨到 2950 美元 / 股。但其实也经历了大起大落，股灾前最高股价 4270 美元，股灾里最低跌至 2550 美元，从高点算最大跌幅约 40%。

**伯涵**：巴菲特预测经常脱靶。常见的情况是，股市连续大涨，巴菲特认为接下来要跌，结果继续大涨。所以，我真搞不懂券商为什么每年都要出年度预测，是为了让自己的脸更肿吗？

**唐朝**：混口饭吃。很多股民需要这样的东西消磨时间，就像需要抖音里的小姐姐一样。

**林飞**：关于预测，我想起来《腾讯传》里提到，当 QQ 用户突破两千万时，有人问马化腾："你认为 QQ 用户数突破一亿会是什么时候？"他说："估计我这辈子是看不到了。"小马哥的预测更是错得离谱。

老唐曾分享过艾伦·凯的名言，"创造未来比预测未来更容易"，放在这里太合适了。巴菲特多次提醒规模变大和市场高涨，让伯克希尔的业绩增长困难，但又总是超额实现目标。他是怎么做到的呢？可能是这些牛人总是习惯保持对未来的低预期，然后聚焦于"创造"未来。

## 阅读财报的目的

**巴菲特**：不管采用什么准则，真正有用的财报，要能够协助财报阅读者了解三个问题：（1）这家公司大概值多少钱？（2）公司的偿债能力如何？（3）在现有条件下，管理层的工作表现如何？

大多数情况下，仅靠简单的财务数据并不能回答以上问题。商业世界很难用一套简单规则去有效地解释企业的运行情况，尤其是像伯克希尔这种由许多不同产业组成的企业集团。

更复杂的是，不少管理层并不把会计准则当作需要达标的标准，而是当作一个需要跨越的障碍。大多数会计师也心甘情愿地给予协助，当客户问2加2等于几的时候，与管理层配合默契的会计师可能会回答："这取决于你想让它等于几。"

即使是某些还算诚实正直的管理层，有时也会策略性地使用会计准则，以使报表数据更"恰当地"展示其个人表现，比如采用平滑收益和"洗大澡"这类"善意的"谎言。有些管理层甚至专门利用会计准则实施欺诈。他们很清楚不少投资人与债权人完全相信基于通用会计准则下的报表。这些骗子运用丰富的想象力和做账手法，将自己的欺诈诡计，化妆成符合会计准则的正常行为。

只要投资者（包括看起来很专业的投资机构）还迷信稳定向上攀升的净利润增长曲线，我们就可以百分之百地确定，还会有管理层继续滥用会计准则来"满足"投资者需求。多年来查理和我看到了许多会计欺诈案例，很少有人因此被惩罚，有的甚至都没有被发现过。用笔偷一笔大钱，可比用枪抢劫一笔小钱安全多了！

对于那些看见数据就头痛的人，很抱歉耽误大家的时间了。我很清楚你们中有很多人根本不会去看数据，但却重仓持有伯克希尔股票。因为你们知道：（1）查理和我本人的身家都在里面；（2）我们的赚赔比例和你没有区别；（3）到目前为止，我们的历史记录还算令人满意。

事实上，这种基于信任的投资方法并没有什么不好，但也有部分股东喜欢基于自己的深入分析做投资，因此我们有必要为他们提供足够的信息。伯克希尔做投资的时候，也是基于信任和基于分析两种方法都用的，我们致力于寻找那些基于信任和基于分析能得出相同答案的投资对象。

（摘自1988年致股东信；摘录时间：2022-04-27）

**唐朝：** 巴菲特在这里给我们讲阅读报表要达到的目的，为啥要带有警惕性去阅读报表，以及基于信任的投资法应该考量的因素，也就是抄作业要考虑什么。

**ViV**：虽然我们知道老唐的身家都在每周披露的实盘里，老唐的赚赔比例和抄作业的我们相差不多，到目前为止老唐的历史记录令人心悦诚服，但是，我们仍然要克服惰性，学习看财务报表、不断锤炼分析企业的本领、持续大量阅读，这才是我们进入书房和书院的真正价值所在。

**唐朝**：对，ViV说得太对了！

**浩然斯坦**：关于为什么要读财报，可以总结以下4点原因。

第一，财报有助于我们了解过去和现在。当你认真地了解了企业过去做了什么，大概率就会明白它现在为什么处于这种状态。

第二，财报有助于我们判断未来。有些问题看得足够长，就能看得更清晰。如果它的成长逻辑还在，它的未来就值得期待。

第三，财报是用来排除企业的。"投资一家企业的核心问题，是弄明白企业价值，其中尤其重要的是考虑企业未来的增长（清算上市公司对于小股东而言，更像是镜中花水中月）。对企业价值或未来增长的研究，都必须建立在企业具备真实盈利能力和管理层诚信的基础上。财报最靠谱的功能，就是帮助我们质疑公司的真实盈利能力及管理层的诚信度。"

第四，合格的投资人有必要读懂财报。"你必须了解财务报告，它是企业与外界交流的语言，一种完美无瑕的语言。只有你愿意花时间去学习它，学习如何分析它，你才能够独立地选择投资目标。你在股市赚钱的多少，与你对投资对象的了解程度成正比。"

## 收购波仙珠宝：零售业的特色

**巴菲特**：伯克希尔在1983年买下NFM 80%的股权，当时我居然忘了向B夫人问一个连小学生都会想到的问题："你们家还有像你这样的人吗？"上个月我纠正了这个错误，我们买下了B夫人妹妹和妹夫拥有的波仙珠宝（Borsheim's Fine Jewelry）80%股权。

B夫人于1917年从苏联逃到美国之后，她的双亲与五个兄弟姊妹也陆续来到美国（她有另外两个兄弟姊妹先来）。1922年，妹妹瑞贝卡和丈夫弗里德曼，穿越拉脱维亚前往美国。这次穿越的危险程度，不亚于之前B夫人经满洲里、日本抵达美国的冒险。

B夫人家族在奥马哈团聚时，大家全部口袋空空。但是他们拥有智慧、正直和热情，这就足够了。后来的事实证明了他们所向披靡。

1948年瑞贝卡和弗里德曼夫妇买下了奥马哈一家叫波仙的小珠宝店。1950年，他儿子艾克加入了这家企业。随着时间的推移，艾克的儿子艾伦、女婿马文和耶鲁也先后加入。

他们经营珠宝生意的方法，与B夫人家族经营家具生意的方法完全一样。共同特色都是"廉价销售、童叟无欺"，经营特点也高度相似，都是：（1）单店经营，以巨大的库存为特色，为客户提供各种价格范围的海量选择；（2）管理人员专心经营，每天关注细节；（3）商品快速周转；（4）拥有精明的采购；（5）拥有难以置信的低运营费用。后三项特点结合让这两家商店天天都能提供特价产品，国内没有其他人可以做到。

不管在其他行业多么专业，大部分人买珠宝首饰时，瞬间就变身为迷路的孩童，既没有能力判断珠宝的品质，也没有能力判断珠宝价格的高低。对这些人来说，只有一条规则是有意义的：了解卖珠宝的人是否值得信任。

我敢保证，完全信任弗里德曼家族的买家不会吃亏，我们购买波仙80%股权的方式就是最好的证明。波仙没有经过会计师审计的财务报表；我们也没有盘点存货，没有核实应收账款，也没有通过其他任何方式审计。艾克告诉我企业情况，我们据此写了份长达一页纸的合同，然后我开出一张大额支票，并购活动就结束了。

（摘自1988年致股东信；摘录时间：2022-04-29）

**唐朝**：收购波仙珠宝的故事，对我们至少有三重价值：第一，智慧、正直和热情才是财富之源，贫穷并不是自己可以坦然继续穷下去的理由。

第二，巴菲特总结了零售业竞争的几大核心要点，就是文中的"物美价廉、童叟无欺"以及后面的五条。除了单店多品类、高库存是资本就可以搞定的，其他所有要点全部和管理层品性有关。所以，投资零售业的核心，其实是人，是管理团队，是企业行为习惯（或者叫企业文化）。它属于船长比船更重要的企业类型。

第三，信任可以极大地降低交易成本。伯克希尔收购波仙珠宝，没有报表，没有审计，没有尽调。艾克介绍企业情况，双方认可，巴菲特开出支票，一个庞大的并购活动就结束了，没有律师、投行、会计师参与。后面的事情证明，艾克值得信任，波仙珠宝发展良好。

巴菲特后来将波仙珠宝算进伯克希尔"七圣徒"里，叫作"圣徒七加一"。

其实我们的生活也是这样的，建立信任不容易（需要牺牲很多，付出很多），但信任一旦建立了，将会大幅降低所有活动中的交易成本。

**Balong**：就我现在的理解，信任是现代社会的基础，一切都要建立在信任、信用上。

**唐朝**：是的，没有信用，兔子换野鸡都难。交易双方不仅要面对面，要同时松手，还得考虑对方会不会恃强凌弱抢回去，交易费用高上天。

**佐渡**：与优秀的人为伍，惊喜不断。

1983年巴菲特买下B夫人经营的NFM后，不仅顺藤摸瓜买下了B夫人妹妹和妹夫的波仙珠宝商场；还因B夫人家族的盛赞，买下了家具同行比尔·蔡尔德经营的犹他州家具业霸主威力家居（RC Willey Home Furnishings）；又经蔡尔德介绍买下得州家具业霸主繁星家具公司（Star Furniture）；再经上述三家CEO推荐，买下波士顿家具业霸主乔丹家具公司（Jordan's Furniture）……这几家公司至今都是伯克希尔的印钞机。巴菲特经常在年报里夸赞这一连串收购"实在是棒极了，伯克希尔不仅得到了杰出的零售事业，同时也让我得以认识天下最好的朋友"。

*以上摘自《巴芒演义》第二十七回*

**戳锅漏 BearG：**《竞争优势》一书说，对于缺乏进入壁垒的生意，只有效率、效率、还是效率。大家开的车都差不多，考验驾驶技术和驾驶素养的时候到了。

单店经营确实是非常有趣的一点。2009 年底，重庆开了一个温莎奥特莱斯。当时看是个巨无霸，除了爱马仕和 LV，其他高端消费品几乎应有尽有，人们趋之若鹜。我当时年少，中了消费的毒，三天两头往那儿跑。一是因为折扣，二是齐全。单店经营能够专注管理，降低错误成本，而且形成显著的规模优势。但温莎奥特莱斯现在不行了，可能是被互联网抢了生意，也可能是被同行抢了生意。零售难，难在好日子太短，太辛苦。

## 行政及立法干预的弊病

**巴菲特：**财险行业不仅盈利水平相当低，而且也不怎么受人待见，属于那种自己累死累活没钱赚，还要被客户讨厌的行业。不像某些暴利行业，东西贵得要死，客户还买得挺高兴。

以早餐麦片为例，它的投资收益率是车险的两倍以上。这也是为什么家乐氏和通用磨坊的市净率可以是 5 倍，而保险公司的市净率只能在 1 倍左右徘徊。即便其生产成本没发生什么变化，麦片公司也经常上调产品价格，但消费者却一声不吭。

要是换作保险公司，就算只是因为成本真实上升而轻微上调保单售价，哪怕调整幅度还没成本上升幅度高，投保人也会蹦得八丈高。所以，如果你有得选，最好还是选择去销售高价麦片，而不是廉价车险。

民众对于保险的敌视会造成严重的后果。去年秋天加州通过的第 103 号提案，不顾保险成本一再上涨的事实，威胁要将车险价格大幅压低。幸好后来法院搁置了这项提案。

提案是搁置了，但由提案投票过程引发的普遍抱怨并没有搁置，保险行业在加州几乎没有什么盈利前景。谢天谢地，加州人民没有对糖果发飙。如果 103 号提案也适用于糖果，喜诗糖果也被迫把售价从每磅

7.6 美元降低为 5.76 美元，那我们可就亏惨了。

对伯克希尔直接运营的保险公司来说，这项法案的短期影响不大。因为即使在这项法案表决之前，加州现行的费率结构也很难让我们找到获利空间。但这项直接压低保费的做法，会影响到我们持有 44% 股权的盖可保险，盖可保险大约有 10% 的保费收入来自加州。

更具威胁的是，如果其他州也效仿加州，通过提案或立法的方式来采取类似的行动，那情况就一发而不可收拾了。如果民众坚持车险价格一定要低于成本，那最后可能只能让政府来提供车险。投资人可以短期补贴投保人，但想要长期的补贴，那只能去找纳税人。

对大部分财险公司的股东而言，汽车保险国有化也没什么。由于该行业的同质化产品特性，大多数保险公司本就收益平平，即使被政府要求退出汽车保险业务，也几乎没什么损失。但对盖可保险不一样。由于盖可保险的低成本运营模式，公司的净资产收益率比较高，如果车险国有化，盖可保险将损失惨重，那伯克希尔也一样会损失惨重。

（摘自 1988 年致股东信；摘录时间：2022-04-30）

**唐朝**：巴菲特不遗余力地吐槽了利用行政或立法方式干预企业经营的弊端。政府是一只闲不住的手，只是频率和力度有差异，这一点上中外没有什么区别。相信大家都很容易就能读出这番话里的愤怒、郁闷和不排除撂挑子的威胁意味。

很有趣吧！我们每天在股市里的经历，其实都不新鲜，历史一直是踏着相同的韵脚走过来的，顶多是姿势略有不同罢了。多读经典，就可以让我们避免在遇到此类情况的时候，惊讶地张大嘴巴，不知所措。

**戳锅漏 BearG**：多读经典后才有"远望方觉风浪小，凌空乃知海波平"的感知。

## 好东西多多益善

**巴菲特**：1988 年，我们大量购买了房地美和可口可乐两家公司的股票。我们期望能长期持有这些股票。事实上，当我们拥有由优秀管理层运营的优秀企业部分股权时，我们最期望的持有期限是永远。

我们与那些急着落袋为安的人不同。他们总是在优质企业股价上涨时，迫不及待地卖出以实现账面盈利。同时却死死捏住那些因为业绩不好而股价下跌的股票。彼得·林奇形容这种行为是"铲除鲜花，浇灌杂草"，这形容准确、传神。

我们通过旗下一家非保险子公司"互助储贷公司"持有房地美的股票，持股比例是法律允许的上限。所以在我们的合并报表里，这些持股将以成本而非市值记录。

我们继续将投资集中在我们试图充分了解的极少数公司。只有很少的企业能符合我们的标准，因此，当发现这样的企业时，我们会尽量多地参与进去。我们同意梅·韦斯特的看法："好东西多多益善！"

（摘自1988年致股东信；摘录时间：2022-05-01）

**唐朝**：股灾后，巴菲特又开始兴高采烈地采购了。1988年买入了房地美和可口可乐。可口可乐大家比较熟悉，这里我主要补充一点有关房地美的背景故事，以帮助大家更好地理解巴菲特这番话。

房地美是由美国国会1970年成立的企业，核心目的是帮助普通美国人实现住房梦。它是美国仅次于房利美（Federal National Mortgage Association）的第二大房地产贷款公司，主要业务是从银行买入按揭贷款，然后打包成债券卖给投资者。可能大家觉着耳熟。没错，2008年全球次贷危机的发源地就在这儿。2008年房地美和房利美双双陷入巨额亏损，被美国政府接管后从纽交所退市。

巴菲特1988年投入0.72亿美元买入房地美，当时房地美净资产收益率高达23%，买入价格对应市盈率约8倍。此时房地美还没上市，只有给房地美提供种子资金的金融机构才有资格认购股份，所以伯克希尔是用旗下维斯科金融公司的子公司互助储贷公司购买的。

1988年12月2日，房地美在纽交所上市。到1991年底，巴菲特0.72亿美元买来的这些房地美股票，市值涨到3.43亿美元。1992年巴菲特"高位追涨"，追加约3.4亿美元投入。2000年巴菲特清仓离场，合计赚了大约30亿美元。

这番论述可谓金句连连，比如，"当我们拥有由优秀管理层运营的优秀企业部分股权时，我们最期望的持有期限是永远"，即对于优质企业，我们期望的持有期是永远。当然，是不是真的持有到永远，还是要看企业发展情况以及市场估值。企业变坏，或者估值过高，巴菲特都会卖出。在2000年卖出房地美，是属于企业变坏的例子，当时巴菲特看到了房地美发展出来的那些金融衍生品的潜在风险，所以离场了。

再比如，"铲除鲜花，浇灌杂草"，时至今日，这依然是很多朋友的心理顽疾。人们总是喜欢卖出股价涨得多的，而对亏得多的则坚持不"割肉"，结果往往就是鲜花——铲除，杂草全部留在手中。核心还是历史成本心理作祟，始终无法记住"投资只是一种比较"。投资是看未来而不是看过去，买入或者卖出与浮盈浮亏根本毫无关系，要紧的是估值和市值之间的关系。

又比如，"我们继续将投资集中在我们试图充分了解的极少数公司。只有很少的企业能符合我们的标准，因此，当发现这样的企业时，我们会尽量多地参与进去。"这和咱们的东方智慧是一致的，比如"股市垃圾十之八九，多看一二""有花堪折直须折，莫待无花空折枝"等。

**林飞**：学习不能教条，老唐关于卖出的思辨确实值得反复学习。

**三文鱼**：房地美的业务和银行的住房按揭贷款业务差别大吗？

**唐朝**：有区别。房地美主要是给银行提供弹药支持的，它通过自己的国家担保信用在市场上发低息债券融资，然后购买银行的按揭贷款资产包，间接支持银行向住宅市场投放贷款。

## 所罗门兄弟公司优先股：由乐观到谨慎

**巴菲特**：1987年我们投入7亿美元，购买了所罗门兄弟公司利率9%的可转换优先股。我们有权在三年后按照每股38美元的价格转换为所罗门兄弟公司的普通股。如果我们不转股，所罗门兄弟公司将在

1995年至1999年按年分批等额赎回。

伯克希尔以投入成本记录这笔投资。它的公允价值在1987年末略低于我们的成本，目前公允价值略高于我们的成本。

在过去的一年里，我们与所罗门CEO约翰·古弗兰之间的互动更密切了。这过程中我们所接触到的信息，增加了我们对他的钦佩之情。然而，我们依然没有能力判断投资银行业的前景，不管是短期、中期还是长期前景。这不是一个容易预测未来盈利水平的行业。

今天，我们仍然相信我们所拥有的转换权，会在其有效期内给我们带来重要的价值。然而，可能这种价值会主要来源于约定的固定收益，而不是它的股权特性。

我们仍然反感长期债券。除非我们确信货币的购买力在未来长期稳定，否则我们不会对长期债券感兴趣。然而，让货币拥有稳定的购买力是不可能的，社会和政府都有太多更高优先级的事要做，这些事都与维持货币购买力的稳定相冲突。

（摘自1988年致股东信；摘录时间：2022-05-02）

**唐朝：**巴菲特此处谈到1987年投入7亿美元买的所罗门兄弟优先股，有两处很有趣的地方需要细细品味。

第一处是，巴菲特说1988年他对古弗兰更加钦佩了，但你要注意他的赞扬背后，对这笔投资其实变悲观了。

一年前（1987年）的致股东信里，他对这笔投资的憧憬是，"我们拥有的转换权就会展示出它的价值"。一年后他已经开始埋伏笔："今天，我们仍然相信我们所拥有的转换权，会在其有效期内给我们带来重要的价值。然而，可能这种价值会主要来源于约定的固定收益，而不是它的股权特性。"这含义是，自己已经不期望到期转股赚差价，只是对所罗门还本付息还是有信心的。此刻我们站在"穿越者"的角度，可以批评："就这，依然太乐观了！"

我们不知道巴菲特在这一年时间里看到了什么，导致他的观点轻微向悲观方向变化了。我们只能感叹投行（券商）这个行业的未来，果然很难预测。

第二处是巴菲特明确表达他不愿意投长期债券，因为对货币购买力没有信心。其实也就是说"法币时代，货币贬值是必然的"，持有类现金资产是包输的，只是输多输少的差异。

**慧思**：事后看所罗门事件真是让人心惊肉跳，巴菲特很幸运，有芒格在身边协助。

**林飞**：关键是巴菲特本可以不蹚浑水，结果还非得亲自下场不可。大多数人为求自保肯定就袖手旁观了。他这不屈的性格，超强的责任感，真不是一般人能有的！

**唐朝**：他不下场，7亿美元就没了。

**林飞**：设身处地地想，那个复杂的局面，严峻的形势，救回来的概率还真不大。如果是我的话，估计就认亏算了。

**姚队**：如果是施洛斯估计就放弃了，但是巴菲特可是踩到屎也要想办法"点屎成金"的性格。

**三文鱼**：怎么理解"对货币的长期购买力有信心时"，是指要看到有通缩迹象吗？

**唐朝**：对货币长期购买力有信心，不是指通缩，是指币值稳定，即没有大幅的通胀。但这个很不容易，法币体系天然自带通胀的驱动力。

**黑人牙膏**："除非我们确信货币的购买力在未来长期稳定，否则我们不会对长期债券感兴趣。"这一句应该怎么理解呢？

**唐朝**：加上后面那句一起理解。其实就是说货币注定会持续贬值，会被通胀偷走购买力，所以自己对长期债券没有兴趣。

## 为什么做套利？

**巴菲特**：在过去的年报里，我曾经告诉过大家，我们的保险子公司有时也会搞搞套利，作为持有短期现金等价物的替代方案。我们当然更喜欢长期持股，但可惜有时候资金远比好主意多。这种时候，套利偶尔会比国债的收益高。同样重要的是，搞搞套利可以避免我们大把现金在手时，有意无意地降低投资对象选择标准的冲动。每次我决定参与套利，查理总是会说："也好，总比你去酒吧里厮混好点儿。"

1988年，我们在套利活动中的获利相当诱人。全年平均投入套利的资金约为1.47亿美元，取得了约7800万美元的税前收益。有这样的收益背书，似乎是聊聊套利的恰当时机。

曾经，"套利"这个词只指在不同市场，同时买卖相同的证券或外汇，赚取两者之间微小差距的行为。例如三地上市的荷兰皇家石油公司股票，它在阿姆斯特丹用荷兰盾交易，在伦敦用英镑交易，在纽约用美元交易，不同的市场偶尔会出现价差，出现一些套利机会。

从第一次世界大战之后，套利（现在也叫风险套利）的定义已经扩大到包括从公开披露的企业出售、合并、重组、清算、回购等活动中获利的行为。大部分情况下，套利者期望的是不管股市如何变动都能获利，而面临的主要风险是宣布的事件最终没有发生。

（摘自1988年致股东信；摘录时间：2022-05-03）

**唐朝：** 1988年，巴菲特的套利活动收益非常好，他借机给大家科普了一次什么是套利，其中有两点有趣的态度需要我们注意：

第一，在巴菲特眼里，套利仅仅是作为短期资金无处可去时的短暂替代物。除了小赚一点之外，更重要的作用是防止自己钱多时，有意无意地降低投资标准。钱多的时候，有意无意地（在一定的范围内）降低投资标准这事儿，我也经常做。我甚至专门写过一篇文章，阐述自己为什么会在"合理估值"到"理想买点"之间就开始买入。

第二，我比较少关注和参与套利活动，可能是内心与芒格的态度类似，将其看作"总比你去酒吧里厮混好点儿"的事情。这可能是一种选择：是愿意花更多精力去精益求精地提高一点点收益？还是认为注意力始终应该放在长期投资上，不值得为"精益求精"的一次性收益额外耗费时间？我认为这不存在对错，都有道理，算是一种人生观、价值观的区别吧。

**邓聪：** 巴菲特最近投资动视暴雪（Activision Blizzard, Inc.）算套利吗？

**唐朝：** 开始的时候不算。他明确说过了，最初买入暴雪是旗下两位基金经理托德和泰德其中之一做的决定。他们最初买入时并不知道会发生并购。但是等并购信息披露，巴菲特亲自决定追加投资后，它变成了并购套利，这时这笔投资才进入了巴菲特的能力圈。

**林飞**：老唐，你是否认为不管多少资金量，套利都是"蝇头小利"？记得巴菲特早年通常有30%的资金用作套利，而目前用于套利的比例就微乎其微了。这种变化跟资金量大小有关吗？

**唐朝**：有关。套利事件通常能容纳的资金是有限的，所以天然有利于小资金。资金量越大，参与价值越小。

**笨鸟慢飞**：价投是否也是一种特殊情况下的套利行为？理论上市场价格会无限趋近于内含价值，而市场先生的无厘头有可能在短期内报出远低于价值的价格，此时套利的机会就出现了。只是实现套利的时间不确定，一般来说需要3到5年。

**唐朝**：这可能有点无限扩展定义的嫌疑。照这么说下去，一切投资行为皆为套利，也就不需要再定义一个套利了。

**BP**：我觉得老唐比较少参与套利，主要是大部分时间没有好的套利机会。当年在分级基金上，老唐可是做了很多套利的。

**唐朝**：是的。不过，所谓没啥好机会，大部分原因还是关注和研究的少了。可以简化归因为一个字"懒"，并不是市场上真的缺机会。

## 经典套利案例：可可豆套利

**巴菲特**：在套利领域，偶尔会出现一些异常的机会。我24岁时曾参与过其中的一个，当时我在纽约为格雷厄姆－纽曼基金公司工作。

有家叫洛克伍德（Rockwood & Co.）的公司，是一家位于布鲁克林的巧克力产品公司，盈利能力有限。但公司从1941年起采用了后进先出的库存记账规则，当时可可豆价格是每磅5美分。1954年，可可豆的暂时短缺导致市场价格飙升至60美分以上。因此，洛克伍德希望在价格下跌前出售它的库存可可豆。但是，如果只是直接卖出可可豆，大概有50%的利润要变成税款。

1954年的《税法》拯救了这一切，它包含一个神秘的条款，如果公司是为了退出某领域经营活动而将库存分给股东，则无须将分库存视同销售纳税。洛克伍德公司决定关闭公司的可可奶油业务，并表示有1300万磅可可豆库存属于该业务对应的库存。

据此，该公司提出用可可豆回购公司股票，每股支付80磅可可豆。几个星期以来，我忙着买股票，卖豆子，并定期在施罗德信托公司停留，把股票换成提货仓单。利润不错，我唯一的支出是地铁票。

洛克伍德回购案的设计者，是一个当时不知名但很有才华的芝加哥人，时年32岁的杰伊·普利兹克。如果你知道杰伊后来的记录，你就不会对这个方案表示惊讶了。该方案对于洛克伍德留下的股东也是相当棒的结果。方案推出后不久，虽然洛克伍德公司的经营仍处于亏损中，但股价却从15美元涨到了100美元。有时候估值不能只盯着市盈率。

（摘自1988年致股东信；摘录时间：2022-05-04）

**唐朝**：巴菲特回顾了他的投资生涯里最重要的一次套利：可可豆套利。这番话里，只要能理解"回购（并注销）属于向股东分红的一种形式"，其他就没什么理解难度了。

这个套利案的完整经过和前因后果及细节，请参看《巴芒演义》第77至82页。此时我们看着是一个轻松愉快的小故事，但这其实是我多年困惑、多年纠结、多年阅读和搜集整理，才彻底拼完整的一块拼图。

**星光《BEYOND》**：谢谢老唐，我终于看懂了，之前一直掉在认为还可以拿商品来回报股东，有点类似于A股给股东寄公司产品打广告的坑里。今天真正了解了，80磅的可可豆回购一股股票，是给了2元利润给公众股股东，而回购注销后，每股的价值实际更高了，双赢。

**BP**：只要存在套利空间，就总会有聪明的资本涌进来将它填平。

**冰冻273k**：我依稀记得巴菲特说过，这么好的套利机会（可可豆），他几十年就遇到过一次，所以大家选择做套利的时候，要慎重，不要捡了芝麻丢了西瓜。

**唐朝**：冰冻补充得很好，很重要。

**林飞**：绝佳的机会真是可遇不可求，如果是众人都能看到的机会，大概率不算是什么好机会。

**土龙木**：我的问题是杰伊最后如何获利呢？是最终私有化后退市吗？

**唐朝**：这不重要，不是这个套利案的关键。假设你白得一家上市公司，你会困惑自己怎么才能变现吗？

**水声潺潺**："将分库存视同销售"这句话是啥意思啊？

**唐朝**：公司自己的产品或库存直接分给股东，在税务局看来，是"视为销售"的行为，必须按照公司向其他客户正常销售商品一样征税。这条规则的意思是，如果企业是因为要缩小经营范围而将库存分给股东，不视同销售行为，不征税。

**传世之宝510310**："退出业务部分对应的库存"怎么理解？

**唐朝**：一家公司有很多库存，很多业务，不可能退出一项就可以将全部库存分掉。总要有部分库存是为这项业务准备的，部分库存是为那项业务准备的。只有不准备继续经营的业务所对应的"那部分"库存，才可以享受无税分掉的待遇。

## 套利的"秘籍"

**巴菲特**：近年来，大部分套利操作都牵涉企业并购，善意的或敌意的。在并购狂热期，市场几乎感觉不到《反垄断法》的存在，竞标出价屡创新高，套利客大行其道。这也不需要什么特殊技能，只要参与进去就有收获。

华尔街有个说法："给他一条鱼，一天不挨饿。教会他套利，养活一辈子。"但如果他是跟着伊万·博斯基学习的套利，那恐怕只能靠监狱养活了。

在评估套利活动时，你必须能回答四个问题：（1）已披露的事项，真正发生的确定性有多大？（2）你的钱会被占用多久？（3）有没有可能发生更好的事情——比如竞价收购要约？（4）如果由于反垄断、融资问题等原因导致已披露事项没有发生，后果会如何？

（摘自1988年致股东信；摘录时间：2022-05-05）

**唐朝：** 巴菲特传授的套利"秘籍"，核心其实就是最后的四个问题。这就是套利的全部，我们不需要再去学习其他什么内容。只不过，每个案例出现时，都需要详细阅读大量的公告信息。

这里需要解释一下"善意并购"和"敌意并购"两个概念。善意并购又称协议收购，指的是并购双方通过协商和谈判达成收购的方式。这种并购，通常会得到双方董事会和管理层的支持。与之相反，敌意并购也称恶意并购，指被收购方提前并不知情，收购方通过资本市场搜集大量股权后，突然向目标股东发出要约收购（通常价格会至少高于市价20%）的方式。

除此之外的其他内容都比较简单，不需要解释了。但这里巴菲特提到一个人：伊万·博斯基。这人有故事，值得为之费一小段笔墨。

在1985年的致股东信部分，我们说过这位伊万·博斯基。他是俄裔美国人，华尔街"套利之王"，人称"恐怖的伊万"。20世纪80年代初，伊万和当时的"垃圾债券之王"迈克尔·米尔肯联手，通过大量的绿票讹诈式收购在华尔街叱咤风云，并登上美国《财富》400富豪榜。

1986年伊万因内幕交易罪被捕，1988年被判没收全部违法所得、罚金1亿美元、有期徒刑三年，并终身禁入证券市场。所以巴菲特在1988年致股东信里，会顺口提到这位当年的财经头条热点人物。

正是伊万供出迈克尔·米尔肯手下两位高管，然后牵扯出米尔肯，导致了德崇证券垃圾债券部门的毁灭，又牵连到"赌神"爱德华·索普的基金关门大吉。

这个故事事关巴菲特、格雷厄姆的表弟、"赌神"索普、"垃圾债券之王"米尔肯、美剧《大西洋帝国》里的一众黑帮大佬、华纳兄弟影业公司、有效市场理论及相关的一大群诺奖得主、科学家香农、赌博的凯利公式、以神奇公式闻名的投资大佬乔尔、"债券天王"格罗斯等一大群人物，精彩纷呈，相关内容记录在《巴芒演义》第155页至196页。

**大Free陈**：阅读公告分析套利，可复制性可能不太好。案情条款每次不一样，法规常常有变化，会导致套利思路常常变化。我感觉这不如投资好生意，一次性想清楚这个生意为啥好，核心逻辑一般很多年都不发生变化，然后"面对市场波动"就能持续赚钱，积累性和复制性更好点儿。

## 红杉林套利案详解

**巴菲特**：阿克塔公司（Arcata Corp.）曲折离奇的并购经历，展示了套利活动的跌宕起伏。

1981年9月28日，该公司董事会同意将公司卖给KKR（Kohlberg, Kravis, Roberts & Co.），KKR是一家大型的杠杆收购公司。阿克塔从事的是印刷与林木行业，所有资产中特别值得注意的是10700英亩红杉林。1978年美国政府为扩大国家公园范围，决定将其征收。

政府已经分期向阿克塔公司支付了总额为9790万美元的赔偿款，阿克塔公司却认为赔偿额太低。同时双方还对赔偿款分期支付导致的未支付款项应该按什么利率计算利息也有争议：政府计划按照6%单利标准支付，但阿克塔则要求更高的利率且以复利计算。

因为并购对象带有未决诉讼，涉及巨大的索赔额且胜负难以预测，所以谈判中的主要难点是无法判断诉讼结果及所涉及的利益。为了化解这个难题，KKR提出支付阿克塔每股37美元，再加上政府最终额外赔偿款的三分之二，作为并购对价。

（**唐朝**：注意，上面这部分，是巴菲特描述事件本身，让股东知道所面临的情况。接下来他要开始讲如何思考这笔套利能不能做，以及如何做的过程。）

评估这个套利机会时，我们相信并购能否顺利实现的关键，在于KKR能否顺利获得融资。这对卖方来说永远是风险最大的条款，追求者在提出求婚到正式结婚的这段时间，悔婚是很容易的。但在这个案例上，我们不是很担忧这个问题，原因在于 KKR 的历史记录很不错。

（**唐朝**：这里提出了套利第一问：已披露事件发生的可能性有多大？）

不过我们必须继续追问，如果 KKR 融资失败会怎么样。在这一点上，阿克塔的董事会和管理层已经四处寻找买家很长一段时间了，这显示出公司决心要出售。如果 KKR 悔约，阿克塔一定会再找新买主，当然届时的价格或许会差一点。

（**唐朝**：这里提出了套利第二问：并购有多大概率会失败？）

最后我们还必须问自己：政府最终到底能给那块红杉林赔偿多少钱？坦白地说，你们的董事长连榆树和橡树都分不清楚，但对于这个问题，我的处理方式很简单，反正就是介于零到一大笔钱之间就对了。

（**唐朝**：这里提出了套利第三问：更好的结果会是什么？）

1981 年 9 月 30 日，我们开始以每股约 33.5 美元的价格买进阿克塔的股票，8 周之内总共买进了约 40 万股，约占该公司 5% 的股权。最初的公告说，KKR 会在 1982 年 1 月以每股 37 美元进行收购。因此，一切顺利的话，我们将实现大约 40% 的年化收益率，这还不包括红杉林那笔不确定的政府赔偿款。

（**唐朝**：这里提出了套利第四问：你的资金要占用多久？预期收益率是否令人满意？我们此处可以知道的是，公司总股本 800 多万股。）

很可惜，过程并不顺利，1981 年 12 月 KKR 宣布交易可能会延后。不过，最终还是在 1 月 4 日签署了并购协议。受此消息鼓励，我们决定加码，以每股约 38 美元增仓至 65.5 万股，超过公司股本的 7%。尽管并购已被推迟，但我们乐意增加投入，这表明我们倾向于认为政府最终的赔偿更可能会是"一大笔"，而不是"零"。

（**唐朝**：12 月新增 25.5 万股，约 38 美元的均价，新增投入约 969 万美元，后面说总投入是 2290 万美元，则总体每股买入成本为 2290÷65.5 ≈ 34.96 美元/股。这次按照高于 37 美元的价格追加投入，反映出巴菲特对未来追加赔偿的乐观判断。）

1982 年 2 月 25 日，提供融资的银行说"鉴于房地产行业低迷对阿克塔的前景影响"，他们正在"重新审视融资条款"。股东大会也因此再度延期到 4 月举行。与此同时，阿克塔公司发言人说"并不认为收购行为岌岌可危"。当套利客听到这种重申时，脑中通常会闪过一句老话："他就像在货币贬值前夕保证不会贬值的财政部长那样在撒谎。"

果然，3 月 12 日，KKR 宣布先前的约定无效，并将报价砍至每股 33.5 美元，两天后再调高至 35 美元。3 月 15 日，董事会拒绝了这项提议，并接受了另一家集团以每股 37.5 美元，外加政府赔偿额的一半作为并购出价。股东会迅速通过了这项交易，并于 6 月 4 日收到每股 37.5 美元的现金。

（**唐朝**：之前披露的交易失败，董事会果然重新找到了买家，出价略差于 KKR，股票收购出价比原本的 37 美元略好，但未知的红杉林权益是降低了。总体符合巴菲特之前的考虑，"如果 KKR 悔约，阿克塔一定会再找新买主，当然届时的价格或许会差一点"。）

我们总计花了近六个月的时间，投资 2290 万美元，最后收回 2460 万美元。考虑这项交易中所经历的风风雨雨，15% 的年化收益率（不含红杉林潜在的赔偿收益），还算令人满意吧。

（**唐朝**：资金占用了约半年，赚了约 7.4%，折合年化收益率约 15%。这个资金占用期半年说的是加权后的占用时间，实际是有大约 60% 资金占用约 8 个月，另外约 40% 资金占用约 5 个月。）

但好戏在后头。法院指派两个委员会来解决这个纷争，一个负责认定红杉林的价值，一个则负责考虑适用的利率。1987 年 1 月，委员会认定红杉林的价值为 2.757 亿美元，适用的复利率定为 14%。8 月，法官通过了这项决议，这表明政府需要再支付高达 6 亿美元的赔偿金。联邦政府立刻提出上诉。不过，在 1988 年上诉案开庭之前，双方以 5.19 亿美元达成庭外和解。因此，我们获得了每股 29.48 美元的额外收益，总计约 1930 万美元。1989 年，还将再拿到约 80 万美元。

（**唐朝**：这是安全边际的意外惊喜。5.19 亿美元的一半分给阿克塔的股东，伯克希尔持有超过 7% 的股份，额外拿到含息合计 2010 万美元。）

伯克希尔的套利活动与其他套利客有所不同。相比一般套利客一年从事好几十个案子,每年我们只参与少数大型交易。同时做很多件事,套利者就必须花很多时间监控交易的进度与相关股票的股价变动。这并不是查理和我要选择的生活方式。为了赚钱天天盯着股票行情,这样的生活太无趣了。

(**唐朝**:是的,为了赚钱天天盯着股票行情,实在是太无趣了。若是已经有钱了,还这么做,那就纯粹是疯了。)

也正因为我们只专注少数几个案子,所以一个特别好或特别差的交易,就可能大大地影响我们的年度套利收益。所幸的是到目前为止,伯克希尔还没有什么惨痛的经验。未来一定会遇到的。一旦遇上,我会一五一十地向各位报告。

另外还有一点不同的是,我们只参与已经公开披露的交易。我们不会根据传言去交易,也不会试图预测收购方是谁。我们只是通过阅读报纸,思考几个关键因素,并依照我们对可能性的判断作决定。

(**唐朝**:我们只根据已经公开披露的信息从事套利。读过这句话,信任这句话,我们自然就会理解伯克希尔最近在动视暴雪案例上的买进和加码过程,也自然就会对媒体各种标题党免疫。)

(摘自 1988 年致股东信;摘录时间:2022-05-04)

**伯涵**:单就致股东信的篇幅而言,套利也比投资要复杂得多!记得在合伙人年代,巴菲特还讲过一笔得州石油的套利案。

**唐朝**:对,投了 26 万美元,半年左右赚了不到 10% 的样子。

**晓青**:"……我的处理方式很简单,反正就是介于零到一大笔钱之间就对了。"这里说的介于零到一大笔钱之间,是在说套利后的盈利?还是说红杉林的价值?

**唐朝**:指红杉林的价值。对于红杉林的价值,巴菲特自认判断不出来,也没有能力判断,所以他直接作为安全边际对待了。但在后面以超过 37 美元追加买入时,是大致按照政府已经承诺的赔偿款考虑了。

**晓青**:明白了!套利是套股价的差价。至于红杉林的内在价值,就是额外附送的安全边际了。

**裙裙**：我有两个小细节不是太明白。第一，6月4日股东会通过收购交易，收到现金，这个时候巴菲特是否需要卖出股票才能兑现套利收益？还是说以分红的方式拿到这笔钱？第二，后面的补偿款的兑付，巴菲特是否需要一直持有股票才能获得？

**唐朝**：第一，就是股票被收购方以37.5美元的价格收购，伯克希尔直接到账现金；第二，不需要。这和股票的股权登记日是一个道理，收购达成时，股票以37.5美元价格卖给收购方了。但同时以卖出那天为节点，之前拥有股票的原股东，有权得到最终政府支付的红杉林赔偿款的一半。

## 套利也要谨慎

**巴菲特**：1988年底，我们主要的套利持仓只有334.2万股雷诺兹-纳贝斯克公司（RJR Nabisco，简称RJR）的股票，成本为28180万美元，市值30450万美元。

1989年1月，我们将持股量增加到大约400万股，2月份清仓了。有大约300万股被当时要约收购RJR的KKR公司买走，剩余股票我们直接在市场抛掉了。这次套利，我们预期能获得6400万美元税前利润，实际结果好于这个数字。

早些时候，有张熟面孔出现在RJR的竞标中：杰伊·普利兹克，他和第一波士顿集团组团参与投标，他们提出了一个可以避税的方案。引用尤吉·贝拉的话评价："这感觉似曾相识。"[①]

由于所罗门也参与了投标，导致我们在本可以买入RJR股票的大部分时间里，股票交易受到了限制。

尽管查理和我是所罗门公司的董事，但我们主动要求所罗门对我们屏蔽并购活动的相关信息。这些信息对我们毫无益处，倒是可能偶尔

---

① 译者注：意思是说税收策划一贯是杰伊的强项，别忘了巴菲特念念不忘的可可豆套利案就是杰伊设计和主导的。

会影响我们的套利活动。然而，由于所罗门打算重金投入这次交易，所以要求全体董事都要充分知情并为此贡献才智。因此，伯克希尔对RJR股票的买入只进行了两次：一次是在管理层宣布收购计划到所罗门决定参与前的那几天；另一次相当晚，是在RJR董事会决定选择KKR以后。由于我们不能在其他时间段购买，所以这个所罗门公司董事身份实在让伯克希尔少赚了不少。

看到1988年如此丰硕的套利成果，你可能会觉得我们应该继续朝这方面加强，但事实上，我们决定采取观望的态度。一个好的理由是我们已经大幅提高了在长期股权方面的投资，所以目前持有的现金数量已经大幅下降。

经常读我们年报的人都知道，我们不会基于对股市短期前景的判断而交易。恰恰相反，交易是基于对目标企业长期经营前景的预期。我们现在不知道，过去不知道，将来也永远不会知道一年后的股市、利率或商业活动会是什么样子。

就算我们今天满手现金，估计1989年也不大可能做很多套利交易。企业并购市场目前太过火爆，我们不太确定这种火爆会持续多久，政府、金主和买家的态度会如何转变。不过我们可以确定的是，别人越乐观，我们就越应该谨慎。我们不愿意参与那些明显是由买方过度乐观而推动的并购活动。我们牢记赫布·斯坦的智慧："如果一件事不能持续，它就一定会结束。"

（摘自1988年致股东信；摘录时间：2022-05-07）

**唐朝**：巴菲特回顾了自己在RJR并购案里跟着"吃肉"的过程，并自述因为是所罗门兄弟公司董事，需要回避而放过了很多机会。同时，他也表达了自己对当前火爆的并购市场的担心，特意谈到了"我们不愿意参与那些明显是由买方过度乐观而推动的并购活动"。这类并购很容易在市场情况略有不及预期时就夭折。这些都是我们参与套利活动时特别需要考虑到的细节。在我看来，这每句话都价值千金。

**浩然斯坦**：我想到巴菲特有段类似的话："我们一贯所坚持的原则是：我们追求最坏情况下也能取得'还可以'的结果，而不是去追求乐观情况下如何获取最棒的结果。"

**林飞**：杰伊提出的"以税收为导向的"报价大概是个什么概念呢？我们能从中学点什么吗？

**唐朝**：这非常的琐碎和复杂。只能推荐你去看关于这场世纪大并购的书《门口的野蛮人》了，里面有细节记录。

## 荒谬的有效市场理论

**巴菲特**：70年代，有效市场理论在学术圈子里十分流行，几乎算是神圣的经文。该理论认为分析股票毫无用处，所有公开的信息都已经恰如其分地反映在股价上。换句话说，市场总是了解一切。有效市场理论的教授们说，射飞镖随机所选出来的股票组合，与一位聪明绝顶、工作勤奋的证券分析师选出的股票组合，表现会是差不多的。

令人惊讶的是，有效市场理论不仅在学术界大受欢迎，还受到许多专业投资人士和企业高管的追捧。他们观察到市场经常有效，这没错。但他们却因此而得出市场总是有效的错误结论。事实上，两者之间的差别简直犹如昼夜一样明显。

我个人在格雷厄姆－纽曼公司、巴菲特合伙基金以及伯克希尔公司前后持续63年的套利数据，恰恰证明了有效市场理论有多愚蠢——其实还有一大堆其他证据。

……①

然而，有效市场理论的支持者从来不去关注理论与现实的偏差。虽然他们现在的声音已经没有过去那么强大，但据我所知，没有一位开设有效市场理论课的教授愿意承认错误，不管他们已经误导了多少学生。有效市场理论今天依然是各主要商学院的必修课。显然，为维护神秘地位而坚持拒绝忏悔，并不仅是神学家才具有的特点。

---

① 译者注：证据列举及数据部分略。这里的63年，包括了巴菲特在格雷厄姆－纽曼公司工作时整理的格雷厄姆1926—1956年的套利数据。

当然，让这些可怜的学生和投资领域专业人士彻底相信有效市场理论，对我们及其他格雷厄姆理念的追随者来说，实在是一种特殊服务。在任何形式的比赛中，不管是投资、智力或体能方面，要是你的对手被教导说努力是无用的，这当然是你的巨大的优势了。还有比这更美妙的事情吗？从自私的角度看，格雷厄姆理论的信徒应该拿钱出来资助那些大学教授，以保证有效市场理论的薪火可以永远传承下去。

（摘自1988年致股东信；摘录时间：2022-05-08）

**唐朝**：这番论述中，巴菲特批判了有效市场理论，比较重要的知识点有两个：

一是巴菲特提示，市场经常有效不等于永远有效，更不等于随时有效。这个区别非常明显。其实股市投资的最大优势就是能充分利用市场时而有效、时而无效的美妙特点，在市场无效的时点实施不等价交换（占市场的便宜），然后等待市场回归有效时，让价值以货币形式体现在我们的账户里。

二是巴菲特给我们做了心理"按摩"。他告诉我们，市场里相信努力无用、分析无用、学习无用、思考无用的人越多，努力学习和思考的人就越占便宜。所以，不需要为周围人在错误道路上越走越远而郁闷，不需要为身边没人认同自己而郁闷。

套用我过去发过的一句话："（传播价值投资理念这件事）如果有用，帮人改命。如果没用，我们赚更多钱。左右都是赢，谓之双赢。"

**武侃**：不光是在资本市场，只要社会上越是充斥着努力无用、学习无用、思考无用、分析无用的说法，努力学习和思考的人就肯定会越占便宜。

**艾瑞呀**：我以前有段时间也开始怀疑是不是学习无用、思考无用、分析无用，后来遇见老唐才明白，不是这些无用，而是自己学的那点儿东西还不够，还没有"厚积"到"薄发"的程度。

**伯涵**：有一种观点说，因为周围投机气氛浓厚，所以自己不适合做价值投资。这显然逻辑上有问题。如果你训练有素，装备精良，最后输了，却怪对方不按套路出牌，这不是挺搞笑的吗？

**Nick：** 老唐，我记得在推荐指数基金的时候，巴菲特举过"猴子丢飞镖选组合，收益率不比大部分基金经理差"的例子，来证明指数基金的优势。此处他再次利用教授们举这个例子，来反驳思考和分析无用。那么，"猴子丢飞镖"到底管不管用呢？

**唐朝：** 管用。比大多数乱动的人强，但不是和所有人（乱动、不动或慎重思考再动）的结果都一样。所以它既可以用来证明指数基金的优势，又可以说明有效市场理论的荒谬。

**Nick：** 明白了。也就是说猴儿属于中间偏上者，它强于乱动的（大部分），但劣于思考、真知、少动的（少部分），所以它在市场上还是大概率赢。

## 套利并不容易

**巴菲特：** 说了这么多套利的好，最后必须提出一个警告：最近的市场套利活动看起来很容易，但这不是一种每年都能获取20%利润的投资方式，甚至不是一种每年都能保证赚钱的投资方式。就像前面说过的，市场大部分时间都是有效的，过去63年里[①]，相比我们抓住的套利机会，我们放弃的其实更多——大部分案例都处于无利可套的状态下。

仅靠固守一种特定的投资类型或投资风格，投资者不可能获得超额收益。只有通过认真评估并坚守原则，投资者才可能超越市场平均水平。反之，即使贴上套利的标签，也不见得能比甩飞镖策略的结果更好。

（摘自1988年致股东信；摘录时间：2022-05-09）

**唐朝：** 巴菲特也是操碎了心，嘚瑟了自己的套利记录，批判了有效市场理论，然后有点担心误导读者认为套利很容易、很简单，所以特意补上这番逆耳良言：套利不是包赚的，大部分所谓套利案其实根本

---

[①] 译者注：含格雷厄姆-纽曼公司1926—1956年记录。

就无利可套，因为市场大多数时间是有效的。只有大量阅读、认真思考加上坚守原则，才可能从大量的假机会中发现真机会。

这就像我们研究企业，大量阅读财报之后，大部分企业研究的结论要么是"过"，要么是"贵"，真正可以下手的并不多。即便如此，有限的下手目标里面还照样可能有错。

**巴菲特**告诫大家：不要看我们每个套利案都赚钱，其实我们研究过很多、放弃过很多。投资者千万不要梦想一招鲜、吃遍天，"苟日新，日日新，又日新"，才是投资者的日常状态。用苦口婆心形容他老人家，应该说是毫无夸张的成分吧。

**不期而至**：巴菲特是不是想告诉大家：你们不要只看见强盗吃肉，没看见强盗挨打？

**唐朝**：这位老大爷在套利领域里还真没挨过打。他想说的是：要想不挨打，需要你提前精心搜集情报，缜密分析，然后再出兵。乱冲乱撞铁定要挨打。

**林飞**：这番提醒，是想让我们别误认为套利很容易。就像我们看到老唐写文章，信手拈来，跟玩儿似的。事实上，试过就知道有多难。别人身上呈现出来的看似轻而易举，往往都是背后下了大量的功夫。重点还是巴菲特"研究了很多，放弃了很多"，才有后来的"每个套利案都赚钱"的结果。

## 上市的目的

**巴菲特**：我们上市的目的和大多数上市公司比有两点不同：

第一，我们不希望伯克希尔的股价过高。我们希望股价围绕企业内在价值在很窄的范围内上下波动（同时，我们也期望企业内在价值以合理的速度增长。当然，若内在价值能以不合理的"超高速"增长，更好）。查理和我都不希望股价被过分高估或被过分低估，两种情况都会使伯克希尔股东的获利与公司本身的经营盈利不匹配。如果我们的股价始终反映企业价值，那么每位股东获得的投资收益，将会与持股期间的伯克希尔经营业绩相匹配。

第二，我们不喜欢上市后股票交易活跃。假设我们经营一家只有几个合伙人的私人企业，如果不断有合伙人想退伙，我们会感到非常失望。经营一家上市公司，我们的感受也是这样。我们希望吸引具有远见卓识的投资人，在买入股份时想的就是长期持有，而不是准备赚个差价后退伙。

我们实在不能理解，为何有的公司CEO希望自己公司的股份交投活跃。交投活跃显然代表着不断有股东宣布退出。在其他机构，诸如学校、俱乐部和教堂等，负责人会在有成员离开时欢呼雀跃吗？只有那些依赖机构成员频繁更替去获利的经纪商，才会为此欢呼。所以他们才可能会说出类似这样的话："反正最近基督教也没什么搞头，不如下周我们改信佛教试试？"

当然，偶尔确实有股东会因为某些原因需要出售股份，我们希望接手的股东支付的是合理价格。因此，我们试图通过公开经营理念、业绩，以及与大家沟通，去吸引了解我们的经营、认同长期投资主义、用和我们一致的标准去评判伯克希尔业绩的新股东。如果我们能持续地吸引这种类型的股东，伯克希尔就可以始终以反映企业内在价值的合理价格交易。这样还可以顺带达成另一个重要目的：让那些短期投机人士及抱有过高回报预期的投资者远离伯克希尔。

（摘自1988年致股东信；摘录时间：2022-05-10）

**唐朝**：1988年11月29日，伯克希尔公司以"介绍上市"的形式在纽交所挂牌。所谓介绍上市，就是上市的时候不发新股融资，直接将原有股份挂牌交易。

巴菲特简单介绍了上市想法。在纽交所上市，主要目的就是给有退出需求的老股东提供一个价差较小、具备更好变现能力的场所。他借此介绍了管理层对股价和股东的重要看法：第一，不期望股价偏离内在价值范围，只有这样才能让新老股东都不吃亏；第二，希望交易量越小越好，股东是巴菲特和芒格的"事业合伙人"，二老希望吸引拥有相同或至少是近似价值观的人携手前行，并趁早将那些三观分歧明显的人隔离在外。

这两点，都是长期视角下的结果，应该挺容易理解的。

**伯涵：**就这非常容易理解的两点，很多上市公司老板都做不到。第一，很多老板希望股价高估，这样自己可以高位套现，实际上是收割"不明真相"的中小股东；第二，很多老板希望股票交投活跃，美其名曰"流动性好"，但其实质却是你家的股东隔段时间就全部换了一轮，根本就没有稳定的合伙关系（当然他们本来也不把小股东看成合伙人）。

**林飞：**高估和高流动性都是巨大利益对老板们人性的考验啊！没点儿崇高的信仰，没有为了事业（而不是利益）奋斗的精神，确实难以创造伟大的公司。真正不忘初心的老板太稀有了。

**佐渡：**2020年2月24日巴菲特接受CNBC专访时说："实际上，我们并不希望每个人都来买我们的股票。我是说，只有这么多座位，A类股大约有一百六十万股，现在所有的座位都坐满了。我爱我们的股东。我不想去华尔街找一些新的股东来取代我们现有的人。我们想让大家坐在与我们同步的座位上。

"你可以经营一家法国餐馆，也可以经营一个汉堡包摊。如果你提供好的汉堡包，你能做成好生意；如果你提供高品质的法国大餐，你一样能做成好生意。但是你不能经营一家法国餐馆，然后在里面卖汉堡包；你也不能经营一家汉堡包摊，然后在里面卖法国大餐。所以，我们在行动中、在言语中，尽我们所能地如实宣传我们所做的一切。我们希望我们的教堂所有座位都能坐满与我们步调一致的人。我们也确实有这样一批股东，我们每个'礼拜日'都接待同样类型的人。

"我看不出如果我们走出去，告诉华尔街的人，'我们将会做一些很棒的事情，然后换掉那些座位上的人吧'，会有什么好处。因为得到座位的唯一方法就是把别人从座位上扔下去。可我们只有这么多座位，而且都坐满了。我们希望他们都是与公司政策、理念一致的人。因此，你必须解释这些政策和理念，你也必须遵守这些政策和理念。55年来，我们一直在努力。"

# 1988年伯克希尔股东大会问答摘要[1]

### 关于杠杆收购

**巴菲特：**有几次精明的杠杆收购大获成功，引发了资本的疯狂介入。火爆的市场使垃圾债券市场产生多种创造性融资模式，比如零息债券、实物债券。

**芒格：**可以预见这些垃圾债券最终大部分都无法兑付，它们的本质就是找到为收购承担责任的替死鬼，让收购的操盘人无论成败都有赚。这个市场最终会血流成河，理智的投资者一定要远离。

**巴菲特：**目前鼓吹垃圾债券的人，引用的证据是过去30年垃圾债券收益亮眼，所以未来也会相当不错。这如同将太阳升起说成公鸡的功劳一样。如果投资人只需要研究过去就可以赚到钱，那么图书管理员才应该是最富有的人。

### 关于估值方法

**巴菲特：**一家公司未来全部生存时间里，所能产生的全部自由现金流，按照债券的利率折算到今天，就是这家公司的内在价值。这里的难点是现金流的估算。虽然确实有些公司相对更容易估算一些，但也无法做到准确。所以估值只能是一个区间，且买入需要相对于保守估值的下限位置留有一定的安全边际。如果查理和我对一家企业内在价值的估算是X到3X之间，我们就只愿意出价0.5X购买。

**唐朝：**1988年年度股东大会于1989年初召开，到会人数首次突破千人。股东大会问答环节，重点有以上两条内容。

第一是关于杠杆收购。

零息债券，指按面值打折销售，其间不付息，到期按照面值兑付的债券；实物债券，指约定借款人使用新的债券当作旧债券的利息。两者的共同特点是借款人不用担心期间偿还现金的压力。

---

[1] 引自 *University of Berkshire Hathaway*。

因为只有很久以后才需要考虑兑付问题,这诱惑了大批公司借他人的资金去赌收购。最终揭晓结果时,也许能还本付息,也许只能偿还少量本金甚至完全无法偿还本金。

另外要注意,巴菲特说图书管理员那段话的意思,是指历史记录不能作为推测未来的"唯一"或"全部"依据,我们不要误解为不需要研究历史或者历史记录不重要。

第二是关于估值方法。

这段话面熟吧?面熟就对了,因为老唐这十多年来在网络上反复讲的估值法,其实就是二老分享的内容。无论是用债券利率折现,还是估值是一个区间,以及买点的设置,都来自二老的分享。

**小蒋**:用新债还旧债,这不是永动机吗?

**唐朝**:对,他们就是想制造一台永动机!

**林飞**:二老的这番对话是对"把股票看作债券"这一思想的补充。有些债券有价值,有些债券是垃圾,我们还是得分辨债券背后的现金流是否稳定持续。投资的核心始终是资产本身的价值,而不是历史收益记录。

当时的杠杆收购热潮是导致垃圾债券"高收益"的因素,可能以后又会是别的什么热潮带来垃圾债的高收益。但这"高收益"背后若是一场不可持续同时也不创造价值的游戏,那即便泡沫持续了30年,迟早还是要破裂,越往后越糟。投资者最好从一开始就避开这种本质是投机的把戏。

**客栈**:这两种算是债券衍生品吧。市场情绪总是在过热和过冷之间摇摆,债券作为投资品也是一样。这就意味着理性的投资人如果意识到这一点,就一定会开心地赚到钱,过冷时快乐买入,过热时快乐卖出。需要做到的就是闲钱投资,不懂不投,远离杠杆,长期持有,以及"别瞅傻子,瞅地"。

# 1989 年
## 罗列过往诸多错误
## 陪伴优秀企业成长

年度背景 // 328

持续高增长很难 // 332

为什么长期持有？ // 336

我们在保险行业的生存之道 // 339

霹雳猫 // 341

投资可口可乐的心路历程 // 345

吉列优先股投资案例 // 347

彻底与烟蒂股理念诀别 // 351

选择一尺跨栏，而不是挑战七尺
　跨栏 // 355

如何观察企业的制度惯性 // 357

与自己喜欢、信任和欣赏的人打交道 // 359

能力圈内与圈外 // 361

远离杠杆 // 362

资源资本公司 CEO 谈价值投资 // 363

1989 年伯克希尔股东大会问答摘要 // 365

## 年度背景

1989 年，美国储蓄贷款协会（简称储贷协会）爆发危机，大量储贷机构破产，储户和房地产业损失惨重。

储贷协会，早期是一种民间小范围人群间的金融互助组织，和中国民间的标会、台会类似，多发生于有血缘关系的人群或小范围熟人群体，属于互助性信贷组织。

二战后，美国为了助力美国人的住房梦，推动国内房地产行业的发展，政府允许这些储贷机构吸收存款，所得资金专项协助储户的购房贷款。为此，监管部门允许注册的储贷机构可以支付比商业银行略高的利率吸收存款，同时，对于发放的贷款利率也有管制（比如不允许超过 8%），与之配套的是一些税收上的优惠。

在低利率、房价持续上升的阶段，这种监管政策就和送钱一样。储贷机构以相比商业银行更有竞争力的利率大量吸收存款，然后发放房屋抵押贷款（有些机构限于个人购房抵押贷款，有些机构还拓展到给房地产企业发放贷款），舒舒服服就赚到了利差。这种情况下，储贷机构手头持有的都是利率不超过管制上限的（比如 8%）的长期贷款——房贷的期限我们应该都有感知，普遍是十年、二十年，甚至更长的。

然而，伴随经济发展、通胀上升，市场利率出现了大幅上升，美联储基准利率从 20 世纪 50 年代的 3% 左右，持续飙升到 80 年代的最高 21%，结果就是储贷机构面临灾难性的局面。2023 年，以美国硅谷银行为代表的一大群银行给我们重演了这一幕。

在利率上升的阶段,由于基准利率上升、市场利率上升,储贷机构当然只能跟着提升存款利率,否则储户会大量流失,形成挤兑,当即破产。但是,由于以前持有的大量贷款是低利率时期放出去的固定利率长期贷款,储贷机构两头失血。

然而,只要思想不滑坡,办法总比困难多。这种环境下,储贷机构找到了新的生存办法,它们通过不断做大新贷款的规模——给持有最高不超过8%利率的资产池里,新增大量利率15%、20%,甚至更高利率的新贷款,拉高整个贷款组合的平均利率水平,从而避免出现报表亏损,损失资本金。

大量发放贷款,需要的资金不仅是存款,同时还要有资本金——银行放贷不能全部靠储户存款去放贷,必须有部分自有资本金用于承担风险,比如5%或8%,这是银行业最重要的指标"资本充足率"。

由于监管的落后,储贷机构出现了一片混乱的迹象。查理·芒格这样批评道:

"把资本金在账面上做足,有何难处?任何一家银行或储贷机构,只要把短期利润做上去,就可以迅速增加资本金。无非发放贷款或配置资产,先把眼前的高利息或高利润拿到手,不考虑风险,不考虑将来最终要承受的损失。

"储贷机构可以和房地产开发商合作。总是有一些房地产开发商,为了拿到资金,敢于许下任何承诺,做出任何预测。房地产开发商里既有很多充满野心的自大狂,也有很多信口开河的骗子。

"还有一种很简单的做法,也可以提升短期业绩——以固定利率发放长期贷款。这样的贷款,信用质量可能没问题,但是将来要承受利率变化的风险。无论是信用风险,还是利率风险,都同样致命。

"通过上述手段,许多小型储贷机构迅速做大。在此过程中,为了扩大存款规模,很多储贷机构甚至聘请股票经纪人等中介拉存款。很多聘请中介吸收存款的储贷机构,后来都破产了。"

彼得·林奇则用了一个例子来描述那时的储贷行业乱象:

"像老千一样用小钱骗大钱的一套骗术，的确一试就灵。后来许多涉及诈骗的储贷协会，都是用这套骗术。这些骗子是这样做的，比方说有一群人，为简单起见，假设是10个，每人出资10万美元设立一家'信贷之神储贷协会'。若资本充足率要求为5%，他们就以这100万美元股东权益为基础，吸收1900万美元的存款，然后发放约2000万美元的贷款。

"为了迅速吸收到1900万美元的存款，他们会用特别高的利率来引诱存款人，并聘请美林证券和希尔森这样的著名投行帮助吸引资金。几年前你或许在报纸上看到过类似的广告：'信贷之神储贷协会的超级大额定期存单，利率高达13%，联邦储贷保险公司提供担保。'

"有政府做担保，'信贷之神储贷协会'的大额定期存单好卖得很，证券公司也乐得大力推销好多拿佣金。

"吸收了1900万美元存款，再加上100万美元的股东权益，于是'信贷之神储贷协会'的股东和董事开始大肆放款给亲戚朋友，大搞一些价值很值得怀疑的房地产项目开发计划，结果在很多根本没有房地产市场需求的地方创造出一时的房地产市场繁荣。

"由于贷款前先扣佣金，所以从账面上来看，'信贷之神储贷协会'的盈利惊人的高。这些'盈利'使公司股东权益相应增长，而股东权益每增加1美元，公司就可以再像前面一样，吸收19美元的存款，然后发放20美元的贷款。

"如此循环再循环，越滚越大，这就是为什么一些偏僻小镇的储贷协会，比如像得克萨斯弗农镇的储贷协会，也可以发展到几十亿美元资产规模。

"就是这样，贷款越多，盈利越多，股东权益也越多，公司规模也越滚越大，最后大到有足够的财力去贿赂会计师、审计师，收买银行委员会中有权有势的参议员和众议员，还有足够的钱购买喷气式飞机，搞海天盛筵，甚至进口大象来玩……"

短暂的繁荣后面就是一堆烂账，很快，储贷机构排队破产。为储贷机构承担存款保险责任的联邦储贷保险公司入不敷出，自己也濒临破产。1987年,联邦储贷保险公司融资108亿美元并上调储贷机构存款保险费率,但依然扛不住倒闭潮。1988年,监管机构不得已,投入960亿美元的巨额资金并关闭了185家储贷机构,情况依然没有得到遏制。

1989年,储贷危机更加严重,美国国会颁布《美国金融机构改革、恢复和加强法案》,对该行业进行全面整顿,新设储贷机构监管办公室,撤销了联邦储贷保险公司,设立了重组信托,专门负责兼并和清算倒闭破产的储贷机构。

不过,储贷行业的动荡对股市似乎影响不大,1989年标普500指数继续大涨27.3%至353.4点收盘,加回成份股现金分红,全年标普500指数收益率高达31.7%,是整个80年代里,仅次于1980年32.3%含息收益率的第二好年份。

这一年,对于巴菲特也是一个买买买的大好年份。虽然在上市公司股票投资上,这一年只是继续买入了约4.3亿美元的可口可乐,持有市值高于1亿美元的主要持股如表18所示。

表18 伯克希尔历年持股明细(1989年)

| 股份数量(股) | 公司名称 | 成本(千美元) | 市值(千美元) |
| --- | --- | --- | --- |
| 23,350,000 | 可口可乐 | 1,023,920 | 1,803,787 |
| 3,000,000 | 大都会/美国广播 | 517,500 | 1,692,375 |
| 6,850,000 | 盖可保险 | 45,713 | 1,044,625 |
| 1,727,765 | 华盛顿邮报 | 9,731 | 486,366 |
| 2,400,000 | 房地美 | 71,729 | 161,100 |
|  | 合计 | 1,668,593 | 5,188,253 |

但这一年,伯克希尔还投入6亿美元买入吉列公司的优先股,投入3.58亿美元买入全美航空公司(USAir Group, Inc.)的优先股,投入3亿美元买入冠军纸业(Champion International Corp.)的优先股,投入近4亿美元参与世纪并购"雷诺兹-纳贝斯克并购案"(《门口的野蛮人》图书及电影记录的250亿美元并购案)套利……

全年伯克希尔投资收益率 44.4%，继续大幅领先指数。伯克希尔股价也上涨 84.6%，年末收于 8675 美元 / 股。从 1964 年巴菲特入主伯克希尔算起，25 年里给股东带来的回报超过 680 倍，年化收益率近 30%，神一样的战绩。

## 持续高增长很难

**巴菲特**：1989 年，伯克希尔净值增加 15.15 亿美元，增长 44.4%。自我们接管伯克希尔的 25 年多里，公司每股账面净资产从 19.46 美元增长到 4296.01 美元，年化增长率约 23.8%。

然而，更重要的是内在价值——代表我们所有业务合理估值的数字。如果有足够的预见性，将一家企业未来全部的现金流入和流出，按照现在的利率给予折现，可以精确地计算出企业的内在价值。这样就可以用同一套方法评估所有的企业。无论是马鞭制造商，还是移动电话运营商，它们赚到的现金都是一样的。

当伯克希尔账面价值为 19.46 美元时，账面资产主要和没有前途的纺织业务有关，所以，每股的内在价值实际上低于此数。现在，我们大多数业务的价值远超其账面净资产价值。这种从折价到溢价的可喜变化，意味着伯克希尔内在价值的年化增长率远比账面价值年化 23.8% 要高。

（摘自 1989 年致股东信；摘录时间：2022-05-12）

**唐朝**：这番论述的重点有三：第一，无论马鞭制造商（当时知道必定会被淘汰的企业），还是移动电话运营商（当时刚刚冒头的绝对高科技概念、热门股），一切金钱都是平等的（All cash is equal）。

第二，前途不同的企业，未来所能获得的净现金（或者叫自由现金）数量是有区别的，所以即使今天看起来报表净利润一样，甚至今年的自由现金一样，也不能代表其内在价值相同。正如当伯克希尔是纺织公司的时候，内在价值是远低于账面净资产值的。而当伯克希尔转型为保险公司及一大堆优质企业的控股集团时，其内在价值远高于其账面净资产值。

第三，企业股价的长期趋势，和企业的内在价值关系更大。伯克希尔内在价值增长率远高于 23.8%，结果就是股价涨幅同样远高于年化 23.8% 的数据。

比如，1989 年对于巴菲特及其追随者来说，又是一个丰收年。当年，伯克希尔股价从 4700 美元涨至 8675 美元，上涨近 85%。过去五年，股价从 1275 美元上涨到 8675 美元，年化收益率 46.7%；过去十年，股价从 320 美元上涨到 8675 美元，年化收益率 39.1%；过去十五年，股价从 37 美元上涨到 8675 美元，年化收益率 43.9%。

可以想象，若是那时的巴菲特有社交媒体账号，留言区里一定全是"信你爱你崇拜你""沃伦勇敢飞，i 伦永相随""菲菲不老，i 巴到老""沃伦沃伦永远的神"之类，和最近各大公共论坛里，把各家基金经理拖出来鞭尸的气氛刚好截然相反。

不过，巴菲特没有在吹捧中迷失自我。1989 年致股东信中，他第一次安排了一个特殊章节"过去 25 年我所犯过的错误回顾"，特意阐述"沃伦不是神"，相当精彩，我们很快就会看到的。

更精彩的是，这个首次错误回顾（发表于 1990 年 3 月 2 日），陪伴了伯克希尔股价 15 年来的首次年度下跌。1990 年伯克希尔股价从 1989 年末收盘的 8675 美元暴跌，最低跌至 5500 美元，最大跌幅 36.6%，到 1990 年底收于 6675 美元，依然下跌超过 23%。

**伯涵：**"举世誉之而不加劝，举世非之而不加沮"，巴菲特这一点确实厉害。巴菲特在顺境的时候没有膨胀过，在逆境的时候也很少自我怀疑。这种气质对于投资成功的作用，可能并不亚于巴菲特本身的投资能力。

**风儿：**每个行业盈利模式不一样，内在价值也不一样！这就好比贵州茅台和恒大地产，就算"今天"赚同样多的现金，但内在价值还是不一样！有些行业天生好命，有些行业天生苦命。

**巴菲特：**回顾过去很简单，展望未来就比较难了。我们账面净资产的大部分价值是我们所持有的股票。除了少数特例，大部分股票都以市值记录在资产负债表里。1989年底，这些股票的市值都比以前高很多。这一方面是因为1989年股市的整体飙升，另一方面也是因为这些股票的内在价值得到了市场广泛的认同。它们曾经被严重低估过，现在不同了。

无论市值比内在价值高出多少，我们依然会继续持有我们大部分的持股。在当下的估值水平上，我们这种呆坐不动的处理方法，意味着它们很难继续以过去那样的力度，推动伯克希尔净值的大幅上升。换句话说，我们能有现在的表现，主要受惠于两个引擎推动：（1）我们持有企业的内在价值大幅增长了；（2）股价从低估回归到合理水平带来的额外红利。未来，这些企业的内在价值仍然会增长，但估值回归的额外红利却没有了，这意味着我们未来的业绩会少一个引擎推动。

（摘自1989年致股东信；摘录时间：2022-05-13）

**唐朝**：巴菲特继续给股东们打预防针，说伯克希尔主要持股的估值水平，已经回归合理，未来只能单独依靠企业的内在价值增长，很难出现净值的大幅飙升了。

1989年底伯克希尔持有的上市公司股票主要就五只（主要的意思指持股市值超过1亿美元的）：可口可乐（约18亿美元）、大都会/美国广播（约17亿美元）、盖可保险（约10.5亿美元）、华盛顿邮报（约4.9亿美元）、房地美（约1.6亿美元）。可口可乐和房地美是1988年才买的，其中可口可乐1989年有追加买入，其他三只是巴菲特宣称过"死了都不卖"的持股。这里面只有房地美是由非保险部门持有，以成本记录在资产负债表上。其他几只都是保险部门持有的，市值波动直接体现在伯克希尔的当年净利润里。

巴菲特说投资者的利润来源主要依赖：①企业内在价值的成长；②估值的修复。其中①是投资者的主要目标，②是意外收获。当估值处于合理甚至高估水平时，②的贡献有可能是负值。此时如果预期①比较理想，在对冲②的负值后，仍可能有令人满意的回报，很多投资者倾向于继续持有。这谈不上对错，只是这时的决策会变得困难一些，远没有①＋②均为正值预期时容易和舒服。

**伯涵**：业绩和估值同时正向运动，戴维斯双击；业绩和估值同时负向运动，戴维斯双杀；业绩向上，估值向下，对冲；业绩向下，估值向上，对冲。还有业绩不变，估值上升等多种情况。投资要尽量追求业绩向上，同时尽量避免高估值引发的估值向下调整。

**pm**：《价值投资实战手册》里谈到投资者收入的三个来源：①企业经营增值；②公司高价增发新股或分拆下属子公司IPO融资；③投资者情绪的变化，引发股价的无序波动。前两项是市场参与者购买的目标资产发生了变动；第三项则是市场参与者之间以企业股权为筹码的博弈，与企业没有关系。

**巴菲特**：在一个有限的世界里，高增长率必然自带毁灭属性。如果基数较小，这个定律偶尔会短期失灵；但当基数膨胀到一定程度时，高潮就会结束。高增长率最终会自我约束。卡尔·萨根对这个现象做过有趣的描述。他说，假设有一种细菌每15分钟自我复制一次，也就是每小时复制四次，一天复制96次。虽然一个细菌的重量只有万亿分之一克，但经过这样疯狂的无性繁殖，一天后它们的重量相当于一座山，两天后甚至比太阳还重。要不了多久，整个宇宙将全部塞满这种细菌。

"不过，不用担心，"萨根说，"上天总会安排一种障碍阻止这种指数级的增长。它们要么是吃光了食物，要么是相互下毒，要么可能是羞于在大庭广众之下实施繁殖行为。"

无论什么时候，查理和我都没有把伯克希尔当细菌看待过。令人悲伤的是，我们也没找到在15分钟内让净值翻一倍的做法。虽然查理和我从不介意在大庭广众之下表演净值繁殖术，但萨根的结论对我们依然有效。以我们今天49亿美元的规模，想实现15%的年化增长率，可比我们过去25年里实现的23.8%年化增长率难多了。毕竟我们刚接手时净资产规模才2200万美元。

（摘自1989年致股东信；摘录时间：2022-05-14）

**唐朝**：巴菲特提醒股东不要对未来过于乐观。但同时也是提醒我们，在预测企业未来的时候，不要对增长率取值过于乐观，因为所有的高增长都自带毁灭属性，这是数学规律。

我在《手把手教你读财报：新准则升级版》里也重点强调过这个观点。在估算企业利润的时候，除非有确定的证据，否则绝不要去采信任何高于 30% 的增长率。

也是神奇，巴菲特这里说未来 15% 很难，结果惊人的巧合。1989 年末伯克希尔账面净值 49 亿美元，今天（2022 年 5 月 14 日）该值在 5100 亿美元左右，32.4 年 104 倍，年化增长率约 15.4%。如果剔除期间增发新股造成的净资产膨胀，从每股角度看，是从 4296 美元增长到 35 万美元左右，年化增长率 14.5%，同期股价从 8675 美元到 465011 美元，32.4 年 53.6 倍，年化增长率约 13.1%。

这个 15% 增长率不容易实现，还真不是套话。

**林飞**："上天总会安排一种障碍阻止这种指数级的增长。"这话很适合用来提醒自己，要降低预期，不要着急，坦然面对得失和困难，有些东西是大自然安排你必须经历的。

**沈阳郭宝荣**：我印象中，15% 是一个很好很高的复利增长数字。世界投资大师长久收益率大致如此。我们在估收益增长的时候给 15% 已经很好了，也许短期可能超过这个预期（超预期那也很好啊。保守一点，安全边际就多一点，相反，给得过高，不及预期就尴尬了）。但我们要提醒自己，长期保持这样的增长是很难的。

**伯涵**：在巨量的规模下，高成长率就像是一个资金黑洞，吸纳无限的资金进入，这显然是社会规律和经济规律所不容许的。

## 为什么长期持有？

**巴菲特**：由于税法的原因，相比疯狂的买进卖出，我们所青睐的长期持有方式，在数学层面拥有重要优势。让我们举个极端的简化例子。

想象一下，伯克希尔投资总额只有 1 美元，但每年可以翻一倍。如果我们每年年底都卖掉它，将浮动盈利落袋为安，同时将被税务局征收获利的 34% 作为资本所得税，一直这样重复 20 年。20 年里，我们累计将向政府缴纳约 13000 美元的税款，最终我们自己得到约 25250 美元。

收益还凑合。

然而，如果我们1块钱投下去，一直呆坐不动，同样每年翻倍，20年后卖出。税务局将从我们手上拿到356500美元的税款，而我们将剩下692000美元。有趣的是，虽然等了些年，但政府从这个方案里得到的税款约是前一个方案的27倍（356500/13000 ≈ 27.4），这和我们增加的收益一样（692000/25250 ≈ 27.4）。

这样的数学因素是确定存在的，但我们必须强调，我们采取长期投资策略并不是因为这些数学因素。事实上，通过频繁地从一项投资跳到另一项投资，我们是有可能赚到更大的税后收益的。许多年前，查理和我就是这样做的。

现在，我们宁愿呆坐不动，即使因此导致收益率略微低一点。理由很简单：我们已经找到稀有的、令人愉快的商业合作伙伴，我们珍惜已经建立的情感和关系。这个决定对我们来说一点也不难，因为我们确信这种关系一定会给我们带来足够好的结果，尽管有可能不是最好的。

我们认为现在实在没有必要为了收益再高一点点而放弃我们熟悉和钦佩的朋友，转而去和那些不了解、还有可能人品存疑的陌生人打交道。后者有点类似于为了钱去结婚。为了钱而结婚在大多数情况下都是错的，而如果一个人已经很有钱了还这么干，那他一定是疯了。

（摘自1989年致股东信；摘录时间：2022-05-15）

**唐朝：** 这番论述的前半部分，巴菲特阐述了美国股市的资本利得税。美国政府对股市买卖的获利征收34%的资本利得税。这个税种我国还没有开征，所以对我们而言没有什么价值。摘录只是为后面的转折表述做铺垫。

巴菲特特意强调：虽然有这样的数学规律，但我们现在选择呆坐不动的长期持股策略，并不是税收原因。而是因为确信陪伴现有的优质企业、优秀管理层长期走下去，已经能够确保开开心心地收获令人满意的收益率——这是人生和财富的双重胜利。

虽然跳来跳去有可能再提升一点收益率，但为此放弃那些三观一致的老朋友，转而费尽移山心力去和品质不确定的陌生人打交道，不值当。尤其是我们已经很有钱之后，这么做就更加不值当了。这或许就是对那句"人生所有的努力，就是为了让我们有得选"最好的注解吧。此时的巴菲特，有能力放弃一点收益率，让投资活动变得更加轻松愉悦。

正因为市场普遍流传着"巴菲特的长期持有策略是为了避税"这个说法，所以我特意摘录这部分。关于税收和长期持有策略之间的关系，我觉着最合适的表述应该为：税收是巴菲特选择长期持有策略的原因之一，但不是核心原因。你觉得呢？

**伯涵**：完全同意您的看法，避税只是长期持有的考虑之一。就像我们喜欢巴菲特，他很富有也只是其中的因素之一。巴菲特最主要的考虑，还是出于自己的价值观，而不是只盯着钱。

越有钱的人，才越有资格说钱不重要。赚钱的意义，就在于让钱显得越来越不重要，越来越不成为自己做或不做一件事的主要考虑，这就是所谓的"人生的自由"和"自由的人生"吧！

**武侃**：避税是巴菲特持股策略下的一个副产品，不是原因，是结果。

**连休一周**：巴菲特说："不要拿对自己重要的东西去换对自己不重要的东西。"比如，不要拿生命安全、身心健康、时间和真爱等去换没那么重要的"更多的钱"。财富无穷，而你我大概率最多有三万多天。我们要把有限的时间花在值得做好的事情上，不值得做好的事，就不值得去做。

**林飞**："通过频繁地从一项投资跳到另一项投资，我们是有可能赚到更大的税后收益的。许多年前，查理和我就是这样做的。"这指的是烟蒂股投资时代的做法吧？

巴菲特这样说，言下之意，烟蒂股投资策略仍然很好，甚至能赚更多，不过现在有条件选择更好的生活方式了，可以和喜欢的商业伙伴合作。如果是咱们自己，钱不多，没法自由选择的当下，要不要为了追求更高的收益率跳来跳去呢？

我的思考是：我们很难这样做。一是能力所限未必能追求到更高收益率；二是精力所限做不到读那么多枯燥的资料；三是有值得信赖的人不去跟随，偏要去选择泥泞不堪的道路，有点傻，对自己的成长也不会有更大好处。因此，学习巴芒对我来说还是最好的选择。

## 我们在保险行业的生存之道

**巴菲特：** 行业协会联合定价的时代已经过去。现在，保险行业内有数百名参与者自行定价销售类似的产品。不管销售的是钢铁还是保单，这种竞争状态下，除非产能不足，否则行业的整体利润率一定很可怜。产能不足发生的频率和持续的时间，决定着行业的平均盈利能力。

在大多数行业里，产能是用物理术语来描述的。但在保险行业内，产能通常用财务术语来描述。也就是说，若一家公司有 X 美元的自有资本，它出售的保单总额就不允许超过 Y 美元。然而，实践中这类约束几乎是无效的。监管机构、保险经纪人和客户，在应该去约束那些资本不足的公司时通常反应迟钝。当某公司严重夸大其真实资本时，他们也不会说什么。如果一家保险公司有意愿，它就可以用很少的资本来承保大量的业务。因此，保险行业在任何特定时刻的产能，本质上是取决于行业内管理人士的自制力。

知道这一点后，预测整个行业的利润就不难了。只有在产能不足时才会有不错的利润。而只有当保险公司被吓坏的时候，才会出现产能不足。这种情况本来就很少发生，在当下的市场情况下更是确定不会发生。

一些行业分析师认为，最近刚实施的保险业新税法提高了行业税负，加上 1989 年发生的"雨果"飓风和加州地震两大灾害，一定会大幅推升保单价格。我们不认同这种观点。目前看这些不利因素并没有熄灭保险公司以现有价格承接保单的热情。因此，1990 年的保费总量增长不会高于 10%，也就是说保险业的盈利还将继续恶化。

行业内人士都同意，保单价格必须上调才能使保险公司达到其他普通企业同等的利润率水平。是的，它是需要上调，钢铁企业也需要。

但需要或愿望与行业的长期盈利能力毫无关系，供求关系才是决定结果的核心因素。保险业的盈利能力要想改善，只有靠所有的保险公司通力合作，携手做到"拒接价格不合理的保单"才行。现在离这个目标的距离很远。

（摘自 1989 年致股东信；摘录时间：2022-05-16）

**唐朝：**这番话其实有点重复，是巴菲特再次吐槽保险业的恶性价格竞争。

这番话的背景，是产险行业刚刚过了两年好日子（真的是两年，不是概数）又陷入恶性竞争了。表 19 是巴菲特列出的 1981—1989 年产险全行业综合比率数据。

表 19　1981—1989 年产险全行业保费增长率和综合比率

（单位：%）

| 年度 | 保费增长率 | 综合比率 |
| --- | --- | --- |
| 1981 | 3.8 | 106 |
| 1982 | 3.7 | 109.6 |
| 1983 | 5 | 112 |
| 1984 | 8.5 | 118 |
| 1985 | 22.1 | 116.3 |
| 1986 | 22.2 | 108 |
| 1987 | 9.4 | 104.6 |
| 1988 | 4.4 | 105.4 |
| 1989 | 2.1 | 110.4 |

所谓综合比率，是保险支出（损失赔偿+运营费用）与保费收入（扣除保单承诺的红利）的比例。这个指标以 100% 为分界线，小于 100% 代表保险经营本身有赚，比如收客户 100 元保费，最终赔偿了 60 元，薪酬提成、运营费用、资产折旧等一共 37 元，合计 97 元，综合比率 97%，意味着保险经营本身赚了 3%，这就是顶级的保险公司水平了。

综合比率大于 100%，意味着保险经营本身是亏损的，整体相当于付利息从客户手上借钱去搞投资。借钱不一定是坏事，但借钱利率太高就一定是坏事。在当时的无风险收益率水平下，巴菲特说将保费带来的投资收益考虑在内，综合比率的盈亏平衡点在107%~110%之间。刚刚享受了两年低于107%的幸福时光，1989年的综合比率又超过110%了，你说巴菲特能不肉痛吗？理解了这个背景，也就理解了他的这一番抱怨和背后隐藏的那股淡淡的忧伤。

**伯涵**：看到保险业如此惨淡的综合比率，我想到了一句话：大多数人（行业）只要是活着，就已经拼尽全力了。

**唐朝**：这句话有点让人心酸……

**笨鸟慢飞**：保险不是一个好行业，虽然没有存货和应收账款，但也很难建立起差异化的竞争优势，其利润又是建立在包含各种参数假设的数学模型之上，更加大了不确定性。即使是巴菲特亲自掌控的伯克希尔也叫苦不迭。但伯克希尔的竞争优势在于巴菲特的理性，哪怕是业务量萎缩也绝不参与降价的恶性竞争。再配上他超级的投资能力和超长的职业生涯，这才打造出了前无古人的复利奇迹。

## 霹雳猫

**巴菲特**：通过销售赔钱的保单来增加保费收入，我们毫无兴趣。但价格合适时，我们的胃口会变得很大。1989年的一个故事就可以说明这一点，它是我们的"霹雳猫业务"——巨灾再保险（Catastrophe insurance covers），缩写为CAT Covers，戏称霹雳猫。

霹雳猫是保险公司及再保险公司为避免单一的巨型灾害造成自己无法承受的赔偿责任，而支付保费向其他再保险公司购买的保单，用来分散部分赔偿责任。这些保单中，当损失超过某约定金额（比如1000万美元）时，将由出售霹雳猫的再保险公司分担损失。当损失超过赔付上限时，通常出售霹雳猫保单的再保险公司会承担理赔额的95%。

再保险公司同样可以继续向其他再保险公司购买霹雳猫保单，当损失超过双方约定金额后，由其他再保险公司承担损失的95%。之所以每一层都要保留5%赔偿额，是为了使上下家保险公司同坐一条船，避免购买霹雳猫保单的保险公司慷他人之慨，损害出售霹雳猫保单卖家的利益。

霹雳猫保单通常是1年期。1年内如果某项巨灾发生了，出售霹雳猫保单的再保险公司完成赔付后，主承保公司（就是买霹雳猫的保险公司）仍然有权再支付一份合同约定的重启保费，让保单重新生效至原约定的一年期满。这是为了防止巨灾发生期间出现脱保现象。

单次"灾害"事件的界定，通常由合同约定为连续72小时。基于这一定义，由单一恶劣天气引发的风暴在三天内造成的损失，会被归类为一次需要赔付的事件。但如果风暴持续了四天，购买霹雳猫保单的保险公司要从中切出损失最大的72小时，作为霹雳猫保单覆盖的事件，另外一天将视为另一个独立的灾害。

1989年发生了两件不寻常的事情。

第一，飓风"雨果"造成了40亿美元乃至更多的保险损失。它给加勒比地区造成严重损失的72小时之后，又给卡罗来纳州造成了巨大损失。

第二，几周后又发生了加州地震，所造成的保险损失很难估计。受到这两次——或者说是三次——大灾难的冲击，购买霹雳猫和将霹雳猫转售的保险公司和再保险公司，都已经使用了它们的重启权。毫无疑问，霹雳猫的卖家承受了巨大的损失，甚至是双倍的巨大损失，尤其是重新生效的那次，约定保费一般很低。

根据许多变量的不同，霹雳猫业务的保费一般是约定赔偿额的3%~15%不等。有好几年了，我们一直认为这种比例不合理，所以没有接这种保单。但是，1989年的灾难使许多保险公司发现自己非常需要霹雳猫，而很多霹雳猫的卖家却正忙着包扎自己正在飙血的伤口，霹雳猫市场出现了供应不足的缺口，保单价格回升到了具有吸引力的水平。

此时，伯克希尔保险开始在报刊上刊登广告，承诺可以出售单笔保额高达2.5亿美元的大额霹雳猫。即使我们拒绝了很多投保需求，但十天忙碌下来，签下的保单金额还是相当可观。

世上没有第二家保险公司会像我们这样，集中接受如此大额的保单。当然，接下2.5亿美元保单甚至更大金额的保险公司也有，但那是在他们可以向其他保险公司购买霹雳猫的前提下才会这么干。如果找不到分保的下家，他们就不接单。我们不一样，我们出售霹雳猫，而且基本上都是自己扛，不搞分保。只要保费合理，我们喜欢尽可能多地承担赔偿责任。就我们的承保额而言，风险敞口可真是不小。

我们能比其他公司承担更大的风险，主要是两个因素：（1）以会计准则衡量，我们的保险公司净资产约60亿美元，位居全美第二；（2）只要决策是明智的，我们不在乎季度甚至年度财报里的利润数据。

显然，如果我们卖出2.5亿美元的霹雳猫，并且自己承担全部赔偿责任，我们完全可能在某一个季度内就损失2.5亿美元。这个概率很低，但绝对不是零。如果损失真的发生，我们的税后损失大概是1.65亿美元。虽然这数字远超我们一个季度的正常净利润，但这种规模的损失，最多也就是报表不好看，并不会伤筋动骨。

没有多少保险公司会采用这种策略。通常，管理层愿意签下大量保单，以保证公司每年都能有一定的盈利回报给股东。但他们不愿意让损失集中发生在某一个季度。即使明知道损失集中在某季度对公司更有利，他们也不愿意面临这样的尴尬场面。

我能理解他们的想法：对股东最有利的，对管理层不一定最有利。幸运的是，查理和我既不担心被炒鱿鱼，又和全体股东利益一致。我们不介意被看成傻子，只要我们知道自己不是真傻就好。

事实上，我们的这种策略也使我们成了稳定行业的力量。当市场供给不足时，我们会大量增加供给，而当市场产能过剩时，我们会退出市场。当然，我们这么做不是因为我们想去稳定市场，而是认为这才是最明智和最有利的做法，稳定市场只是捎带的事儿。无形中，我们扮演了亚当·斯密说的那只"无形的手"。

（摘自1989年致股东信；摘录时间：2022-05-17）

**唐朝：**巴菲特详细科普了伯克希尔的霹雳猫业务，这应该是最好的关于巨灾保险的科普文。虽然我们大多数人可能都没有投资保险业，但了解一下霹雳猫有利于更好地理解致股东信，所以我将它摘录出来，一起学习一次。

**伯涵**：价格不合理的保单不接，其实也是一种"让自己有得选"。很多保险从业人员做不到，是因为还要面临当前的生存问题。这恰恰是伯克希尔作为集团公司的优势。俗话说，"仓廪实而知礼节，衣食足而知荣辱"，只有解决了生存问题，自己的机会成本抬高了，才更有底线。

**林飞**：伯克希尔把同质化的保险搞出了定价权。这说明就算在同质化行业里，靠企业家的智慧也有可能找到差异化的优势，当然这很难。

**政懒虫**：为什么说"损失集中在某季度对公司更有利"？

**唐朝**：不是"一定"有利。巴菲特的意思是说，"即使他们知道这样会有利时"，他们也不选这种。

**WDS**：根据行业约定的定义，一个持续三天的风暴会被视为"一个"事件。"如果风暴持续了四天，购买霹雳猫保单的保险公司要从中切出损失最大的 72 小时，作为霹雳猫保单覆盖的事件，另外一天将视为另一个独立的灾害。"老唐，这个另外一天作为独立的灾害，怎么理解呢？是保单不覆盖吗？

**唐朝**：你买重疾保险时，有没有遇到那种"赔了一个重疾后，或者赔偿金额达到多少后，保险义务终结"的条款？霹雳猫也是这样的，约定承保期间的"一个"巨灾后，或者赔偿达到某金额后，保单约定的责任终结。

**断念**：老唐，卖出 2.5 亿美元的霹雳猫，是指收到保费 2.5 亿美元，还是赔偿金额 2.5 亿美元？

**唐朝**：赔偿金额。对应的保费，巴菲特没披露过。不过从前面说的"霹雳猫业务的保费一般是约定赔偿额的 3%~15% 不等。有好几年了，我们一直认为这种比例不合理，所以没有接这种保单"来推测，伯克希尔出售一份 2.5 亿美元保额的霹雳猫保单，收取的保费比例会高于上述比例。

## 投资可口可乐的心路历程

**巴菲特**：1989 年，我们的持股名单没有发生变化，只是其中一家公司的数量增加了：我们将可口可乐的股票数量，从 1988 年底的 1417.25 万股增加到 2335 万股。

可口可乐公司的这项投资，证明了你们的董事长对投资机会的反应速度是多么"敏锐"。不管这些投资机会隐藏得多深，或伪装得多好，你们的董事长都能"迅速地"发现它。

我第一次喝可口可乐的时间，大约是在 1935 年或 1936 年。1936 年，我开始以 25 美分 6 罐的价格从我爷爷的杂货店进货，然后以每罐 5 美分的价格兜售给周围的邻居们。在这次高利润率的零售业探索活动中，我观察到了可口可乐对消费者的非凡吸引力和它巨大的商业价值。

随后的 52 年里，伴随着可口可乐席卷全球，我持续地关注着可口可乐公司的动向。然而，在此期间，我居然连一股可口可乐都没有买过。我将我宝贵的资本，分配给了类似公交车公司、风车制造商、无烟煤生产商、纺织企业、印花发行商这样的企业——如果你以为我是在讲笑话，我可以提供这些公司的全名。

直到 1988 年夏天，我的大脑终于和我的眼睛联机了。那一瞬间，整个世界变得前所未有的清晰和迷人。

（摘自 1989 年致股东信；摘录时间：2022-05-18）

**唐朝**：巴菲特分享了他购买可口可乐的心路历程。正巧，最近有一篇名为《可口可乐是史上回报最高的公司，100 年 50 万倍》的爆款文章风靡网络。该文所谓的 100 年 50 万倍的说法，只是媒体常见的吸睛小把戏。100 年 50 万倍折合年化收益率是 14%。说 14% 可能很多朋友看不上眼，但 50 万倍听着就很刺激，其实是一回事。

这个案例对我们而言至少有两重价值。

首先，它展示了投资理念的重要意义。虽然巴菲特 6 岁就从事过"高利润率的零售业探索活动"（推销可口可乐），但由于巴菲特早期的投资理念是格雷厄姆教的烟蒂股理念，所以类似可口可乐这样的投资机会，根本就不会进入他视线内——条件反射地会觉得贵、太贵，PB 太高。哪怕自己知道它的产品对消费者很有吸引力，哪怕自己的邻居就是可口可乐的高管。

当理念转变到"陪伴优质企业成长"的道路上后，"整个世界变得前所未有的清晰和迷人"。此时他会发现，某些企业就是自带印钱体质，投资人不需要再去干解雇员工、清算资产的事，不需要冒着被人骂成吸血鬼的风险，只要静静地坐着，时不时抬手鼓鼓掌，就可以大把赚钱，这太幸福了。

其次，它告诉了我们不用浪费时间去后悔错过了机会。巴菲特首次接触到首次买入之间隔了 52 年，其间毫无疑问可口可乐已经涨了很多倍。但这丝毫不妨碍巴菲特在 1988 年做出买入决策，并在随后十年里收获了年化约 30% 的收益率。为什么呢？

原因简单，投资是企业当前市值与内在价值之间的比较，而内在价值取决于企业"未来"的自由现金流。这与这家企业过去涨了多少倍，以及其他人在这只股票上已经赚了多少钱，一毛钱关系也没有。知道这一点，或许有助于某些朋友克服内心的恐高症。

这不是小事，是重大理念变化。这种心路历程，可能大多数朋友都要经历的。我在 2017 年的一篇文章里曾经写过我自己的思考，内容如下：

是的，曾经的你我，追涨杀跌，跟随市场先生的情绪而动，账户数字见证着亢奋和亢奋过后的一地鸡毛；后来的你我，拒绝追涨杀跌，特意回避着舞台的聚光灯，只在那些被人遗忘的角落里默默翻寻。然而，却经常因为贪图莫须有的折扣，等待莫须有的回调，一路吮着指头旁观心仪的企业绝尘而去。

这是一种心魔，一种对追涨杀跌的矫枉过正。说"拒绝追涨、拒绝杀跌"，貌似非常谨慎、冷静，很有价值投资者客观、不受市场气氛诱惑的风范，也很容易用"错过，说明我不该赚这笔钱"来轻易地原谅自己。然而，这种想法里，实际上隐藏着一种"以历史股价为标准，去评估企业是否有投资价值"的错误思想。

今天的我认为：一味地拒绝追涨杀跌，同样是个误区。真正的境界，是忘记历史股价，永远在市值与价值之间对比抉择。

禅宗大师曾提出参禅的三重境界：参禅之初，看山是山，看水是水；禅有悟时，看山不是山，看水不是水；禅中彻悟，看山仍是山，看水仍是水。套用过来，上文所言好比是：参禅之初，追涨杀跌；禅有悟时，拒绝追涨杀跌；禅中彻悟，既追涨也追跌，既杀跌也杀涨，一切取决于企业内在价值与市值差。

**BP**：对于"忘记成本"的感悟，毫无疑问是我投资生涯中最欣喜的一刻。

**佐渡**：我第一次醒悟要忘记成本价，是读到段永平买网易赚了100倍的时候。如果眼睛盯着历史成本，平常人别说100倍了，一倍两倍就会全部卖掉。

段永平说的"平常心"，老唐说的"估值锚"，让我受益匪浅。我们要用发展的眼光看问题，一家公司的经营状况变好100倍，股价随之上涨100倍，这才是正常的事情。

**戳锅漏 BearG**：价投初学者，往往机械地学皮毛，喜欢一股脑儿地冲进低市盈率的地产、无差异的重资产企业、走下坡路处于历史低位的老龙头企业，同时一刀切地拒绝高市盈率企业或历史股价涨幅巨大的企业，这可能也是缺乏真知的一种表现。

## 吉列优先股投资案例

**巴菲特**：1989年7月，我们花了6亿美元投资了吉列公司（The Gillette Company）的可转换优先股，票面利率8.75%，转股价50美元。十年内如果我们不实施转股，吉列公司有权强制赎回。

吉列的业务是我们非常喜欢的那种。查理和我自认了解这门生意，所以我们可以对这家企业的未来做一个大概的预测（如果你没试过吉列最新的感应式剃须刀，赶紧去买一个试试）。但我们没有能力预测投行（虽然我们1987年投了所罗门公司的可转换优先股）、航空业或是造纸业的前景。当然，不能预测并不代表它们的未来会很差，我们只是自认不知道，而不是去否定。对这些行业缺乏了解，意味着我们对这些行业的投资方式，会和我们投资那些能理解的企业有所不同。

如果行业环境对我们投资对象有不利影响，可转换优先股的投资方式带给我们的回报，相比全美企业的平均水平而言也还算不错。若被投资公司表现不错，我们又能获得比普通企业更好的回报。我们相信吉列在科曼的领导下一定会有不错的表现。我们也相信，只要大环境不是太恶劣，所罗门公司、全美航空和冠军纸业在它们各自管理者的带领下，也都将获得还不错的回报。

任何情况下，我们预期这些可转换优先股都能让我们收回本金和股息。但如果我们只能得到这些，结果会相当令人失望。因为我们为此牺牲了流动性，这可能让我们在往后的十年里错失更好的投资机会。如果我们只能获得优先股的票面约定收益，那我们根本就不会投资它。我们真正的目标，是等待它们的普通股能有优异的表现。

（摘自1989年致股东信；摘录时间：2022-05-19）

**唐朝**：吉列也是巴菲特的一个经典投资案例。但这个案例里面其实也掩藏着和可口可乐一样的"失败"决策过程。只是被最终的良好收益率掩盖了，巴菲特研究者们有意无意地忽略或者美化了其中的不足，忘记了巴菲特本来还可以更好的。

这不是要指责他老人家，而是实事求是分析决策过程，帮助我们贴近和理解老人家的思维过程以及他"非神"的那一面。

吉列这只股票，是巴菲特自己读财报读出来的。有一天晚上，巴菲特在家里阅读公司财报，读到吉列公司1988年年报时，他发现吉列公司的多次回购已经耗尽公司的账面现金，于是他认为吉列有可能需要资金。

巴菲特在年报里看到吉列有一名高管是熟人，过去两人同样在盖可保险的董事会里担任过董事。于是他就打了个电话给这位熟人。在这位熟人的推动下，几天后，吉列董事长科曼来到了奥马哈，和巴菲特一起吃了顿汉堡、可乐、冰激凌。

巴菲特说自己希望以可转换优先股的形式为吉列提供资金，金额可以在 3 亿至 7.5 亿美元之间，具体金额看条款。很有趣的是，这次会面并不太令人满意，科曼对巴菲特提出的条件感到不舒服。后续谈判是芒格出面完成的，只是最终由巴菲特和科曼签字而已。

1989 年 7 月，双方达成投资协议。6 亿美元，8.75% 的年利率，巴菲特随时可以按 50 美元的股价转股，吉列十年内可以随时按照自己的资金情况，提出要么转股、要么强制赎回的要求。

当时吉列的股价是 42 美元，也就是说巴菲特如果直接从市场上买入，每股可以少支付 8 美元，总计只需要 5.04 亿美元就可以获得 1200 万股吉列的普通股。很明显，巴菲特之所以用可转换优先股的形式，还是对吉列当时的发展不乐观，或者是嫌 42 美元的股价太高——大约是 23 倍市盈率。

1991 年，吉列普通股股价接近 100 美元了，公司提出强制赎回要求，巴菲特在 1991 年 4 月 1 日将优先股转换为 1200 万股普通股。

此时回看，巴菲特如果最初直接买普通股，投入 5.04 亿美元，然后 1989 年和 1990 年每股分红 0.96 美元，合计收回 2304 万美元，到 1991 年 4 月 1 日时 1200 万股的净投入相当于是 5.04–0.23=4.81 亿美元。

用优先股的形式，同样按两年计算（实际差一个季度），股息是 $6 \times 8.75\% \times 2 = 1.05$ 亿美元，故 1991 年 4 月 1 日持有 1200 万股的净投入相当于是 6–1.05=4.95 亿美元。二者相差不大，优先股投资模式略吃亏。但这个不算什么，毕竟一者当时都认为是不够低估，二者毕竟优先股有兜底保障，相当于为这笔投资买了保险。

真正值得总结的是教训，和可口可乐一样。1997 年末巴菲特持有的吉列股份（公司拆过股，变成 4800 万股了）总市值达到了 48.2 亿美元，也就是说不计期间现金红利，已经是八年八倍。注意，1997 年年底，吉列市盈率约 59 倍。

巴菲特没有卖出，和当时对可口可乐的选择一样。当然一样，一样的理念指导下，对公司也是类似的评价（1991年致股东信里，巴菲特曾写道，"可口可乐和吉列是当今世上顶级企业中的两家"），所以动作也一样。

结果也差不多，后面8年再也没有看到过48亿美元的高点。五年后的2002年末，吉列的这些股票市值只有29.15亿美元（又拆了一次，变成9600万股了），回撤高达40%左右。

2005年吉列被宝洁收购，巴菲特将手头的吉列股票按照1：0.975的收购对价，换成了9360万股宝洁股票，同时强迫症发作（玩笑话），追加了3.4亿美元投入，凑整1亿股，可以推算此时宝洁股价在53美元左右。借助宝洁收购题材，吉列持股终于突破1997年的市值高点，但59倍市盈率不卖，导致的8年时间浪费，我认为可以算是和1998年不卖可口可乐同样的"错误"。

**伯涵：**神奇的是，同样是国际一线知名消费品牌，讲巴菲特投资的书，几乎必提可口可乐，但很少提吉列。可能是因为吉列是优先股而不是普通股投资吧，又或者是吉列和可口可乐的情况太像，选的话一般还是可口可乐更有代表性。

高估应该卖，是因为人性一直在悲观和乐观之间徘徊。放到2年前市场一片欢腾之际，恐怕没有人会想到中国顶尖的互联网企业也会有被"打骨折"的时候。

**伏尔多：**优先股能帮助投资者扛住恶劣环境对企业的影响吗？好环境，企业会好，股价也差不了；坏环境，企业还不上钱怎么办（虽然精选企业，还不上的风险很低）？我认为巴菲特期待的还是普通股的表现，毕竟所罗门和航空公司的优先股，依旧没扛住企业经营困难的风险。所以我在想：高于市价的优先股是否真比普通股有优势？

**唐朝：**优先股在企业增长不力，但还债没有问题的情况下，是一份高收益债券。所罗门是碰到了"万一"，企业差点破产，这也更加证明了投资银行业的难以预测。对于吉列这样的企业，巴菲特应该不用担心破产，所以优先股确实起到了进可攻退可守的作用。

**佐渡：**段永平和网友有过如下一番对话，很适合这里谈的话题。

**网友：** 巴菲特说他的一些股票，如可口可乐和美国运通，就算高估到夸张的地步，他也不会卖，原因是如果他全资拥有这种公司，是不会因为有人开天价而卖掉公司的。学长您怎么理解这个想法？是他持有规模太大，所以有了不轻举妄动的义务？还是他只是随便说说，以介绍自己的投资理念？再比如，如果有个大亨来找你，要买你全部的步步高股权，你会出价还是绝对没商量呢？

**段永平：** 我也不是很理解他说这话是啥意思。我猜他大概是认为没有人会真的出个夸张的价格吧？如果有人出个谷歌的价格买步步高的话，我就马上说服全体股东卖给他了。

段永平也说他不是很理解巴菲特"死了也不卖"的想法，真是英雄所见略同。国内一些因为老唐2021年初卖出茅台而号称"要把老唐开除出价投圈"的价投，真是盲目背诵语录，没有从巴菲特的错误和反思中汲取营养。

**微笑森林：** 这个强赎就是强制转股吗？

**唐朝：** 强赎就是公司告诉巴菲特，现在你有权按照约定价格转成普通股，但如果你现在选择不转，我们就马上还你本金及今年到今天为止的利息。

**星光《BEYOND》：** 为什么优先股定价6亿美元，依据什么计算的呢？

**唐朝：** 这不是定价6亿美元。是你打算向我借款6亿美元，我们谈借款条件。包括转股价、利率、转股时间等，都是这样谈出来的。

## 彻底与烟蒂股理念诀别

**巴菲特：** 经验的传承很难。但无论如何，在犯新错误之前回顾一下犯过的老错误，总会有些帮助的。今天让我们花点时间，快速回顾一下我在过去25年里犯过的一些错误。

我的第一个错误就是买下了伯克希尔-哈撒韦公司的控制权。尽管我知道纺织行业前途黯淡，但我仍然因为难以抵御低价的诱惑而说服自己买下了它。

早期,投资这样的股票确实让我获利颇丰。但在1965年投资伯克希尔后,我就开始发现,这终究不是个理想的投资模式。

只要你以足够低的价格买入一只股票,即使企业的长期业绩可能很糟糕,通常也能找到合适的时机,让你以可观的利润抛售。我将这种投资方法称为"烟蒂投资法",这就好像是在大街上捡到一截还能抽一口的雪茄烟蒂,对于瘾君子来说只是不花钱的举手之劳。

然而,除非你是清算专家,否则买下这类公司实在是一种愚蠢的行为。首先,看似便宜的价格可能最终根本不便宜。一家处境艰难的公司,往往是一个难题还没解决,便会冒出另一个难题。就像厨房里如果有蟑螂,就不可能只有一只。

其次,你先前得到的价差优势,很快就会被企业的低回报侵蚀。例如你用800万美元买下一家清算价值1000万美元的公司,若你能马上把这家公司给处理掉,不管是出售或是清算都好,换算下来你的回报可能挺可观。

但是,如果这家公司最终是在十年之后才处理掉,即便收回1000万美元和每年有那么几个点的分红,这项投资也是非常令人失望的。

时间是好公司的朋友,但却是烂公司的敌人。

或许你会认为这道理再简单不过了,但我却付出惨痛的代价才明白它。实际上,我付出了好几次代价。在买下伯克希尔不久后,我又通过多元零售公司收购了巴尔的摩的一家百货公司——霍赫希尔德·科恩公司(多元零售后来与伯克希尔合并了)。从账面资产看,这些收购价格拥有巨大的折扣,这些公司的员工也是一流的,而且这些交易还隐藏有一些额外的利益,包含未记录在账面上的房地产价格上涨,以及由于使用后进先出法会计准则而导致的存货价值低估。我怎么会错过这样的机会呢?

还好我走运。三年后,我又抓住一个机会以最初的买入价卖掉了它。在卖掉科恩公司的那一刻,我只有一个感想,就像一首乡村歌曲的歌词所表达的:我的老婆跟我最好的朋友私奔了,我多么地怀念我的朋友啊！

我还可以列举更多自己"低价买入"的愚蠢案例，但我相信你已经明白了：以合理的价格购买一家好公司，要比低价购买一家普通公司好太多了。查理很早就明白了这一点，而我学得有些慢。不过现在我们收购公司或买入股票时，会去寻找有着一流管理层的一流企业。

这些经历给我上了一课，优秀骑手在良马身上会有出色的表现，但遇到劣马也只能无所作为。伯克希尔的纺织业务和霍赫希尔德·科恩的百货业务，都有能干而忠诚的管理层。同样是这些人，如果受雇于具有良好经济特征的企业，将会取得不错的业绩。但如果是在流沙中奔跑，他们将不会取得任何成果。

（摘自 1989 年致股东信；摘录时间：2022-05-20）

**唐朝：**这几段内容非常有名，代表着巴菲特彻底与烟蒂股投资理念的诀别。核心就一句话：时间是好公司的朋友，但却是烂公司的敌人。

上文提到的科恩百货公司的收购和卖出过程没啥特别的，但由此诞生的一些感触和金句却很有意思，所以顺便和朋友们谈谈。

科恩百货是巴菲特的好友桑迪·戈特斯曼发现的，1966 年 1 月他向巴菲特介绍了这家百货公司。这家百货公司的拥有者科恩家族里，有几个分支想要变现离场去做其他事，而现有管理层（也是科恩家族的）想继续经营。

当时的管理层路易斯·科恩夫妇，是巴菲特和芒格很喜欢的那类老派生意人，开着老旧的汽车、过着俭朴的生活，恨不得把坐在马桶上的时间也拿来看账本的那种。

经过评估后，巴菲特和芒格出价 1200 万美元买下了科恩百货。收购主体是多元零售公司，多元零售的股东是巴菲特合伙基金、芒格和戈特斯曼三方。其中巴菲特合伙基金出资 480 万美元，占比 80%，芒格和戈特斯曼各出资 60 万美元，各占 10%，合计 600 万美元本金加上从银行贷款 600 万美元，1200 万美元买下了科恩百货。

芒格给这笔买卖做的总结是："买科恩百货就像一个人买豪华游艇一样，一共有两个高兴的日子，买的那天和卖的那天。"

因为买入后不久，他们就发现麻烦不断。科恩管理层会不断地提出开设新店计划，或者需要更新电梯、橱窗、收银系统什么的，原因只是对手这样干了。巴菲特说："这就像在观看游行时踮起脚，你费了劲，可情况并没有任何改观。"

芒格总结说："零售业是个非常棘手的生意。我们意识到自己错了。实际上任何经营时间足够长的零售生意，最终都会陷入麻烦并且很难调整。一个在过去20年里占尽优势的零售商，并不意味着未来20年里还能继续保持领先。""这个行业就像一场让人疲倦的马拉松，每一英里都可能会有新的、咄咄逼人的竞争者往前一跃超过你。"

芒格后来回顾说："这单生意里，我们受到了格雷厄姆思想的影响。原以为这么便宜买下的资产，总会有些产出的。但是在百货公司的竞争优势不能自动保持的时候，我们还是低估了行业竞争的烈度。"

1969年10月，巴菲特召集了格雷厄姆门徒大聚会（第二届，这次格雷厄姆本人没有参加）。在佛罗里达州棕榈海滩的一家俱乐部里，在糟糕的食物、狭小的房间、狂风和暴雨陪伴下，这十几个人把自己关在房间里五天，他们就各种投资思想展开辩论。

也是这次聚会中，巴菲特提出了那个著名的头脑风暴："如果你将被迫滞留在一个荒岛上十年，你会投资什么股票？"一伙人最终一致得出的辩论结果是：找到具有竞争壁垒的企业，这样的企业受行业竞争和时间流逝的影响最小。巴菲特本人当时的梦想是买下《华尔街日报》。

巴菲特终于接受了芒格的好生意想法，他认同了应该找那种持续挣钱的生意，那些具有某种竞争优势、能够抵御资本侵蚀的生意。

这次会议后不久，巴菲特和芒格想尽办法以接近成本的价格（不到1200万美元，略亏）将科恩百货卖给了另一家连锁超市（科恩百货在新老板手上坚持到1984年倒闭了）。巴菲特没有丝毫留恋地唱起了那首歌谣："我的老婆跟我最好的朋友私奔了，我多么地怀念我的朋友啊。"

**BP**：格雷厄姆的思想更适合在大萧条之后，因为当时有很多被错杀（极便宜）的优质企业。在保持分散的前提下进行投资，随着经济恢复，获得高回报是大概率事件。而在经济平稳期，优质公司被错杀（极便宜）的概率不大。这阶段的便宜公司，哪怕过去拥有再辉煌的财务数据，就像已经开始出现一只蟑螂的厨房，注定在未来会麻烦不断。

**哈尼 Zzz**："科恩管理层会不断地提出开设新店计划，或者需要更新电梯、橱窗、收银系统什么的，原因只是对手这样干了。"我对这句话很有感触。我在研究分析企业的时候，深刻感觉到，商业模式优势很重要，但管理层的重要性也不容小觑。有时候管理层身处竞争的水深火热之中，会做出一些糊涂的决定，很多决定背后的原因就是：竞争对手这么做了，我们也必须这么做，否则就会落后。可以说管理层完全被对手带着跑，没有思考公司未来走向应该是怎么样的。因此，独立思考的能力很重要，不管身处什么职位。

## 选择一尺跨栏，而不是挑战七尺跨栏

**巴菲特**：另一个更深层次的教训是：越简单越好。虽然有25年收购、督导及管理各类型企业的经验，查理和我仍然没有学会怎样去解决商业困境，我们学会的是避开它们。在这一点上，我们做得很成功，这不是因为我们具备了跨越七尺跨栏的能力，而是我们集中于寻找那些我们可以轻松跨过的一尺跨栏。

这一结论或许有点不公平，但在商业领域和投资领域，坚持做简单明了的事情，通常会比攻克复杂的难题要获益更多。当然，在某些情况下，棘手的问题也必须去解决，比如，我们增加《布法罗新闻报》周日版的案例。

一般来说，绝佳的投资机会通常出现在一家伟大企业面临一个非常大的、一次性的但最终可以解决的问题时，正如多年前的美国运通和盖可保险那样。不过总的来说，相较于屠龙，我们更善于躲避恶龙。

（摘自1989年致股东信；摘录时间：2022-05-21）

**唐朝**：这番表述简单直白，且流传广泛。但它可能算是巴菲特投资思想中最重要的几条内容之一：不要怕被看成懦弱；投资要尽可能选择一尺跨栏，而不是挑战七尺跨栏；要避开恶龙，而不是要打败恶龙。

套用他在另一个场合阐述这个问题的时候，用的一个更精妙的比喻，"投资和奥运会跳水不一样，并没有难度系数加分"。是的，站在台上像个秤砣一样扑通落水，100分。向后翻腾两周半然后空中转体三周半，做到完美状态，100分，如果不完美，扣分。如果你的目标是成绩（而不是耍帅），怎么选？答案似乎显而易见。

但这事儿，可能也很像禅宗看山看水的三重境界。投资新手往往能记住并遵守这一点。有一定的经验后，人就容易膨胀，容易信心满满地去挑战恶龙。有成功的吗？肯定有，但绝大多数是被恶龙吞噬，或者用胳膊、大腿投食恶龙后，缠着一身纱布铩羽而归。之后，可能有些人又转回看山还是山的境界，远离恶龙，回归简简单单赚钱的境界。

这些道理太平凡，平凡到很容易被人鄙视。股市里太多人想一鸣惊人，靠挖掘出（且是第一个挖掘出）一只惊天地泣鬼神、一年几十倍的牛股来封神。有这种嗜好和成功经验的人，大部分的投资历程都走得荡气回肠、令人神往。

而巴菲特指给我们的路，没啥惊奇的，就是要甘于平凡。不过就是路边看见一堆钱，捡起来了事。整个投资生涯近似于一条直奔东北方向的净值线，一点儿也不跌宕起伏，很无聊地就富了。要说困难和挑战，也就是挣钱太快太多，要防止自己因自信心过度膨胀而飘了，以及未来怎么处理巨额财富的难题。

**明月奴**：巴菲特涉足的布法罗晚报、华盛顿邮报属于一尺跨栏吗？如果纯粹从公司角度看是挺低估的，生意角度也算容易理解，但是两家公司却经历过九死一生的难关，两家公司的风险都是法律政策层面的。是不是可以理解巴菲特因为有芒格这样的法律资深人士加持，才属于他们的能力圈。对于我们普通人，这两个例子不属于学习的范围吧？

**唐朝**：一种可能是你说的这种情况，另一种可能是，那时的巴芒还没总结出这个思路，上述摘录是1989年写的，那两家报业的买入都发生在20世纪70年代。

**腾腾**：投资简单，但是并不容易。每次看老唐把投资说得那么简单，就觉得我也可以，但是自己学起来才发现要学的实在太多，太难了。看似简单的东西，并不是每个人都能做好的，自己能体悟到的就是慢慢做吧，不管什么结果，只要有点成长，总比浪费时间好。

**唐朝**：会者不难，难者不会。会者和难者中间那条路，路名叫作"日拱一卒，不期而至"。

## 如何观察企业的制度惯性

**巴菲特**：我最意外的发现是：在企业中存在着一种极其强大的无形力量，我们可以把它称作"制度惯性"。在读商学院的时候，没人教我认识它；当我进入商业领域后，对它也没有什么直观感受。我那时认为，正直、聪明、有经验的管理者理所当然地会做出理性的决策。然而随着时间的推移，我发现事实并非如此。相反，当制度惯性发挥作用时，理性之花往往会枯萎。

举例来说：（1）仿佛遵守牛顿第一运动定律一般，机构本能地抵抗会改变其当前发展方向的变化；（2）正如工作量总会增加到填满可用时间一样，可用资金也都会被企业的项目或收购活动榨干；（3）企业领导者的扩张欲望，无论有多愚蠢，都会很快得到下属提供的有关收益率和战略正确性的支持；（4）同行的各种行为，无论是扩张、收购、设定高管薪酬还是其他什么的，总是被盲目效仿。

让企业做出了错误决策的，不是腐败或者愚蠢，而是制度惯性。忽视制度惯性的影响，曾让我犯过一些昂贵的错误。现在我试图尽量减少运营和管理伯克希尔公司的制度惯性。此外，我和芒格试图将我们的投资，集中在那些对这一问题保持警惕的公司上。

（摘自1989年致股东信；摘录时间：2022-05-22）

**唐朝**：这番论述很容易被人概括为一个流行词汇：企业文化。但企业文化四个字我一贯不太喜欢用，因为其本身的概念和外延都比较模糊。你很难分清楚什么属于企业文化，什么又不是企业文化。这让它很容易成为一个容纳万物、解释一切的筐，人们什么都往里面丢。

当然，这很可能只是我对企业文化的理解度不够，至少我知道段永平就很推崇从企业文化的角度去观察和分析企业。或许他掌握着一些我没有掌握的东西。

巴菲特这里所说的这种制度惯性或者叫制度的强制力，在大多数企业都存在。犹如《亮剑》里赵刚所总结的："一支部队也是有气质和性格的，而这种气质和性格是和首任的军事主管有关。他的性格强悍，这支部队就强悍，就嗷嗷叫，部队就有了灵魂。从此，无论这支部队换了多少茬人，它的灵魂仍在。"

企业是有气质和性格的，它往往也和企业创始人的价值观有关。创始人的价值观是什么，更在意什么，喜好什么，整个企业就会在不知不觉中建立一种运行的规律、做事的习惯方式或流程。伴随着企业规模的扩大，不断加入的新人都会不知不觉地被企业做事的习惯方式或流程所同化，逐步以为事情天然就应该这样做。

这种惯性或者所谓文化，有好的一面，也有不好的一面。巴菲特在这里主要是批评不好的那一面，它可能让管理层放弃理性思考，习惯性跟随领导人或者竞争对手的步伐，以及逐步官僚化，用冗余琐碎的流程性工作营造忙碌氛围，却不创造价值甚至创造负价值。

巴菲特说自己投资的时候，会观察企业是否对这种制度惯性保持警惕，观察这家企业是否鼓励独立思考，是否对群体性的从众行为有警惕性，高层是否注意到并不定时地清理企业内部诞生的冗余流程等。

在这方面，除了多观察企业领导人个人的历史言行之外，我也没有更好的办法。你认为普通投资者还可以通过哪些途径，去观察一家企业的制度惯性或者企业文化？

**周明芃：** 段永平说，"企业文化负责管理企业规章制度管不到的地方"，好的企业文化建立起来非常难，但建立之后会大幅度降低企业的内外部沟通成本。

我认为企业文化就和管理能力一样，不能单独作为企业的买入理由，但其所产生的"护城河"可以作为买入理由。因为好的企业文化在体现它的作用之前，我们并不清楚这个文化是不是好的。但是，通过我们的阅读，我们可以归纳出一些坏的企业文化，就和"财报是用来排除企业的"一样，坏的企业文化也能排除相当多的企业。

**BP**：企业之间共性的部分叫制度，个性的部分叫企业文化。企业由人组成，由人操作。而人是这个世界上最自由的生命，所以在执行制度的过程中必然带入个性因素，造成的结果也会是个性化的。我认为这就构成了企业文化。

**smarobot**：企业文化是感性又是理性。拿航天领域的企业举例，出了错，所有人都要思考自己有没有错。为什么呢？因为行业特性使然。航天属于高风险，所以安全第一。在这个行业，从个体进入这个行业就天天被灌输这个文化，做任何事都要保证质量。与此类似，江南春一直灌输他们还在创业，马化腾一直灌输科技必须向善。

**hyg007**：我理解企业文化就是根据这个企业过去的行事方式，进行的价值观的总结与提炼。好比老唐是一家"企业"，他过去是怎么说的，怎么做的，遇到一些需要选择的事情，是怎样取舍的，三观就体现其中了。如果诸多事情表现出的三观很稳定，那再遇到类似的事，旁人就有了很强的可预见性，基本可以知道老唐会如何选择。如果老唐的三观是利他、利己、利社会，目光长远可持续，那大家对老唐的"企业文化"就会是喜爱和敬佩的。

## 与自己喜欢、信任和欣赏的人打交道

**巴菲特**：在撞了很多次南墙之后，我试着尽量只与那些我喜欢、信任和欣赏的人打交道。正如我之前提到的，这个原则本身并不能保证成功。就好比一家二流的纺织公司或百货公司，不会仅仅因为它的管理者优秀而变得成功，哪怕这管理者是那种你愿意把自己的女儿嫁给他的人。

然而，如果公司本身具备某种竞争优势，再搭配上优秀的管理者，那往往就能创造出奇迹。相反，无论一家公司的前景看起来多么动人，如果管理者的人品低劣，我们是不愿与其为伍的。我们从来没能通过和混蛋打交道，让自己赚到过钱。

（摘自 1989 年致股东信；摘录时间：2022-05-23）

**唐朝：** 巴菲特说无论利益多么动人，自己也不愿与人品低劣的人打交道。这话很可能让我们内心产生自惭形秽的感觉。

无须讳言，我们绝大多数人在有限的人生旅途里，或多或少可能都曾和被我们认为是混蛋的人打过交道，或者因为生存，或者因为利益，或者因为欲望，或者干脆就是人在屋檐下，不得不低头。与巴菲特如此斩钉截铁的态度相比，高下立见。

不过，我不是要称赞巴菲特的伟大或高尚，反而是要通过这番话将老人家拉下"神坛"，让我们避免为自己的行为愧疚。这番话的开头和结尾互相呼应，它其实已经表明了巴菲特照样也曾经和人品低劣的人打过交道，只是冥冥之中总是有各种莫名其妙的原因，让结果不那么美好。巴菲特做出"我试着尽量只与那些我喜欢、信任和欣赏的人打交道"的结论，并不仅仅是从道德或人品角度考虑，有很大部分原因是"从来没能通过和混蛋打交道，让自己赚到过钱"。

后来的故事我们都已经知道了。通过远离混蛋，他的投资越来越轻松，生活和日常交往越来越简单愉悦，财富越来越多，声望越来越高，影响力越来越大。所以，巴芒二老的一生，其实是给我们提供了一个样板：即使忽略道德评价和身心健康的问题，仅仅从财富的角度衡量，只与喜欢、信任和欣赏的人打交道也是"划算"的决策。

当然，这种决策势必要让我们放弃一些当下看得见的短期利益，也就是那种通过和混蛋打交道马上可以拿到的利益。二老只是告诉我们：这种短期利益的放弃，本身不仅是"好"的，还是值得的。不信，你看看我们。

人生所有的努力都是为了让自己有得选。巴菲特是通过他的努力，让自己很快进入了有得选的境界。我们每天的努力，也是为了早日进入这种境界。有的人会走得快一点，有的人会走得慢一点。但无论如何，希望我们都能记住巴菲特用自己的撞南墙的教训，和后来的成功经验演示给我们的：当自己有得选的时候，尽量选择只与自己喜欢、信任和欣赏的人打交道。这不仅是愉悦的，也是划算的！重点、重点、注意重点："也是划算的！"

**拳道（王）**：远离人品差的人，会少很多陷阱。

**唐朝**：是的，混蛋的下限往往会刷新我们的认知，让事情的结果脱离我们"有限的"理性推理。

**周明芃**：我们所有的努力都是为了让自己有得选。财富的多寡并不是让自己想干什么就干什么，而是让自己想不干什么就不干什么。尽量选择那种早上一睁开眼睛就想从床上蹦起来的工作，让自己能够一直与自己喜欢的人和喜欢自己的人一起工作，这样才能达到人生的良性循环：更富有、更睿智、更快乐。

**武侃**：选择和谁相处，本来也是一种投资行为。自己的金钱、时间、精力，哪一个不是成本？选择投向不同，就会有不同的结果。与不喜欢的烂人交往，即使短期看可能获得经济利益，但放长眼光来看，人生的总体收益肯定不如与喜欢的、善良的人交往。

生活就是投资，投资就是生活。

## 能力圈内与圈外

**巴菲特**：我犯过的最糟糕的错误，有一些是大家看不到的。那就是有些股票或公司，明明我很熟悉和了解它们，却因为这样那样的原因没有买入。

这个世界上总是存在大量绝佳的投资机会，但它们处于你的能力范围之外，你错过它们并不是什么罪过。但我却错过了不少主动送上门、属于我能力范围内、我完全有能力抓住却没有抓住的好机会。这种光想而不去行动的幼稚行为，让伯克希尔股东（当然也包括我自己）付出了巨大的代价。

（摘自1989年致股东信；摘录时间：2022-05-24）

**唐朝**：巴菲特在这里陈述了两种看待投资的视角：（1）对于能力圈以外的企业，千倍万倍不关我事；（2）对于能力圈以内的企业，没赚到就是亏，巨亏。

对我们这些普通投资者来说，深入认识上面的第一条，特别重要，可以让自己在投资旅途里保持心态稳定，降低出现重大错误的概率。至于后一条，可以视为优秀投资者的进阶性自我要求。就算认识不到也没关系，危害不大。

**墨凝于纸**：能力圈内未抓住的投资机会，就是巴菲特一直后悔的"吮拇指"行为吗？

**唐朝**：对，"这种光想而不去行动的幼稚行为"，许多中文版译作"吮拇指"。但我觉得多这么个名词反而不好理解，避开了。

## 远离杠杆

**巴菲特**：我们一直信奉保守的财务政策。在很多人看来这可能不怎么明智，但是在我看来恰恰相反。

回顾过去，你可以发现一个很明显的事实，如果我们愿意多加一点点杠杆（即便如此，资产负债率也依然算是保守的），伯克希尔的业绩可以更加亮丽，获得比23.8%更高的年化收益率。即使站在1965年，我们也可以说，更高的杠杆有99%的概率给我们带来更好的业绩。而综合考虑内部外部各种变数后，多一点杠杆导致我们业绩下滑的可能性大约只有1%。

但我们不喜欢这些99∶1的概率，过去不喜欢，现在不喜欢，未来也不会喜欢。在我们看来，小概率的痛苦或丢脸，不会被大概率的超额回报抵消。如果你的做法是理性的，你必然会获得好的结果，你无须依赖杠杆。在绝大多数情况下，杠杆只是让事情运动得更快。

尽管查理和我都很喜欢金钱本身，但我们并不喜欢匆匆忙忙直奔终点，我们乐意享受舒舒服服赚到更多金钱的过程。

（摘自1989年致股东信；摘录时间：2022-05-25）

**唐朝**：这番话的核心就是远离杠杆。老唐在网上唠叨这四个字差不多也有十年了，但我们还是需要重复讲，因为它太重要了。

这番话的核心含义有两层，可以同样用巴菲特的另外两句话概括：（1）杠杆是聪明人的破产捷径。如果你是聪明人，你不需要利用它；如果你是笨蛋，你不该去尝试它。（2）他们为了赚自己不需要的钱，把自己需要的钱全部搭进去。这不是傻是什么？绝对是傻，不管智商多高，都是傻。为了得到对自己不重要的东西，甘愿拿对自己重要的东西去冒险，哪能这么干？

**门前一棵大杨树：** 加杠杆，归根结底还是贪婪，想赚快钱的心理在作祟。

**唐朝：** 不仅是贪婪，还有无知的成分。这背后是对自己能力的高估和对市场残酷性的低估。

**伯涵：** 加杠杆一时爽，一直加一直爽。在没有爆仓之前，看起来都是安全的。加杠杆根本就没有度，绝不可能只有一次。杠杆的结局几乎注定只有一种，那就是毁灭。

**糖换鸡毛：** 远离杠杆这四个字，是 26 年前老唐用全部身家买来的。23 岁亏掉全部身家之后，支撑您走出来的力量是什么呢？

**唐朝：** 别想得太过高大上了，就是劳动人民对美好生活的朴素追求而已。不奋斗怎么办呢？"躺平"就要饿肚子。靠别人吧，夫妻双方家庭都是农民，无处可靠。

## 资源资本公司 CEO 谈价值投资

**唐朝：** *University of Berkshire Hathaway* 一书在 1989 年度致股东信章节，还记录了一家名叫资源资本公司的 CEO 对价值投资的总结，和我多年前的思考不谋而合，因此简要分享给大家。

这位 CEO 说，在价值投资领域里，有两个基本主题：第一，购买资产；第二，购买盈利能力。

第一种方法，着重于以低于清算价值的价格购买。格雷厄姆非常擅长它，这或许是经历过大萧条磨炼出来的能力和应对办法。然而，购买资产的方法有个问题：只有通过某些活动（例如清算、重组、并购等），才能实现资产的价值。这和巴菲特反思的"除非你是一位清算专家，否则搞烟蒂股投资就不是明智的行为"类似。

所以资源资本的 CEO 和后期的巴菲特一样，更偏向于"购买盈利能力"的方法。他说，如果一家公司能够年复一年地赚取丰厚的利润，那么这些利润或迟或早，一定会体现为股东的利润（分红或股价涨幅）。

有趣的是，这个理念我在 2015 年以前就多次在雪球发表过，我一直以为是我的原创思考。我确信我那时肯定没有读过这本 University of Berkshire Hathaway，毕竟 2017 年它才出版。

在 2015 年 10 月的一次辩论里（2016 年 9 月 13 日以《价值投资 vs. 趋势投资》为题收录在唐书房）我曾写过这么一段话："巴菲特只是在格雷厄姆习惯的'股权代表企业（资产）的一部分'的基础上，进化出了'股权代表企业（未来收益索取权）的一部分'，其他的两块原封不动。"

自以为是原创，却发现别人早就说过了，这多少让人有点沮丧。但从另一个角度说，对巴菲特思想体系的深度思考，或许必然会产生这个结果吧。

不过，我也不是非常确定，我发表的这些言论，到底是不是我在其他资料上看到过类似想法，却被自己的大脑欺骗，以为是自己想出来的。好在这个领域里没人争抢思想的原创专利权——归根结底这些思想都是巴菲特的，重要的是它能否帮助我们做出正确的投资决策。

**伯涵**：从巴菲特的投资案例中，也可以看出从"看重资产"到"看重利润"的转变。比如，巴菲特最早买桑伯恩地图、邓普斯特农具公司的时候，估值只提资产折价程度，公司是否赚钱提得很少。到喜诗糖果的时候，按资产估值并不符合格雷厄姆的原则，但按利润算的话已经很便宜了。看重盈利能力，本来也是看重好公司的题中之义。

**Mr. chen**：在大萧条背景下，产生了格雷厄姆以净资产为评估依据的投资方法；在经济蒸蒸日上的背景下，产生了巴菲特以未来自由现金流折现为基础的投资思想。这一重要思想转折，奠定了当下投资思想的基础。

**Wkx**：难道大萧条背景下可口可乐、喜诗糖果这类优质资产，对比清算资产，表现很糟糕吗？

**唐朝**：并不是。Mr. chen 表达的意思是两个人理念的发展，很大部分受历史条件的约束，不同的道路是被不同的历史背景推动的，并不是说大萧条的时候优质企业就不好。最简单的例子，菲利普·费雪也经历了大萧条，他当时走的是优质企业道路，收益也很不错。

## 1989 年伯克希尔股东大会问答摘要[1]

### 一、一招应对宏观变动

**股东提问**：伯克希尔团队里由谁负责预测宏观经济变化？

**巴菲特**：查理是我们的宏观经济专家。准确地说，我负责奥马哈和康瑟尔布拉夫斯[2]，查理负责其他所有地区。

**芒格**：伯克希尔的成就并非出自对宏观经济的预测。我们对宏观经济并没有想太多，只是努力去做明智的事情。我们认为，长期来看，宏观经济政策干扰会互相对冲，我们是宏观经济走势的不可知论者。

**巴菲特**：我们对利率变化、股市展望、经济走势或任何类似的东西没有任何看法。我们不知道这些东西将来会怎样。就算我们知道，很可能对我们也没有什么帮助。

**芒格**：大家肯定很熟悉狐狸和刺猬的故事吧。狐狸懂得很多，而刺猬只会一招。我们就是两只刺猬。事实上，你们注意到没有，我们两个现在长得也开始像刺猬了。

**唐朝**：这番问答是关于宏观经济的，巴菲特以一个惯用的调侃开头，说自己只负责眼皮底下的事情，其他都归芒格负责。中间两段二老的回答直白易懂，答案一以贯之：我们没有预测宏观经济的能力，

---

[1] 引自 *University of Berkshire Hathaway*。

[2] 译者注：与奥马哈一河之隔的另一个小城市。

即便有也不会对投资有什么帮助。

最后芒格的那个幽默我稍微解释一下。古希腊有个狐狸和刺猬的寓言故事,大概意思就是说狐狸有很多方法攻击刺猬,刺猬永远只使用一招"缩成一团,把刺朝外",而结果每次都是狐狸输、刺猬赢。芒格借此说伯克希尔的特点就是专注、简单,任你七十二变来,我自凭一路太祖长拳(刺猬绝技)去。

二老的这一套刺猬绝技是什么呢?芒格解释过,我在《巴芒演义》和《价值投资实战手册》里都引用过,"我们就像刺猬,只会一招,就是寻找成本低于3%的浮存金,然后把它投向能产生13%回报的企业。"

最后一句,说俩人长得也越来越像刺猬了,是自黑式调侃,没有其他含义。

**老张**:真可谓大道至简!投资更多的是做减法,尽可能排除各种干扰(无价值的公司、无谓的财经新闻、无聊的技术分析),专注有限的若干公司研究足矣!

**唐朝**:对,于是生活和投资越来越简单,所以才会真的拥有"自由"。

**林飞**:"我们不知道这些东西将来会怎样。就算我们知道,很可能对我们也没有什么帮助。"这句话我有点不理解。如果有预测宏观经济的能力,比如判断未来通胀会越来越严重,而选择在这种环境下更有利的资产,怎么能说没有帮助呢?

**唐朝**:宏观经济变量太多,多个变量叠加后,准确率还不如丢硬币。而且依照宏观经济做决策,就算是对了,你也不知道是哪个变量在起作用,经常会遇到"因为我有两个孩子分别是五岁和三岁,所以我押9号马,结果9号果然赢了,我大赚一笔"的事儿。

**林飞**:意思是说,即使判断对了,但是到底其中哪个具体因素起直接作用,不清楚,甚至很可能根本就不是自己判断对了,而是碰运气蒙对了。这种无法用逻辑证实或证伪的"判断能力",是完全靠不住的。不知我理解的对吗?

**唐朝**:对。

## 二、为什么不走出去？

**股东提问**：伯克希尔的业务为什么局限在美国，几乎不怎么投资外国企业？

**巴菲特**：我们并没有不投资其他国家企业的规则，但我们的确对外国企业不怎么热心，这涉及税负等多方面的因素。

不过，我们没有设置规则隔离外国企业，如果可口可乐是英国公司，我们也会投资它。而且可口可乐有很大一部分利润来自于外国，所以我们在外国市场实际上也拥有间接的利益。吉列也是如此。

美国股市的规模有3万亿美元。假如我们不能在规模高达3万亿美元的市场里赚到钱，就算去某个6万亿美元规模的外国股市，可能也赚不到钱。

当然，我们其实也考察外国企业。事实上，我们两年前就差一点在一家外国公司身上投入数亿美元。我们花了很多时间去分析外国公司。美国之外确实有很多好公司，不过我们还是希望它们哪怕是全球经营，也把总部设置在美国，比如亚特兰大。

**唐朝**：我也经常遇到类似的问题：为什么你不投美国股市？我的答案和二老一样，并没有说不投，只是因为对语言、文化、历史传统，以及整个法律体系和道德约束力的运转情况了解甚少，所以不是很热心。

投资不是只看看营收、净利润、PE、PB就可以的，要了解企业之外的很多东西。说到这里，英文不好真是永远的痛，让人少了许多选择。当然，我特别同意巴菲特说的这句话：如果本国股市里赚不到钱，靠换个市场大概率是不能解决问题的。

**Mr. chen**：投资就是要坚守能力圈，做自己擅长的事。投资国外资产，不是不可以，只不过做起来难度更大，确定性不足，或许不如在自家窝里找吃的得心应手。

**从来处来，往去处去**：想起老唐以前提过，巴菲特原来买过一只古巴的股票，后来变成纪念邮票了。

**唐朝**：对的。身处异国他乡，有些陷阱藏在你绞尽脑汁也想不出来的地方。因为你原本的时空里，可能从未存在过这样的事情。

## 三、市场因何涨跌？

**一位非常年轻的股东提问**：为什么最近伯克希尔股价跌跌不休呢？

**巴菲特**：对于伯克希尔股价短期内为什么会涨，或者为什么会跌，我给不出任何解释。就像我也没有能力解释其他公司的短期股价涨跌一样。不过我知道，在5年或更长时间段里，价格将由企业的内在价值决定。如果你持有伯克希尔股票到老，你会得到很好的回报的。

**芒格**：埃迪·坎特[①]说过一个段子："高盛在1929年大崩盘的前几天，推销股票给我，建议我长期持有，说可以保障和陪伴我的晚年。高盛的建议真的很神奇，两周后我就进入了晚年！"

**唐朝**：为什么涨？为什么跌？此类经典问题会永远传承，永远都有人痴迷其中。问题的真经就是巴菲特说的那一小段话。但是，这段话往往会被当时的提问者当作顾左右而言他的推托之词。只有经历了无数碰壁后，恍然回头才发现箴言早就在那儿了，正所谓"此情可待成追忆，只是当时已惘然"。

芒格补的那个段子纯粹是无厘头，是因巴菲特说的"如果你持有伯克希尔股票到老，你会得到很好的回报的"触发的毒舌，只为一乐。两周后进入晚年，指的是因为股票暴跌愁成了老头。

**三文鱼**：很多人这么在乎股价，可能是他们把股市看作了一个古玩交易市场，古玩本身不会增值，回报完全来源于"接盘侠"，所以很难理解股权所代表的企业盈利能力和现金流。

**唐朝**：三文鱼这个古玩的比喻挺好。大部分人确实是来买"票"的，是一个代码，一张交易票据，所以看不见或不去看背后的股权价值。这是最根本的问题。

## 四、永不做空

**股东提问**：针对某些明显的泡沫，为什么伯克希尔不抓住机会，建立空头仓位获利呢？

**巴菲特**：以我们的资金规模，想建立对业绩有实质影响的空头仓

---

[①] 译者注：埃迪·坎特（1892—1964年），美国一位演艺生涯超过50年的知名喜剧演员。

位，是不现实的想法。实际上，建立 1 亿美元的空头仓位已经挺难了，但即便建成了，又能赚多少呢？意义不大。

多年来，我们确实做空过一些股票，有时候也搞对冲。我们的确发现过一些规模巨大的诈骗行为，而且我们的判断一般都是正确的。很不幸，判断是不是诈骗不难，但判断诈骗行为能维持多久，能走多远，太难了。

假如股价是其价值 10 倍的股票继续上涨到其价值的 100 倍，不管其结局如何，你在其 10 倍虚高时做空它，你只会把肠子悔青。做空挣钱很不容易。

举一个真实的案例。1963 年，就在这间房间里，曾有 3 个聪明人发表文章，预言西联汇款公司好景即将不再。其中两位现在就坐在这个讲台上。事实上，我们当时对这份报告非常看重，我们还特意保留了版权。

后来发生的事情，证明这版权一文不值。我们的看法是正确的，很不幸，正确归正确，只是正确早了 27 年。这个实例说明做空的时机很难把握。判断高价股票注定要走向灾难并不难，但你很难依靠这点认识来赚到钱。

**唐朝：** 巴菲特解释了为什么伯克希尔不做空。两点原因：

第一，伯克希尔的规模导致了很难建立有价值的空头仓位，不值得做好的事情便不值得去做，将时间、精力和资本聚焦在有复利效应的事情上，是获得愉悦人生的秘诀。

第二，靠做空赚钱太难。判断骗局或者高估并不难，但判断泡沫什么时候破裂太难了。巴菲特举了实例：1963 年，他和芒格及另一位（没说是谁）联合发表了一项研究，判断西联汇款公司的泡沫即将破裂，判断倒是正确了，但这个泡沫 27 年后才被戳破。这期间巴菲特已经从 33 岁的帅哥变成 60 岁的老头了。如果做空这个，我们完全可以估计，早在 1980 年甚至更早，他就已经愁成 70 岁的老头了。

其实今天也有现实的案例：比特币，媒体的热门。芒格在比特币 100 美元的时候就说比特币是个骗局，是耗子药；到 1 万美元的时候，巴菲特说它是耗子药的平方；2021年11月，比特币最高涨到6.9万美元，而2022年6月19日，它跌破1.8万美元。

不要说100美元做空比特币，就算二老在1万美元做空，就算我们假设它从今天的1.8万美元一去不回头，一直跌成零，仅其间从1万美元涨到6.9万美元的过程，以及盘旋在1万美元以上的折磨，也足够让二老肠子悔青，倍感焦虑了。

值得吗？这种钱就像染了恶性传染病的物体，拿到手也是有害的，更何况还不一定能拿到手。相比陪伴优质企业成长，跳着踢踏舞愉悦致富的过程，做空太不值当了。

还有个例子Luna币。2018年1美元/枚，2021年最高涨到90美元/枚，然后暴跌至7000枚合计1美元。如果有人认为这是一个骗局，结局的确是对了，但无论在1美元、10美元或50美元做空，都可能肠子悔青。

或许有人说90美元做空就发财了，是的，的确发财了。但是，到90美元才判断是高估的人，要么是瞎蒙撞上了大运，要么认为它是有内在价值的，比如三五十美元（否则不会等到90美元才认为高估）。如果是前者没啥可说的，但如果是后者，即便做对了也就赚一两倍而已，也没什么神奇的。

远离杠杆、不做空。违背这两点当中的任何一点，被市场先生袭击的概率都会指数级飙升。相反，牢记这两点（即使在我们规模较小的时候），就算受挫也有机会去总结、反思和东山再起。

这七个字，每个字都价值千金。

**Lucy.lu**：加杠杆和做空，本质上还是在预测股价，在瞅傻子。

**唐朝**：抓住了要点。

**浩然斯坦**：不做空和远离杠杆似乎是"市场先生是疯的"这句话的一体两面：因为市场先生是疯的，低估以后可能还会暴跌，所以我们要远离杠杆；因为市场先生是疯的，高估以后可能泡沫还会继续膨胀，所以我们不要做空。

市场先生是疯的，但很多人希望它只疯到刚好可以被利用，而不疯到会伤人的地步，这当然注定是要让人失望的。无情地利用市场先生的报价，永远盯着企业本身的盈利能力，永远不要在股市里加杠杆，永远不要做空。市场先生只为你服务却不能指导你。对你有用的是他的口袋，而不是他的脑袋。

**五、好公司与好管理层的关系**

**股东提问**：你会因为某公司具有优秀管理层而开出高价吗？

**巴菲特**：假如确信这是一家好公司而且管理层也很好，我们愿意开出高一点的价格。假如一定要犯错误，我们宁可犯对好企业出价过高的错误，也不愿意犯买入烂企业的错误。

优秀的管理层同样可能会陷入困境，只是他们通常能更快地摆脱困境。我们认为为更好的管理层出个高价是值得的，可以大幅减少自己的头疼次数。

**唐朝**：为优秀管理层出高价的前提，是确认企业本身也是一个好企业。巴菲特避开了"如果一个烂企业拥有优秀管理层，你会愿意出略高于企业本身价值的价格吗"这个问题。我的理解是，烂企业加上优秀管理层，依然不是巴菲特会考虑的对象。

投资生涯里，犯错是不可避免的，但不同类型的错误，伤害性大小有别。相比买错了而言，买贵了的错误导致的损失要小得多，毕竟时间站在自己一边。对好企业买贵了，通常付出的代价可能就是多等一等。

好企业和优秀管理层，照样可能遇到意料之外的困境，但通常而言他们爬出困境的机会更大一些，新东方的俞敏洪可能就是一个范例。优秀的人不抱怨，不认输，团结身边的人，努力而理智地寻找各种解决办法……这些特质自然而然地会让股东受益，多了赢的机会，少了头痛的次数。

**Mr. chen**：优秀的船长也无法挽救满是破孔的船，但他们却可以让马力十足的巨轮如虎添翼。

**土龙木**：在巴菲特的眼中，好企业＋优秀管理层＞好企业＋一般管理层＞烂企业＋优秀/一般管理层。

**懒羊羊**：我们判断管理层是否优秀的途径有哪些呢？

**唐朝**：和判断身边人是否靠谱的途径差不多。看看个人历史：过去吹过的牛是否都实现了？看看做事原则：遇到小便宜的时候会怎么做？看看日常：遇到困难的时候会怎么办？看看待人：是得志便猖狂还是谦虚谨慎，尊重他人（尤其是不如自己的人）……

**懒羊羊**：懂了。看历史，就是看能力，看他是实干家还是只会放空话；看遇到便宜怎么办，就是看品德，管理层是否在乎小股东权益。能力品行要兼具。这确实跟看人、交朋友一样。

**风儿**：投资优秀的管理层，可以让我们高枕无忧，即便企业遇到困难，他们也会给你创造惊喜。即便没有惊喜，我也愿意为好人买单！生活中与人相处，也大概如此，万殊一辙。

**唐朝**：没错，道理都是通的。所以投资其实也是一个人价值观、人生观和世界观的投影。

**钟小亮**：买错和买贵，前者是对公司的商业模式、管理层还有公司的未来判断错误了，后者只是对公司的估值判断出现偏差。

前者是根本性的问题，因为一旦判断错误了，你就不知道你的估值锚在哪里了，就容易"红也惊心，绿也惊心"了，你就容易变成市场先生的跟随者。后者是估值的问题，就像巴菲特说的，"时间是好公司的朋友"，就算买贵了，后续随着企业内在价值的增加和显性化，慢慢也就没那么贵了。

### 六、有可能糟糕的成长

**股东提问**：请问沃伦，你如何看待成长？

**巴菲特**：成长完全可能是糟糕的。如果一家企业的增量资本收益率很高，那么我们很乐意看到成长。不过对伯克希尔纺织企业来说，成长得越快，我们赔的钱就越多。

**唐朝**：并不是所有的成长都是"好"的，关键是要看增量资本的收益率。增量资本收益率很高（我认为至少要明显高于无风险收益率的两倍，才能认为是"高"），成长就是好的。反之，增量资本收益率很低的成长，就是资本的毁灭行为。比如1985年致股东信里伯灵顿纺织的案例——见本书第229页。

**武侃**：只有在某一个点上，当公司的新增投资带来可观的边际增量回报时，成长才对投资者有利。

**冰冻273k**：这种毁灭性成长是一种很隐蔽的损失。极端的例子就是货币基金，每年2%~3%的增长，让你感觉赚了固定收益。然而，这种实际低于社会平均增长率的"成长"，就像开了美颜功能的相机，当时间过去，人们发现实际购买力下降的真相时，只能悔不当初。

**BP**：为什么许多明明是在毁灭资本的公司，会一直存在呢？持续追加投资的资本都是傻的吗？

**唐朝**：我理解主要是沉没成本作祟，或信息费用（知识不足）导致的。不甘心沉没成本损失，又总想着或总以为再加一点点，就能挽救或改变。这和今天许多人先被骗子骗了一点点，然后莫名其妙地不断追加，最后损失数十万、数百万乃至更多，背后心理活动差不多。

**周明芃**：我对这个问题的理解有两点。

第一，很多价值毁灭型公司变现的方法很多，大部分人并非冲着"长期持有"，而是只图"曾经拥有"，目的是快速把公司扔给接盘侠。

第二，在行业快速壮大初期，因为市场快速扩大，所以先进入者可以享受超额利润，给后来者以"赚钱"的错觉。后来者进入或先行者上马新产能后，快速拉低成本，乃至于会将销售单价拉低到低于成本，但只要仍然高于可变成本，竞争就不会停止，直至低于部分企业的可变成本，让存量产能退出市场。如此轮回。

### 七、难以看懂的银行业

**股东提问**：您如何评价银行股长期维持低市盈率这个现象？

**巴菲特**：银行业有很多问题。你能不能识别具体银行有什么具体问题，并且避免那些有问题的银行呢？这是个难题。我们曾买过一家银行，位于伊利诺伊州罗克福德市的INB。

投资于银行的核心问题在于，你很难弄明白银行到底在干什么。对银行的投资，遇到意外的概率远远高于对巧克力公司的投资。你很容易就能弄明白一家生产牛肉酱的公司在干什么，但你可能永远也无法弄明白一家银行究竟在干什么。

假如你能找到一家没有大多数常见问题的银行，它的低市盈率能否补偿你所冒的风险呢？也许能，也许不能。

**唐朝**：巴菲特回答得很直白，银行股投资的难题主要在于业务复杂和难以理解。金融业务的复杂性远超我们的想象，尤其是如果涉及衍生品。

这让我想起 2022 年股东大会上回答的那个关于投行财报的问题。12 年了，所罗门公司的账永远都做不平，全美第一大会计师事务所也摆不平。大家只好直接给账目上加一个"浮动的小窟窿"（芒格起的名儿），强行把资产负债表凑平。这种不可想象的荒谬，就那样持续了 12 年，直到濒临破产。

"低市盈率能否补偿你所冒的风险呢？也许能，也许不能。"这叫什么回答呢？但这就是事实。

然而，必须注意的是，巴菲特多次在公开的访谈里说自己很懂银行，所以他在银行业里的投资占比很大，至今依然如此。例如 2021 年末对上市公司的投资里，前十大持股里有四只是银行（分别为第二、第三、第七和第十大持仓）。

所以，巴菲特的"银行业很复杂"是说给我们这些普通投资人听的。难道是暗含鄙视？鄙视就鄙视吧，他老人家有资格鄙视我们，哈哈。

**伯涵**：巴菲特说不要挑战七尺跨栏，其实还有一层隐含意思：每个人的七尺跨栏是不太一样的。比如巴菲特有大量银行和保险的持仓，他能控制局面（尽管比他买的消费类公司难很多），但大多数投资者就未必了。

**林先森**：对于投资者来说，不仅资金无时无刻不需要比较，其实时间和精力也存在性价比问题。我也曾苦读地产类图书，试图理解万科这个股市优等生，然而结果还是吃不准，不敢下手。更夸张的是银行，虽然所费精力众多，但其实也没赚到多少钱。

与它们形成鲜明对比的是陕西煤业，前后可能耗时不足一周，我就看过几份财报、研报，一两篇文章，但论获利的绝对金额，已经接近我在银行里泡几年的利润总和了——当然，主要是本金基数差异导致的。

有些行业，就是简单，轻轻松松就能理解。有些行业就是复杂，耗费大量精力也不一定能理解。就像企业一样，有些企业就是天生命好，随便怎么乱来，也是赚多赚少的事儿。有些企业就需要管理层殚精竭虑，如履薄冰，稍有差池便跌入尘埃。甚至自己啥也没做错，纯粹是隔壁的傻子犯错，你无辜受牵连也跟着被雷劈！

所以，阅读越多，越觉着巴菲特的"我们不挑战恶龙，我们只是躲开它"，芒格的"知道会死在哪里，就不去哪里"，才是真正的大智慧，被严重低估的大智慧。

以上摘自唐书房 2021 年 10 月 14 日文章《书房拾遗第 28 期》

### 八、双寡头竞争格局

**股东提问**：请问沃伦如何评价某些行业的双寡头竞争格局，类似可口可乐和百事可乐这种？

**巴菲特**：一山二虎的竞争格局很有趣，但很难用统一的答案去概括它。假如有两家报社瞄准同一个市场，一般是一家挤垮另一家，很少有例外。但可口可乐与百事可乐就不是这种情况。有时候，两家都赚不到钱，有时候两家都能盈利。可口可乐和百事可乐的糖浆饮料都卖得很好，而且都专注于全美市场和全球市场。玛氏（Mars）和好时（Hershey）也是如此。

**芒格**：还有烟草公司。

**巴菲特**：对。一山二虎会如何，更多地取决于两只老虎的行为。假如你的竞争对手很蠢，那么你也很难采取聪明的措施。房利美和房地美就是最好的例子，它们能同时都赚 X，也能同时都赚到 2X，到底赚多少将取决于它们的行动。我们将拭目以待。

假如你的竞争对手和你一样聪明，那么你的情况就会不错。否则，你就会陷入严重的困境。这就好像和一个胖子同床。胖子不乱滚，你就安然无事，但是胖子一乱滚，你可能就惨了。这取决于胖子，而不是你。

**唐朝**：一山不容二虎，除非一公一母。相互有需求的两只老虎才能共存于一座山中。但企业界不是这样的，有很多行业存在双寡头垄断格局（指行业前两名占据绝大部分市场份额，行业老三的体量和前二有数量级差别的情况），我们耳熟能详的比如支付宝和微信支付，比如英特尔和 AMD（超微半导体公司），比如波音和空客，比如格力和美的，比如海康威视和大华股份等。

这种双寡头格局，一般已经经历过血战。在尸山血海面前，其他竞争者已经失去了追赶的可能或勇气。留下的双寡头，却有可能处于两种情况：一种情况是一家试图干掉另一家，变成一家独大；另一种情况是，两家已经这么干过了，发现结果是杀敌一千自损八百，损人不利己，于是形成默契，像刺猬一样保持一定的安全距离，或各自向外扩张共同做大行业规模，或各自安守本分从现有客户群挖掘增值价值。

一般而言，前一种相对危险，后一种相对安全。但这往往取决于企业决策者的看法，不太稳定。比如前几年格力和美的就是互相攻击，结果其实两家都没讨到好，反而给了海尔等其他竞争者成长的机会，这就是巴菲特说的，和胖子同床，但胖子打滚了。

巴菲特在这里也没有给出确定的答案，我们还是要具体行业具体分析。不同行业里的寡头，思考方式不一样，就可能有不一样的竞争格局。

**668**：白酒为什么没有产生双寡头呢？

**唐朝**：高端白酒差异化明显，包括品牌差异化、口感差异化和区域差异化，所以无法形成全面的垄断或寡头。但实际上，在某些价格段、某些区域、同一香型中，双寡头乃至多巨头混战的局面是广泛存在的。

### 九、集中和分散

**股东提问**：伯克希尔如此巨大的规模，投资却如此集中，您不担心风险吗？想请教沃伦对分散投资的看法。

**巴菲特**：主要是真正优秀、持久的大企业其实没有那么多，我们也不需要很多。如今这样的好企业可能比 10 年或 15 年前更少了。

我们之所以采取集中投资，部分原因是好企业太少。当找到一家好企业的时候，我们知道再找一家同样的企业有多么困难。而且，从一家好企业跳到另一家好企业，似乎是一个非常困难的游戏，尤其是我们这样的规模下。

查理和我真的不愿意持有小额的投资。虽然偶尔我们也有，但通常还是对单笔大额投资感兴趣。今天，我们的投资规模是 70 亿美元，但持有的企业数量却比规模在 2000 万美元时更少。

假如你住在一个小镇上，投资小镇上最好的两三家企业，你会觉得自己受到了祝福，你会非常富裕。假如你只投资最好的那一家企业，你就真的被完全祝福了。

如果没有一个具备高度流动性的股市，你很难找到投资三家好企业的机会。我们认为，有节制地拥有一些好企业是最好的选择。那种分散买进 30 家"好企业"，而不把资金集中在最好的那家企业身上的做法，是非常愚蠢的。

**唐朝：**"今天，我们的投资规模是 70 亿美元，但持有的企业数量却比规模在 2000 万美元时更少。"我想很多人读到这句会感到很震撼。

从逻辑上说，只要被投资企业容纳得下，将所有资金集中在最优秀的第一名身上，无疑会比分散在前 30 名或 50 名身上，投资收益率更高。这就仿佛全班第一名会比平均成绩更高一样明显。只不过出于投资者必须相信自己一定会犯错的信念，以及我们对波动的忍耐性可能不如我们想象的那么强大（或者说市场波动幅度完全有可能超过我们的承受力），我们才搞适度分散，以牺牲收益率的代价换取更高的确定性（从五个人里押中第一，成功概率高于选中一个人下注他/她将成为第一）和更小的潜在波动幅度。

所谓"适度"分散，就是从三五十家目标企业里，排列出相对更好的三五个行业，七八家企业，足够了。虽说分散是对无知的保护，但真要多到三五十家，其实基本就等于指数了。

另外，对于持有三五个行业、七八家企业的状态，投资者群体里既有将其叫作"适度分散"的，也有叫作"适度集中"的，只是无聊的名词之争，都对。我们理解概念的内涵就是了。

**Mr. chen：**单纯从收益率的角度，我们当然应该集中投资我们心目中最优秀的那一个。但是，我们不是神，总是会犯错，所以，适度分散，既可以降低持仓波动，又可以提高投资确定性。

**pm**：补充一段巴菲特的论述："既然你走上研究公司这条路，既然你决定投入时间和精力把投资做好，我觉得分散投资是大错特错的。要是你真能看懂生意，你拥有的生意不应该超过六个。要是你能找到六个好生意，就已经足够分散了，用不着再分散了，而且你能赚很多钱。"

# 投资研习录

## 伯克希尔没有秘密

唐朝 ◎ 著

# 1990-1999

中国经济出版社
CHINA ECONOMIC PUBLISHING HOUSE
北京

# 目 录

| | | |
|---|---|---|
| 1956年：合伙基金传奇起步 | 明确两条重要原则 | 001 |
| 1957年：专注低估套利策略 | 意气风发志向远大 | 006 |
| 1958年：隔离情绪寻找低估 | 烟蒂投资也需条件 | 011 |
| 1959年：股市暴涨心存忧虑 | 坚持保守投资思路 | 016 |
| 1960年：跌市解锁财富密码 | 目标超越比较基准 | 020 |
| 1961年：百万富翁梦想实现 | 保守投资不做预测 | 024 |
| 1962年：烟蒂投资尖峰时刻 | 适当放宽安全边际 | 034 |
| 1963年：社会环境趋于宽松 | 怒怼投资机构无用 | 038 |
| 1964年：冲动收购伯克希尔 | 低估类投资要控股 | 042 |
| 1965年：财富帝国即将建立 | 坦露资金规模障碍 | 049 |
| 1966年：收购科恩百货公司 | 别让报价影响判断 | 055 |
| 1967年：主动降低投资目标 | 烟蒂之内孕育优质 | 062 |
| 1968年：追求持续稳定获利 | 做投资要有钝感力 | 072 |
| 1969年：合伙基金落下帷幕 | 投票机称重器思辨 | 079 |
| 1970年：搭建伯克希尔舞台 | 客户优先待之以诚 | 087 |
| 1971年：转变身份摆脱束缚 | 直言保费收入无用 | 093 |
| 1972年：收购喜诗促成飞跃 | 结识政要步入上层 | 096 |
| 1973年：股市大跌欣喜扫货 | 价值支撑不惧浮亏 | 101 |
| 1974年：难掩亢奋点评市场 | 保险经营困难重重 | 106 |
| 1975年：持续吐槽保险弊病 | 首次提出永久持有 | 110 |

| | | |
|---|---|---|
| 1976年：彻底摆脱烟蒂模式 | 首次披露选股标准 | 116 |
| 1977年：开启好人赚钱模式 | 买股票就是买公司 | 121 |
| 1978年：无奈坚守纺织行业 | 公开反思烟蒂投资 | 129 |
| 1979年：伯克希尔挂牌上市 | 论股东与公司关系 | 138 |
| 1980年：反复强调保险困境 | 直言落难王子之殇 | 147 |
| 1981年：顶级投资品的特征 | 投资的核心是比较 | 155 |
| 1982年：股神预测屡被打脸 | 投资要寻求差异化 | 165 |
| 1983年：喜诗糖果重要一课 | 笑看股价癫狂波动 | 183 |
| 1984年：树立金钱平等理念 | 一美元原则看分红 | 198 |
| 1985年：股市利润两大来源 | 报纸与纺织大不同 | 216 |
| 1986年：贪婪恐惧相互交织 | 投资寻找强势企业 | 243 |
| 1987年：笑看专业机构癫狂 | 能力圈内做简单事 | 258 |
| 1988年：畅谈套利投资精要 | 提醒过热市场风险 | 292 |
| 1989年：罗列过往诸多错误 | 陪伴优秀企业成长 | 327 |
| 1990年：逆势投资富国银行 | 长期买家欢迎下跌 | 379 |
| 1991年：成功投资唯一方法 | 切忌能力圈内错过 | 426 |
| 1992年：成长与价值不可分 | 寻找优质是第一位 | 437 |
| 1993年：质疑贝塔系数荒谬 | 再谈内在价值评估 | 473 |
| 1994年：不做预测无视波动 | 关注价格而非时机 | 501 |
| 1995年：估值的理论和实操 | 追求只需聪明一次 | 532 |
| 1996年：寻找注定赢的公司 | 好公司也不要买贵 | 567 |
| 1997年：传授投资棒球打法 | 解决所罗门大难题 | 611 |
| 1998年：规模阻碍增长速度 | 努力不等于赚得多 | 663 |
| 1999年：巅峰时刻遭遇重击 | 理性思考坚守本心 | 701 |

附录一　伯克希尔历年股本及市值 ……………………………… 745
附录二　公司名称中英文对照表 ………………………………… 749
参考资料 ………………………………………………………………… 753
致　　谢 ………………………………………………………………… 755

# 1990 年
## 逆势投资富国银行
## 长期买家欢迎下跌

年度背景 // 380

股价、内在价值与账面价值 // 381

善用赞美 // 383

回购的意义 // 384

媒体行业的问题 // 385

以合理的价格买入经营良好的
　银行 // 388

富国银行案例：优质、便宜、优秀的
　管理层 // 390

堕落天使与垃圾债券 // 395

小心历史证据 // 398

致公司潜在卖家的一封信 // 400

1990 年伯克希尔股东大会问答
　摘要 // 405

## 年度背景

1990年是个相当动荡的年份。日本房地产泡沫破裂,土地价格近于腰斩,股市见顶,年度跌幅高达38.72%(直至2023年依然没有收复1990年高点)。8月,伊拉克和科威特开战,海湾战争一触即发,国际石油价格在不到三个月内翻倍,第三次石油危机爆发。

美国股市在连续八年的持续上涨后,迎来了下跌。不过跌幅不大,全年标普500指数下跌6.6%至330.22点收盘,加回指数成份股分红后,标普500指数年度含息收益率–3.1%。

这一年5月,一位同样知名度很高的明星基金经理宣布退休,保住了连续13年无亏损、年化回报高达29.2%的无敌战绩,他就是富达麦哲伦基金的管理人彼得·林奇。

这一年,巴菲特借着股市下跌契机,大笔介入富国银行。持有市值高于1亿美元的主要持股如表20所示。全年伯克希尔收益率7.4%,但伯克希尔股票价格大跌23.1%至6675美元收盘,是自1974年之后的最大跌幅:1975年至1990年的16年间,伯克希尔股价仅有两年是下跌的,另一次是1984年的–2.7%。

1990年的年度股东大会,参会人数首次突破1000人,会议不得不从以前的乔斯林艺术博物馆,换到一个更大的场地:奥芬剧院。

表20　伯克希尔历年持股明细（1990年）

| 股份数量（股） | 公司名称 | 成本（千美元） | 市值（千美元） |
| --- | --- | --- | --- |
| 46,700,000 | 可口可乐 | 1,023,920 | 2,171,550 |
| 3,000,000 | 大都会/美国广播 | 517,500 | 1,377,375 |
| 6,850,000 | 盖可保险 | 45,713 | 1,110,556 |
| 1,727,765 | 华盛顿邮报 | 9,731 | 342,097 |
| 5,000,000 | 富国银行 | 289,431 | 289,375 |
| 2,400,000 | 房地美 | 71,729 | 117,000 |
|  | 合计 | 1,958,024 | 5,407,953 |

## 股价、内在价值与账面价值

**巴菲特**：在理想的情况下，伯克希尔所有股东的收益，在其持股期间应该与公司的业绩密切相关。这就是为什么查理和我都希望伯克希尔的股价能始终和内在价值差不多。

最近两年，股市无视我们俩的希望，完全以漠视价值的方式大幅波动。1989年伯克希尔账面价值增长44%，股价上涨85%，但企业内在价值的增幅是低于这两个数字的。然而1990年，账面价值与内在价值都有小幅增长，但股价却大跌了23%。

目前，伯克希尔内在价值远超账面价值，只是我们无法告诉你具体的差异是多少，因为内在价值本身就是一个估计数。事实上，查理和我所估的值就可能有超过10%的差距。但可以确信的是，我们拥有的一些优秀企业的内在价值，远高于它们在伯克希尔资产负债表上体现的账面价值。

（摘自1990年致股东信；摘录时间：2022-05-27）

**唐朝**：欢迎来到1990年。经历了15年的美好时光，伯克希尔的股东们终于迎来一次重大考验。想必那些因为伯克希尔是大牛股而跟风买入的投机者，在这一年里是吃尽了苦头，因为伯克希尔股价从年初的8675美元，暴跌至年末的6675美元，每股跌掉了整整2000美元。

若以年内低点 5500 美元计算,年内"回撤"高达 37%。

在此之前的 15 年(1974 年末至 1989 年末),伯克希尔账面价值增长了 55 倍,股价上涨了 233 倍(从 37 美元涨到 8675 美元),差不多属于只涨不跌的那种大牛股。对于很多投资生涯低于 15 年的投资者来说,脑袋里很可能根本就没有"伯克希尔股价也会跌"的概念,就好像几年前中国房地产市场里"京沪永远涨"的信念一样。

此时回看前一年(1989 年)巴菲特的警告,是不是会好奇巴菲特的判断怎么能那么准?其实没什么神奇的,就是因为看见估值高了。

这里我们需要理解的核心内容主要有三点:第一,股价的短期波动,完全可能是无厘头的,完全可能与内在价值的增长逆向而行;第二,企业内在价值是一个可以大致估算的范围,而不是一个精确值;第三,提醒投资者,此时伯克希尔内在价值远高于账面价值[①]。

此时的我们,有能力通过后视镜补一句:1991 年一季度伯克希尔的股价最低 6550 美元(相比 1990 年收盘价 6675 美元,跌了不到 2%),就是这番话面世后的最低价。至于高点,目前的高点已经超过 50 万美元了。

**伯涵:** 巴菲特说"内在价值远超账面价值"的时候,相当于明牌了。那个时候敢于买买买,然后一直拿到现在,就太美妙了!其实这个投资决策是不难做出的,但实际上我估计赚到这个钱的股东是极少数。投资中,不动如山也是很难的。

**邓聪:** 这似乎也说明,优秀的企业,如果我们研究的时间已经足够长,在合理估值就开始买入是非常合适的策略。万一它没跌到低估就一直涨,那我们就永远与这家企业擦肩而过了。错过的成本实在太高,而即使跌到低估,相对来说,我们也只是少赚了一点点。相比于研究企业付出的巨大精力,这点代价咱们付得起。

---

① 1990 年末伯克希尔每股账面价值是 4612 美元,1991 年末是 6437 美元。

## 善用赞美

**巴菲特：**我个人在伯克希尔营运活动中扮演的角色，可以用我外孙女爱美丽（Emily）的一个小故事来说明。

她去年秋天四岁的生日宴会，参加的人除了家人、亲戚和其他小朋友之外，还有一位魔术师毕木尔（Beemer）。席间毕木尔为大家表演了一段魔术，他将绿色的手帕放进箱子里，然后请爱美丽帮他拿着一支神奇的魔棒，在箱子上挥舞了一下，居然就变出来一条蓝色的手帕。接着毕木尔又放进一条手帕，爱美丽又挥了一下，这回拿出来一条打结的手帕。经过前后四次、一次比一次精彩的表演之后，爱美丽满脸放光，开心地大叫："哇，我实在是太厉害了！"

我对伯克希尔下属这些企业魔术师的价值，就像爱美丽对毕木尔的价值一样。我们这些魔术师是：布鲁姆金家族（the Blumkins）、弗里德曼家族（the Friedman family）、迈克·高德伯格（Mike Goldberg）、赫尔德曼家族（the Heldmans）、查克·哈金斯（Chuck Huggins）、斯坦·利普斯（Stan Lipsey）、拉尔夫·舒伊（Ralph Schey）。请对他们的精彩演出给予热烈的掌声。

（摘自1990年致股东信；摘录时间：2022-05-28）

**唐朝：**巴菲特讲了一个小故事，谦逊地说企业经营的成功主要是旗下企业家们的功劳。巴菲特和芒格对自我的认知比较清楚，在具体企业经营上他们并没有什么特长，他们只是找到优秀的企业家，然后信任他们，让他们放手去干，自己的主要作用是坐在旁边鼓掌。

以上点名表扬的管理层分别对应的旗下企业为：

布鲁姆金家族：著名的 B 夫人家族运营的 NFM。

弗里德曼家族：运营波仙珠宝的一大家子。

迈克·高德伯格：伯克希尔再保险部门负责人。阿吉特·贾恩是他以前在麦肯锡的下属，后被他招进伯克希尔。

赫尔德曼家族：费希海默兄弟制服公司。

**查克·哈金斯**：喜诗糖果。

**斯坦·利普斯**：《太阳报》《布法罗晚报》。

**拉尔夫·舒伊**：斯科特－费策控股集团，旗下主要品牌是寇比吸尘器、世界百科全书等。

巴菲特和芒格这种认知也不是天生的，早期其实巴菲特经常直接介入企业经营。只是在经过认真思考、谨慎决策，然后成功搞砸（或濒临搞砸）了几个项目后，巴菲特逐渐学会了呆坐大法。当然，说他们完全是呆坐也是冤枉了他们。在整个伯克希尔集团里，巴菲特和芒格承担的工作核心是配置旗下企业赚回来的现金。这是二老的特长，独步天下的特长。

然而，我今天要说的不是资金配置，而是赞美。善于赞美同样是一种特长，威力不低于资金配置能力。这种特长，只要你愿意，你马上就可以开始使用，而且立刻就会生效。你可以试着夸赞你的妻子、你的丈夫、你的孩子、你的朋友、你身边一切你在意的人，甚至不妨扩散到陌生人范围。相信我，你很快就会看到收获和改变的。

**伯涵**：擅长表扬，确实是非常重要的能力。第一，说明你把对方放在心上，肯定对方，会让对方特别受用。第二，对方出于"互惠"心理，也会以同样的方式回馈你。比如说朋友圈点赞，就是相互的。第三，人在被表扬之后，一般不想辜负别人，会努力去配得上这种评价。所以，在巴菲特的真诚感谢和表扬下，那些人都心甘情愿地为巴菲特工作。

**浩然斯坦**：巴菲特之前说过一个建议：具体地表扬，泛泛地批评。如果要提出批评意见，不要批评某个人，可以批评工作方法，或者批评某一类行为。如果要表扬，那就表扬这个特定的人。

**唐朝**：对，点名表扬，归类批评。

## 回购的意义

**巴菲特**：如果可口可乐利用留存收益回购公司股份，那么我们在这个世界上最有价值的特许经营权里的占有比例就会提升。当然，可口可乐还有许多使用留存收益的方式，都可以提高企业的价值。

可口可乐也可以不搞回购，而是将留存收益以现金的形式分给我们，然后我们自己用这笔钱去买入可口可乐股票。但这种方式很低效，因为我们需要额外支付股息税。所以我们自己买入，无法让我们的持股比例提升至公司回购的同等效果。有趣的是，后一种低效的分红方式，反而会让伯克希尔的年度利润表上显示出更高的净利润数据。

（摘自1990年致股东信；摘录时间：2022-05-29）

**唐朝：**巴菲特简短地科普了回购的意义。相比现金分红，回购节约了股息税，所以更有利于股东。当然，额外需要注意的还有两点：

第一，相比股息税来说，回购时股价是否低估更重要。并非任何价格的回购都有利于股东。这一点，巴菲特没有在这里说，我补上，避免有朋友误解。

第二，如果本来就是免收股息税的情况（譬如中国沪深股市持股一年以上），直接分给股东，由股东选择是否重新买入，是比公司回购更好的选择。

**高空：**但在低估时，是不是公司回购股票直接分给股东比现金分红更好一些？因为这既稳定了股价，又给股东分了利润。

**唐朝：**股价是否需要"稳定"，不同的股东可能有不同的看法。所以，如果是免股息税的情况下，我认为公司分现金给大家，认为低估的去买，不认为低估的（或眼中有其他更好投资对象的）拿去做别的用途。这样，各生欢喜，各自承担决策后果，更好。

## 媒体行业的问题

**巴菲特：**查理和我对过去一年媒体行业的发展感到惊讶，包括《布法罗新闻》这样的报纸。媒体行业在经济衰退的早期阶段受到的伤害很大。问题是，这种伤害只是周期性的不景气（意味着经济形势好转后能够很快恢复），还是一种盈利能力的永久性损伤？

由于我过去没能预测到现在所发生的事情，你可能会质疑我对未来的预测是否有价值。尽管如此，我还是要提出一个判断供大家参考：虽然媒体行业相比其他行业仍然会维持一个相当不错的发展前景，但它很可能会远低于我个人、行业自身或放贷人几年前的普遍预期。

媒体行业在过去如此出色的原因，不是实际销量的增长，而是大多数媒体都拥有不同寻常的定价权。但时至今日，由于经济的不景气，广告预算增长已大不如前。很少做或根本不做媒体广告的新型零售商（它们偶尔会使用邮递广告服务），已经逐渐在某些商品类别中占据了大量市场份额。

更要命的是，印刷品和电子广告媒体的数量大大增加，广告费被分流，传统媒体的定价权下降了。这些情况大大降低了布法罗晚报和伯克希尔投资的其他主流媒体的内在价值。当然，即便如此，它们还是不错的生意。

（摘自1990年致股东信；摘录时间：2022-05-30）

**唐朝**：1990年的伯克希尔经营业绩和股价表现，是巴菲特接管伯克希尔26年里，仅次于大股灾的1973年和1974年的倒数第三差年份。尽管如此，巴菲特在1990年里依然将旗下企业挨个儿夸了一遍。尤其是"非险七加一"（非保险业务"七圣徒"+刚收购的波仙珠宝），更是逐个点名表扬，这是明示表现不佳与旗下经理人无关，他们都很棒。

当然，巴菲特也没说是自己的责任。其实就是市场估值高了，很难找到满意的投资对象，加上所持股票的股价调整，这都没有反省的价值。

在对"非险七加一"的表扬里，唯一夹杂着一点对布法罗晚报的担忧，就体现在这里摘录的这几段。

1990年，布法罗晚报（注意，报纸已经改名叫《布法罗新闻》，但公司还是叫布法罗晚报公司）在连续七年高增长之后，首次出现税前利润约5%的下滑，巴菲特在这里分析了下滑的原因。这番话真是价值百万的话——对我个人而言。

如果我阅读时认真了，真的过脑了，我就不会在2018年末到2019

年初，对分众的广告收入做那么乐观的判断，付出了七位数的代价。巴菲特已经说过媒体广告"在经济衰退的早期阶段受到的伤害很大"。我理所应当地应该学着追问："这种伤害只是周期性的不景气，还是土地的盐碱化？是否需要在估值和买点设置上为此担忧预留一定的安全边际？"

可惜，投资只看结果，不讲如果。

巴菲特接着给出了一个判断：未来盈利能力还是会不错，但会远低于预期。这个判断又给了我们一个很好的案例演示：投资获利不需要事事判断正确。

表21中的数据表明，布法罗晚报后面其实也就低迷了一年，1991年税前利润同比下跌约16%，然后就重新回到了高增长的轨道，连续多年税前利润高得超出所有人（当然包括巴菲特）的预期。

表21 1983—1999年布法罗晚报税前利润

单位：万美元

| 年度 | 税前利润 | 年度 | 税前利润 |
| --- | --- | --- | --- |
| 1983 | 1935 | 1992 | 4786 |
| 1984 | 2733 | 1993 | 5096 |
| 1985 | 2992 | 1994 | 5420 |
| 1986 | 3474 | 1995 | 4680 |
| 1987 | 3941 | 1996 | 5040 |
| 1988 | 4223 | 1997 | 5590 |
| 1989 | 4605 | 1998 | 5300 |
| 1990 | 4395 | 1999 | 5500 |
| 1991 | 3711 | 2000年之后 | 不再单独披露 |

注：2000年后，由于伯克希尔规模日益庞大，布法罗晚报被归入"其他"，不再单独披露。

为什么说超出所有人的预期呢？其实即便是不景气的时候，布法罗晚报的净资产收益率也是畸高无比。在1991年出版的《新闻公司》杂志上，曾有一篇报道写道："布法罗新闻每天发行22.4万份，周日版每周发行 31.6 万份。它的净资产收益率高达 91.2%，令人叹为观止……该报很可能是全美国获利能力最强的报业公司。"

为什么报社的获利能力这么强大？巴菲特给出了答案：垄断某区域市场带来的定价权。但巴菲特也看到了定价权正在遭受侵蚀，而且很显然他在 1990 年悲观过头了。

事实上，布法罗晚报 1992 年就重回高增长的证据，或许向我们表明了它又通过某种方式重新掌控了定价权？看到它，你想到了谁？分众那跟随股价涨跌出现或消失的"护城河"，对吧？俺也一样。

**pm：**不管你再怎么厉害，水平再怎么高，集中投资 6 到 8 只股票，总是会遇到一个问题。每两三年，总会有一两只股票表现不如预期，给我们带来 20% 到 30% 的下跌。每两三年，都会遇到这样的情况，从无例外。——乔尔·格林布拉特

以上摘自《巴芒演义》第 192 页

**林先森：**越深入了解巴菲特，就越有一种感觉：我们在投资中会遇到的所有的坑，老人家都在某处分享过。我们可能很长的时间里，甚至是一辈子，需要做的就是照猫画虎。其实照猫画虎，也相当不容易。

## 以合理的价格买入经营良好的银行

**巴菲特：**树懒特有的那种懒惰到昏昏欲睡的气质，最能代表我们的投资风格。1990 年，我们的六大持股中的五只股票，既没有买入也没有卖出，唯一的例外是富国银行。

富国银行是一家管理优秀、净资产回报率很高的银行。我们将持股比例增加到略低于富国银行总股本的 10%，这是在不需要美联储批准的前提下，我们可以持有的最大比例。约有 1/6 是 1989 年买到，剩余部分是 1990 年内买入的。

我们不喜欢银行业。这个行业的特点是高杠杆运行，常见比例是总资产是净资产的 20 倍。这种情况下，一点点小错误就可能导致灭顶之灾。遗憾的是，犯错在银行业内几乎是常态而非特例。大多数错误都

是由管理不善导致。正如我们去年在讨论"制度惯性"时所描述的那样：高管们往往会盲目模仿同行，不管这样做是多么愚蠢。在贷款业务中，许多银行管理者以旅鼠一样的热情追随行业领导者的步伐，而现在他们也确实经历着旅鼠一样的命运。

由于20∶1的杠杆会放大管理者的优势和弱点，我们对以便宜的价格买下管理不善的银行毫无兴趣。我们唯一感兴趣的是，以合理的价格买入经营良好的银行。富国银行拥有这个行业最好的经理人：卡尔·理查德和保罗·哈森。

（摘自1990年致股东信；摘录时间：2022-05-31）

**唐朝：**"树懒特有的那种懒惰到昏昏欲睡的气质，最能代表我们的投资风格。"这句话有没有让你忍俊不禁？

做投资大部分时间其实就是吃喝玩乐等（等指等待）。不过，不要小看懒惰，在资本市场里勤快容易懒惰难。芒格曾说过："我发现什么都不做是最难的事情。"我也曾在多年前发帖感慨过：

股市上涨一段后，就会有很多朋友逐渐发现：股市里最难的，不是选股，不是抄底，不是死扛，不是金叉、死叉、"酸辣粉"……而是如何在账户里仿佛有台印钞机开工的状态下，能保持（或假装）不闻不问、漠不关心。

新手喜欢找干货，满足换来换去的欲望。老手喜欢找乐子，转移挣钱太多的压力。至于干货，你关注的每个人，每年能有一份端上来，该担心的，恐怕是自己的消化能力了。

唐朝 2015 年 12 月 2 日

在我看来，投资最难的事情，是一动不动，啥也不干。满仓套牢不动，最容易，几乎所有炒股的都会。空仓不动，稍难，需要一定的克制力。盈利30%~100%之间，呆坐，最难。这时，你必须对公司价值有大致估算，能抵御波动的诱惑，还要每天上网聊天吹水，眼见股票天天涨得让人烦，难上加难。一旦呆坐盈利超过100%以后，一切又回归简单了。

唐朝 2016 年 8 月 10 日

1990年，美国的银行业空前困难，恐怖笼罩着一切。巴菲特就是在市场一片恐慌中，以不到5倍市盈率的价格买入富国银行的。

这番话里还有一句重点："我们对以便宜的价格买下管理不善的银行毫无兴趣。我们唯一感兴趣的是，以合理的价格买入经营良好的银行。"

真的理解这句话后，喜欢银行股的投资者就不会在这几年里，将资本浪费在所谓便宜的某些银行股上，要选也是选最优秀的。当然，我现在的理解是最好避开。2018年我就发表文章说过，清仓银行股的重要理由之一是：未来几年里，银行业将注定是天选的割肉饲鹰者。

这种理解也是逐步发生的。其实截止到2018年初，我还依然挣扎在便宜和优秀之间，典型代表就是唐书房2018年4月8日发布的《看民生银行的全面溃退》一文。

虽然投资民生银行带给我的利润比招商银行高，但里面有挺大的侥幸成分——主要是2014年在10元左右卖掉大半，然后在民生推出"金手铐"激励方案后跌至五六元间又接回。彻底理解了巴菲特这句话后，尤其是看过巴菲特在富国银行的投资经历后，我已经不太敢碰"便宜"银行了。但我知道，迄今为止仍然有很多知名投资者，还在继续为这句话背后的道理缴纳学费，市场先生已经很不客气地笑纳很多了。

**伯涵**：巴菲特说过，银行是高杠杆企业，对经营管理的要求比较高，因此买银行首要就是要"买好的"（优质），而不是"买便宜的"（低估）。通过阅读您近些年的文章，我感觉您对巴菲特的理解，也是逐步完善和深化的过程，比如关于银行选低估还是优秀的思考，再比如对周期股用席勒市盈率的思考。这种真实的进化史，其实更有观摩和学习价值。

## 富国银行案例：优质、便宜、优秀的管理层

**巴菲特**：1990年，趁着银行业一片混乱之际，我们买入了富国银行。这个混乱局势有它的道理：接连数月，许多原本声誉不错的银行，

接连被曝光愚蠢的放贷行为。经常是管理层保证一切正常的话音刚落，一桩巨额亏损就被媒体曝出。于是，投资者顺理成章地得出了结论：银行报表皆不可信，无论管理层把胸口拍得多响。

趁着大家一片恐慌逃离银行时，我们以 2.9 亿美元买入了富国银行约 10% 的股权，这估值不足其税后利润的五倍，或者说不足其税前利润的三倍。

富国银行规模庞大，账面资产总额高达 560 亿美元，净资产回报率超过 20%，总资产回报率超过 1.25%。我们买下它 10% 股权，大致相当于收购了一家品质同样优良、资产规模为 50 多亿美元的银行 100% 股权。但若真有这么一家银行，我们恐怕至少要付出两个 2.9 亿美元才能买得到。此外，就算我们真的可以买到这样一家缩小版富国，也会面临另外一个难题：我们找不到一位像卡尔·理查德这样的银行家来经营它。近年来，富国银行成了银行界的培训学院，富国出身的管理人才一直是各家银行挖墙脚的热门人选。但若是想挖走这个学院的院长，那可能有点难。

（摘自 1990 年致股东信；摘录时间：2022-06-01）

**唐朝**：巴菲特解释了他买入富国银行股权时的考虑因素：优质＋便宜＋优秀的管理层，组成一个闪闪发光的机会。当然，此时的前提是巴菲特有能力在大家认为"所有银行的数据通通不可信"的时候，做出"富国银行数据可信"的独立判断。

这就是"有知识储备，才看得见机会"。平时大量观察和研究优质企业，并对其做出估值和提出买点，其价值就在于"如果"某天企业触发买点，自己可以不受市场情绪干扰，果断买入。

或许其中某些企业一辈子都不会触发买点，看上去这研究似乎"浪费"了，但只要其中有那么少数几个机会被抓住了，我们一生的财富和成就就可能非常可观。而这几个被抓住的机会，就很容易成为"躺平"人眼里的"好运气"，被评价为"要不是××，他的收益率也很一般"。

投资者一生学习、阅读和思考的差异，往往也就体现在那几个关键的××上。比如，过去五年巴菲特主要也就抓住了一个苹果。仅仅抹去苹果一个案例（获利1500亿美元左右），过去五年巴菲特的股市投资（单指上市公司投资，不含非上市公司经营所得部分）年化回报率可能连5%都不到。

除此之外，巴菲特还非常清晰地再次给大家展示了"买股票就是买入企业部分所有权"的思考方式。在他看来，买入富国10%的股权，就等于100%收购一家同样优质但资产规模为富国10%的小银行。而股市存在的价值，恰恰在于可以提供更便宜的价格，市场先生奉上了拦腰一刀的买入机会——收购这样一家微缩版的富国银行，至少需要两倍价格。

**糖换鸡毛：**巴菲特眼中的富国银行虽然存在一定的风险，但并不要命，因此买入之后虽然股价下跌，但是他却很开心，因为能用更低的价格买到更多的股份。以长期投资作为终身目标的投资人，对股市波动也应该采取同样的态度，千万不要因为股市涨就欣喜若狂，跌就如丧考妣。

**伯涵：**之所以经常有人评价说，"他不就是买中了××"，是因为他们只看到了他人买入的那个动作。其实这个买入的动作，只是冰山一角。为了买入所做的工作和思考，在冰山之下，这些人看不到。这样的狭隘心态，最终阻止的是自己的进步。

**林飞：**避开银行股大坑，也算是老唐最近十年实盘里的几个关键决策之一了。老唐读过那么多银行相关的书籍，研究了那么多银行相关的资料，到后来甚至出版了一本关于银行业的专著，正是背后这么大量的研究思考，才让老唐对银行业的认识不断进化，直到最后避开大坑。可以说，投资者一生学习、阅读和思考的差异，除了是否抓住几个关键机会，同样也在于是否避开几个关键的坑。

**巴菲特：**富国银行股价在1990年的几个月内大跌了50%以上，尽管在下跌前我们已买进一些股份，但我们很开心看到这种大跌，因为它使我们能够以恐慌性的低价买入更多的股票。

以投资为终生目标的投资人，对于股市波动也应采取同样的态度。然而遗憾的是，现实恰恰相反，许多人在股价疯狂上涨时欣喜若狂，而在股价下跌时闷闷不乐。

他们对食品价格的反应，并没有表现出来这种困惑，因为他们知道自己是食品的持续购买者，所以欢迎价格下跌，痛恨价格上涨。同样，在《布法罗新闻》我们会为新闻纸价大跌而欢呼，尽管这会让我们为库存的大量新闻纸计提减值，但我们知道我们永远需要购买更多。

同样的原则也适用于伯克希尔的投资。只要我还活着，我们会年复一年地收购企业，或是通过买入股票收购某些企业的一小部分所有权。鉴于这个现实，下跌的公司价格将使我们受益，而上涨的公司价格会使我们受损。

导致价格下跌的常见因素是悲观情绪，有时是整体性的，有时是针对具体某行业或某个公司的。我们喜欢在这种悲观的环境里做生意，不是因为我们喜欢悲观情绪，而是因为喜欢由它导致的低价。乐观情绪是理性投资者的大敌。

但这并不意味只要公司或股票不受欢迎，就会变成值得买入的对象。为了逆向而逆向的投资，和随大流追热点的策略一样愚蠢。我们需要的是思考，而不是简单投票给多数派或者少数派。

不幸的是，伯特兰·罗素对人性的观察，放在金融界同样正确："大多数人宁愿死也不愿意思考。结果，他们之中很多人真的死于不思考。"

（摘自1990年致股东信；摘录时间：2022-06-02）

**唐朝**：这番论述里有两个耳熟能详、很重要但被普遍误解的概念，巴菲特做了很清楚的阐述。

第一个是长期投资者欢迎股价下跌，是因为自己会是长期买家。这是个重要的默认前提。

经常有这样的朋友，或是困惑或是抬杠般问老唐："你说股价跌会赚更多。如果企业赚再多也不分红，我又没钱买，股价一直跌，我怎么赚钱？"老唐通常简单粗暴地回复："那你就亏死了，赚不到钱。"

"优质企业一直跌，你会赚更多"，是因为投资者无论通过分红或是从其他地方搬来的资本，在一直跌的假设下能够持续买入更多，导致持续下跌会增加你在优质企业里的持股权，从而理论上最终可以控股乃至私有化整家企业，获取难以想象的暴利。

正因为这个底层逻辑的存在，资本的逐利天性会导致这样的企业根本就无法实现持续下跌，甚至连持续不分红加股价不涨的组合状态，也很难出现。因为那样，企业账上的现金数量迟早会引起其他资本的觊觎。

如果非要给自己挖个坑，假设"股价永远跌＋企业永远不分红＋自己永远没别的钱来买"，那就只剩下注定亏钱一条路可走了。

第二个概念是批评所谓逆向投资。

逆向投资是市场上常见的一个似是而非的概念。早在2013年初，雪球发布过一个2012年年终总结十大热词：学习、运气、便宜为王、不熟不做、投机亏钱、分散组合、减少交易次数、逆向投资、耐心、价值投资。

我当时（2013年1月10日）发帖评论说："除了逆向投资和价值投资两个词概念模糊之外，其他八个关键词直接拿来做投资指南，应该能保大概率不死。"

2016年10月23日，在一场关于"格老门"和"巴神堂"的投资思想的辩论中，我对这个逆向投资的说法再次做了批判。我说："无须考虑什么顺向逆向，我自盯着价格价值差走，至于其他人，爱顺爱逆，请自便。这样的后果，也许我们有时跟市场同向，有时跟市场逆向，但那只是表象。核心不是顺向逆向，核心是'盯着价格价值差走'。"

巴菲特的确说过"别人恐惧我贪婪，别人贪婪我恐惧"，但他强调的不是和大多数人对着干，而是强调不要受眼前的市场情绪干扰，要去独立思考，也就是要去"盯着价格价值差"。和大多数人对着干，本质还是盯着市场的傻子，依赖市场先生的脑袋，这是对巴菲特投资思想的误解。

**糖换鸡毛：** 每个企业在不同的时期，多多少少都会面临一些困境，到底是机会还是陷阱，这是投资中的难点所在。便宜的价格大多出现在困境的时候，这也是投资者必然要面临的问题。有知识储备，才能看得见机会，躲得开陷阱。

**宁静**：大多数困境中的企业，并不能做到反转。

**翻石头的菜荚**：《价值投资实战手册：第二辑》提到，大股东可以通过分红拿到上市公司不需要的资金，合法另作他用；另外，不分红也可能会引起野蛮人的觊觎。我的感受是，这也是一种金钱永不眠吧。无论内（大股东）外（野蛮人），都很难长期忍受资金的低效利用。

**武侃**：现在我终于明白了。逆向投资与长期投资有点类似，都是巴芒价值投资思想所产生的大概率结果，而不是指导投资的策略。

因为短时间内，价格回归不了价值，所以持股成了长期；如果一天涨成高估，我们一天就卖了，看着也像是日内做 T 的"韭菜"。同样，我们理智地盯着价值与价格差的时候，很多时候与市场情绪相背，看着像逆向投资而已。但如果基本面变化，我们也跟着市场一起卖的时候，看着也就像是一棵恐惧的"韭菜"了。

这一切，不是因为坚持逆向投资或长期投资，而是坚持永远比较、永远盯着市值和内在价值的差异做决策。

## 堕落天使与垃圾债券

**巴菲特**：就像我们很少买入银行股一样，我们也很少买入低于投资级的债券。[1]但是，能让我们感兴趣且规模足以对伯克希尔公司业绩产生影响的机会实在太少。因此，只要我们了解投资对象，且价格和价值有足够吸引人的差异，我们愿意尝试各种不同类别的投资工具。伍迪·艾伦有句话指出了思想开放的好处："我搞不懂为什么会有那么多人排斥双性恋，双性恋可以让人周末的约会机会增加一倍呀！"

过去，我们曾成功地投资过一些低于投资级的债券，它们都是老式的"堕落天使"——发行之初是投资级债券，后来因为公司遇到经营困境被降级了。在 1984 年的年度报告中，我们描述过购买的一个"堕

---

[1] 译者注：标普公司的债券评级，分为四等十二级：AAA、AA、A、BBB、BB、B、CCC、CC、C、DDD、DD、D。每个级别还可以通过 + 和 – 来细分。其中 BBB 及以上的债券为投资级。

落天使"案例：华盛顿公共电力供应系统债券。

在20世纪80年代，一种"变异"的"堕落天使"突然成为投资大热门：垃圾债券[①]。这类债券在发行时就远远低于投资级。十几年来，垃圾债券越来越垃圾，最终变成了真正的垃圾。1990年，甚至在经济衰退的打击到来之前，金融领域里就已经尸横遍野，满地都是因垃圾债券而衰亡的企业白骨。

垃圾债券的信徒们向我们保证不会崩溃，因为巨大的债务，将使企业管理者以前所未有的专注力来经营企业，这将大大提高企业经营效率。这就好像认为在方向盘上装把匕首，可以让司机更为谨慎地驾驶。我们承认，这时的司机的确会非常警惕。但是，随之而来的另一个后果就是，一个小坑就可能导致一场致命的事故。商业世界的道路上，遍地是坑。一个需要确保躲开所有坑的方案，注定是一场灾难。

在《聪明的投资者》的最后一章，本杰明·格雷厄姆有力地驳斥了匕首理论。他说："稳健投资的秘密就四个字，安全边际。"在读到这句话的42年后，我仍然深深相信这四个字是正确的。在20世纪90年代初，没有注意这个简单原则的投资者，都遭受了惊人的损失。

（摘自1990年致股东信；摘录时间：2022-06-06）

**唐朝**：巴菲特这里给我们讲了非常重要的三件事。

第一，他之所以对银行股或债券这类机会下手，是因为"能让我们感兴趣且规模足以对伯克希尔公司业绩产生影响的机会实在太少。因此，……我们愿意尝试各种不同类别的投资工具"。简而言之，就是被钱太多逼的。

恭喜我们自己，估摸着大家遇到这个困难的机会极小。所以很多难题我们完全可以不去挑战，不需要改当双性恋，这可以节约很多脑力和体力。

---

[①] 译者注：垃圾债券，又称为高收益债券，指评级在BB及以下级别的债券，由于企业本身的信用评级不够，一般需要付出更高的利率吸引投资人，通常收益率至少会高出美国国债4个百分点。详细介绍可参看《巴芒演义》第二十四回，"垃圾债券之王"迈克尔·米尔肯的故事。

第二，巴菲特投资债券，主要是投资"堕落天使"，也就是我们喜欢说的落难白马——起初发行的时候是投资级，后来遇到困境被降级，价格大跌。此时若巴菲特认为自己能理解这家企业，能判断企业还本付息的概率，估算出市价和价值有足够大的价差，这种情况下就可以做出投资决策。他一般不投发行时就附带高收益率的垃圾债券。当然，也不是绝对，后来就投过亚马逊的垃圾债券。

究其原因，我认为巴菲特还是特别重视企业已有的经营数据，喜欢寻找历史存在的竞争优势，再去判断它是短暂蒙尘还是永久丧失，困境是否会导致企业一蹶不振等。至于那些讲故事的高收益率债券，巴菲特没有自信去搞明白会"一起窒息"还是会"一起智熄"，所以直接跳过。

第三，对于杠杆可以榨出管理者的高效率之说，巴菲特嗤之以鼻，并将其比喻为方向盘上装匕首，司机是被逼得更紧张了，但只一个小坑就足以致命。所有环节都需要完美才能顺利实施的计划，没有留下任何安全边际的空间，将会是注定失败的计划。

这似乎和我们很多朋友喜欢追寻"更理想"模式有点类似。有些朋友总是想找到一个最精妙的点，比如卖出市盈率能不能从 50 倍调整为 47 倍？业绩估算能不能再精确一些？买点怎么设置才能精准抄底、不扛浮亏？等等。这些都是不给自己留下任何容错空间的想法，很容易在环境发生变化的时候失效。因为任何理论或体系，一定是附加条件越多，适用范围越窄。

**明月奴**：老唐，巴菲特买中国石油时说："我得出的结论是值 1000 亿，当时价格只有 350 亿，于是就买了。"这个案例基本严格按照格老的烟蒂股四折买入，那么买入中国石油的案例算不算是捡烟蒂呢？如果算的话，已经成长为买优秀企业的巴菲特何以又买烟蒂呢？

**唐朝**：中石油不是烟蒂股的范畴。便宜≠烟蒂。烟蒂股的模式特征，是从资产角度看企业，从清算价值计算安全边际。巴菲特很显然是从盈利角度看的中石油，不是从资产或清算角度。

**明月奴**：便宜≠烟蒂，烟蒂是从资产端考虑的！一语惊醒梦中人，受益匪浅。

**赵小闲**：老唐买陕西煤业的思考过程，和巴菲特中石油案例很像。

## 小心历史证据

**巴菲特**：在杠杆收购最疯狂的时期，人们会创造出一些"包死"的怪胎：一些收购案明显举债过高，以至于即便企业经营业绩非常不错，也无法产生足够的资金用于偿还债务。

几年前就有一个令人特别震惊的案例，杠杆收购者负债收购了坦帕的一家电视台。这个案例的特点是：收购者发行垃圾债券募集的收购资金，而这些债券的年利息比电视台的年营业收入还高。就算电视台的人工、节目和服务全是零成本，这种资本结构也必须要求收入爆炸性增长，否则电视台注定要破产。（许多为杠杆收购筹措资金的垃圾债券，出售给了一些储贷机构，这些机构已经破产了。作为纳税人的你，正在为这些愚蠢行为买单。）

现在回看，觉得认购这些垃圾债券的投资者真是荒唐。但当时市场上有大把卖"匕首"的投行专家，拿着学术界的"学术"研究成果，告诉投资者，多年数据证明垃圾债券的高利率足以覆盖其违约率。一个多样化的垃圾债券组合，投资回报会比优质债券组合更高。

我们要特别小心金融领域的历史证据。如果历史是致富的关键，那么福布斯400富豪榜上应该挤满了图书管理员才对。

这些垃圾债券推销员都有个逻辑缺陷，一个统计学一年级学生就能识别的缺陷。他们假设了新发行的垃圾债券，与历史上那些"堕落天使"完全相同。因而可以沿用"堕落天使"的违约概率和回报率，预测新发行垃圾债券的回报率。这种错误就好比在喝琼斯镇毒酒之前，核查Kool-Aid饮料的历史死亡率一样。①

（摘自1990年致股东信；摘录时间：2022-06-07）

---

① 译者注：1978年11月18日，南美洲圭亚那发生一起邪教组织集体自杀的惨案，900多人在琼斯镇喝下掺加了氰化物的Kool-Aid饮料后死亡。

**唐朝**：一个多样化的垃圾债券组合，投资回报会比优质债券组合更高。专家的这种说法和理论依据，《巴芒演义》第180页写道：

在米尔肯读大学期间，读过布拉多克·希克曼教授写的关于垃圾债券的书籍。书中对1900—1943年的公司债券市场表现进行了研究，得出一个结论：和投资蓝筹股及优质债券相比，对垃圾债券进行多元化的长期投资，回报率更高而且风险更小。另一位叫阿特金森的教授对1945—1965年的市场数据进行了后续研究，结论和希克曼一样。

希克曼教授说："在垃圾债券违约或接近违约时，债券常常以非常大的折扣交易，比如面值100美元的债券市价可能只有20美元。但实际上，这些企业不一定都会违约；即便违约也有部分企业会在延迟一段时间后还本付息；即使不能拿回全部本息的，也可能通过企业破产清算拿回面额的一部分。投资者分散买入大量高折扣债券，只要有很小部分能够正常兑付，回报就已经很可观了。"

巴菲特提醒我们，要特别小心金融领域的历史证据。这种"将历史数据作为投资决策的唯一或主要依据，默认未来的情况会和过去一样"的思维模式，是我们身边高发的一类投资陷阱。那些看见历史收益率高，不思考基金经理的投资理念，直接追进去吃土的，或者妄图从历史股价相关数据里归纳出选股和交易依据的，都属于这一类。

未来会和过去一样吗？可能会，可能不会。历史数据可以作为思考的原料之一，但绝不能仅仅依赖历史数据决策。投资永远是展望未来。否则，正如巴菲特所言，富豪榜上应该全是掌握大量历史资料的图书管理员才对。

**伯涵**：历史究竟重要与否呢？可能要分情况看待。如果行业稳定，其历史业绩可以作为我们判断未来的参考之一；如果企业或行业变化太快，则历史信息的意义就不大。

为什么巴菲特倾向于选择"不被世界改变"的企业呢？我觉得除了容易理解以外，还有一条重要原因，那就是可以形成知识的复利。现在研究茅台的知识，20年之后还有用，但很多新技术就未必了。

**浩然斯坦**：您说的这个应该就是大家最容易犯的一个错误——"线

性外推"。很多人的潜意识认为历史完整地包含了未来，认为历史盈利、10年平均市盈率等数据可以推演未来。但一家公司过去10年有很高的净资产收益率和净利润成长性，不代表将来还能持续。一家公司过去10年股价一直上涨也不代表今后还如此。一切财务数据和股价数据都是已经发生的历史数据。它们都是结果，而非原因。

企业当下的内在价值，是企业未来自由现金流折现值，只和未来的发展有关。分析一家企业可以拆解成：寻找事实、解释过去、理解当下、预测未来。投资可以通过过去的事实去发现企业获得历史经营业绩的深层次原因，但更重要的是思考这些原因和环境的变化将如何影响企业未来的自由现金流。

**周明芃**：浩然学霸完美地解释了"财报是理解企业的起点"，不能仅凭财报作投资决策，"利润为真，未来能否持续，维持当前利润水平是否需要资本支出"三大前提，除了第一个可以依赖财报判断，其他都需要大量阅读和思考。

## 致公司潜在卖家的一封信

您好：

大多数企业主花了一生的大部分时间来建立和经营自己的企业。经过长期实践，企业主在营销、采购及人事管理方面积累了大量经验。这是一个学习的过程，在某年犯下的错误，往往有助于在未来几年提高竞争力并带来成功。

与此相反，企业主卖出自己的企业，往往只有一次机会，而且多数是在遭遇某种或某几种压力时，一时情绪激动之下的想法。这时，通常会有为了赚取佣金的投行人士，不顾买卖双方的利益，尽力怂恿企业主作出卖出决策。然而，这个决策的牵涉面非常广，不论是在财务方面还是个人事业方面皆是如此。仓促间作出的决定一旦有错，可能就是一辈子的遗憾。

卖出价格当然很重要，但往往不是出售企业需要考虑的关键因素。

任何潜在买家都应该认识到，您和您的家族在自己熟悉的领域里，拥有着一门独一无二的生意。随着时间的推移，这家企业将变得越来越值钱。因此，如果您现在决定不出售，您很可能在以后得到更多。有了这项认知，您完全可以从容应对，从容地挑选您心仪的买家。

如果您决定出售，我认为伯克希尔－哈撒韦公司提供了一些其他买家所不具备的优势。实际上，其他买家通常都属于以下两类中的一类：

第一类，同行。

无论他们承诺了什么，同行买家通常会认为自己比您更懂得如何经营该项业务——他可能认为"他收购您，而不是您收购他"已经自动证明了这一点，他们迟早会想要亲自来管理这项业务。

如果同行买家的规模更大，它通常会有一些管理人才储备，这些人才存在的价值就是去管理收购的项目。他们在经营上有自己的习惯方式，哪怕您的业绩记录比他们好得多，他们也会认为他们的方式才是更好的，这是人性。或许您认识的某人，就曾经将公司卖给过行业巨头，我相信他们的经验会证明，巨头们总是倾向于掌控子公司的经营，尤其是他们本来就是内行，或者自认为是内行的时候。

第二类，杠杆收购者。

杠杆收购者总是利用大量的借贷资金来实施收购，并计划在时机成熟时，将公司卖给公众（上市）或者转手卖给另一家公司，以归还高额借款并获利了结。

通常，这类买家的主要贡献就是改变会计方式，以便在他出局之前，报表可以尽可能地显示出良好的资产及利润数据。由于股市的上涨和垃圾债券市场的繁荣，这种交易目前非常常见。

如果您卖出企业的唯一动机只是套现，根本不操心这份事业的未来会如何，那么上述两类买家都是很适合的对象。这种卖家很多的。但是，如果您的事业是您或您家族一生的奋斗成果，甚至已成为人格和生命的组成部分，代表着您或您家族的声誉和社会地位，那么这两类买家都有严重的缺陷。

伯克希尔是另外一种买家，相当特别的一种。我们购买是为了拥有，但我们没有能力也没打算派人去经营您的企业。我们旗下的企业全部处于独立经营状态。大部分企业的核心管理者甚至没到过奥马哈，没见过伯克希尔总部的人。

当我们买下一家企业后，卖家会像出售前那样继续经营——是我们去适应卖家的经营方式，而不是卖家来适应我们。我们没有任何家族成员或者已经聘任好的 MBA，准备去接手被收购企业。过去没有，现在没有，未来也不会有。

我随信附上我们过往收购的企业名单，您可以了解一下我们是不是说到做到。尤其建议您多关注我们收购后，少数几家发展得不怎么理想的企业，看看在企业遇到困难和低谷的时候，我们是怎么做的。

任何潜在买家都会告诉您，他需要您——如果他有头脑的话，他肯定会需要您。但是，由于上述原因，许多买家的做法和他们的承诺是无法匹配的。而我们会完全按照承诺行事，这既是因为我们做出过承诺，也是因为由您继续经营才是最符合伯克希尔商业利益的方式。

正因为这样，我们才特别希望您或您家族参与经营的人保留 20% 的股权。我们需要 80% 的控股权以避开额外的税收，这对我们很重要。同样重要的是，经营企业的人仍然是企业的所有者。事实上，除非我们认为目前管理层的核心成员会留下来，否则我们不会愿意买。合约并不能保证管理层全身心投入，我们更相信您的承诺。

我们会介入的领域，是资本配置和 CEO 薪酬激励体系。其他的人事决定、经营策略都还是您的职责。伯克希尔旗下企业的管理者，有些会将他们的决定汇报给我，有些则不会。这取决于他们的个性以及他们和我个人的私人关系。

如果您决定将企业出售给伯克希尔，我们直接以现金支付收购款，而您的企业资产也不会被伯克希尔用作任何贷款的抵押品。交易宣布后，我们不会用投行或律师意见、项目负责人变动或者董事会要求等原因做借口，宣布放弃购买或者需要调整交易条款什么的。实际上，交易过程没有投行参与，您面对的就是终极决策人。

但必须提醒一点，您的企业出售后，您并没有变得比现在更富有。

您原本拥有的企业，已经让您以最熟悉的方式赚到了很多财富。此时您作出卖出决定，必然是有合理理由的，但"变得更有钱"肯定不是您作出卖出决策的理由。只要交易是公平的，卖掉企业这件事，只是您用自己非常熟悉的企业资产100%所有权，交换了另一种资产：现金。一部分现金可能会通过股票形式，投资于您不太了解的一些其他企业。它只是让您的财富形态发生了转换，数量并没有增加。

我不会纠缠您。但如果您有意愿出售时，欢迎您致电伯克希尔。对于伯克希尔有机会参与您的事业，我们深感荣幸。我相信我们未来会赚很多钱，同时您在未来20年里，依然会像过去20年那样拥有经营企业的乐趣。

真诚的，<br>沃伦·E.巴菲特

（摘自1990年致股东信；摘录时间：2022-06-08）

**唐朝**：这是巴菲特写给潜在企业卖家的一封信。它原本是巴菲特真的写给一位卖家的，巴菲特将其略微修改后，作为公开信发表。

这封信里，巴菲特解释了自己想买什么样的企业，也解释了伯克希尔相比其他买家有什么优势。我们从这封信里，可以非常清楚地理解伯克希尔现在拥有的那些企业，企业主为什么愿意将企业卖给伯克希尔。

但这不是我们要学习的要点。我认为这封信的学习价值主要有这么几点：

第一，站在对方的利益角度考虑问题。

卖给那两类买家，会有什么好处？未来会如何？卖给伯克希尔有什么缺点？得到的是什么？巴菲特——帮助对方分析，而且分析得有理有据。

这种思路非常重要。我们日常做事，如果始终坚持从对方的利益出发去考虑问题，更多地从"对方做这件事，能有什么好处"的角度开始，而不是我想要、我需要、我有困难、你帮帮我……我相信无论工作生活还是投资，都会有种如得神助的顺利感，不信你试试！

第二，坦诚表达。

①伯克希尔不能提供什么？不能提供高价格，不能提供经营协助和人员。

②什么情况下不能选伯克希尔？动机只是高价套现，不关心企业卖出后会如何，此时就不能选伯克希尔。当然，伯克希尔也不想与这种卖家打交道。

③伯克希尔的承诺为什么可信？不仅有历史记录为证，还因为伯克希尔作出承诺不是因为高尚，而是因为这最符合伯克希尔的利益。依然是从利益角度出发说事儿。

——坦诚表达这些内容，节约彼此的时间，这是工作、生活和投资最高效的方式。

第三，明确打消对方的顾虑。

①伯克希尔是不是言行一致，有案例可供查询，尤其是收购后经营不善的企业受到的待遇，更有说服力。

为什么只要企业勉强还能有点现金流以及工会不捣蛋，巴菲特就始终不愿意为了利益最大化而卖出旗下企业？除了品性、道德、人际关系等方面的原因之外，在此时也显示出了利益因素。

②伯克希尔不会以任何借口中途变卦，因为作决定的人就是终极大老板，企业可以完全放心。

第四，始终尊重对方。

您很成功，您的企业很优秀，如果有机会和您共同拥有您所创的事业，我们将深感荣幸。这些词汇，没有任何收购者的居高临下，也没有福布斯排行榜交椅上坐着的傲气，始终给了对方足够的尊重。这也是我们日常生活中应该学习的。

**BP**：这种交易不是尔虞我诈的商斗，而是对双方都有好处的股权和现金交换。因此所有的坦诚、尊重和互信是发自内心的。

**xun**：巴菲特建立了自己在企业收购领域的独特优势，这和他在投资领域的思想是一脉相承的，几乎是一种必然，逻辑自洽。

**风儿**：非常认同您的观点，做人做事，凡事都能站在别人的角度考虑，你的格局就会变得越来越大，道路也会越走越宽，朋友也会越来越多！这就是多赢的人生。

**哈尼 Zzz**：有两句话我读后感触特别深。

"是我们去适应卖家的经营方式，而不是卖家来适应我们。"文中巴菲特处处为卖家考虑，给了卖家很大的尊重和自主权，真让人欣赏与佩服。生活中交友或者选择伴侣也是一样的，我们不强求别人去改变什么，既然选择要跟他们在一起交往，就要想清楚自己能改变什么去适应别人，或者是双方是否匹配，这样才会少一些摩擦。

"我不会纠缠您。"生活中经常被一些销售或者业务经理骚扰，看到这句话，我感动得简直要哭出声。拿销售产品来说，做好之前的准备工作——做产品的时候多流一点汗，那么饭桌上就可以少喝一点酒。产品好的企业自然不必"过多"求人。给客户一定的选择权，客户自会权衡利弊。好的产品与服务，客户自会主动选择，无须一遍遍骚扰，反而给别人困扰。

**月轮山学徒**：这篇文章也适用于企业管理过程中，我们如何拉人入伙。不要为了吸引他人就乱承诺，要给对方明确的预期。不仅仅是考虑对方能给团队带来什么，更要问团队能给对方带来什么。要站在对方利益角度上，充分考虑可能的风险和机会。

## 1990年伯克希尔股东大会问答摘要[①]

1990年股东大会参会人数依然创下历史纪录，达1550人。当然，无法和今天动辄四五万人相比。我简单摘录几条，与大家一起学习。

一、独立思考

**股东提问**：查理，我们如何才能实现独立思考？

**芒格**：有本书叫《影响力》，作者是罗伯特·西奥迪尼。这本书非常有用，写了企业通过影响消费者心理来实现盈利的常见方法。书里谈到，人类天生就有一种盲从权威的倾向。

---

① 引自 *University of Berkshire Hathaway*。

你能看到很多这样的例子。举个例子，有一次一位医生给一位耳朵疼的病人开了个处方，他写道："一天两次，每次两滴，右耳朵。"

结果护士把R.ear（右耳朵）看成了Rear（屁股），然后就把眼药水塞进病人的肛门里滴了两滴。你看，眼药水—耳朵—屁股，这么简单的常识，护士也没有质疑，就直接按照（她理解的）权威决策行动了。

**巴菲特**：1972年的股市和这差不多。当时大家都说，摩根正在大量买入漂亮50，假如连他们都在买，那就不会错，摩根那是多么强大的研究力量啊！

**芒格**：对，假如有两三个这类心理因素同时发挥作用，那么人就会变得极为不理性。假如你想避免不理性，那就弄明白人类的心理有哪些怪癖，然后采取措施去预防它。

**唐朝**：这番对话再次体现了老芒格的段子特点：三句话不离肛肠科。老芒格有很多名言流传，经常能让你感受到直击心灵。这是因为芒格相信一句话，叫作"从来不得罪人的哲学家，是没有用的哲学家"。相比而言，巴菲特说话就婉转得多。所以，二老的分工一贯是巴菲特主讲，芒格较少说话。其实私下里，据说芒格远比巴菲特话痨。

盲从权威、盲从大流，是人类基因里的天性，每个人都有。而克服这种天性，需要我们独立思考。盲从和信任之间的区别，可能就在于是否经过了对历史、事实、数据和逻辑的思考。

当然，否定一切是另一个极端。比如网上常见的口水话，"不能盲从大V"，这里的大V可以替代为一切词语，就是换成"肛肠科大夫"，你也能发现这话依然对得无可挑剔，这就属于典型的废话。

在我们的投资体系里，提前明确给出合理估值、买点和卖点数据，也是一种强迫自己思考的过程。起码你要将这些数据的来龙去脉说清楚，背后的依据是什么搞明白。无论这些数据最终对或者不对，偏差有多远，至少它是可以复盘和回顾的。

提前将数据、论证和结果以及操作计划白纸黑字写下来，另一个作用是帮助自己克服当下市场的乐观或悲观情绪的感染，这也是芒格最后说的"预防人类心理怪癖"的措施之一。

巴菲特这番话里提到的"漂亮50",是20世纪70年代初,摩根保证信托公司(Morgan Guaranty Trust Co.)的一份研究成果,有点类似于国内喜欢说的词汇"蓝筹大白马"或者"核心资产"。1973年美股的大股灾,就是在"漂亮50"的暴跌行情下产生的,所以"漂亮50"通常会被人们当作贬义来用。包括这番对话里,巴菲特也是以"漂亮50"为例,说人们因为盲从摩根的权威而跟风,最终导致了重大损失。

**二、如何评估管理层**

**股东提问**:如何去评估和发现管理层是否优秀呢?

**巴菲特**:毫无疑问,不同行业里管理层的因素重要性不同。比如,银行的管理层因素,比电力公共事业公司的管理层重要得多。因此,你首先需要判断目标企业对管理层素质的要求。查理和我学会了根据一些大多数人不怎么注意的行为线索,去推断管理层未来行为的智慧。我们对评估人的长期能力和正直程度,还算比较在行。

我们之所以在行,是因为我们愿意承认,100个案例中有99个案例我们无法判断。如果按照从1到10打分的话,《财富》500强企业的500位CEO有450位我们不知道怎样给他们打分。我们只把注意力放在最优秀的人选上。我们只想找到几个得分为10的人,至于其他人,那不关我们的事。

**芒格**:查看一个人的历史记录,能比和这个人面对面交谈更准确地预测此人未来的表现。例如,我从未见过杰克·韦尔奇(Jack Welch),他是通用电气的CEO,但是我可以说,他做了很多正确的事情。我认为在座的很多人无须成为我们的密友,也能对我们有所了解。

**巴菲特**:是的,我们很少雇用刚从学校毕业的MBA,因为我们觉得很难评估他们。当管理层没有历史记录的时候,我们没有办法判断他是否优秀。

我们对B夫人、弗里德曼、赫尔德曼能很轻松地下决心,因为他们一生的经营记录就放在那里,可以帮助我们定决策。如果让我们去哈佛商学院,从800位应届毕业生中挑选3到4位符合伯克希尔标准的候选人，我们就不知道怎么做了。

四五个月前，我在哈佛商学院对着七八百名学生做了演讲。我知道他们当中每一个人的智商都足以担任伯克希尔的明星经理人。他们心里都有这方面的期望，所以动力也不成问题。即使如此，假如我们雇用他们，我敢说其中95%会是错误的决定。而我不知道怎么找到那正确的5%。

他们都是聪明人。他们都知道怎样应付面试，他们都读过伯克希尔的报表，他们都知道我喜欢听什么话，他们会投我所好。但是，他们中的大多数注定不会成为唐·基奥。

从一大群MBA毕业生中找出未来的唐·基奥，相当困难。但知道了唐·基奥漫长而优秀的历史记录后，选中他就容易多了。我们就这样选人。我们并购优秀企业时，通常会保留原来的管理人员。这样，我们已经有了一定的成功率。

这有点像婚姻。千万不要指望婚后去改变别人，直接找到正确的人比改变别人要容易得多。

**唐朝**：不同行业对管理层素质的要求不一样，所以有些企业需要重点关注企业管理层，有些企业对管理层的要求就会少很多。就好比茅台，长期由候补犯罪分子掌控，也没有影响公司的高速成长；海康、分众换一拨平庸的管理层，可能企业价值就会大打折扣；腾讯的已有资源如果嫁接给头条或360那群人，可能面目全非变成另外一个样子。

长期的历史记录，是协助我们了解和认识一个人或一家企业的最好工具，时间这把刻刀擅长去伪存真。不是说没有优秀记录的人就不会变优秀，而是我们不这么下注。璞玉和小鲜肉留给其他人或资本发掘，不关我们事。我们只寻找对的人，并下注于未来的不变，而不是在新人群体里，下注他们鲤鱼跳龙门，更不是博渣男渣女浪子回头。人如此，企业也如此。

另外，二老"根据一些大多数人不怎么注意的行为线索，去推断管理层未来行为的智慧"的能力，很让人羡慕。想必和谍战片里的分析推理类似吧，是从细节拼凑出全貌的能力。

**周明芃：** 唐书房 2019 年 3 月 7 日的《企业分析检查清单》一文中，列出了评估一家公司的管理层是否靠谱的清单，让我们再学习一遍。

搜集主要管理人员履历及相关资料，判断是否是可信任之人？

主要管理人员是怎么走上现在的岗位的？

主要管理人员薪酬待遇如何？是否持有公司股权？如何获得的？

主要管理人员的相关决策，是否是基于股东利益作出的？

主要管理人员过去向股东传达的信息，是否清楚明确、前后一致？

主要管理人员的经营活动是否为独立思考（未受同行行为干扰）？

### 三、伯克希尔如何面对流言

**股东提问：** 你们如何评价其他人跟风抄你们作业的情况？另外，有时候，某些媒体报道你们的买入，引发市场大起大落，事后却证明是虚假信息。为什么对于明显为假的信息，伯克希尔也不辟谣呢？

**巴菲特：** 除了法律强制要求的部分之外，我们不公开自己的投资。现在的法律要求是：如果我们通过旗下保险公司持有投资对象流通股的 10% 或以上，我们需要披露；如果我们通过旗下非保险公司持有投资对象流通股的 5% 或以上，我们需要披露。

经常有谣言说我们在买什么什么公司。我们对谣言不予评论，只要我们还掌管这家公司，我们就会坚持这样的不予评论政策。如果我们否认谣言，那么我们没有否认的内容，大家就会知道是什么。我们认为没有义务披露我们买进或卖出了什么。现今世界，别人很容易就能偷走我们的投资点子，我们找投资点子也是不容易的啊！

一般而言，我们不喜欢别人跟着我们投资，被别人跟风对我们没有什么好处。可惜有时候，跟风的家伙让我们躲都躲不开。人们经常以为股价涨了会让我们开心。但假如我们还想再买一点，那我们就开心不起来。这就好比早晨买了汉堡包，下午再买的时候发现涨价了，你会因为冰箱里还有点汉堡包，就对涨价感到高兴吗？

很不幸，我们必须公布一些信息。现在，在年报里公布我们持股达到 1 亿美元以上的股票，已经成为我们的政策。但低于 1 亿美元的持股，我们就一声不吭。

**唐朝：**关于巴菲特不喜欢被人跟风，不承认也不否认传言，不喜欢股价上涨等观点，书院的朋友基本都耳熟能详了——能不能真正理解和做到是另一回事。这里重点是分享一下伯克希尔披露信息的强制规则。

**食兔君：**公司的信息披露就像公司在讲话，有可能说真话，有可能说假话，有可能是真假都有，还有可能全是真话但却不是全部真话。这需要我们擦亮双眼去辨别。

**花舞蝶牌：**巴菲特不喜欢股价上涨太快，是在他买满 25% 或 40% 之前，比如开始买入可口可乐不久就被发现，股价上涨被迫停止买入。但是，达到预设仓位后，那就无所谓了，反正迟早要涨，早涨早好。

**唐朝：**不。这个理解可能还是不够透彻。巴菲特说过：即便没钱了，还是希望继续跌，因为这可以帮助公司用更少的钱回购更多的股份，相当于自己还在买入。

最明显的例子是可口可乐，巴菲特从 1994 年补齐成 1 亿股以后，没有再多买一股（类似于我们买满了），但当时巴菲特投入 13 亿美元买入的这 1 亿股，只是可口可乐公司股份的 7.8%，相应每年分红也只能拿总额的 7.8%。

从 1994 年至今，巴菲特从可口可乐收到近百亿美元现金分红的同时，可口可乐还通过不断回购注销，累计减少了 15% 的股份（相当于总股本从单位 100 缩小为 85），于是巴菲特在没有多追加一分钱投入的情况下，占比变成 $7.8 \div 85 \times 100\% \approx 9.2\%$。

由于巴菲特从来没有卖出股份，所以我们完全可以想象，如果这期间股价比实际下跌得更多，那么可口可乐实际支付金额就可以回购注销更多股份，巴菲特对可口可乐的所有权可能已经达到 10%，甚至更多，相应到手的现金分红也会远超 100 亿美元。

这是巨大的收益，所以事实是：即使达到了预定仓位，只要公司经营好，现金流量足，有回购安排，对于巴菲特来说，依然是涨得越晚越好，甚至说不涨更好，能跌的话就更加妙不可言。

### 四、理念变化

**股东提问：**沃伦，你认为自己的投资方式，相比合伙基金时代发生了什么变化？

**巴菲特**：变化？嗯，大概是我可能永远不会在纺织行业中去寻找投资目标了。

经历过伯克希尔的惨痛教训，我知道了纺织企业的经营有多么艰难。而且我也明白了，当行业走向末路时，指望优秀管理层去挽救企业，其实是没用的。毫无疑问，我没有能力在这种艰难的企业中取得良好的回报。我当时可能是过于自大或者过于无知或者别的什么。

伯克希尔让我学到了很多教训，以一种非常惨痛的方式。要是我能从别人的经验中吸取这些教训就好了。从永续经营的角度看，我当时收购伯克希尔的确毫无道理。假如当时买下它是为了转卖或清算，那也许还勉强说得过去，但我当时目的并非如此。

我当时收购伯克希尔的时候，是用很便宜的价格买了一家很一般的公司。长期持有这种公司，现实会无情地把你的发财梦碾碎。让我举个例子吧。美国产男式西装用的线，在以前有一大半是我们产的。年复一年，我们都生产出很好的线，我们曾被西尔斯公司评为年度最佳供应商。但是，从来没有人会走进一家服装店说："给我来一件细条纹西装，必须是用伯克希尔－哈撒韦的线制作的。"

因此，当我们走进服装厂，告诉他们人造丝涨价了，人力成本也提高了，我们要从79美元/码涨到79.5美元/码，他们看我们的表情就好像看一个傻子或者疯子。他们会说，我们是他们遇见过的最好的供应商，他们也很看重和我们的合作关系。但是，他们绝不可能接受超过79美元的价格。事实上，他们可能会要求你回去翻翻自己的账本，看看能不能降到78美元。

没有办法摆脱这种困境。我现在和以前的核心区别就是：我现在再也不会买伯克希尔－哈撒韦这类公司了。我们从中学到了很多教训，我喜欢这些教训。如果不是自己花钱买来的，我会更加喜欢它们。

观察处于困境的企业，思考企业如何运转，这非常有趣。但它不是赚钱的好方法，你不会愿意被这类企业迷惑的。

**唐朝**：巴菲特阐述了自己在伯克希尔身上的惨痛教训。教训的核心结论就是:"与其将时间和精力花费在廉价的烂企业身上,不如用合理的价格买入一家优质企业。"

今天我们听着,仿佛只是一句随口而出的口诀,但这是巴菲特花费巨大代价买来的。按照巴菲特 2010 年在 CNBC 电视台接受采访时的表述,付出的代价相当于 2010 年的 2000 亿美元。

所以,伯克希尔案例就像可口可乐案例一样,值得我们反复学习和思考,我在《巴芒演义》(108~123 页)里也用了相当长的篇幅来阐述这件事。

反复阅读和思考这个案例的核心价值,在于帮助自己在投资生涯里条件反射般地降低"廉价"二字的权重,更侧重去考虑"优质"。将"好不好"放在"贱不贱"之前去思考,可以帮助我们躲开很多坑。这也是"看别人吃一堑,让自己长一智"的低成本进步之道。

**Mr. chen**:用股权的思维去看待投资,拉长时间来看,坚持持有"优质"总是胜过短暂持有"廉价"。

**伯涵**:好公司是排第一位的,好价格是排第二位的。

好公司有连续的复利效应,好价格只有一次性的价差;好公司会让你心情愉悦,好价格(通常麻烦缠身)有时会让你特别焦灼;好公司通常也是好人多,可以收获人际关系的良性循环……

总之,无论是工作,还是兴趣,抑或是对象,尽量选自己最喜欢的,少去考虑那些短期"性价比"高的外部因素。喜欢才有兴趣,才有动力,才能擦出火花,才能拥有长久的激情。

**冰冻 273k**:优秀的企业 > 普通的企业,优秀的管理层 > 普通管理层。我以前还纠结怎么对比优秀的企业 + 普通管理层、普通企业 + 优秀管理层。结果,经过多次锤炼和老唐的"中翻中",我才发现巴菲特早已在多封信里给出了答案。

**唐朝**:这就是阅读的价值。我们百思不得其解,甚至要付出巨额代价才能得到的东西,往往答案就是白纸黑字写在某本书里,而且作者还生怕你听不懂,恨不得扯着你的耳朵讲。

**林飞**:站在 1965 年,35 岁的巴菲特,合伙基金规模已经 4300 万美元，经历过地图公司、风车公司的斗争，有钱有经验，连续 8 年跑赢道琼斯指数，志得意满，信心更是爆棚。将一家陷入困境的企业改造为成功的企业，巴菲特应该是胸有成竹。这种志得意满的状态可能早已为伯克希尔失败案例埋下了种子。这也提醒我们，越是取得好成绩，越是要谨慎。可能自己都察觉不到的某些得意心态、惯性思维，会给未来埋下重大失误的种子。

**五、关于估值**

**股东提问**：请问沃伦，在你看来此刻的伯克希尔值多少钱？

**巴菲特**：任何特定时刻，我们都不会给出伯克希尔内在价值的准确数字，尽管我们常常会给一些提示。我们这样做是有原因的。

首先，我们不知道伯克希尔准确的内在价值是多少，只能大致估出来一个上下 10% 的范围。我们的业务中最难估算价值的是保险业务。这不是说保险业务没有价值，而是指它的价值很难估算。然而，保险业务的价值对伯克希尔内在价值的影响，远大于喜诗糖果或世界百科全书出版社。

在我们认为伯克希尔股价过高或过低时，会尝试提示大家。但总的来说，伯克希尔股价与它的内在价值之间的差距，可以说是交易所里所有股票中差距最小的。这是因为我们的股东绝大部分以价值为导向，他们构成这只股票的市场。

最近我看到一份表格，按照市值排行，我们是全美第 60 大公司。但市值大于我们的前 59 家公司，机构持股比例和换手率全部高于我们。我认为，机构持股比例高和换手率高，都会促使股价高于内在价值。

因为无法精确估算内在价值，所以伯克希尔的股价相比内在价值，高个 10% 或者低个 5%，我们都不介意。但太高或太低，是我们不希望看到的。

**唐朝**：内在价值无法精确计算，哪怕是精于商业经营和估值的巴菲特，面对他自己掌控的企业也是如此。巴菲特和芒格也只能对伯克希尔内在价值，估出一个正负 10% 的范围，所以我们才将这个价值叫作合理"估"值：在合理假设下，对内在价值的估计值。

老人家说了，高 10% 或低 5%，都没有关心价值。结合内在价值本身是个 ±10% 的范围，我们可以想象这是一个相当宽的正常波动范围。为了帮助理解，我们可以用一组精确的数字来举例：

我们假设公司合理估值是 100 ± 10%，即 90~110 之间。低 5% 或高 10% 都没有关心价值，相当于说股价在 85.5（90×95%）至 121（110×110%）之间的波动，丝毫不会引起二老的注意。

这个波幅是多少呢？（121÷85.5-1）×100% ≈ 41.52%，或（85.5÷121-1）×100% ≈ -29.34%。也就是说，上涨 40% 或下跌 30% 可能只是在合理范围的、不值得关注的小幅偶发波动。知道了这个，你可以不用再为股价上涨 40% 或下跌 30% 而激动或紧张了，这可能只是正常范围内的小幅偶发波动而已。

另外，这番话里还有两句有价值的话。

第一句是："但总的来说，伯克希尔股价与它的内在价值之间的差距，可以说是交易所里所有股票中差距最小的。这是因为我们的股东绝大部分以价值为导向，他们构成这只股票的市场。"公司理念和经营特色吸引了以价值为导向的股东，股东的交易构成了这只股票的日常波动。这互为因果，互相成就。

也正是因为这种较小幅度的偏离，造就了大量伯克希尔股东的呆坐致富生涯。被利润推着走，大起大落的机会比较少（加上每股单价较高），不仅对投机者的吸引力较小，也大幅减少了对持股股东的意志考验，从而让致富之路走得更轻松。

第二句是："机构持股比例高和换手率高，都会促使股价高于内在价值。"这个我们容易理解，机构持股比例高，就是 A 股里常见的基金抱团股、机构抱团股，因为已经有大量的基金或机构买入，更容易出现高估，那是被钱推高的。

高换手率则代表着该股交易活跃，往往是一些市场热门股、热点概念股，这类热门股票也因为大众的热情而更容易处于高估状态。注意，不是说所有的抱团股或者高换手率的股票都高估，而是说它们"更容易"处于高估状态。

因此，所谓基金重仓、机构重仓、交投活跃这些词汇，在买家眼里不应该是利好信息，反而应该视为负面信息。只有在需要卖出的时候，它们才是卖家的"利好"。

**周明芃**：我想明白了老唐说的，"估值是三板斧中最不重要的。估值的要点是搞懂你所能理解的企业是否处于明显高估状态，或是否处于明显低估状态"，因为内在价值本身就是一个区间。

**花舞蝶牌**：为什么不是高10%同时也低10%，或者高5%同时低5%呢？还有，巴菲特在预测次年业绩的时候也有类似表述：股市大涨勉强跟上就好，如大跌则要领先10个百分点。这里面有什么内在逻辑吗？是好公司比较抗跌的经验之谈吗？

**唐朝**：高点是傻子们决定的，低点是聪明钱买出来的。高点尺度放松点，没占到傻子便宜，没关系，优质企业自己会照顾好自己。下次傻子们会在更高利润的基础上，把它推到更高点。

低点不一样，优质企业低点是伴随时间推移，越来越高的，下手略晚机会就没有了。所以抄低点要早动手，手快有、手慢无。至于高点，标准可以放松点儿，反正现在所有的高点，随着时间的推移都会变成半山腰、山脚，乃至地下室——当然，仅对优质企业而言。

## 六、投资银行股的要点

**股东提问**：富国银行的杠杆程度比大多数银行都高。被监管机构列为高风险类别的贷款总额，接近富国银行净资产的9倍。这样的情况难道一点都不会让你担心吗？

**巴菲特**：一般来说，我们对银行的投资总是很担心。我们并不认为银行业就一定是个糟糕生意，但我们认为有很多银行家的行为，使银行成了一个糟糕生意，而且银行业的结构会促使从业者做蠢事。当然，掌管一家银行也不是非得做蠢事不可。

金融分析师认为结构性贷款、商业地产贷款以及高杠杆贷款属于高风险类型贷款，在某种程度上监管机构也是这么认为。我们不这么认为，我们认为蠢货银行家发放的贷款就是高风险贷款，不管贷款属于什么类型。

只要这个银行家是个蠢货，他就会惹麻烦。对于一个聪明人来说，有很多方法可以在这些高风险类别贷款中游刃有余，不会惹上任何麻烦。我们曾在伊利诺伊州罗克福德有家银行，由吉恩掌管。吉恩在大多数时候都能获得2%的存贷利差。当时银行有几亿美元存款，但从未有过任何一年的贷款净损失超过2.5万美元。与此同时，罗克福德的其他银行却亏损不小。其实在那些年里，曾有一年罗克福德的失业率是全美最高。

所以说贷款类型并不重要，重要的地方在于你有多聪明。吉恩很聪明，不过他并不认为自己聪明。实际很聪明但自认不聪明，是头脑的最佳组合。

至于传统的自有资本比例，富国银行并不像其他银行那样投资很多债券。富国银行主要做放贷业务，他们认为放贷是比购买债券更好的投资。

我就不指名道姓了，但有一些银行把20%的资金拿去投债券，而且是那种平均到期期限还有15至20年的债券。在我眼里，这是最蠢的投资，它和向一桩能产生高利润的商业活动发放有担保的贷款，根本不可同日而语。

我不会根据贷款类型来进行风险评估。只要你买进一家做法正确的银行，那么你就可以赚不少钱。很多大银行的做法是不可行的。

买进银行时，银行是否有合理数额的核心存款很重要。富国银行获取存款的成本是全美最低，这可是一个很厉害的优势，非常大的优势。富国银行可以挣钱，我并不是说"一定"会挣到钱，但它有很大机会挣到钱。

在奥马哈，有家银行是全美利润率最高的银行。但同样在奥马哈，也有家银行根本不赚钱。为什么会有这样的差别？因为它们由不同的人作出了不同的决策。

**唐朝：** 在面对股东担心富国银行杠杆高、高风险贷款比例高时，巴菲特深刻地阐述了投资银行股应该关心什么，这基本上算是手把手教你投银行股了。任何对银行业有兴趣的朋友，都应该将这段话铭记在心。

投资银行股重点应该关注什么呢？巴菲特说了三点。

其一，是"人"。巴菲特强调，明智、理性的银行家才是银行的核心竞争优势。无论哪种类型、哪个领域里的贷款，只要银行家犯傻，都会变成高风险贷款。这一点对于我们来说，在实操中略微有点难。我们很少有途径去直接了解银行核心管理层的人品、三观和行事风格。阅读历史信息会有一些帮助，但很遗憾，我国大部分银行家是行政任命和调动的，在同一银行管理岗位上缺乏足够长的时间给我们展示。

其二，银行用较大比例的资金去投资债券尤其是长期债券，是一个扣分项，是巴菲特认为的"最蠢的投资"。

其三，在吸收存款上要具备显著优势，无论这个优势是通过什么方式达成的。吸收存款的成本低，是优质银行非常重要的特征。

另外，这番话里巴菲特有一个金句很值得我们记录和思考："实际很聪明但自认不聪明，是头脑的最佳组合。"芒格也在一次访谈中表达过类似意思："我们宁愿和一个智商130却自认125的人打交道，也不愿意和一个智商180，却自认智商250的人打交道。后者会害死你。"《基业长青》一书作者也曾经提出过一个类似的观点，说伟大的人一般同时具备"了不起的和谦逊的"这两项品质。缺了这两项中的任何一项，都很难"基业长青"。缺了前者很难有"基业"，缺了后者很难"长青"。

**冰冻273k**：我们在分析银行贷款质量时，常用五类贷款及其迁徙率去评判。结果巴菲特直接说他不会以贷款类型来进行风险评估，真的惊掉了我的下巴。

以一个极端例子来讲，假设银行将全部存款拿去买债券，显然根据类型分类，安全系数很高，但是很蠢，因为收益远不如放贷给产生高利润的商业活动（只要该活动能够持续产生高利润，其结构特点根本不是高风险因素）。

**艾瑞呀**：一笔贷款是否属于高风险，不是由贷款本身的种类决定，而是由背后作出这项决策的人的思考逻辑决定。就如同我们投资股票，大家都买贵州茅台，但有的人可能是基于高抛低吸、技术分析等，而有的人是对比价格和价值。前一种可能就是高风险投资，后一种可能就是低风险投资，关键还是看作出这项决策的人他依据的是什么。

**悠见南**：我在银行工作了 20 年，对这篇很有感触。对银行资产质量和盈利的真实性，作为第三方，其实很难评估。哪怕有明确的信贷政策，也是有很多可以灵活操作的空间。比如坏账的认定，早一点，晚一点，枪口抬高一寸，压低一寸，很多时候很主观，经常是根据当期上面给的坏账额度看着办，而不是看借款人的还款能力。

**股东提问**：沃伦为什么不关注小银行呢？小银行里有很多比富国银行更好的机会。

**巴菲特**：我们只买大银行、不买小银行。这是因为研究市值低于 5 亿美元的公司，对我们来说没有意义。除非是很罕见的情况，比如说第一帝国银行（First Empire），否则我们不会分析较小的公司。

假如我不认识鲍勃·微尔摩斯（Bob. Wilmers），不知道他日常经营中的决策思考过程，我是不会买第一帝国银行优先股的。我不可能主动去寻找 3000 万美元的投资。以我们目前的规模，这样的机会即使找到了，我们也放不进去多少钱。我们的规模排除了很多绝佳的小投资机会。

正如我在年报里所强调的，规模拖了我们的后腿。而且即使我们今后仅仅取得中等标准的成功，这个后腿也会越来越粗。这就是投资游戏的本质，是幸福的烦恼。假如我们的规模只有现在的 10%，其他情况不变，我们的业绩会更好。我确定。

**唐朝**：这番话里有两层含义值得我们关注：

第一，巴菲特非常确定，如果他的规模只有实际规模的 10%，伯克希尔的业绩会更好——当时伯克希尔实际规模约 70 亿美元。所以，好好努力吧，在我们的规模条件下，理论上我们的收益"率"有高于巴菲特的机会。这是"烦恼的幸福"。

第二，巴菲特说，如果不是因为非常了解微尔摩斯及他日常决策的思考方式，他是不会买入第一帝国银行的优先股的。这是再次强调在对银行业的投资中，银行家本身的特殊价值。

让我们一起看看第一帝国银行这个案例的部分资料。

位于布法罗市的第一帝国银行（后改名为 Manufaturers & Traders Bank，简称 M&T 银行，有些中文资料里简称为"美国制商银行"）CEO 叫鲍勃·微尔摩斯，起初是巴菲特旗下公司布法罗晚报 CEO 斯坦·利普斯的朋友，经过利普斯介绍，于 80 年代和巴菲特认识。俩人认识后，微尔摩斯经常请教巴菲特关于企业并购的事情，也喜欢和巴菲特分享银行经营中的乐趣，二人陷入互相想给对方做岳父的境界——开个玩笑，我的意思是说，都认同对方是那种愿意托付自己女儿终身的人。

所以，1991 年 3 月 15 日，巴菲特认购了第一帝国银行的可转换优先股，是用伯克希尔旗下子公司国民赔偿保险公司买的。购买总价为 4000 万美元，每年股息率为 9%，五年后有权以每股 78.91 美元的转股价转换为第一帝国普通股，如果届时不转股，第一帝国归还 4000 万美元本金。

这笔投资金额相对于伯克希尔的体量而言非常小，基本上一直属于伯克希尔持仓披露信息里的"others"（其他）。对巴菲特而言，希望和微尔摩斯之间发生点儿联系，是进行这笔投资的核心推动力。

当时第一帝国银行股价约为每股 63 美元，转股价为 78.91 美元，溢价约 25%。当年第一帝国银行每股净资产为 80.7 美元，每股净利润为 10.1 美元，股价对应的市盈率和市净率分别约 6.2 倍和 0.8 倍，转股价对应的市盈率和市净率分别约 7.8 倍和 1 倍。

1996 年到期后，这些优先股转成了股票（4000 万美元除以 78.91 美元的转股价，为 50.69 万股）。到 1999 年这些股票市值 2.1 亿美元。这期间巴菲特收到 1800 万美元优先股利息和约 700 万美元股票分红。不计分红再投入，4000 万美元变 2.35 亿美元（2.1+0.18+0.07），获利 487.5%，按 9 年折算，年化收益率约 22%。

2000 年和 2001 年，趁股市下跌的美好时光，巴菲特又追加 6300 万美元增持 M&T 银行的股票，增持部分的股票平均买入价格约为 38.4 美元（1∶10 拆细过），对应的市盈率约 10.5 倍，市净率约 1.2 倍。增持后的总买入成本为 1.03 亿美元，总股数为 670.9 万股（6708760 股），占 M&T 银行总股本的约 6%。

至 2006 年末，伯克希尔持有的 M&T 银行股票市值 8.2 亿美元，是 2006 年伯克希尔披露的投资明细表里第 17 大投资。当年 M&T 银行市盈率 16 倍，市净率 2.2 倍。

再后来该项投资归入伯克希尔的"其他"类，没有再做明细披露，但至少在 2020 年之后，伯克希尔才对 M&T 银行股权做了较大比例的减仓。感兴趣的朋友可以上 M&T 银行网站 www.mtb.com 了解，公司在纽交所上市，股票代码 MTB。

## 七、对报业的思考

**股东提问：** 请问查理，布法罗晚报 1990 年出现了自 1983 年以来首次负增长，对此你有什么评价，你和沃伦对报业的观点发生变化没有？

**芒格：** 我们对报业的热情比几年前低了。实际上，经济不景气对媒体公司的影响程度，让行业里的所有人都很吃惊。

以前人们都认为报社和有线电视公司，是经得起时间考验而且能抵抗通胀侵蚀的最佳选择。现在情况变得艰难了，现在出现了很多以前没有的新广告渠道。

**巴菲特：** 媒体行业的现状，部分是由于经济周期影响，但我们认为不仅仅是经济周期的作用。我们认为经济会出现周期性的反弹，那时企业的表现就会好转。但媒体行业的长期趋势可能不会再像我们以前认为的那样好了。当然，好消息是我们以前犯过错误。所以，这一次的看法改变，也可能是错的。

很多报社很震惊。它们都没有预料到当前的经济环境。对于报社来说，高达 6.5% 的失业率会造成严酷的环境。在去年 8 月份之前，这种情况开始恶化，中东的事件看起来加速了这个趋势。一季度，杂志的广告页收入较去年同期急剧减少，而去年同期的广告页原本也不多。我们观察了好几家报纸，情况都是这么糟糕。

现在有了很多电子传输方式。不久前，汤姆·墨菲和我一起去我姐姐家看周一晚上的足球赛。我们用一个大投影屏幕观看，影像质量很棒，有人说："这样的影像质量太棒了！"墨菲说："其实我更喜欢 8 英寸黑白电视时代，因为那时只有 3 家电视台。"

今天，媒体发布渠道不再是一种稀缺资源，媒体行业变成一个很难做的行业。假如你在传媒行业中，稀缺是最好的——其实不管是什么行业里，稀缺都是最好的。

**唐朝：** 在 1991 年初，巴菲特和芒格对媒体行业的未来变得悲观了，认为它可能受到更多发布渠道的影响，核心竞争力下降了。这个背景及错误预测，我们前面已经说过了。此处我们需要记住的是：哪怕二老这样神一样的人物，一样会被近因效应干扰，在负面因素集中涌现的时候，作出错误的判断。

所以你我会被市场情绪干扰，是再正常不过的事情了。知道它的存在，并有意识地通过提前很久来界定买卖点，克服它对我们的干扰就好。股市有个巨大的优势，你并不需要完美才能赚到钱，稍微比大众理性一点点，就足够你数钱数到手软了。

这番话里，那个"更喜欢 8 英寸黑白电视"的表述，还体现了巴菲特一个重要的认识：给人类生活带来巨大福利的新科技，对于投资完全可能是灾难。彻底理解这种思想后，有助于帮助我们理性远离那些"为梦想窒息""侠之大者，为国接盘""我们的未来是星辰大海"之类的豪言壮语，将享受和投资分开看待。

巴菲特在 1999 年因坚持不投互联网经济，被广泛质疑落伍时代时，他以公开演讲的形式完整表达了这个观点。1999 年，《巴伦周刊》发表一篇带有羞辱意味的文章，以巴菲特为当期封面人物，文章题目是《沃伦，你怎么了？》，当时的舆论环境可想而知。

这个问题，我不可能比巴菲特说得更清楚，所以我直接引用他的演讲[1]原文给大家。

正如你所知道的，汽车制造业是一个拥有超过 2000 家制造商的庞大工业，对人们的生活有着难以估量的影响。如果在当时你具有足够

---

[1] 巴菲特 1999 年太阳谷峰会演讲。

的见识，就一定会说"这是一条通往富裕的道路"。

然而，情况发展到20世纪90年代又如何呢？这些公司经过多年的竞争厮杀之后，只剩下三家，这对投资者来说全然不是好事。因此，可以这样说，这是一个对美国影响深远的产业，但对投资者而言却是头痛的经历。

在汽车制造业的蓬勃发展这种革命性的事件中，有时我们反而比较容易断定输家。人们很容易体会到汽车产业的重要性，却很难挑选出能为自己赚钱的企业。

如果时光可以倒流，我相信你可能会做出这样一个决定：有时候把事情颠倒过来看可能更好，做空那些受负面影响最大的事物，比如养马场。1900年美国有2100万匹马，而1998年只有500万匹。

坦白地说，我很惋惜为何巴菲特家族当初没有做空马匹。而且这实在很难说得过去：住在内布拉斯加州，本可以很容易借到马匹以避免被别人"逼空"。

除了汽车产业之外，20世纪另外一个革命性产业就是航空业，这是一个让投资者想到美好未来便口水直流的新兴产业。

我特地查阅了当初所有飞机制造商的资料，发现在1919—1939年，有300多家公司，但现今可能只剩下几家还在苟延残喘。当时生产的众多飞机中有两架名叫"内布拉斯加"和"奥马哈"号的飞机，现在即便是最忠诚的内布拉斯加人恐怕也不敢驾驶这样的飞机驶向蓝天吧。

接下来，我们来看看航空业是如何走向衰落的。最近20年宣告破产的航空公司有129家，大陆航空很厉害，两次上榜。截至1992年，尽管表面上看来情况有所好转，但事实上，自从航空业陷入不景气以来，所有航空公司加起来的净利润是零，也就是说连一毛钱也没赚过。

我在想，如果当初莱特兄弟的小鹰号第一次起飞时我在现场，我很可能会极具远见地、充满公益心地（这点是为了未来的投资者）设法将它打下来。我的意思是，莱特兄弟对投资者的伤害是非常严重的。

对于其他深深地改变了美国人生活方式，但对投资者没什么好处的辉煌产业，比如收音机与电视等，我不再赘述。

不过我从中得出这样一个结论：投资的要旨不在于评估这个产业对社会能有多大的影响，或是它有多大的发展空间，而主要应该看某家公司有多大的竞争优势，还有更为重要的一点是，这种优势能维持多久。拥有广阔而持久的"护城河"的产品或服务才能真正为投资者带来甜美的果实。

**伯涵：**投资是股东视角，享受是消费者视角，两者是不一样的。很多时候，对消费者有利的商品或服务，对股东却不一定有利，比如电视机、空调、汽车等。

**杨大掌柜：**我得到两点启示：一是能垄断的媒体行业真是好行业，媒体的广告制作成本固定，发布的范围越广，收入越高，平均成本越低，符合梅特卡夫定律。但媒体行业本身的迭代太快了，门户广告、竞价排名、"三微一抖"都是对人们注意力的争夺。这种情况下，谁能持续更久，谁就有护城河。从这个角度说，分众以电梯的物理属性打造的注意力三分钟，加上先发优势，比较纯粹手机屏幕中的内容竞争，具备自己的护城河。

二是经济发展快，未必给投资人带来收益。经济缓慢发展，市场竞争强度减弱，企业"大鱼吃小鱼"形成垄断优势，反而更能提供做价值投资的环境。

**山不语：**最后的结论很有启发性。现实生活中很多新兴科技企业，以我一个普通人的视角看，都会觉得很有前景。但你去投资它，真的很赚钱吗？不一定。看行业是第一个能力圈，行业看对了，等到选个股又是一个能力圈，你看准了行业但可能看不准公司。

科技进步对普通消费者很好，但对投资者就不一定。投资，不是看企业对社会对文明的意义和贡献，而是看企业自己的护城河。这也解答了我心中的疑惑。

**八、给毕业生的人生建议**

**股东提问：**我马上MBA毕业，想请问二老对商学院新毕业生有什么人生建议？

**巴菲特**：我对商学院新毕业生的建议是：做你最喜欢的事情，为你最欣赏的公司工作或者和你欣赏的人一起工作。我相信，假如你这么做，你未来一定会有成就的。

你应该有一个事业，一个能让你早上从床上蹦起来，兴高采烈地去上班的事业。除非你为你欣赏的、正在从事一些有趣事情的组织或者人工作，否则你不可能早上从床上蹦起来，兴高采烈地去上班。

这样做是不会错的。你能学到很多东西而且享受到很多乐趣，即使你以后另谋高就，这些经历也是无价之宝。

**芒格**：你要找到一个雇主，愿意付钱雇你，让你做你喜欢做的事情。你要和你非常尊敬和欣赏的人一起工作。遇到能力拙劣的上司，摆脱他。

**巴菲特**：假如是我，我会去寻找那种我真心愿意工作一辈子的岗位。我不一定真的会在那儿干一辈子，但以这种心态去找工作，我认为你未来会有更好的成就。①

我面试求职者的时候，我是把是否拥有这种态度放在首位的。面对商学院毕业生，我从不担心他们的精力、能力和欲望这些东西，我只担心他们的性格，还有他们来这里求职是为了想做事，还是要把这里当作给履历镀金的跳板。

**唐朝**：这番对话清晰简单，基本不需要解释。我仅附上我之前在唐书房里发过的两段文字作为补充。

如果不是面临生存危机，尽量不做自己不喜欢的工作，又不是没得选。浪费时间才是最大的成本。

2019年3月15日唐书房旧文

如果肯将一份工作理解为：老板这个傻帽，不仅安排人教我做事，还拿出资源、平台和业务机会供我练习，并承担由此可能产生的潜在损失，同时居然还要额外给我钱，你自然就会抓紧一切可能，不仅尽最大努力做好自己手头的业务，而且会尽量找机会尝试公司其他业务

---

① 译者注：这就像选股，我们会选至少愿意持有十年的公司，我们不一定真的会持有十年，但以这种心态去挑选投资对象，收益差不了。

（免费帮同事或其他部门干活），反正搞熟了是自己的能力和人脉，搞坏了老板背锅。多美妙！

然而，大部分人容易犯的毛病，是不知不觉就将自己定位为出售时间交换口粮的打工仔——收多少钱、做多少事，最好是事少钱多不加班，各人自扫门前雪。这种一笔换一笔的"不吃亏"思路，表面上避免了被老板占便宜，实际上是坑自己。浪费了自己最宝贵的青春，错过了"用别人的资源练自己的手"的机会，不知不觉中，就人到中年了。

2020年2月13日唐书房旧文

除此之外，唯一要提醒的是：无论是二老还是老唐，回复这类问题时，自始至终从未提过对薪酬高低的考虑，这是为什么呢？

**伯涵**：为什么不考虑薪酬呢？因为在我们一生全部的收入当中，最开始几年收入所占的比重是极其微小的。都说巴菲特99%的财富是50岁以后赚到的，那么巴菲特30岁之前积累的财富，可能连0.1%都占不到，考虑它做什么呢？最重要的还是找到自己的兴趣点，这样至少开心。往往喜欢和感兴趣的，最后也能做好，也会有财务上的丰厚回报。

**WDS**：我的理解是，只要能够创造出足够的价值，有足够强的能力，干啥啥行，让自己变得无法被替代或者很难被替代，老板定会给你高薪，因为不是你怕失去他，而是他怕失去你。

**BP**：薪酬是工作的结果，而不是原因。

# 1991 年
## 成功投资唯一方法
## 切忌能力圈内错过

年度背景 // 427
成功投资的唯一机会 // 429
错过的投资 // 431
长期投资的典范:蔡斯家族 // 433

## 年度背景

1991年1月12日，美国国会授权对伊拉克动武。1月16日，老布什总统命令美军对伊开战，以美国为首的多国部队轰炸巴格达，以"解放科威特"为目标的海湾战争爆发。

在绝对的实力碾压下，在绝对的科技领先下，这场战争仅持续了43天（其中地面战争仅持续100小时）。伊拉克几十万大军毫无还手之力，以伤亡超过10万人的代价，换得以美军为首的多国部队伤458人，亡140人，几乎可以说连敌人都没有怎么看见，就输掉了整场战争。自此，芯片技术支持的精确制导技术走上了历史舞台，战争形态从机械化战争变成信息化战争，其中芯片设计及制造技术成了各国关注的科技核心。

1991年全年，美国经济数据持续疲弱，国内房价降至1982年以来的低点。工业生产持续下降，就业数据持续负增长。所以全年的主基调就是美联储降息，当年美联储实现10连降，将联邦基准利率从7%阶梯形下降至4%。

在持续降息刺激下，美国股市走出一轮漂亮的上升走势，全年标普500指数上涨26.3%至417.09点收盘，加回成份股现金分红，全年标普500指数含息收益率30.5%。

1991年巴菲特大出风头，第一次占据了各大电视台新闻时段以及主流报纸的头版头条。然而，这种风头完全不是巴菲特想要的，它是因为伯克希尔投资 7 亿美元的华尔街投行巨头所罗门兄弟公司爆发了国债交易丑闻，生死悬于一线而带来的关注。巴菲特不得不披甲上阵，押上自己的名气和人脉，亲自担任所罗门兄弟公司董事长来挽救这笔投资。①

除了忙着拯救所罗门兄弟公司，1991 年巴菲特还向美国运通公司投资了 3 亿美元的"破壳"优先股。这是个奇怪的产品，我们将在 1997 年致股东信解读里来详细回顾它（因为那时出结果了）。

同时，他还投资数亿美元，收购了一家非上市制鞋公司——布朗鞋业（H. H Brown）的全部股权。这家公司年税前利润约 2500 万美元，当时 92 岁的企业主去世，家族成员需要卖掉企业分遗产。执掌企业的原企业主的女婿弗兰克·鲁尼，和巴菲特致股东信御用编辑卡萝尔·卢米斯的丈夫、证券经纪人约翰·卢米斯是朋友，并且已经和巴菲特认识好几年了，彼此比较了解。

经过约翰建议，弗兰克把公司财报寄给了巴菲特。然后有一天巴菲特经过纽约，打电话邀请弗兰克见面。弗兰克带着小舅子和巴菲特吃了一顿午饭，双方达成了交易。巴菲特在没有去过工厂、没有见过工厂任何人的情况下，就完成这笔数亿美元的交易。巴菲特在当年的致股东信里写道："我之所以对这笔交易感兴趣，就是因为弗兰克愿意留下来继续担任 CEO。"这是彼此信任的朋友之间的快速交易。

这一年，经过新闻女王凯瑟琳·格雷厄姆的安排，巴菲特与另一位长期霸榜富豪排行榜、影响了全球无数人工作与生活方式的年轻人，微软公司创始人比尔·盖茨见面。虽然年龄相差 25 岁，从事的行业天差地别，但两人一见如故，自此成为终生的挚友。

这一年，巴菲特在上市公司股票投资上，只增加了一只持仓：健力士（Guinness PLC）。

对这家总部位于爱尔兰的啤酒企业的投资，是巴菲特第一次跨出国门的尝试。该公司于 1997 年通过与另一家公司的合并，形成现在的国

---

① 详情参看《巴芒演义》第 297 至 306 页内容。

际烈酒巨头帝亚吉欧集团（DEO），我国股市的白酒上市公司水井坊是帝亚吉欧集团的控股子公司。

表22 伯克希尔历年持股明细（1991年）

| 股份数量（股） | 公司名称 | 成本（千美元） | 市值（千美元） |
| --- | --- | --- | --- |
| 46,700,000 | 可口可乐 | 1,023,920 | 3,747,675 |
| 6,850,000 | 盖可保险 | 45,713 | 1,363,150 |
| 24,000,000 | 吉列 | 600,000 | 1,347,000 |
| 3,000,000 | 大都会/美国广播 | 517,500 | 1,300,500 |
| 2,495,200 | 房地美 | 77,245 | 343,090 |
| 1,727,765 | 华盛顿邮报 | 9,731 | 336,050 |
| 31,247,000 | 健力士 | 264,782 | 296,755 |
| 5,000,000 | 富国银行 | 289,431 | 290,000 |
|  | 合计 | 2,828,322 | 9,024,220 |

注：表中为持有市值高于1亿美元的主要持股。

全年，伯克希尔收益率39.6%，小幅领先指数，伯克希尔股票价格上涨35.6%至9050美元收盘，巴菲特个人财富值首次突破40亿美元。

## 成功投资的唯一机会

**巴菲特**：我们不断寻找那些符合我们要求的大型企业，它们应该由能干的、以股东利益为导向的管理层掌控着，具备良好的历史经营业绩，具备我们能够理解的、预计可以持续的核心竞争优势。

虽然符合这些条件不能保证我们获利——我们还需要以合理的价格买入，并且确保企业未来经营情况要和我们的估计大致一致，但这种寻找产业超级明星的投资方法，是我们唯一能够获得真正成功的机会。

查理和我实在是天资有限，以我们目前操作的资金规模而言，我们实在无法靠着机敏地买入和卖出那些二三流公司的股份，来获得高额收益。同时我们也认为，其他人也无法通过在花朵之间跳来跳去的方法，获得长期的良好回报。实际上，将那些交易频繁的机构称为"投资者"，就好像将那些痴迷于一夜情的花花公子称为"浪漫主义者"一样荒唐。

（摘自1991年致股东信；摘录时间：2022-07-08）

**唐朝**：巴菲特再次分享了自己的选股秘籍，就是上述摘录的第一小段。同时也表达了投资很简单（方法就是第一段所阐述的），但并不容易。因为即使选中上面那些企业，仍然无法保证投资者成功，还需要以合理的买入价格，以及企业未来经营情况和自己的估计大致一致。后一点尤其难。

这个需要"确保企业未来经营情况要和我们的估计大致一致"，是市场里常见的感叹"太难了"的来源。感叹者当中，部分人是深入研究后觉得难，并产生谦逊之心；部分人是自视过高，总想按照100%正确的神仙标准要求自己，犯完美主义错误；而还有部分人则是搭眼一看就觉得很难，然后发现还是看K线均线金叉死叉比较简单，毕竟有固定规则（比如见信号就买入或卖出）。这是三种不同的"难"。

是挺难的。但巴菲特特意强调了，这是"唯一"的成功机会。1991年，61岁的巴菲特已经是福布斯富豪榜上的常客，是具有相当影响力的公众人物。按照巴菲特一贯的谦逊性格，白纸黑字地在面对公众的法律文件里写上"唯一"二字，我认为这体现了巴菲特慎重思考后的苦口婆心。

巴菲特说，他和芒格没有能力通过在二三流公司的股份之间跳来跳去，持续获取高回报。同时指出，其他人也没有这个能力。你我无疑都是这个"其他人"。以两位老人家经历过的历史、见过的世面、读过的书、获得的战绩而言，我认为我们最好还是听两位老人的，避免"不听老人言，吃亏在眼前"。

上述这番话，是巴菲特在阐述自己的呆坐大法时谈到的。根据1991年披露的伯克希尔持股情况（见表22），我们可知，当年持仓市值超过1亿美元的上市公司股票仅有8只，其中健力士是当年新增持股，另外7只里有6只没有发生任何买卖，仅房地美新增了微不足道的约550万美元的买入，可以说是标准的呆坐大法。

**伯涵**：投资，一开始是觉得容易的，似乎看看K线就行；然后被市场反复打脸，产生了敬畏之心，又会觉得挺难的；最后继续修炼，到一定的境界，可能会发现上市公司是透明的，投资又开始变得简单了。这有点类似于"看山是山""看山不是山""看山还是山"的三重境界。第三重表面上看起来跟第一重一样，实际上境界不可同日而语。

**杨大掌柜**：价值投资的财富之路，早已被前辈们插满各种"此路不通"的指示牌，引导后来者躲坑、前行。模仿是最高程度的认同。对前人智慧"抄作业"，是"不要重复发明轮子"的聪明做法。

**林飞**：巴菲特的选择标准里，第一条就是"大型企业"。这是因为伯克希尔规模大，必须大额投资才对业绩有影响，好理解。但老唐并没有资金规模的压力，为什么也偏爱大企业呢？按说小规模的投资机会，逻辑上更可能跑赢大企业的增速，毕竟规模越大，高速增长越难。

**周明芃**：老唐以前解释过："为了防踩坑，一般不投资上市时间短于5年的企业。上市5年，没有竞争优势的企业，可能依然是个小企业甚至退市了；而真正优秀的规模已经成长得比较大。所以看起来似乎是偏爱大企业，其实是偏爱好企业。老唐并不特意规避小企业，比如最早介入古井贡B股时，公司市值才120亿元左右，一点也不大。"

## 错过的投资

**巴菲特**：我们犯下的许多严重错误，通常不是我们做了什么，而是我们错过了什么。虽然大家看不见错过的东西，我和查理似乎可以无须尴尬，但看不见并不代表我们没有支付代价。

这些错误，并不是指我错过某些依靠深奥难懂的新发明（比如施乐）、高科技（比如苹果）或者卓越经营（比如沃尔玛）的公司。我们自认永远也不可能具备提前发现这类企业的能力。我说的错过，指的是我和查理能够理解、具备明显吸引力的商业机会。但不知道为什么，我们就是坐在那儿啃指甲，没有下注。

优秀的作家都知道举例有助于说清事情，我希望我举出来的例子不要让你惊掉下巴。1988 年初，我们决定投入 3.5 亿到 4 亿美元买入 3000 万股（指分拆后数量）房利美股票。我们几年前就曾经拥有过这家公司的股份，我们很了解公司的业务。此外，我们也清楚地知道，房利美 CEO 大卫·麦克斯韦尔有能力处理好公司面临的问题，房利美显而易见地将成为一台印钞机，以后的发展会越来越好。

我到华盛顿拜访了大卫，确认了他不反对我们买入大量股份。郁闷的是，我们仅仅只买了大约 700 万股，股价就开始攀升。失望之余，我停止了购买（谢天谢地，1989 年我们买入可口可乐时，我没有重复这个错误）。更弱智的是，我觉着区区 700 万股对伯克希尔的投资组合实在意义不大，于是我把这 700 万股卖掉了。

我绞尽脑汁想对这个外行动作给出一个勉强能说得过去的解释，然而，我实在编不出来。我能给你们的只有：截止到 1991 年底，因为你们的董事长这个外行动作，让伯克希尔错过了本该到手的大约 14 亿美元。

（摘自 1991 年致股东信；摘录时间：2022-07-09）

**唐朝**：这个反思很有意思，一方面体现了巴菲特的坦诚；另一方面也提醒了我们，错过我们能力范围内的机会，是实实在在的损失，而不是很多人习惯理解的，只要没有亏本金就不是损失。

投资是比较，你所放弃的东西才是成本。你放弃了本来可以赚 14 亿美元的机会，那就是损失了 14 亿美元，虽然这损失并不会体现在财务报表上，但它是真实存在的。

此外，巴菲特特意强调，自己看不懂的东西，涨上天也不值得多看一眼。那不是损失，是另一个世界的云起云落，和他没有关系。只有看得懂的机会，错过了才是损失。

这样的机会怎么错过的呢？大部分时候是斤斤计较百分之几的买价差异。普通人如此，巴菲特也如此，这是人性固有的弱点——总觉得我前几天才 250 元买过，今天就 260 元了，太不舒服，我再等等。

在值得买的区间里"再等等"的背后，若有若无地隐藏着对短期股价波动的猜测，以及不知不觉地被市场先生操纵的模样。尤其不幸的是，居然还猜对了。几次"再等等"果然都买到了更低的价格，给自己省了 1400 元、1.4 万元或者 14 万元。这些美好回忆的积累，就是市场先生特意释放出来，为了让我们某次集中损失 14 亿美元的鱼饵。

有个鼓动人心的词汇"星辰大海"，放在这里反而挺合适的。我们的目标是星辰大海，就不要为了一块鱼饵原地徘徊。如何？其实就是传统智慧里的"将军赶路，不追小兔"，不要为了蝇头小利，忘记了自己的目标。

最后，巴菲特那句"实在编不出来"，是不是非常可爱？很萌的一个老头，不装神，不立人设，坦然承认自己的冲动和弱智。这大概也是老头招万众喜欢的品质之一吧！

**琢舟**：巴菲特这番话同时提醒了我们三件事：一是固守能力圈。不仅不要想着圈子外面的，也别想着要把圈子里面的都抓住。二是机会成本。再次提醒我们，成本是我们所放弃的，而不是账面上的买入价。三是小心市场先生的诡计。"举着火把穿过火药库的傻子"不仅仅是在预测明天的股价，同时也在预测下一秒的股价！

**Rose**：这种"再等等"心态，长期来看是一种确定性损失行为。"再等等"实际是内心贪图蝇头小利、希望买到更低的价格，它还是预测短期股价的行为。一旦预测错误（必然的）就会因此而错过买入更多的机会，甚至错过买入的机会，造成巨大的损失。所以在合理估值和低估之间，应该根据个人对波动的承受能力买入，最后只是赚多赚少的区别，不会错失本该赚到的那部分。

**Lucy. lu**：老唐经常是开盘就买。是因为钱多才这样做的吗？不是，是因为这样做才钱多的。想明白这个问题，也就无须"再等等"。

## 长期投资的典范：蔡斯家族

**巴菲特**：现年 88 岁的马尔科姆·蔡斯决定今年不再参选本公司董事席位。但蔡斯家族与伯克希尔的关系不会结束，他的儿子 Kim 将会被提名为公司董事。

1931年,马尔科姆开始为伯克希尔联合精纺公司工作,该公司于1955年与哈撒韦制造公司合并,成了现在的伯克希尔-哈撒韦。两年后,马尔科姆成为伯克希尔-哈撒韦公司的董事长。

1965年初,巴菲特合伙公司收购蔡斯家族分散持有的伯克希尔股票时,时任伯克希尔董事长的马尔科姆给了不小的帮助。这是巴菲特合伙企业取得伯克希尔控制权的关键。

与此同时,马尔科姆自己及家人继续持有伯克希尔的股票。在过去27年中,他们一直是本公司仅次于巴菲特家族的第二大股东。与马尔科姆共事是一种乐趣,我们很高兴蔡斯家族和伯克希尔的长期关系跨入新时代。

(摘自1991年致股东信;摘录时间:2022-07-10)

**唐朝**:在1991年致股东信的结尾,我们带着轻松愉悦的心态,来看一个长期投资的典范:蔡斯家族。

蔡斯家族的先人奥利弗·蔡斯,于1839年在罗德岛瀑布村的瀑布边上建立了一家纺织厂(主要是方便利用水力发电),公司名字就叫山谷瀑布公司(Valley Falls Co.)。

1929年,包括山谷瀑布和伯克希尔在内的五家纺织厂合并,因为其中伯克希尔的规模最大,所以合并后的公司起名叫伯克希尔联合精纺公司。1955年,伯克希尔联合精纺公司和哈撒韦公司合并,成为伯克希尔-哈撒韦。

蔡斯家族在这个过程中一直持有该公司的大量股份,并且1957年马尔科姆·蔡斯还担任了伯克希尔-哈撒韦公司董事长。到1965年,也正是在马尔科姆的协助下,巴菲特控股伯克希尔-哈撒韦,赶走了原总裁西伯里家族。这个过程里,马尔科姆家族旁系亲属的部分持股,搭车卖给了巴菲特合伙公司,但马尔科姆自己家的持股没有卖出。

他们家的存在感很低,安安静静地扮演巴菲特身后的男人。中文网络里能搜到的信息少得可怜,只知道2003年Kim以9.35亿美元身家,位居美国亿万富豪排行榜第289位。

这样的经历,看上去很乏味吧?但我相信蔡斯一家的生活应该过得很舒服，很惬意。长期投资心态、雇用了一位充满热情和智慧，并且诚实可靠的投资经理（巴菲特），放手让他去打理自己的财富，自己只需要舒舒服服地做自己喜欢的事情就好。

这样的"投资"经历，似乎"不过就是赌对了一个伯克希尔"，但这个"赌对"里面蕴含了相当大的智慧。不仅有识人的智慧，有分析企业经营的智慧，还有真正淡定面对市场波动的智慧。毕竟哪怕是现在回看涨了几万倍的伯克希尔，持有期间照样有过多次大幅回调，甚至腰斩以上的下跌也有数次。

这期间蔡斯家族没有一次"先卖出，等跌下来重新买回来"的心思，就足够令人景仰了。他们成为巨富是理所应当的，甚至应该归为投资大师的行列，你说是不是？

**Mr. chen**：财富是思考的副产品。蔡斯家族有大智慧，踏踏实实，不搞投机，大巧若拙，纯粹的股权思维，赞！

**Lucy. lu**：真是佩服，这是对巴菲特的长期投资。关键这期间巴菲特还没有分红给他们，他们就这样看似笨笨地持有，其实确实是大智慧。

**林飞**：看了这个案例，我更深刻地理解了买股票就是买企业。

巴菲特是从外部人慢慢买成了大股东，而蔡斯家族是反过来的，本来是拥有企业大部分的经营者/创始人，后来变成了在背后默默支持巴菲特的二股东。从头到尾，可能蔡斯家族就没有想过把伯克希尔看作"票"。可能那感觉就好比我们从小就继承上一辈留下来的祖业，即便后来请了掌柜，正常情况下也不会随时想着把祖业卖了吧。这种天生就是股东的心态，咱们这种天生没有祖业传承的无产者，应该好好揣摩，好好体会。

**钟小亮**：读完这个小故事，我有三点感想：

第一，蔡斯家族"雇用"巴菲特的成本是极低的。现在基金公司动不动就要求1%到2%的管理费，拉长来看，会极大地侵蚀原本属于投资者的利润。如果按照小蔡斯2003年9.35亿美元的身家计算，按照基金公司要求1%的管理费，小蔡斯当年给巴菲特的成本就要935万美元，这远高于巴菲特在伯克希尔领取的薪酬 10 万美元 / 年。

第二，历史收益率是良好的证据，也是持股的信心。1965 年巴菲特控股伯克希尔之前，巴菲特的基金公司已经有清晰的历史记录，业绩是靠谱的。如果蔡斯家族没有很确信的高收益投资去向，选择把钱放在巴菲特这里就是划算的，这是历史业绩给的信心。

第三，最重要的是，巴菲特自己的身家也在伯克希尔上，他吃自己做的饭。考虑到巴菲特一贯把信誉看得那么重，让他做出损害合伙人或小股东利益的事情，无疑是对他的信誉的极大损害，这应该也是蔡斯家族持股不动的信心。

# 1992 年
## 成长与价值不可分
## 寻找优质是第一位

年度背景 // 438

股市短期波动无法预测,但长期
　　表现有规律 // 440

以合理价格购买优质企业 // 442

评估投资:长期和短期 // 444

通用动力:从套利到长期投资 // 447

价值和成长是一体的 // 450

投资与投机 // 456

估值秘籍 // 458

最好的投资对象:品质优于价廉 // 461

利用市场先生 // 464

注定不值得投资的行业 // 467

股票拆细 // 468

1992 年伯克希尔股东大会问答摘要 // 471

## 年度背景

  1992年，十连降的美联储终于出手，全年降息三次，将联邦基准利率从4%降至3%。加上以"笨蛋，关键是经济！"为竞选口号的比尔·克林顿在当年的总统大选里击败老布什，股市对经济的预期偏乐观。美国股市无视当年的日本股灾（从1990年高点3.8万点以上跌至1992年1.42万点以下）及二战后最严重的欧洲货币危机（芬兰马克宣布和德国马克脱钩，以及英镑和意大利里拉大贬值）影响，全年标普500指数顽强上涨4.5%至435.71点收盘，加回年内成份股现金分红，年度标普500指数含息收益率7.6%。

  这一年，巴菲特对原有持仓里三只股票实施了加仓，分别是房地美追加投入3.37亿美元（原有投资已经赚了三倍以上时的"追高买入"），富国银行追加约1亿美元，健力士追加约0.7亿美元。

  当年仅新增一只主要持仓：通用动力（General Dynamics Corp.），投入约3亿美元。这是一笔很有趣的投资，起初是冲着套利去的，后来变成了长期投资，几年后又获利不菲退出。稍后我们会详细看看巴菲特这笔投资。

  全年伯克希尔投资回报率20.3%，继续大幅跑赢标普500指数含息回报。伯克希尔股票年内首次突破1万美元，成为当年各大媒体的吸睛话题，年内上涨29.8%，年末以历史最高价格11750美元收盘。

表23　1992年伯克希尔普通股持仓明细

| 股份数量（股） | 公司名称 | 成本（千美元） | 市值（千美元） |
| --- | --- | --- | --- |
| 93,400,000 | 可口可乐 | 1,023,920 | 3,911,125 |
| 34,250,000 | 盖可保险 | 45,713 | 2,226,250 |
| 3,000,000 | 大都会/美国广播 | 517,500 | 1,523,500 |
| 24,000,000 | 吉列 | 600,000 | 1,365,000 |
| 16,196,700 | 房地美 | 414,257 | 783,515 |
| 6,358,418 | 富国银行 | 380,983 | 485,624 |
| 4,350,000 | 通用动力 | 312,438 | 450,769 |
| 1,727,765 | 华盛顿邮报 | 9,731 | 396,954 |
| 38,335,000 | 健力士 | 333,019 | 299,581 |
|  | 合计 | 3,637,561 | 11,442,318 |

注：表中为持有市值高于1亿美元的主要持股。

但是，吸睛的另一个坏处就是少不了是非。在所罗门事件里，他成了各大电视台新闻节目、现场跟踪节目的主角，变成了妇孺皆知的人物，一举一动都被放在聚光灯下无限聚焦和放大，被各种评论人士从各种匪夷所思的角度去评头论足。1992年这种迹象愈演愈烈，举个有代表性的例子，因债券交易员必读书籍《说谎的扑克牌》一书爆火的前所罗门交易员、财经记者、财经作家迈克尔·刘易斯，就曾在1992年2月17日的《新闻论坛》发表了一篇封面报道，题目为 The Temptation of St. Warren（《圣人沃伦的诱惑》），文中将巴菲特描述成一个"堕落天使"，披着"圣人"的外衣，干着"罪人"的勾当。刘易斯在文章里说："巴菲特过去的成功纯粹是靠运气，只不过是一个连续40次赢得抛硬币游戏的概率产物、一个幸运儿而已。而这一次，巴菲特将遇到他投资生涯的滑铁卢。"

因为刘易斯在华尔街巨大的影响力，所以这文章搞得巴菲特和芒格也无法淡定。巴菲特发表了很长的辩解词，针对刘易斯文中指责的巴菲特曾与所罗门"勾结"，支持烟草企业雷诺兹-纳贝斯克的管理层收购等事项做出解释，并阐述了伯克希尔对烟草企业的价值观和态度。而老芒格则直接跳出来怒怼刘易斯："刘易斯说巴菲特在过去40年里的成功，是扔了40年的硬币，只不过是每次都恰好扔出了正面而已。我想说的是，如果他真是那么想的，那他也太蠢了！"

巴菲特还在一次公开演讲中，枪扫一大片式回应说："绝大部分记者的道德品质是信得过的。只是某些重大场合下，他们或许会忘记自己的记者身份。但也的确有一些缺乏起码道德准则的记者……如果一名记者有意采取不道德的方式，那么他给社会带来的危害可能非常严重。也许只有暗杀这样的活动，才有可能超越它的伤害性。"

## 股市短期波动无法预测，但长期表现有规律

**巴菲特：**查理和我几乎可以肯定，未来十年标普500指数的表现不可能再像过去十年那么好。公开作出这样的预测有违我们一贯的原则。一直以来，我们都认为股市预言家存在的唯一价值，就是让算命先生显得也没有那么不堪。即使是此刻，查理和我依然认为短期的市场预测是一味毒药，应该锁起来，远离儿童，也远离那些在股市里行为幼稚得像儿童一样的成年人。

只不过，股价的表现不可能永远超越其背后所代表的企业实际经营情况。过去这些年，股市表现大幅超越了企业经营情况。正是基于此事实，查理和我才敢信心十足地预测：未来10年的股市收益将大大低于过去10年。

（摘自1992年致股东信；摘录时间：2022-07-11）

**唐朝：**巴菲特一贯鄙视对短期股市波动的预测行为，认为它是一味毒药。但同时，又认为股价表现不可能长期摆脱企业表现的制约。企业作为一个整体，在资本逐利天性的约束下，不可能长期避免竞争，所以很难长期保持很高的收益率。这是二老敢于预测未来十年股市整体表现不会像过去十年那么好的原因。

简单概括一下这段话，巴菲特是说，股市短期波动无法预测，但长期表现是有规律的——这其实也是我们坦然而轻松赚钱的秘籍。

那么巴菲特在1993年3月1日发出的这份预测，后来到底是准确

的，还是被打脸了呢？是准确的。

他口中的过去十年，1983年初至1992年末，标普500指数上涨209.81%（1元变成约3.1元），年化收益率约12%。加上这期间成份股现金分红回报，标普500指数成份股全部持有者作为一个整体，获得的年化回报大约在16%出头（1元变4.45元），相当美好的十年。

而他预测的十年，即1993年初到2002年末，标普500指数上涨101.93%（1元变约2.02元），年化收益率7.28%，加上那期间每年大约2%的现金分红，标普500指数成份股全部持有者作为一个整体，获得的年化回报率大约在9.35%（1元变2.45元）。确实不如前一个十年，但其实也还不错。

我将自1973年至今的五个10年（恰好是我本人的人生跨度），做了个简单的统计，如表24所示（不含成份股分红）。

表24　1973—2022年每10年标普500收益率

| 开始年份 | 标普500 | 结束年份 | 标普500 | 其间涨幅（%） | 年化收益率（%） |
| --- | --- | --- | --- | --- | --- |
| 1973 | 118.05 | 1982 | 140.64 | 19.14 | 1.77 |
| 1983 | 140.64 | 1992 | 435.71 | 209.81 | 11.97 |
| 1993 | 435.71 | 2002 | 879.82 | 101.93 | 7.28 |
| 2003 | 879.82 | 2012 | 1426.19 | 62.10 | 4.95 |
| 2013 | 1426.19 | 2022 | 3839.50 | 169.21 | 10.41 |

我们现在是不是又可以大胆预测：未来十年，标普500指数的表现不会像刚刚过去的十年那么美好呢？或许我们可以等2032年底再回来阅读本部分内容。

**土龙木**：股价短期表现像投票机，长期表现像称重器。股价不会长期摆脱背后企业的表现。而企业在资本逐利天性下，长期保持高收益率又是一件非常艰难的事情，于是有了常见的"周期"说。

**慧思**：第一，预测短期股价与价值投资原则相违背。这相当于被市场先生牵着鼻子走，有百害而无一利，所以二老说这是一味"毒药"。凯恩斯也曾亲笔写下这样的观点："浮动盈亏的日常波动显然只是一种暂时的、无足轻重的现象，但它却很容易对市场人士产生过度甚至荒谬的影响。"第二，我们可以运用价值投资的原理，对股市长期表现进行模糊的预测，毕竟价格会围绕价值上下波动，不可能长时间偏离太远。

**林飞**：资本逐利导致收益率下降，历史数据已经验证了这个逻辑。只是具体下降多少、下降多久，我们没法准确估计。接下来的十年指数回到年化 4.95%，甚至年化 1.77% 的收益率，也不是没有可能啊。我们怎么应对呢？我觉得只有两条。

一是保证自己活得足够久。这个十年是下降周期，下个或者下下个十年总会有上升周期。就按 30 岁开始投资，到 80 岁就有 5 个十年。按表 24 的统计，也有三个十年跑赢通胀，其中两个十年还很不错。二是不断提升自己的能力，日拱一卒，跑赢指数。差的年份，反而还能找到很多机会。

不过活得久还是最核心的。所以我们要坚持锻炼，保持一个好身体。

## 以合理价格购买优质企业

**巴菲特**：在伯克希尔所有的活动中，最令查理和我感到兴奋的，是收购那些既具有超强产业竞争力，又具有我们喜欢、信任和钦佩的管理层的企业。想要买到这类企业可不是件容易的事儿，但我们一直在努力寻找。寻找的过程中，我们抱着寻找终身伴侣的态度：积极主动、兴趣浓厚、思想开放，但不着急。

我曾观察到，许多热衷于企业并购的经理人，显然是被童年时代读到的《青蛙王子》童话故事迷住了。他们只记住了公主的成功，为了享受青蛙变王子的奇妙过程，他们花大价钱获得亲吻青蛙的机会。

起初，不断的失败只会加深他们围捕新青蛙的斗志。但最终，即使是最乐观的经理人也必须面对现实，深陷于一堆毫无反应的痴呆青蛙中，宣布规模巨大的"重组"方案。这些"重组"，有点像儿童早教班，

CEO收获了宝贵的教训，而学费则由股东负责支付。

早期的我，也曾约会过一些青蛙，这不是开玩笑。唯一值得庆幸的是，那些约会都很便宜。可惜我的廉价约会和那些出高价的经理人结果差不多，都是抱着青蛙一顿狂啃，然后它们依然鼓着肚皮呱呱叫，丝毫没有变成王子的迹象。

经历了几次同样的失败后，我终于想起曾经从一位高尔夫职业选手那里听过的建议。他说："重复训练无法提升你的专业水平，它只能让你的原有动作固化。"于是我调整了策略，开始学着以合理价格去收购优质企业，而不是以低廉的价格收购平庸的企业。

（摘自1992年致股东信；摘录时间：2022-07-12）

**唐朝**：这是致股东信里流传很广的名段之一。它阐述了巴菲特从烟蒂股思想转变为陪伴优质企业成长过程中的思考。

我们需要学习的，是巴菲特放弃曾经给自己带来巨大财富的烟蒂思维的勇气，以及在寻找优质企业过程中应该持有的正确心态：积极主动、兴趣浓厚、思想开放，但不着急。

**周明芃**：巴菲特从格雷厄姆烟蒂思维转向费雪成长股思维，并非一朝一夕突然发生的，也是有一个量变到质变的过程。正因为他遇到了清算邓普斯特烟蒂的痛苦，遇到了伯克希尔纺织厂不断投入改良和扩张资本但股东回报迟迟无法上升的纠结，才促成了后续的深入思考。与之相比，盖可保险、美国运通和喜诗糖果这样的企业，简直是太轻松愉快了。这些痛苦、对比和思考，才促进了他的转变。

**浩然斯坦**：记得在《巴芒演义》中，老唐也解释过，烟蒂股模式面对可投资对象越来越少，越来越不能容纳巴菲特足够资金的局面。

巴菲特的转变也告诉我们，周围世界发生改变的时候，抱怨不是办法。过去的顺风变成了逆风，必须迎风而上，弄清楚自己该做什么，抱怨不解决问题。我们只能同现有的世界合作，而不是同你理想中的世界合作。

**慧思**：在二老看来，理想的优秀企业需要具备：宽阔而持久的护城河和优秀的管理层。符合这些条件的公司必然是极少的，但是花费精力寻找非常值得，巴菲特将之比作寻找终身伴侣。

芒格的一段话可能更清晰："我们偏向于把大量的钱投放在我们不用再另外作决策的地方。如果你因为一样东西的价值被低估而购买了它，那么当价格上涨到你预期的水平时，你就必须考虑把它卖掉。那很难。但是，如果你能购买几个伟大的公司，那么你就可以安心坐着。那是很美好的事情。"

## 评估投资：长期和短期

**巴菲特**：我们要专注于长期目标，并不代表我们就不注重短期结果。毕竟，如果五年或十年前我们考虑的是长远问题，那时我们采取的行动，现在也应该有回报了。

如果总是信心十足地播种，却一再得到令人失望的收成，那或许就需要考虑农夫本身是不是有问题，也或许是这块地根本就不行。投资者必须清楚，对于某些公司甚至某些产业而言，根本就没有什么长期战略可言。

正如你会特别小心那些利用会计手法或者变卖资产来维持短期账面盈利数据的经理人一样，你也需要特别小心那些经常无法实现预设目标，却将短期的无能巧妙转化为"专注于长期"的经理人。即使是爱丽丝，听女王讲一通"明天的果酱"后，也依然会很坚持地说："不，有时候，我们必须要今天的果酱。"

（摘自1992年致股东信；摘录时间：2022-07-13）

**唐朝**：我们经常说，"长期来看，如何如何"，然而，多长算是长期？在很多所谓价值投资者（尤其是以价值投资为招牌的基金经理）口中，长期二字很容易成为一块遮羞布。

问题是：这个"长期"究竟是多久？要是一脚踢到100年以后去，长期再好，也和我们毫无关系了，我们不可能活到100年以后。甚至可以这么说，10年、20年，就足够让无数投资者倒下了。别看我们都懂"只要是好企业，股价20年不涨你会登上福布斯排行榜"，但是，真正10年不涨,你我内心就难免会问一个致命的问题:它真的是好企业吗?有没有可能我根本就待在一块寸草不生的盐碱地里?

这不丢人。不仅你我有这种忧虑,巴菲特也一样会有这种忧虑。知道好企业20年不涨你会登上福布斯,是为了告诉你现实世界里没有好企业20年不涨的大好事,别去梦想了。你必然会被迫迎来股价被推高的"小富"结局,比如20万元变成5612.8万元的"糟糕"结局。相关案例和推演过程,请参看《价值投资实战手册:第二辑》47~57页。

巴菲特说专注于长期,并不意味着短期不好是正常的。如果我们五到十年前是着眼于长期,那么我们今天就应该收获五到十年前播下的种子。同理可推,如果我们四到九年前着眼于长期,我们明年就该收获,如果我们三到八年前着眼于长期,我们后年就该收获……滚动播种,滚动收获,这才是投资者的良性状态。

所以,巴菲特在早期合伙基金建立的时候,就坦然表达过:"除非取得超越道琼斯指数的回报水平,否则巴菲特合伙基金就没有存在价值。"

以多长时间衡量比较合适呢?在合伙的基本原则里,巴菲特这样说:"我认为业绩衡量时间的最佳时间段是五年,但退一步说,三年绝对是评判投资业绩的最短周期。也许在某一年,我们的业绩会大幅低于道琼斯指数,这不重要。但如果在三年或者更长的时间内,我们的表现都不如指数,那我们(包括你们和我)都应该考虑是不是把钱投到别处去。当然,如果这三年恰逢火爆大牛市,可以例外。"

因此,我一直认为,长期二字不应该是价值投资者的遮羞布。以三年为期限来看,如果自己的投资组合跑不赢指数,投资者应该做的事情,是反复推敲自己的投资理念、股票组合选择以及企业研究水平是不是有问题,而不是拿市场先生的癫狂来背锅。

最后那段里,巴菲特还特意提醒投资者,如果遇到那些老是用"专注于长期""市场不理性"来解释自己短期业绩不行的基金经理(乃至企业CEO),要提高警惕,不要跟着他/她"一起被梦想窒息"。

最后特别解释一下文中"明天的果酱"那段表达。原文是:Even

Alice, after listening to the Queen lecture her about "jam tomorrow", finally insisted, "It must come sometimes to jam today."

《爱丽丝仙游记》（或《爱丽丝梦游仙境》）是迪士尼的一部经典动画片，在西方几乎是家喻户晓。这里面女王（也有翻译为红桃皇后、红心王后）雇用爱丽丝干活，除了工资之外，额外还要给她果酱。但女王说果酱只有隔天发，隔天是昨天的果酱和明天的果酱，永远没有今天的果酱。因此，Jam tomorrow 一词在英文里不是真的说果酱，而是类似于中文的画饼充饥，指那种许诺后永远无法兑现、可望而不可即的事物。

巴菲特说，连爱丽丝都知道说"不，有时候，我们必须要今天的果酱"，作为投资者，不能被明天的果酱忽悠了，有时候我们"必须要有今天的果酱"。巴菲特想说的意思是：专注考虑长期（十年或二十年）并不是我们短期（三到五年）收益不理想的理由。如果我们真的时刻着眼长期，短期业绩自然不会差的。否则，一定是哪里出问题了。

**伯涵**：您说"不要拿长期作为短期业绩不佳的遮羞布"，我深有同感。我们说不惧市场波动，指的仅仅是不受市场先生非理性的情绪干扰，而不是要做把头埋进沙子里的"鸵鸟"。在股价持续下跌的情况下，一定不要盲目自信，而是要反思一下：是不是先要从自己身上找原因？毕竟长期本来就是由一个又一个短期组成。

**BP**：所以评估收益，应该对标指数，而不是看绝对收益值？

**唐朝**：对，对标指数。

**周明芃**："以三年为期限"，究竟是指我们的投资组合呢，还是我们持有的某只股票？

**唐朝**：投资组合。

**nizoo**：明白了。投资寻找的是价格和价值的差，一般三五年时间应该足够企业恢复成长或价值回归。指数收益是成熟投资者的机会成本，如果长期跑输指数，我们就需要检视公司是否已经盐碱化了。投资组合的仓位控制也很重要，它既让我们实现东边不亮西边亮的效果，也留出了投资的容错空间，保证我们即使出现单笔投资失误，也能取得还不错的收益。

**三文鱼**：偶尔会出现地上有100元钞票但没人捡的情况，但如果那张钞票在地上躺了三五年，还是没人捡，我们就应该思考它是陷阱的可能性。

## 通用动力：从套利到长期投资

**巴菲特**：我们很幸运买到了通用动力。之前我并没有留意过这家公司，直到1992年夏天该公司宣布，将通过荷兰式拍卖回购30%流通股的时候，我才注意到这家公司。

我发现这是一个难得的套利机会，于是开始为伯克希尔买入这只股票，计划搭车公司的回购过程小赚一笔。过去几年里我们已经做出六次类似的套利，都在很短的时间里获得了相当不错的回报。

之后，我开始研究这家企业以及比尔·安德斯担任该公司CEO后所做的事。我看到的事情让我眼前一亮。比尔有清晰而理性的战略，他专注而且有强大的执行力。顺理成章，企业经营效果也相当显著。

于是，我将短期套利的念头抛开，决定伯克希尔要成为比尔的长期投资者。受益于回购的刺激，市场成交量也变大了，让我们有机会买入大量股份。在短短一个月时间里，我们一口气买进了相当于通用动力回购之后总股本的14%。

（摘自1992年致股东信；摘录时间：2022-07-14）

**唐朝**：通用动力是巴菲特投资生涯里挺有趣的一个案例。这个案例心动起于短期套利，跟进演化为长期投资，最终又短期获利了结，回报丰厚。回报丰厚不算什么。相比而言，巴菲特的观察和思考过程才是更有价值的。

通用动力是一家军工企业（和我们熟知的通用电气一点关系都没有）。1990年，它是美国第二大军工企业，当年营收大约100亿美元，主营业务就是制造坦克、导弹、飞机、潜艇这类东西。

1990年柏林墙的倒塌，标志着东西方冷战的结束，一个全新的和平世界逐步成型。和平对于普通人是宝贵的，但对于军火制造商来说，就是厄运的到来，因此通用动力的股价毫无疑问是一路朝着东南方向去的。

1991年，威廉·安德斯少将（就是上文提到的比尔，比尔是威廉的昵称）被通用动力聘请为CEO，当时股价跌到十年最低，约19美元。安德斯上任后，放弃企业规模的考虑，完全以股东利益为第一出发点，展开了一系列业务重构，将公司不具备核心竞争力的业务全部出售，只保留占据领先优势且即便是国防订单大幅萎缩后依然能够过得很滋润的、核心的、赚钱的业务。

经过一系列的资产出售和聚焦，公司的现金流大幅好转，此时股价也出现了翻倍以上的涨幅。1992年7月，安德斯宣布鉴于公司账面现金过多，将通过荷兰式拍卖的方式，计划回购30%的公司股份。荷兰式拍卖，和通常我们所看到的卖家站台、买家竞价的拍卖方式相反。是由买家设定最高价格和计划买入数量，愿意出售的卖家之间竞价的方式。

比如安德斯设定72.25美元为回购价格上限，由愿意卖出的股东在72.25美元以下竞争报价，在约定时间内谁报价低，优先买谁的，直至买够设定数量（总股本的30%）结束。最终安德斯在65.37~72.25美元之间，回购了1320万股，使公司总股本减少了30%（大概是总股本从4400万股降低为3080万股）。

1992年7月，巴菲特和安德斯沟通后，累计投入了约3.12亿美元，买入了通用动力435万股。伯克希尔声称目标是做纯粹的财务投资者，愿意将全部投票权委托给安德斯。只要安德斯还是通用动力的CEO，伯克希尔将成为安德斯的长期投资者。注意，他不是说作为通用动力的长期投资者，说的是做安德斯的长期投资者。

巴菲特的买入均价折合71.82美元/股，相对底部低点19美元，是在上涨了近三倍后的"追高"买入。到1992年底，通用动力股价在巴菲特的买价基础上又上涨了44%。到1993年末，通用动力累计派发每股2.6美元的普通股利以及每股50美元的特别红利。

1993年底,通用动力股价92.25美元,435万股市值略高于4亿美元,加上到手的现金红利,巴菲特在短短一年半里实现了大约翻倍的回报。之后的资料里没有披露巴菲特怎么处理以及何时处理了这笔投资,但1994年及之后的持股明细里,披露的持有市值超过3亿美元的持仓里,已经没有了通用动力的踪迹,老唐推测他是在1994年内清仓了。

至于清仓的原因,上述摘录已经埋下伏笔,"伯克希尔要成为比尔的长期投资者"。比尔·安德斯1993年下半年离职了,所以长期投资做不成了,做不成便好合好散。因为什么买入,就因为什么卖出。相当跌宕起伏的一笔投资,但也相当理性,所有的逻辑清清楚楚。

关于通用动力这个案例,大家有兴趣的话,可以做延伸阅读。《巴菲特之道》第四章以及《商界局外人》第三章有相关内容。这里我只介绍了案例的核心框架。

**ViV**:从这个案例中我学到两点:第一,只要公司的业务现金流健康充裕,日夜不眠的逐利资本一定会蜂拥而至推高股价。第二,英明神武能扭转乾坤的公司领袖可遇而不可求,我们可以在验证了他的优秀业绩后果断下注,做他的长期投资者。

**周明芃**:这个案例告诉我们,企业、我们的认知都在不断变化,因此没有一成不变的投资。巴菲特开始只想套利,随后认识到了比尔的价值,转为长期投资,在比尔辞职后,则果断卖出了持股,所有投资决策都有迹可循。

我查看通用动力的股价,在巴菲特卖出后,按照后复权涨了200多倍,我想老爷子应该没有后悔过。因为自己认知能力外的财富,赚不到才是正常的。对我们来说,有了知识才能看到金子,不断阅读思考,谨慎扩大能力圈,才是我们应该做的事情。

**唐朝**:是的,不是自己能力范围的钱,无论千倍万倍,不关我事。投资者不要妄想将世界上所有的机会都抓住。

**杨大掌柜**:《商界局外人》一书中详细介绍了安德斯的故事。他有句搞笑的名言:"只要有足够高的出价,除了老婆不卖之外,其他一切都能卖。"他也是位牛人,战斗机飞行员出身,在1968年乘坐阿波罗8号登月的宇航员，勇于冒险，以少将军衔退役后，任职五角大楼核能管理主席。

1989年安德斯上任通用动力后，第一个判断是军工是严重产能过剩的行业。在过剩的行业中，要么成为整合者，要么变为被整合的对象；要么削减非一流的业务，要么通过并购争夺市场份额。第二个判断是高管、员工和资产都是严重的冗余过剩。员工只关注武器的更大、更快、更致命，却没有关注股东价值和投资回报；公司存在过多存货、固定资产和过度投资。于是安德斯上任后的主要工作就是卖、卖、卖和裁、裁、裁。

**忆溪舟**：巴菲特看到通用动力要回购30%的股票，说这是很好的套利机会。这个套利机会是指低于72.25美元买入，然后等公司回购吗？

**唐朝**：是的，当时股价在四五十美元。如果你能判断公司的回购意愿真实、资金能力具备，确实会履行，那么最高72.25美元的回购价格，一定会提振股价的。在巴菲特看来，这就产生了套利空间。

**知行合一**：通用动力收购价格在65.37~72.25美元之间，巴菲特的买入平均价格却高达71.82美元。他为什么买得那么高？这么小的套利空间，安全吗？

**唐朝**：投资逻辑变了，从套利改投资后，后期较高的买入价格拉升了整体买入均价。

## 价值和成长是一体的

**巴菲特**：十五年前，在1977年的年报里我们写过，我们选择投资对象的标准和收购整家企业是一样的。我们希望投资的企业是：（1）我们能理解的；（2）具有良好的发展前景；（3）由德才兼备的人掌控；（4）以极具吸引力的价格出售。

今天，我们的标准和十五年前没有区别。只是考虑现在的市场情况和伯克希尔的资金规模，我们现在将"极具吸引力的价格"修改成了"有吸引力的价格"。

或许你会问：如何定义"有吸引力的价格"？回答这个问题时，大部分分析人士习惯上会从两种对立的方法中作出一个选择：它是"价值股"还是"成长股"？事实上，许多投资人士会将这两种方法交替运用，就像日常换衣服一样。

必须承认，就在几年前，我也是这样认为的。现在，我们认为这种划分是没有必要的。我们认为，价值和成长其实是一体的。成长是价值的组成部分，它是评估企业价值时的一个变量，其权重在微不足道至巨大无比之间波动，其影响可能是正面的，也可能是负面的。

（摘自1992年致股东信；摘录时间：2022-07-15）

**唐朝**：对于价值和成长之间的关系，也就是投资时更看重低估，还是更看重成长，这个问题在很长一段时间里，困扰着许多投资人。正如巴菲特所言，"就在几年前"，也就是大概在20世纪80年代，50多岁的巴菲特也还在纠结这个问题。

同样，大概就在八九年之前，我也经常纠结这个问题。直到2014年初，在酒桌上听到我的一位朋友刘马克分享的一句话，"成长是价值的安全边际"，那一瞬间，困惑许久的难题，突然在我脑海里变得通透了。①

自那以后，我不再纠结二者孰轻孰重。我很坦然地认为价值和成长是一体的，它们之间的关系可以表述为："成长是价值的组成部分，成长是价值的安全边际，不成长的价值通常危险，无价值的成长更加危险。"这个思考对我的投资理念和实战方法的改变是巨大的。

这种持续思考、持续困惑，然后在某一刻突然被某句话、某件事、某个人或者某个画面触发，一下子顿悟的感觉，特别舒服，仿佛内心有一处过去只是划过的痕迹被突然激活，一下子就变成了"真正属于我自己"的思想。

上述摘录中还有一点要注意的，就是巴菲特将"极具吸引力的价

---

① 这段往事，我在《散打投资8》里写过，有兴趣的读者可以通过微信公众号"唐书房"阅读。

格"修改为"有吸引力的价格",也就是说,巴菲特对安全边际的要求没有那么严苛了。

安全边际究竟要留多大,并不是个严谨的计算,只是一种经验观察。观摩投资大师们的历史经验,他们一般买入出价是企业价值的4到7折。巴菲特在1997年伯克希尔股东大会上曾经这样谈过自己对安全边际大小的认识,他说:

"如果是你能理解的企业,对企业的未来比较确定,你就不需要多大的安全边际。而如果你打算投资的生意很脆弱或者变化的可能性很大,那么你可能就需要比较大的安全边际。就好比,如果有一座承重1万磅的桥距离地面只有6英寸,你可能会愿意驾驶载有9800磅货物的卡车通过。但是,如果这座桥坐落在大峡谷之上,你可能就想得到大一点的安全边际,或许只考虑驾驶载重4000磅货物的卡车通过。也就是说,要求多大的安全边际取决于潜在的风险。"

**BP**:所以,无须纠结于阅读是"划"过去了,还是完全吃透了,只要坚持思考,总有一天那些划过的痕迹,就会突然变成自己的。

**周明芃**:所谓"顿悟",表面看起来是"本来无一物,何处染尘埃",实质是"时时勤拂拭,勿使惹尘埃"的必然结果。就如同巴菲特从格雷厄姆烟蒂股投资法转向陪伴企业成长投资法一样,没有之前的"日拱一卒"就没有后面的"不期而至"。有了准备才能看得到机会,有了准备才能在某个不经意的瞬间,激发头脑中的某个开关;否则,别人讲过,听过,就没有然后了。

**食兔君**:市场常以成长股和价值股区分,实则是追热点和贪便宜的遮羞布。企业始终在发展变化,哪怕是百年老树,也会不时抽出新芽,妄图以刻板的标签去刻画动态的企业,无异于刻舟求剑。

但上述划分方法依旧甚嚣尘上,可能是因为人们总是下意识地想寻找一种万能公式,一个"圣杯":高成长股就要无视价格,就要敢于亏损,可以追逐"市梦率",为梦想窒息!低估白马就要稳定高息,就要家大业大,如保险、银行、高速公路,乃至地产股,分红才是钱!这种市场参与者,看似与技术流殊途,实则同路,都是因为分析企业具体业务太难而找的"代餐"。

**浩然斯坦**：时间是成长的朋友。随着时间推移，企业成长，原本合理的买入价在后来看会显得非常便宜；时间是平庸的敌人，低估值买平庸公司，随着时间推移，价值可能下降甚至灭失，原本便宜的买入价可能并不便宜。只要不是买得太贵，确定性的成长重于估值的差异，因为成长的持续性更强，是可以积累产生复利的，而估值差理论上是一次性的。

**琢舟**："成长是价值的一部分""成长是价值的安全边际"来源于"现金流折现法"这一巴菲特唯一认可的估值思路。在现金流折现法中，永续价值占了企业估值的大头，这与企业成长有关（体现在永续增长率），成长理所当然为价值的一部分。

安全边际包含两个方面，价格折扣、成长性。（1）价格折扣。以三年翻倍也就是年化26%的收益率来设置买入价格，是以投资者及格线（≈12%）为起点，努力追求大师级收益率（>20%）。12%（七折）~26%（五折）之间即为安全边际。（2）成长。若企业具有良好的成长性，投资时间越长，投资收益就会越趋近于企业的ROE。这时候估值的影响也越小，买入价格（价格折扣）的影响也就越小。所以"成长是价值的安全边际"，于是确定性越高、ROE越高的企业，可以在越靠近估值上限的价格买入（主观）。

**糖换鸡毛**：价值看当下，成长看未来；价值看现在拥有，成长看未来盈利。陪伴优秀企业成长的投资模式，归根结底就是要下注有成长的公司。这个成长还要是可持续的、优质的，赚的要是真金白银，不是拿巨大的投入、高杠杆堆出来的劣质成长。

巴菲特说，只有当投入的一块钱可以在未来创造超过一块钱的价值时，成长才有意义，否则成长就是有害的。老唐也说，不成长的价值通常危险，无价值的成长更加危险。这也是当2014年万科和茅台净利润几乎一样的时候，老唐却判断两家公司的价值相差巨大的原因，茅台未来成长的确定性、成长的质量远高于万科。这也是现在房地产频频出现问题的原因，它们追求了太多不良的成长。

判断一家公司未来的成长如何，实际是很困难的，即使是公司的管理者也无法准确判断。所以把成长看成是安全边际，只要能判断公司未来大概率不错，有增长即可，至于增长多少，通通划到安全边际里。再加上低估买入，在买入价格上留有安全边际，大概率不会差。如果对公司成长越有把握，确定性越高，那买入价格上留的安全边际可以适当放宽，合理价格之下就可以买入，而且仓位上占比可以越大。

以上就是我对"成长是价值的组成部分，成长是价值的安全边际；不成长的价值通常危险，无价值的成长更加危险"的理解。

**巴菲特：**不管合适不合适，"价值投资"这个术语已经被广泛应用。它经常被用来指代那些以低市净率、低市盈率或高股息率为准则实施的投资行动。不幸的是，就算是同时具备上述三个特点，仍然无法确保投资者买到了物有所值的投资对象。反过来，即使以高市净率、高市盈率或者低股息率去选择投资对象，也并不代表是一项没有价值的投资。

同样，成长本身也不代表一定有价值。的确，成长通常会对价值直接产生影响，有时影响程度甚至相当惊人，但这种影响方向不是确定的。比如，如果投资者过去将大笔资金投入到美国航空业上，就只能获得无利可图（甚至更糟糕）的成长。对于这些投资者来说，如果莱特兄弟当年试飞失败，情况反而会好得多，因为这些年的数据告诉我们，航空产业成长越快，航空公司股东的情况越糟糕。

只有企业能够以诱人的增量资本回报率开展投资的时候，成长才可能让投资者受益。换句话说，只有新增的每一美元投入，都能够创造超过一美元的长期价值时，成长才有意义。那些需要不断投入资金的低回报业务，成长反而会伤害投资者。

（摘自1992年致股东信；摘录时间：2022-07-17）

**唐朝：**这算是对"成长是价值的组成部分，成长是价值的安全边际；不成长的价值通常危险，无价值的成长更加危险"的注解。

成长是价值的组成部分，基于此，我们估值时都会将预计的成长速度考虑进来。你对这个成长速度的假设值越高，成长因素在估值里的权重也就越大。

成长是价值的安全边际，指的是成长"可以"是安全边际，成长也"只"是安全边际。这是为了防备我们过于乐观，给予成长因素太高权重，导致投资道路上的重大挫折。

对于这个安全边际的理解，我很多年前将它量化为：最高出价可以触及当年合理估值的上限。当我们以当年合理估值的上限（如果市场大约是4%的无风险收益率水平，这个上限就相当于约25倍的市盈率水平）去买入一家企业时，我们的目标收益就只有一个：这家企业未来成长速度超过无风险收益率的那部分。

这时，除成长以外的其他安全边际，就被我们放弃了，成长成了唯一的安全边际。这已经是对非常确定的企业、非常自信的判断下，可以接受的出价上限。除非有非常可信的价值证明，否则在依赖估算的条件下，这个出价不能再高了。

不成长的价值通常危险，指的是，如果投资对象完全没有成长，我们就需要和时间赛跑，寻找尽可能快的变现渠道和方法。时间拖得越久，原本存在的市值和价值差就会缩水，因为你投入的本金是有时间成本的（兜底也能以无风险收益率水平增值）。伴随着时间的推移，它迟早会超过你买入的那个"不成长的价值"。这就是烟蒂股所面临的困境。

巴菲特这样阐述它："你先前得到的价差优势，很快地就会被企业的低回报侵蚀。例如你用800万美元买下一家清算价值达1000万美元的公司，若你能马上把这家公司给处理掉，不管是出售或是清算都好，换算下来你的报酬可能会很可观。但是如果这家公司最终是在10年之后才处理掉，即便收回1000万美元和每年有那么几个点的分红，那么这项投资也是非常令人失望的。"

无价值的成长更加危险，巴菲特用航空公司的例子解释了这句话。当新增资本投入的回报率偏低时，企业成长越快，所需资本越多，对投资者的杀伤力也就越大。

只有当一美元新增投资，能够创造超过一美元长期价值的时候，成长才有意义。这句一美元原则最简单的理解就是：新增资本投资回报率必须"明显"高过无风险收益率。因为只有这样，在 all cash is equal（所有金钱都是平等的）的原则下，投入的一美元价值才会高于一美元。

**伯涵**：无价值的成长，例如营业收入、净资产都在增长，但是利润和利润率越来越低，以牺牲效益来促成成长，巴菲特说的很多不计成本承保的保险公司就是这类。

无成长的价值，例如公司的净资产收益率很高，市盈率很低，看起来像是一匹"大白马"，然而，利润都需要投入到设备更新里，比如曾经的伯克希尔纺织厂就是此类。

有成长的价值，比如喜诗糖果，可以产生真正的自由现金流；有价值的成长，比如伯克希尔本身的发展历程，这些才是我们追求的。

## 投资与投机

**巴菲特**：我们认为"价值投资"这个术语是多余的。"投资"这个行为，本身就是为了换取超过支付金额的"价值"。如果不是这样，那投资是什么呢？为一只股票支付溢价，然后寄希望于短期内以更高的价格卖出去，那直接称为"投机"好了。以我们的认知和经验来看，投机不违法，也不缺德，它只是不赚钱而已。

（摘自 1992 年致股东信；摘录时间：2022-07-16）

**唐朝**：巴菲特说，价值投资这个术语是多余的，所有的投资都是意图用手中的 100 元去换取高于 100 元的东西，除此之外，没有什么其他的"投资"行为存在。从这个意义上说，所有的"投资"行为，都是"价值"投资，并不存在一个"无价值的投资"或"非价值投资"。

是的，的确如此。只不过，因为太多高抛低吸、赛道热点、为梦想窒息的人也都打着投资的旗号，所以真正的投资行为，不得不额外用一个词语"价值投资"，以区别于上面这些"投资"。

如果某股票价值为 A，有人却愿意支付 A+B 的价格，原因是认为有人会出 A+2B 来接手，不管这种行为罩着什么画皮，我们都应该清楚地明白，它的原名叫作投机。

投机没啥不好的，不违法，不缺德，不低贱，只是格雷厄姆、巴菲特、芒格这条线的智者，用百年投资经验和一肚子智慧反复告诉我们，投机只是不赚钱。

2017 年，我曾在唐书房针对部分号称"先搞投机，等赚到钱以后再转价值投资"的朋友，写过这么一段顺口溜："投机若能赚到钱，何必做价投？投机若是不赚钱，何必等以后？"将其放在此处，正合适。

不过，我认为巴菲特高估了市场"投资"人士。对于大部分市场参与者而言，脑海里可能根本不存在什么"投资"或"投机"的意识，他们只是对这个股票价值多少毫无概念，迷迷糊糊地就将自己的资本押上去了。这甚至算不上投机，只是赌博而已。和赌桌上下注后嘶喊"大大大"的人，心理状态是差不多的。如果开出来是大，就是老子厉害。如果开出来是小，要么是庄家太坏、赌场作弊，要么是今天运气不好，都怪刚刚有个尼姑路过带来了晦气……

pm：投资，回报的获取主要依赖资产自身产生的现金流，无须依赖新买家的出价；投机，刚好相反，回报的获取主要依赖新买家的出价。或者更简单地说：买股是投资，买票是投机。投机与投资既没有水平高下之分，也没有道德高下之分。所不同的，仅仅是回报来源不同、关注因素不同而已。

以上摘自唐书房 2017 年 9 月 17 日文章《赢在投机的起跑线上》

慧思：巴菲特曾经说过："使我们困惑的是，知道格雷厄姆的人那么多，但追随他的人却那么少。我们自由地谈论我们的原理，并把它们大量地写入我们的年度报告中。它们很容易学，也不难运用。但每一个人都只是想知道：你们今天买了什么？像格雷厄姆一样，我们被广泛地认可，但绝少有人追随我们。"很少人会选择这条路，即使有人用实践证明并详细地讲给大家。这将会是选择这条路的投资者的长期优势。

## 估值秘籍

**巴菲特：** 五十多年前，约翰·伯尔·威廉姆斯在其著作《投资价值理论》里，已经提出了价值的计算公式：未来现金流折现法。这方法简单概括就是：任何股票、债券或企业的价值，都等于其预计存在期限内现金流入和流出的差额，以一个适当的利率折现到今天后的加总值。

特别需要提醒的是，这公式既适用于股票也适用于债券。但即便如此，二者之间仍有一个重要且难以处理的区别：债券的息票[①]和明确的到期日，决定了未来现金流清晰可计算。但股票不是，投资者或分析师必须自己估计股票附带"息票"的数量和金额。

此外，确实有少量无能或不诚信的管理层，会导致债券本息支付出现问题，但总体而言占比很小。从这个意义上说，管理层的优劣对债券息票的影响不大。相比之下，管理层的能力可以对股票"票息"产生极大影响。

按未来现金流折现法计算出的价值，与市价之间差距最大的投资对象，就是投资者应该买入的目标。这和未来是否有增长，利润是否大起大落，市盈率和市净率是高或者是低，都没有关系。

尽管未来现金流折现法会让我们发现，大部分时候股票都比债券更值得投资，但这个结果并不是恒定的。当计算显示债券是更具吸引力的投资时，我们就应该去投债券。

（摘自1992年致股东信；摘录时间：2022-07-18）

**唐朝：** 巴菲特阐述了一辈子的估值秘籍，其实也就是老唐估值法的内核。概括起来，有八大要点：

（1）有逻辑、有价值的估值公式只有一个：将目标资产未来所有年份所能产生的自由现金流予以折现后加总。

（2）该公式适合对所有投资品估值。只是某些投资品现金流容易

---

[①] 译者注：约定票面利率和利息发放时间的票据。

估算，有些投资品现金流很难估算，有些投资品现金流根本无法估算，还有些投资品根本就没有现金流可以去估算。

（3）我们不是神仙，投资也不需要赚尽市场所有的钱。所以资质平平的我们，优选容易估算的，学习和拓展很难估算的，忽略无法估算的，排除不产生现金流的。这就是我们的生存秘籍。

（4）管理层的能力和诚信，可能是估算股票未来现金流的重要因素。为此我们要么选择我们认为的优秀管理层，要么选择那些管理层对企业未来现金流影响较小的企业。

（5）投资只是比较。所有能产生现金流的资产都是投资对象，无论是银行存款、国债、企业债券、上市公司股票或者非上市公司股权，都一样，全部在同一个框架下比较。

比较它们的大小，将自己的资本放在收益率明显较高的资产上面，这个动作就叫作投资。哪怕是买入银行活期存款或者拿着一堆现金，也是在做投资（只不过是很烂的一种投资而已），而不是所谓空仓或退出。

（6）比较的过程，重点是对未来现金流的估计及折现率的取值。前者代表盈利能力，后者代表确定性。这两个因素全部包含在对具体企业的理解里，没有固定公式，没有速成法。

这两个因素之外的所有指标，本质上是协助我们得到或接近上述两个未知数的辅助资料，我们不能舍本求末，迷失在那些财务指标里。

（7）老唐估值法通过引入三年和无风险收益率两个概念，将确定性因素基本固化了下来。于是估值过程简化成对唯一未知数"未来现金流"的估计。

这是一生也学不完的学问，是如巴菲特、芒格这样的智者也经常会说"太难、不懂、不会"的领域；是有时候以为自己懂了但实际可能错了的领域（或许芒格买入阿里巴巴就是这样一个案例）。

（8）这个唯一未知数，确实挺难的。如果它也不难，那岂不是人人发财、股市只有赢家没有输家了？但我们用一生的时间，聚焦这唯一的未知数，相对于那些浪费大量时间在各类无效因素上跳来跳去的人，我们总会获得部分比较优势。这一点点比较优势，就足够我们赚到大钱了。

这种感觉，只有深入研究过企业（任何一家企业）的人才能体会到。大量阅读这家企业的相关历史资料和财报后，如果你没有排除它，你总是会发现你对企业未来现金流估计的水平，比没有阅读之前高一点点。这个一点点的累积，就是你最终成为巨富的垫脚石。日拱一卒，总有一天你对某家企业甚至某个行业，会有一种"一切尽在掌握中"的感觉，那就是财务自由的感觉，是人生有得选的感觉。

**morning**："拿着一堆现金"和"空仓或退出"有什么区别呢？

**唐朝**：前者是投资于零收益率产品；后者是欺骗自己已经不做投资。前者是事实真相；后者是自欺欺人。

**Helen.**：股票是一种特殊的债券。它们的相同点是：二者计算价值的方法是一样的，都是未来剩余年度的自由现金流，以一个合适的利率折现到现在。

不同点是：债券有明确的利息率和到期日，可以清楚计算未来的现金流，即债券的价值是确定的，静态不变的。股票则没有明确的利息率，需要投资者自己估算利息率，所以股票的价值是模糊不定的，并且是动态的，投资者只能时时自己估算股票的价值。同时，管理层的品质和能力对债券影响小，但对股票的影响巨大——影响股票的利息率。

**佐渡**：计算股票价值和债券价值的公式是一样的，但对于股票，投资者或分析师必须自己估计股票附带"息票"的数量和金额。正因为需要自己估计，而我们也知道自己永远会犯错误，永远掌握不到所有信息，所以，可以得出三点结论：

（1）估计出来的合理价值不是精确的数字，只能是模糊的区间，"日间盯盘，是完全没有价值的生命浪费"。（2）除了尽全力去给股票估值之外，还需要安全边际和仓位控制来保护自己。（3）某些股票估不出一个合理价值，或者说合理价值介于0和正无穷之间。这些股票我们直接放进"太难"那个筐里就好。

**林飞**：摘录中倒数第二段，为什么说"和未来是否有增长"没有关系呢？此时巴菲特的思想不是已经从烟蒂股模式变成成长股模式了吗？

**唐朝**：他的意思是说，未来增长与否，只是估值过程中的一个参数，是为了辅助估值的。我们不是因为增长而去投资，也不会因为不增长而拒绝投资。

**食兔君**：自由现金流折现法只是思路，虽有逻辑上的价值，但却没有具体方法，乃无招之招。而老唐通过引入三年和无风险收益率两个概念，将确定性因素固化下来，逐步形成老唐估值法，使投资成了可学、可用、可复制的"技术"。

## 最好的投资对象：品质优于价廉

**巴菲特**：让我们先抛开价格问题不谈。最好的投资对象，是那些在未来很长一段时间里，有能力以非常高的回报率大量使用增量资本的企业。反之，以低回报率配置增量资本的企业，所需资本越多，对投资者伤害越大。

不幸的是，前一种类型的企业非常难找，因为大多数高资本回报率的企业对资本的需求反而很小。这类企业的股东，往往也只能退而求其次，依赖公司大规模分红或股票回购来获得额外的好处（而不是靠资本再投入）。

尽管评估企业价值所需的数学计算并不困难，但即使是非常有经验也非常聪明的分析师，在估计股票未来"息票"数量和金额时，也常常犯错。在伯克希尔，我们试图用两种方式来解决这个问题。

首先，我们始终坚守我们很了解的生意。这一般意味着这些生意必须很简单、很稳定。对于复杂的、变化剧烈的生意，我们缺乏足够的智慧去预测未来的现金流状况。不过，智慧不足的缺陷对我们并不构成困扰。对大多数投资者而言，重要的根本不是懂多少，而是如何面对自己不懂的东西。想成为成功的投资者，并不需要做对很多，关键是避免重大的错误。

其次，同样重要的是，我们坚持买入价格必须留有安全边际。如果我们计算出来的股票价值只比它的市价高一点点，我们不会有兴趣买入的。我们坚信，格雷厄姆极力强调的安全边际原则是一切投资成功的基石。

（摘自1992年致股东信；摘录时间：2022-07-19）

**唐朝：** "抛开价格问题先不谈"这个句式，已经透露了巴菲特这个阶段的思维模式，是品质优于价廉。首先要考虑好不好，其次才考虑价格贵不贵。这个思考顺序很重要。

什么是顶级的好企业？是能够大量吸纳增量资本，并让增量资本产生高回报率的企业。但很遗憾，就像病毒一样，具备高传染性的，杀伤力一般都很低；而杀伤力很高的病毒，通常传染性就不会太强。原因很简单，如果同时具备高传染性和高杀伤力，很快整个世界就只剩它了。我们不妨想象一下，如果非洲大草原的狮子，具备兔子一样的繁殖能力，草原会是什么样子？

资本也是如此。如果净资产回报率非常高的企业，比如巴菲特拥有的喜诗糖果、可口可乐、布法罗晚报等，我们手头的贵州茅台、洋河股份、古井贡、分众传媒等，剔除与主业无关的类现金资产和投资资产后，还能以同样的回报率水平将全部净利润再投下去，那么完全可以预料，在巨大的复利威力下，这些企业的年度利润很快就会成为一个天文数字，然而这是不可能发生的事情。这类企业往往面临的问题是：如何处理沉淀下来的净利润？扩张、分红、回购、待在账上，几种不同的处理方式，结果差异巨大。

知道优质企业的主要特征是高增量资本回报率后，我们就剩两个问题了，一易一难。容易的是，找到历史上净资产回报率高的企业，这几乎可以说不费吹灰之力。困难的是，判断它未来是否还会维持这样的回报率水平，它能吸纳多少增量资本，它会如何处理沉淀下来的冗余资本。每一个问题都关乎企业未来的"息票"数量和金额，这关乎企业价值问题。

对此，巴菲特说了，再能干和聪明的分析师，在这个问题上也经常会犯错，伯克希尔也不例外。他给出的应对方法有两条：

第一，就是将自己局限在那些简单的、稳定的、我们的智力水平能搞懂的企业里；第二，即便如此，我们还是可能会犯错，所以我们买入时要预留安全边际，给自己留下容错空间。实际上，还有一条巴菲特没有说到，我们应该自己加上，那就是适度分散，避免自己扛不住市场先生的极端狂躁。如此，也就没什么好担心的了，对不？

**BP**：再高的 ROE 都是历史数据，再好的分析师也无法准确预测未来，我们只能求大概率取胜。但好在我们可以只求大概率取胜，因为投资不是一个胜者通吃的游戏。第一名虽然有除财富之外的更多好处，但拿不到第一名也足够让我们的人生精彩异常。

**333**：老唐，这里的增量资本指哪些？

**唐朝**：对于优质企业而言，往往就是当年赚到净利润的一部分，分红后剩下的那部分。

**杨大掌柜**：如何处理沉淀下来的利润？扩张、分红、回购或待在账上，企业有不同的选择。

腾讯的选择是扩张＋回购。扩张是因为互联网领域的空间够大，赢者通吃的市场规律，但也可能招来更多监管；在股价低于企业内在价值时回购，对股东有利。

洋河的选择是分红＋待在账上。分红很好理解，冗余资金待在账上是受限于企业历史因素不方便取出，只好投向信托或其他理财产品，获取高于存款利率的收益。

茅台的选择是分红＋待在账上。茅台大量冗余资本扮演了当地类央行角色，支持贵州实体经济发展，承担了"富户修桥补路"的义务。

分众的选择是分红＋扩张，因为梯媒行业先发优势过于重要，分众除了内存外贷之外，还试图香港上市，获取外币资金，更方便快速进军亚洲国家梯媒市场。

沉淀下的资金如何使用，与企业生命周期、历史缘由等诸多因素相关。

**大牛米**："高资本回报率的企业反而只需要使用很少的资本"，这句话是不是从侧面证明高回报率并不来自于资本,而是来自于品牌、网络效应、垄断等,说明企业拥有一条资本填不平的护城河?

**唐朝:** 是的,资本能填平的护城河,通常很容易被填平,因为这个世界不缺资本。

**浩然斯坦:** 第一,思考是有顺序的。例如企业好不好是决定投资生死的问题,价格贵不贵决定了赚多还是赚少。先考虑生死,之后再考虑赚多少。一家企业过去好,不一定未来就好,但至少有迹可循,可以用竞争优势增强了还是削弱了去判断未来如何。但如果过去不好,是很难判断它是否会突然变好的,毕竟变"性"很难。就如同押注同一个班级里同学的未来,虽然班级后三名看起来"潜力大",但前三名大概率更好些。

第二,即使每件事都是对的,但意外总会时不时冒出来。因此,适当的分散和合理的仓位是投资中的保险。老唐设定的三五个行业、七八家公司、40%个股仓位上限、60%的行业仓位上限等保护性措施,让我们能比较坦然地面对意外的黑天鹅和浑然不知的灰犀牛。

## 利用市场先生

**巴菲特:** 尽管我们1991年将吉列优先股转换为普通股,使吉列这笔投资获得了相当不错的回报,同时,我们其他通过协议达成的优先股投资,也都取得了不错的结果,但总体上说,这类投资的收益,远不如我们直接在二级市场买入普通股带来的回报高。这是我们意料之中的结果。同时它也验证了我们的观点:理性投资者在二级市场买入普通股的收益,会高于在一级市场认购新股的结果。

这里面的原因与定价方式有关。被大众的愚蠢和疯狂支配的二级市场,会周期性地出现类似"破产清算"的股价。无论这个价格有多愚蠢,对于当时因为各种原因迫切希望卖出的持有者来说,它都是非常宝贵的。而无论何时,千千万万的市场参与者里,总有一些人因为这样那样的原因产生立刻卖出的想法。也正因为这样,我们经常会在二级市场里看到价值至少为 X 的股票，售价为 0.5X，甚至更低。

新股发行的一级市场，是由控股股东和公司掌控的。他们通常可以选择股票的发行方式、发行价格和发行时机。无论是公开发行还是协议交易，如果市场情绪看起来不利于发行，他们会暂停出售。所以，你不可能在这里找到售价只有内在价值一半的股票。

事实上，他们通常只在认为市场出价过高时，才会考虑发行股票。只不过，他们通常使用另一种表述：当股市给予的估值太低时，我们拒绝贱卖公司股份。

到目前为止，我们通过谈判所做的大宗投资，整体上勉强达到了我们在 1989 年年报里提出的目标："我们的优先股投资，应该产生略高于大多数固定收益投资组合的回报。"如果把这些钱投入二级市场去买我们喜欢的股票，我们的收益会更好。只是由于我们的资金规模和市场交易量的限制，导致了我们很难这么做。

（摘自 1992 年致股东信；摘录时间：2022-07-20）

**唐朝：**相比巴菲特而言，我们最大的优势是我们比较穷，不至于因为资金规模和市场交易量而无法参与股市交易。没想到穷也是一种比较优势吧，哈哈。

巴菲特这段话说得很清楚，二级市场之所以能够带来更好的回报，是因为"被大众的愚蠢和疯狂支配的二级市场，会周期性地出现类似'破产清算'的股价"，而那些因为各种各样原因，哪怕是破产清算价格也必须卖出的人，就是我们可以"利用"的市场先生。

其实"利用"这个词，不合适。准确地说，我们是"帮助"他们。不管是杠杆、恐惧、资金压力、不知道股票价值几何等任何原因，对迫切需要卖出的人来说，每一位愿意掏钱买下他们股份的人都是大恩人。没有我们伸出的友谊之手，成交价格必然会更差，他们会更惨。所以，不是利用，是帮助。而无论利用或帮助，基本的出发点必须是我们对这只股票的价值几何，有自己的认识。脱离了这一点，利用或帮助也就成了赌博。

因此，格雷厄姆提出的价值投资三大基石（股票是企业部分所有权的凭证、市场先生、安全边际）是环环相扣，缺一不可的。

首先，只有认识到股票是企业部分所有权的凭证，而不是一个代码，或一个击鼓传花游戏的道具，我们才能因为企业本身有价值而推导出股票是有一个价值数字的，这是投资的前提。哪怕是类似格雷厄姆说的宽泛到"每股价值30~110美元之间"的判断，对我们的投资决策也是有帮助的。只不过，如果我们通过阅读、思考和研究，能够将这个区间缩小，我们遇到机会的概率会大幅增加。

其次，股市是由大众的愚蠢和癫狂情绪主导的集合体，人类会周期性地被恐惧或贪婪支配，导致情绪在过度悲观和过度乐观之间大幅摆动，从而会让股票大幅偏离其价值。知道这一点，才有了利用的可能。

最后，安全边际要求我们在市价"明显"低于价值的时候买入。这个等到"明显"才出手的动作，一方面弥补了我们错判价值带来损失的程度，另一方面减少了我们面对群体癫狂时所承受的压力。

以上三环，任何一环都是投资过程中不可或缺的，三合一才构成一个完整的逻辑链。

**无奇：** 无情地利用股价高估和低估，才会得到风落之财。对巴菲特的思想理解越深，越能看懂现在的市场，才会不急不躁，该干什么就干什么，然后慢慢变富。

**唐朝：** 对，"不急不躁"四个字非常贴切，这是一种尽在掌握的感觉。没有深入理解巴菲特投资思想的人，无法体会这种坦然和踏实。

**林飞：** 巴菲特说到一级市场定价受大股东掌控，卖方不可能让你有大便宜可占，但是二级市场由于大众的癫狂反而会经常出现更低的价格，这让我想起古井贡2021年增发的例子。

古井贡酒2021年向13家机构定向增发了2500万股普通股（A股），发行价格200元/股。这批新增股份上市日期为2021年7月22日，当时PE约55倍。到现在正好1年过去了，当前价格240元/股，这期间分红2.2元/股，相当于上涨21.1%，当前PE约50倍，古井贡2021年净利正好也是上涨约24%。相当于这些机构一年下来没有占到市场任何便宜，收益全部来自于公司净利的增长。公司估值甚至还略低于定增时的估值。

而二级市场在今年4月曾跌到过160元/股，35倍PE。若按这个估值买入，则相当于3个月涨幅50%，若折算成年化更是达到200%。这惊人的差异，便是市场先生赋予我们"穷人"巨大的比较优势。

## 注定不值得投资的行业

**巴菲特：** 你们或许不会忘记，1989年的年报里我写过这样一句话："我们没有能力预测投资银行业、航空业或造纸业的前景"。当时，可能有一部分人会觉得这话说得有点假惺惺。然而到如今，就连我妈妈也只能承认我是实话实说。

就像我们对美国航空的投资，没等我们签发支票的墨水干透，行业情况就已经开始恶化。这事儿是我自己主动入坑的，没有谁推我。我其实知道航空业竞争激烈，但没想到从业人员做事就像神风敢死队一样，直接奔着自杀去的。过去两年来，航空业从业人员的行为，就像是要拼尽全力推动公司尽快关门，然后自己就可以抢先去领丰厚的退休金一样。

在这场混战中，美国航空的CEO塞思·施菲尔德在转型求生方面做得很出色。尤其是去年秋天，他勇敢而睿智地面对了一场工会组织的大罢工。那场罢工如果持续下去，公司完全可能迅速破产；而如果屈服于工会的压力，结果同样是灾难性的，因为那将大幅度提高公司的工资成本。在航空业内，高成本参与竞争的结局一定是倒闭。还好，罢工事件终于在几天后圆满解决了。

航空业这种竞争激烈的产业，比其他产业对管理技能的要求更高。然而不幸的是，在航空业，优秀的管理技能换来的不过是公司的苟延残喘，而不是飞黄腾达。

（摘自1992年致股东信；摘录时间：2022-07-21）

**唐朝：** 这段巴菲特的忏悔很有意思。它再次帮助我们确认某些行业不值得参与，比如券商、航空和造纸。尤其是最后一段，振聋发聩。

像我们这种资质平平的人，没有沦落到需要找地方堆钱的"悲惨"境地，直接将这些行业屏蔽掉，可能就是最睿智、最有效、最简单的赚钱大法了。正如我以前回复朋友的玩笑话："只要承认自己不是天赋异禀，我们往往能收到天赋的一饼，也会挺香的。""在投资领域，要承认你的平凡，方能成就你的不凡。"

**慧思**：我的思考有两点，第一，我们不是神仙，投资也不需要赚尽市场所有的钱，所以躲开连巴菲特都赚不到钱的行业，是最睿智、最高效的。第二，老唐曾经说过："首选船好＋船长优秀的；其次，如果二者不能兼得，选择好船＋普通船长；再次，如果船很普通，那么就一定要具备非常优秀的船长，才能使该企业具备投资吸引力；最后，其他船与船长组合，不用看了。"

**庞震撼**：这跟种地一样，在盐碱地、没有水源的地、气候条件不好的地里，想要种出好产量高品质的庄稼，那就是在挑战不可能。为什么非要去挑战不可能呢？

**pm**：不知不觉中，老唐已经告诫了我们，地产、零售、运输、汽车、保险、投行、造纸等，是超高难度的行业，我们就不要跳进去试试了。

**似水流年**："反过来想，总是反过来想。""我如果知道我会死在哪里，我就永远不会去那个地方。"这些都是芒格的大智慧。既然知道了巴菲特踩过的坑，那我们就主动避开。

## 股票拆细

**巴菲特**：关于股票拆细的事情，我们坚持1983年年报里提出的观点。我们认为现有与股东有关的基本原则，包括不拆细原则，帮助我们汇聚了全美最优秀的股东阵容。我们的股东像理性的企业主一样思考和行动，并像查理和我一样珍惜伯克希尔－哈撒韦公司。因此，公司股价基本始终在与内在价值相关的合理范围内波动。

相比其他大型公众公司而言，伯克希尔的股票周转率要低得多。频繁交易产生的摩擦成本，是许多公司股东持有股票期间，被悄悄征收的主要"税收"。这项税收,在伯克希尔股东身上几乎可以忽略不计。

拆细对于继续降低交易摩擦成本的作用微乎其微。而因为每股单价变低被吸引来的新股东,只会拉低现有股东群体投资认知的平均水准。因此,即便是目前股价超过了 1 万美元,我们仍然不打算做拆细。

(摘自 1992 年致股东信;摘录时间:2022-07-22)

**唐朝:** 这番话的背景是 1992 年第四季度伯克希尔股价首次突破 1 万美元(1992 年四季度最高 11750 美元,1993 年一季度最高 13200 美元),导致某些股东遇到遗产税、赠予税难题。

美国税法规定,每个人每年最多可以将价值 1 万美元的资产免税赠予他人,超过 1 万美元的部分要征税。为了避免在去世时被一次性征收巨额税款(目前税率超过 40%),美国有产阶级通常都会利用这个税收政策,每年都将一万美元赠送给孩子。如果一对夫妻坚持这么做,从 30 岁到 80 岁,差不多可以免税赠送 100 万美元给孩子,少缴纳几十万美元的税款(现在的年度赠予金额已经上调至 1.5 万美元了)。

当股价突破 1 万美元后,这事儿就遇到障碍,也就有了呼吁巴菲特拆细股票的声音。拆细,是股市一种常见的股份处理方式,比如谷歌 1 拆 20,苹果 2014 年 1 拆 7、2020 年 1 拆 4,腾讯 2014 年 1 拆 5 等。巴菲特此时(1993 年初)是拒绝拆细的。其主要依据就是这是个数字游戏,不产生任何价值,反而会吸引那些因为单价低、流动性好而买入股票的炒家。那些人和伯克希尔调性不和,只会拉低伯克希尔股东平均认知水准,减少巴菲特帮助股东打理财富过程中享受到的乐趣。

所以,1992 年年报里,巴菲特给股东提出了三种规避赠予税的合法方式:(1)合并使用配偶的赠予额度;(2)按照超过 1 万美元的差价金额转让股票给受赠人;(3)用伯克希尔股票作为出资和目标受赠人建立合伙企业,然后逐年按照 1 万美元额度转让合伙企业股份。

不过,后面伴随着股价的持续提升,并且市场里出现了一种基金,它们以众筹买入伯克希尔股份的方式或复制伯克希尔持仓的方式,募集资金并收取投资者管理费,最终,巴菲特还是让步了,于 1996 年 5 月发行了 B 股。

每股 B 股相当于 1/30 股 A 股，但只拥有 1/200 的投票权，且不享有股东指定捐赠的特权[①]。A 股可以随时分拆成 30 股 B 股，B 股不可以合并成 A 股。这就决定了 B 股股价永远不会高于 A 股股价 1/30，否则就会触发买 A 拆细成 B 卖出套利的行为（严格地说，是 B 股股价不会高于 A 股股价的 1/30+ 套利的交易税费）。

2010 年 1 月 21 日，伯克希尔 B 股再次进行了 1 拆 50（当时 B 股股价在 3400~3500 美元之间），所以，现在的 1500 股伯克希尔 B 股 =1 股伯克希尔 A 股（1 万股 B 股的投票权等于 1 股 A 股），依然是 A 股随时可以拆成 B 股，B 股不可以合并成 A 股。

这不是很重要的知识，大家了解一下就可以了。当然，其中也确实反映了巴菲特处处为股东着想、处处以企业所有者身份考虑问题的思维方式。

**伯涵**：A/B 股的架构，不单单是伯克希尔所独有。现在很多互联网企业，因为多轮融资，导致创始股东的股份被大量稀释，为了保持对企业的控制权，也会采用此类"同股不同权"的方式，比如京东、小米都是如此。不过从动机上看，巴菲特主要是为了股东权益，雷军、刘强东等企业家主要是为了以较少的股份掌握较大的话语权。

**杨大掌柜**：巴菲特对伯克希尔股票是否拆细的处理，同样蕴藏着"只跨一尺栏"的智慧——提高门槛，降低交往的摩擦成本，不试图去改变人，而是去筛选人。

**武侃**：成年人的世界是相互筛选，而不是相互改变。这句话，是我走上工作岗位之后，对我影响非常大的一句话。

**Mr. chen**：这让我想到了贵州茅台。茅台的股价高企，也在一定程度上避开了很多炒家，对于减少股价的剧烈波动起到了一定的作用。这也是物以类聚、人以群分的一种体现吧！

**食兔君**：茅台有 3 张隐藏的牌可以提高其价格，分别是提价、拆股

---

① 在伯克希尔年度计划总捐赠金额内，每位 A 股股东都可以指示伯克希尔公司将自己持股数量所对应的捐赠金额，捐给自己指定的慈善项目或慈善机构。该指定项目的特权于 2003 年因某计划生育相关捐赠受到公众抗议后取消。

和重新定义茅台镇的面积。虽然这只是饭桌上的玩笑，但拆股会增加流动性，造成流动性溢价是事实。这种数字游戏会增加我们后续买入的难度，不值得提倡。而低流动性造成的折价才是我们的朋友，如古井贡B，但这种折价不可能长存，咱们且赚且珍惜。

**慧思**：这体现了巴菲特一贯的为人处世的态度——站在对方的利益角度考虑问题，坦诚地沟通。我们日常做事，也要多从对方的利益出发去考虑问题，而不是开口闭口就是"我想要、我需要"。学习巴菲特的态度，无论工作生活还是投资，都会更顺利。

## 1992年伯克希尔股东大会问答摘要[①]

**巴菲特**：投资本身并没有人们想象的那么复杂。除了会计知识是必须学习的之外（因为会计是商业世界的通用语言），投资成功的关键就在于拥有"正确的理念"，加上可以将这些理念付诸实践的平和心态。只要你待在自己的能力圈里，并知道边界在哪里，你就会做得很好。

**唐朝**：巴菲特强调了做好投资的核心要素，主要是会计知识＋基本理念＋平和心态。会计是商业世界的通用语言，有了它，我们才有研究企业的可能。

基本理念就是我们翻来覆去念叨的四条腿儿：（1）股票是企业部分所有权的凭证（不是交易或赌博的代码）；（2）市场出价只能（等价格出现后无情地）利用，不可预测（并根据预测采取行动）；（3）买入必须留有安全边际；（4）在自己的能力圈范围内行事，不懂不碰。

而平和心态，则依赖对上述四点的"真知"。真的理解市场出价不可预测，就不会为股价涨跌而困惑、郁闷或激动。真的知道自己所持企业所有权凭证的价值，自然就能利用市场出价为自己创造收益。此

---

[①] 引自 *University of Berkshire Hathaway*。

时，平和心态就产生了。

没有前两项基础，"平和"二字就很难拥有，即使波澜不惊，往往可能也只是麻木、破罐子破摔或者是死猪不怕开水烫。因此，平和心态本身也是"不期而至"的——加强对理念的认知，加强对企业的价值分析，平和自然而然就产生了。在此之前，伴随股价波动内心紧张或亢奋，也不是啥奇怪的事情，不需要强行压抑。

**食兔君**：财报就是公司说的话，会计知识就是我们学习这门语言的水平。公司说话可以真、可以假，我们的语言理解力可以强、可以弱。作为一个主要靠对方语言决策的人，我们当然有义务努力学习，让自己能听懂对方的表达。

**333**：我想起《安全边际》导言中所说的："价值投资没有什么神秘的。简而言之就是先确定某个证券内在价值，然后以这个价值的适当折扣买进。事情就是那么简单。"

# 1993 年
## 质疑贝塔系数荒谬
## 再谈内在价值评估

年度背景 // 474

股价和内在价值：短期与长期视角 // 476

德克斯特鞋业：凡人巴菲特的
　错误操作 // 480

呆坐大法：少量持股与全资拥有的
　思考方式相同 // 483

真正的风险：学术界的标准与
　巴菲特的原则 // 485

分散策略适用场景 // 491

1993 年伯克希尔股东大会问答
　摘要 // 495

## 年度背景

1993年，开年就是美国、英国和法国联合大规模轰炸伊拉克。不过，这在美国国内没产生什么影响，毕竟那太远了。美国人更关心以重振经济为竞选口号的新总统比尔·克林顿就任后会推出什么刺激计划。

2月17日，克林顿总统正式向国会提出自己的《经济振兴计划》，核心内容主要有：由强调消费转向强调投资，政府增加交通、通信等领域的基础设施投资，为私人资本投资创造良好的投资环境；加大对教育和技术的投入，推动经济转型；大幅度削减联邦政府支出，同时适度上调企业税负，合力缩减联邦赤字等。刺激经济的利好和上调企业税负的利空交替影响市场，股市基本一直盘整，小幅震荡。

9月底，世界上发生了另外一件影响深远的大事。俄罗斯总统叶利钦动用数十辆坦克和装甲车包围并炮轰议会大楼，最终强制解散了俄罗斯最高苏维埃，冲突造成142人死亡，744人受伤。

全年美国股市标普500指数小幅上涨7.1%，至466.45点收盘，加回成份股分红后指数收益率10.1%。

1993年，巴菲特的主要持股无变化，数量有微调。卖掉了约1/3的大都会（曾经号称"死了都不卖"的股票），卖掉了少量房地美，增持了富国银行。持有市值高于2.5亿美元的主要持股见表25。

表 25　伯克希尔历年持股明细（1993 年）

| 股份数量（股） | 公司名称 | 成本（千美元） | 市值（千美元） |
| --- | --- | --- | --- |
| 93,400,000 | 可口可乐 | 1,023,920 | 4,167,975 |
| 34,250,000 | 盖可保险 | 45,713 | 1,759,594 |
| 24,000,000 | 吉列 | 600,000 | 1,431,000 |
| 20,000,000 | 大都会/美国广播 | 345,000 | 1,239,000 |
| 6,791,218 | 富国银行 | 423,680 | 878,614 |
| 13,654,600 | 房地美 | 307,505 | 681,023 |
| 1,727,765 | 华盛顿邮报 | 9,731 | 440,148 |
| 4,350,000 | 通用动力 | 94,938 | 401,287 |
| 38,335,000 | 健力士 | 333,019 | 270,822 |
|  | 合计 | 3,183,506 | 11,269,463 |

全年伯克希尔的投资收益率为 14.3%，小幅跑赢指数。伯克希尔股票价格当年却大涨 38.9% 至 16325 美元收盘，年中最高曾达 17800 美元/股，助力巴菲特的身家突破 80 亿美元。

63 岁 80 亿美元身家的巴菲特，此时已是美国商界举足轻重的人物之一，开始在政坛上和一些著名的政治人物打交道。比如，1993 年至 1995 年，以巴菲特为队长的企业家桥牌队，连续三年赢了美国国会的议员代表队。当年华盛顿邮报总裁凯瑟琳曾安排巴菲特和克林顿共进晚餐，巴菲特还拒绝了总统的高尔夫邀请（第二年和比尔·盖茨一起与总统打了一场高尔夫）。

这一年，巴菲特开始考虑传承，他将伯克希尔公司董事成员从五名扩张为六名，吸纳大儿子霍华德·巴菲特进入。此时董事会成员分别是巴菲特夫妻及儿子，查理·芒格，巴菲特的中学同学沃尔特·斯科特，以及 1991 年接班的小马尔科姆·K.蔡斯。

这一年，二儿子彼得·巴菲特与妻子玛丽·巴菲特离婚。离婚后的玛丽保留了巴菲特的姓氏，并出版了多本与巴菲特有关的投资类书籍，成为世界知名的畅销书作家。其大部分作品都已经被翻译和引进我国。

## 股价和内在价值：短期与长期视角

**巴菲特**：重要的是内在价值，而不是账面价值。账面价值是个会计术语，用来衡量股东投入企业的资本以及留存下来的利润。而内在价值则是对企业剩余寿命期间可提取现金的折现加总值。在大多数公司，这两种价值是不相关的。

伯克希尔是个例外。尽管我们的账面价值大大低于我们的内在价值，但它却是跟踪内在价值的良好工具。1993年，伯克希尔的账面价值和内在价值增幅大约都是14%，这是令人满意的成绩，但并不值得兴奋。相比之下，当年伯克希尔股价涨幅39%，比内在价值增幅要耀眼得多。

我们过去讨论过，伴随时间的推移，股价和内在价值会抵达大致相同的目的地。但短期而言，两者的波动情况可能会天差地别。

（摘自1993年致股东信；摘录时间：2022-07-25）

**唐朝**：我们需要重点理解这句话："伴随时间的推移，股价和内在价值会抵达大致相同的目的地。但短期而言，两者的波动情况可能会天差地别。"

"伴随着时间的推移，股价和内在价值会抵达大致相同的目的地。"这是我们投资信心的来源。股价或迟或早会追上或回归内在价值。长期的、确定的、变化缓慢的、大致可以预测的内在价值，决定了短期的、不确定的、变化剧烈的、无法预测的股价波动，所以我们才避难就易，选择瞅地（的产出），而不是瞅傻子（的情绪变化）。

就短期而言，两者的波动情况可能会天差地别，这种天差地别，给我们创造了超额收益的机会，让我们有机会以远低于内在价值的价格买入，以及以远高于内在价值的价格卖出。这是市场提供给我们的额外福利，它也有双重价值：一是容忍和抵消我们对内在价值的认识偏差，二是提供比企业内在价值成长速度更高的获利机会。

没有"伴随时间的推移，股价和内在价值会抵达大致相同的目的地"的认知，我们不敢买入；没有"短期而言，两者的波动情况可能会天差地别"的机会，我们占不到市场的便宜。二者缺一不可。但就重要性而言，前者更加重要。前者是核心基础，后者是锦上添花；前者协助我们注定赚钱，后者协助我们赚得更多。

**龙之志**："容忍和抵消我们对内在价值的认识偏差"，这个怎么理解？是说我们不用根据市场波动来估算企业的内在价值，还是说市场波动可以检验或者修正我们对企业内在价值的估值？

**唐朝**：我们对内在价值的判断很难精准，有时可能会偏乐观，比如老唐的洋河案例。但因为股价会情绪化波动，而不是仅仅沿着合理估值水平跟随企业内在价值移动，所以即使偶尔判断有偏差，也不影响我们赚钱，甚至有时在我们完全错误的情况下，还能有获利脱身的机会。

**无尽**：当理解了"伴随时间的推移，股价和内在价值会抵达大致相同的目的地"以后，我真的开始在大跌的时候淡定了；不断体验"短期而言，两者的波动情况可能会天差地别"之后，我心里更踏实了，也更有信心了，因为即便脑袋发热或者估值偏差太大，买高了，也没关系，市场先生仍然可以让我获得收益。

**杨大掌柜**：伴随时间的推移，股价和内在价值会抵达大致相同的目的地。但市场发现的时间有长短，如白酒、糖果、报纸等简单行业，市场很容易发现其被低估；银行、保险等金融行业或者拥有多业务条线的集团型企业，因其业务复杂，市场就很难快速识别其低估或高估。

价值投资预期的收益来源，是股价向内在价值的回归，回归的时间取决于市场发现的快慢。这是不是也是可以利用市场先生的一个因素呢？

**唐朝**：没错。不能预判，但可以利用。

**Lucy. lu**：每天的股价波动是由少数人的少数交易价格形成，但决定了整个企业的市值及全体股东的账户值，这本身就不合理，是虚拟利润波动。所以，短期股价可以利用，不可预测，也无须太在意它。

**唐朝**：Lucy 睿智。能看穿这个"边际交易价格扭曲总体市值"的表象，是需要功力的。

**巴菲特**：两年前，我们重仓持有的可口可乐和吉列两家公司，股价涨幅都大大超过它们的净利润增幅。1991年的年报里，我说它们的股价不可能持续跑赢净利润增速。果然，从1991年到1993年，可口可乐和吉列公司的每股净利润分别增长38%和37%，但它们的股价仅上涨了11%和6%。也就是说，股价涨幅落后于净利润增速了。

这个结果无疑部分反映了华尔街对品牌未来发展的担忧。但不管市场持什么态度，对我们而言，最重要的是这些公司的成长。如果它们经营出色，伯克希尔就会搭车获得成功。当然，这种跟随幅度不可能亦步亦趋、年年都一样的。

我额外分享一份历史的经验：1919年，可口可乐以每股40美元的价格上市。到1920年底，市场对可口可乐未来前景的悲观，导致股价下跌超过50%，最低跌至19.50美元。然而，最初的40美元加上期间股息再投资，到1993年末，价值将超过210万美元。

这就是本杰明·格雷厄姆所说的："短期，市场是一台投票机，投票不需要评估智力和情绪稳定性，只要有钱就可以。但从长期角度来看，市场是一台称重器，参与者的智力和情绪因素，对称重结果没有影响。"

（摘自1993年致股东信；摘录时间：2022-07-26）

**唐朝**：巴菲特利用新鲜出炉的案例继续阐述前面说过的观点：短期内，股价和企业盈利可能会大幅偏离，但拉长看，它们会抵达大致相同的目的地。

案例是1991年他自己说过的，可口可乐和吉列股价涨幅远超业绩增长的状态不可能持续下去。然后1991年到1993年，果然股价就踟蹰不前，一副等待业绩追上来的样子。随后，巴菲特用可口可乐的历史数据，阐述了可口可乐和吉列这两年面临的市场短期悲观并不稀奇，过去也没有缺过。比如1920年，可口可乐就曾腰斩过，但拉长看，从1919年的40美元，到1993年的210万美元，就是无视市场情绪、纯粹由企业增长带来的回报。74年52500倍，折合年化回报率约15.8%，相当优秀。

在企业真实盈利的增长过程中，曾经大幅影响企业股价的那些市场情绪和智力因素，通通被碾作尘埃，影响力归零。

就在1993年的年报里，巴菲特另外还有一番利用可口可乐股价讲道理的论述，可以和上述摘录合在一起，说服力会更强大。他是这样说的：

1938年，在可口可乐问世50周年，已经成为美国文化的代表产品之际，《财富》杂志上发表了一篇专访，文章第二段这样写道："每年都会有许多知名投资人看好可口可乐，并对其过去的辉煌纪录表示敬意，但同时也都会感叹自己发现得太晚，错过了公司的快速成长期（啊，那唾手可得的利润啊），后面将充满竞争与挑战。"

没错，1938年确实充满了竞争，而1993年也一样。不过值得注意的是，1938年可口可乐公司一年卖出2.07亿箱饮料，但是到了1993年，该公司一年卖出的饮料高达107亿箱。对，这家1938年已经成为市场领导者的公司，后来又增长了50多倍。

对于1938年的投资者来说，狂欢根本没有结束。虽然在1919年投资40美元的投资者，到1938年已经变成3277美元（含股利再投资），但若是在1938年还是用40美元去投资可口可乐，到1993年底，还是照样可以增长到25000美元。

这种场景很熟悉吧？错过了茅台的高增长期、错过了腾讯的高增长期、错过了古井贡B的送钱时刻、错过了洋河发展最快的时间段……在这些感叹和遗憾声中，很可能也在错过未来同样的高增长故事。

很多年前，我曾发文感叹过："一味地拒绝追涨杀跌，同样是个误区。真正的境界，是忘记历史股价，永远在市值与价值之间对比抉择。"永远在市值与价值之间比较，不管它过去曾经涨过多少或者跌过多少；永远展望未来，因为能够给你带来财富的，是未来而不是历史。

**W果园**：首先，永远选择，永远比较，永远选择收益率更高的资产，永远盯住公司的内在价值；其次，忘记公司历史股价，不羡慕别人过去的、已经拿到的高回报，忘记自己的历史持仓成本，不惧怕别人口中的"树不会长到天上去";最后,估值合理安心拿着,估值过低有钱就买,估值过高理性卖出。

## 德克斯特鞋业:凡人巴菲特的错误操作

**巴菲特:**五年前我们根本就没想过会涉足鞋类制造业,今天我们在这个产业里雇用的员工超过 7200 人,而且现在我每天开车上班的路上,都会哼一段"没有什么行业比制鞋更棒"。这就是我们的战略。

在伯克希尔,对于将来会进入哪个产业,我们并没有所谓的战略规划。相反,我们还认为,如果一家大型企业开始根据某种宏伟的愿景去做投资,那通常是给股东灌的毒药。

我们只是偏爱那些既拥有强大竞争优势,又拥有我们喜欢的经理人的公司。剩下就看我们有没有足够的运气,遇到同时具备这两种特点的企业。德克斯特鞋业就是这样的企业,我们有幸遇到了它。

(摘自 1993 年致股东信;摘录时间:2022-07-27)

**唐朝:** 1993 年,巴菲特通过增发 25203 股伯克希尔 A 股,按当时股价折算约为 4.33 亿美元,换购了德克斯特鞋业的全部股份。

巴菲特本来是希望用全现金收购的,但德克斯特鞋业老板哈罗德·阿凡达(Harold Alfond)(也译作阿方德)和他的侄子皮特·兰德尔(Peter Lunder)不想为此缴纳资本所得税,提出用换股的方式达成交易。正好当时伯克希尔股价有史以来首次突破 17000 美元,创下历史新高,双方在此基础上达成了换股协议。

站在 1994 年初,巴菲特对德克斯特当年业绩预估是税前利润高于 8500 万美元。按照当时美国所得税率约 34% 考虑,大约对应税后净利润超过 5600 万美元。4.33 亿美元的收购价折合不到 8 倍市盈率,看上去还不错。

然而,站在"穿越者"的视角回看,真正睿智的是阿凡达先生。今天(2022 年 7 月)伯克希尔股价约 43 万美元,25203 股大约对应 108 亿美元。即使我们大致按照无风险收益率 5% 折现回 1993 年(29 年),

也相当于阿凡达先生在 1993 年将德克斯特以超过 26 亿美元现金的价格卖给了伯克希尔（$1.05^{29}=4.12, 108 \div 4.12>26$），然后存进银行获取年化 5% 的收益至今。

超过 26 亿美元的价格，对应公司当年约 5600 万美元的盈利水平，大约 47 倍市盈率。当然，这是后视镜。当时的巴菲特一定想不到，当时无比看好的这家公司，会在两年后开始持续稳定地走下坡路，到八年后陷入巨额亏损，最终价值归零。

要知道，1993 年年报里，巴菲特对它的描述是这种风格："我可以向大家保证，德克斯特鞋业公司的管理无须任何改进，它是我和查理全部职业生涯里见过的最好的公司之一""现在我每天开车上班的路上，都会哼一段'没有什么行业比制鞋更棒'""我们有幸遇到了它"……

巴菲特不知道鞋业面临海外低劳动力成本的竞争吗？不，他知道。就在 1993 年年报里，他写道："就像大家都知道了的，我们普遍认为美国国内的制鞋业无法与国外进口的低价产品竞争，但大家似乎忘记了将这个观点告知布朗鞋业和德克斯特鞋业的经营团队，是他们让这两家鞋厂完全无惧海外低价产品的入侵。"

然而，八年后，巴菲特不得不宣布德克斯特鞋业关闭生产线及大裁员。他说："我们的员工都非常出色，但是国外同行业竞争对手的劳动力成本仅仅是我们的 1/10，因此我们不得不裁员，我们没有别的选择。实际上我们早就应该这样做，在最初出现这种局面的时候，我不愿意接受和面对这个现实，为此给公司带来了巨大的损失。"

这个案例能告诉我们什么？有人从中看到预测企业的困难，看到投资的步步惊心，看到市场啪啪打脸巴菲特……这些看法当然没有错，这是事实。然而，正是由于起初的乐观、斩钉截铁的用语，搭配最终简直找不到辩解词的垃圾结局，这个案例在我眼里变得相当宝贵，其价值甚至不低于可口可乐、华盛顿邮报等经常被归为经典投资的案例。

因为它让我明白了至关重要的两点：（1）获得满意的投资回报并不需要每次都正确；（2）无论你如何睿智和理性，你仍然会犯错，要么乐观估计了自己或所投企业的能力，要么外界环境的变化超出了你最糟糕的想象极限。

想象一下，如果你所知道的全部案例，巴菲特每次都是对的，然后获得了年化约 20% 的收益率，你还有信心认为自己也可能获得这样的收益率吗？恐怕是没有这个信心的。

正是因为发现他老人家也是凡人一个，和我们一样经常错，但最终却能够长期持续获利，错误一点儿也没耽误他老人家跨上高高的讲台，成为全球首富，才让我们相信这套系统是可复制的榜样。

正因为明白自己无论如何有信心，考虑的因素无论如何完整，都照样有可能高估自己（或企业）的能力，以及低估环境的恶化，我们才能避免全部下注一家公司，更不用说去上杠杆了。

我们寻求的是始终在当时已知条件下做理性的比较，其中总有一些选择会正确。而这些正确，会抵消错误判断带来的损失，并让我们获取满意的回报。

正是因为无论如何睿智和理性，我们仍然可能犯错，所以我们才组合持股，降低单个错误带来的杀伤力，让自己有机会留在游戏场里，从自己及他人的错误中吸取教训，不断提升，不断减少未来犯错的概率。这减少的一点点犯错的概率，在复利的长期效应下，就可能给我们带来天量的财富。

这就是我从这个彻底失败的案例里看到的价值。

**榜外**：巴菲特明知外部廉价劳动力会带来潜在冲击，但仍看好德克斯特鞋业的理由是什么呢？我斗胆猜测有三点：第一，广受好评的品牌。第二，优秀的管理层。第三，历史优秀的业绩。这也是我们评价消费品公司常用的评价模型。

**尹烨华**：1991 年收购布朗鞋业时，巴菲特说制鞋业竞争相当激烈，全美一年十亿双鞋子中约 85% 是进口的，行业竞争优势不明显。但是，"我有弗兰克带领下的优秀管理团队"，公司表现超预期。

1992 年，收购罗尔女鞋，稍加改造后，公司表现又超预期。

1993 年，再接再厉买下德克斯特鞋业，花费了 2.5 万股股票约 4.3

亿美元的大价钱。事后巴菲特喜形于色："德克斯特鞋业是我和芒格职业生涯中所见过的最好公司。"

然而好景不长，没几年工夫这几家"优秀"鞋企便风光不再。现在让我们壮起鼠胆，点评巴菲特的失误。

第一，迷信优秀管理人，忘记了骑手再好，在劣马上也难有作为。第二，近因效应作祟，初入制鞋业的巴菲特还算清醒，但却被事实一再打脸，各家鞋企业绩异常好，于是错把运气当实力。第三，外国公司的竞争实力在增强，美国人遇到勤劳勇敢的中国人，只好甘拜下风。

**bobo**：这个案例带给我的疑惑是：如果时光退回 1993 年，德克斯特鞋业看起来特别像喜诗糖果——优秀的品牌、高品质的产品、靠谱的管理者；而喜诗糖果也会遇到南美低价糖果的冲击，高品质的糖果（如今天的"雪糕杀手"钟薛高）也会在消费市场中产生非议。那么，德克斯特和喜诗糖果的不同结局到底是什么因素带来的？是运气？是行业性质不同（吃的/用的）？

**周竞玻**：礼品送人，价格要好，体现尊重；鞋子自用，价格比较，物美价廉。

**唐门弟子**：芒格说过人工（工资和数量）、租金、成本（材料成本、交易成本）占比过高的企业，很难成为优秀的企业。这可能就是喜诗糖果和德克斯特鞋业的不同。

## 呆坐大法：少量持股与全资拥有的思考方式相同

**巴菲特**：看到今年我们的持股与去年几乎完全一样，你可能会觉得本公司管理层实在是懒得无可救药。其实我们只是坚信，离开原本就熟悉且表现优异的企业，实在不是明智之举。这类企业很难找到替代品。

有趣的是，当企业经理人管理一家企业时，他们很容易理解一家公司绝不会单纯因为价格因素，就把自己旗下最优秀的子公司卖掉。CEO 一定会问：我为什么要把皇冠上最漂亮的那颗宝石换成一堆纸钞？

但是同样是这位 CEO，一旦面对自己的个人投资组合时，却会非常草率甚至是亢奋地从这只股票跳到那只股票上。依据往往只是经纪人几句肤浅的股评，而其中最烂的一句当数"你不会因为获利了结而亏钱"。

试想一下，要是这位 CEO 用类似的话术，建议董事会把最有潜力的子公司卖掉，董事们会作何反应？

在我们看来，适用于企业经营的原则，同样适用于股票投资。持有一家公司少量股票，思考方式应当和持有该公司全部股权一模一样。

（摘自 1993 年致股东信；摘录时间：2022-07-28）

**唐朝**：巴菲特这里继续给我们阐述呆坐大法。

触发这段话的原因，是 1993 年伯克希尔披露的持有上市公司股票名单没有发生任何变化（2.5 亿美元以上的持股）。名单上还是去年那 9 家公司，而且 9 家之内也仅有大都会和房地美做了少量减持，富国银行做了少量增持，其他一动不动。

巴菲特嘲笑了那些做企业挺精明、一旦接触"投资/炒股"就立刻会变成被经纪人、股评家和市场操控的糊涂蛋。在巴菲特看来，投资赚钱的法宝不过就是一句话：哪怕只持有 100 股，也要像拥有该公司 100% 股权那样去思考和行动。

投资人如果真正拥有这种思维方式，想不赚钱、想保持贫穷，比登天还难！朋友们不妨时不时地强制自己尝试这样思考：假如这家公司是我的全资子公司，我此时会怎么想、怎么做？

**杨大掌柜**：呆坐大法，看起来是无所作为，但实际上对投资者要求很高，需要跟踪持股企业的业绩情况、营商环境变化……还要不断扩大能力圈，与可能的其他投资标的比较。呆坐大法是结果，日拱一卒是过程。

**客栈**："母公司绝不会因为价格因素就把自己旗下最优秀的子公司卖掉"，这也是老唐的理念：尽可能不卖，除非给得太高了。给得太高了选择卖出，也是考虑了后续 3 年里该公司有极大可能会重回自己旗下，才选择暂时让其离开。分别只是暂时的，最终，你还会是我的。

**慧思**："哪怕只持有 100 股，也要像拥有该公司 100% 股权那样去思考和行动",这种思维有助于摆脱票模式,保持股模式的视角。

股市大多数时候是无效时间,没有很多需要买入、卖出的机会,也没有很多新的好机会。聪明的投资者大多数时间只是研究和等待,在发现机会之后坚决行动,其他时间则按兵不动。就是这么简单。

## 真正的风险:学术界的标准与巴菲特的原则

**巴菲特**:查理和我在很久以前就有一种认识:在我们漫长的投资生涯里,要做出数百个明智的决策,实在是太难了。

伴随伯克希尔资本迅速增长,能够对我们的业绩产生重大影响的投资机会不断减少,这个认识变得越来越有说服力。

因此我们采取了一种策略,只需要我们聪明那么几次,而且还不用太聪明。事实上,我们现在满足于一年能想出一个好主意(查理说今年轮到我提供好主意了)。

我们的策略是相对集中而不是传统的分散。许多专家会说我们这种策略肯定比传统的分散投资风险大。对此,我们不敢苟同。我们相信,只要投资者在投资之前对企业的核心竞争力做了深入的研究和思考,那么集中投资的风险反而更小。

在我们陈述上述观点的时候,我们对"风险"一词的定义和字典里一样,指的是"受损失或被伤害的可能性"。然而学术界却喜欢给"风险"另外下定义,他们说风险是个股股价或投资组合与市场平均波动幅度相比的偏离程度。

学者们围绕着这个定义,利用数据库和统计技巧,精确地计算出了衡量个股或组合风险的"贝塔系数",然后以此为基础,建立了一套神秘的资本配置理论。然而,在渴望找到一个指标去衡量风险的时候,他们忘记了一项基本原则:精确的错误还不如模糊的正确呢!

股东就是企业的所有者,这是我们一切观点的基础。站在这个基础上看学术界对风险的定义,实在是错得离谱,错得荒谬!

例如,根据贝塔理论,如果某只股票股价跌幅比市场平均跌幅更大，他们就说投资这只股票的风险变得更大了，就像我们1973年买的华盛顿邮报。好奇怪，价格跌得越低，"风险"就越大！这要是原股东不要钱把公司送给我们，我们的风险岂不是大上天？！太荒诞了。

事实上，真正的投资者欢迎波动性。本杰明·格雷厄姆在《聪明的投资者》第八章中解释过原因。在那章，他介绍了"市场先生"这位乐于助人的家伙，他每天都出来报一个价格，要买要卖由你决定。这家伙越癫狂，报价的波动幅度越大，投资者赚到钱的机会就越大。

正是由于市场的大幅波动，才让真正的投资者有机会以非常便宜的价格买到一些表现非常稳定的优质企业。对于一个可以完全无视市场报价或者懂得利用这些愚蠢报价的投资者来说，完全无法理解价格大幅下跌怎么能增加风险呢？

在评估风险时，信奉贝塔理论的学者们根本不关心公司是做什么的，有多少负债，竞争对手是谁，甚至他们连公司名字都没有兴趣知道，他们只关心公司的历史股价数据。相比之下，我们很乐意抛开历史股价，寻求任何有助于我们了解公司经营情况的信息。

在我们买入一只股票后，如果市场关闭一两年，我们丝毫不会受到影响。我们完全不需要用喜诗糖果或者布朗鞋业的股价来证明我们拥有它们全部股权的价值；同样，我们也不需要用可口可乐的股价来证明我们拥有可口可乐7%股权的价值。

在我们看来，投资者必须评估的真正风险是：在他的预计持有期内，他从这项投资中获得的税后总收入（包括他最终出售股份所得）是否能保证他期初付出的货币购买力，以及附有适当的投资收益。虽然这种风险无法精确计算，但在某些情况下，我们可以做出大致有效的评估。

（摘自1993年致股东信；摘录时间：2022-07-29）

**唐朝**：巴菲特酣畅淋漓地批判了学术界对风险的理解。在巴菲特看来，以个股股价波动幅度对比市场平均波动幅度计算出来的贝塔值（β值）来衡量风险，简直荒谬透顶。

这就好像说此刻如果有人把茅台股票按照1元/股卖给我们，我们的风险将比按照 1900 元 / 股买还要大一样——因为学者们计算了，股价 1 元时的 β 值将远远大于此时股价 1900 元的 β 值。同理，原股东不要钱把茅台 100% 股权送给我们，我们简直就坐在点了引线的炸药桶上，危险至极。荒诞得不可想象。然而现实中，哪怕是 30 年后的今天，α、β、γ、Ω 依然无处不在，似乎不列几个希腊字母就不懂投资一样。

　　巴菲特还嘲笑了这些专家不关心企业经营，不关心竞争对手，不关心负债水平，甚至连公司名字都没有兴趣知道，他们只想知道公司的历史股价波动情况，只要有这个数据，他们就能衡量"风险"。

　　当市场上充斥着这样的竞争对手时，我们除了开心还能做什么呢？当你发现同场竞技的运动员处于这种水准的时候，你除了明白自己注定要发大财之外，还能有什么其他感想呢？

　　企业的价值，由企业经营过程中能够赚回来多少"可以自由分配"的现金决定，股价只是可有可无的、负责锦上添花的因素，是额外的风落之财。注意，"可以自由分配"不是一定要分。当企业有高于市场平均回报水平的项目可投时，不分是对股东更有利的选择。

　　既然价值来自企业经营，而企业经营并不依赖股市开市，所以巴菲特说我们买入之后，一点儿也不介意股市关门几年。当然，不介意关门并不等于关了更好。实际上还是开着好，开着大起大落，说不定就有送上门的风落之财可以捡。哪怕是地球首富，也喜欢赚到更多，毕竟"人生有很多比赚钱更有意义的事情，赚更多钱就是其中一件——沃伦·巴菲特"。

**杨大掌柜**：如何看待有效市场假说、风险以及资本资产定价模型（CAPM），是横亘在初学者学习价值投资理论之前的难题。投资领域里存在着庞大的"格雷厄姆的投资者部落"这样一个事实，和"把股票视为利息不确定的债券"的观点，是破题的利器。把股票视为不确定利息的债券，等于直接将股票的折现利率与债券利率视为一致，只重点关注自由现金流这个变量，这也是老唐估值法的底层思路。

**食兔君**：投资中的 α（波动后调整收益）和 β（系统性风险衡量指标）之所以依旧是每位学子的必修课，直接原因是市场认为波动即风险，背离估值中枢的核心即大风险。根本原因还是有效市场理论：如果市场是有效的，那么背离了均值的波动当然是风险。

然而事实上，市场从未停止波动，也未曾一直有效。对于一名投资者，真正的风险不在于波动，而在于永久性损失；风险很少发生在人们都恐惧时，更多发生在人们不恐惧时。这是一个非常朴素的道理。

**浩然斯坦：** 股市就是一面镜子：你天天看到的是内幕消息，那么你就会成为消息追逐者；你天天看到的是赌博，那么你就会成为赌徒；你天天看到的是均线指标，那么你就会成为交易者；你天天看到的是企业经营，那么你就会成为投资者。没人规定在股市里一定要如何，自己种下"因"，自己收获"果"。

投资者应将买入、持有某公司的股票，看作拥有该公司经营实体的一部分，能因此分享企业的发展。公司创造的价值最终会沉淀为"可供分配的自由现金流"，回报股东，无论是通过何种形式——分红、回购，或者是利润增长推高市值。

**巴菲特：** 影响我们评估企业价值的主要因素有：（1）企业保持长期竞争优势的确定性；（2）管理层运用企业潜在竞争优势的能力，及其明智管理富余现金流的能力；（3）管理层是否以股东利益为考虑问题的第一出发点；（4）买入这家企业的价格；（5）税率和通胀水平，这将决定投资者预期能够从总收益中分多少以及所得到的部分代表着多少实际购买力的增加。

这些因素都是模糊的，它们无法从任何数据库里直接提取数字来衡量，这可能让很多分析师抓狂。但是，它们无法精确量化，并不意味着它们不重要或者无法评估。正如斯图尔特大法官发现，我们无法制定一个衡量"淫秽"的精确标准，但"当我看见它，我就能判断它是不是"。同样，投资者也可以在不需要参考任何精密复杂的公式和历史股价数据的情况下，用这种不精确但有用的方式"看到"某些投资潜在的风险。

比如，从长期来看，得出可口可乐和吉列的商业风险远低于任何一家电脑公司或零售商的结论，很难吗？在全球范围内，可口可乐约占

44%的软饮料市场份额，吉列占据了剃须刀片市场60%以上份额（以销售额计算）。除了称霸口香糖市场的箭牌之外，我没发现哪家企业能像它们一样长期拥有这样的全球影响力。

更重要的是，近年来，可口可乐和吉列仍然在一点一滴地增加它们的全球市场份额。它们的品牌力量、产品品质和强大的分销系统，为它们带来了巨大的竞争优势，就像在超额利润的城堡外边挖掘了一条又宽又深的护城河，让其他人无法挤进来参与竞争。相比之下，绝大多数普通公司每天都在没有任何保护手段的情况下参与激烈的竞争。正如彼得·林奇所说，所有销售无差别商品的公司，股票代码上都应该贴上一条警示标签："竞争损害资本"。

即便是对商业一点也不敏感的人而言，可口可乐或吉列的竞争优势也是显而易见的。然而，它们的股票贝塔系数与大量完全没有任何竞争优势的平庸公司差不多。在评估企业的风险时，难道只因为贝塔系数差不多，我们就完全不需要考虑它们所拥有的竞争优势了吗？或者是持有股票的风险，与公司经营所面临的风险毫无关系吗？我们认为这些说法是荒唐的，衡量投资风险的β值公式，一点道理都没有。

贝塔理论学者架构的理论，根本就没去考虑不同企业之间的风险差异。比如，一家销售普通宠物玩具或者呼啦圈的玩具公司，与另一家垄断销售"大富翁"或"芭比娃娃"等品牌玩具的公司，二者的风险差异，贝塔理论是区分不出来的。但对任何普通投资者来说，只要他略知一点消费者行为及企业长期竞争优劣势形成的原因，就很容易可以知道二者的风险不一样。

当然，每个投资者都会犯错，但只要将目标集中在少数容易了解的投资对象上，一个智力正常、具有常识且勤奋的人，就一定能够将投资风险限定在可接受范围之内。

有些产业，查理和我也无法判断，我们面对的到底是呼啦圈公司还是芭比娃娃公司，甚至在花了许多年时间努力研究之后，依然还是搞不懂。这种情况，有时是我们自己不够聪明，有时是产业特性导致的。比如，一家企业所处行业的技术正在高速发展，我们就很难对它做出长期竞争力评估。三十年前，我们是否能预见电视制造或电脑行业会发生什么？当然不能。起初满怀热情进入这些行业的大多数投资者和高管们，同样也不能。

既然三十年前不能预测电视和电脑行业，我们今天也没有理由认为自己突然就有能力预测其他快速发展行业的未来了。所以，我们只关注那些容易理解的行业。知道自己视力平平，我们就不去干草堆里找绣花针了。

（摘自1993年致股东信；摘录时间：2022-07-30）

**唐朝**：巴菲特继续批判贝塔值理论。他说，一些显而易见的产业竞争优势，在贝塔值公式里不起任何作用，这相当荒诞。

在这一番反驳里，巴菲特给我们分享了评估一家企业的五大主要因素，并明确指出分析这些重要因素，需要我们去理解企业，看见就会知道，而不是试图在财报或任何数据库里直接提取。

这种直接提取数据的幻想，是市场投资人士的多发病症：希望能够在财报某个科目里，找到未来自由现金流数据，找到未来的增长速度数据，找到企业增长所需资本投入数据，找到能衡量管理层是否可靠的数据，甚至找到该企业的合理估值……这都是有害无益的幻想。

巴菲特还特别指出，有些行业查理和他研究多年也无法做出判断，部分是自己的知识缺陷或智力不足导致的。有时候是搞懂这些产业的发展变化，根本就是不可能完成的任务，只能留给创业者和风投去下注，不是投资者的菜。

巴菲特说："知道自己视力平平，我们就不去干草堆里找绣花针了。"在简单的、容易理解的企业里寻找有明显竞争优势的企业，就像在金矿里捡金块，难度当然比草堆里找绣花针低得多。

这让我想起前不久有位读者留言，说老唐投资的都是上个时代的企业。老唐回复："对，你口中时代的企业，我是有意躲过去的。我专门选那些上个时代的企业投资。"为啥呢？能从上个时代活到这个时代，还钞票滚滚而来，那可不就暗示了它具有某种强大的竞争优势吗？投这类"上个时代"的企业，就是金矿里捡金块。而那些"时代的企业"，往往是今天巴菲特所说的"技术发展变化很快的企业"，是那种费尽移山心力也研究不明白的企业，是睁大眼睛去干草堆里找绣花针。

投时代的企业可能会很有成就感，但投上个时代的企业却可能有轻松确定的钱可赚。巴芒二老喜欢上个时代的企业，我也喜欢上个时代的企业。

**BP**：我想那个读者跟大多数人的想法一样，认为上个时代的企业"没有赚大钱、赚快钱的能力"，股价增长的空间不如新时代企业大。这种想法有个很明显的问题：就算我们都认同新科技蛋糕增长很快，但最终能够占据最大市场份额、股价高速增长的只能是少数企业，大多数企业注定在竞争中被消灭。那么，我们站在当下时点，面对大多数注定被消灭的投资标的，如何避免投资空手而归的状况呢？

**周明芃**：一家已经活过50年的企业，再活50年的概率远远比只存活了5年的企业高得多。

**林飞**：巴菲特提出了5项评估企业价值的因素。其中第四和五项，咱们可以给自己画一个明确的"树坑"来解决；第二和三项，需要看企业和管理层的历史，咱们可以通过多读企业和人物传记，多琢磨人来提升；剩下真正需要一点专业知识的是评估第一项，需要我们提升自己的商业嗅觉，可以多观察商业史，多看看不同企业的发展轨迹，观察现实生活中的不同生意等。

这里面关键的第一、二、三项，都和证券交易没有关系，而且不需要太多金融知识。就如同楼下生意兴隆的便利店，老板尽管没有上过大学，但就是知道怎么把生意做好。因为对生意的理解永远是深入生意细节的方方面面，这些隐形的知识并不是学校和书本里有的。

## 分散策略适用场景

**巴菲特**：当然，有些投资必须采取分散策略，比如我们从事多年的套利活动。如果单一交易的风险过高，那就应该将资金分散到几个各自独立的个案上。如此一来，虽然每个个案依然有可能导致损失或伤害，但只要你确信每个独立个案的获利概率与资金权重结合后的收益足以抵消对应亏损概率下的损失,然后还能有足够满意的回报,就可以了。

许多风险投资用的就是这种方法。如果你也打算这样做,一定要牢记采取赌场老板开赌局坐庄的心态:基于有利的概率,分散下注,坚决拒绝单次的巨额赌注。

(摘自1993年致股东信;摘录时间:2022-07-31)

**唐朝**:前面巴菲特谈了自己的投资策略是集中,不是传统的分散。然后他又谈了两种必须分散的情况,这里是第一种:套利活动。

套利活动是一种依赖概率赚钱的投资活动。依赖概率赚钱的核心要素有两点:(1)大量的反复博弈,力求最终结果吻合预设概率。(2)单次小额参与,保证自己不会在概率站在自己对面时,失去继续玩下去的资格。

这个思路,用一个假设的摇骰子游戏就可以说明。假设现在有一个没有作弊的摇骰子游戏,赔率1:1,游戏规则是出6我赢,出1、2、3、4、5都算你赢。这个游戏的概率显然是对你非常有利。

但是,我们假设一个极端情况,如果我是赌场老板,柜子里的筹码数量无限,我现在对你就一个要求:每次下注都必须押上你手头的全部筹码。结局会是什么呢?结局100%是你输光离场。因为1/6的概率并不等于不存在,这期间无论出多少次12345都没有关系,只要能出现一次6就足够我灭掉你了。

因此,无论是赌局的概率对你有利,还是赔率对你有利,你依然需要足够的分散来保护自己,以避免自己被小概率事件击溃,丧失继续参与游戏的资格。

**武汉肖轩**:集中优势,才有可能获得最大的突破。真正的分散投资是指不同类型的资产组合,而不是在同一个类型里面选一篮子资产。

**唐朝**:没错,做分散却忘记了资产之间的相关性,也是常见的误区。比如,买入一篮子银行股或一篮子地产股,然后以为自己是分散投资。

**BP**:正如巴菲特给我们展示了一群来自"格雷厄姆动物园的大猩

猩"一样，我们还能不能找到一群来自"套利动物园的大猩猩"呢？

**唐朝：**这个问题的主要障碍是，套利和陪伴企业成长不同。套利通常是固定大小的蛋糕，越多人知道，单个投资者的参与机会和利润空间就越小。所以，套利的机会被发现后，发现者保守秘密才是唯一理性的做法。所有能分享的，通常是消失了套利空间和套利方法。我想BP兄一定还记得，当年我在雪球上实时分享分级基金套利活动，所遭受的套利者群体的忌恨和抱怨……

**艾瑞呀：**有个问题没想明白，若把赌场看成一个整体，赌客看成一个整体，双方长期博弈，最后概率不应该是一半一半吗？为何巴菲特说最后对赌场有利？

**唐朝：**艾瑞呀一看就是没进过赌场的乖乖女。赌场里各种所谓的"公平游戏"设置，至少是赌场占51%赢面。如果真是一半一半概率的，赌场就会选择抽水。以最常见的轮盘赌为例，桌面有1~36个数字，赌客可以押任意一个或多个数字，押中的1赔36。但赌场一定会额外放个0，甚至有赌场更黑，还有个00。这样，下注成本就变成37或38，但回报只有36。举个简化例子就是，你在每个空格里都下一块钱，你需要花37元或38元钱，但你只能回收36元，赌场就赚这一点点赢面，积小胜为大胜，长期玩就是赌场包赢。

**巴菲特：**除了套利需要分散，还有一种需要广泛分散的情况。如果一位投资者并不了解任何特定的行业，但却对美国整体经济发展很有信心时，投资者就应该广泛分散持股，而且最好将两次买入之间的时间间隔拉长。比如，通过定期投资宽基指数基金，一位一无所知的投资者实际上可以战胜大多数专业投资人士。有趣的是，当笨钱坦然承认自己确实不够聪明之后，它就不再是笨钱了。

但是，如果你有一定的投资常识，能够理解商业运行规律，并且能够找到五到十家价格合理且拥有长期竞争优势的企业，那么，传统的分散投资理论对你而言就毫无价值了。它反而会增加你的风险，降低你的收益。此时投资者若是就为了分散，而将资金投向排名第20的心仪对象，而不是去买入他最了解、风险最小、利润增长潜力最大的那家企业，那岂不是令人百思不得其解？

（摘自 1993 年致股东信；摘录时间：2022-08-01）

**唐朝**：巴菲特说，除了套利活动需要分散下注之外，还有一种情况需要分散，那就是不了解任何特定的行业，也就是我们经常说的没有自己的能力圈。但投资者只要认同国家经济长期的增长趋势，明白股权投资无论从逻辑还是历史数据回溯都是最好的投资品，就可以通过分散持股来获得企业的平均增长水平。比如定期投资宽基指数基金并长期持有，就可以获得市场平均水平的回报率，而这个回报率已经可以超越大部分基金经理业绩水平。

正如格雷厄姆所说："投资这件事有个特点，门外汉只需少许的努力和能力，便可以达到令人敬佩的结果。若试图超越这唾手可得的成就，便需要付出无比的智慧与无数的精力。"普通投资者只要能够理解上面那段话，便已经实现了"门外汉只需少许的努力和能力，便可以达到令人敬佩的结果"，进入了"先赢"的状态。

难吗？不难。但我们也要认识到，在此基础上，若我们还想百尺竿头更进一步，那确实是需要"付出无比的智慧与无数的精力"。好在对于喜欢投资的朋友来说，这种过程非常有乐趣，非常有成就感。同时，在长期的复利效应下，这一点点提升带来的金钱回报相当惊人，从一生的视角看，几乎可以确定会超过绝大多数人一辈子朝九晚五换来的全部收入，所以仅从"财迷"的角度说，它也值得我们付出"无比的智慧与无数的精力"。

认识到这点后，分散投资就是我们进步的障碍了。将资本从自己能理解的、性价比最高的五到十家企业上，转移一部分到自己没有那么了解的、性价比较低的另外十家甚至更多家企业上，说这样能降低风险，无论从什么角度去考虑也是一个笑话。

**糖换鸡毛**：分散或是集中，不是划分风险水平的标准，能不能看懂才是。懂了应集中，不懂应分散！有没有风险，懂不懂说了算！

**浩然斯坦**：市场自然会增长，投资者像是水面上游泳的鸭子，长期看会水涨"鸭"高。如果我们的表现能比市场优秀一点，就足以积累巨大的财富。收益率每提高一个点，都意味着终值的巨大超额回报。但这绝对不容易，"需要付出无比的智慧与无数的精力"。

但其实我们也没有必要追求超越高手。老唐说过，如果将我们和巴菲特之间的距离打分为 0 到 100。我们这些普通人想达到 100 几乎是没有希望的。但这个世界并不要求我们达到 100，也不是做不到 100 就只能躺下做 0。我们可能做到 60，甚至 30，就已经足够我们及家人富裕一生、快乐一生了。

芒格也说过类似的话："如果你在很小就开始学围棋，确实会有一个很好的起步。但也有可能，无论你怎么努力，都不可能成为一个伟大的棋手。因为有些伟大棋手可能是天生的。同样，也可能一个人无论如何勤奋，也不能成为一个伟大的投资者。但是，如果你能够避免一些投资陷阱，一个努力勤奋的普通人，完全能够获得良好的投资结果。"

**邓聪**：先赢而后求大赢。明白指数基金的投资逻辑，并不是我们非要去做指数基金投资不可，而是知道我们永远有指数基金作为投资的退路。我们仍需要全力以赴提升认知、理解企业的商业模式，尝试精选个股的投资。但如果三年甚至五年的收益率都没有跑赢指数，那么投指数基金可能也是一个很不错的选择，至少它可以让我们做投资的时候更安心。

## 1993 年伯克希尔股东大会问答摘要[①]

1993 年伯克希尔年度股东大会，参会人数首次突破 3000 人，达到了奥芬剧院的承载上限，也是在奥芬剧院召开的最后一次股东大会。从这届大会开始，所有问答有了详细的文字及影像资料，以下是部分精选内容。

### 一、两个衡量管理层的尺度

**股东**：作为一名普通的投资者，我怎么才能判断管理层的优劣呢？

---

① 从本年度之后，股东大会问答内容引自伯克希尔股东大会视频记录。

**巴菲特：** 我们根据两个尺度来衡量管理层。

第一是他们过去把企业管理得到底有多好。我认为你可以通过阅读各种材料去判断，看看他们通过手上的资本取得了什么样的成就。与竞争对手做个比较，看看他们的长期资本配置能力到底如何。你不可能理解所有的公司，但你可以找到自己能理解的行业或公司，去看看管理层手里有什么样的资源，他们在利用这些资源方面做得怎么样。

第二就是弄明白管理层是如何对待自己的股东的。对于大部分企业的管理层，我们或许无法判断他们对待股东的态度。很多管理层的表现排在100名中的第20至第80，弄明白他们到底排在哪里并不容易。但有些企业，我觉得你是可以看出来的。

我认为识别那些非常优秀的管理者并不难，比如说，比尔·盖茨，汤姆·墨菲，唐·基奥，以及那些和他们类似的人，要弄清楚他们为谁工作并不难。我也能给你一些反面的例子。

有趣的是，在我看来，管理能力差劲的管理者，常常不考虑股东利益。管理能力和股东思维，常常要么都好，要么都差。

我认为阅读财报以及竞争对手的财报，会有助于你得出结论。你不需要做出100个或者50个正确的判断。你只需要正确几次就够了，我们就是这样做的。

总的来说，你我对管理层进行判断，信息来源是一样的。通过阅读财报，而并非依赖所谓的私下接触或者私人关系。

**唐朝：** 普通投资者寻找优秀管理者的两个尺度和一个方法。

**二、德克斯特鞋业的优势**

**股东：** 你可以评价一下制鞋行业的优点吗？你为什么会觉得这个行业有吸引力呢？

**巴菲特：** 从过去几年来看，制鞋行业的情况很清楚，只要有弗兰克·鲁尼、哈罗德·阿凡达和彼得·伦德这几位的打理，德克斯特就是很值得投资的好公司。如果没有这些优秀的经理人，这门生意就另当别论了。

我们有两家非常好的制鞋公司，但因为我们的皮革来源等问题，现在这些公司还没有体现出优势。在购入洛威尔公司（Lowell Shoe）后，现在实际上我们是有三家了，我认为它们都会有非常出色的业绩。

我认为这几个管理人员，不管在什么行业都能取得巨大的成功。他们公司的 ROE 和利润回报都非常棒，而且在行业内有很好的名声。我们非常期待在这些经理人的领导下，这些公司能找到扩张的新途径。

这倒不是说我们认为制鞋业肯定会走向繁荣或者别的什么原因，这只是因为我们在制鞋业里有很多人才。不管何时，只要我们得到人才，我们总是尽可能地给他们舞台发挥。

至于我们会不会继续在制鞋业里扩张，我们只能说一切皆有可能。从长期看，这块业务还是有广阔空间的。

**唐朝**：这是巴菲特拼命夸他刚收购的德克斯特鞋业公司。遗憾的是，后来这家公司亏到破产，一文不值。

**stardust**：我们买股票，也有可能碰到预料之外的打击。这类情况，我们通过财报可以提前看出来吗？

**唐朝**：有的时候能看出来，有的时候会被无情地胖揍一顿，就像巴菲特的本案例一样。

### 三、估值：寻找确定性

**股东**：请问你和查理是如何给企业估值的，能分享给我们吗？

**巴菲特**：有很多企业，查理和我根本无法判断它未来的自由现金流是什么样子的。如果无法估算其自由现金流，就轮不到谈论估值问题。

所以，如果你认为你知道今天的股票应该是多少钱，但却不清楚未来 20 年的现金流会是怎么样，我想这就是一种认知失调。我们寻找那些具备高确定性的企业，可以大概估算出未来一段时间的自由现金流，然后将其折现。

相较于估值明显偏低，但未来自由现金流不太确定的企业，我们更喜欢那些自由现金流有确定性的企业。这就是内在价值的本质。

就内在价值而言，任何会计报告中的数字本身都毫无意义。财务数字只是引导你去思考企业内在价值，它不能告诉你内在价值的数值。你需要去理解这门生意。这不需要很高深的数学，不复杂，你要做的就是去理解这门生意。它就像你去买一套公寓、一个农场，或者一门你喜欢的小生意一样。你会试着弄清自己花出去多少钱，未来能收回来多少，有多大的确定性可以收回来，还要与其他选择进行一个比较。这就是我们的全部工作。只不过我们现在参与的项目，规模总体偏大而已。

**唐朝**：这里有两个要点：（1）确定性的重要性在便宜之前；（2）财报是且只是分析企业的起点，不是终点，也不是唯一工具。

#### 四、无须大量资本再投入的高增长

**股东**：目标企业通常需要有多高的增长率才会引起你们的兴趣？

**巴菲特**：我们其实也愿意收购那些没有增长的企业。我们一样是思考付出多少钱，未来能收回多少钱。

如果你要把100万美元存入一个储蓄账户，你是想要一个每年支付你10%，同时账户总额保持不变的账户？还是想要一个每年只支付你2%，但账户总额每年再增长10%的账户呢？你可以算算这些问题的答案。

你肯定会遇到这样的情况：有些公司的业务本身没有什么增长，然而却比那些高速成长的公司更适合投资，因为后者的成长往往需要持续投入更多资金。

成长是否需要大量新增资本投入，会导致企业价值产生巨大的差异。我想说的是，大部分金融分析师并没有对二者的区别给予足够的重视。事实上，令人惊讶的是，他们甚至很少关注这一点。相信我，如果你正在投资，你应该对成长是否需要新增资本保持高度关注。

伯克希尔旗下一些最好的业务，本身并不成长。但是它们可以赚很多钱，我们可以用这些钱去买买买。这意味着，这项业务本身确实没有实际增长，但我们的可用资本却会越来越多。相较于那些业务本身确实在增长，但需要不断投入资金维持增长，持有过程中也不会产生其他高回报的业务，我们还是更愿意持有那些可以赚钱但本身不成长的业务。实际上，很多管理层并不十分了解这一点。

**唐朝**：增长是否无须大量资本再投入，这是老唐估值法三大前提之一。

**五、凯恩斯的经验**

**股东**：你经常引用英国经济学家约翰·梅纳德·凯恩斯的话，你认为我们可以从他身上学到什么呢？

**巴菲特**：凯恩斯的《通论》第12章是关于市场、市场心理学、市场参与者行为等内容的。除了格雷厄姆的《聪明的投资者》的第8章和第20章之外，我认为要说什么书包含的智慧最多，就数《通论》的这一章了。

虽然起点有很大的不同，但格雷厄姆和凯恩斯几乎在同一个时间得出了相同的结论。在30年代，他们在什么是最明智的投资方法上殊途同归。他们只是在多元化方面有分歧，凯恩斯对多元化的信心远远小于格雷厄姆。

凯恩斯在20年代初期提出了一个错误的理论，试图去预测企业和市场的周期。到30年代，他转向了对企业的基本面分析，并且做得很好。大约在同一时间，格雷厄姆正在写他的《证券分析》。珍妮特·洛尔在她关于格雷厄姆的书中，有一些凯恩斯和格雷厄姆之间的通信，建议你读一下。还有一些凯恩斯写给保险协会和大学基金等共同受托人的信，你们会发现很有意思。

**唐朝**：在《巴芒演义》第324页，老唐曾这样写过凯恩斯的变化：

很快，另一根针来了！1929年全球股市大崩溃，凯恩斯这次失去了超过80%的财产，AD信托投资公司则直接破产。凯恩斯被打服了，他开始怀疑自己无法利用有关经济周期的"超群知识"以及掌握的大量数据赚到钱。

凯恩斯回顾了自己基于宏观经济的投机活动，发现自己娴熟的信贷周期投资理论对自己的投资似乎没有起到什么作用。他说："我们无法证明在不同经济周期，借助市场的系统波动买卖股票可以获得盈利。"几年后的另一封信里，他更加清晰地表达了对基于信贷周期理论择时策略的失望。他写道:"在将近20年时间,我在5个不同的投资组合里尝试过这种投资策略,却从未取得一次成功。"

大崩溃之后,凯恩斯放弃了通过预测宏观经济波动进行投机的模式。凯恩斯的投资生涯,绝对是"宏观经济(对投资)无用论"的核武器,没有人挡得住这一击。

# 1994 年
## 不做预测无视波动
## 关注价格而非时机

年度背景 // 502

预测需谨慎：巴菲特的错误
预测 // 504

政经预测是干扰项 // 506

我们吃自己做的饭：对亏损的
态度 // 509

核心是持有优质企业的股权 // 511

未来产出构成内在价值 // 513

保持集中和简单的风格 // 516

关注价格而非时机 // 517

1994 年伯克希尔股东大会问答摘要 // 523

## 年度背景

1994年资本市场的主战场不在股市，在债券及其衍生品，尤其是新兴市场债券。所谓新兴市场债券，其实也就是曾经的"第三世界债券""欠发达国家债券"或"发展中国家债券"的另一个名字。经由投行梳洗打扮、改头换面后，在华尔街备受追捧。1994年前最受华尔街追捧的，是墨西哥相关债券及衍生品。

由于美国、加拿大、墨西哥三国1992年签订的《北美自由贸易协定》约定于1994年1月1日起生效，1992—1993年美国各大金融机构及投资人对墨西哥资产拥有了浓厚的兴趣。这兴趣逐步从墨西哥政府债券、墨西哥银行机构债券扩散到墨西哥其他资产及衍生品上。

然而，就在1994年初，墨西哥爆发农民起义，3月23日一名总统候选人被暗杀。这直接触发墨西哥债类资产及其衍生品的大幅波动，并波及华尔街其他金融衍生品。4月12日，已经有157年历史的老牌工业企业宝洁公司，曝出1.02亿美元的衍生品交易亏损。该亏损创下美国非金融企业有史以来最大的衍生品亏损纪录。

墨西哥金融危机贯穿了1994年全年，12月19日深夜，墨西哥政府突然宣布墨西哥货币比索贬值15%，这一决定触发外国投资者疯狂抛售比索、买入美元（用比索换美元），撤离墨西哥金融市场。12月20日至22日三天，墨西哥比索兑美元汇率暴跌42.17%，市场一片混乱。

债市热闹，吸引了资本的大部分注意力。1994年的美国股市波澜不惊，全年标普 500 指数最高上涨 3.5%，最低下跌 6.6%，全年收盘于 459.27 点，下跌 1.5%。加回成份股现金分红，全年指数回报 1.3%。

1994 年伯克希尔主要持股变化较小，新增两家企业也只是昙花一现般存在，第二年就退出了主要持仓。持有市值高于 3 亿美元的主要持股见表 26。

表 26　伯克希尔历年持股明细（1994 年）

| 股份数量（股） | 公司名称 | 成本（百万美元） | 市值（百万美元） |
| --- | --- | --- | --- |
| 100,000,000 | 可口可乐 | 1,299 | 5,150 |
| 24,000,000 | 吉列 | 600 | 1,797 |
| 20,000,000 | 大都会/美国广播 | 345 | 1,705 |
| 34,250,000 | 盖可保险 | 46 | 1,678 |
| 6,791,218 | 富国银行 | 424 | 985 |
| 27,759,941 | 美国运通 | 724 | 819 |
| 12,761,200 | 房地美 | 270 | 644 |
| 1,727,765 | 华盛顿邮报 | 10 | 419 |
| 19,453,300 | PNC 银行 | 503 | 411 |
| 6,854,500 | 甘尼特报业 | 335 | 365 |
|  | 合计 | 4,555 | 13,973 |

这一年，伯克希尔投资收益率 13.9%，继续跑赢指数。伯克希尔股票价格也首次突破 2 万美元，年末收于 20400 美元（年内最高 20800 美元），年度涨幅 25%。巴菲特本人距离百亿美元身家只有一步之遥。

跟随伯克希尔的股东们，从巴菲特 1964 年入主时的 12.7 美元到 1994 年末的 20400 美元，30 年超过 1600 倍，年化收益率近 28%。此时，在金融和投资领域里，开始弥漫一种巴菲特崇拜。

在迪士尼前总裁迈克尔·伊思纳写的一本书里，记载了在 1994 年太阳谷峰会上，好莱坞梦工厂三巨头之一大卫·格芬当众跪拜巴菲特的场景（三巨头另外两个是斯皮尔伯格和卡森伯格）。伊思纳写道："大卫·格芬刚一走进房间就发现并认出了巴菲特。他大踏步走了过来，并立刻跪倒在地，向巴菲特屈膝跪拜。'哦，我的上帝，'他说，

'我正匍匐在上帝脚下。'巴菲特对此好像感觉很有趣，但一句话也没有说。"

这一年，第一本研究沃伦·巴菲特的专著：罗伯特·哈格斯特朗的 The Warren Buffett Way（国内译名《巴菲特之道》）面世。

罗伯特·哈格斯特朗（Robert·G. Hagstrom）1984年入职一家投行。投行搞新人培训时，随机分给学员一些企业研究资料作为学习和实践素材，分给他的恰好是伯克希尔-哈撒韦公司。他在大量阅读伯克希尔年报和新闻报道后，对巴菲特的投资理念产生了巨大的兴趣，经多年学习和打磨后，诞生了这本书。

该书面世后，很快就成为一本风靡全美乃至全球的畅销书，曾连续21周登上《纽约时报》畅销书榜。1999年，罗伯特出版了他的第二本巴菲特研究专著 The Warren Buffett Portfolio：Mastering the Power of the Focus Investment Strategy（中文版译为《巴菲特的投资组合》）。2001年，罗伯特出版了他的第三本巴菲特研究专著 The Essential Buffett（中文版译为《巴菲特的新主张》和《投资的本质：巴菲特的12个投资宗旨》）。有意思的是，2001年罗伯特清仓了他当时持有的全部伯克希尔股票，市值约280万美元，当年伯克希尔股价在5.9万至7.56万美元之间波动。2021年，罗伯特继续出版了他的第四本巴菲特研究专著 Warren Buffett：Inside the Ultimate Money Mind（中文版译为《沃伦·巴菲特：终极金钱心智》）。

### 预测需谨慎：巴菲特的错误预测

**巴菲特**：1994年，我们的净值增加14.5亿美元，增长13.9%。自我们接管伯克希尔以来的30年里，伯克希尔每股账面价值从19美元增长到10083美元，年化收益率为23%。

伯克希尔副董事长、我的合伙人查理·芒格和我都很少做预测。但我们仍然确信，未来的伯克希尔不可能继续取得这么好的收益率。这不是说目前行之有效的方法未来会失效。相反，我们一贯坚持以合理的价格买入具备核心竞争力、由诚实和有能力的人经营的企业，这个策略一定会继续取得成功。

然而，钱包太鼓会约束我们的投资回报。伯克希尔现在的净资产已经高达119亿美元。相比之下，我和查理开始管理这家公司时净资产只有约2200万美元。

尽管今天市场上一样有很多优秀的企业，但对于我们来说，研究那些规模不够大的投资对象是毫无意义的。正如查理经常提醒我的，"如果一件事根本不值得做，就不值得去费力做好"。现在，我们只考虑那些可以让我们投入1亿美元以上的项目。这个门槛，实际上已经让伯克希尔的可选择对象大大减少了。

（摘自1994年致股东信；摘录时间：2022-08-05）

**唐朝**：1990年是巴菲特自1973年和1974年大股灾之中恢复过来后，首次年度收益率为个位数的年份，之后巴菲特连续大赚四年。伯克希尔股价也从1990年末的6675美元先后突破一万美元和两万美元两道整数关口，并在1994年第四季度创下20800美元历史高点，年末收于20400美元。

此时，巴菲特又开始给股东们打预防针了。他说："伯克希尔副董事长、我的合伙人查理·芒格和我都很少做预测。但我们仍然确信，未来的伯克希尔不可能继续取得这么好的收益率。"

很遗憾，对股市的预测基本上都会被打脸，"股神"也不例外。只不过有些人的预测，说过了就说过了，随风而去，没人在意。而有些人的预测，白纸黑字记录下来印证历史。

1994年巴菲特预测"未来的伯克希尔不可能继续取得这么好的收益率"，结果接下来的四年，就是巴菲特整个投资史上收益率最好的四年，整个投资史指的是1956—2022年的全部。

从1995年到1998年，巴菲特实现了四年3.75倍，折合年化收益率39.2%，且其中每一年收益率都超过30%。这样的四年，是巴菲特投资史上巅峰的四年，绝无仅有的四年，甚至比大股灾后的1976—1979年还要好。尤其是考虑到资金规模之后，这样的四年简直是不可思议。

所以，预测需谨慎，稍不小心就被打脸。

不预测，靠什么做投资呢？巴菲特再次重复了，哪怕资金规模越来越大，我们依然坚持我们的老套路：以合理的价格收购具备核心竞争力、由诚实和有能力的人经营的企业。他坚信这个策略一定会继续取得成功，因为无论是逻辑还是数据，都可以论证它必将成功。至于规模制约回报，可能有，但其实也不绝对。1994年后的四年不就是挺好的例子吗？

而其他策略，用芒格的话说就是"不值得做的事情，就不值得费心去做好"。无论是生活、学习还是投资，有限的精力或资源放在值得做的事情上，并努力将其做好，这才是性价比最高的事情，也是人生道路越走越轻松的秘诀。

**伯涵**：人生的精力有限，应着重放在两方面：重要的事情；自己能够把握的事情。宏观也许重要，但无法预测和把握；还有很多鸡毛蒜皮的小事，可以把握，但对我们不重要。去掉这两块，人生就会挺舒服的。

**BP**：已经被实践证明是成功的方法，又看不出来有什么要修正的地方，那就一直坚持下去。

**唐朝**：是的，但市场里有太多的人会被"总要做点什么"的心魔掌控。

## 政经预测是干扰项

**巴菲特**：关注政治和经济方面的预测，对许多投资者和商业人士来说，是代价巨大的干扰因素。我们继续选择对这些预测视而不见。

过去三十年里，没有任何人预见到越南战争的持续扩大、工资管制和价格管制、两次石油危机、一位总统被弹劾、苏联解体、道琼斯指数单日暴跌508点，或国债收益率在 2.8% 至 17.4% 之间巨幅摆动。

令人惊讶的是，这些曾经轰动一时的重大事件，从未对本杰明·格雷厄姆的投资原则造成任何影响，也从未让"以合理价格购买优质企业"的投资方式失效。

想象一下，如果我们因为这些莫名其妙的恐惧而延迟或改变我们的某些投资行为，我们将会付出多么巨大的代价啊！事实上，我们通常都是在某些重大事件导致市场极度悲观时，发现最好的买入机会。恐惧是趋势追随者的敌人，却是基本面信徒的朋友。

未来三十年，一样还会有很多令人震惊的危机出现。我们仍然不会试图去预测这些，也不妄想从中渔利。只要我们依然能够像过去一样，继续不断找到优质的企业，我们就能断定，外部危机对我们的长期业绩几乎不会产生什么影响。

（摘自1994年致股东信；摘录时间：2022-08-06）

**唐朝：**"关注政治和经济方面的预测，对许多投资者和商业人士来说，是代价巨大的干扰因素。我们继续选择对这些预测视而不见。"过去如此，现在如此，未来亦如此。

站在1994年，巴菲特回顾自己前三十年是这样忽视政经预测，获得了相当优异的投资收益。1994年，他说未来他将继续对这些预测视而不见。然后他又用了近三十年时间，证明他确实是这样做的，而且继续获得了相当优异的投资收益。

是他不知道政治经济领域发生了些什么吗？是他没有消息渠道了解事情的前因后果吗？是他没有能力点评一下这些热点事件吗？当然不是。

我敢说巴菲特和芒格对政治经济领域里发生的绝大多数事件，认识都比中美两地股市里数亿投资者中的99.99%要高明。他们只是知道，靠这些预测去做投资，变量太多，多个变量叠加后的相互影响，人类大脑根本无法得出有价值的结论。

能够认识到这一点的智者，很容易就能作出不在这些问题上浪费时间的决策。他们只将精力聚焦在能够得出有价值结论的领域，那就是：去研究具体企业。在那些产品和服务被人们所需要且很难替代的企业里，去寻找优势大概率可以持续的企业，并研判掌控这些企业的管理层是否值得信赖。

长期聚焦于此，忽略外围发生的那些宏大的、名噪一时的重大事件的影响，甚至利用这些影响造成的市场情绪波动，来提升自己的投资回报。正如文中所言："恐惧是趋势追随者的敌人，却是基本面信徒的朋友。"巴菲特坚信，被人们需要的企业加上优秀的管理层，自带对抗政治经济大环境变化的体质。

所以，巴菲特非常确信地说，过去三十年发生的事情，事前没有人预测出来，同样，"未来三十年，一样还会有很多令人震惊的危机出现。我们仍然不会试图去预测这些，也不妄想从中渔利。只要我们依然能够像过去一样，继续不断找到优质的企业，我们就能断定，外部危机对我们的长期业绩几乎不会产生什么影响"。

这就是让我们淡定的榜样。老人家用了两个三十年告诉我们，那些热点事件热得了一时，热不了一世。长期而言，利好利空皆是浮云，持有的企业能持续挣钱，才是投资者能持续挣钱的唯一可靠来源。

**黑牛**：老唐，巴菲特说"不妄想从中渔利"，我认为这不符合事实。前三十年和后三十年，他不是一直在利用市场先生的癫狂实现"提升自己的投资回报"吗？

**唐朝**：他说的意思是"不妄想（提前预测出来这些事情的发生或不发生，从而让自己）从中渔利"。

**黑牛**：明白了！他只是在市场展示癫狂后顺手利用它。

**笨鸟慢飞**：宏观环境和经济周期变幻莫测，既然测不准就放弃。企业的竞争优势和盈利能力相对稳定，根据企业的历史表现和当前面临的危与机，做出3到5年后发展方向的判断，是相对靠谱的。

**林飞**：老唐在《价值投资实战手册》里说，人口增长、土地产出、分工细化、科技发展、生产率提升等都会推动人类社会GDP持续增长。这个是增长的底层逻辑，不以人的意志为转移。但重大的政治经济事件，在极端情况下确实会在短暂时期内导致人类文明和经济的倒退。虽然这个"短暂时期"是相对于历史而言，若放在个人身上，可能就是几代人的跨度。想到这里，确实挺让人担忧。

如果真的发生这样的极端情况，通常意义上的财富恐怕早就成为一堆废纸，无论我们现在投资与否，结局不会差太远。如果预测这种情况将要发生，理性的做法是赶紧消费。恐怕没人真的会彻底按照这个假设行事。现实中多数人可能会是折中主义，等等再看。

投资时，我们可以分散持仓，从概率上来规避极端情况的风险，但是现实世界的历史进程只有一个，极端情况在概率理论上还是存在。这是我们唯一无法分散、只能承受的风险——全人类命运的走向。思来想去，我们也只能在会增长的底层逻辑支撑下，做一个理性乐观派。

**浩然斯坦：**越是短期的事件，其中包含的偶然性越大；越是长期的事件，其中包含的必然性就越大。我们无法利用政治经济事件来进行投资的原因之一，是这些事件影响企业的链条太长。如果某项决策中只依赖一个变量，而这个变量有九成的成功概率，那么你就会有九成的胜算。但如果依赖 10 个变量，而每一个变量你都有九成的把握，那么最后成功的概率就只有 35%，还不如抛硬币作决策。

## 我们吃自己做的饭：对亏损的态度

**巴菲特：**就像我们向您承诺的，除了获利可能没办法像以前那么好之外，你们拥有的伯克希尔股权，享受到的待遇与查理和我没有区别。如果你遭受损失，我们同样也在受损；如果我们成功，你们同样也会成功。我们绝对不会靠任何薪酬制度的安排，让我们自己多占一点便宜，从而破坏我们之间现有的舒适关系。

我们进一步向您承诺，我们的个人财富仍将主要集中在伯克希尔股票上。我们不会一边要求您与我们一起投资，一边将我们自己的资金投去其他地方。此外，我们家族大多数成员，以及我和查理在 20 世纪 60 年代经营合伙基金时的许多老朋友，投资组合也都是以伯克希尔股份为主。这些就是我们努力做到最好的最大推动力。

（摘自 1994 年致股东信；摘录时间：2022-08-07）

**唐朝：**正巧，昨天（2022 年 8 月 6 日）伯克希尔发布 2022 年中报，第二季度伯克希尔投资业务巨亏。其中股票投资亏损 668.6 亿美元（折合人民币约 4500 亿元），叠加其他投资（套利、债券及衍生品等）后，投资业务实现亏损 530.38 亿美元（折合人民币近 3600 亿元）。注意，我们前面说过，在 2019 年及之后，会计准则强制要求公司将所有达不到控股和联营标准的持股，一律分类为"以公允价值计量且其变动计入当期损益的金融资产"，所以伯克希尔利润表的投资收益会随着所持股票的股价波动而大起大落。

加回 92.83 亿美元的经营利润后（来自旗下保险、能源、铁路及其他全资或控股非上市子公司），二季度归母净利为净亏损 437.55 亿美元，上年同期的归母净利是 280.94 亿美元。最终，伯克希尔上半年累计净亏损是 382.95 亿美元，上年同期为盈利 398.05 亿美元。

一个季度的股票亏损就高达 668.6 亿美元（去年末投资组合市值约 3500 亿美元，今年又追加资金几百亿美元，目前市值大约不到 3300 亿美元），这数据看上去很吓人，对吧？此时，投资领域里必定有很多人忍不住会想，要是巴菲特去年底清仓，现在再买回来，不就多赚好几百亿美元？

是的，如果去年底巴菲特清仓，此时再买回来，是可以多赚几百亿美元。然而，但凡有这种投资思想的人，根本就不可能有亏损几百亿美元的机会。

巴菲特之所以能够在一个季度内亏损几百亿美元，恰恰是因为他从全部身家只有几万美元的时候，就开始明白自己不可能预测并躲开股市的下跌，并将全部投资决策都建立在躲不开的基础上。而那些自认有能力躲开下跌的人，基本上都能"成功地"在数十年里，让自己的资金账户总市值保持为一个微小的数字，彻底杜绝了亏大钱的可能，非常"安全"。

巴菲特从来没有告诉自己的股东，自己有能力躲开下跌。他只是让股东们知道，我们吃自己做的饭。你挨打，我也在挨打，而且我们的亏损幅度是一模一样，我的亏损金额还比你大得多。不仅我是这样，我的家族成员，我的亲朋好友，都是这样。当然，吃肉的时候，我们也会一起大快朵颐。我和查理除了每年象征性地领了 10 万美元工资之外，在伯克希尔的收益或损失和大家一样。大家的信任，就是我们每天跳着踢踏舞来上班的动力。

我也一样。从 2021 年 2 月的高点至今，我的市值"亏损"金额大约是我 2017 年之前的全部身家（包含股票、房产及存款在内的全部身家）。也就是说在这一年半里，我账户市值减少的钱相当于我前 44 年奋斗的全部成果。但对我而言，它就像吃饭喝水一样自然，我内心没啥波动，每天做的事儿和股市上涨期间做的事儿差不多，阅读、运动、写作、刷剧、和朋友们欢笑飙车。

同样，我之所以能够在一年半内"亏掉"如此巨大的金额，恰恰是因为我在全部身家很微小的时候，就意识到我没有能力预测未来，没有能力躲开下跌。

而现在能在一年半时间里"亏掉"44 年的积累总额，同时内心毫无波澜，它可能就是我未来某时，可能一天里亏损 50 年、60 年积累总额的基础。我也相当自信地认为，咱们这里会有很多朋友在未来的某天里，会出现当日亏损八位数甚至九位数的情况。那时，你再回看 2022 年，你会感叹自己在"股神"亏损 4500 亿元的那个季度里，也陪着成功地亏出去 4500 元、4.5 万元、45 万元、450 万元、4500 万元……不是犯傻，是英明睿智。

**伯涵**："既要……又……"本质上是一种贪婪和无知的想法。反过来想，如果能躲开所有下跌，同时又赶上所有上涨，那年化收益率怎么可能"只有"不到 30% 呢？还有一种"早知道……我就……就好了"的心理，也非常典型。这种想法一般是根据结果推导行为，而不是建立在正确的思考之上，这种过度"反思"有害无益。

## 核心是持有优质企业的股权

**巴菲特**：10 年前，也就是 1984 年，伯克希尔旗下的保险公司持有市值 17 亿美元的上市公司股票，折合大约每股伯克希尔 A 股内含 1500 美元的股票投资。剔除这部分的收益与资本利得后，伯克希尔当年的税前盈余只有区区 600 万美元。没错，虽然我们在各种制造、零售和服务业方面有不错的利润，但是大部分的利润都被保险事业的承保损失、营业费用及利息支出所抵消。

十年后的今天，1994 年我们持有的上市公司股票市值超过 180 亿美元，折合每股伯克希尔 A 股持有上市公司股票 1.5 万美元以上。我们再次将这些股票对应的收益和资本利得剔除后，1994 年的税前盈余是 3.84 亿美元。十年来，我们雇用的员工人数从原先的 5000 人增加到 2.2 万人（包含总部的 11 名员工在内）。

著名的棒球教练凯西·史丹格尔，曾经将自己的工作形容为"依赖别人打出好球而让自己赚大钱的事儿"。我们的谋生方式和凯西差不多，也是依赖别人打出好球赚大钱，所有的功劳都应该归于旗下这群优秀的企业管理者。

除了旗下的子公司作出的卓越贡献之外，我们持有少量股权的上市公司同样功不可没。我列举几个统计数字，你就可以看出它们的重要价值。1994 年可口可乐总计卖出 2800 亿罐 8 盎司的饮料，每罐大概能赚一美分，伯克希尔拥有 7.8% 的股权，我们大概已经分到 210 亿罐，给我们贡献了约 2 亿美元的净利润；同样，通过持有吉列的股票，伯克希尔拥有全球剃须刀市场 7% 的销售额，约 2.5 亿美元；我们还拥有总资产 530 亿美元的富国银行 13% 股权，大概就相当于旗下有一家资产规模约 70 亿美元、年净利润约 1 亿美元银行 100% 的股权……

我们宁愿拥有全球最大天然蓝钻"希望之星"的一小部分权益，也不要一块廉价人工钻的全部。刚刚提到的那些公司，无疑都是天然的稀有钻石，更可贵的是，我们没有被限制只能拥有现在这些天然钻，我们以后还会找到更多。

股票价格仍然会持续大幅波动，宏观经济也照样可能大起大落，但就长期而言，我们确信我们所拥有的这些优质企业，会无视这一切，继续以令人满意的速度给我们创造更多的财富。

（摘自 1994 年致股东信；摘录时间：2022-08-08）

**唐朝**：如果加上前文的最新数据，就可以说："1984 年，我们每股含投资 1500 美元；1994 年，我们每股含 1.5 万美元投资；今天，2022 年中报，我们每股含 22.3 万美元投资。

"1984 年，剔除投资之外，伯克希尔的税前盈余只有区区 600 万美元；1994 年，剔除投资之外，伯克希尔的税前盈余是 3.84 亿美元；今天，2022 年中报，剔除投资之外，伯克希尔上半年税前盈余是 163.23 亿美元。"

这一切，只不过就是巴菲特自始至终没能力预测股价，不会判断"趋势"，完全忽视宏观经济，只会死板"瞅地"的结果。

这期间，当然有无数聪明人，眼观六路、耳听八方，一会儿"明明"知道要跌，一会儿"明明"知道要涨，结果"明明"没赚到钱，聪明人也没赚钱。只有这个傻巴头，现在居然有能力一个季度就亏出去几千亿元！

2032 年、2042 年、2052 年……也不会有啥区别，依然是"股票价格仍然会持续大幅波动，宏观经济也照样可能大起大落，但就长期而言，我们确信我们所拥有的这些优质企业，会无视这一切，继续以令人满意的速度给我们创造更多的财富"。

投资，其实就这么简单；赚钱，其实就这么简单！

**333**：芒格说："我们的原则是竭尽全力做一名优秀的泳者，因为潮水有时会顺着我们，有时又会逆着我们，我们不会费尽心思去预测潮汐，毕竟我们计划要游很长一段时间。"

**忆溪舟**：我宁愿拥有 100 股茅台，做"纳米"股东，也不愿意投资隔壁的早餐店，当控股股东。

## 未来产出构成内在价值

**巴菲特**：我们将内在价值定义为：在企业剩余生命周期内全部自由现金流的折现值。任何计算内在价值的人，必然只能得出一个相当主观的数字，因为对未来产出现金数量的估计及折现利率的取值都会大幅影响计算结果。然而，尽管内在价值的数值是相当模糊的，但它却是至关重要的。它是评估目标企业是否具有投资价值时"唯一"合乎逻辑的方法。

历史投入形成账面价值,未来产出构成内在价值。要了解这二者之间的区别,请容我举一个例子说明,那就是大学教育。教育的成本构成它的"账面价值"。如果要更精确的话,成本不仅应该包括直接的金钱投入,还应包括学生因为选择读大学而放弃工作所损失的收入。

我们暂且只关注教育的经济价值,忽略与经济效益无关的附带价值。如果我们此刻要从纯经济角度去评价大学值不值得读,首先,我们必须估计出大学毕业生在未来的职场生涯里可能得到的收入,并从这个数字中减去如果他没有读大学会得到的收入。这样,我们就有了一个因为接受大学教育而得到的额外收入数字,将这个数字以适当的利率折现到毕业那天,它就是大学教育的内在价值。

一些人会发现,他们所受教育的内在价值小于账面价值,这意味着不管是谁支付了教育费用,这笔投入都是亏损的。而如果计算出来的内在价值超过了账面价值,则证明这笔投资是划算的。或许上述数据很难精确计算,但有一点是确定无疑的,内在价值的大小和账面价值的大小(教育成本)几乎没有什么关系。

(摘自1994年致股东信;摘录时间:2022-08-09)

**唐朝:** 巴菲特试图给读者阐述账面价值和内在价值之间的区别。但其实他讲得很绕,不够简单易懂,或许1994年64岁的巴菲特没有达到74岁、84岁时的通透和犀利。

账面价值和内在价值之间的区别,这样说可能更加简单易懂:账面价值是你付出的,内在价值是你得到的。如果一定要用大学教育为例来阐述的话,我更喜欢这样举例。假设我有一对双胞胎儿子,现在双双考进大学。四年大学,我为两个孩子支付的学费和生活费数量一模一样,这就是我为他们大学教育所做的投入,是大学教育这项"投资"的账面价值。

两个孩子毕业后,一个努力奋斗成为社会精英,商界巨子;另一个吸毒酗酒,躺平摆烂。毫无疑问,他们各自创造的财富值差距巨大。

此刻，从纯经济角度说，关于他们的大学教育这笔"投资"，在我的账本里就属于账面价值相同但内在价值天差地别。我甚至不需要将他们的终身财富进行折现计算，也能知道这一点。

虽然巴菲特这个举例不算太好理解，但这里至少有这么三个重要观点是我们要注意的：（1）历史投入形成账面价值，未来产出构成内在价值；（2）账面价值和内在价值可能天差地别，投资要关注的是内在价值；（3）尽管内在价值的计算带有很强的主观性，也很难得出精准和正确数值，但它却是评估目标企业是否具有投资价值时"唯一"合乎逻辑的方法。我们要特别注意，巴菲特强调的是"唯一"。

**pm：** 关注账面价值，强调的是购买资产；关注内在价值，强调的是购买未来的盈利能力。

**唐朝：** pm说得对，从关注资产到关注未来剩余索取权的跨越，对巴菲特来说是艰难的一大步，对投资理论界来说，是突破天花板、开创新世界的革命。

**姚队：** "格老门"关注账面价值，认为投资是一项简单的统计工作，核心在于必然"踩屎"，因此高度分散即可。"巴神堂"关注内在价值，则"需要付出无比的艰辛"，需要日拱一卒，永远学习。

**浩然斯坦：** 两个账面价值完全相同的大学生，内在价值却可能有天壤之别。因此，账面价值基本上没太大意义。

在投资中，很多投资者过于关注市净率，太高就感到恐惧。其实与之相反的事实是，那些市净率一直比较高的公司，反而更可能是好公司，因为它们在有形资产很少的情况下一直被市场认可，或许有其他企业无法攻克的护城河。当然，对于账面价值以公允价值计量（而非历史成本计量）的少数金融类企业，账面价值或许有点参考价值。

对公司内在价值的判断具有主观性，即使巴菲特、芒格两位最了解伯克希尔的人，对伯克希尔内在价值的估计也是有差别的。不同的人掌握的信息不同，对未来的假设不同，思考方法不同，对内在价值的判断就会有所不同，甚至差别比较大。但这在投资上没那么重要，模糊的正确胜过精确的错误。

所以真正的"买点"不是一个点，是时间和价格上一个模糊的区域。

## 保持集中和简单的风格

**巴菲特**：我们的投资组合继续保持集中和简单的风格。我们最重要的投资原则可以用很简单的两句话概括：我们偏爱具有核心竞争力并且由德才兼备、以股东利益为导向的经理人运营的优质企业。只要我们判断它们的竞争力能够持续，而且我们的买价大致合理，那么我们赔钱的概率可以说是微乎其微——偶尔我们也会挑战这个微乎其微。

投资人必须明白，投资收益并不像奥运跳水比赛那样评分。跳水比赛有难度系数加分，投资领域里可没有这回事。投资一家简单易懂且明显具有强大竞争优势的公司，回报完全可能与熬更守夜研究一家复杂难懂、变量数目庞大的公司不相上下。

（摘自1994年致股东信；摘录时间：2022-08-11）

**唐朝**："我们偏爱具有核心竞争力并且由德才兼备、以股东利益为导向的经理人运营的优质企业。只要我们判断它们的竞争力能够持续，而且我们的买价大致合理，那么我们赔钱的概率可以说是微乎其微。"这是投资界的经典名句，经常被媒体反复引用。我们要做的就是，让它成为我们大脑的条件反射、行动的检查清单。

目标企业：具备核心竞争力+优秀管理层。

研究方向：判断其竞争力能否持续。投资者一辈子基本就聚焦这一件事。

买入要求：大致差不多，马马虎虎在合理范围就好。大致合理的意思是看不出明显的贵。至于便宜，不追求，但也不拒绝。遇到了就捡一点意外之财，算锦上添花。遇不到，就随缘。

投资结果：赔钱的概率微乎其微，不是没有，是微乎其微。

额外叮嘱：投资没有难度加分，研究复杂难懂的企业，即使付出很多，赚到的钱也并不高人一等。这个问题，我相信这几年在银行和保险上有过投资经历的朋友，体会可能比较深刻。

**食兔君**：核心竞争力包括：无形资产、转换成本、网络效应、成本优势、规模优势等；优秀管理层：你愿意与之一起工作的管理层，或者虽不愿意，但不得不承认只有这种人才能干好这件事的管理层；竞争力的持续：企业能够吸收增量资本，并继续维持高资本回报率；估值：至少确保买入后能在自己预估的三年左右时间，获得社会平均年化回报的两倍以上。

## 关注价格而非时机

**巴菲特**：对于买入股份，我们关注的只是价格而非时机。在我们看来，因为对经济或股市的短期担忧，而放弃买入一家前景广阔的优质企业，是非常愚蠢的行为。为什么要因为一个无知的猜测而放弃一个明智的决策呢？

我们在1967年买入国民赔偿保险公司，1972年买下喜诗糖果，1977年买下布法罗晚报，1983年买下NFM，1986年买下斯科特－费策……这一切，不是因为那个年份有什么特殊之处，而是因为它们刚好在那时出售且价格合理。

在考虑是否要收购时，我们思考的是这家公司的具体业务，而不是道琼斯指数的走势、美联储有什么动静或者宏观经济的走向。如果我们买下整家企业的时候是这么做的，当我们在股市买下某优秀企业一小部分的时候，我们仍然会这么做。我们没有改变策略的理由。

在寻找新的投资对象之前，我们会优先考虑增加原有投资的仓位。如果一家企业曾经吸引了我们，或许价格合适时再来一次也挺好。如果可以，我们非常愿意增加对喜诗糖果或斯科特－费策的持股，但要增加到100%实在很困难。然而在股市里不一样，股市里的投资人经常有机会增持他所了解和喜欢的企业股份，我们1994年就增持了可口可乐和美国运通的股份。

（摘自1994年致股东信；摘录时间：2022-08-12）

**唐朝**：这里巴菲特讲了两个核心要点：一个是市场永远讨论的话

题,即择时还是择价?巴菲特说得很清楚,他们择价不择时。所有对明天道琼斯走势、下个月美联储的政策以及未来宏观经济的看法,都是不可靠的推测,甚至是猜测。包括他们自己(巴菲特和芒格)的看法在内,也只是猜测。

这个世界上就没有能够准确预测出这些东西的人。只要我们愿意承认这一点,自然就能理解因为一个无知的猜测而放弃一桩好买卖,是多么愚蠢。同时,伯克希尔的历史案例也证明,不需要看这些一样可以大把赚到钱。所以我们没打算要改掉这个原则。这就是巴菲特给我们讲的第一点,只择价不择时。

另外一点,巴菲特还分享了一个我们大家伙儿都会有疑虑的经验:有新钱的时候,究竟是优先投原来的持股,还是优先投新目标?老人家说,他会优先考虑现有的持仓。只有在现有的持仓没办法买入或者买入价格不合适的时候,他才会去考虑投资新目标。

其实原因也不难理解,就是两个字"熟悉"。既然拥有它,就是认可它、研究过它、熟悉它,而且这种熟悉是属于互相拥有之后的熟悉,而不是置身事外的研究和了解(二者的区别就像是同居状态下的熟悉和恋爱状态下的熟悉),所以自己底气会足一点。这就是他的做法。

**Helen.**:巴菲特择价不择时,是因为作决策时,如果变量太多,就难以决策,决策的正确率也开始下降,所以不要让那些无谓无知的猜测增加决策难度,而是聚焦应该考虑的,把应该考虑的做到最好,其余的承受就好。

**唐朝**:是的,择价不择时。既因为时不重要,也因为时不可测。

**nizoo**:段永平说:"愿意化繁为简的人很少,大家往往觉得那样显得没水平,就像买茅台一样,没啥意思。学会简单其实就不简单。我懂的生意非常少,和很多人的差别在于我承认我懂的少,所以就变简单了。"

**唐朝**:同意。只要愿意承认自己不懂的太多,投资出大问题的机会就会很少。就像芒格说的那样:"你需要始终坚定地保持理性,特别是别自己骗自己。"

**慧思**：巴菲特在2022年股东大会上说："2008年那次大跌，我没抄到底。2020年3月，市场大跌，我也没抄到底。我们不会择时，我们只能大概地知道价格是不是够便宜了。"

**巴菲特**：我个人在美国运通的投资历史，包含好几段插曲。

在20世纪60年代中期，趁着该公司股价受色拉油丑闻拖累时，我将巴菲特合伙企业净值的大约40%押在这一只股票上。这是巴菲特合伙企业有史以来最大的单笔投资，总计花了1300万美元买入美国运通5%的股份。

而今天，我们持有美国运通近10%的股份，买入成本高达13.6亿美元。这变化背后，是美国运通1964年年度净利润为1250万美元，1994年年度净利润增加至14亿美元。

……

错误通常在决策时就已经形成，然而，只有当初的愚蠢变得显而易见时，我们才能颁发"犯错大奖"。按照这个标准，1994年算是金牌争夺非常激烈的年份。在此，我很想告诉你下列错误决策来自查理。但是，当我试图这样说的时候，我发现我的鼻子会慢慢变长。所以，其实你们知道是谁作出这些决策的。

今年获得犯错大奖提名的有：

1993年年底，我将1000万股大都会通信的股份以每股63美元卖出。不幸的是，到1994年年底股价变成85.25美元——对于痛到不能亲自按计算器的朋友来说，我告诉你差异吧：我们错过了2.225亿美元。

当我们在1986年以每股17.25美元买进该公司股份时，我曾经向各位报告过，在更早之前，也就是在1978年到1980年间，我曾经以每股4.3美元的价格卖掉了该公司的股份，并强调说，对于这种愚蠢的行为，我个人无法提供任何有逻辑的解释。没想到现在，我又重蹈覆辙。或许是时候给我指定一名监护人了。

更不幸的是，大都会案例只能得一枚银牌。金牌得主的战绩由我五年前埋下，在1994年暴露：我们在美国航空3.58亿美元的优先股投资，美国航空于1994年9月宣布无力支付股息。

早在1990年，我就准确地形容这笔交易属于我的"非受迫性失误"，意思是说，没有人强迫我，也没有人误导我，错误完全由我个人的草率造成。

它的背后或许是我在买入优先股时，内心天然存在的傲慢和自大。无论原因是什么，这是一项损失巨大的严重错误。

……

尽管在目前的困境下，美国航空依然有可能完成降低成本的任务，以维持其生存，但这仅仅是可能，目前无法判断其一定能成功。

因此，我们在1994年年底，将美国航空优先股投资的公允价值调降为8950万美元，相当于期初投入的1美元，目前还剩下25美分的价值，亏损75%。

这样的举动，反映出我们认为这笔优先股既有可能完全或大部分恢复原值，也可能最终一文不值。不管最后的结果如何，我们必须谨记一项投资的基本原则：在哪里跌倒就要在哪里爬起来，是错误的想法。我们没有必要一定要从美国航空身上赚回我们的损失。

（摘自1994年致股东信；摘录时间：2022-08-13）

**唐朝**：这简直就是巴菲特的自我批评大会，力度之大让人心痛。

巴菲特谈到自己早在60年代就曾借着色拉油丑闻的打压，投入1300万美元巨资买入了美国运通5%的股份，史无前例地将合伙基金40%的资金押在一只股票上。

注意，这里的40%是一个重大思想变化，在美国运通之前，巴菲特从未在单只个股上投入这么大比例。这里需要对40%口径稍作说明：1964年末巴菲特基金净值是2607.4万美元，1965年末是4364.5万美元。

1300万美元的投入按照40%占比反推，买满40%仓位时，基金净值是3250万美元，因此他应该是在1965年内买够的。后面再有资金进入时，运通已经脱离了巴菲特的买入价格，所以比例不是4364.5万美元的40%。这段故事的细节读者朋友可以参看《巴芒演义》330~333

页。它是巴菲特烟蒂到优质企业的思想萌芽，所以很重要。

对巴菲特来说，1968 年从 2800 万美元开始卖出，直至清仓（平均卖价没有披露），在当时看起来是非常得意的操作。但站在 1994 年看，自己放弃了其间 26 年的股息，然后还花了数十倍的价格接回来——现在花 13.6 亿美元占比近 10%，相当于为当初卖掉的 5% 股份出价约 7 亿美元，大约是 1965 年买价的 54 倍，是 1968 年卖价的 20 倍出头（假设平均卖价按 3500 万美元估计），于是 1968 年的卖出操作就显得很普通，甚至是很平庸了。

普通和平庸不算错误，巴菲特接下来要自我批评的才是错误。那就是对大都会的一系列神操作——完全给不出逻辑的操作。而且他曾在这家企业重复跌倒过多次，具体过程见本书第 237 页。注意，巴菲特此处说的数量和买卖价格均是按照拆细后的数据。

面对这种情况，巴菲特也只能自嘲"或许是时候给我指定一名监护人了"。所以别神话巴菲特，他偶尔也有这种完全没逻辑的"凡人"操作。

大都会的神操作是少赚，而投资美国航空就直接是暴亏，亏损 75%。巴菲特解释说，背后的原因可能是，自己想的是购买优先股（类似债券性质的），而不是普通股，所以当时对企业的研究和思考放松了。这一点点自大和傲慢，导致了重大失误。

2021 年初老唐买入"博时转债"也是同样的错误：一样的轻视，认为是债，风险不大，根本就没有做更细的研究，就把数百万元资金轻率地押了上去，最终造成几十万元的亏损。

因此，投资领域没有啥新东西，所有的秘籍和所有的坑，前辈们都帮我们标好了，区别只是我们是"看别人吃一堑，让自己长一智"，还是"吃一堑，长一智"，甚至"反复吃堑，就是不长智"。

**戳锅漏 BearG：**芒格在每日新闻股东会上说过："你不需要在跌倒的地方爬起来，你完全可以换个地方爬起来。"

这种想快速从跌倒处爬起来的强迫症，也是众多股民喜欢加仓解套的原因，最后往往被更大幅度套牢。这像一个沼泽，吞噬了本可以在另一个山头崛起的可能。

**无语**："在哪里跌倒就在哪里爬起"可以媲美"为了摊低成本的越跌越买"以及"相信跌多了就会涨"，本质是不愿意接受自己错了的事实。

**糖换鸡毛**：这个时候的巴菲特对美国航空还抱有希望吗？看他的表述，应该是还抱有一丝希望的。

**唐朝**：的确是抱有希望的，而且最终也确实翻盘了，但只是靠运气，和能力完全无关。

**李健屏**：我算了一下美国运通1965年和1994年的市盈率，虽然价格涨了很多，但其实更便宜了。1965年市盈率是1300÷5%÷1250=20.8倍，1994年市盈率是13.6÷10%÷14=9.7倍。

**唐朝**：而且1994年买的运通到今天一直没有卖，现在这些股票的市值已经近250亿美元了。

**笨鸟慢飞**：老唐，你的博时转债也不能算是错误吧？只是以长期视角持有比类现金资产盈利能力更强的资产，坦然承担短期的波动。后来在浮亏时换成股票，也只是因为优质企业股权的盈利能力更强，忽略沉没成本的影响而换入优质资产。如果持有的时间足够长，单从会计的角度来说，盈利的概率会很大；但从机会成本的角度来说，就不划算了。如果是后来发现博时转债的品质并不如类现金资产高，此时卖出才算是真的错了。不知我这样理解对不对？

**唐朝**：错误不在这里。错误在于这是预备的短期买房资金，本来主要冲着买债性去的，但当时却没有认真比较，选了一个持仓结构明显是股性更强的转债基金。

**林先森**：投资永远是比较，选择收益回报明显较高的那个。在这个前提下，自然就不会出现哪里跌倒要在哪里爬起来的念头了。之前跌倒，可能因为自己看错，或者是土地已经盐碱化，导致内在价值大幅降低。选择割肉、坚守或加仓，都是表象，要取决于此时市值和内在价值的比较，以及和其他潜在选择机会的比较结果。

## 1994年伯克希尔股东大会问答摘要[①]

**唐朝**：本次大会参会人数突破4000人，会议召开地点从奥芬剧院改为场地更大的假日酒店会议中心。

### 一、能力圈不需要很大

**股东提问**：伯克希尔为什么不投高科技股票呢？

**巴菲特**：我们的能力圈范围不太可能很大。可能我们能理解的，只是这里或那里的一点点。能力圈不需要太大，只需要刚刚好就行。只要资金量不是太大，待在能力圈里就够了。如果我们在自己的能力圈里找不到能投的东西，我们不会盲目扩大自己的能力圈。你知道的，我们更愿意耐心等待。这就是我们的方法。

**唐朝**：能力圈大小不是核心问题，肯不肯安心待在圈里更要紧。

### 二、不要为了翻本而投资

**股东提问**：你说过不要为了翻本而投资，那为什么你还要保留美国航空的8950万美元的投资呢？

**巴菲特**：在投资中有一条很重要的纪律，一个投资输了，不要为了翻本而再追加投资。为了翻本而追加是一个错误决定。

我们将美国航空的3.58亿美元的优先股减记为8950万美元，虽然我们对它的实际价值判断可能略高一点，但我们倾向于保守一点入账。

我们之所以保留它，是因为它是优先股，由于市场流动性的原因，通常很难顺利卖出去。同时，也因为我和查理是美国航空公司董事，董事会上总会有一些公众不知道的信息，我们作为董事卖出去，会让事情复杂化。

**芒格**：我想重申一遍，不要企图以你失去它的方式来挽回。你知道，这就是很多人被赌博毁掉的原因，这就是那么多人赌到最后，连裤衩都输掉的原因。他们输了，然后觉得必须以同样的方式把输的赢回来。

---

[①] 引自伯克希尔－哈撒韦公司股东大会视频记录。

这种冲动深深藏在人性深处。愿赌服输，有时候这些俗语很有道理。

**巴菲特**：在股票投资中有一点很重要，股票并不知道你买了它。

你可能对股票有很多感触：你记得买进花了多少钱，你记得谁告诉你该买这只股票的，你记得所有和这只股票有关的事情。不过你对股票是落花有意，而股票对你却是流水无情，股票是没有感情的。

假如一只股票价格为 50 美元，某人买进的价格是 100 美元，自然会觉得这只股票惨不忍睹；也有人买进的价格是 10 美元，此人自然会觉得这只股票妙不可言……各种各样的人，各种各样的感情，都对股票毫无影响。

就像查理说的，赌博是一个经典的例子。有人花了几年时间创立了一家企业，他们知道怎么运营一家企业。然后他们去参加一个没有优势的赌局。他们开始出现损失时，认为必须赢回来，不仅以他们失去它的方式赢回来，而且还必须就在当天晚上赢回来。这是一个很大的错误。

**唐朝**：投资不是斗气，你并不需要在哪里跌倒就一定要在哪里爬起来。执着于在你亏过钱的那只股票上，赚回你的损失，是一种意图向虚幻的"观众"证明自己的心理疾病。

### 三、有些行业注定难以预测

**股东提问**：你能否告诉我们，你认为所罗门公司未来两三年的情况会怎样？

**巴菲特**：所罗门公司或者其他任何大型投行的未来表现都很难预测，即使是未来两三个月的表现也很难预测，更别说未来两三年了。从本质上说，这种企业的收益波动性大大高于剃须刀企业。因为这种波动性，我们很难预测其未来的平均资本回报率。评估所罗门公司未来的表现，要比评估一家普通企业困难得多。查理？

**芒格**：我也认为很难预测大型投行的未来。不过，在我们买进所罗门公司优先股之前很久，伯克希尔就已经是所罗门公司的大客户了。多年来，我们得到了很好的服务。我们认为所罗门公司能存在很长时间，给各种客户提供优质的服务，而且使客户满意。

**巴菲特：**我记得，在1973年，我们通过所罗门公司卖出了伯克希尔的第一份债券。所以我们和所罗门公司之间的投行业务联系已经有二十一二年了。其实，我们和所罗门公司的各种其他业务联系比这更久。这是一种长期的关系。

所罗门公司毫无疑问会继续存在，我们的优先股投资绝对是好投资。问题是平均资本回报率会是多少。在我们投资所罗门公司的时候，我们已经知道很难预测，后来我们发现这甚至比预想的还要难预测。

**唐朝：**巴菲特已经如此警惕和保守了，对所罗门这笔投资还是身陷泥潭，几乎血本无归。当然，动用了一切人脉关系，二老亲自挽起袖子下场，最终好歹算是九死一生救回来了。但这恐怕也算是巴菲特（不包括芒格，芒格起初就不赞成这笔投资）自以为盔甲厚，就去尝试挑战恶龙的结果吧。

**无名：**老唐，如果没有巴菲特强大的关系网，如果没有芒格背后的大律师团背书，所罗门这笔投资是不是就彻底完蛋了？

**唐朝：**基本是。

**四、观察企业的方法**

**股东提问：**你为伯克希尔赚钱的基本经济规则是什么？

**巴菲特：**在投资和并购企业方面，我们努力遵循格雷厄姆的原则。

我们努力寻找具有以下特征的企业：有宽阔而持久的护城河、保护着雄伟的经济城堡、有一位诚实的领主负责管理城堡。本质上，这三个要素就是商业的全部。有时候，你自己可能想成为城堡的主人，在这种情况下，你就不用担心最后一个因素。

我们寻找的公司是，因为这样或那样的原因，有一条护城河环绕着自己，比如，因为是某个领域的低成本制造商，因为服务能力而拥有天然的特许经营权，因为在顾客的心目中占据了一定地位，因为有技术优势，等等。关键是它周围有护城河。

不过在资本主义体系中，所有的护城河都会遭到进攻。只要有大城堡在那里，那么别人就会想方设法攻克它。在资本主义世界，大多数护城河其实一钱不值。这是资本主义的本质，而且这是具有建设性的良性特征。

我们努力弄明白为什么有些城堡没有被占领？是什么东西能让这些城堡继续存在？有什么东西在五年、十年或二十年后能让这些城堡灰飞烟灭？关键因素是什么？能持续多久？城堡的存在有多大程度上是依靠领主的个人才能？

假如我们对护城河满意，我们接下来就要琢磨领主是不是有意独占所有财富，或者会不会用城堡的财富做蠢事等等问题。这就是观察企业的方法。

**唐朝**：这几段广为流传的文字里有三个术语，我做个替换，或许会让大部分朋友更容易读懂：护城河即竞争优势，城堡即超额利润，领主即管理层。

### 五、研究企业的开端

**股东提问**：当你审视一项潜在的投资时，你问自己的第一个问题是什么？你和芒格先生会问相同的问题吗？

**巴菲特**：我会问自己的第一个问题是：我能理解吗？除非是在一个我认为我能理解的行业里，否则我去看它就没有任何意义。欺骗自己去理解一些软件公司、生物技术公司，或者类似的东西是没有意义的。我到底要知道些什么？这是第一个入门级别的问题。

然后第二个问题是：它看起来挣钱吗？资本回报率高不高？它在哪一方面打动了我？然后我就从这里开始。你呢？查理？

**芒格**：我们倾向于根据过去的记录来判断。总的来说，如果一件事情过去的记录很糟糕，却声称未来很光明，那我们就会喊一声"过"，放它过去。

**唐朝**：研究企业应该从哪里开始？我在唐书房 2017 年 5 月 8 日文章《看不懂与看得懂》写过：

首先是排除一些不赚钱的和假赚钱的企业。

然后寻找公司究竟靠什么东西阻挡了竞争对手。这一样或多样东西，是不是竞争对手需要非常高的代价才能获得，甚至是无论多高代价都无法获得的。

最后思考如果同行挟巨资，或者其他产业巨头挟巨资参与竞争，该公司能否保住乃至继续扩大自己的市场份额。

### 六、费雪与格雷厄姆投资方法对比

**股东提问**：请问你现在仍旧是 15% 的费雪和 85% 的格雷厄姆吗？

**巴菲特**：我认为我是 100% 的费雪和 100% 的格雷厄姆，他们两人的观点并不冲突，只是侧重点不同而已。

资本回报率高而且可以不断追加投资的企业，是世界上最好的企业。格雷厄姆不会反对这个观点。格雷厄姆的钱大部分是从盖可保险赚来的，这家公司就是那种最好的企业。所以格雷厄姆是认同这个观点的。

格雷厄姆只是认为买进从统计数据上看非常便宜的东西，既易于实践，也易于教会别人。格雷厄姆会觉得费雪的方法比较难传授。不过，相对于费雪的方法，格雷厄姆的方法确实是价值有限，因为它不适用于大规模的资金。而相比格雷厄姆的方法，费雪的方法可能需要更多的商业经验和洞察力。

格雷厄姆更像一个老师，我指的是他没有想要赚很多钱的冲动。他对赚钱不是很感兴趣。他真的想要一些他认为可以教的东西，作为他哲学和方法的基石。他觉得你可以坐在奥马哈读他的书，然后买一些统计数据显示很便宜的东西，你不需要对商业或消费者行为有任何特别的见解，或其他类似的东西，你就可以赚钱。我不认为这有任何问题，但这种方式确实很难去管理大量的钱。

**唐朝**：巴菲特直言格雷厄姆和费雪的投资方式异同点：格雷厄姆的方法简单，只要你相信并且会计算（小学级别的加减乘除即可）就行，缺点是无法容纳较大的资金、经常找不到可投的对象；费雪的方法可以容纳大资金，但对商业判断力有较高的要求。

### 七、远离坏人

**股东提问**：伯克希尔如何保护自己，避免被喜欢法律诉讼的律师讹诈？

**巴菲特**：嗯，这是个好问题，我们可能比任何一家 250 亿美元市值的美国大公司面临的诉讼都要少。但是，我们曾有一次在蓝筹印花公司被起诉，那也涉及很多钱。

诉讼是无法防止的。毫无疑问，迄今为止，我们遇到过很多无聊的诉讼，这些诉讼会浪费我们的时间和金钱，特别是时间。

**芒格**：对。我想告诉大家一个奥马哈故事，这个故事展示了伯克希尔尽可能减少诉讼的技巧。

当我还是一个小男孩的时候，我父亲是奥马哈的执业律师。有一天我问父亲："X找你，你对他殷勤备至。可他是一个奸诈的吹牛大王啊？而格兰特找你的时候，你很快就把人家打发了，格兰特可是个大好人。为什么呢？"

我父亲看着我，就好像我有点智障，"查理，格兰特对自己的员工很好，对顾客很好，对每个人都很好。就算有些不开窍的人找他麻烦，他也能轻松脱身。"我父亲继续说，"但是，从格兰特这样的好人身上，我可赚不到足够的钱供你上学。至于X，他就是一个活动的地雷，官司会不断的。所以对于律师来说，他是一个绝佳的客户。"

我从父亲那里学到一招，那就是做格兰特那样的人，能远离麻烦。我认为沃伦在很小的时候，就独立发现了这个诀窍。这可省了我们不少事情，这是一个很好的做人方式。

**巴菲特**：是的，我们的态度就是，你不可能和坏人做成一笔好生意。我们不指望靠协议或者尽职调查来保护自己，我们早就把尽职调查抛诸脑后了。只有和我们喜欢、欣赏及信任的人合作，才能够长期合作愉快。

坏人会以各种方式惹火你，你赢不了坏人的，回避他们才是聪明的做法。我们起初是这样"认为"的，然后一些亲身经历让我们"确信"了这一点，于是这就成了我们的行事风格。

**唐朝**：芒格从爸爸那儿学到的重要的人生和投资课，大家应该看我多次引用过了。而巴菲特说的最后那一段话，也是我"躲"在书房的重要原因。网络上有些人，你只有躲开他才是"唯一"的胜利，反击他，说服他，帮助他，感动他……都只能让自己受更重的伤。

**鲤鱼**：对啊，我又不是律师，不需要赚他们的钱，所以远离坏人会让我活得更好。

### 八、伯克希尔对子公司的价值

**股东提问**：我们发现伯克希尔收购一家企业后，常常能帮助企业提升资本回报率。这是怎么做到的呢？

**巴菲特**：好问题。毫无疑问，如果一家企业有很高的资本回报率，但却无法吸纳更多资本去实施扩大再生产，那么我们只要将这家企业的闲余资本拿走，就能极大地提高长期回报。

因为若这家企业的钱没有好去处，最后就很有可能被乱用。而我们有广阔的投资领域，我们可以拿走钱，用来买进可口可乐股票，或者投资另外一家好企业。很少有经理人有能力这样做。这就是我们能带来的好处。

在另一方面，我们也能给快速成长中的企业提供资金支持。比如说黑尔斯博格珠宝店，这是我们最近并购的一家珠宝店，在我们旗下它就有能力更快成长了。

假如一家公司资本回报率是20%，一年增长25%，那么它迟早会有强烈的资金需求。很显然，我们很乐意向资本回报率20%的公司提供所需的更多资本。

所以当我们的子公司是有好处的，它们既可以把多余的资金交给我们去投资，也可以从我们这里得到扩张所需资本。

另外，我们还能在一些体验过的场景中提供帮助，企业界——特别是上市公司，有很多繁文缛节，成为我们的子公司后可以全部忽视它们。在某些公司，仅仅是为了准备参加委员会、董事会等你要出席的文山会海，就要浪费很多时间。我们完全没有这些东西，将来也不会有。我们将子公司的管理层解放出来，使他们能将100%的精力用在思考企业的发展上。

**唐朝**：巴菲特自述伯克希尔对下属子公司的价值：

第一，通过付息或分红拿走子公司多余的现金，提升子公司净资产收益率（这个是和子公司管理层奖金挂钩的）；第二，简便快捷地给再投资收益率高的子公司提供资本（要收息的）；第三，帮助子公司管理层减少无效社交和商业活动，使其能将有限精力聚焦于爱做的、擅长的经营事务上。

我们可以把伯克希尔想象成一家财务公司，同时是下属子公司的绝对控股大股东或唯一股东。下属公司管理层可以根据自己的资本支出安排，选择短期将富余现金借给伯克希尔使用，也可以通过向股东分红使自己永久摆脱这部分资本。伯克希尔会按照子公司实际占用的资本及创造的收益，给管理层发奖金。

**周明芃**：我明白为什么后期那么多企业欢迎巴菲特去投资了。他不干涉企业正常运行，能提升企业的声誉，同时还降低了企业高管的负担，让他们可以集中精力在企业上。

### 九、做好投资需要大量阅读

**股东提问**：沃伦，据我所知你的心算能力非常强。我数学和记性都不错，但我对企业运行知之甚少。为了做好投资，我该读些什么或学些什么呢？

**巴菲特**：高等数学在投资中没有用处。不过理解数学关系，能够进行简单的量化或数字化，在投资中通常是有帮助的，因为数学能告诉你事物的合理程度，或者告诉你某一领域的某个事物与另一个领域的事物之间的关联。不过这并不需要极强的数学能力。这只是需要一定的数学意识和基本的计算能力。我认为能够看到这一点是有帮助的。

我想，查理和我在阅读一家企业的资料时，总是会将其与别的几十家企业相比较。我们已经习惯成自然了。你应该总是以某种方式做排序和筛选，这就像棒球中的球探，在考虑一个球员与另一个球员对抗时会怎么样，想一些"这人可能更快，那人可以打得更好"等诸如此类的事情。它总是在你的脑海中以某种方式排序和选择。

我觉得最好的学习方式莫过于大量阅读。假如你每年读几百份年报，而且读过格雷厄姆和费雪等人的书籍，很快你就能够看出你面前的企业是好是坏了。查理和我都喜欢研究历史，可能我更喜欢一些。假如我现在考虑买可口可乐，我就会去找20世纪30年代《财富》杂志对可口可乐的报道。

我特别喜欢能有大量历史资料在手头，这些历史资料可以让我知道企业在长期是怎么演化的、什么东西没变、什么东西变了等所有的一切。可能我这样读历史资料，出发点与其说是为了决策，不如说是寻找乐趣更多一点。我们试图买进愿意永久持有的企业，如果你也持这种思路，那么你可能也需要回顾历史资料，看看永久持有会是什么样子的。

**唐朝：**这里有几个关键词：比较，排序。实现方法是："大量阅读。假如你每年读几百份年报，而且读过格雷厄姆和费雪等人的书籍，很快你就能够看出你面前的企业是好是坏了。"

研究企业很多时候其实就是找乐子，真正发现值得投资的企业只是极少数。发现一个就算捎带的奖励、意外的惊喜。

# 1995 年
## 估值的理论和实操
## 追求只需聪明一次

年度背景 // 533
整体收购与部分买入 // 536
估值的方法 // 538
专注是一种重要的能力 // 542
只需要聪明一次的生意 // 545
盖可保险的故事 // 548
巴菲特的人格魅力 // 550
低成本的浮存金 // 552
适合自己就是最好的 // 555
错误是胜利的成本 // 556
持有不等于买入 // 559
1995 年伯克希尔股东大会问答摘要 // 559

## 年度背景

1995年1月2日，新任美国财政部长宣布向墨西哥提供180亿美元信用贷款，协助墨西哥度过比索危机，随后克林顿总统陆续宣布了近500亿美元的对墨西哥多边援助计划。市场情绪渐渐趋向稳定，加上2月23日美联储主席格林斯潘表态美联储将停止加息，股市开始乐观了起来。

连当年2月26日震惊全球的英国巴林银行倒闭的重大金融事件，也没能在华尔街掀起多大的浪花。成立于1763年的老牌商业银行、英国王室的资产管理者、在全球范围内掌控总资产超过270亿英镑、自身净资产高达3.5亿英镑的英国巴林银行（Barings Bank，国内也有译作霸菱银行），由于风控措施缺失，在该行新加坡分部一位年仅28岁的交易员豪赌日经指数期货过程中，产生了6亿英镑亏损，资不抵债，于1995年2月26日宣布破产。10天后，这家拥有233年历史的老牌银行，被荷兰国际集团以1英镑的象征性价格收购。这位年轻的交易员名叫尼克·里森，坐牢期间写了一本书，中文版书名就叫《我如何弄垮巴林银行》，由中国经济出版社于1996年10月出版。

7月开始的美联储降息，8月因为网页浏览器公司网景上市当日暴涨168%所引发的互联网热潮，进一步推动了股市向上的步伐。即使是年底白宫和国会关于财政赤字上限的争议，导致美国政府两度关门（其中一次长达21天），也没能挡住市场的热情。全年标普500指数大涨

34.1%，连续突破 500 和 600 两个整数关口，于 615.93 点收盘。加回成份股现金分红，全年标普 500 指数收益率 37.6%，是巴菲特 1964 年入主伯克希尔以来，指数涨幅最大的一年——当年道琼斯指数也历史性地突破 5000 点。

1995 年也是巴菲特大手笔买买买的一年，这一年里最大的动作是以 23 亿美元现金收购了盖可保险另外一半股份，让盖可保险退市成为伯克希尔的全资子公司——以前的那一半股份花了约 4700 万美元。其次是用换股收购的方式，收购了威力家居（RC Willey Home Furnishings）和黑尔斯博格钻石公司（Helzberg Diamonds Shops）。

威力家居是一个典型的"与优秀的人为伍，惊喜不断"的故事，在《巴芒演义》第 208 至 209 页有相关介绍；而黑尔斯博格钻石公司的收购则相当偶然，巴菲特在纽约街头走路，一位女士认出了他，喊了一声巴菲特先生，并和他闲聊了几句。此时恰好黑尔斯博格的董事长兼 CEO、60 岁的巴尼特·黑尔斯博格路过。他也持有 4 股伯克希尔股票但没见过巴菲特，听见这位就是巴菲特，也一起加入路边的聊天活动，并提出自己有意愿出售黑尔斯博格。这是一家在全美 23 个州拥有 134 个门店的家族企业（巴尼特是第三代），当时年销售额约 2.8 亿美元。巴菲特随即让他回头把资料寄去奥马哈。后来，收购就达成了。从这儿再次看到所谓的"战略"是多么无趣，我想任何人都不可能规划出这样一个路边发生交易的场景。

威力和黑尔斯博格都很睿智地不愿意要现金，选择换股收购，为此愿意在成交价格上让步——成交价格没有披露。但依照 1994 年末伯克希尔总股本 117.8 万股、1995 年末 119.4 万股的数据估算，收购这两家公司一共让伯克希尔新发行股份约 1.6 万股。

这一年，华尔街日报资深记者罗杰·洛温斯坦出版了巴菲特的传记 *Buffett: The Making of an American Capitalist*（中文版《巴菲特传：一个美国资本家的成长》），该书面世后也立刻成为畅销书。罗杰 2000 年出版的另外一本书在中国也非常知名：*When Genius Failed: The Rise and Fall of Long-Term Capital Management*，较早的中文版为《拯救华尔街：长期资本管理公司的崛起与陨落》，最新的译本叫《赌金者：长期资本管理公司的升腾与陨落》。

这一年 10 月，巴菲特本人第一次来到中国，行程是比尔·盖茨安排的，17 天的旅途里巴菲特参观了北京大学、故宫，爬了长城，见了当时的中国总理李鹏，然后去了乌鲁木齐，在大西北乘坐了毛泽东当年的私人专用列车（这是第一次有西方人乘坐毛泽东专列），参观了秦始皇兵马俑、三峡大坝、桂林等著名景点，最后从中国香港离开。

由于股市不断上涨，1995 年伯克希尔的普通股持仓变化不大。

表 27　伯克希尔历年持股明细（1995 年）

| 股份数量（股） | 公司名称 | 成本（百万美元） | 市值（百万美元） |
| --- | --- | --- | --- |
| 100,000,000 | 可口可乐 | 1,299 | 7,425 |
| 48,000,000 | 吉列 | 600 | 2,502 |
| 20,000,000 | 大都会 / 美国广播 | 345 | 2,468 |
| 34,250,000 | 盖可保险 | 46 | 2,393 |
| 49,456,900 | 美国运通 | 1,393 | 2,046 |
| 6,791,218 | 富国银行 | 424 | 1,467 |
| 12,502,500 | 房地美 | 260 | 1,044 |
|  | 其他持仓 | 1,379 | 2,655 |
|  | 合计 | 5,745 | 22,000 |

注：表中为持有市值高于 6 亿美元的主要持股。

全年伯克希尔收益率 43.1%，小幅领先指数。伯克希尔股票价格当年大涨 57.4%，首次突破 3 万美元，年底收于 32100 美元。

1964—1995 年，巴菲特入主伯克希尔 31 年，每股净资产从 19 美元上涨到 14426 美元，年化增长率约 23.6%。而每股股价从 12.7 美元涨到 32100 美元，上涨超过 2500 倍，折合年化收益率约 28.7%。公司的市净率从 12.7/19 ≈ 0.67 倍，变成 32100/14426 ≈ 2.23 倍，体现了市场对公司资产质量的评价及出价变化。

## 整体收购与部分买入

**巴菲特**：查理和我一直致力于建立一个拥有绝佳竞争优势，并由杰出经理人领导的企业所组成的集团，其中有些企业是持有全部股权，有些企业只持有部分股权。我们最希望的方式是通过协商，以合理的价格取得一家公司的全部股权。不过，如果我们在股市中找到机会，能够以低于收购整家公司所须支付的每股股价，买入一家好公司的一部分股份，我们也非常开心。

事实上，这种双管齐下——既通过协议收购整家公司，也通过股市买入部分股份——的做法，使我们比其他坚持单一路线的投资者更有优势。伍迪·艾伦[①]曾经解释过世上为什么会存在折中主义。他说："双性恋者最大的优势在于，周末约会的机会多了一倍。"多年来，我们一直像伍迪那样思考，在努力增加我们拥有的优质企业股份数量的同时，也试着整体收购一些同样优秀的企业。

（摘自1995年致股东信；摘录时间：2022-08-19）

**唐朝**：1995年，巴菲特又取得了45%的年度收益率，净赚了约45亿美元。他很谦虚地在当年致股东信的开头说："这样的成绩没有什么值得高兴的，因为1995年的市场情况决定了，即使一个傻瓜也能轻而易举地取得好成绩。"当年标普500指数涨了37.6%。

不过，大家别忘了，前一年的致股东信里，巴菲特对1995年及之后的几年可是相对悲观的。这或许也再次提醒了我们，"市场出价只可利用，不可预测"。

1995年，巴菲特比较得意的事情是，整体收购了黑尔斯博格钻石公司、威力家居以及盖可保险的剩余股权（收购在1996年初完成）。上述摘录就是巴菲特在谈论自己整体收购这几家公司的事儿。

---

[①] 译者注：伍迪·艾伦，美国著名电影导演。

对于巴菲特而言，他从来没有将自己看作一个"炒股人士"，也从未将上市公司和非上市公司撕裂开来看。在他眼里，无论上市或者不上市，对优质企业的判断标准及估值没有任何变化，变化的只不过是达成交易的便利程度。

通常而言，整体收购一家企业，缺点是很难在价格上占便宜，因为买卖双方都是内行，且很可能未来还要持续打交道，谁占谁便宜都不合适；优点则是可以在合理价格一次性买入足够的量。

通过股市买入一家优质企业的部分股权，优缺点正好相反。通常很容易在价格上占便宜，因为市场存在无数疯癫的外行，他们只是将股票视为赌桌上的筹码。他们完全没有内在价值的概念，所以很容易会在情绪足够亢奋时（无论是悲观情绪还是乐观情绪）报出不可思议的价格。你接受他们的报价，无论是在他们夺路而逃的时候送上现金（收下股份），还是在他们生怕抢不到的时候送上股份（收下现金），都是帮助了他们。而缺点是很难一次买入足够的量，因为一定数量的买入资金，本身就会驱动赌徒的情绪向另一个方向迅速转变。所以买家通常只能"做好事不留名"，坚持少量地悄悄买入，以防打草惊蛇，避免让赌徒们嗅到变天的味道。

资金条件所限，我们书院里的绝大多数人，都没有办法或不愿意成为企业股权收购方面的"双性恋"，相比巴菲特而言，我们就少了整体收购优质企业的优势。但穷也有穷的好处，至少我们可以肆无忌惮地买，完全不用担心惊扰市场情绪，完全不用担心赌徒们会"因您而变"。

**山不语：**"通常而言，整体收购一家企业，缺点是很难在价格上占便宜，因为买卖双方都是内行。"看到这一句我突然明白，投资就是在利用普通投资者不懂商业、不知道企业价值而胡乱出低价的机会。投资能力主要是对商业的理解能力，投资技巧反而是其次的。

**林飞：**巴菲特说两种资本配置方式他都很喜欢，但是需要注意他的表述：协商的方式是以合理的价格买入，而在股市上则是以低估的价格买入。出现这种定价差异，一是整体收购时，是精明的企业主出价，所以难以出现低估的价格；二是安全边际的需求。整体收购后，巴菲特虽然不直接管理，但是保留调整管理层的权利；而股市上买入部分股权，则是完全依赖管理层的能力和品行，所以多了一点不确定性，需要有一定的安全边际。

**浩然斯坦**：老唐有段话特别适合放在这里帮我们理解。

买入股票，本质上就和你入股朋友家开的酒店或工厂是一码事。今天剑南春没有上市，股权一样有价；华为没有上市，股权一样有价……只要企业能赚钱，股权就有价值。赚钱能力越强，股权价值越高。这和是否上市没有关系。

上市只是让股权交易变得更容易，顺带还多了一群无知无畏的投机人士买来卖去，给投资者提供了一种比未上市公司更高卖出、更低买入的可利用机会。

一家公司的长期收益率并不等于净资产收益率，只是无限趋近于，时间越长越接近。注意，不是过去的净资产收益率，是未来的净资产收益率。举个极端的例子，假设你现在有个公司，全部资产就是10万元，未来每年净资产收益率都能做到20%，每年赚到的现金全部再投入，同样能获得20%的净资产收益率，50年公司一分红利也没有分过。

50年后，公司净资产1.2万元的50次方乘以10约为9.1亿元。那时你转手卖掉这家公司，所获资金就是你的回报。你认为什么价格能成交？0元、10万元、1000万元，还是9亿元附近，或者更高？

公司不上市，企业一样可以转让，一样有价值有价格，投资者一样可以有回报。股市的参与者很容易忘记这一点，而这一点才是投资的核心本质。换句话说，投资的核心本质就是按照"如果这家公司是未上市公司，这个价格我会买吗"去思考、去决策。

以上摘自唐书房2021年12月9日文章《书房拾遗第37期》

## 估值的方法

**巴菲特**：下面这张表是以十年为视角，观察伯克希尔每股证券投资金额及剔除投资后的经营盈利变化数据。

| 年度 | 每股投资金额（美元） | 扣除投资收入后每股税前盈余（美元） |
| --- | --- | --- |
| 1965 | 4 | 4.08 |
| 1975 | 159 | −6.48 |
| 1985 | 2443 | 18.86 |
| 1995 | 22088 | 258.2 |
| 30年年化增长率 | 33.4% | 14.7% |

1965年我们每股证券投资金额4美元，扣除证券投资相关的股息、利息、当年实现资本利得后，我们每股经营利润（税前）4.08美元。30年后，每股伯克希尔股票含证券投资金额高达22088美元，同样扣除证券投资相关的股息、利息、当年实现资本利得后，每股含经营利润（税前）258.2美元。每股含证券投资金额的年化增长率高达33.4%，同时，税前经营盈利的年化增长也达到14.7%。

这个结果，并非来自我们在1965年规划的某个伟大战略。我们当时只是大致知道应该朝这个方向走，但并不知道会遇到些什么机会。时至今日，我们还是没有战略，但依然能够确定这两个数字会继续增长，但它会通过什么途径实现增长，我们毫无概念。

我们拥有两项优势：第一，我们旗下事业的经理人都相当优秀，且大部分的经理人都与伯克希尔有着异乎寻常的深厚感情；第二，查理和我在资本分配方面拥有相当丰富的经验，并试图始终理性客观地完成这项工作。

我们面临的巨大劣势是规模。在早些年，我们只需要好的想法，但现在我们需要又好又大的想法才行。不幸的是，要找到能够与伯克希尔发展速度相匹配的好公司是越来越难了。这个难题将持续削弱我们的优势。

（摘自1995年致股东信；摘录时间：2022-08-20）

**唐朝：** 这里巴菲特吐槽了规模限制自己的发展，没有新意；谈论伯克希尔从来没有战略，只是永远比较眼前的机会，最终走成这样，也没有新意。不如我利用巴菲特列举的数据，来和大家聊聊估值。

在 1965—1995 年的 30 年里，伯克希尔每股分红仅 10 美分，完全可以忽略。站在 1995 年，如果我们将一股伯克希尔股票看成一家公司，这家公司 1995 年的状态就是拥有类现金资产 22088 美元（高流动性的股票和债券），同时还有一家下属小工厂年税前净利润 258.2 美元。

此时，哪怕这家公司是一家私人所有的非上市公司，它也是有价的。价值多少呢？假设我们能忽略接手后的管理问题，那么理性的生意人出价无外乎就是三个问题：（1）现在这家公司持有的股票市值 22088 美元，我愿意多少钱接下来？（2）年税前盈利 258.2 美元的小厂，我愿意多少钱接手？（3）公司有多少债务？

对于第一个问题，无外乎就是看持股数量与市场流动性的对比，以及这些股票的估值水平。如果市场流动性匹配现有持股数量，且持股没有肉眼可见的高估泡沫，那很简单，市值大致就是价值。因为理论上我可以买下来立刻清仓卖出，全部换成现金。反之，如果市场流动性不匹配现有持股数量，就需要考虑估值水平了。

若持股属于明显的低估，那可能价值会高于市值，因为我去重建这样一个低估值组合，由于流动性不足，我可能需要付出比 22088 美元更多的现金才可以做到，因此，我需要额外给一个溢价，这相当于是建立这个组合的操盘手前期付出的资本、时间和精力的对价。相反，若持股已经属于明显的高估，我可能就需要对持股打个折。因为我接手后若要抛出，由于流动性，我的抛出本身就可能是下跌的原动力，导致我最终变现出来的现金数量低于 22088 美元。

持股部分如此考虑估值水平以及持股数量与流动性的匹配问题后，就大致围绕市值 22088 美元确定下来了，略高于或略低于都有可能。

第二个问题是关于这家年税前盈利 258.2 美元的小工厂，它的获利能力。我们同样要研究三大前提：盈利是真钱吗？盈利能持续吗？维持这样的盈利需要大量的资本再投入吗？

我们此时可以通过历史数据，看这家小工厂从 30 年前年赚 4.08 美元到今天年赚 258.2 美元的过程里，赚到的是否是真金白银？是否基本不需要大量资本再投入？目前情况是否有变化？预计未来是否大概率会继续保持这种模样？如果我们得出的结论都是正面的，那大致可以给这家工厂这样估值：

$$258.2 \times （1-所得税税率）\times（25\sim30）=5300\pm10\%$$

注意：我没查当时美国的无风险收益率水平和所得税税率，我们此处仅为估值示例，就假设无风险收益率水平也是3%~4%，而企业所得税标准税率和我们A股企业一样是25%。

然后，用账面短期类现金资产减去有息负债，看看公司有多少净有息负债。因为我们收购这家公司的话，出价不仅仅是表面上我们支付给原股东的钱，同时还包括这家公司承担的负债净额。

这样，我们就可以将三部分汇总，第一部分+第二部分-净有息负债，得出一个大致合理的估值。如果我们认可这家工厂的管理层及未来发展，那么上限按照这个合理估值买下来，就是巴菲特经常念叨的"以合理价格买下优质企业"。而如果在这个价格上打一定的折扣，就是给我们自己"可能会"判断错误而预留的安全边际。如果未来的结局证明我们的判断没有错，那么这个"可能"就成为我们从卖家（市场先生）手上占的便宜。估值背后的思考过程，其实大致就是这个样子，没什么神秘的。

这是拿伯克希尔的数据演示估值背后的基础逻辑。有不少朋友问：为什么并没有看见你这样去计算估值，尤其是没有看见减去有息负债的过程？答案不复杂：

第一，我研究及持有的企业，投资在企业里占比基本都不高，和伯克希尔以投资为主有巨大区别（腾讯是唯一的例外）。

第二，我心仪的对象，有息负债都很少，同时账面富余现金不少。哪怕是腾讯，以2022年半年报数据看，也是3363亿元有息负债的同时，账面还拥有类现金资产（存款、现金及短期理财）3160亿元，所以这部分思维只是逻辑上有，实际中跳过了。就好像伯克希尔，也是没多少有息负债的，直接就忽略了。但我写原理的时候，需要让大家知道，收购价格除了支付的对价之外，承担的有息负债也是购买价格的组成部分。

**第三**，其实在腾讯身上，考虑最坏情况的时候，我多次演示过这种底层逻辑，就是去掉投资部分之后，看剩余市值和经营盈利之间的倍数关系。

**李明秋**：这里的扣除投资收益后每股税前经营余额，是指的伯克希尔所买的组合每年每股所产生的净利润吗？

**唐朝**：不是。指的是喜诗糖果、NFM、波仙珠宝店、布法罗晚报等非上市子公司的经营活动赚到的税前利润。

**周明芃**：我们并不需要什么战略，我们只是不断在比较。

格雷厄姆在 80 年前提出价值投资三大基石"市场先生、买股票就是买公司、安全边际"时，并不知道未来会出现手机、电脑、互联网这些新产品或新服务，但这并不会影响我们使用他的思想继续赚钱。我们唯一知道的是不断比较，不断提升自己的认知。

**唐朝**：没错，比较！不要执着于资产的形态，投资的本质是冲着盈利能力去的。

**nizoo**："不要执着于资产的形态"，让我想到了李小龙的名言，"be water，my friend（朋友，要像水一样）"。

**唐朝**：是的，截拳道的目标是打倒敌人，而不是要一套完美或正统的招式。很多武者容易忘记这一点。李小龙提醒和强调的正是这个，"Empty your mind. Be formless，shapeless，like water.［清空你的成见，无形无式，像水一样（向阻力最小的地方去）］"。

**杨大掌柜**：估值演示中考虑流动性的部分，让我想到您对古井贡 B 卖点的选择。A 股市场股票高估的标准是 50 倍 PE，但 B 股 40 倍即可算高估。原因在于高估卖出的本质是利用市场情绪，B 股市场参与者不多，推高股价的市场情绪不够，因此要对 PE 打个折扣。

## 专注是一种重要的能力

**巴菲特**：我忍不住要给大家分享一个故事，一位公司高管去年给我讲的关于并购的故事。

他原本管理的企业非常棒，在行业中一直处于领导地位。不过，企业的核心产品平平无奇，没有什么让人眼前一亮的魅力。正因为此，公司在几十年前雇用了一家管理咨询公司。很自然地，咨询公司建议公司多元化，这是当时的潮流。聚焦主业的说法在那时还不流行。后来，该公司陆续收购了好些企业。每次收购前，都投入重金请这家咨询公司详尽调查，并出具了专业的可行性研究报告。

你一定和我一样，很想知道结果。这位高管悲伤地说："收购前，我们的净利润100%来自主营业务。十年后，主营业务实现了公司年度净利润的150%。"

（摘自1995年致股东信；摘录时间：2022-08-21）

**唐朝：**这是致股东信中的轻松一刻，巴菲特用这个并购故事嘲笑了那些为分散而分散，为多元化而多元化，甚至是为了符合潮流而扩张的企业。它们往往心怀星辰大海，战略规划鼓舞人心，但大部分的结果都是一地鸡毛。

我们在生活和投资过程里，偶尔也会有走着走着忘了初心的事儿，就像我们书房里已经有不少朋友，隐隐然有成为做会计分录的基层会计的趋势。

轻松一刻，少说道理，多讲段子，我也分享一个幽默故事给大家。

### 喜欢开倒车的贾静思先生
（加拿大　斯蒂芬·巴特勒·里柯克）

我第一次注意到贾静思，是在多年前的一次野营会上。当时有人正往一棵树上钉一块木板做搁物架用，贾静思走了过去。"停，停，停。"他说，"你得先把板子的一头锯平，然后再把它钉上去。"

于是他开始四下找锯子。找到锯子后，没锯两下他住手了。"这把锯子……"他说，"得找个锉磨利一点才行。"于是他又去找锉。

找到锉后他发现，需要给锉安一个合适的把手。为了做锉的把手，他去灌木丛中找了一棵小树。找到后他发现，得先把斧头磨利才能把小树砍倒。为了磨斧头，当然喽，他不得不先把磨刀石安放稳当，以便它能正常工作。

这样一来又牵扯出为磨刀石做基座的事儿。为了像模像样地做出磨刀石基座，贾静思决定做一条木工凳。而假如没有一套好的工具，做木工凳是不可能的。

于是贾静思就去村子里弄工具，当然，他再也没有回来。我几个星期后在城里再次遇到他，当时他正在为工具的批发价与一群人讨价还价。

在那之后，我逐渐对贾静思有了深入的了解。我们俩在同一个学院上学，但不知怎的，贾静思每次满腔热情地开始，却总会遇到节外生枝的事情。

有一段时间他如饥似渴地学习法文，可不久他发现要想真正精通法语，先得彻底掌握古法语。可是，假如不精通拉丁语，要彻底掌握古法语是不可能的。而要想精通拉丁语，无论如何得先学好梵语，因为梵语是拉丁语的基础。

因此贾静思全身心地投入到了梵语的学习之中，一段时间后他意识到，要想彻底学好梵语，必须先学古伊朗语，因为它是梵语的渊源所在。可是，古伊朗语现已失传。于是，贾静思先生不得不重新开始。

在自然科学方面，他也取得了一些进步。他学习了物理学，在学习过程中他飞快地回溯。从各种力追究到分子，从分子追究到原子，从原子追究到电子，然后他的整个学习逆向展开，就像开倒车一样，不断地进入身后无限的探索之中，却忘记了开始的目的。

如果你偶尔也会陷入无限的事务中，如果你那时突然想起执着的贾静思先生，能会心一笑并花一秒钟回想自己的初心，那么这个小故事就算有了价值。

**WDS**："十年后，主营业务实现了公司年度净利润的150%。"这个150%怎么实现的呢？

**唐朝**：主业赚150，其他业务亏50，合计净利润100。主营业务实现公司年度净利润的150%。

**Mr. chen**：将复杂的事情简单化是一种很重要的能力。我们有时候会迷失在繁杂的事务中，无法自拔，忘记了自己最初的目的。

**唐朝**：Focus（专注），这是巴菲特和盖茨第一次见面的时候，两个人在手掌心同时写下的词语，是他们认为成功最需要具备的品质。

**戳锅漏 BearG**：我以前所在的企业属于制造业。2015 年看着互联网整体火爆，领导便想要做互联网轻资产平台，想学腾讯那种"羊毛出在猪身上，狗来买单"的事儿。虽然想法不错，但公司上下没有清楚怎么做的人，老板自己也不清楚，就找了一家北京的咨询公司，号称中国排名前三的，结局就是：我公司花巨资获得了宏伟的战略和精美的 PPT。

**林先森**：老唐 2017 年 3 月 1 日在唐书房的旧文《年报浅印象 10》中，有对企业多元化的看法：

"独轮车最好，二轮可看，三轮四轮已经不安全，五轮六轮纯博傻（主业为投资的控股型公司例外）。

"独轮代表企业经营者不仅认为自己所处的行业大有发展，而且通过不断投入金钱及精力，公司可能依托现有经验和优势，在行业内占据越来越大的市场份额。这种独轮企业，即便有扩张，一般也是依托自己的主业，向产业的上游或者下游延伸，使现有经验和资源同新进入行业具备一定的协同性。

"而所谓的三轮驱动、四轮驱动，乃至更多的五轮六轮七八轮，就完全是不靠谱的代名词了。属于企业经营者既不看好本行业发展，同时又对新投入的行业没什么信心（表现为不愿意将资金和企业资源向第二个轮子集中）。更糟糕的是，这种广撒胡椒面的行为，不仅代表企业决策层对自己的能力和眼光没信心，同时也表明对股东的金钱也不够负责。因此，当一个陶瓷釉料老板开始将金钱投入石墨烯、三元材料等各种领域时，只能说明又一个企业家被资本市场的快钱毁灭了，不会有什么太好前途了。"

## 只需要聪明一次的生意

**巴菲特**：零售业是个非常艰难的行业。在我的投资生涯里，我见过很多零售生意曾经拥有相当高的增长率和净资产回报率。但后来，数据可能突然暴跌，很多就直接跌到破产，就像一颗流星划过天空。

相比普通的制造业和服务业，这种流星现象在零售业更加常见。这是因为零售业是一门必须一直保持聪明的生意。无论你玩出什么新花样，你的竞争对手总是能迅速模仿并试图超越你。与此同时，零售业的消费者却天然地愿意去尝试各种新业态、新概念，这时刻诱惑着竞争者入局参战。在零售行业，不够努力就会失败。

与这种"必须时刻保持聪明"的生意相反，还有一种我称之为"只需聪明一次"的生意。举个例子来说，如果你在很早以前偶尔灵光一现，买下了一家地方电视台，你甚至可以把它交给你的懒蛋侄子经营，一样可以舒舒服服赚几十年的钱。当然，如果你让汤姆·墨菲来经营，那情况会更棒，不过即使没有他，你也能坐地收钱。对于零售业来说，你要是用了这个懒蛋侄子，你就等于买到一张直达破产法庭的快车票。

（摘自1995年致股东信；摘录时间：2022-08-22）

**唐朝：** 世上有两种生意，一种需要时刻保持聪明，一种只需要聪明一次。像我们这么懒的人，当然要选后一种，尤其是钱还没有多到无处可堆的时候。对于那些需要时刻聪明的生意，我们躲得远远的，不仅有利于财富增长，更有利于腾出时间做自己喜欢的事。

巴菲特相当透彻地指出了零售生意难在何处：你的任何创意，对手马上就能模仿及优化。偏巧零售业的消费者天性喜欢尝鲜，喜欢给新人机会，于是你永远无法建立进入壁垒，无法构建自己的护城河，永远需要赤裸着胸膛直面敌人，平等厮杀。对于资本而言，这是最令人烦闷的状态，食之无味，弃之可惜，一不小心就被拖进泥潭。

而那些只需要聪明一次的生意，就仿佛抓住一次天赐良机，顺着平坦的吊桥入城一样。之后只要牢记拉起吊桥、关好城门，然后就可以凭借宽阔的护城河与高高的城墙挡住所有竞争者，舒舒服服地在城内收税和享受。哪怕城堡传给又蠢又懒的二代，只要不至于蠢到放下吊桥、大开城门的地步，日子依然可以过得很滋润。

我们就是要致力于寻找这种"只需要聪明一次"的生意，它们的特点就是拥有高高的进入壁垒。其产品或服务属于人们需要的，但竞争者要么完全无法提供同样的产品或服务，要么提供的代价相当高，高到难以持续。这个壁垒就是巴菲特口中所说的护城河。有它保护，这门生意不仅可以持续获取满意的盈利，更重要的是有容错空间，偶尔犯蠢和犯懒不会造成致命的伤害。

盘一盘：你持有的生意里，哪些是只需要聪明一次的？有没有需要时刻保持聪明的？

**周明芃**：我想起了 ROE 的杜邦公式，高 ROE 分别对应三种类型：高毛利率、高周转率、高杠杆率。高周转和高杠杆是容易复制的类型，高毛利是很难复制的类型。

**裙裙**：看看手中持仓，我认为高端白酒、挖煤、微信支付属于只需聪明一次。梯媒覆盖面达到第一后属于需要聪明一次半，微信和 QQ 也属于聪明一次半，需要不断保持变现的好主意和创意。海康属于需要持续聪明，腾讯金融科技和 to B 的生意也都需要持续聪明吧！

**食兔君**："消费者却天然地愿意去尝试各种新业态、新概念"，要解决这个问题，似乎只有两个方向：不断翻新或新开店铺；经营一个零售业的平台。

前者显而易见地不现实，我只见部分奶茶店是如此；后者倒是催生了不少巨大的电商平台，但依旧只有"规模优势"（互联网平台则要加上"网络效应"）这种浅浅的护城河。投资它们时常会感到压力山大。由此可见寻找"只需聪明一次"生意的重要性。

**浩然斯坦**：我想到奶茶与高端白酒，这两个行业看起来都是高毛利的赚钱行业，但其实天差地别。奶茶行业技术含量低、容易被模仿、竞争白热化、价格战不断，而消费者更是喜新厌旧。因此行业从业者和投资者需要一直"聪明"才能生存。

高端白酒就不一样。老唐总结过高端白酒营收会不断增长的原因：（1）由俭入奢易、由奢入俭难的人性；（2）社交活动中你来我往的攀比；（3）酒局选品总是以主宾口味为准，而主宾往往也是消费水平最高的，此外，人们会有意识借助酒局提升自己的消费规格，这也是人性；（4）收入提升带来的消费升级；（5）长期通货膨胀。

因此，作为高端白酒的投资者，只需要聪明一次——在股价合理或偏低的时候买入，并长期持有。

## 盖可保险的故事

**巴菲特**：1951 年，我累计支付 10282 美元买入了 350 股盖可保险股票，到年底这些股票价值 13125 美元，超过我净资产的 65%。不幸的是，1952 年我以 15259 美元的价格把它们全部卖掉了。卖掉它们的主要原因是想去买西部保险的股票，考虑到当时西部保险的股价略高于 1 倍市盈率，这次变节或许可以原谅。

然而随后的 20 年里，我卖掉的盖可保险股票，市值增长到了约 130 万美元。这给了我一个教训，那就是卖掉一家明显优秀的企业股份是不明智的。

20 世纪 70 年代初，戴维森退休后，继任高管在估算索赔成本时犯了一些严重错误，导致该公司保单定价过低，并几乎导致破产。该公司之所以起死回生，主要依赖杰克·伯恩于 1976 年出任首席执行官，并采取了严厉的补救措施。因为我相信杰克和盖可保险的竞争力，所以伯克希尔在 1976 年下半年大量买入了盖可保险的股份，并在随后几年做了少量追加。到 1980 年底，我们累计向盖可保险投资了 4570 万美元，拥有其 33.3% 的股份。

在接下来的 15 年里，我们无买无卖。但由于公司不断回购，我们的 33.3% 股份变成了约 50%。1995 年，我们同意支付 23 亿美元现金收购另外一半股份，让盖可保险变成了我们的全资子公司。

（摘自 1995 年致股东信；摘录时间：2022-08-23）

**唐朝**：巴菲特借着阐述收购盖可保险剩余股份的事情，回顾了自己在盖可保险身上的进进出出。其中有几个数字很有意思，我们不妨帮着巴菲特理一理。

1951 年他花了 10282 美元买入了 350 股盖可保险，相对于当时的全部资产而言，这是属于重仓介入，因为他自认对盖可保险的研究很透彻，对此还写了一篇文章公开发表在1951年12月6日《商业和金融年鉴》的"我最喜欢的股票"专栏里。

然而第二年获利约50%后，他就跑了。当然，收到15259美元后，大部分资金是去买看上去超级便宜的西部保险股票去了，当时一定挺得意这笔买卖的。至于1倍市盈率的西部保险后来赚了多少钱，没见巴菲特嘚瑟过，推测可能很一般。然而这15259美元卖掉的350股盖可保险，在20年后市值130万美元，不计期间分红，年化回报约25%。这无疑给1972年42岁的中年巴菲特脑海里埋下了一颗思考的种子：卖出优质企业的股票，是见小利而忘大义。

然而，就在他反思的时候，一记耳光从另一边抽了过来：1972—1976年，盖可保险股票从高点61美元（拆细过）暴跌约97%至最低2美元，濒临破产。这一切的背后，是公司管理层的贪大求快所犯下的一个错误。此刻，我们可以想象他脑海里势必也是一番挣扎——不跟踪和观察企业的变化，仅仅因为企业过去优秀就选择呆坐，好像也不行？

在杰克·伯恩加入后，46岁的巴菲特先后投入4570万美元[①]，持有盖可保险公司1/3的股份。在伯恩的带领下，盖可保险起死回生，再次走向巅峰，到1989年的时候，盖可保险的年利润已经超过2亿美元。水涨船高，巴菲特持有的盖可保险股份市值也超过了10亿美元。

伴随着公司的回购注销，巴菲特持有比例从1/3自动上升为略超50%。1995年，经过巴菲特的多次沟通和努力，盖可保险公司其他股东终于同意巴菲特以23亿美元现金（折合每股70美元）收购全部剩余股份，盖可保险成为伯克希尔的全资子公司。

我们现在都知道了，当时23亿美元收购盖可保险剩余一半股份，对伯克希尔来说是做了一件非常正确、回报非常高的事情。也就是说，当时盖可保险整体估值46亿美元甚至可以说是相当便宜。

---

① 1980年至1983年伯克希尔年报披露的盖可保险持股成本都是4713.8万美元。1984年变成4571.3万美元，这是公司回购导致的。巴菲特这里说4570万，用的是1984年后的口径。

我们现在来看几个节点，1948 年，格雷厄姆 72 万美元收购盖可保险的 50% 股份，相当于公司估值 144 万美元；巴菲特 1980 年底累计投入 4713.8 万美元占比 1/3，相当于公司估值约 1.41 亿美元。这一步是 32 年约 98 倍，年化 15.4%。

从 1980 年的 1.41 亿美元到 1995 年的 46 亿美元，是 15 年 32.6 倍，年化 26%，甚至比 1952—1972 年巴菲特自己的 15259 美元变 130 万美元的年化 25% 还要高。这是不是能帮助我们质疑所谓"大市值公司不容易涨"的格言呢？

这里面的一波三折，如果你我以巴菲特的角色去思考、优化、打脸、反优化、反打脸、再回到买股就是买公司的底层逻辑，一场头脑风暴过后，你的投资理念会更清晰，决策会更轻松的。和盖可保险案例有关的更多细节，请参看《巴芒演义》257~266 页。

**Mr. chen**：过去的优秀并不代表未来一定优秀，所以，我们要长期跟踪持仓企业，从中发现经营变化，当有盐碱化的趋势时，果断离场。即便是优秀的盖可保险，都能在经营不善的情况下暴跌 97%，令人唏嘘！另外，这也提醒我们，小心驶得万年船，敬畏市场，不可单吊个股！

**BP**：我觉得"大市值公司不容易涨"这种假象是一种近因效应。回顾历史就能看到，历史上当时被认为是"大市值公司"的市值，到今天可能都不值一提。同样的事，也会发生在 30 年后，我们再来看今天这些"大市值公司"。

## 巴菲特的人格魅力

**巴菲特**：最后我向各位报告一下戴维森的近况。93 岁高龄的他，对我而言亦师亦友。他现在仍然十分关心盖可保险的情况，公司在任高管只要有任何需要他的地方，他都会随时挺身相助。虽然我们这次收购盖可保险全部股份，让戴维森承担了一笔不小的税负，但他依然热情地支持了这项交易。

自我认识戴维森 45 年来，他一直就是我崇拜的偶像之一，而他也从未让我失望过。大家必须知道，如果没有1951年那个寒冷的星期六戴维森对我的慷慨分享，伯克希尔绝对不可能会有今天的成就。

多年来，我私底下已感谢过他无数次，但是今天适逢伯克希尔整体收购盖可保险，我认为应该借着今年的年报，代表伯克希尔所有股东向戴维森致以深深的谢意。

（摘自1995年致股东信；摘录时间：2022-08-24）

**唐朝：**这番话是巴菲特感恩1951年给他讲授保险知识的洛里默·戴维森，戴维森的传奇故事在《巴芒演义》61~68页有详细讲述，此处就不重复了。老唐借机聊聊巴菲特的处事风格，投资之外的东西。

巴菲特一直有一种神奇的魅力，让旗下众多早已财务自由的企业管理者起早贪黑、乐此不疲地为伯克希尔创造财富。这不仅推动了伯克希尔股东的财富增长，也扩张了巴菲特的管理半径，更让他有大量时间可以阅读、思考和享受生活。

这种神奇的魅力，我认为来自几项特点：

（1）有原则。坚持只和自己欣赏、敬佩的人打交道，愿意为此放弃很多赚钱的机会，也愿意为信错人支付代价。但一旦受骗，此人就进入黑名单，无论多大利益永不合作，受骗支付的代价就算甄别费用。

（2）真诚。从不搞人前人后两副面孔。最简单的例子就是收购案，巴菲特一生收购无数，基本模式就是自己深入研究，然后直接亮底牌，报出一个自己认为的公平价格，对方或接受或拒绝，不谈价。或者对方直接报价，自己接受或拒绝，也是不还价。从不以虚高或虚低价格开始，然后试探和讨价还价。特殊原因例外的时候很少。这种真诚，可以让生活及投资变得简单。

（3）不吝于感恩和赞美。无论是老师、朋友、合作伙伴、下属，任何帮助过巴菲特的人，都会被巴菲特在各种正式或非正式场合，大张旗鼓地感恩和表扬。叠加巴菲特有原则和真诚的性格特点，这些赞美和感恩就特别可信（不是廉价的、随便抛出的塑料花）。这是一个众所周知的智者所给的背书，是超越财富的更高追求，也是激励这些人变得更好和更努力的原动力之一。

这些品格和处事方式的示范作用，或许一点儿也不低于巴菲特投资体系的价值。你觉着呢？

**糖换鸡毛**：赞同。有原则、真诚、不吝于感恩和赞美，就像是人生中的"道"，投资体系就像是人生中的"术"，它们完美融合在巴菲特身上。

**晓峯**：虽然不是投资内的事，但对投资绝对意义重大。

**唐朝**：没错。投资也是生活的一部分，人生的基本原则会自然而然地渗透到我们的投资行为里，二者密不可分。

**ViV**：真诚是最有效的社交利器，自然会吸引你喜欢并喜欢你的人，过滤掉你不喜欢也不喜欢你的人，不浪费时间，清爽利落。

**黑牛**：我补充一个第四点：放权。巴菲特给予企业经营者充分的自主经营权，不干预企业经营，同时给企业充足的资金用于生产和扩张。

**唐朝**：黑牛补充得好，充分的信任也是重要的一环。

**门前一棵大杨树**：摘录一段2022年5月13日老唐关于好人的点评：

其实巴芒二老的样板，带给我最大的思想洗礼还不是投资理念，而是做正直的人、善良的人可以发财，甚至是发更大的财。

我们常有"做好人是会吃亏的，但吃得高尚，吃得有骨气"的心理暗示。感觉做个好人需要自己抗拒利益诱惑后作出牺牲和奉献。

深研二老的理念和经历，会发现哪里是什么牺牲和奉献，明明是最大的自私，做好人就是最可靠的致富之路。

"为他人创造价值的人伟大，值得尊敬"，这话听着舒服，但远不如"不断为他人创造价值，是自己持续赚大钱的捷径"来得有效。我们以前所受教育是前者，我从巴芒二老那学到的是后者。

## 低成本的浮存金

**巴菲特**：任何一家公司的获利能力取决于：（1）资产收益率；（2）负债成本；（3）财务杠杆，即它的资产多大程度上来自负债而不是股权。多年来，我们的第一项表现不错，资产收益率比较高。但很少有人注意到，我们极低的负债成本也带来了相当可观的收益。

我们的负债成本极低，是因为我们以非常有利的条件获得了保险浮存金。这一点很多同业做不到，通常他们确实可以得到大量浮存金，但成本可能超过了资金对他们的价值。这种情况下，杠杆反而成了劣势。

多年来，我们的保险浮存金几乎是零成本，所以它们的作用和股本一样。当然，和真正的股本还是不同的，毕竟从法律意义上讲，这些钱并不属于我们。不过，假设我们在1994年持有的不是34亿美元的浮存金，而是34亿美元的股本，我们拥有的总资产不会发生任何变化，而我们的净利润却反而会减少。因为去年我们的浮存金成本是负的，也就是说我们因为帮助客户保管这些钱，还额外收了一笔费用，我们的浮存金本身已经创造了利润。

同时，股本如果要增加34亿美元，将意味着伯克希尔需要增发部分新股。更多的股份，同样的总资产和更少的净利润，这将代表着更低的每股净利润，它必将大大降低我们的每股价值。所以，大家应该能够了解，为什么浮存金对于我们如此重要，尤其是当它们成本超低的时候。

在将盖可保险变成我们的全资子公司后，我们的保险浮存金马上会增加近30亿美元，而且展望未来，这个数字几乎肯定会继续增长。此外，我们也预期盖可保险每年还能够继续赚到若干承保利润，这等于是未来更多的浮存金不但不需要支付资金成本，反而还会额外给我们贡献部分收益。当然，我们为了获得盖可保险的浮存金，支付了高昂的代价。

（摘自1995年致股东信；摘录时间：2022-08-25）

**唐朝**：巴菲特花了很长篇幅给投资者讲了低成本浮存金的价值。对于股东而言，这些钱法律上不属于自己，但自己可以无限期用于投资，且投资收益不需要分一分钱给金钱的主人，甚至金钱的主人还需要倒贴一笔保管费用。很显然，这样的钱比法律上属于自己的钱更加有价值。

以盖可保险为例，《巴芒演义》第264页记录了盖可保险变成伯克希尔全资子公司后的贡献：1995—2018年，可以用于投资的浮存金从25亿美元增长到221亿美元（参照上文所述，并购盖可保险后，浮存金将增加近30亿美元，我们还能反推出，大概30亿美元浮存金里有接近5亿美元是赔付备用周转资金，不能用于投资），而且23年里盖可保险还获得了155亿美元的税前承保利润。

这代表盖可保险在这23年里的贡献分为两部分：每年给伯克希尔提供一笔数十亿至数百亿美元不等的资金用于投资（每年滚动累积，越积越多），收益完全归伯克希尔股东所有。同时，额外给伯克希尔奉上总计155亿美元税前利润。巴菲特在2018年财报里估算，这些价值至少超过500亿美元。这500亿美元，乃至这个企业未来预计继续贡献的价值，伯克希尔支付的总成本合计不到23.5亿美元。回报真是高到难以计算！

你发现没有，这个回报自始至终与盖可保险是不是上市公司、每天有没有股价走势图，一分钱关系也没有。

那么浮存金是不是一定是好东西呢？那可不一定。负成本的、零成本的浮存金当然是好东西。这就要求保险公司的经营本身要赚钱或者至少不赔钱才行。这一点，其实大部分保险公司是做不到的。比较常见的保险公司经营状况是，保险经营本身略亏，损失低于浮存金×债券利率，然后用浮存金投资收益弥补经营亏损后，还能有微薄的获利。这种也还勉强凑合。

糟糕的情况有两种：第一，不管是因为计算错误、运营失误、意外灾害或者其他什么因素，导致保险经营本身的亏损大幅高于债券利率，这就相当于有便宜钱不借，费心费力去借更贵的钱用于投资，最终事实上损害了股东的利益。第二，投资亏损，或者收益不足以弥补保险经营的亏损。这个容易理解，你借钱投资，不管成本高低，结果投资赔了，这杠杆都算要得砸到自己的脚了。

所以，拥有大量浮存金是不是有利于保险公司股东，既要看浮存金的成本，还要看保险公司投资部门的投资能力，没有一刀切的标准答案。

**Helen.**：巴菲特虽然认可了低成本的浮存金对于伯克希尔的正面作用，但他还是喜欢投资那些财务杠杆很低、财务非常稳健的公司。

他表示运用财务杠杆的基本原则不是赚钱第一，而是安全第一："汽车比赛的基本原则是，要想赢得比赛，首先必须完成比赛。这个原则同样适用企业经营，它是指导伯克希尔公司每一个行动的基本原则。财务杠杆对企业也可能是致命的。背负巨大债务的企业经常假设这些负债到期时，企业肯定能够再融资而不用全部还本付息。这些假设经常是合理的。但是，在某些特别的情况下，或者是由于企业自身出现特殊的问题，或者是全球性的贷款短缺，到期债务必须还本付息。这时，只有现金才管用。"

**唐朝**：没错。巴菲特的脑袋里，应该天然有一条线，把借钱和投资分得很清楚。保险部门是借钱部，借钱部的职责是在保守的假设下，借到零成本乃至负成本的长期甚至永远不需要还的钱，越多越好。而拿到所借的钱去投资，就需要看那些低杠杆的优质企业了。这两种情况不能弄混了。

**伯涵**：一句话概括：资金端比别人便宜，资产端比别人会投，大量的"浮存金"负债才有意义，否则还不如"无债一身轻"。

**不期而至**：这两年我国的保险公司，尤其是寿险公司，综合成本率能到100%以下的罕见，能跑赢资金成本的也不多。

**Mr. chen**：汝之蜜糖，吾之砒霜。巴菲特之所以钟爱优质的保险企业，一是保险企业运营优秀，有大量的保费收入可供支配，而且还有不错的利润留存；二是他自己强大的投资能力，可以点石成金。而这两点国内的保险公司都是很难具备的。所以，学习和模仿也要注意外在条件的不同。

## 适合自己就是最好的

**巴菲特**：只要价格合适，我们喜欢那些保额大到吓人的保单。我们的单笔承保额最高为10亿美元，而其他同业的上限仅为4亿美元。我们知道，这种偏好一定会让我们时不时地遭受巨大损失。但查理跟我都很愿意承受波动来换取更好的长期收益。换句话说，在平平稳稳的 12% 和剧烈波动的 15% 之间，我们更喜欢后者。而大部分同行会选择前者，这恰巧让我们拥有了一项强大的竞争优势。

当然，我们也会监控风险敞口总额，以便将我们可能面对的"最坏情况"控制在一个可以承受的范围内。

（摘自 1995 年致股东信；摘录时间：2022-08-26）

**唐朝：** 二老说"在平平稳稳的 12% 和剧烈波动的 15% 之间，我们更喜欢后者"，我也一样。但并不代表这是唯一正确的选择。有很多人会喜欢前者，这并不是错。关键是按照自己的性格特点，设计自己喜欢的投资方式；或者修炼自己的心性，去适应自己所期望的投资方式。

世间没有什么完美的投资公式。任何选择都需要享受其利、承受其弊，不能选择了追求高收益却抱怨期间的剧烈波动，或者选择了平平稳稳的过程却愤怒于收益太低。"既要、又要"式的贪婪，不仅可能"既没有、也没有"，同时还会丧失愉悦的人生旅途，那本来是我们投资的终极目的。

**周明芃：** 虽然从长期来看，股票的收益率远远高于房产、债券、黄金，但很多人根本没有办法忍受股票的波动，这种情况下，可能其他投资品才是合适的投资对象。同样，在日常生活或工作中，我们可以表述我们的观点，但千万不要强迫别人接受，因为对你合适的，不一定对他合适。

## 错误是胜利的成本

**巴菲特：** 去年伯克希尔有三项事业的运营发生了问题。虽然资本回报率数据依然还不错（甚至是更好了），但每家公司都面临着不同的难题。

我们的制鞋公司面临着产业整体困境，许多同行只能勉强赚点蝇头小利，甚至已经开始亏钱。当然，从某种意义上说，这也意味着我们至少保持甚至扩大了我们相对同行的竞争优势。因此，我坚信我们的制鞋业务会在未来恢复一流的盈利水平。虽然这种转变还没发生。我们认为，去年的数据应该被视为周期性问题，不是长期性问题。

与其他报纸相比，《布法罗新闻》仍然算做得很好的，但却面临另外一个问题：行业前景黯淡。在1991年的年报里我说过，报纸已经失去了它原本拥有的金刚不坏之躯。时至今日，《布法罗新闻》的利润还不错，但竞争优势正在逐步丧失。尽管未来可见的几年里，报业仍将是一个回报率不错的行业，但随着时间的推移，我们认为报业长期走向衰退的趋势不会改变。

伯克希尔现在面临的最大难题是世界百科全书，该产业受到CD和网络日益强烈的挤压。虽然我们仍然能勉强保持盈利（其他同行已经开始亏损了），但营收和利润都在下滑。1995年底，世界百科全书决定对产品销售方式做重大改革，加强了电子产品的开发力度并大幅削减了管理费用。我们还需要时间来评估这些措施的效果，但我们相信它们应该能提升该部门的生存能力。

我们旗下所有的事业，包括去年收益大幅下降的几家公司在内，一直都由杰出而专注的经理人所管理。就算我们有权在业内随意选择经理人，我们也不会考虑换掉现有的任何一位。

我们的许多经理人早就不需要为生计而工作了。他们每天全力以赴，仅仅是出于热爱并希望尽力做到完美，就像富有的高尔夫球员参加巡回表演赛一样。用工作这个词来概括，似乎已经不合适了。他们其实只是恰好喜欢从事一份能够创造财富的生产性活动，而不是某种娱乐休闲活动而已。我和查理的职责，就是负责提供一个能让他们保持这种感觉的环境。到目前为止，我们似乎做得还不错：过去30年里，我们没有一位核心管理人员跳槽。

（摘自1995年致股东信；摘录时间：2022-08-27）

**唐朝：** 巴菲特介绍了旗下三项遇到困境的产业：制鞋、报纸、百科全书。这三项事业套用我们的话说就是"土地正在盐碱化"，这还和市场里买来卖去的报价无关，它们本就不是上市公司。

三项困境产业里，巴菲特对鞋业相对最有信心，说 1995 年是景气反转的前夜。可惜历史碾压你的时候，不会顾忌你的面子，哪怕车轮底下是未来的世界首富。我们现在已经知道了，这三项产业后来最惨的就是鞋业。

之所以摘录这一番对困境的盘点，是想提醒朋友们，投资的旅途中遇到土地变质的情况，虽难免，但不可怕。哪怕是睿智如巴芒，也投过这些曾经信心满满、最终却被时代的车轮无情碾压的产业。而且他们还是作为控股股东投的非上市公司，出现这种迹象的时候，还无法享受一键清仓的股市福利。结果如何呢？没能挡住他们成为世界首富的"印钞"之路。

这些"错误"只是胜利的一项成本，而且几乎是不可或缺的一项，"没有人永远正确"。没有人能一劳永逸地在今天预测到所投产业未来的全部环境变化。我们能做的，只是不断根据新的信息、新的认知理性思考，去比较每一项投资的回报率，并不断将资本配置在当下的信息、当下的认知条件下，回报率"明显"更高的资产上面，尽量降低错误的发生概率及单次错误的杀伤力，仅此而已。

芒格有段话用在这里很合适。他说："如果想要过一个有意义的人生，就把每天都过得有意义，坚持足够的天数，整个人生就变得有意义了。"投资也是如此，在每次选择的时候，都尽量在已有的信息和认知下理性选择，最终你的收益曲线就会理性地回报你。

**冰冻 273k：**"错误是胜利的成本"，这句话价值千金。能体会到这个高度，投资就进入了新的境界。

**唐朝：**如果没有在分众传媒上的错误和反思，也就没有在陕西煤业上的利润。这就是"错误是胜利的成本"的现场版注解。

**姚队：**根据新的认知、信息去理性思考，收入差来源于认知差和信息差。提高认知的途径就是不断阅读。

**唐朝：**是的，阅读、思考和交流就是帮助自己减少错误发生概率以及单次错误伤害程度的"工作"。

## 持有不等于买入

**巴菲特：** 在我撰写这封致股东信的此刻，伯克希尔的股价是每股36000美元，查理和我都不认为这个价格属于低估。因此，此次发行B股不会降低我们现有股票的每股内在价值。让我说得更直白一点：以伯克希尔现在的股价，查理和我都不会考虑买入。

（摘自1995年致股东信；摘录时间：2022-08-28）

**唐朝：** 这是伯克希尔被迫发行B股时，二老的公开表态："以伯克希尔现在的股价，查理和我都不会考虑买入。"但我们手头的伯克希尔也没有卖出，我们继续持有。所以，二老认为：持有≠买入。

这个持有≠买入，表达的含义是：支持我们持有的理由，不足以支持我们做出买入决定。买入是拿确定换不确定，所以需要预留安全边际，要求更高一些。

市场流行一种说法，"持有=买入"，我想它想表达的是持有某股票就意味着你放弃了等价的现金。在任何一个时刻，持有股票在数学上和用同等市值的现金去买入这只股票是一码事。这是一个现象，是一个事实，是一个机会成本的概念，不是去表达"只要某价格没卖，就代表这个价格值得买入"的意思。

## 1995年伯克希尔股东大会问答摘要 [①]

### 一、学会呆坐更难

**股东提问：** 今年增发了B股，你收到大把现金后，有没有发现过去那样的好机会呢？

**巴菲特：** 我们一直在寻找机会。只要我们发现任何觉得合适的机

---

[①] 引自伯克希尔-哈撒韦公司股东大会视频记录。

会，我们都会去做。但其实更困难的部分是，我们要确保当找不到有意义的机会时，我们什么都不做。

**唐朝**：投资活动中，不做什么其实比做了什么更重要，似乎也更难些。

**不期而至**：投资活动中，呆坐比做什么更重要，似乎也更难些，是不是有点类似于大师们的闭关修炼。知道外面诱惑多，干脆找个清闲安静的地方思考问题。

**唐朝**：没错，所以大师一般都住在远离华尔街的地方。

## 二、无惧失败

**股东提问**：我对世界百科全书的未来很悲观。你们有没有计划成为电子科技领域的领导者，或者考虑将该公司卖出，及时抽身？

**巴菲特**：我可以确定地告诉你，我们不会卖掉它。我们正在摸索卖出更多百科全书的方法。

**芒格**：有时候，我们也没有办法避免自己的一些子公司日落西山。蓝筹印花曾经一年能卖1.2亿美元的印花，现在一年只能卖20万美元的印花。我们经历过失败。

**巴菲特**：很多年前，我们还投资过风车。我们对失败进行了很多思考，但有些是无法解决的行业性问题。我还投资过无烟煤、有轨电车。所以，失败我见得多了。

**唐朝**：有些变迁和衰败是无可避免的，偏偏我们可能就没能提前看到，因为没有人懂得一切。只要投资生涯足够长，我们一定会遇到挫折和失败的。那又如何？我们不需要每次都对的。顶级大神也做不到的事情，我们就别苛责自己了。

## 三、估值的原则

**股东提问**：目前的长期国债收益率是7%，你对企业估值的时候，会采用多高的折现率呢？

**巴菲特**：我们采用的折现率一般直接参照长期国债收益率。我们不认为自己能够预测利率升降。不过在利率很低的时候，我们喜欢用略高一点的值。

这个估值方法没有考虑不同企业所面临的不同风险，实质上它是标准的未来现金流折现法。不管现金来自于一家高风险的企业还是一家所谓的高确定性企业，它们赚到的现金都是一样的。

一家能100年不倒闭的自来水公司产生的现金，和高科技公司产生的现金是一样的——如果这家高科技公司在同期能产生现金的话。但分析高科技公司可能更难。因此计算完成之后，你可能想要对结果打一个较大的折扣，或者你也可以判定你完全没有能力估算而直接跳过。对我们来说，大多数公司都超出了我们的能力范围。

不过，我们主张采用国债利率；而且我们主张只分析自认能够预测其未来的公司。很显然，没有人能完美地预测未来，但是有一些公司我们认为我们有一定的把握。我们跳过那些我们无法理解的目标，只分析那些自认理解得很深很透的企业，并努力避免使用各种华丽的风险系数，因为那些系数只是数字游戏。我认为，对于所在行业五年一变、自身高度不确定的企业，你给它做任何估值都没有任何意义。

**唐朝：**第一，能力范围内，确定性较高的企业，用无风险收益率折现。第二，打五折作为买点。对于某些企业还需要额外的折扣，如净利润八折。第三，无风险利率太低的时候，将数值稍微调高点再用。不使用低于2%的无风险利率数值，哪怕是真实世界已经出现了零利率现象。你看，老唐估值法里面一切具体的数据，只不过就是巴菲特估值思想的数字化和具体化而已，没有什么创新因子。

**随心随意：**老唐估值法可以给行业估值吗？比如食品饮料行业，取国债收益率倒数30倍，然后把三年后利润乘以30倍，市值对折买入行业指数基金，或者家电行业取25倍，这样以此类推。

**唐朝：**市盈率不是问题，哪里都可以用。问题在于利润和自由现金，有些行业/企业利润可以视为自由现金，有些不行；有些预计可持续，有些不行；有些不需要大额资本再投入，有些需要。所以，关键点在另一个乘数的取值上，不在市盈率上。

**WDS：**为什么2%以下的不可以使用？

**赵小闲：**无风险收益率很难长期保持在2%以下（指名义收益率）。

背后的原因是法币天然有通胀属性，而政治学界和经济学界也普遍认为2%左右的通胀是"好的、良性的"，可以刺激投资和消费。所以一般来说，名义无风险收益率水平要高于这个被认为是"好的"通胀率水平（资金出借才有真实收益）。正因如此，即使有低至1%的无风险收益率出现，市场通常也会预期它只是短期的，很快就会提升。

以上摘自2020年12月8日唐书房文章<br>《老唐估值法答疑（续）》

### 四、伟大的企业不依赖良好的管理

**股东提问**：你能谈谈什么是好的管理吗？你如何判断一位经理人是否优秀？

**巴菲特**：一个真正伟大的企业不依赖良好的管理。而一家糟糕的企业，只有管理有方才能成功，甚至只有管理有方才能生存。

我们物色那种了解自己的企业、爱自己的企业、爱自己的股东，愿意像对待合伙人一样对待股东的管理层。不过我们还是很关注企业本身的核心竞争力。假如我们旗下有一个优秀的经理人，管理着一个糟糕的企业，我们所能采取的最聪明的行动，可能是把这人调出来，放到别的企业里去。

**慧思**：老唐以前这样说过管理层的权重问题："管理层的能力和诚信，可能是估算股票未来现金流的重要因素，为此我们要么选择我们认为的优秀管理层，要么选择那些管理层对企业未来现金流影响较小的企业。"

**唐朝**：竞争优势足够强大的企业，贪腐分子前仆后继地吃拿卡要，也挡不住它的成长，比如茅台。它就属于管理层对企业未来现金流影响较小的企业，这样的企业数量非常少。

### 五、多元化只是一种对无知的保护手段

**股东提问**：究竟持有多少只个股就可以认为是适度分散了，沃伦能谈谈吗？

**巴菲特**：我们认为对知道自己在做什么的人来说，多元化没有多大意义。多元化只是一种对无知的保护手段。假如你要确保你不会跑输

市场，那么你就该每样都买一点儿。此时，多元化没有错。对于不知道怎样分析企业的人来说，多元化是完美的明智选择。

假如你知道怎样评估企业的价值，那么持有50只、40只或30只股票就是疯狂之举。因为不管怎样，一个人是不可能找那么多被低估的好公司的。找到了一些很好的企业，却不把更多的钱投到你心中排名第一的公司，而是匀一些钱到你心中排第30或35的公司，在查理和我看来，这是疯了。

这是一种流行做法。假如你的目标是达到市场平均水平，那么多元化可以保证你不被炒鱿鱼。但是照我们看来，如果你采用多元化策略，那就等于坦白承认你并不真正理解你投资的企业。

我是否需要拥有28只股票，以保证适当的分散化？这是无稽之谈。世上没有50家可口可乐公司，也没有20家可口可乐公司。假如真有这么多好公司，那就太好了，你可以买很多，在一组好公司里随便你怎么多元化，业绩都和集中投资一家好公司一样出色。

只是很可惜，你不可能找到那么多的好公司。事实是你用不着多元化。长期来看，经济的盛衰和竞争不可能伤害到一家真正出色的公司。我说的是不会陷入激烈竞争的好公司。只要投资这样的三家好公司，就好过投资100家普通企业。

集中投资三家容易识别的好公司，风险比分散投资50家著名的大公司更低。这么多年来，金融课堂上教授的相关内容，错得离谱。

假如我自己家未来三十年里的财富取决于一组公司的收入，那么我可以向各位保证，我宁愿从我持股的那些企业中挑选出三家公司对其进行投资，而不是持有一个50家企业组成的多元化投资组合。

**唐朝**：巴菲特再次阐述分散投资只是一种对无知的保护。

### 六、关注保费增长毫无意义

**股东提问**：目前有大量新资本进入保险行业。您认为这是否会影响伯克希尔的保险及再保险业务，鉴于目前市场十分疲软？

**巴菲特**：对我们的保险业务非常有利的时刻将来会有。保险业务很像投资，你必须得等待好机会的到来。假如你认为你每天都要投资，那么你就会犯很多错误。

假如我们给我们的保险公司设定保险费收入指标，那就是蠢到不能再蠢的行为，因为保险公司可以不顾一切地乱承保来完成我们下达的指标。不管我设什么指标，保险公司都能达到。

我可以要求一个去年承保1亿美元规模的保险部门，今年必须承保5亿美元，他们也能做到。现在可以敞开收保险费，而掏腰包赔得吐血的时候，可能是几十年后了。所以设定保费年增长8%~10%的目标一点道理都没有。

**唐朝**：有许多保险股投资者，每月都盯着保费增长数据，或为其高速增长而欢呼，或为其增长不力而郁闷。很遗憾，这些朋友关注的指标，是全球最成功保险集团董事长多年前就定义为"蠢到不能再蠢的"一个指标。

### 七、择时没有意义

**股东提问**：现实世界里，很多优秀的公司照样避不开某些挫折。我想问的是：如果我发现几家优秀企业，我是应该发现后就马上买入呢，还是应该耐心等待更好的机会？

**巴菲特**：如果你确信是一家好企业，而且价格也还不错，我的建议是马上买下来。假如你坐在那里，期望出现恐慌、好趁机买入那些好公司，就有点像殡葬业等待流感疫情或什么东西（笑声），我不知道这是不是一个妙招。

假如你继承了一笔钱，你知道石油大亨保罗·格蒂在1932年市场底部的时候继承了一笔钱，因为是在20世纪30年代初而不是20年代末手里有大量现金，所以他当然赚了大钱。人有时候是会碰到这种好事。但是这样的好事取决于很多东西。假如道琼斯指数在X点时你开始想要投资，但你认为道指太高，当道指跌到90% X的时候，你会买吗？如果会，但道指也可能会跌到50% X的呀？

所以，除非你在特定的有利时点碰巧得到了一笔资金，否则你不大可能因为市场的极端情况而受益。我认为投资者的主要任务还是寻找好企业。

**唐朝**：等待极端价格才买，会有一种非常得意的成就感，但其实拉长看，错过的机会往往会大于等到的机会。只不过我们的大脑善于遗忘失败，善于记住成功，所以许多人才乐此不疲。正如摩根士丹利前首席战略官巴顿·比格斯那句广为流传的名言："只有自大狂和傻瓜才幻想抓住顶部和底部。"

### 八、预测很难

**股东提问**：糖果企业、家具企业、珠宝企业、鞋业企业，在你看来它们的未来都不难预测吗？

**巴菲特**：我认为它们比大多数公司更易于预测。我们的公司都是寻常生意，相当简单，而且变化速度不快。所以我很安心。五年后你再看伯克希尔，我认为我们旗下的企业表现将会和我们现在的预测非常符合。我希望五年后我们旗下能增加一些新的企业，一些大企业。不过我不认为现有的企业会发生很多出乎意料的事情。

**唐朝**：巴菲特吹了头小牛。五年后至少德克斯特鞋业和可口可乐都和预计差很远。即使可口可乐不算，只说"旗下子公司"，德克斯特也是铁打的预测错误。

### 九、死了都不卖？

**股东提问**：伯克希尔拥有一些号称永远不卖的公司股份。在20世纪70年代初，美国股市曾两极分化，有的股票有着高达五六十倍的市盈率。假如那种情况再现，伯克希尔的那些股票是否依旧是"死了都不卖"呢？如果开价足够高，是不是所有的投资品都应该可以出售？

**巴菲特**：有些东西是无价的。我们已经受到过高价的考验，但我们没有卖掉它们。不过我的朋友比尔·盖茨说，在某些价位下还这么做，肯定是不合逻辑的。若价格涨到一定程度，我们会乐意出售我们的可交易证券，但是我们控制的企业是打死也不卖的。

我很怀疑我们以后会不会再受到这种高价的考验，其实我们那个死了都不卖的列表中只有很少几家公司。老实说，我不愿对此事发表评论。

假如我们既喜欢企业又喜欢管理企业的人，那么我们是真的很不愿出售企业。所以我不认为将来会有很多笔出售。不过在座的各位，假如以后真的涨到六七十倍市盈率，你们可要盯紧我哦。

**芒格**：两极分化市场的主要问题，在于很多高估值公司其实并不是真正的好公司。这些公司只是在某些时候是好公司而已。假如你对公司很满意，那么你可以在价格涨上天的时候，依旧坚持不卖。

**巴菲特**：就算价格上天，你也照样可以捂住好公司不卖。好公司太难找了。我们必须扪心自问："我能有机会以更低的价格再把它买回来吗？我能以更低的价格买到几乎和它一样好的公司吗？"

我们认为在这些方面我们不怎么擅长。所以我们宁愿干坐着，继续持有我们的企业，假装股市不存在。我们的买入并持有策略，效果远胜于我们在 25 年前的预测。这种策略给我们带来了很多出乎意料的财富。

**唐朝**：这段问答，可能是大部分"死了都不卖"的所谓"纯正价投"的主要理论依据。然而，后来巴菲特认错了，承认 1998 年坚持不卖可口可乐是过于乐观了。芒格也认错了，说对可口可乐的业绩增长和估算错得离谱。

上文巴菲特主要谈的是"控股公司"死了都不卖，控股公司主要指旗下非上市公司，出现六七十倍市盈率的实业家收购报价的概率本就近于零。而且，巴菲特这番话其实暗示了"真到了六七十倍市盈率，我会不会卖，真心不好说"，他自己此时也不能（或不愿）给出确定性答案。

不过，正如二老所说，好公司重新买回来实在太难了，我们不擅长，所以我们假装股市不存在，不去试图拿到市场先生的额外馈赠，就只赚企业成长推动市值的增长及分红，也挺好。这假装不在大法我也经常用，它也是合理的，是对自己能力谦虚认识下的一种次优选择。

**仙人球**：至少从过去 30 年来看，在 A 股好公司买回来的概率大很多，这可能和投资者结构关系很大！

**唐朝**：是的，越是投机气氛浓厚的市场，越有利于投资。

# 1996 年
## 寻找注定赢的公司
## 好公司也不要买贵

年度背景 // 568

视股东为合伙人 // 570

收购 KBS 趣事 // 572

收购飞安国际 // 575

凡人巴菲特 // 581

确定性与不确定性 // 585

创新与不变 // 586

注定会赢的公司 // 588

注定会赢与大概率能赢 // 589

好公司也别买太贵 // 591

推荐指数基金 // 593

建立投资组合的秘诀 // 597

1996 年伯克希尔股东大会问答摘要 // 599

## 年度背景

1996年经济领域里最大的新闻，就是股市持续上涨引发美联储主席格林斯潘发表了那篇著名的"非理性繁荣"演讲。格林斯潘明确提醒当时的市场存在"非理性繁荣"，这种非理性繁荣的结果，很可能是资产价格的长期下跌，就像过去十年在日本发生的那样。

然而，美联储主席的身份也没能帮助格林斯潘准确地预测股市走势。以标普500指数为例，虽然进入90年代的前五年里已经上涨了86.5%（指1990年末330.22点到1995年末615.93点），加回期间成份股现金分红，指数回报115.5%，年化收益率高达16.6%，但是1996年全年标普500指数继续上涨20.3%至740.74点收盘，加回当年成份股现金分红后，年度指数含息收益率23%。

格林斯潘就是在这种气氛下提出非理性繁荣警告的。然而，如果一位投资者听过格林斯潘的讲话后，将自己的持股清仓卖出，那么他将完美错过后面更加肥美的翻倍之旅：标普500指数从1996年末的740.74点，三年后涨到1469.25点，加回期间成份股现金分红，这三年指数含息收益率高达107.6%，相当于年化收益率27.6%。

如果以纳斯达克指数衡量的话，情况更惨。1990年末纳斯达克指数收盘374点，1996年末涨至1291点，在格林斯潘提醒非理性繁荣时，已经是6年上涨了245%。但如果此时投资者听了美联储主席的提醒，清仓卖出，他将只能在未来三年多的时间里，眼睁睁看着股市一路暴涨。1999年末纳斯达克指数收于4037点，2000年3月突破5000点后才见顶。

此时如果你耳边响起巴菲特那句"即使美联储主席格林斯潘悄悄告诉我他未来两年的货币政策，我也不会改变我的任何行为"，会不会感受特别深刻？

1996年的巴菲特，依然在买买买。首先是上市公司方面，主要持仓无一出售，小幅增持了富国银行、房地美及迪士尼；新增12.65亿美元买入了麦当劳股票（有趣的是，这只重仓股第二年就被巴菲特清空了）；其他零零碎碎非主要持股合计买入了5.65亿美元，年末持股市值增长到277.5亿美元。

表28 伯克希尔历年持股明细（1996年）

| 股份数量（股） | 公司名称 | 成本（百万美元） | 市值（百万美元） |
| --- | --- | --- | --- |
| 200,000,000 | 可口可乐 | 1,299 | 10,525 |
| 48,000,000 | 吉列 | 600 | 3,732 |
| 49,456,900 | 美国运通 | 1,393 | 2,794 |
| 7,291,418 | 富国银行 | 498 | 1,967 |
| 64,246,000 | 房地美 | 333 | 1,773 |
| 24,614,214 | 迪士尼 | 577 | 1,717 |
| 30,156,600 | 麦当劳 | 1,265 | 1,368 |
| 1,727,765 | 华盛顿邮报 | 11 | 579 |
|  | 其他持仓 | 1,935 | 3,295 |
|  | 合计 | 7,911 | 27,751 |

注：表中为持有市值高于5亿美元的主要持股。

同时，1996年巴菲特还以7500万美元的价格收购了堪萨斯银行家保险公司（Kansas Bankers Surety Co.，简称KBS），以15亿美元的价格（现金+股票）收购了飞安国际公司（FlightSafety International）全部股份。

全年伯克希尔的收益率是31.8%，继续领先标普500指数。但当年伯克希尔股票价格只涨了6.2%至34100美元收盘。

当年，市场开始有基金公司打着跟踪伯克希尔的概念，向投资者募集资金。巴菲特不想伯克希尔股票及伯克希尔持股成为市场热点概念，同时也不想那些看好伯克希尔却受制于高昂股价门槛的小投资者再被基金公司剥一层管理费，于是决定向市场无限量供应伯克希尔 B 股，每股 B 股价格 =1/30 股 A 股，投票权 =1/200 股 A 股。同时，每股 A 股在任何时候都可以自主拆分 30 股 B 股，但 B 股不可以合成 A 股。这个设置决定了 B 股的股价一旦超过 A 股的 1/30，就可能触发套利，从而抑制市场对 B 股的炒作。最终伯克希尔以每股 1100 美元的价格，发行了 517500 股 B 股。

有了 B 股且 A 股可以随时拆分为 B 股之后，伯克希尔的股本构成就变成动态的了。公司总股本和市值有了两种差异很小的计算方式。第一种方式：总股本 =A 股股数 +B 股股数 ÷30，公司市值 = 总股本 ×A 股股价；第二种方式：总股本 =A 股总股数 ×30+B 股股数，公司市值 = 总股本 ×B 股股价。

注意：2009 年，伯克希尔 B 股再次做了 1 拆 50 的分拆，变成 1 股 A 股可以分拆成 1500 股 B 股，同时 1 万股 B 股享有 1 股 A 股的投票权。所以 2009 年以后上述公式里的 30，需要替换成 1500。

## 视股东为合伙人

**巴菲特**：就长期而言，伯克希尔股东的整体收益必然与企业经营获利相匹配。当公司股价短期涨跌幅优于或劣于同期企业成长幅度时，少部分股东（可能是买方也可能是卖方）将从交易对手身上占到一些便宜。通常都是老鸟欺负菜鸟。

我们的主要目标是希望股东整体利益最大化。但与此同时，我们也希望股东间互摸口袋的收益最小化。一家家族合伙企业有这些目标很容易被人理解，但我们认为经营上市公司，这目标也是合理的。

在家族合伙企业里，当合伙人加入或退出时，必须公平地估算其持有份额的价值；而在上市公司，只有市场价格和内在价值同步时，才能达到这种公平。当然，这种理想情况很难始终维持，不过身为上市公司管理层，可以通过坦诚公开的沟通来尽可能地维持这种公平。

股东持有股份的时间越长，公司经营收益对其投资收益的影响就越大；买进或卖出时，股价相较于内在价值的折价或溢价程度的影响就越小。这也是我们希望吸引具备长期视角的股东的原因之一。

（摘自 1996 年致股东信；摘录时间：2022-09-02）

**唐朝**：巴菲特说过："尽管伯克希尔的组织形式是公司制，但我和查理·芒格将我们所有的股东视为合伙人，我们俩是经营合伙人。我们认为，伯克希尔公司本身并非资产的最终所有者，它仅仅是一个渠道，将股东和公司资产联系起来，股东才是公司资产的真正所有者。"

巴菲特明确展示了这种将上市公司股东视为家族合伙人的思想。他们不仅希望通过伯克希尔的经营让股东整体利益最大化，还希望通过自己的努力，让股东之间互摸腰包的情况最小化，尽量不让任何一位"家族"成员吃亏。巴菲特持续几十年坦诚公开的讲演，不仅吸引了具备长期投资理念的合伙人，也悄悄地劝退了那些投机者。

"股东持有股份的时间越长，公司经营收益对其投资收益的影响就越大；买进或卖出时，股价相较于内在价值的折价或溢价程度的影响就越小。"真正明白这段话背后的统计数据和逻辑思考，我们自然而然地就会致力于"瞅地"而不是"瞅傻子"；自然而然就会试着用长期视角去寻找那些具有确定性的少量企业，而不是挤进传说中的赛道里厮杀；自然而然地就会让投资旅途轻松起来，慢起来，最后可以享受其中，而不是每天忙着上观天、下观地、南向北向盯主力。

**客栈**：为了让股价和内在价值匹配，巴菲特的方法就是，在他认为股价明显高于内在价值时，写文字提醒大家；而明显低了的话，就是回购吧？

**唐朝**：是，而且无论高估低估，他都会提起大喇叭，如实向大家喊话，这本身也会推动股价向内在价值靠拢。

**土龙木**："股东持有股份的时间越长，公司经营收益对其投资收益的影响就越大；买进或卖出时，股价相较于内在价值的折价或溢价程度的影响就越小。"这和芒格说过的"股票的长期收益率最终会接近这个公司的 ROE"类似，都是提醒我们要关注公司的表现，而不是股价短期涨跌。

## 收购 KBS 趣事

**巴菲特**：我们在 1996 年实施了两笔收购，收购对象都拥有我们所追求的品质：优秀的生意和杰出的经理人。

第一笔收购是堪萨斯银行家保险公司（KBS），听名字就知道这是一家针对银行业的专业保险公司。该公司在 22 个州开展业务，有着优秀的承保历史记录。这得益于杰出的经理人唐·托尔的努力。托尔亲自与数百名银行家建立关系，他了解业务运作的每个细节，他认为自己在经营一家"属于他自己的"公司。这正是伯克希尔所珍视的态度。

由于 KBS 规模较小，正巧我们持有 80% 股份的维斯科金融公司打算扩大旗下的保险业务，所以我们用维斯科的名义收购了 KBS。你可能会对我们如何精心设计收购策略，如何步步为营达成目标的商业手段感兴趣。这盘棋是这样布局的……

1996 年初，我应邀参加我侄媳妇珍妮的 40 岁生日聚会。由于我对社交活动的兴趣一贯不高，于是我立刻开始找理由准备婉拒。不料聚会的策划人早就料到了我的花招，他给我安排的座位，旁边是我一直有兴趣打交道的男人：珍妮的父亲罗伊。这让我放弃了借口，欣然赴会。

聚会在 1 月 26 日举行。当时音乐很吵，或许乐队是按响声大小收费的？我费了好大的劲儿才听清罗伊说，他刚参加完 KBS 的董事会。这是一家我一直钦佩的公司，于是我几乎喊着对他说，"如果这家公司有出售的打算，一定要通知我"。

2 月 12 日，我收到罗伊的来信："亲爱的沃伦，随函附上 KBS 年报，就是我们在珍妮的聚会上谈论的那家公司。如果你有任何想法，请告诉我。" 2 月 13 日，我回信告诉罗伊，我愿意出价 7500 万美元收购 KBS。不久后，收购就完成了。我现在正在想办法拿到珍妮下次派对的入场资格。

(摘自 1996 年致股东信；摘录时间：2022-09-03)

**唐朝**：这个收购案例有意思吧？完全和大多数人想象的商战不一样。

这家 KBS 公司在粉单市场挂牌交易（就是现在腾讯 ADR 挂牌交易的地方），当时公司有 600 多名股东，总市值 6000 多万美元，主要为 22 个州大约 1200 家银行提供保险服务，保险产品主要是存款险——为联邦存款保险[①]覆盖金额之外的储户存款提供保险，是银行吸引大额存单的必备手段。同时 KBS 也为银行提供类似抢劫险、假币险、商业欺诈险、董事高管责任险等保险服务。

巴菲特的侄媳妇珍妮的父亲罗伊（Roy Dinsdale），是内布拉斯加州中心城高峰银行的董事长，同时也是 KBS 的董事会成员。

这个事儿，我相信大家听过后的第一个感受可能是：有知识储备，才看得见机会。这要是你我这种没有提前研究过这家企业的人，就算是罗伊趴在你的耳朵上，大声说他刚开完 KBS 董事会赶过来的，你我可能也只能礼貌而不失尴尬地微微一笑"哦"，最多加一句"路上不堵吧"。而巴菲特就顺手逮住了这个机会。看上去非常简单，似乎得来全不费工夫，但背后可能是数以万计的财报阅读，是对数千家公司的如数家珍。然后当他巧遇 KBS 董事的时候，机会的火花就迸发了。

2022 年初巴菲特收购奥勒哈尼保险集团（Alleghany Corporation）的故事，其实和 1996 年的 KBS 差不多。只不过 KBS 小，只涉及 7500 万美元；而奥勒哈尼大，涉及 116 亿美元。

当时 KBS 的总市值 6000 多万美元，巴菲特出价 7500 万美元。这也显示了巴菲特做生意的一贯特色：公平出价，自己没有薅合作伙伴羊毛的意图，也不接受合作伙伴钩心斗角、讨价还价，彼此节约时间，坦诚相对。在这个过程中，逐步塑造了自己"说出的话，信誉度比英格兰央行还高（巴菲特形容 B 夫人的话）"的品牌特征，在漫长的人

---

① 保额 10 万美元。我国也有存款保险，50 万人民币以内的存款安全由央行托底保障。

生里节约无数的交易成本。

估计有朋友会感悟圈子很重要——聚会上随口一句话，就带来一项 7500 万美元的生意。当罗伊收到巴菲特的报价，将信息转达给 KBS 创始人兼董事长唐·托尔时，托尔的第一反应是"震惊"，随后就感觉"受宠若惊"，交易很快就达成了。这种圈子的力量，在《巴芒演义》的案例里，其实处处可见。

我记得曾经看过一句话，大意是只要观察一个人的朋友圈，就能大致知道他是个什么样的人。所谓物以类聚、人以群分，你所交往人群的智慧和财富水平，不知不觉就会影响你的智慧和财富水平。所以，交友要慎重，每个朋友除了是朋友，还是别人观察和判断你的一个窗口。

KBS 这家公司，规模比较小，中文世界里相关信息很少。芒格曾提过一嘴，2003 年 KBS 净资产超过 8000 万美元。2008 年 9 月 12 日次贷危机中，我国国内有一篇相关报道，原文如下：

据美国媒体昨日报道，巴菲特的伯克希尔-哈撒韦公司要求旗下的堪萨斯银行家保险公司（KBS）通知 30 多个州的大约 1500 家银行，其将不再提供"银行存款担保债券"服务。这种存款保险是银行用来吸引大客户存款的重要卖点，因为美国联邦存款保险制度只担保 10 万美元以下的存款。KBS 总裁 Chuck Towle[①] 周三称，该公司不再涉及银行存款保险业务，并预期在未来数周内取消所有的现有保单。

受次贷危机冲击，今年美国国内已有 11 家银行倒闭。美国联邦存款保险公司（FDIC）表示，堪萨斯州银行上月倒闭时，约有 610 个账户中的 4600 万美元存款超过了政府保险限制。相关人士称，KBS 曾为这家银行的部分存款提供了保险，并因此遭受了巨额损失。

**风儿：** 从这个案例中我学到两点：第一，有知识储备才看得见机会；第二，和别人合作，不要占人家便宜！芒格也说："在股票交易所占价格低廉的股票便宜是一回事，但是占合伙人或者老太太便宜是另外一回事，后者是我绝对不会做的事。"

---

① 译者注：Chuck Towle，是唐·托尔的儿子。

**唐朝**：是的，在交易所里，面对一个群体的癫狂是另一码事，是收容无主资产，和面对具体的个人打交道不一样。风儿补充得很棒！

**Y 远方**：投资观就是价值观和人生观。在日常生活中，总想占别人便宜，看似聪明，其实最终是死路一条。这就是老唐说过的，让别人从你这里得到好处，以后还想和你打交道，你的价值就越来越大，路就越走越宽。

**浩然斯坦**：功夫在平时啊！不仅投资，真正能做成事的人，都是非常了解本行业的人，是一刻不停地洞察行业现在的变化、未来的趋势，不舍昼夜挖宽"护城河"的人。

## 收购飞安国际

**巴菲特**：1996 年的另一件并购案，是全球最大的飞行员训练公司——国际飞行安全公司（后文简称飞安国际），规模比起前一个案子要大得多，总金额高达 15 亿美元。不过收购的发生过程一样充满戏剧性。

收购案的功臣，首推图森航空公司的飞行顾问理查德和他的妻子阿尔玛。哈佛医学院眼科系毕业的阿尔玛，1990 年软磨硬泡地说服丈夫买入了伯克希尔的股份，之后他们每年都来奥马哈参加股东会，只是我们一直没有机会认识。

碰巧理查德也是飞安国际的长期股东，去年他突然想到这两家公司应该可以擦出火花。他相当了解伯克希尔收购公司的标准，同时也知道飞安国际 79 岁的总裁阿尔·尤斯基既想要为飞安公司找一个理想归宿，也希望拥有能够安心持有和传承的资产。

1996 年 7 月，理查德写信给所罗门总裁鲍勃，请他考虑二者合并的可行性，鲍勃落实了这个思路。9 月 18 日，我和阿尔在纽约碰面。我对飞安国际的经营情况本来就很熟悉，且聊过几句后我就知道了阿尔正是我们梦寐以求的那种经理人。一个月后，合约就签订了。

由于查理和我希望尽量避免发行伯克希尔新股，所以在这项交易中，虽然我们给飞安国际股东同时提供了换股或现金的选择，但设置的条件有意鼓励对税无所谓的股东尽量选现金。最终有 51% 的股份选择了现金，41% 股份换了伯克希尔 A 股，8% 股份换了伯克希尔 B 股。

（摘自 1996 年致股东信；摘录时间：2022-09-04）

**唐朝：**飞安国际，全球最大的飞行员培训公司。事实上，飞行员培训这个行业，就是飞安国际创始人阿尔·尤斯基创造的。

这个案例和参加侄媳妇生日聚会，顺便收购一家保险公司，有异曲同工之妙。同样的偶然，同样是人脉圈子起作用，同样因为早有知识储备，所以顺手抓住机会。

最终收购价格为 15 亿美元，当时飞安国际的年营收约 3.65 亿美元，年度净利润大约 8400 万美元（1996 年的数据我没有，这是 1997 年数据），所以收购作价大约是动态市盈率 18 倍。

伯克希尔提供两种方案给飞安国际的股东：一是按照 50 美元/股收现金，二是作价 48 美元/股交换伯克希尔的股份。选择现金的涉及资本利得税①，换股不存在资本利得税。

最终有 51% 的股份选择了现金，41% 股份换了伯克希尔 A 股，8% 股份换了伯克希尔 B 股。其中飞安创始人、董事长兼最大股东阿尔·尤斯基持有的 37% 飞安股份，全部换成了伯克希尔的股票。

阿尔这个人的故事很有意思。他 1917 年出生于一个美国农民家庭（家里养奶牛为生），是七个孩子里的老幺。小时候家里应该很穷，因为他一到四年级就读的学校，全校一共就一间教室②，四年级之后才转学到一个有 1.5 万人口的"大城市"读书。

1934 年，17 岁的阿尔高中毕业，然后摆了一个卖汉堡可乐的地摊。卖了一年汉堡攒了点钱，阿尔去学飞行，两年后成为飞行员。那个时候飞机还没现在这么高大上，飞行员日子也相当不好过。阿尔抵押了

---

① 相当于卖出，股价差额利润计入家庭当年的年收入里。不同的年度总收入区间，对应的税率不同，类似于我国的个人所得税税制。

② 大概就是我们这里穷山村里的复式教学点，总计一个老师，一间教室，全校一共只有几个或十几个娃，分别属于四个年级，混在一起上课的那种。

汉堡摊，贷款 3500 美元，买了一架飞机——你别想成像波音、空客或者湾流那么高端，就是那种驾驶舱开放、飞行员需要戴防风护目镜的飞机，有点像今天洒农药的那种。阿尔开着它想尽办法谋生，包括收费 1 美元/人搞飞行表演，带人去天上尝鲜，总之是什么活都接。即便如此，还是生活艰难，后来有一家飞行服务公司招工，他就去打工了。

1941 年，当时美国唯一拥有国际航线的大型航空公司泛美航空招聘，24 岁的阿尔应聘成功，成为泛美航空的飞行员。1943 年，阿尔被选中成为泛美航空公司 CEO 胡安的个人公务机驾驶员。这份工作阿尔做了 25 年。

鉴于其老板的地位，阿尔给很多大名鼎鼎的人物提过行李，比如艾森豪威尔将军、马歇尔将军、华尔街投机大师伯纳德·巴鲁克、老布什总统的爹，等等。阿尔说，这对于一个穷小子而言，简直像踏入仙界。通过聆听这些顶级政治家、军事家、企业家和投资人的交流，阿尔相当于经历了顶级商学院的培训过程。

这个过程中，阿尔发现一个商机，老板来往的这些政企精英，通常都有自己的公务飞机，驾驶员一般来自二战退役空军飞行员。但公务机和战斗机总归有些不同，而且公务机的科技进步很快，很多退役飞行员很容易就跟不上新机型的变化了。而公务机的主人一般都极端地拥有两大共同特色：对安全要求高到变态（怕死），不在乎飞行员的培训费用（有钱）。

在老板的支持下，阿尔抵押了自己的房子，在纽约拉瓜迪亚机场候机楼里租了一间办公室，雇用了一名全职秘书，给自己招揽学生。飞安国际就这样诞生了。

飞安国际经营的过程里，阿尔的主业其实还是胡安的私人驾驶员，他的很多学生（客户）也是老板朋友的驾驶员，飞安就这样逐步做大。

1954 年，飞安第一次购买了现代飞行模拟训练器，对飞行员实施真实环境、不同机型的模拟训练，从此开创了一个崭新的行业，并逐步成为全球飞行训练的标准。

1968 年，51 岁的阿尔最后一次给胡安提行李，真诚感谢老板给予的25年精彩职业生涯，然后转身成为飞安国际正式全职员工。由于飞安国际几乎垄断公务机飞行培训行业，阿尔也迅速积累了巨额财富。1983年，66岁的阿尔以5亿多美元的身家跻身福布斯400富豪榜。

1996年，79岁的阿尔开始考虑自己离世后飞安的前途，同时也开始考虑如何将自己积累的财富，以最合适的方式留给4个子女和12个孙子。随后就发生了今天致股东信里的这段收购故事。

阿尔和巴菲特一见面，迅速地从对方身上闻到了同类的气息：两人都是福布斯富豪榜霸榜人员，早就过了为赚钱而工作的时段，每天都是因为兴趣因为爱而从床上弹起来；两人都出了名地简朴，出了名地关注股东利益；两人都喜欢用长期视角看问题；更巧的是两人的搭档都叫"查理"，不过阿尔的查理是一条金毛猎犬，在阿尔驾驶飞机的时候，查理就趴在阿尔和副驾驶之间。

阿尔在伯克希尔旗下一直工作到87岁。2004年才将总裁位置交给1961年加入飞安的副手，宣布退休。另外，阿尔除了经营飞安国际之外，还一直经营着一个专门为发展中国家失明人士做手术的非营利机构：大体就是将飞机改造成能飞的眼科手术室，然后安排全球大约350名愿意做慈善的顶级眼科医生，飞到各处去给贫穷的失明或即将失明者做手术，同时培训发展中国家的眼科医生、护士、麻醉师和生物医学工程师。

这是不是精彩的一生？看过阿尔的故事，你有哪些感触呢？

**Helen.**：飞安国际是一家从事飞行仿真器制造与飞行员训练的世界级领导公司，属于资本密集型，需要投入大量资本制造或购买飞行仿真器，以适应飞机的新型号。

**唐朝**：是的，恰好伯克希尔资本泛滥，而飞安又属于事实垄断。

**Kelly**：机会只垂青于留心它的人。如果阿尔只是开飞机，他也就是个飞行员，当然是个优秀的飞行员；但他不仅开飞机、拎包，还聆听顶级大佬们的交流，他的主观能动性才是他发现商机并创业成功的主因。这让我想起老唐的金句：所谓大学就是长大了自己学习。

**唐朝**：是啊，看简历感觉阿尔似乎顺风顺水，但背后一定是他每一项工作都做到极致的品质在默默起着作用。否则凭什么可以做 CEO 的驾驶员长达 25 年？凭什么可以听人家谈话？凭什么让人相信他可以培训其他飞行员？凭什么老板能支持他兼职创业……

**乐**：阿尔的案例告诉我们要做一个靠谱的人。别人交给你一件事你办妥了，再交给你一件事你又办妥了，慢慢地，在他心里你就是一个靠谱的人。

**唐朝**：没错。一旦靠谱的"人设"树立起来了，人生的交易费用会大减。所以，"人设"不是靠说、靠设的，是靠事、靠历史记录的。

**林飞**：读完阿尔的创业故事，我感受到了这几点：（1）人不能给自己设限。阿尔起点特别低，但是上限特别高，有梦想可能是改变命运的第一个关键点。（2）专注搞好一件事，是一个重要的起点。如果阿尔开飞机开得不行，那就没有后来的故事了，所以有梦想很关键，但是起步一定是把一件事做到极致。（3）做个有心人。阿尔接触了那些大人物，不是仅仅拍个照留个签名就完，而是留心学习他们的交流内容，这种积极向上的心态是保持进步、能力破圈的持续动力。（4）感恩的心。阿尔兼职创业，老板也支持，说明阿尔为人处世一定很不错，大家愿意帮助他。真诚感恩，可能是最关键的一个态度。

另外，巴菲特这个收购方案设计得太妙了，跟当初结束合伙公司时的做法一样。涉及交易，他都给出两种以上方案，让对方先选，自己拿剩下的，这样又公平，大家又都很满意。

**伯涵**：阿尔还获得过霍雷肖奖，这是专门给白手起家的美国人颁的。阿尔和 B 夫人一样，出身寒微却不惧风雨，终成大业。人生最精彩的就是把手里的一把烂牌打得全胜收场。

**巴菲特**：阿尔 79 岁了，但他看上去也就像 55 岁。他将一如既往地掌控飞安国际。看看他的历史记录，我们才没那么傻去换掉他呢！我告诉过他，虽然我们不愿意拆细伯克希尔的股票，但当他 100 岁的时候，我们很乐意将他视为两个 50 岁的小伙子。

观察人士会发现我们的雇员政策偏向于雇用长者。他们可能会以为查理和我因为年龄歧视受过伤害，所以特意反过来干。其实不是。我们只是为了自己的利益,我们相信经验的价值。经验很难快速获得。

伯克希尔有很多年过七十的管理人士,依然处于巅峰状态。因此,要想在伯克希尔谋得一职,各位不妨采用一位76岁富翁向一位25岁大美女成功求婚的策略。"你是怎么让她同意嫁给你的?"同龄人嫉妒地问道。76岁的富翁回答道:"我告诉她我已经86岁了。"

(摘自1996年致股东信;摘录时间:2022-09-05)

**唐朝**:巴菲特从阿尔的年龄谈起了伯克希尔对经验的看重。已经拥有长期良好记录的管理者,可以说是越老越值钱。当然,必须在大脑机能正常之前,老年痴呆之后就不能遵循这个规律了。不过,收购飞安国际的主体维斯科金融公司,之前的CEO路易斯·文森蒂,还真就是得了老年痴呆之后依然掌管了公司很久(病情确诊后,告知过巴芒)。

巴菲特经常用文森蒂的例子,来调侃自己喜欢买那些即使CEO痴呆了,公司依然可以正常运行的企业类型。文森蒂有句口头禅,经常被芒格在多个场合引用:"如果你说真话,你就无须记住你的谎言。"巴菲特为了强调伯克希尔不歧视老年人,特意用了老富翁骗美女的段子,请不要将这个段子理解为鼓励撒谎。

**伯涵**:伯克希尔是典型的老人当道,INB的阿贝格、飞安国际的阿尔都是工作至80岁以上,NFM的B夫人甚至工作至100岁以上。巴菲特偏爱"插满蜡烛的蛋糕",主要原因就是经验的价值。

**Mr. chen**:伯克希尔真的是让我们看到了企业发展的一种"另类"的存在。好的生意真的具有顽强的生命力,即便是老年痴呆都可以管理,而且还实实在在发生了。真的是太魔幻了,谁又不想拥有这样的企业呢?!

**周明芃**:寻找那些CEO痴呆了,公司依然可以正常运行的企业,实质上就是寻找那些只需要聪明一次的企业,如喜诗糖果、80年代的报纸和电视台。这些企业的特征是产品变化节奏较慢,哪怕有一位普通的管理人,企业也不容易沦落为一家平庸的公司。

## 凡人巴菲特

**巴菲特**：1996年，我们的投资组合变化不大。我们呆坐不动赚的钱，比我们忙忙碌碌赚来的更多。在我们看来，呆坐是一种相当理性和聪明的投资技巧。

我们以及大部分企业的管理层，都不会因为预测到美联储可能加息或降息，不会因为听到华尔街某专家改变对股市的看法，就发狂似的想要交易旗下日进斗金的子公司股权。既然如此，为何我们要因为这些因素，去交易我们持有少数股权的优质上市公司呢？

投资一家上市公司的少数股权，思考模式和整体收购一家公司没有什么不同，都是以合理价格买入具备竞争优势、管理层能力强悍且人品可信的企业。此后，你只需要监控这些特点有没有发生改变即可。

（摘自1996年致股东信；摘录时间：2022-09-06）

**唐朝**：1996年，伯克希尔持有上市公司超过5亿美元市值的主要仓位里，只有麦当劳和迪士尼是新面孔。其中12.65亿美元买入的麦当劳是当年新增持股，迪士尼股票是在迪士尼换股收购大都会时，巴菲特选择换股，同时追加买入了约2.3亿美元的迪士尼股票。

其他全部是原有持股。原有持股中，富国银行和房地美有合计不到1.5亿美元的少量增持，其他持股彻底一动不动。对于一个市值约278亿美元的投资组合（盖可保险成为伯克希尔的全资子公司，剔除上市公司投资组合），且不断有保险浮存金及非上市子公司经营盈利现金流入的情况下，全年仅发生不到16.5亿美元的交易（不足持有上市公司股票组合的6%仓位），实在可以称得上呆坐大法。

不过，很有意思的是，1996年巴菲特大讲呆坐大法，但当年新增的两只持股差不多都算是反面典型，展示的是巴菲特身上"人性"（而非神性）的一面。

1997年就清仓了麦当劳，大致属于保本出，可能是他认为麦当劳的确定性和竞争力同可口可乐及吉列比有差异。他这样说："在食品行业，任何产品都不可能得到像可口可乐和吉列那样的确定性。人们在选择吃的方面更容易变化，他们可能会很喜欢麦当劳，但不同的时间他们会喜欢去不同的餐厅尝试。与此相反，人们一旦使用吉列剃须刀刮胡子，就不太可能改用其他产品。所以你在食品行业，永远无法获得可口可乐在软饮料行业一样的地位。在不可战胜性方面，麦当劳和可口可乐不是一个级别。"

如果说卖错呢，倒也没有。巴菲特卖出后，麦当劳两年内又涨了大约一倍，然后跌了三年，大约从高点跌掉70%以上，最低点比巴菲特最初的买价还低1/3左右。可惜巴菲特也没有去捡回来，然后麦当劳从2003年至今，大概涨了二十几倍。

巴菲特在1999年春天的股东大会上明确承认，"我当初卖出麦当劳是个错误，非常确定的错误，这个错误让我们少赚了十几亿美元"。至于他是因为什么而反思这是个错误，他老人家没有细说。

迪士尼则更有意思。迪士尼换股收购大都会，巴菲特将持有的大都会股票全部换成迪士尼股票，同时还追加了一部分，显示了他对迪士尼的看好。这件事情中，展示了三处特别有意思的"人性"面。

其一，巴菲特1966年在合伙基金期间，就曾花500万美元买入了接近迪士尼5%的股份，那次迪士尼总市值最低跌到8000多万美元（当时的账面净资产为1700多万美元）。1996年底迪士尼的市值大约485亿美元。

虽然我没有细查迪士尼这期间有过多少增发股份，但485亿对比0.8亿美元，实在太夸张了，以至于我们完全不需要去查数据也知道迪士尼股东从1966年到1996年的30年，如果呆坐不动，一定赚疯了。巴菲特自己曾说过："如果我一直持有它们，到了90年代中期，那500万美元就已经变成超过10亿美元了。"

然而，投资领域只有结果，没有如果。这背后有一个非常"小散"的故事：1967年，巴菲特500万美元买来的迪士尼股份，涨到600万美元后他卖掉了。这是第一面"人性"。

第二面人性，就是巴菲特在大都会这只股票上多次的进进出出。这部分细节本书 1985 年章节有详述（见本书 237 页）。

第三面人性，是巴菲特 1998 年和 1999 年，又把自己夸成一朵花的迪士尼清仓了，原因他老人家没说。倒是 1998 年股东大会上，巴菲特这样说过："我 60 年代卖出迪士尼是一个巨大的错误，我应该一直买，一直买，然后把它忘了，一直持有，然后……"然后，从前复权[①]股价图看，迪士尼从巴菲特清仓之后到 2021 年初，又涨了八九倍的样子。

这就是凡人巴菲特，不是神仙。他错过牛股、卖错牛股，还有某些无法给出解释的冲动行为，但都没有妨碍他老人家成为世界首富。这恰恰给那些生怕犯错，总是希望万无一失才敢投资的朋友提了醒：投资致富不需要每次都对，也不可能每次都对。

在投资领域，完美是卓越的敌人。实际上只要坚持瞅地，你一定有机会被市场先生打耳光的，毕竟市场先生是癫的。你也一定有机会被自己打耳光的，因为你不是神仙，不可能每块地都瞅得清清楚楚。但那又如何？只要你的决策建立在理性比较上，建立在资产的产出基础上（而不是击鼓传花的博傻游戏里），途中所有的错误丝毫不会影响你昂首阔步行走在财富自由的光辉大道上。

**佐渡**：巴菲特说："在投资中，如果你有 60% 的时间是正确的，你就是一个传奇。如果你 70% 的时间是正确的，你就是一个神。"

**沈阳郭宝荣**：1998 年，巴菲特在佛罗里达大学商学院演讲时，曾经回复过"您愿意买入麦当劳，持有二十年吗"这个问题，原文如下。

快餐行业在全球规模巨大，若一定要从里面选一家公司的话，选麦当劳没错。麦当劳的竞争优势是最强的。大人们不是特别喜欢吃麦当劳，但是孩子们很爱吃。麦当劳这几年的促销活动越来越多，它越来越依赖促销，而不是靠产品本身卖得好。

我还是更喜欢产品本身卖得好的生意。我更喜欢吉列，人们买锋速 3 是因为他们喜欢锋速 3 这个产品本身，不是为了得到什么赠品才买的。

---

[①] 前复权方式对上涨幅度有高估，只是查准确涨幅比较复杂，且不影响此处要表达的"卖了之后继续大涨"含意，也就不去细究了。

我感觉吉列的锋速 3 从根本上来说更强大了。

我们持有不少吉列的股份，每天晚上，想想一两亿男人的胡子都在长，你睡觉的时候，男人们的胡子一直在长，你就能睡得很踏实。再想想，女人们都有两条腿，这更好了。这个方法比数绵羊管用多了。要找就找这样的生意。

麦当劳就不一样了，总要想着下个月搞什么促销活动对付汉堡王，要担心汉堡王签下了迪士尼，自己没签下来怎么办。虽然麦当劳这样的生意也能做得很好，但我喜欢那些不靠促销打折也能卖得好的产品。麦当劳是好生意，但是不如可口可乐。比可口可乐还好的生意本来也没几个。麦当劳的生意还是很好的。但要从快餐行业选一家公司，我会选 DQ 冰激凌。不久之前，我们收购了 DQ 冰激凌，所以我厚着脸皮在这说 DQ 的好话。

**伯涵**：说来真的挺有意思的，饮料和餐饮虽然同属一个大的行业，但区别真的挺大的，比如一直喝可口可乐，口味不会腻，而且会不习惯喝别的。餐饮就不同了，你一直吃麦当劳，或者一直吃海底捞，过段时间一闻到那味儿就想吐。

**黑牛**：巴菲特对麦当劳的判读失误，我觉得可能有以下三点原因：第一，食品行业确实更容易变化，但麦当劳的产品更标准化，加上美国价值观加持，更容易在世界范围推广。第二，麦当劳有固定比例的消费人群。即使人们喜欢去不同的餐厅吃饭，但总是有相对固定比例的人群在吃麦当劳。第三，麦当劳本身就是食品行业的胜出者、佼佼者。

**IE**：麦当劳通过客户锁定，找到自己重要的目标客户：儿童。儿童想要去麦当劳，儿童的家长也要跟着。

**黑牛**：是的，儿童及亲子是西式快餐的重点市场。据调查研究，肯德基的座位上，青少年约占 70%，儿童约占 15%，剩余 5% 是陪同来的家长们。而麦当劳中国 CEO 张家茵在接受北京商报记者采访时表示，麦当劳中国目前有 20% 的消费者是儿童或者是有儿童的家庭。

## 确定性与不确定性

**巴菲特**：如果你研究我们的投资案例，无论是收购子公司还是对上市公司股票的投资，你都会发现我们偏爱那些不太可能经历重大变化的企业和行业。

我们这样做的原因很简单：无论做哪种投资，我们都致力于寻找那些我们相信它在未来10年或20年的时间里，依然很确定地会拥有巨大竞争优势的生意。至于那些可能面临或正在面临重大变化的行业，里面或许隐藏着某些巨大的成功机会，但是它不具备我们所需要的确定性。

（摘自1996年致股东信；摘录时间：2022-09-07）

**唐朝**：这里有三个要点：（1）我们喜欢相对稳定的行业，目的是获得确定性；（2）这并不是说变化巨大的行业里没机会，而是没有我们喜欢和擅长的机会；（3）我们喜欢寻找确定性，但这个确定性也是相对的，只是"相比其他机会而言，我们认为它更确定"，而不是指"它就是确定的"。在投资领域里，不确定性才是超额回报的来源。正因为不确定性的存在，投资品的价格才会在低估与高估之间大幅波动，使具备知识和心智优势的人，有机会获得比企业本身增长更高的回报。

**Lucy. lu**：很喜欢这个确定性的描述。确定性不是准确性，而是相对其他机会而言，我们认为它更确定。也正是这样，我们才有可能获得超额回报。

**佛祖门徒**：为了搞清楚在一项最初投资中获得回报的概率，巴菲特鼓励你在心中牢记如下四个要素：第一，企业长期经济特征的确定性可以被评估。第二，管理的确定性可以被评估，包括实现企业全部潜力的能力，以及明智地使用企业现金流的能力。第三，管理层值得信赖的确定性可以被评估。他们将企业的回报交给股东，而不是自己。第四，购买企业的价格。巴菲特强调了三个方面的确定性，即使如此，也只能提升获得回报的概率，所以，怎样强调"确定性"都不过分。

安全边际就是留给犯错概率的空间。

**启航**：如果是完全的确定性，那就是存款或国债了，收益率低。股票正是因为有不确定性的存在，收益率才高！理解了老唐说的第三点，就不会对不确定性产生恐惧和烦恼了！

**平凡之路**：投资就是要寻找有确定性的公司，有稳定增长、容易预见未来的。但投资的超额收益，就在于在不确定性中寻找确定性，不确定性越大，超额收益也就可能越大。确定和不确定之间，其实就是自己能不能看得懂，能不能在众人恐惧的时候，自己有底气去贪婪。

**林飞**：相对稳定的行业，业绩可以依据历史记录做出大致的预估，估值更加容易，而且即便企业出现问题，过程也相对较长，做出调整的余地比较大；变化巨大的行业刚好相反，业绩容易出现突变，估值偏差很大，犯错调整的余地也很小。而无论稳定还是不稳定，始终都有大量不确定性因素存在，应该说世界本来就是不确定的，投资人需要拥有概率思维，拥抱不确定性，心智稳定，利用知识对概率作出更好的判断。从这点讲，越理性越有判断力，就越喜欢不确定性。请市场多来点不确定性吧。

**IE**：我们通常所说的"确定性"就是竞争优势不容易被颠覆，就像拥有一条护城河，阻挡竞争对手的入侵，使企业获得高于平均水平的收益。

竞争优势往往在一个小范围、小领域里面更容易获取并保持。在广阔的市场建立和保持主动地位是极其困难的。大多数成功的企业，它们或者像可口可乐一样，在各个市场复制自己的局部竞争优势；或者像英特尔一样，持续聚焦于自己的产品与行业；或者像沃尔玛和微软一样，从已获得主导地位的市场的边缘逐步扩展生意。

## 创新与不变

**巴菲特**：我应该强调一点：作为普通民众，查理和我欢迎创新和改变。新颖的想法、全新的产品、创新的生产流程及其他类似的东西，提高了人民的生活水准，这无疑是美好的。然而，作为投资者，我们对正在发生巨变的行业做出的反应，类似我们对太空旅行的态度：为他人奔赴太空热烈鼓掌，但我们自己不去。

毫无疑问，任何企业或多或少都会发生改变。哪怕是今天的喜诗糖果，也与1972年我们收购它时有了很多不同：提供了很多不同品种的糖果，使用了不同的机器，建立了不同的销售渠道。但是，今天人们购买盒装巧克力以及购买喜诗而不是其他品牌的原因，与20世纪20年代喜诗家族开创这门生意时没有什么不同，而且这些原因在未来20年，甚至未来50年也不太可能发生改变。

我们在股票投资中寻找类似的可预测性。

（摘自1996年致股东信；摘录时间：2022-09-09）

**唐朝：** 承接上文"偏爱那些不太可能经历重大变化的企业和行业"的话题，巴菲特继续说，作为普通民众支持和喜欢创新，但在投资领域里自己喜欢寻找类似喜诗那种几十年甚至过百年不变的核心竞争力。这种矛盾，2021年我在唐书房发过的这段话，或许就已经是最直白的阐述："一个了不起的行业，完全也可能是一部功率强大的碎钞机。投资，不能为情怀买单。当然，不是说人不可以为情怀买单。情怀可以不考虑回报率，用投资赚来的钱去支付就挺合适。"

**糖换鸡毛：** 人们选择喜诗糖果的原因究竟是什么呢？是抢占心智的品牌效应吗？

**唐朝：** 对，品牌所代表和表达的精神内涵。盒装巧克力一般是作为小礼物存在的，表达的是：我选了最好的送你。

**星光《BEYOND》：** 这和茅台很像。请客喝酒是它最基本的使用场景。如果你选了茅台酒，这就表明你的客人很受尊重。这个时候就是品牌的价值了。

**Mr. chen：** 为梦想窒息，为情怀付费，都是感性战胜理性的表现，而这是投资者需要避免的行为。

**唐朝：** 为情怀付费本身并没有错，毕竟我们都是有血有肉的活人，内心都有自己的"情怀"。错的是因为情怀触发去下注，说到底这种行为也不是真情怀，是妄图利用别人的情怀捞一笔。

**伯涵：** 巴菲特还说过类似的话，大意是讲为国捐躯是一件很光荣的事，但这种荣誉最好是留给别人吧！

**唐朝：** 这话是巴顿将军说的，而且中文领域里流传的是翻译谬误。巴顿将军的原话大意是，为国捐躯是一种荣耀，我们要尽量让敌人去享受这个荣耀。

**伯涵：** 原来这里的"别人"指的是"敌人"。之前一直理解错了。

**xun：** 老唐，风投行业其实也考虑回报率吧？不过投资逻辑确实差别挺大，或许是因为承受风险能力更高。所以他们其实图的是情怀、成就感和更高的风险回报吧？

**唐朝：** 是的，他们也考虑，甚至说是主要考虑回报率，只是思维方式和底层逻辑同巴菲特体系差别巨大。这其实也很好地说明了，投资赚钱的方法不止一种，关键是我们要选择和自己的资本、认知和性格相匹配的道路。

**林飞：** 巴菲特讲的创新与不变，本质上是在说一种复利思维。要能够从复利中获得好处，一是要可持续，永续最好；二是收益率稳定；三是能预测。喜诗糖果这类生意完美满足以上三点。

创新的领域刚好是反过来，今天先进的技术很快就过时了，由于后来者的追赶，收益率也无法保持稳定，预测就更难了。创新具有很大的偶然性，创新的本质就是颠覆前人，而复利则是累积，两者刚好是指向不同的两个方向。

但是创新的吸引力又是很大的，喜新厌旧是人类的本能，正是这种本能驱动人类不断发展。糖果这类几十年不变的东西多乏味啊，一点都没有想象力。价值投资真的反人性！

## 注定会赢的公司

**巴菲特：** 像可口可乐和吉列这样的公司，身上可能自带"注定会赢"的标签。我们说"注定会赢"，不是要去否定这些公司在制造、分销、包装和产品创新上的努力。而是说，对于可口可乐和吉列在未来十年或二十年里，能卖出去多少饮料或剃须设备，预测者们的预测数据或许会有差别。但是，任何理智的分析人士，都不可能会怀疑可口可乐和吉列有能力继续保持它们在全球范围内的行业领导地位。哪怕是它们最强劲的竞争对手，只要愿意坦诚面对，它们也不会怀疑这个判断。

事实上，不限于保持，可口可乐和吉列的竞争优势可能还会更加强大。在过去的十年里，两家公司都显著地扩大了它们已经非常庞大的市场份额。所有的迹象都表明，它们会在下个十年重复这一表现。

的确会有许多高科技企业或新兴产业的公司，按照百分比计算的增速，比这些"注定会赢"的公司快得多。但是，相比去期盼一个"有可能"的伟大结果，我宁愿得到一个确定的好结果。

（摘自1996年致股东信；摘录时间：2022-09-09）

**唐朝**：我觉着明白首尾两句话就可以了。第一，世上真的存在一些"注定会赢"的公司；第二，不去期望押中那些天花乱坠的"可能"，而是悠闲地找到那些"注定会赢"的公司，然后搭车躺赚。这就是巴菲特投资理念的核心。

**似水流年**：注定会赢，短短四个字却涵盖了易懂的生意模式、宽广的护城河、对投资波动的正确理解，之后就是以一个合理的价格参股进去，在企业成长的同时慢慢变富。

## 注定会赢与大概率能赢

**巴菲特**：注定会赢的企业注定是稀缺的。查理和我花了毕生精力，也只找到很有限的几家。

仅仅靠现在拥有的市场领导地位，并不能保证"注定会赢"。看看多年前的通用汽车、IBM和西尔斯百货遭受的冲击吧！这些企业都曾长期享有看似不可战胜的地位。

尽管有些行业或企业的商业特性，赋予了行业领导者几乎牢不可破的优势，使"胖者生存"几乎成为一种自然法则，但大多数行业或企业并非如此。基本上，每一个最终赢家的身边，都会有一大堆此刻春风得意但最终会被竞争者击溃的冒牌货。

考虑到这些，查理和我意识到，我们很可能一生也无法挖掘出50家"注定会赢"的企业，甚至凑20家也很困难。因此，我们降低了标准，在"注定会赢"的名单之外，又增加了一些"大概率会赢"的企业。

（摘自1996年致股东信；摘录时间：2022-09-14）

**唐朝：**"注定会赢的企业注定是稀缺的"，这一句话是我意译加上去的，但我认为二老想说的意思就是这个。这样的企业，数量很少。按照二老的说法，就是想凑20家也不容易，所以，伯克希尔还会将很多"大概率会赢"的企业纳入观察名单。

二老特意叮咛，千万不要以为当下的市场领头羊就注定会赢。市场经济的特色就是，所有的超额利润都会吸引资本想尽一切办法来抢夺和蚕食。市场领导者，尤其是享有丰厚利润的市场领导者，天然就是所有竞争者跃跃欲试的攻击对象。事实上，很多曾经的领导者就是这样被打垮的。

**庞震撼：**投资的优势就在于，找到目前在赢、未来大概率也会赢的企业，持有并关注它，同时跟踪其他可能赢的企业，等到某些企业状态确定下滑，我们可以用其他优秀企业替代它。如果是做实业的话，这就是伤筋动骨的事情了。

**伯涵：**注定会赢的企业，意味着极高的确定性，比如茅台、喜诗糖果、可口可乐、吉列等；大概率会赢的企业，意味着较高的确定性，比如腾讯、NFM等。"注定会赢"和"大概率会赢"的区别之一在于，"注定会赢"更依赖于公司本身的护城河，"大概率会赢"还要考验管理层能力。

**红树林：**注定会赢的企业，如茅台，允许管理层出错，但业绩也不会差到哪里去；大概率会赢的企业，如腾讯，得靠管理层的智慧。

**杨大掌柜：**价值投资的核心是商业模式，那什么是好的商业模式呢？我目前能想到的是垄断稀缺最优，差异化次之，成本优势又次之。

**戳锅漏 BearG**："注定会赢的企业注定是稀缺的，所以我们也投大概率会赢的。"这让我想起了"取乎其上，得乎其中"，把标准拉高，然后根据现实情况去"妥协"，这种从上往下打的安排，往往游刃有余。

这也提醒我们，极好的是那么少，时常少到凑不齐一桌。必要的妥协就不时被需要，此时组合的价值就显现出来了。如果我们的组合中都是"大概率会赢"的企业，合起来的整体就很靠近注定会赢了。

**林飞**：唯一不变的就是变化。无论是企业本身的变化还是产业环境的变化，都会给企业命运带来巨大的变数。所以二老倾向于业务稳定不变的公司。但二老对具体投资哪个行业、公司，其实没有特定倾向，只要在符合标准的范围内，主要看机遇。

也正是"投资就是比较"这种底层思维，确保了投资方面的灵活性，让他们不仅投资可口可乐，也会投资 IBM，进而投资后来的苹果。

所以"注定会赢"应该也算是一个视角，而不是一个规则。正如自由现金流折现只是一个思路，而不是一种计算模型。

## 好公司也别买太贵

**巴菲特**：当然，即使是最好的企业，也不能支付过高的价格。成交价格过高的风险总是周期性出现。在我们看来，目前市场的绝大部分企业，包括某些注定会赢的企业，都存在价格过高的风险。在火爆的牛市里买入的人需要知道，即使是一家特别优秀的企业，也可能需要很长时间才能让价值追上你此刻支付的买价。

（摘自 1996 年致股东信；摘录时间：2022-09-15）

**唐朝**：巴菲特提醒我们，好公司也别买贵了。即使是特别优秀的企业，如果买贵了，可能也要靠多年的增长才能让内在价值追上你付出的价格。

老唐认为，极端情况下，对企业的出价可以达到合理估值的上限，即接受回报率等于无风险收益率的情况，或者换句话说，"企业股权的合理市盈率上限 =1/ 无风险收益率"，超过这个就算"买贵"了。尤其是考虑投资者眼中的"特别优秀"的企业，还有看错的可能，所以更加需要给自己设定一个出价上限，避免一时头脑发热出价过高。

在这个认知上，巴菲特几乎是原封不动地传播老师格雷厄姆的思想。

格雷厄姆在《聪明的投资者》第七章里写道："业绩记录很好而且看上去很有前途的成长股，其市价也自然很高。投资者即使对其前景的判断是正确的，也仍然有可能得不到好的结果。原因就在于，预期收益已经完全包含在他所支付的股价中了（或许，他支付的股价还超出了预期收益）；其次，他对未来的判断有可能是错误的。"

除此之外，巴菲特还白纸黑字地提出警告，"目前市场的绝大部分企业，包括某些注定会赢的企业，都存在价格过高的风险"，巴菲特在致股东信里直接说当下股市高估了，不适合买入。很有意思，很罕见吧？

看看市场情况，就很容易理解巴菲特为什么这么说。从 1990 年底算，股市已经连续上涨 6 年，标普 500 指数已经 1 变 2.65，折合年化收益率 17.64%，这可是指数！伯克希尔的投资回报自然是更加恐怖，6 年 1 变 4.12，折合年化收益率 26.6%。同期伯克希尔股价从 1990 年末的 6675 美元涨到 1996 年末的 34100 美元，6 年 5.1 倍，年化 31.2%。一个谨慎的投资者此时担忧市场过热，是非常正常和合理的，对吧？

但是，我要说的是，哪怕市场真的过热，哪怕巴菲特自信到敢于白纸黑字在年报里写下"目前市场的绝大部分企业，存在着价格过高的风险"，依然被市场先生打脸了，因为市场先生是癫的，市场出价无法预测，只能利用。

1997 年标普 500 指数上涨 33.4%，伯克希尔投资回报 34.1%，伯克希尔股价上涨 34.9%；1998 年标普 500 指数上涨 28.6%，伯克希尔投资回报 48.3%，伯克希尔股价上涨 52.2%。

伯克希尔的回报继续超越指数，至少说明"操盘手巴菲特"完全没有听"股评家巴菲特"发出的"存在着价格过高的风险"警告。这大概类似某些朋友说自己感觉马上要跌或马上要涨时，我通常会回复说："我连我自己的感觉都不信，何况是你的。"

如果有人在 1997 年初看到巴菲特这段话后果断清仓，那两年会是什么画面？用后脑勺想也会知道，这样的人不会少，而这期间喷向巴菲特的口水和嘲笑也不会少。让我们借机再背诵一次吧："市场出价无法预测，只能利用。"

**伯涵**：市场是癫的，这句话其实就表明了，高估可以更高估，低估也可以更低估。知道了这个，那自然也就不存在"我觉得股票会涨""我觉得可以稍微加点杠杆"之类的侥幸心理了。

**琢舟**：作决策不能相信任何人的感觉，包括自己。由于大脑存在局限性，我们只能借助一些工具来帮助自己保持理智，比如把此刻的思考写出来，等失去理智的时候拿出来贴自己脑门儿上。

**唐朝**：正是如此，主要用于防备自己被"自己"骗了。

**周明芃**：没人能通过预测市场情绪获得投资成功，因此要把我们的买卖决策寄希望于理性判断，并通过白纸黑字的形式写下来，防止感性的自己摧毁交易体系。就如老唐制定卖点时举的褚时健种橙子树例子，"树苗的坑大一点、小一点，其实并没有多大关系，但是如果没有标准，农民就会错得很离谱"。我们投资也一样，关键不在于卖出价格具体是多少，而是一定要有个固定的卖出价格，不能让自己"随机应变"，否则一定会受到市场先生的干扰。

## 推荐指数基金

**巴菲特**：大多数投资者，无论是机构投资者还是个人投资者，都会发现投资股票的最佳途径是费用低廉的指数基金。沿着这条路走下去的投资者，肯定会超过绝大多数专业人士的费后净收益。

（摘自 1996 年致股东信；摘录时间：2022-09-16）

**唐朝：** 巴菲特非常确定地给大多数投资者推荐收费低廉的指数基金。他认为长期持有低费率标普500指数基金（比如VOO或SPY），可以跑赢绝大多数专业人士的费后收益，这不仅有数据也有逻辑支持。

投资指数基金要克服的核心问题主要是动摇。造成动摇的因素有二：

首先，指数基金本质上是取平均数，所以必然会落后于大量的赢家。能做到不眼红短期的赢家，并不像看上去那么简单，认知不坚定的人会有无数理由动摇的。其次，指数基金长期能跑赢绝大多数专业投资人士，也不一定能确保每年都是正收益，很有可能很多年都是负数。此刻能否有坚定的信念继续持有，甚至欣喜若狂地不断投入，这依然考验投资者对"投指数基金究竟是投什么"的认知，不是表面看上去那么简单。

以代码为VOO的标普500指数基金为例，最近十年的年化回报略高于15%，这当然很可观，主要原因是最近十年美股走势喜人，标普500指数从2012年末的1426点到2022年9月的3901点，不含分红的指数本身已经有了年化10.6%的回报，加回期间成份股现金分红后，这十年标普500指数基金的收益率近13%。

而以沪深300指数基金（510310）为例，最近十年的年化回报就只有6.7%（基金从1元发行价到今天的1.912元市价），这一方面主要是股市本身走势的差异（沪深300指数从2012年末的2523点到今天的4027点，不含分红的指数本身只有年化4.8%的收益），另一方面也是因为510310的管理费率远高于VOO。

除了上述两个和回报有关的因素之外，还有一个重要的心理因素：那就是未来真的会和历史数据一样吗？这也是读者常问我的问题。甚至有人问：如果未来沪深300走势如日经指数或恒生指数怎么办？

我不了解日经指数，没法谈。但刚巧最近看到一篇文章（来自公众号"陈嘉禾的研究"），统计了过去15年恒生指数的回报情况，见表29。

表29　2007年8月28日—2022年8月28日恒生指数回报

| 日期 | 点位 | PE | PB | 利润 | 净资产 |
|---|---|---|---|---|---|
| 恒生指数 | | | | | |
| 2007-8-28 | 23,364 | 17.81 | 2.75 | 1,311 | 8,509 |
| 2022-8-28 | 20,170 | 9.26 | 0.93 | 2,177 | 21,758 |
| 累计变动 | −13.7% | −48.0% | −66.2% | 66.0% | 155.7% |
| CAGR | −1.0% | −4.3% | −7.0% | 3.4% | 6.5% |
| 恒生指数全收益指数 | | | | | |
| 2007-8-28 | 44,018 | 17.81 | 2.75 | 2,471 | 16,031 |
| 2022-8-28 | 63,480 | 9.26 | 0.93 | 6,853 | 68,479 |
| 累计变动 | 44.2% | −48.0% | −66.2% | 177.3% | 327.2% |
| CAGR | 2.5% | −4.3% | −7.0% | 7.0% | 10.2% |

由表29可知，从2007年8月28日到2022年8月28日，整整15年，恒生指数从23364点跌至20170点，累计下跌13.7%。分拆跌幅组成，成份股期间利润上涨了66%，折合年化3.4%，但估值水平从17.81倍PE，跌至9.26倍，近于腰斩，折合年化−4.3%。也就是说，虽然恒生指数成份股利润增幅一般，只有年化3.4%，但这不是指数下跌的原因，指数下跌的核心原因是估值水平的下降。

如果将期间现金分红加回去，这15年恒生指数成份股的利润年化增长7%，PE年化−4.3%，结果15年累计收益是44.2%，折合年化2.5%。的确不理想，但大体相当于存款收益，没有指数本身看上去那么惨。

今天看恒指十几年不涨，我们可以列举很多原因，但这种解释方法会遇到一个困境：最近10年年化15%的标普500，之前一样经历过十几年不涨的历史，指数1999年收盘1469点，2012年收盘1426点，13年没涨。加回历年现金分红后，13年累计回报也不到24%，年化不足1.67%，比恒生指数还惨。

于是乎，我们需要问自己：十几年没涨，究竟是可以投资的理由，还是应该回避的理由呢？里面蕴藏的是机会还是风险呢？

**伯涵**：在较长的时间周期内，无论是牛市还是熊市，股市整体的股息率和盈利增长率都是正的。在市场情绪乐观的时候，市盈率上升，和盈利因素叠加，投资者获得双重回报，为牛市；在市场情绪悲观的时候，市盈率下降，和盈利因素形成对冲，投资者回报较少，为熊市。

**唐朝**：是的，解决之道有三：一是市盈率偏高时不买；二是通过定额定投的方式，实现高估少买、低估多买；三是终极大杀器"时间"。

**伯涵**：通过收益来源的拆解，我也更加理解，为什么您的投资体系里超过50倍市盈率是要卖出的。虽然我们眼睛盯着盈利增长率，但也要防止市盈率下降给收益带来的伤害。所以，既要做到市盈率高的时候不买，还要做到市盈率从低变高后考虑卖出（既然无风险收益率决定估值中枢，估值回归就不只是大概率事件，而是必然事件），而不是所谓的"长期持有，死了都不卖"。

**无语**：指数基金的投资也同样应该是"别瞅傻子，瞅地"。只不过区别是你瞅的是一片地，而不是一块地。

**裙裙**：宽基要瞅一片地，对能力的要求太高了吧？

**无语**：一片地的研究，确实不可能像一块地那样看得清楚。我认为，沪深300的产出一定比上市公司平均数高，增速会比GDP整体增速高，这个就是看一片地的方式。它是没办法深度研究企业时采取的简单办法，关键是拒绝接受市场波动影响。

**Mr. chen**：指数投资背后的逻辑是经济的正增长，而人民对于幸福生活向往的驱动力是经济增长的强大引擎，所以，不管从逻辑上还是从历史数据来看，投资股市是财富增长的最佳方式，而宽基指数是最安逸的那一个。

**BP**：该文拆解分析恒指下跌，应该是一种观察方式，而不是试图"找出下跌理由"，对吗？

**唐朝**：对。嘉禾老师的文章只是分拆出指数下跌是因为"市盈率跌了"，并不是要去解释市盈率为何而跌。

**周明芃**：投资指数基金特别是标普500指数基金，长期复合收益率达到了15%，表面上看是躺赚，但背后蕴含了两个"简单但不容易的认知"。

其一，是能够认识到长期来看，投资指数基金能够取得投资回报的平均收益率，但收益"平均"并不代表"平庸"。在投资中"立足于不败"也是一件非常厉害的事情，我也相信整个美国市场能够十年年化回报超过15%的基金寥寥无几。

其二，正如公司的真实盈利增长一定会反映在股价上，指数中公司的盈利增长一定会推动指数的增长，或早或晚罢了。要能认识到，投资标普500指数相当于投资全美国最优秀的500家公司，这500家公司的利润增长一定会跑赢GDP增长速度，一定会跑赢无风险利率，这逻辑并不以人的意志为转移。

**小蒋：**如果碰到了十几年不涨，还会有多少人坚信价投？

**唐朝：**所以要搞懂逻辑。没有坚实的逻辑支持，长期投资过程中大概率会被各种"眼见为实"欺骗，往往在最应该、最合适投资的区间崩溃跳车，最终望尘兴叹。

## 建立投资组合的秘诀

**巴菲特：**对于各位的个人投资，我可以提供一点心得供大家参考：大部分投资者，包括机构投资者和个人投资者，早晚会发现最好的投资股票方法，是购买管理费很低的指数基金。扣除各种费用后的指数基金投资收益率，肯定能够超过绝大多数投资专家。

但是，你也可以选择自己建立投资组合，此时有几个要点是需要你牢记的：投资并不复杂，但说它很容易也不现实。投资者真正需要的是给你选中的公司估值的能力。请特别注意"你选中的"这个词，你不必成为每家公司或者许多公司的行家，你只需要将自己限定在能力范围就好。能力范围的大小不重要，重要的是，你知道它的边界。

要成功地投资，你不需要了解β值、有效市场理论、现代投资组合理论、期权定价或者新兴市场。实际上，你最好对此一无所知。在我看来，投资专业的学生只需要学习两门课程就够了："如何给公司估值"和"如何面对市价波动"。当然，商学院和学术界是不会同意我这种观点的。

作为一名投资者，你的目标应当仅仅是找到一家你能理解的、在未来5到10年甚至20年时间确定会成长的公司，然后以合理的价格买下它的部分股权。随着时间的推移，你会发现只有很少的公司能够符合这样的标准。所以一旦发现一家合乎标准的企业，你就应当大量买入。在这期间，你必须尽量坚守一个原则：如果你不想拥有某公司股权10年，那就不要考虑持有它10分钟。

将一些符合标准的公司构成组合，之后你会发现它的市值自然而然地就会不断增长。尽管我们很少这样去描述，但这正是伯克希尔股东们积累财富的秘诀。

（摘自1996年致股东信；摘录时间：2022-09-17）

**唐朝：** 巴菲特跟我们分享了建立投资组合的全部秘诀。这里，我也有三点想法分享。

其一，能力圈的核心是有能力对你自己"选中的"公司做估值，这个"选中"是个主观的、个人的行为，数量最小可以是零，而且这个数量最好保守考虑，就低不就高。对于自己模模糊糊、不敢确定能否做出估值的企业，一律划入"不能"比较好。因为能导致你赔钱的企业，有且只有一种：就是那些你以为自己能而实际不能的。

能力圈里企业数量是零的时候，无论你是存银行、投指数还是"抄作业"，只要想清楚代价，并愿意承受，都是理性的投资行为。你不需要为此自卑，每个人都是这样走过来的，包括巴菲特。

其二，请千万不要将"如果你不想拥有某公司股权10年，那就不要考虑持有它10分钟"理解为买入后至少要拿10年。网上真有人拿这句话来怼其他投资者的卖出行为，很是令人无语。

巴菲特不是想说你买下一只股票就要拿够10年时间。他想说的意思是，你买入的时候，你要大致能看懂这家企业10年后的样子，并确信10年后的样子对你是有吸引力的，甚至哪怕比你预估的情况差一些，也比今日付出的等额现金更值得持有。如果不敢确信，那就不要买。

其三，这里面自始至终没有谈什么牛市熊市，也没有考虑接盘侠来或不来。巴菲特只是轻描淡写地说："将一些符合标准的公司构成组合，之后你会发现它的市值自然而然地就会不断增长。"为什么呢？因为企业真赚钱，股东一定赚真钱。资本的逐利天性决定了它们一定会来。只是什么时候来以及以什么姿势过来，是人脑无法预测的领域，也没什么关心价值。

资本有时候来得快，有时候来得慢，有时候来得温柔，有时候来得暴力。但无论是快是慢，是温柔是暴力，都不影响投资者必然赚钱的结果。无法预测且不能预测，也不影响结果，这样的领域自然不值得浪费一丝丝脑力，所以巴菲特只是说"市值自然而然地就会增长（不用去管它）"。

知道这个以后，你再看股市里绝大多数参与者，在这个领域里殚精竭虑、发愤图强的"炒"股生活，你也会忍不住长叹一声"可怜"！

**Mr. chen**：我对"如果你不想拥有某公司股权10年，那就不要考虑持有它10分钟"认识更深刻了——是看到企业10年后的样子，很有吸引力，愿意持有的意思。我以前单纯地理解为要长期持有。

## 1996年伯克希尔股东大会问答摘要[①]

### 一、关注估值、无视波动

**股东提问**：关于股市的估值，你有没有和艾伦·格林斯潘先生沟通过？

**巴菲特**：没。我记不清上次见格林斯潘的确切时间了，不过肯定是在很久以前。在所罗门发生危机的当天，我们曾有过一次交流。在他担任美联储主席之前，他曾经是大都会/美国广播公司的董事会成员，我们那时认识的。不过，有时候很难听懂艾伦在说什么，所以和他交流没有太大的意义。我的意思是，他说话非常小心。

---

① 引自伯克希尔-哈撒韦公司股东大会视频记录。

**唐朝：** 巴菲特说和格林斯潘交流没有什么意义，这让我想起格林斯潘最经典的两句名言：

第一句："如果你认为听懂了我说的是什么，那一定是我表达得不够清楚。"

第二句："如果股价下跌40%以上，那就证明之前的上涨存在泡沫。"——他的意思就是泡沫是无法事前判断的。

**股东提问：** 沃伦，你会关注国际资本流动吗？毕竟资金的进进出出，会改变股市供求关系。

**巴菲特：** 我们不关注资本流动。换句话说，我们不关心谁在买卖证券。每只有成交的股票都是有人买、有人卖。很明显，你可以关注买家，你也可以关注卖家。你可以说现在每月有200亿美元左右的资金正在进入（或正在退出）股市。但对我们来说没什么影响，我们感兴趣的是生意值多少钱。

不管其他人关注的是什么——可能是资本流动，可能是市场信号，也可能是美联储将采取的行动，人们关注的对象总是不停地在变动。我们关心的是，五年后可口可乐能卖掉多少盎司饮料，在世界市场上占多少份额，价格是多少，有多少股票发行在外，诸如此类的事情。除了公司回购会让我们感到高兴之外，我们不关心其他人的买入或者卖出。

资本流动以及所有那些可以被高谈阔论的宏观因素，跟我们的所作所为没有任何关系。我们埋头于购买优质企业。不管什么时候，也不论你买什么股票，应该问问自己："如果股市关闭五年，我还会买它吗？"我觉得这会是一种不错的心态。如果你的回答是肯定的，表明你买入的是一家企业。如果答案是否定的，说明你的关注点可能是错误的。

**唐朝：** 六字真言："别瞅傻子，瞅地。"

"五年不开盘还会买吗？"这个问题不是要去否定流动性的价值，而是检查自己的思考出发点：如果没有傻蛋儿"接盘侠"的到来，资产本身创造的回报是否已经令你满意？如果回答"是"，那就大胆投；如果回答"否"，不好意思，你非常有可能是最后一棒"接盘侠"。

**股东提问：** 你在今年的致股东信里提到目前的市场过热了，目前绝大部分公司的股价都过高了。这是不是对股市的预测呢？是否和你说的不预测市场相悖呢？

**巴菲特**：我在致股东信里说的并不是对市场的预测，我们从不试图预测股市。但我们确实尽力给证券和企业定价。如今我们发现，不论是伟大的企业、普通的好企业，还是中等企业或者次一等企业，目前都很难找到我们认为便宜的。当然，市场本来也不是随时都能买到便宜货。但人们容易被牛市的经历掩盖理性的光芒，忘记买入价格本身的重要性。

**唐朝**：要特别注意这句"我们确实尽力给证券和企业定价"，它与网络流行的说法"从来没见过巴菲特用计算器算过哪家企业的价值"放在一起，让我想起一个网络段子：

乌鸦和猪坐飞机。乌鸦很牛气地对空姐说："给爷来杯水。"猪也学乌鸦的样子说："给爷也来杯水。"结果空姐很生气，把他们都扔出了飞机。然后乌鸦得意地对直线下坠的猪说："傻了吧，爷会飞！"

不要去相信"从来没见过巴菲特用计算器"的说法，他老人家不按计算器，第一是因为心算能力强，第二是不求精确值。我们没有这个能力，还是老老实实按按计算器吧。

**PunWong**：有记者当面考证过，巴菲特的心算比计算器还快，百位数的乘法都是脱口而出。

**股东提问**：沃伦，你说你不使用更高的贴现率作为风险系数，那你是如何对风险进行调整的呢？

**巴菲特**：我们只需要在无风险利率计算出来的折现值基础上，以较大的折扣购买就可以了。

如果利率是7%，我们就把它当作折现率来折现——查理说他从来没见我敲过计算器，他没说错——但在理论上，我们是把未来现金流按照7%进行折现，然后在这个折现值基础上给予较大的折扣再买入，以保证我们的安全边际。这很简单，不需要去按计算器。

**唐朝**：直接按照债券估值，然后打个较大的折扣买入（老唐估值法是固化为五折为买点）。我没按计算器，是因为这很简单，心算足够了。

## 二、增长与安全边际

**股东提问**：在你1992年的信中，你写过你倾向于用两种方式来处理未来盈利不确定的问题。第一种方式是寻找你了解的业务，第二种是买入要预留安全边际。你说它们同样重要。但如果你不能找到低估值+快速增长的最佳组合时，你会更看重哪个因素，更快的增长还是更大的折扣？

**巴菲特**：它们要在一起考虑。显然，如果你完全了解一家企业，能看清企业的未来，你就不需要多少安全边际。企业越不稳定或者说变数越大，而如果你仍然很想投资于该公司，那你需要的安全边际就越大。

我记得在第一版的《证券分析》中，格雷厄姆用一家公司的例子告诉我们说，"这家企业可能价值在30美元到110美元之间。知道它价值在30美元到110美元之间能有多大用呢？当该公司的股价低于30美元或者高于110美元时，这个信息就对你有用了"，这是说你需要很大的安全边际。

如果你驾驶着载有9800磅货物的卡车通过一座载重量为1万磅的桥，且这座桥距离地面仅6英尺的话，你可能会觉得没事。但是，如果这座桥坐落在大峡谷之上，你可能就想得到大一些的安全边际，因此，你可能只会驾驶载有4000磅重货物的卡车通过这座桥。所以说，安全边际要留多大，取决于潜在的风险。

**伯涵**：完全了解，就不需要多大的安全边际；越不了解，需要的安全边际越大。就像杂技演员走钢丝，对他来说安全边际够了，对我们普通人来说不够。

**唐朝**：格雷厄姆原话是："我可以对一家企业做出价值30~110美元的估值，这个范围巨大的估值似乎没有什么用处。是的，大多数时候没有什么用处。但如果股价在30美元以下或者110美元以上的时候，它就有用了。"

这其实已经很清晰地告诉我们，投资的关键点并不是准确估出某投资对象价值75.38元或者109.2元，而是有一个大致的范围，并坚持不出范围不和市场先生交易（无论是买或是卖）。这对估值能力的要求其实并不高。核心还是在于对波动的态度，或者说是对市场先生寓言的理解。

### 三、快速决策的背后是日积月累的认知

**股东提问**：据说你只需要五分钟，就能对一家企业作出收购与否的决策，请问这匪夷所思的技能是真的吗？

**巴菲特**：查理和我对几乎每一家我们感兴趣的公司都很熟悉，我们已经从事企业研究40多年了。如果你每天都在研究棒球运动员，过一阵子，你就会认识所有球员。一样的。

随着时间的推移，我们在脑海中逐步形成了一系列的筛选标准。我们不认为它们是完美的筛选标准。我们不否认，这些筛选标准可能偶尔会将符合标准的企业排除了，但它们非常高效，效果和我们聘请专家耗费几个月时间进行全面分析的结果一样好。所以我们真的可以在五分钟内告诉你我们是否对某公司有兴趣。

**kwan**：天天看财报当饭吃，自然了然于胸。我们需要加倍努力啊！

### 四、坚守能力圈

**股东提问**：如果我采用你的投资理念长期持有，但不是选你选的那些年增长15%的企业，而是选类似微软和英特尔这种年增长30%的企业。我的回报有没有可能是你的两倍？

**巴菲特**：如果微软和英特尔的未来表现能达到可口可乐和吉列的两倍，这种方法肯定能取得两倍于我们的回报率。问题的关键是能够识别那些你能理解，并对它们的未来非常肯定的企业。

许多人都懂微软和英特尔，但查理和我不懂。如果你懂这些企业，你就有机会评估它们的价值。如果你觉得它们的价格很合理，有美妙的发展前景，而你的判断是对的，那么你将获得非常丰厚的回报。

有一大堆企业，查理和我完全不知道该如何评估它们的价值，这一点也不会让我们烦恼。我们不知道可可豆或者卢布未来的价格走势，也完全不懂如何给各种各样的金融工具做估值。期待有人懂世界上的每一家企业可能过分了一点。无论如何，我们只是发觉有些企业比其他企业难理解得多。我对许多企业的理解都不足以让我产生这种信心，

不过还是有少数几家企业可以。幸运的是，我只需要真正懂几家企业就够了，可能是6家或8家。

顺便说一下，当初英特尔的重心是手表，这可能是格鲁夫最热心的东西。按照他的说法，这些手表棒极了。不幸的是英特尔在这些表上挣扎了五六年，然后彻底失败。到了20世纪80年代中期，英特尔当时非常依赖的另外一项业务也快完蛋了，不得不进行一次全面的转型。

在格鲁夫的带领下，英特尔成功地实现了转型。但不可能每一次转型都能成功，有时候，有些公司就被淘汰了。我们不想投资那些我们认为有可能会被淘汰的公司。

英特尔本来可能会脱离正确的发展方向，其实差点就真脱离了。IBM曾经持有不少英特尔的股份。如你所知，IBM在20世纪80年代中期卖掉了这些股份。应该说非常了解英特尔的人还是很多的，但他们也看不清英特尔的未来。我觉得，以英特尔的方式来赚钱真的非常难。

错过英特尔这样的企业，一点也不会让我烦恼。让我烦恼的是，如果我认为我懂一家企业，但后来的事实证明我其实不懂。这会让我烦恼。

**唐朝：** 我们不想投资那些我们认为有可能被淘汰的公司；不是每一次转型都会成功的；不懂某家企业不值得烦恼，自认懂最终发现其实不懂才是讨厌的事。

**股东提问：** 医药行业出过很多大牛股，但我发现伯克希尔没有投资医药股，你未来会考虑研究它们吗？

**巴菲特：** 对我来说，很容易弄清楚可口可乐是最值得投资的软饮料公司，吉列是最值得投资的剃须刀公司，迪士尼是最值得投资的娱乐公司，而我很难弄清楚哪个是最值得投资的制药公司。但我不是说你做不到，只是这对我来说很难。

我们几年前就开始买了其中的一家公司。我们应该继续，但是没有，因为它的股价在我买了以后涨了八分之一美元（笑声）。然后，你们的董事长有点不愿意追涨。这是一个巨大的错误。

我们本来也可以买下整个行业的，有好几次机会，尤其是当人们认为克林顿健康计划会威胁到制药行业的时候。那时候我们可以买下整个行业，然后获得很好的回报。我们没有这么做。这也是个错误。

**芒格：**总的来说，相比医药行业，很难想象有哪个行业整体对消费者提供了更大的好处。过去，孩子们的夭折率很高，如今几乎不会了。医药行业是很棒的生意，是美国文明的荣耀之一。我们很欣赏它，但很遗憾我们没有参与其中。

**巴菲特：**我们错过了很多东西。我不是开玩笑。我们确实错过了一些我们可以理解，也应该去理解的东西，它们并没有超出我们的能力圈。我们只是错过了它们。

**唐朝：**因为买了之后价格涨了一点，就想等等再说，然后就永远错过了心仪企业。这样的故事在巴菲特身上也有。

这问题看似简单，其实是挺难的，关键是"度"很难把握。究竟什么情况下坚守原则，不到价不买？什么情况下不要太计较多出几个点的小钱？事后总结易，事前规划难。

### 五、对投资烟草企业的态度

**股东提问：**最近一些烟草公司的股票遭受了打压，请问伯克希尔是否持有或有兴趣持有烟草公司的股票？

**巴菲特：**以前我们持有过烟草公司的股票，但持有规模从来都不大，虽然这有可能是一个错误。

我们在布法罗拥有一家报纸《布法罗新闻》，这份报纸会刊登烟草公司的广告。查理是一家大型仓储式连锁商店好市多的董事，好市多以前叫廉价好市多，它们也出售香烟。由于我们全资拥有布法罗新闻，我们实际上也是烟草销售链上的一环。所以，如果从投资角度看，烟草公司的股票具备吸引力，我们就会买入。

但几年前我们曾作出过一个决定：我们不收购烟草生产公司。我们曾经遇到过一个收购烟草生产公司的机会，后来这家公司经营得非常好。当时我们坐在孟菲斯一家酒店的大厅里讨论这家企业，最终决定不买。

**芒格：**我们不买，不是因为我们觉得它的前景不好，我们知道它将会发展得很好。

**巴菲特：** 我们知道它会做得很好。但为什么我们愿意为烟草公司做广告、愿意投资出售香烟的超市或者便利店，却不投资烟草生产公司呢？我无法给你一个确切的答案。我只知道投资烟草生产企业让我烦恼，而投资报纸和便利店不会。我敢肯定，在是否和烟草行业划清界限的问题上，其他人的做法可能和我们不同。

我们没有大举投资烟草公司股票，并非因为我们抵制这个行业。这仅仅表明，随着时间推移，烟草公司可能会让我们感到不安，所以我们不想大规模投资这类股票。查理？

**芒格：** 没错。我想，每家公司或每个人都必须画出自己的道德和伦理底线。我不认为我们的决策是完全正确的。但是，在愿意做什么和不愿意做什么之间，我们必须得画出一条线。我们根据自己的标准画出了这条线。

**巴菲特：** 几年前，我们曾一度持有烟草巨头 RJR Nabisco 的大量债券，我们应该持有烟草公司的债券，而不持有它的股票吗？我们应该持有烟草公司的股票，而不应该买下整家企业吗？这些都是艰难的抉择。

在美国，沃尔玛可能是最大的香烟分销商或销售者，原因很简单，因为沃尔玛是一切商品的最大销售方。沃尔玛也是吉列商品的最大卖家，因为沃尔玛的销售规模很大。沃尔玛销售香烟应不应该遭受道德的谴责？我不会去谴责。如果我们全资拥有沃尔玛，我们也会销售香烟。其他人的做法可能和我们不一样，我不认为他们的做法就不对。

**唐朝：** 出于价值观因素，伯克希尔不控股烟草公司。但如果价格合适，不介意买入烟草公司（非控股比例）的股票或债券。

**庞震撼：** 买多买少，控股与否不是一个道理吗？没搞明白巴菲特这个逻辑。

**唐朝：** 佛教里面对居士有个退而求其次的要求，可以吃肉，但只吃三净肉。所谓三净肉就是眼不见杀、耳不闻杀、不为我杀。巴菲特这个想法大致类似，控股经营烟草企业，相当于有些罪孽是我亲手做的。而无论我买不买烟草企业的股票，烟草企业本身就在那儿运转，我只是赚了市场对手的钱，相当于吃三净肉。

**六、抓住绝佳的机会**

**股东提问**：沃伦，你曾经提到投资者会重复他们的错误。我想请问怎么样才能避免重复错误呢？

**巴菲特**：相比从自己的错误中吸取教训，最好的方式是从其他人的错误中学习。就像巴顿将军过去说过的那样："为国牺牲是一种荣誉，不过这种荣誉还是让敌人去获得吧。"我们的方法其实就是试着借鉴别人的错误。不过，我们重复犯过很多错误。我可以给你说说。

我犯过的最大的错误或者说最大的错误类型是，当我发现某企业是伟大的企业时，我不肯支付溢价，或者在它的股价涨起来之后，我没能继续买入。这一错误的代价是几十亿美元。我可能还会继续犯这种错。

当我遇到比尔·盖茨的时候，我没有购买微软的股票。对于像这样的事情，我一点儿也不在乎。因为这完全不在我的能力圈之内。但是当我发现了一家我懂的企业，且它的价格也很有吸引力的时候，如果我没有采取行动，这就完全是另外一回事了。

我们的错误大多数不是因为做了什么，而是没做什么。

**芒格**：对。我想，大部分人遇到我称之为"想都不用想"的绝佳机会的概率都非常小。这些机会的吸引力如此明显，以至于投资它们肯定能赚钱。因为这些机会少之又少，并且几十年才出现一次，因此我认为，人们必须学会当这些稀有的机会出现的时候，有勇气和智慧下重注。

**巴菲特**：没错。一定要下重注。如果你不这样做，就是疯了。当这些机会出现的时候，如果你投入的资金量很少，也是疯了。如果你没能下重注，那就是你没有做好知识储备。

**唐朝**：大部分人一生遇到的"想都不用想"的绝佳机会总是很少的。芒格说的那种"想都不用想"的绝佳机会，指的是无论怎么算都超级划算的机会，比如2014年老唐写的这种机会：

老唐帮你算一笔账。如果老唐今天成为茅台集团老板，会让股份公司按照300元一股的价格（够意思了吧，买在山尖上的也给超过25%的利润）把公众股东持有的4亿股全部回购后退市。

具体操作如下：股份公司现有200多亿元现金，用存货价值约2600亿元（茅台集团党委书记透露的）加上公司拥有的茅台镇土地及厂房设备（若真被要求追加担保，也还有茅台商标和集团一大堆资产可以担保），打个大折从银行抵押贷款1000亿元。按五年以上贷款标准利率6.55%上浮10%，给7.2%的利率，以茅台的经营现金流记录，银行应该会抢破头。

然后，哪怕就按照2013年业绩不再增长，每年卖300亿元的酒，220亿元左右营业利润，还银行72亿元利息，缴了所得税后，还有超过110亿元净利润。零增长前提下，7年足够还清全部贷款本息。以后每年利润全拿，还不用看资本市场脸色——更重要的是，整个过程无须额外出一毛钱。

以上摘自《手把手教你读财报》第一版18~19页

## 七、广告的作用

**股东提问**：某些品牌早已广为人知，却还要经常花钱打广告，您怎么看待这个问题？

**巴菲特**：乔治·费雪把柯达公司管理得非常好，但是，如今柯达公司在全世界消费者心目中的地位，可能没有20年前那么高。我的意思是，在人们的心目中，富士公司现在的地位比20年前高多了。富士赞助了奥林匹克运动会，我记得它赞助的是在洛杉矶举办的那届。富士不断前进，越来越和柯达势均力敌。

在消费品行业，你绝不能让你的竞争对手这么做。

这就是为什么你看到可口可乐和迪士尼以及其他类似公司，会做一些看似没用的事情。可口可乐做这件事似乎没什么道理，如果他们不花这1000万美元广告费，销量难道会下降吗？

我在写给伯克希尔股东的信中，引述了可口可乐1896年的一份报告以及当时其所进行的广告宣传活动，这项活动打响了公司的名气。你永远无法知道真正起作用的到底是哪次投入。但世界上几乎每个人都听说过可口可乐的产品，且其中大多数人都喜欢，下一代人也会喜欢。在消费类产品行业，你就得这么做。

**唐朝**：很多消费品龙头，做广告的目的只是专门"浪费"一笔钱，维持现有竞争格局，增加对手或潜在对手成功的难度，遏制对手或潜在对手逆袭的可能。

**LG**：看到茅台、五粮液、伊利这种强品牌消费品公司在各处打广告，有时候也会有疑问：这种公司都已经家喻户晓了，还有必要打广告吗？现在我明白了。

**八、巴菲特与格雷厄姆的不同**

**股东提问**：在你的投资理念和投资方式中，格雷厄姆与费雪的思想占比分别是多少呢？你的投资成绩远超格雷厄姆，是你做对了什么改进呢？

**巴菲特**：你想精确到千位数还是小数点后四位？

无论是格雷厄姆还是费雪，随便你追随任何一位都会得到好结果。相对而言，格雷厄姆对我的影响更大。我为他工作，在他的指导下学习，是他传授给我成功投资的三个基本理念：将股票视为企业所有权的凭证，如何正确对待市场波动以及坚持安全边际。我没有发明这些理念。费雪让我理解了另一个想法，那就是努力寻找更优质的生意。

对格雷厄姆而言，赚钱只是副产品。至少在我认识他的时候他已经是这样的，或许年轻时不是。仅仅赚钱这件事是无法引起他的兴趣的，他感兴趣的东西实在太多了。而我却觉得赚钱过程本身就非常有趣。因此，我花了更多的时间去思考投资和商业，我对商业的思考可能比他多很多。他还有很多其他感兴趣的事情，而我聚焦于赚钱。

正因为我和格雷厄姆对投资这项事业的态度完全不同，所以说拿我俩的业绩直接做对比并不合适。我的意思是，在他已经坐下休息的时候，我还在拼命奔跑，所以两个成绩不能直接放在一起比。

**芒格**：格雷厄姆有一些盲点，部分是出于师者的职业道德感。他致力于寻找适合所有人的教学方法，那种任何聪明的门外汉都能学会并做好的投资方法。这就是你想知道的格雷厄姆的局限性。对于放在课堂上很难讲清楚逻辑和数据的投资项目，格雷厄姆就不会去参与。但对巴菲特而言，只要能赚钱，没有什么局限能约束他。

**巴菲特：** 对的。如果我们出去和管理层沟通，他会觉得这是我们作弊，因为他觉得读《聪明的投资者》或《证券分析》的人，可能住在某些偏远地区，没有条件出去见上市公司的管理层。所以他不和管理层沟通，他要和他的读者站在同一起跑线上。他也要求在格雷厄姆－纽曼公司工作的我们，不能去和管理层沟通。

他不确定拜访管理层是否有用。但如果它是有用的，那这意味着他的书并不能涵盖读者投资所需要的全部内容，因此，你必须自己补充一些内容。而我发现出去和人们讨论他们的生意，和他们的竞争对手、供应商、客户交谈，都很有趣。格雷厄姆不认为这有什么错，他只是觉得如果你必须这么做，那么他的书就无法帮助读者作出完整的投资决策。读者可能做不到的事，他也不愿意去做。

**芒格：** 但如果你停下来想一想，格雷厄姆这种做法相当于主动蒙上了自己的眼睛，然后再去参与这项游戏。而沃伦会动用一切能够帮助他观察和前进的工具。

**唐朝：** 二老谈格雷厄姆和巴菲特的区别。对于格雷厄姆而言，赚钱不是他的核心兴趣。"用且只用"他书里写出来的方法赚到钱（绝不多加其他技能），才是他投资过程里真正的乐趣。因为那证明了他写给读者的方法是有效的。

巴菲特则不同。他尽最大努力推动财富值尽可能高速、持续地增长。这就是巴菲特的乐趣。为此，巴菲特永远保有开放的思想。

芒格还曾指出过格雷厄姆体系的另一个缺陷，这缺陷和格雷厄姆经历了大萧条有关，《巴芒演义》第209页我这样写过：

因为巴菲特自接触格雷厄姆，就一直依赖老师传授的绝招持续赚钱，加上长期和格雷厄姆在一起工作，受到格雷厄姆人格魅力的影响比较大，所以头脑里很难树立起对格雷厄姆思想的质疑。芒格没有这种崇拜。他经常对巴菲特说：格雷厄姆有些思想非常愚蠢；他的盲点在于总是认为未来充满危险，而不是充满机会；他忽略企业性质，将不同企业的账面资产视为同样意义的数字比较，这绝对是荒谬的；掌管资产的人也是决定资产价值的重要组成部分；等等。

# 1997 年
## 传授投资棒球打法
## 解决所罗门大难题

年度背景 // 612
不要高估自己的投资能力 // 614
高估与低估 // 616
棒球中的投资智慧 // 618
非传统投资 // 624
下跌的意义 // 626

是否应该分红 // 633
换股并购 // 635
对所罗门的反思 // 640
美国运通 // 643
企业家的声誉 // 648
1997 年伯克希尔股东大会问答摘要 // 656

## 年度背景

1997年，克林顿总统与美国国会达成五年实现财政平衡的一揽子协议，签署了《财政预算平衡法案1997》和《减税法案1997》，从根本上消除了困扰美国政府多年的财政赤字问题。美国核心通胀率（核心CPI）跌至20世纪60年代以来的最低值。

对此，本已非常乐观的市场以更乐观的态度回报。即使1997年7月亚洲爆发金融危机，美股市场也几乎没有受到影响。1997年下半年，多个亚洲国家和地区的汇率及股票市场出现暴跌。包括日本也有大量银行和证券公司倒闭，但好在日本国力比较强大，所以这场危机更多地被称为东南亚金融危机，因为受重创的主要是韩国、泰国、印尼、马来西亚、新加坡、中国香港和台湾等国家和地区。

美国股市三大指数1997年均保持了良好的涨幅，而且上涨的企业主要来自传统行业，科技股反而涨幅较小。以科技股为主的纳斯达克指数全年上涨21.64%，而传统企业占比更大的标普500指数收于970.43点，全年涨幅高达31%。加回成份股现金分红后，标普500指数年度收益率高达33.4%，使90年代的这七年里，指数的年化收益率居然高达19.8%，基本是个"人人皆股神"的时刻。

1997年的巴菲特，继续修炼呆坐神功。持有市值高于7.5亿美元的主要持股见表30。

表30　伯克希尔历年持股明细（1997年）

| 股份数量（股） | 公司名称 | 成本（百万美元） | 市值（百万美元） |
| --- | --- | --- | --- |
| 200,000,000 | 可口可乐 | 1,298.9 | 13,337.5 |
| 48,000,000 | 吉列 | 600.0 | 4,821.0 |
| 49,456,900 | 美国运通 | 1,392.7 | 4,414.0 |
| 63,977,600 | 房地美 | 329.4 | 2,683.1 |
| 6,690,218 | 富国银行 | 412.6 | 2,270.9 |
| 21,563,414 | 迪士尼 | 381.2 | 2,134.8 |
| 23,733,198 | 旅行者集团 | 604.4 | 1,278.6 |
| 1,727,765 | 华盛顿邮报 | 10.6 | 840.6 |
|  | 其他持仓 | 2,177.1 | 4,467.2 |
|  | 合计 | 7,206.9 | 36,247.7 |

相比上一年，1997年的主要持股变化就两个，一个是大量减仓麦当劳，致使剩余麦当劳归入"其他持仓"（之所以判断是减仓而不是清仓，是因为1998年致股东信里披露，麦当劳是1998年彻底清仓的），核心原因推测有二，一是巴菲特对麦当劳竞争优势的认知有些变化，二是伯克希尔以股票+现金作价5.85亿美元，整体收购了麦当劳的主要竞品冰雪皇后（Dairy Queen，简称DQ），巴菲特可能有避嫌考虑。

另一个是旅行者集团（The Travelers Companies, Inc.）通过换股方式收购了所罗门兄弟公司，这让巴菲特在1987年股灾前投入的7亿美元优先股顺利"解套"。这是伯克希尔股东1997年的大喜事，巴菲特终于从所罗门的深坑里爬出来了。

为感谢旅行者集团这位"接盘侠"，巴菲特亲笔写下一张饱含吹捧意味的纸条给旅行者集团CEO桑迪·威尔。纸条全文内容是："在过去的几十年里，桑迪以其令人惊异的价值创造能力和出类拔萃的融会贯通能力，在我们面前诠释了一种真正的管理天才，以及在金融业中对并购业务的远见卓识。在我看来，所罗门案例同样也不会成为例外。"这张纸条被装裱后，一直悬挂在威尔的办公室里。①

因为股市整体偏高估，这一年巴菲特的主要动作在股市之外。除了收购冰雪皇后之外，1997年还经威力家居CEO蔡尔德牵线，通过换股

---

① 有关桑迪·威尔的传奇故事，参看《巴芒演义》第142至145页。

的方式收购了当时全美家具销售行业排名第32位的繁星家居。当时B夫人的NFM排名第27位，威力家居排名第20位。同时巴菲特还将大量资金投入非传统投资品，年末持有1400万桶原油期货、1.112亿盎司实物白银、46亿美元面值的零息国债。

这一年伯克希尔继续保住了领先指数的记录，没有被牛市甩下马。伯克希尔全年收益率34.1%，伯克希尔股票价格当年上涨34.9%，首次突破4万美元，全年最高48600美元，年末收于46000美元。

持有伯克希尔股票的股东，过去5年的年化收益率是31.4%（从11750美元到46000美元），过去10年的年化收益率是31.6%（从2950美元到46000美元），过去20年的年化收益率是33.8%（从137美元到46000美元）。这不是神一样的业绩，它完全就是"神迹"。

这一年里，巴菲特开始成为"美国资本主义的民族英雄"——1997年7月28日《福布斯》杂志刊载的一篇报道如是说。

这一年，有一本和巴菲特相关的重磅书籍出版，并迅速风靡全球，一直到今天。那就是 The Essays of Warren Buffett：Lessons for Investors and Managers，中文版《巴菲特致股东的信：投资者和公司高管教程》，作者是纽约乔治华盛顿大学法律、经济与金融研究中心主任劳伦斯·A. 坎宁安教授。这本书是按照不同主题，将巴菲特历年致股东信相关内容摘编而成，是国内外学习巴菲特理念时，除直接读致股东信原文数百万字之外的第一选择。

## 不要高估自己的投资能力

**巴菲特**：面对34.1%的年度收益率，宣布胜利并憧憬未来将从胜利走向更大的胜利，是人们常见的反应。然而，我们去年的表现算不上什么胜利，因为股市整体在飙升，几乎任何投资者都能在这种环境里获得高回报。

暴雨过后随着池塘水面上升浮起来的鸭子，并不需要什么能力。牛市里，人们往往会夸夸其谈，炫耀自己拥有了某种腾空而起的技能。

事实不是这样的，一只头脑正常的鸭子，会在大雨后观察自己和池塘里其他鸭子的相对位置。

那么1997年，伯克希尔这只鸭子的表现怎么样呢？数据显示，尽管我们已经很努力地扑腾翅膀，但一只被动投资标普500指数基金的躺平鸭，年内升幅和我们几乎一样。所以1997年的我们，只是一只普通鸭。

（摘自1997年致股东信；摘录时间：2022-09-22）

**唐朝：**在解读1958年的巴菲特致合伙人信里，我有两段点评，非常适合放在这里对比看。

"这段来自28岁年轻小巴的认识，我认为最后一段话最重要。我致力于寻找低估的股票，但我知道真到股市整体大跌时，即使是低估的股票，股价也照样可能跟着跌。那又如何？我不会持币等待的，我还是会在今天去寻找和买入低估的股票。

"为啥？我们想通这一点，投资体系才算真的成型。坦率地说，六十多年后的今天，这个问题依然是大多数投资者盈利道路上的拦路虎。"（见本书第14页）

牛市里，人们不需要任何技能就可以轻松赚钱，这很容易导致一种错觉，以为"自己是交易的王者，是股市的传说，散户膜拜我，机构针对我，证监会调查我，但他们抓不到我任何把柄，我会带着巨额资产，归隐田园，给这个血雨腥风的二级市场留下十个大字：巴菲特也就那么回事儿"。

只有理性的人，才会发现隔壁的躺平鸭升起来的高度和自己差不多。这也是股市的魅力所在，短期内你无法区分运气和能力，很多一无所知的人，在某段时间里也可能"吊打"巴菲特。同样道理，在熊市里，池塘水面整体下降的时候，股市里也可能是泥沙俱下，好股烂股一起跌。同样有人哀叹，"只要不下水就足够吊打巴菲特，什么低估，什么价值，在市场面前毫无意义"。然而，它是有意义的，巴菲特及许多成功的投资人，都是在泥沙俱下的时候寻找廉价出售的优质资产，然后长期持有它来获得高额回报的。

股票低估不是不会下跌的理由，股票高估也不是要跌的理由，股价涨跌不需要理由，或者说任何理由都可以触发涨跌。任何建立在对股价预测基础上的投资体系都是不靠谱的，哪怕是依赖估值去做的预测。投资只是比较，是永远选择将资本配置在真实盈利能力更强的资产上的行为。我们确信盈利能力更强的资产，一定会体现出更高的市场交易价格，但我们无从确定这个更高的市场交易价格什么时候到来，更不能期盼它恰好在你进入之后就立刻到来。

最典型的例子是《巴芒演义》里的华盛顿邮报案例。巴菲特说："估算邮报的内在价值并不需要什么独特眼光。大多数证券分析师、媒体经纪人和媒体高管都估计华盛顿邮报的内在业务价值在4亿至5亿美元之间，我们也一样"，于是，他很谨慎地在1.3亿美元位置开始买入，这是三折啊！结果继续下跌三分之一，最低跌至0.8亿美元以下，"套牢"时间长达三年。然而，我们都知道，华盛顿邮报后来远远跑赢当时的各种躺平鸭，给伯克希尔带来超百倍的回报。

今天引用这个案例，是想借着巴菲特说出"牛市里不要以为市值上涨是自己拥有某种独门秘籍"这个道理，来提醒朋友们也不要在熊市里因为随着水面下降，而认为努力和选择都是没有用的。时间会展示这一切的价值。耐心等着就是了。

**伯涵**：高估的也许继续涨，低估的也许继续跌；但高估的终究要跌，低估的终究是要涨。在这个过程中，我们要做到：第一，不加杠杆。保证股票从18元跌到8元时不被毁灭，才有机会迎来从8元再涨回40元。第二，放平心态。不要认为自己的努力是无价值的（不努力似乎牛市也照样赚钱，努力似乎熊市也照样亏钱），努力的价值体现出来也需要时间。

## 高估与低估

**巴菲特**：我们对伯克希尔目前的持股相当满意，但对于未来陆陆续续会产生的新增资金有些担忧。目前的市场火热；无论是整家公司收购报价还是上市公司的股价，都明显偏高。偏高并不意味着它们会下跌——实际上我们从来不预测股价涨跌，但偏高会让新增资金的预期回报率大大降低。

（摘自 1997 年致股东信；摘录时间：2022-09-23）

**唐朝**：站在 1998 年初回看 90 年代已经过去的 7 年，美国股市就像服用过兴奋剂一样，年年上涨，从无疲软迹象。巴菲特连续几年警告"过热"，然而并没有什么用，股市药性还是没过，1998 年初涨得更猛了。

以伯克希尔的股价为例，从 1990 年末到 1998 年一季度已经实现 10 倍涨幅（1990 年末收盘价 6675 美元 / 股，1998 年一季度最高价 69500 美元 / 股）。然而 1998 年二季度，伯克希尔股价照样持续上涨至最高 84000 美元 / 股。

正是这种担忧，1998 年巴菲特一边忙着清仓迪士尼、旅行者集团以及一些较小金额的持股，一边通过增发伯克希尔新股收购通用再保（General Reinsurance Corporation）100% 股权，然后立刻清仓通用再保的投资组合，实现了对伯克希尔所有持股的曲线减持，结果偷鸡不成蚀把米，差点栽个大跟头，详见《巴芒演义》第三十五回。

这就是股市过热带来的"糟心"事儿。而目前我们所享受的情况和巴菲特 1998 年的情况完全相反——股市持续下跌，价格偏低。如果此时我们来发言，大致应该是这个样子：

"我们对目前的持股相当满意，而且对于未来陆陆续续会投入的新增资金，也满怀憧憬。目前的市场低估，无论是整家公司收购报价还是上市公司的股价，都明显偏低。偏低并不意味着它们会上涨——实际上我们从来不预测股价涨跌，但偏低会让我们的新增资金预期回报率大大提升。"

你的感觉是不是好多了？这可是"股神"想要而不能得的待遇。可惜的是，对我们大部分人来说（包括我在内），未来新增资金相对于目前持仓而言，比例可能太低（或者自己觉着比例偏低），很难体会巴菲特那种"凡尔赛"味道的失落。

好在底层逻辑是一样的，无论我们新增资金多也好，少也罢，都只能好好享受这估值普遍偏低的美好时刻（反正你郁闷也只能坑你自己，改变不了市场先生），并快乐地等待普遍偏高时刻的到来。两种心情都体会过，而且在这期间赚到了大钱，投资理念就算真正稳固了。这个过程带来的"真知"，是老唐的嘚啵不能替代的。

**李强**：投资者情绪的剧烈波动跟认知有关，当自己也不知道做的事情对不对的时候，内心是没有安全感的。尤其是主流媒体、电视股评讲的都是题材热点、趋势投资，这个时候，就算一开始坚持价值投资，跌得久了，自己也难免会怀疑。

**林飞**：确实，没有亲身实践验证一遍底层逻辑，始终都会有一个怀疑的幽灵飘荡在潜意识中。好在上一轮我已经经历过了，2015年到2021年初，从一个高点到另一个高点，中间经历了2018年的低谷，市场用坚实的事实基础，完美地验证了老唐嘚啵的投资逻辑。时间永远最有说服力。

**食兔君**：长时间的市场估值低迷，对实业融资有所妨碍，但对投资者几乎没影响。一方面是因为投资者大多有场外收入，可以覆盖日常生活，增加持仓；另一方面是在泥沙俱下时，优质企业的盈利能力往往更能有所发挥。因此，除非急于用钱或急于证明自己，否则如此情形持续多久，其实都是可以接受的——当然，实体经济最好能有起色。

## 棒球中的投资智慧

**巴菲特**：当公司或股票报价过高的时候，我们试图运用传奇棒球手泰德·威廉姆斯的智慧。在他的《科学击球》一书中，泰德说他会把好球区细分为77个棒球大小的格子。其中有一小片区域是最适合击球的甜点区。

只有当球飞来时位于甜点区，他才会挥棒击球。因为他知道，只有这样才能让他打出0.40的好成绩。如果勉强去击打不那么理想的来球，成绩会锐降至0.23。换句话说，只有耐心等待甜点区来球，才是通向名人堂的光辉大道。见球就打的结局只能是降级。

目前市场向我们抛过来的"球",绝大多数在甜点区边缘或之外。如果我们此时挥棒,成绩可能会不理想。但是如果我们选择不打,没人敢保证下个球一定会在甜点区域内。或许过去那种吸引人的超低价格已经一去不复返了呢?所幸我们不必面临泰德那样的三振出局规则。但即便如此,只是扛着球棍日复一日呆立在球场上,也确实不是一件令人愉快的事。

(摘自 1997 年致股东信;摘录时间:2022-09-24)

**唐朝**:巴菲特喜欢棒球,经常用棒球术语聊投资,他还是奥马哈皇家棒球队的大股东——是用他的私人资金投的,不是伯克希尔投的。

咱们这里棒球不普及,所以要真的理解致股东信的这番话,还得大概了解一下棒球运动的规则。我没玩过棒球,甚至没看过,以下规则均是纸上谈兵,相关表述如果有不对的地方,欢迎玩过的朋友予以纠正。

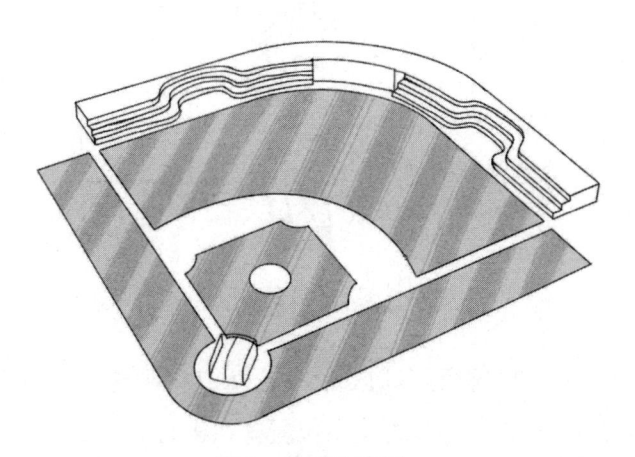

**图 3　棒球比赛场**

棒球的比赛场地见图 3。比赛的进攻方就一个人:拿着球棍的击球手,也是巴菲特上面那段话里泰德的角色。防守方一共 9 个人,图 4 中除裁判和击球手之外的 9 个人是防守方。

投球手的目标是吸引击球手挥棒击球,但最好让他打不着球或者打不远。

图 5 方框内区域就是好球区,投球手投出的球如果四次脱离这个区域就会有惩罚——叫"四坏送一垒"。

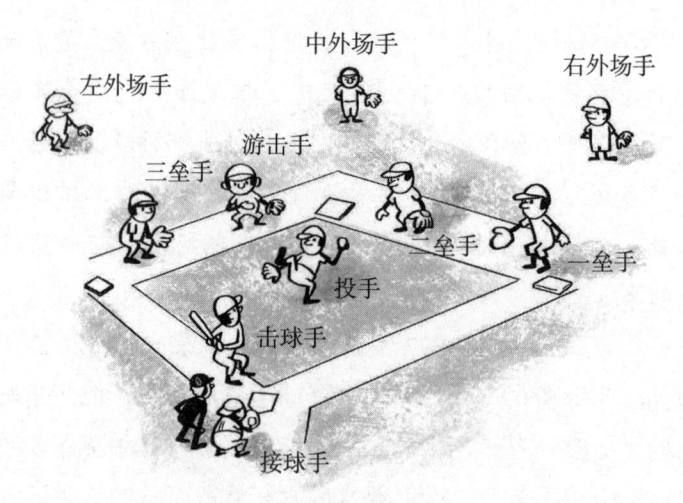

图 4　棒球比赛队员示意

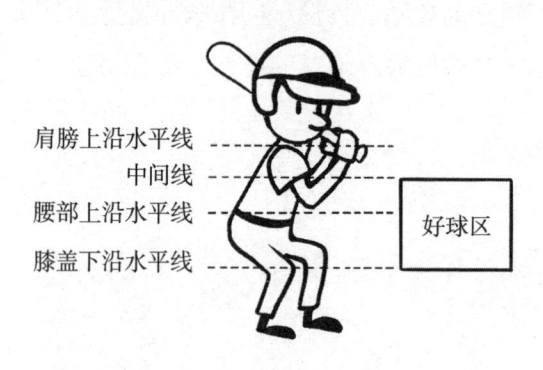

图 5　好球区

泰德说，他会将这个好球区再细分为 77 个棒球大小的小格子，然后只在来球处于最适合击打的甜点位置挥棒击打。

为了防止棒球赛变成发呆赛，所以规则又规定，只要投球手有三次投中好球区，而击球手没有挥棒击打，击球手就输了，直接出局。这就是文中说的三振出局。

击球手的目标是把球打得越远越好，有本事直接打出体育场外面去更好。打完后击球手丢棍子就跑，逆时针方向跑。最理想的目标是在对方接到球之前，直接越过一垒二垒三垒（图 4 中地面方块位置），然后回到原地，这称为本垒打或全垒打，直接为本队得 1 分。

但一般来说，全垒打非常难以实现。次一等的目标是在对手接到球之前，跑入三个垒里的任意一个垒，从击球手变身跑垒手，这次击打就被称为"安打"。当击球手实现安打，变身跑垒手后，自己这方就有权再派一名击球手上场击球。

站在垒里的跑垒手是安全的。在对方投球手再向新击球手投球时，跑垒手启动，跑向下一个垒。这期间如果起跑垒和邻近垒之间的接球手接到球，该跑垒手淘汰；如果场上其他人接到球，然后传给两垒之间的接球手，该接球手用拿着球的手，摸到还没进垒的跑垒手，该跑垒手也淘汰。

所有跑回击球点（本垒）的人，为本队得 1 分。进攻方如果有三个人遭淘汰，半场就结束，攻防角色互换进行下半场。一次上下半场为一局，一场比赛共九局，总体耗费时间不固定。九局结束后以得分高低算输赢。

在一名球员的运动生涯里，打出"安打"的次数除以自己的挥棒总次数，就是这个运动员的打击率（或击打率）。它是棒球运动中评价击球手水平的重要指标。一般而言，职业选手的打击率能在 0.28 以上（指 1000 次挥棒实现 280 次安打），就被认为是合格；0.30 以上是优秀的击球手；0.40 以上就算伟大的击球手。

图 6 就是泰德对好球区的细分法。

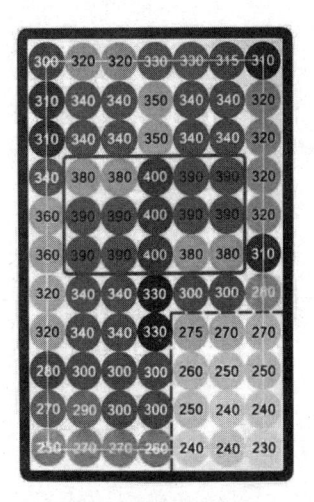

图 6　好球区细分

图中灰色框内写有 380、390 和 400 的位置就是甜点区，来球处于这个位置才挥棒击打，就可以让击球手的击打率成为 0.38~0.40。而其他位置挥棒，会让成绩锐降，最惨可能跌至 0.23——图中标 230 的地方。

巴菲特说在投资中自己运用泰德的智慧，只击打甜点区域里的球，因为股市没有三振出局的规则，所以自己比泰德更有优势，可以有足够的耐心去等待。他说："投资的诀窍就是坐在那儿等甜点好球，不是好球绝不出手。至于在旁边不耐烦地大喊'打啊，你个蠢货'的观众，忽略他们。"

然而，1998 年初写这封信的巴菲特，已经在困惑"是不是以前那种超低价格已经永久性消失了"。所谓三根阳线改三观，美国股市连续八年的阳线，连巴菲特也会怀疑股市是不是永远不会下跌了。我们每个人都很容易明白：只打甜点区域的球，成绩会更好。但问题是，如果股市来"球"永远也不再抵达甜点区，即使没有三振出局的规则，你永远扛着一根棍子呆立在场中央，也不是个事儿。此时该怎么办？巴菲特提出的就是这个疑问。

这是老问题了。在 2018 年的《对卖出股票的思考》一文里，我就写过自己对这个难题的思考，原文如下：

对于"用格雷厄姆的价格（极度低估的价格），买入费雪的公司（优秀的公司）"这个观点，在价值投资群体，除了对具体公司量化时究竟什么价格才算是极度低估之外，纯理念方面好像没有什么争议。

难点在于，当没有遇到这个最优选择的时候，譬如：当费雪的公司是费雪价时，你怎么做？①是继续持有货币等待，②是转而选择格雷厄姆价格买下格雷厄姆公司，还是③以费雪价买下来。

如果是①，最大的风险是错过，长期持有收益率约 4% 的类货币资产；如果是②，可能最终发现自己的钱不知不觉间，都以格雷厄姆的价格买入了格雷厄姆的公司，成为标准的烟蒂股投资者；如果是③，代价就是要承受波动，且如果当费雪公司出现格雷厄姆价格的时候，已经眼巴巴地没钱买了。

我现在已经确定自己走在"以费雪价格买进费雪公司"的道路上，

至于这些公司再出现格雷厄姆价格时，有没有能力再捡，"佛系"随缘。

对这个问题，最重要的就是想清楚自己要赚什么钱，愿意承担什么代价，想清楚了自然就不会烦躁和后悔。比如，当下腾讯的状况，就是"已经用费雪价格买下了费雪公司，然后出现了格雷厄姆价格，已经眼巴巴地没钱买了"的典型案例。因为早就想过，并愿意淡定承受，所以解决方案很简单，就一个字：等。

**杏坛路蓝猫**：作为前北师大棒球队队员，我可以很负责地表示，老唐对棒球的理解非常到位。

**忆溪舟**：用格雷厄姆的价格买费雪的公司，从历史统计角度看，这种机会会出现的。但这个等待过程对于我个人来说，比用费雪价格买费雪公司后承受下跌更难。前者充满着各种诱惑，后者只需要承受结果就可以了！

**伯涵**：巴菲特以棒球比喻投资，而不是篮球或足球，原来是因为投资几乎可以完全按照棒球的打法做，甚至还多了"呆坐"的优势。

当出现"格价费司"①的时候，毫无疑问是最美妙的，这时候的决策轻松而简单，就是"买买买"。不过在"格价费司"出现之前，一定会先是"费价费司"的状态，理性的投资者为了避免踏空，这时就已经入手了，等不到"格价费司"。

当然，有两种情况例外：一是卖出别的仓位，在上限之内，继续加仓低估的好公司；二是恰巧有新的现金流入，巧遇"费司格价"。

**蚊子**：世上没有"既要、又要、还要"的好事，选择任何一种方案，就是放弃了其他可能性，这是选择的成本，除了接受，别无他法。我们用费雪的价格买费雪的公司，必然会面临老唐说的状况③。除非巴菲特那样持续有现金流入的大富豪，可是巴菲特又有大量现金躺着睡大觉的烦恼。

**守护**：巴菲特另外还有两段话，也适合回答这个问题：

（1）假如道指在 X 点时，你开始投资，你认为道指太高了，当道指跌到 90% X 的时候，你会买吗？道指也可能会跌成 50% X 的。

---

① "格价费司"，指用格雷厄姆的价格买下费雪的公司，下文简称同理。

除非你在特定的有利时间点碰巧得到了资金，否则你是不可能因为市场的极端情况而受益的。所以我认为主要任务还是寻找好企业。

（2）你了解而且喜欢那家企业，你也喜欢企业主的为人，而且价格听起来也是合理的，我想可能就该买下它。你不用担心这家企业过几天报价是跌了还是升了，你可以假设股市不存在。

**Jane**：我小时候打过垒球，老唐把规则讲解得简单易懂。击球手首先需要判断来球是好球还是坏球，四坏球不打直接保送一垒。棒球击打动作是比较固定的轨迹，在舒服的轨迹击打，成功率就会高。所以虽然有的是好球，但是不在舒服区域，就容易打空或者打出去被接杀。另外，好的投球手是一支队伍的灵魂，投球手的目的是投杀，要根据情况决定自己投出好球还是坏球，目的是诱惑击球手去击不好的球或错过好球，就像股市里时刻存在的股价波动也会诱惑投资者出手一样。

**林先森**：理想买点和合理估值之间怎么处理，老唐在《价值投资实战手册：第二辑》里已经做过说明：对波动容忍程度大，可以合理估值以内就开始下手，一直买到理想买点。对波动容忍程度低，可以理想买点以内再下手。观摩老唐平时的实战操作，确定性越高的公司，他越倾向于合理估值甚至合理估值上限就下手。其实重要的是要清楚自己对待波动的容忍度，今时今日，我们恰恰可以反思自己的操作是否符合自己的性格或能力。但是这种反思不是站在此时股价已经跌到了"格价费司"，去后悔没有"早知道"。不发自内心明白这点，永远只能是被股价操纵的木偶。

## 非传统投资

**巴菲特**：当我们确实找不到喜欢的投资品种，也就是找不到那些运行良好、价格合理、具有自己核心竞争力的企业时，我们通常会将新资金投入到一些短期的低风险投资工具上。

但有时候，我们也会冒险去搞搞别的非传统投资。虽然它们无法提供买入优质企业获利的那种确定性，但我们知道这些"非传统投资"

是有可能会给我们带来利润的，只是不太确定什么时候。我们也知道，有时也会赔钱，甚至偶尔也会赔大钱。

在1997年底，我们有三项非传统投资：1400万桶原油期货、1.112亿盎司白银、46亿美元面值的零息国债。这些基于宏观判断的投资，永远不会有接近100%的成功率。然而，大家雇用查理和我，就是为了利用我们的判断力，所以当我们认为胜算颇大的时候，偶尔也会冒冒险。

如果我们搞砸了，还望大家多多担待。芒格家族90%以上的资产在伯克希尔，巴菲特家族99%以上的资产在伯克希尔。如果我们搞砸了，至少我们是和你一起承受痛苦的。

（摘自1997年致股东信；摘录时间：2022-09-25）

**唐朝：**实在找不到可投资企业，而旗下企业创造的现金又滚滚来时，巴菲特说他会投资一些短期低风险产品，这一般就像我们理解的债券、货币基金之类的东西，但偶尔他也会尝试一些"非传统投资"。站在巴菲特的角度，是尽可能给资金找出路，同时也是自己的娱乐行为。站在芒格的视角则是"总比沃伦去酒吧厮混要好一点"。

这类东西需要良好的判断力，里面也有很多艺术的成分，所以巴菲特很少去阐述它们。毕竟，作为听众的我们，都是"普通"投资者，老人家担心我们跟着学，容易断胳膊断腿。

原油期货后来怎么处理了，我没见过后续资料。零息国债[①]在这封信发表后不久就清仓了，是获利清仓的，具体金额不详。而白银投资则成了巴菲特的一个泥潭。

巴菲特当时对白银的投资规模在8.5亿美元左右，总计129710根实物银条（每根1000盎司，总计1.2971亿盎司，比上述摘录里说的1.112亿盎司多的部分，是后面又买的），存在伦敦多家银行金库里，每天要付几千美元的存储费。这个数量大概是当时全球白银年产量的25%出头，所以很多媒体都报道巴菲特是"坐庄"实物白银。但巴菲

---

① "垃圾债券之王"米尔肯和索普的合伙人里甘共同创造的产品，详情见《巴芒演义》第183页。

特自己披露，最后没有赚到什么钱。

这些内容，于我们而言价值不大，知道一下就行。我估计咱们绝大多数人，这辈子都不会去搞这些的。我也建议最好不要去研究和触碰这些，至少在百亿身家以前不需要去尝试它们。

**伯涵**：学习巴菲特，要明白哪些可学，哪些不可学；哪些是规定动作，哪些是自选动作。感谢老唐让我们明白这些！白银跟宏观经济一样，多看一眼就浪费一分钟时间。

**武侃**：巴菲特曾说过，黄金是从一个地方挖出来又埋到另外一个地方，并派人看守，没有产出任何价值。为何他又去投白银呢？

**唐朝**：白银略不一样，白银有很多工业用途，巴菲特当时是看到白银有供需失衡的局面（年产量5亿盎司，年消耗量8亿盎司），才起心囤白银的。然而也没有什么用，耗了好多年，惹了一身臊，也没赚到钱。

**客栈**：非传统投资，指的是非股票形式的投资品吗？

**唐朝**：非传统投资，也叫另类投资，主要指传统的现金、债券和股票之外的其他投资对象。

**慧思**：这三个投资确实是属于非传统类，其中的零息国债感觉还好，期货类杠杆实在太高，普通人最好一辈子都别碰。白银现货囤积的生意也太难了，首先存储成本太高了，不是时间的朋友；其次，白银的供需非常复杂，这种大宗商品的走势很难预测，普通人最好不要去挑战。

## 下跌的意义

**巴菲特**：我们对于股市波动的看法

一个小测试：如果你打算一辈子吃汉堡，自己又没有养牛，那么你是希望牛肉价格上涨还是下跌呢？同样，要是你时不时会换车，自己又不是生产汽车的，你会希望车子的价格上涨还是下跌呢？这些问题的答案显而易见。

但是，如果我问另一个问题：假设你预估自己未来5年是一个纯粹的买家，那么你希望这期间的股市是上涨还是下跌呢？这时许多投资人给出的答案就可能是错的。

虽然他们明知道自己未来数年里会陆续买入股票，但他们仍然会因为股价上涨而开心，因为股价下跌而沮丧。这就像买了一个汉堡之后，看到汉堡涨价而欣喜若狂。这反应无疑是荒谬的。只有准备在短期内卖出股票的人，才应该为股价上涨而感到高兴，准备买入股票的人应该期待的是股价下跌。

对于不准备卖出伯克希尔的股东们来说，如何选择是再明显不过了。首先，就算他们将自己赚的每一分钱都花掉，伯克希尔也会自动帮他们存钱，因为伯克希尔会将赚到的利润再投资于其他生意和股票。我们买进这些生意和股票的价格越低，他们将来获得的报酬自然而然就越高。

此外，伯克希尔许多重要的投资对象，也都会持续不断地回购自家公司的股份。在这种情况下，也是股价越低对我们越有利，因为这代表同等金额的钱可以回购更多股份，从而间接提高我们的持股比例。比如，过去几年可口可乐、华盛顿邮报和富国银行都曾以非常低的价格大量回购。它们给股东带来的收益，当然比在现在高价时去回购要大得多。

每年年底，有大约97%的伯克希尔股东会继续持有。这使得伯克希尔股票自动成为他们的"存钱罐"。因此，每当股市下跌时，他们都应该感到高兴，因为这代表伯克希尔及伯克希尔所投公司的资金，可以得到更有效的运用了。

所以，下次当你看到"股市暴跌，投资者损失惨重"的头条新闻时，请一笑了之。写文章的人总是忘记最简单的常识：只要有成交，一定是有买有卖，一方的损失就代表有另一方得利。所以，我们完全可以自动在大脑里将其替换为"股市暴跌，卖出者损失惨重，买入者大发其财"。

在20世纪七八十年代，由于许多股票和企业的低价出售，我们获利颇丰。股市是一个对短期投机者刻薄寡恩，却对长期投资者慷慨友好的地方。近几年，我们在过去几十年里采取的行动都得到了良好的回报，但新的投资机会却寥寥无几。

作为股东的"存钱罐"，我们一直在寻找合理配置资本的机会。但以当下的市况看，要想找到真正让我们兴奋的机会，可能还需要一些时间。

（摘自1997年致股东信；摘录时间：2022-09-27）

**唐朝：** 巴菲特在致股东信中用了一个完整的章节分享自己对股市波动的看法。这里面的道理，朋友们应该都听我说过很多次了，并不难懂。但是，这里巴菲特的假设"如果你未来是一个净买入者"，恰恰是很多朋友困惑的地方。

还有钱买入，希望股价下跌，这道理浅显。即使有些朋友无论是否有钱都盼涨，但理智上还是很容易明白，有钱买入的话，当然是下跌更好。

大部分朋友的难题是：如果没钱了，或者预期未来所能流入的资金相对于目前股票市值而言比例太小，或者短期内等着这笔钱有其他用途，也不盼涨吗？

恰好，唐书房2022年7月3日曾发表过一篇名为《钱用完，股票仓位买到上限了，你还会盼跌吗？》的文章，记录了我们在这个问题上的讨论，正好可以透彻地回答这个问题。文章原文如下：

### 钱用完，股票仓位买到上限了，你还会盼跌吗？

2022年6月22日，我们谈到巴菲特说的这段话："每次买入股票的时候，我们总是希望能再多跌一段时间，这样我们就可以买到更多。就算我们买完了，把资金用完了，我们还是希望我们买的股票继续跌。继续跌，公司可以接着回购，我们的持股比例随之上升。"

书房的@花舞蝶牌留言表达了一个观点："巴菲特是不喜欢股价上涨太快，那是在他买满目标仓位之前，比如开始买入可口可乐不久就被发现，股价上涨被迫停止买入。达到预设仓位后，那也无所谓了，反正迟早要涨，早涨早好。"

这个观点很有意思，可能代表了大多数朋友的看法，于是我当时给

@花舞蝶牌回复了一个长帖。

**唐朝：** 你的这番"买满后就盼涨，早涨早好"的观点很有代表性，但可能对巴菲特的理念理解得还不够透彻。

以你说的可口可乐为例。巴菲特从1994年补齐成1亿股以后，没有再多买一股（类似于我们买满了），但当时巴菲特累计投入的约13亿美元买入的股数，只是可口可乐公司股份的7.8%，相应每年分红也只能拿总额的7.8%。

从1994年至今，巴菲特从可口可乐收到近百亿美元现金分红的同时，可口可乐还通过不断回购注销，累计减少了15%的股份（相当于总股本从单位100缩小为85），于是巴菲特在没有多追加一分钱投入的情况下，占比变成 $7.8 \div 85 \times 100\% \approx 9.2\%$。

由于巴菲特从来没有卖出股份，所以我们完全可以想象，如果这期间股价是比实际下跌得更多，那么可口可乐实际支付金额，就可以回购注销更多股份，巴菲特对可口可乐的所有权可能已经达到10%、15%、19.2%，甚至更高，相应到手的现金分红也会远超100亿美元。

这是巨大的收益。所以事实是：即使达到了预定仓位，只要公司经营好，现金流量足，有回购安排，对于巴菲特来说，依然是涨得越晚越好，甚至说不涨更好，能跌的话就更加妙不可言。

**Mr. 曹：** 那如果公司不实施回购注销呢？

**唐朝：** 那就没搞头了。

**Stephen：** 关键还是要有企业内在价值的不断增长这个前提。

**唐朝：** 没错。如果企业内在价值预计会不断缩水，那肯定是盼着趁大涨交给"接盘侠"最妙。

**Effiu：** 理想的情况下是的。但是，假如投资者三年后有大花销，比如要买房买车呢？

**唐朝：** 那也是尽快大涨最好。

**鲤鱼：** 对，所以我希望快快涨。

**唐朝：** 然而，希望是没有用的，市场不关心任何人的希望。要想在市场里持续赚大钱，最佳心境不是希望涨，也不是希望跌，更不是希望平，而是不关心，不在乎。可以利用的机会出现了，就利用一下。不出现呢？正好忙自己的其他事。这就是最能满足你买房、买车、各种买买买欲望的最佳途径。

**投资是一种信仰**：可是我们怎么有能力判断十年之后的公司经营情况呢？万一第五年之后经营情况不理想了，就像可口可乐在2000年之后增长慢了，那么岂不是跌着跌着就真的跌下去了？所以还是早点涨吧，N年之后的未来，确定性太难判断了！

**唐朝**：等着换现金消费，自然是早涨早好的。如果不是，从投资的角度说，即使换成一堆现金到手，也不能提升投资者对公司的判断能力，很可能只是过手的财富保管员。毕竟你还会再投资，现金还是会变成另一家你可能依然没有能力判断的企业股权。

**Jonley_2.0**：好的企业不上市是不是也很棒？虽然吃不到市场疯狂的那部分差价，但投资者也可以踏踏实实地取得收益。

**唐朝**：是的，喜诗糖果、NFM、波仙珠宝等，都是这种类型的印钞机。

**燕南飞**：虽然知道跌比涨对我们更有利，可还是希望买了它就涨。请问老唐这个心理要怎么破？

**BP**：希望大概率是没有用的，或者说，唯一的用处可能是让你失望难受。

**燕南飞**：是啊，有钱的时候希望它跌，没钱的时候希望它涨。矛盾综合体。

**唐朝**：注意，我们所讨论问题的起源是有网友评论，"巴菲特面对类似可口可乐这样的公司，买满了以后也是早涨早好"，我表达的观点是，"对于巴菲特而言，类似可口可乐这样的好公司，即使买满了，不打算再买一分钱，甚至连分红再买入也不做，仍然是股价下跌优于上涨，而不是早涨早好"。

在可口可乐经营情况不变的前提下，如果现在有两种选择：（1）今天可口可乐市值2700亿美元，巴菲特拥有其中9.2%，市值250亿美元——这是现在的事实；（2）今天可口可乐市值1000亿美元，巴菲特拥有其中更多,比如是19.2%,市值192亿美元——这是假设这些年可口可乐股价比实际跌得更多,导致公司回购注销了更多股份的结果。我相信巴菲特一定会选择第二种。这种选择失去的是账面记录的浮盈58亿美元,但多出来的是每年多分可口可乐10%的净利润。前者58亿美元是纸面数据,随便哪天市场一哆嗦,说不定就强行塞给你580亿美元。而后者却是踏踏实实的长流水,是日夜流进口袋的现金。

部分参与讨论的朋友纠结"我马上要用钱""公司不行了怎么办""公司不分红,公司不回购,回购不注销……怎么办"。在这些假设下,无论是谁都会盼望赶紧涨、赶紧卖的,这没有什么好讨论的,有这种心态也非常正常。只是无论你盼涨、盼跌还是盼平,丝毫不会改变市场的轨迹,真正受影响的只有你自己的心境。

我阐述"买满之后还是希望跌"的道理,是为了告诉大家,只要公司符合三大前提,且企业管理层站在股东利益角度考虑问题,哪怕是买满没钱了,下跌的过程会让我们赚到比上涨的过程更多的钱。正是因为有这样的规律存在,所以你就无法妄想这样的企业股价会持续跌,就好像巴菲特的可口可乐一样,无论他怎么盼望跌,最终公司的市值还是飙升了很多倍,巴菲特也不得不"被迫"收下股价涨幅的"小钱"。

就如同《价值投资实战手册第二辑》48~57页讲的那个泸州老窖例子一样,本来股价只要一直跌,你可以靠20万元本金就轻松登上福布斯富豪排行榜,年收现金分红8.6亿元以上的。但很可惜,逐利的资本用足了洪荒之力,就存心不让你上榜,最终你不得不接受20万元28年仅仅只能变成5612.8万元"小钱"的"糟糕"结局。

彻底弄懂这个理念的价值,不在于思考盼跌盼涨究竟有没有价值,而在于你会彻底放心。只要企业发展是令人满意的,那么遇到牛市环境,股价暴涨的结果可能是将原本三年一倍的预期,变成一年一倍(通常是后两年再亏掉一些,你看巴菲特也遇到过暴涨的,但长期收益率就是20%,就知道暴涨后的结果了);遇到普通市场的结果可能就是三年一倍;而遇到糟糕的市场环境,结果反而可能将原本的三年一倍,变成了五年四倍。

懂了这个，心里会彻底坦然。整个投资旅途，就剩一件事：瞅地，瞅地，瞅地！除了操心你的"地"是不是优质地块，有没有变质，其他的根本不需要你操心。只要你的投资资金短期内（至少三五年）没有紧急需求，你的命运只能在赚、大赚、暴赚、赚到忍无可忍几种结局里被迫选一样，没有其他选择。就这么"惨"！

**不是朱轶**：希望股价怎样是没用的，影响的只是自己的心境，让自己被市场先生牵着鼻子走。说得太明白了。

**fsags**：道理是这样，难的是判断企业。

**唐朝**：对的，所以股市赚大钱的人不多。整套体系一共就剩这一个未知数，如果我们还想要它也很简单，或者有个简单易懂的公式一键解决，若真如此，世上哪里会有那么多钱，让几十亿人都成为亿万富翁呢？

**庞震撼**：期盼快点涨起来的，通常基于以下原因：（1）用了杠杆；（2）投机心理；（3）后续没有新增资金投入；（4）没有享受投资过程，只想享受投资带来的回报；（5）对长远的未来持悲观态度。

**忆溪舟**：关键点在于是否长期，甚至是否终身。在终身视角下，我们才能忍得住寂寞，看得到希望。如果明天就打算跑，谁还关注这玩意儿到底值多少钱呢！

**唐朝**：是的，所以长期视角很重要，懂得现金也是一种投资品（很烂的投资品）很重要。

**林飞**：面对股价下跌，保持良好状态的法宝就三样：（1）确保投入的是长期资金；（2）买入的是内在价值不断提升的好公司；（3）公司管理层靠谱，分红、回购注销，为股东利益考虑。而这三点，其实恰好都是买入前我们应该做好的功课。

长期资金的基础是对理念的彻底明白，公司价值和管理层判断，来自于不断地研究学习。所以根本上来说，买入之前的行为就决定了能否保持良好的心态，而不是买入之后遇上大跌再去调整。面对股价波动如果内心有波澜，要认真想想自己买入之前究竟是怎么思考的。

**蜗牛与黄鹂鸟**：在股票低估区域股价继续下跌，投资者没有新钱再继续买入，但也不需要被迫斩仓的情况下：如果公司回购注销，可以提升股东持股比例，股东可以分到更多分红；如果公司只回购不注销，相当于低估买入股权，对股东有利；公司不回购不分红，属于中性，对股东没影响。

**浩然斯坦**：这段论述，比那个泸州老窖每年下跌5%的思想实验还要震撼人心。理解了、想清楚了，就真的能做到彻彻底底不惧下跌了。

## 是否应该分红

**巴菲特**：利润表里的净利润数据，并不适合用来衡量伯克希尔的发展状况，部分原因是这些数值仅仅包括我们从投资对象那里收到的现金分红，而现金分红通常只占我们实际拥有收益的很小一部分。

我们并不要求所投的公司一定要分红，实际上，我们更重视投资对象如何利用留存的那部分收益。原因很简单：如果我们的投资对象有机会将赚到的钱，以高预期回报率再投资出去，我们何必要求他们把利润分掉（然后自己再去找投资目标）呢？

（摘自1997年致股东信；摘录时间：2022-09-28）

**唐朝**：很多投资者都有一种心结，认为上市公司赚了钱又不会全部分给股东，所以利润就不是自己的，或者至少不全部是自己的。巴菲特在这里强调了，只要公司再投资回报率够高，我们就不需要它们分红。公司拿留存收益去赚到的钱一样是属于股东的，一样会在资本市场被定价，体现为市值。这帮我们捅破了心理误区边上那层朦朦胧胧的隔膜。

现金分红的核心价值大致有三点：

（1）分红让资金更有效配置。

上市公司选择分红，基本是公司短期之内不需要扩张，如果不分红，钱躺在账上没有创造价值。而股东们可以拿着分红的钱去投资更加优质的资产，让资金得到更加有效的利用。

（2）分红再投资获得更多股权。

如果持有的这家上市公司很优秀，而且估值又不贵，通过选择分红再投资，获得的股权会越来越多，你在将来的公司分红中就可以分到更多的红利。假如这家公司持续增长并且分红，十多年后一年的分红可能就会比你当初投资的金额还要多。

（3）帮助投资者排雷。

上市公司分红需要拿出真金白银发给股东，这从另外一个层面可以起到排雷的作用，检验公司是不是获得了真金白银的利润。但如果我们能从其他方面确定公司财报没有造假，那么这个作用其实就价值不大。分红与否应完全取决于公司留存收益的再投资预期回报率。比如，像腾讯这种有大把可投对象的，一分钱不分最好；而像茅台这种钱留在账上存银行的，应该分光最好，甚至借债来分更好。

**老张**：只要把持股当作合伙做生意的公司，不当作击鼓传花的"票"，老唐讲的这点就很容易理解，有合伙做生意经历的人可能更容易明白。

**水声潺潺**：关于对分红的理解，唐书房2019年3月的《散打投资15：如何面对铁公鸡？》一文里，收录有巴菲特在2012年年报里的手把手教学。原文如下：

关于分红，我们需要一些假设并且要做些计算。这些数字需要一些功夫才能理解，但是这对于理解应该和不应该分红的原因很重要。所以请耐心听我讲。

我们假设你和我各自拥有一家价值200万美元的公司的一半。公司每年的利润率是12%（24万美元），并且可以合理预期新增投资也能获得12%的回报率。另外，外部投资者愿意以1.25倍PB（PB=市价/账面净资产）购买我们公司的股票。于是，我们各自资产的价格是125万美元。

你可能希望公司每年把利润的三分之一用来分配，剩余三分之二继续投资。你觉得这个方案既满足了当前收入的要求，又能实现资本增值。所以你建议我们分配8万美元现金，剩余16万美元用于增加公司未来的利润。

第一年，你会收到 4 万美元的分红，之后利润会增长，三分之一的分红比例继续，你收到的分红也会增长。于是，分红和股票的价值会以每年 8% 的速度增长（12% 的回报率减去 4% 的分红比例）。10 年以后，我们的公司会价值 4,317,850 美元（期初的 200 万按 8% 的复合增长率计算），同时你下一年收到的分红也会增长到 86,357 美元。我们两人各自的股票价值 2,698,656 美元（我们各自一半净资产的 125%）。我们之后还会更快乐——分红和股价依然每年增长 8%。

但还有另外一种方式可以让我们更加快乐。那就是我们留存所有的利润，同时每年卖出手中 3.2% 的股票。因为股票可以以净资产 125% 的价格卖出，所以这种方法第一年也能获得 4 万美元的现金，卖出获得的资金也会不断增长。我们暂且把这种方法叫作"卖出法"。

在"卖出法"的情形下，10 年以后公司的净资产值会增长到 6,211,686 美元（期初的 200 万按 12% 的复合增长率计算）。但是因为我们每年卖出股票，持股比例会下降，10 年以后，我们每人拥有公司 36.12% 的股票。即便如此，你所持的股票对应的净资产为 2,243,540 美元。别忘了，每一美元的净资产值可以以 1.25 美元卖出。因此，剩余的股票市值 2,804,425 美元，大约比分红的情形下高 4%。同时，你每年卖出股票获得的现金，要比分红法获得的现金高 4%。哇！你不但每年有更多钱花，最后还有更多的财产。

## 换股并购

**巴菲特：** 在收购活动中，我们强烈倾向于使用现金，而不是发行伯克希尔的股票去支付。对历史记录的研究将告诉你原因：如果你汇总我们过去所有通过发行股票实施收购的案例（不包括合并多元零售和蓝筹印花两家关联公司案例），你会发现，如果我们不做这些收购，股东们的境况还要更好点儿。也就是说，我发行股票去收购其他企业的所有努力，实际是在糟蹋包括你在内全体股东的钱，这让我很难过。

有一点必须说清楚：这并不是因为卖家隐瞒信息误导了我，也不是因为他们并入伯克希尔后就出工不出力了。相反，在交易过程中卖家们是坦诚的，并入伯克希尔后工作很努力，成绩很显著。

我们的问题是，我们本来就拥有一批真正了不起的企业。这意味着用这些企业的部分所有权去交换其他东西几乎永远是错的。当我们发行股票实施收购时，其实是减少了包括你在内所有现有股东，在我们现有全部业务中的持股比例——包括我们所有的子公司和所有只拥有少数股权的公司，比如可口可乐、吉列和美国运通等。

我们可以用棒球球员的交易来描述所面临的困难：对于一支球队来说，获得一名打击率为 0.35 的击球手，几乎总是一件值得庆祝的大好事。但是，如果要用队内一名打击率为 0.38 的击球手去交换，那就成了糟糕的事。

（摘自 1997 年致股东信；摘录时间：2022-09-29）

**唐朝**：巴菲特在收购活动中，始终坚持尽量用现金支付。但如果卖家只肯收伯克希尔股票，巴菲特通常会提供一个"收现金更划算"的选项，尽可能吸引部分卖出股东选择现金。方案通常是这样的：如果选择换股，每股按 48 美元折算（伯克希尔股价就按交易达成时的市价算）；但如果愿意收现金，则每股支付 50 美元现金。

要求换股的，一般是持股数量较大的股东，主要涉及资本利得税的问题。收现金等于是卖掉，卖掉的所得减去成本，差额需要计入当年总收入，总收入超过免税标准的部分就需要缴纳对应的资本利得税；而换股在税法里视为该项投资的延续，不产生资本利得税（不是免掉，而是等未来卖出伯克希尔股份时再缴纳，一直不卖就一直不纳税）。对于因为身份、收入门槛以及有可抵扣亏损等而不需要缴纳资本利得税的股东，面对这种方案时当然愿意拿现金。哪怕他很想要伯克希尔股票，也可以拿到现金后在股市自行买入。

巴菲特这里自曝"黑"历史：自己所有发行股票实施的收购活动，加总起来作用为负，属于越努力越悲伤的类型。这个真的太令人佩服了，如果巴菲特自己不说，我估计全世界没有几个人能注意到或者能算出来这个数据。但他老人家就这么坦荡地白纸黑字广而告之。

之所以如此，背后的原理是：手头本来持有的就是一些相当优秀的企业，用这些企业的部分所有权去交换别的东西，几乎永远是错的。他用球员交易来举例，相信已经说得很清楚，无须再做补充。

上面说的"几乎永远"指的是大概率，但不是绝对。什么时候这种交换会是对的呢？咱们且听下文分解。

**ViV**：这样看来，那些动不动就增发股票用以收购的企业，是否也意味着对自身业务不够自信呢？

**唐朝**：也可能是太清楚自己的底牌了。

**武侃**：这话的意思是"觉得用自己的股票来收购别人的企业，是占了对方的便宜"？

**唐朝**：对。

**杨大掌柜**：我联想到德克斯特鞋业被伯克希尔收购，老板坚持要股票不要现金的例子。德克斯特鞋业老板，可能是巴菲特谈判对手中最有眼光的一位。

**巴菲特**：要想让我们使用换股并购，或使用现金但支付溢价的方式，下面两个理由总得至少有一个：要么我们自己的股票相对于收购对象的股票有明显高估；要么两家公司合并后的收益，会高于它们单独经营时的收益之和，即所谓的具备协同效应。

但历史上，伯克希尔股价很少被明显高估。同时，此时的市场里也几乎找不到被低估的收购对象。至于协同效应，那通常是不靠谱的，我们顶多也就期望收购对象被我们收购后，还经营得像收购前那样子就不错了。毕竟，加入伯克希尔这件事本身，既不会导致它的收入增长，也不会导致它的成本降低。

上述思路应该适用于所有的企业并购活动。但显而易见，因为买方一般不会愿意承认自己的股票被高估，所以他们只能宣称收购具有协同效应。然而，那些以尽可能快的速度发行股票，去实施收购的贪婪买家，其实已经用行动供认了高估的存在。通常来说，这种收购是华尔街骗术的翻版。

我们承认，某些并购活动中的确存在协同效应，不过收购方为此付出的代价通常也太高了。但大部分时候，预期的成本降低或收入增长，都只是镜中花、水中月。有一点是可以肯定的：只要某位 CEO 对某项收购充满热情，无论该项收购有多么愚蠢，他的下属和外部顾问都能马上拿出任何必要的预测，来证明收购应该实施、必须实施。只有在童话里，才有人会指出国王是光屁股。

（摘自 1997 年致股东信；摘录时间：2022-09-30）

**唐朝**：巴菲特说，除非卖家坚持只要股票，否则他都希望直接支付现金收购。这里面其实已经暗示了现金是伯克希尔旗下资产里，他最不想拥有的那种。即使是坚持只要股票的谈判，巴菲特也会提供一个"现金更有诱惑力"的方案，以"勾引"更多卖家选现金。当然，这通常指的是收购对象有多个股东的情况。

无论通过股票支付还是现金支付，如果要给收购对象溢价（比合理估值更高的价格），至少要在两个条件里具备一个才能实施：一个是换股时自家股票比收购对象的股票有明显高估，另一个是具备协同效应。

巴菲特指出，买方一般都不愿意承认自己的股票高估，所以通常都会宣称具备协同效应。而且，只要 CEO 想收购，自然有大把人提供数据翔实的论据证明这收购有理、有利，不仅应该做，而且简直不能等，应该马上做。

金庸的《鹿鼎记》里有这么一段故事，说韦小宝小时候被以芍药花闻名扬州的禅智寺和尚欺负过，等自己做了大官后再到禅智寺，发神经报复，让把寺庙的芍药花全部铲掉。真实原因当然不好说，就随口乱说，"听说芍药花喂马最好了"。随行官员里的吴之荣立刻站出来说："韦大人学识渊博，真叫人敬佩。芍药根叫作赤芍，《本草纲目》中是有的，能去瘀活血。芍药的名称中有个'药'字，可见古人就知它是良药。马匹吃了芍药，血脉畅通，自然奔驰如飞。大人回京之时，卑职派人将这里的芍药花都掘了，请大人带回京城。"

这简直就是活灵活现地演示了巴菲特的这句话："只要某位 CEO

对某项收购充满热情，无论该项收购有多么愚蠢，他的下属和外部顾问都能马上拿出任何必要的预测，来证明收购应该实施、必须实施。"

从这个角度延伸出去想，投资者也要提防那种一把手容不得不同意见、独断专行的企业。因为这样的领导人自然而然会吸引吴之荣这种类型的人才，而再英明的人在吴之荣牌酱缸里泡久了，变质的概率也会大幅增加。

**韩水上人**：老唐，为什么历史上伯克希尔很少高估呢？

**唐朝**：三个原因吧：一是伯克希尔的增长老是超出市场普遍预期，二是多元化折价，三是二老一遇到高估就要向市场喊话，这让很多市场炒家望而却步。

**晓青**：为什么溢价收购时，要看自家股票比被收购企业的股票高估？而不是自己股票比自身内在价值高估？

**唐朝**：你的一元钱如果作价3毛，我的一元钱作价8毛，虽然我自己相对自己的内在价值没有高估，但依然值得换。如果我的1元作价2元，相对自己的内在价值已经高估。但同时你的1元作价2.5元，即使我的高估，我也不和你换。对不？

**何为贵**：如果买家因为自家股票高估急于发行新股收购，这相当于占卖家的便宜。一旦后续股价回落，卖家持有的股票缩水，这样买家会不会被骂不厚道呢？

**唐朝**：会。买家同样也可能会暗骂卖家蠢。我们可以忽略这类对骂。商业世界自主决策，没有谁给你担保对手一定是厚道的，甚至可能不厚道是常态，厚道是反常态。

**冰冻273k**：协同效应这个东西，到底存不存在呢？巴菲特说基本都不靠谱，但我认为，制造业如果将上下游打通，或者类似于海螺水泥那样，把产业集成化，成本确实能降下来啊？

**唐朝**：某些收购里的确存在。只是巴菲特收购企业的时候，一般不考虑这个，不期望这个。如果有，算额外惊喜。

**姚队**：老唐，巴菲特收购移动房屋制造商克莱顿，就算协同效应了吧？

**唐朝：**对。一个需要大量资本，需要信用背书。一个有大量资本无处可去，能够给子公司提供坚实的信用背书。这次收购的确具备协同效应。

## 对所罗门的反思

**巴菲特：**所罗门兄弟公司最近被旅行家集团收购，这笔交易解救了一直备受折磨的全体股东。包括我本人在内的伯克希尔全体股东，都欠德瑞克·莫恩和鲍勃·邓纳姆一个大人情。他们在1991年拯救所罗门公司的过程中发挥了关键作用。然后他们又恢复了公司的活力，使它能够被旅行者集团看中。

（摘自1997年致股东信；摘录时间：2022-10-09）

**唐朝：**本段致股东信里感谢的两个人，莫恩是巴菲特在1991年8月18日任命的所罗门新CEO。当时所罗门董事长、CEO及相关有责任高层都引咎辞职了，巴菲特与剩余12个高管每人谈话10分钟，然后就指定当时担任所罗门投行业务的负责人德瑞克·莫恩担任所罗门的CEO。

事实证明巴菲特看人的眼光的确厉害，就那么10分钟的交谈，就选出一个高手。莫恩后来不仅将所罗门经营得有声有色，而且在所罗门被旅行者收购之后，旅行者和花旗合并，莫恩一直做到花旗集团副董事长、花旗国际的董事长兼CEO，负责花旗集团在欧洲、亚洲和拉丁美洲的业务，是花旗掌门人桑迪·威尔的得力助手。后来莫恩还被英女王封为爵士——莫恩是英国人，毕业于伦敦国王学院。

另一个鲍勃·邓纳姆（罗伯特·邓纳姆，鲍勃是罗伯特的昵称）是MTO律师事务所（芒格、托尔斯和奥尔森律师事务所）的律师。拯救所罗门行动中，邓纳姆和奥尔森是巴菲特所依赖的主力。度过危机后，巴菲特让邓纳姆做了董事长，1997年所罗门被旅行者集团收购后，邓纳姆回了MTO律师事务所。冠名合伙人奥尔森则于当年被吸纳入伯克希尔公司的董事会,成为当时伯克希尔 7 位董事[①]之一。

对所罗门的这笔投资,算是巴菲特一生最辛苦的一次挑战了。也正是借着这笔投资,巴菲特真正成了在全美妇孺皆知的知名人士。这个故事的跌宕起伏,我在《巴芒演义》第三十七回详细讲过了,这里补充一些衍生思考。

1987 年 9 月 28 日,巴菲特答应投资 7 亿美元给所罗门公司,条件是 9% 年息,外加 3 年后有权以 38 美元的价格转股(当时股价 32 美元左右)。巴菲特和古弗兰相交十多年,他一直认为古弗兰是可以信赖的朋友。但毕竟是 7 亿美元,是 57 岁的巴菲特有史以来最大的单笔投资,单凭关系和信任想必是解释不了的。

我估计对于当时的巴菲特而言,这笔投资建立的条件大致有三:(1)华尔街兼并天才佩雷尔曼和"垃圾债券之王"米尔肯联手的恶意收购行动,导致所罗门董事长古弗兰求到巴菲特门上来了。(2)所罗门是当时华尔街顶级投行,偿债能力"应该"是没有问题的。米尔肯和佩雷尔曼寻求收购本身,也相当于为所罗门的净资产做了隐形的背书。(3)当时所罗门股价在 32 美元左右,设定的 38 美元的转股价,在未来三年里获利退出的概率极大。事实上,在 1991 年丑闻爆发前,一直有所罗门的股东和高管非议巴菲特是趁火打劫,是借着危机逼迫古弗兰签下了刻薄的"卖身契"。即便是经历了 1987 年大股灾后,1991 年丑闻爆发前,所罗门的股价也已经涨到 37 美元,眼看转股权就要变成大把的真金白银了。

然而,正如《巴芒演义》里说过的,巴菲特的"择时"能力简直烂透了(其实是运气糟透了)。这笔投资的钱款交割完毕后大约刚一周时间,10 月 19 日就爆发了全球大股灾,道琼斯指数单日跌幅 22.62%,超过 1929 年 10 月 29 日的大萧条暴跌纪录,荣登 20 世纪美国股市单日暴跌榜首。所罗门股价直接跌至 16.62 美元。

---

① 巴菲特夫妻及儿子霍华德、巴菲特中学同学沃尔特·斯科特(2021 年 9 月 25 日去世)、查理·芒格、1964 年前伯克希尔董事长老蔡斯的儿子小蔡斯(1992 年顶了老爹的席位)、罗纳德·奥尔森七人组成伯克希尔的董事会。

股价暴跌对这笔投资的影响并不大，顶多也就是转股价设高了，少赚了，不影响本息的获取（想想如果在三周后敲定这笔投资，转股价或许能定为20美元左右，那就赚美了）。真正对这笔投资造成灾难性打击的，是1991年所罗门爆发的国债丑闻，它直接让巴菲特的7亿美元面临归零的风险，而且以当时的情况看，几乎是确定会归零了。

巴菲特在拯救所罗门的行动中，最难受的是决策环境和决策方式的巨大变化。1991年之前的巴菲特，只是在投资圈里小有名气，出圈之后几乎没什么人认识他。而所罗门事件里他成了各大电视台新闻节目、现场跟踪节目的主角，变成了妇孺皆知的人物，一举一动都被放在了聚光灯下无限聚焦和放大，被各种评论人士从各种匪夷所思的角度去评头论足。

除了声誉的影响之外，巴菲特的决策环境也发生了巨大的变化。过去，巴菲特安静地蜗居奥马哈，只与自己喜欢和信任的人打交道，过着一种慢悠悠、近于静止状态的生活，一年可能只需要作出一两个决策就足够了。而所罗门事件把巴菲特推向了朝不保夕的风口浪尖，他每天可能都需要在一片嘈杂中，面对铺天盖地蜂拥而来的天量信息，作出几十个事关生死存亡的重大决策。这种考验是巴菲特这辈子都没有经历过的，所以事情稳定下来后，他将自己担任了10个月所罗门董事长的生涯，形容为被判了10个月的有期徒刑。

还好，总算扛过来了，这笔投资最终在十年之后圆满退出，1997年"接盘侠"桑迪·威尔以81美元/股的价格收购了所罗门（换股模式）。巴菲特这期间加买的所罗门股权以及1997—1998年卖出旅行者集团股票时遇到的波动另计，单独这笔7亿美元的优先股投资，股票上是38美元转股，81美元退出，十年获利113%，7亿美元变14.92亿美元。再加上前三年每年利息6300万美元，合计$0.63 \times 3+14.92=16.81$亿美元，算是基本圆满退出。

但这件事给巴菲特的教训应该挺深刻的，2008年另一家顶级投行高盛求到他头上的时候，巴菲特可比对所罗门狠多了。高盛签的那才真正叫"卖身契"，算得上是敲骨吸髓式狠赚了一笔。

**伯涵：**所罗门的故事，最让我感受深刻的，是巴菲特的那句话："如果你让公司亏钱，我可以理解；但如果你让公司名声扫地，别怪我不留情面。"后来在每次的股东大会上，巴菲特都会反反复复播放他接受国会质询时的那段录像，借此提醒所有人，必须把声誉置于金钱之上。道理其实不难懂：钱没了可以再赚，名声没了就彻底毁了。

**戳锅漏 BearG：**经营的钱没了可以借，也可以找人来投资。但是如果没有信誉，手里即便握着钱也会被抽贷，被抽回投资，甚至连供应商都会来挤兑把企业逼死（看看乐视、恒大、融创）。可能这就是信心重于黄金的意思吧。

## 美国运通

**巴菲特：**我们在 1991 年通过协议，投资了 3 亿美元美国运通的"破壳"股票（Perc.）。这种"破壳"股本质上还是一种普通股，但和一般的普通股略有区别：在投资的前 3 年我们可以领取约定的特别股利，条件是如果股价上涨，我们的利润有封顶。

然而，尽管上有封顶，你们的董事长依然巧妙地将运气和能力糅合在一起，最终这笔投资还是获利不菲。其中运气成分只占了 110%，其他全是本人的能力。

根据约定，我们的"破壳"股必须在 1994 年 8 月以前转换成普通股。而就在到期前 1 个月，我还在考虑转换之后马上卖掉它。当时考虑的主要因素是，虽然美国运通总裁哈维·哥伦布表现相当优异，他总是有办法将公司的潜力发挥到极致，但这种潜能此刻面临严重的挑战，那是来自以 VISA 为首的其他发卡企业激烈的竞争。权衡利弊后，我还是倾向于卖掉。

还好我走运，就在要作出决定的那个月，我正好和赫兹租车公司 CEO 弗兰克·奥尔森打了一场高尔夫。弗兰克是一位相当优秀的企业管理者，因为业务的原因对信用卡行业了如指掌。从第一杆开始，我就一直追问他关于这个行业的各种问题。当我们到达第二个果岭时，弗兰克已经让我相信美国运通的公司卡是一项绝佳的生意，我决定不卖了。到后九洞，我直接就变身为买家了。几个月后，伯克希尔拥有了运通公司 10% 的股份。

如今，我们在美国运通身上赚了 30 亿美元，我自然非常感谢弗兰克。但我们共同的朋友乔治说，我更应该感谢他，是他把我和弗兰克安排在一个组打球的。

（摘自 1997 年致股东信；摘录时间：2022-10-10）

**唐朝**：这是一场价值几十亿美元的高尔夫球运动——说价值 200 多亿美元也可以。

巴菲特在 1991 年买了运通 3 亿美元的"破壳"股票。注意，破壳这个音译是老唐原创，别处没有。啥是破壳股票，我们下面细说，此处先知道它大约是一种三年期的、到期强制换股的可转换优先股就行了。

1994 年 8 月要到期了，巴菲特当时的考虑是到期后马上卖掉。为什么呢？因为从 1990 年开始，运通的信用卡业务受到了 VISA 和万事达两大银行卡联盟的强力冲击，净利润出现断崖式暴跌：1990 年运通在营收增长 11% 的情况下，净利润暴跌约 85%，从 1989 年的 11.6 亿美元跌至 1.8 亿美元。

虽然在 1992 年哥伦布接任总裁后，使用各种挖潜技能，将 1993 年的净利润又提升到 14.8 亿美元，但巴菲特依然担心这种挖潜是有限的，未来在两大发卡联盟的攻击下，公司很难获得持续的增长。所以，掂量来掂量去，巴菲特还是准备转股后卖出离场。

也是活该他赚钱。正巧，此时巴菲特去打了一场高尔夫，和赫兹租车公司总裁弗兰克同场。巴菲特向弗兰克请教了很多关于信用卡业务的关键疑问，都得到了解答，而且他从中看到了运通美好的未来。没有文字记载这次交流的具体内容是什么，但推测是弗兰克让巴菲特认识到了运通卡的客户群体和 VISA 及万事达并不相同，它天然定位高端，已经成为身份和地位的象征。VISA 和万事达越普及，富人群体越倾向于使用运通，等等。

于是，巴菲特决定转股后不卖了。不仅那 3 亿美元转股后不卖了，还在 1994 年和 1995 年额外追加了 10.93 亿美元（买入均价略低于 29.4 美元），使 1995 年末持股数量达到 4945.69 万股，总投入 13.93 亿美元。1997 年末持有运通的市值达到 44.14 亿美元，获利超过 30 亿美元。

1997—2022 年，巴菲特在运通上的持股有少量进出，但持股主体基本都在。截止到 2021 年底，持有运通成本 12.87 亿美元（可以理解为卖掉了不到 8% 的持股，92% 以上还在），市值 248 亿美元。所以，这场高尔夫也可以说是价值超过 200 亿美元。

不过，千万不要以为这个持股过程一帆风顺。"公主和王子从此就过上了幸福的生活"只能是童话里的表述，运通股价在 2007 年 7 月到 2009 年 3 月之间，照样从 65 美元跌到 10 美元，巴菲特只是呆坐没动而已。

通过这场高尔夫，我们可以总结出巴菲特的谦虚和俏皮（110% 的运气、−10% 的能力）、社交圈子的价值、虚心学习的重要性、64 岁百亿级富豪依然保持开放心态的非凡意义，等等，多种学习方向，但这都不是我要说的主要内容，我想聊的是这个破壳（Perc.）。

关于这个破壳股票的条款，主要资料是 1991 年致股东信里的一段介绍："对美国运通的投资不是一般的固定收益证券，它是一种'破壳'股票（Perc.）。我们投资 3 亿美元，每年 8.85% 的股息，三年到期时转换成最多 12,244,898 股普通股。至于究竟能转换多少股，取决于届时的股价，但转股后市值最高不能超过 4.14 亿美元，最低则没有下限。不过，如果三年期满时，运通股价低于 24.5 美元，我们有权要求延期一年。"

我之所以要特别谈这段，是因为迄今为止在中文世界里，所有关于巴菲特的书籍里，我没有读到过任何一份资料，将这个破壳股票的具体条款说清楚、说正确。当然，也可能我阅读量不够宽泛，漏了某些宝藏。下文所有条款和相关解释，都是老唐抠破头皮后的自我理解。

巴菲特之所以在 1997 年致股东信里说"破壳股票本质上是一种普通股"，是因为过往他买的"收息＋转股"条款的优先股，转股都是权利而不是义务。以上文的所罗门优先股为例，"有权以 38 美元转股"

的意思，指的是股价高于 38 美元，巴菲特才转股赚差价。如果等于或低于 38 美元，巴菲特可以不转股。如果不转股，最终所罗门公司需要在约定时间内将 7 亿美元本金还给巴菲特（所谓赎回），所以它是一份含转股权利的"债"。只要公司不破产，巴菲特兜底可以赚每年 9% 的利息并拿回本金。至于后面所罗门公司能濒临破产，那是巴菲特完全没想到的意外。

而运通这个"破壳"股票，到期后必须转，转股是一种义务，而不是权利。按照我抠破头皮后的个人理解，它的条款大致是以下四条内容：

条款 A：前三年（1991—1994 年），这 3 亿美元投资，巴菲特每年拿 8.85% 的利息。

条款 B：1994 年 8 月三年期满，强制转普通股。如果届时股价低于 33.81 美元，伯克希尔得到 12244898 股运通股票，相当于按照 24.5 美元转股（3 亿 /24.5=12244898 股）。

条款 C：如果届时股价高于 33.80 美元，伯克希尔所获股票数量为：4.14 亿 / 转股日收盘价。比如届时美国运通收盘为 50 美元，则转股数量为：41400/50=828 万股。

条款 D：如果三年期满运通股价低于 24.5 美元，巴菲特可以选择延期一年，即他继续拿一年的 8.85% 利息，一年后按照上述条款 B 或条款 C 转股。

这意味着巴菲特获利有上限。哪怕运通股票涨上天，巴菲特所得上限为 49365 万美元（三个 2655 万美元利息 +4.14 亿美元市值）。但如果 1994 年 8 月到 1995 年 8 月下跌，巴菲特一样可能亏钱（继续拿着扛，赚赔另说）。比如 1994 年 8 月—1995 年 8 月，股价一直低于 24.5 美元，我们举例说是 10 美元，那么巴菲特相当于为了拿三个 2655 万美元的利息，被迫在股价为 10 美元的时候，以 24.5 美元 / 股的价格买入 1224.5 万股，买入的瞬间就实实在在地发生了上亿美元的巨额亏损。

1991 年 7 月，美国运通最低 19.04 美元，最高 22.76 美元，收盘 22.22 美元，已经从 1989 年 10 月高点 34.47 美元接近腰斩。巴菲特站在这个位置购买破壳股，实际上是认为运通股票不可能在 1994 年 8 月至 1995 年 8 月，依然大幅低于 24.5 美元。

最终结果如何呢？运气一般。1994 年 7 月运通最高 23.75 美元，最低 22.10 美元，收盘 23.2 美元。依然低于 24.5 美元，巴菲特如果转股卖出，不会赔本，但需要将吃到嘴里的利息吐一部分出来。假设巴菲特不使用延期权利，当时转股并能以 23.2 美元卖出，每股亏损（1−23.2÷24.5）×100% ≈ 5.3%，亏损总额 1592 万美元。三年合计收息 2655×3=7965 万美元，最终获利 7965−1592=6373 万美元，年化收益率不到 6.7%。

然而，一场高尔夫，让这笔投资峰回路转，变成至今获利 200 多亿美元的投资传奇。你说这是能力呢，还是运气呢？

**伯涵**：究竟是能力还是运气，我的理解是这样的：首先，一个人肯定是要有能力，不然仅仅靠一时的运气，很难走得长远。比如 1956—1969 年巴菲特合伙基金时期，无论指数涨跌，巴菲特都稳赚不赔，这是能力的体现。其次，出众的能力会带来好运气。比如文中所讲的高尔夫球，巴菲特同场的有赫兹租车总裁，两人之所以有交集，也是得益于两人过去各自的努力，配得上这样的社交圈子。最后，运气能不能把握住，还是靠能力。和赫兹租车总裁打过高尔夫球的可不止巴菲特一人。为什么只有巴菲特牢牢抓住美国运通的投资机会了呢？

**kwan**：同意。世间运气分几种：第一种是纯运气，跟中彩票一样；第二种是自己努力，加上撞上运气；第三种是因为自己努力到极致，别人"才"找上你的那种运气。显然，很多人忽略了别人的努力，只看到别人有好的结果。

**Havid**：PERC 应类似 Preferred Equity Redemption Stock，指的是具有特殊条款限制其可转换股份价值和到期强制赎回价值的优先股。运通案例中双方所谈的条款，跟这个 PERC 的形式很接近，但不是到期强制赎回，而是强制转股。这种形式好像没有对应的专业名词，所以巴菲特就用了 PERC 并加上了引号，变成 "Perc."，然后老唐把 "Perc." 音译成了 "破壳" 股。

**林飞**：请问老唐，这个 4.14 亿是条款约定的，还是计算出来的呢？

**唐朝**：双方谈投资的时候约定的。文中写的有。

**武侃**：也就是说巴菲特在买运通时，直到打球之前，对这个企业的认识与定位其实是有偏差的？或者说他以为自己买的是普通信用卡业务，因此被两大联盟吓退了，但其实他买的是高端信用卡业务，被球友给点醒了。这样理解可以吗？

**唐朝**：我认为是这样的。

## 企业家的声誉

**巴菲特**：在股东大会前一天或后一天去波仙珠宝参观的人，记得表明你的伯克希尔股东身份，波仙总裁苏珊·雅克会给各位最热情的接待。有一点我必须特别说明的是，苏珊在1997年的表现相当优异，她是所有老板心目中最理想的职业经理人。

（摘自1997年致股东信；摘录时间：2022-10-12）

**唐朝**：我用一个小故事，结束1997年致股东信的陪读。故事略长，但很轻松。

1989年，巴菲特用现金收购了波仙珠宝80%的股份。收购的核心原因是管理层。正如巴菲特所言："买下一家没有优秀管理层的零售企业，等于买下没有装配电梯的埃菲尔铁塔。"[1]

波仙珠宝是B夫人的妹妹和妹夫的企业，经营理念和B夫人差不多，以诚信、品质、低成本的采购和大量销售而闻名。巴菲特收购时，主要是B夫人妹妹的儿子艾克在经营。

1989年2月巴菲特和艾克谈收购的时候，一共就问了五个问题：销量多大？毛利多少？费用多少？存货多少？你们（指艾克和艾克的女婿耶鲁）是否愿意留任？艾克不用看账本就回答了前四个问题，并表示愿意留任，然后报了一个价，巴菲特接受了，交易结束，全程不到十分钟。

---

[1] 译者注：巴菲特的意思是"那以后的麻烦事儿可就太多了"。

然而，很遗憾，1991 年 9 月 12 日，艾克因为肺癌去世，女婿耶鲁接任了 CEO。此时副总裁的位置空缺，提拔了一位员工，一名女性员工，就是今天致股东信摘录里提到的苏珊·雅克。这位美女雅克的经历挺有意思，可以讲给奋斗在职场的朋友们观摩。

雅克 1959 年出生于非洲的津巴布韦（津巴布韦当时还叫罗德西亚），是白人（父亲是英国人，母亲是澳大利亚人）。雅克读完高中的时候，还不知道自己未来究竟想干啥，于是在妈妈的建议下，准备走非洲女孩子的常见道路——不读大学就去读秘书专业（类似短期职业培训），然后找一份秘书工作。

读完秘书培训后，她应聘到苏格兰珠宝公司在津巴布韦的店铺，当时可以做秘书，也可以做销售。雅克想尝试一下卖珠宝，于是选了销售。做销售后，她发现不懂珠宝就卖不好珠宝，于是就想学习珠宝相关知识。因为有同事曾读过美国宝石学院[①]，雅克也就去该学院学了 6 个月。

1982 年，23 岁的雅克以优异的成绩获得美国宝石学院全球最杰出学员奖。此时有个同学邀请她去他家的珠宝店工作，这个同学名叫艾伦·弗里德曼，是波仙珠宝掌门人艾克的儿子。

于是雅克就在 1982 年 9 月入职波仙珠宝，成为一名最普通的售货员。1986 年升珠宝经理和珠宝买手。1987 年和波仙珠宝新入职的一名员工恋爱（并于 1990 年结婚，这个员工家里是开家具厂的）。

1989 年巴菲特收购波仙，1991 年艾克因肺癌去世，艾克的儿子艾伦当时在加州单独创业，所以艾克的女婿唐纳德·耶鲁接班，此时，雅克被升职为副总裁。

1994 年 1 月，耶鲁的夫人也得了癌症（B 夫人活到 104 岁，推测她妹妹基因也不赖。但妹妹的儿子和孙女都是癌症，可能是 B 夫人妹夫的基因不太好？），耶鲁想花更多时间在家陪夫人，于是向巴菲特

---

[①] 美国宝石学院（GIA），成立于 1931 年，是一个独立的非营利机构，也是宝石领域公认的世界最高学术权威，位于美国加州。GIA 1953 年创建的国际钻石分级系统，现在是全世界几乎所有专业珠宝商公认的标准。

申请辞职。

巴菲特和波仙珠宝现有几位高管简单沟通了一下，任命雅克担任波仙珠宝的 CEO。雅克当时 34 岁，是伯克希尔集团体系里最年轻的 CEO、第二位女性 CEO（第一位是 B 夫人）。

1997 年，雅克入选全美珠宝商名人堂，成为有史以来第三位获此殊荣的女性，时年 38 岁。1997 年致股东信里的这句"苏珊在 1997 年的表现相当优异，她是所有老板心目中最理想的职业经理人"，就是在雅克得奖后的表扬。

2014 年 1 月，雅克受母校美国宝石学院邀请，离开了工作 31 年出头的波仙珠宝，担任美国宝石学院的 CEO 至今。雅克于 2010 年荣获美国女士珠宝协会的"终身成就奖"，2013 年荣登奥马哈商业名人堂。她是美国珠宝商协会伦理行动委员会成员，钻石之友发展行动名誉主席，是美国珠宝商协会、珠宝商警戒委员会和关爱儿童珠宝商组织的理事，克瑞顿大学理事、伦理联盟理事和世界总裁组织成员。

这是一个平铺直叙的故事，一个非洲出生，没读过大学，高中毕业还不知道自己想干什么的普通女性，就业、工作和婚姻基本都是很大众化的套路，没有任何励志鸡汤。然而，雅克最终却获得了炫目的成就。背后的关键点，你认为是什么？对你的事业和生活又有些什么启迪呢？没有标准答案，但我觉着每个人都应该可以从雅克貌似平淡的故事里得到一些什么……

**伯涵**：我最近在看稻盛和夫的《干法》，要说他跟雅克也有一点相似之处，那就是出身普通（并非名门贵胄），学习普通（考了两次初中，大学时第一志愿落榜了，只进了地方大学），工作普通（毕业时去了一家要破产的小公司）。但无论是雅克还是稻盛和夫，最后都取得了让人瞩目的成绩，背后的原因，我觉得主要是兴趣的驱动，那就是"干一行，爱一行"。能像巴菲特这样早早找到自己兴趣点的固然好，没有的话也可以培养。"让自己爱上自己的工作或者事业"，也是一种很重要的能力。

**李强**：故事中有几个节点体现了她的特点：不懂就学（读美国珠宝

学院），学就学好（全球最杰出学员奖），做事（工作）认真（获得管理层和巴菲特一致认可）。

**杨大掌柜：** 雅克的人生故事，不是背景深厚的父母安排好的路径依赖，也不是天赋异禀的天才的一路开挂。她的人生选择，就像"投资就是比较"，在每一次机会来临和人生路口转换时，选择更适合自己、更有挑战性的工作，没有躺平和故步自封，而是日拱一卒和日益精进。这样才能在机会来临时抓住机会。

**林飞：** 雅克的故事比很多传奇故事更有价值，这是普通人能做到的成功。不靠背景，不靠天赋，不靠才华横溢，不靠学历。靠的是认真解决好眼前的问题，不怕挑战，勇于承担责任，踏踏实实做好每一件事。靠的是坚持学习，不停地进步，态度积极，充满干劲。态度改变命运，草根逆袭是在无数个细节上的努力积累出来的，没有什么搞了个大事件就一举改命的奇迹。这种成功更值得尊敬，也值得我们效仿。

**浩然斯坦：** 苏珊·雅克的例子很鼓舞人。

（1）人们从何处开始才能成功？答案很简单：尽可能地尝试更多事情，然后投身于一项你热爱并对之充满激情的事情，之后全力以赴。雅克在珠宝领域大获成功，就是因为她做自己最喜欢的事情，并全力以赴地去做这件事。我也在想，即使她追寻自己的激情与热情，而这并没有使她变得富有，她也会在精神上富有满足感。

（2）运气与实力。职场上运气很重要，雅克年纪轻轻就能身居高位，运气很重要。但欲戴其冠必承其重，配不上的人迟早下来。普通人能选择的只有提升实力，当运气来的时候有抓住它的能力。

（3）发挥自己的长处。当大家都拿出了自己的长处，那么你的长处决定了你在大众中的层次，它也代表了你的事业高度，如雅克这一生专注于珠宝。一个人的精力有限，不可能在所有方面都做到最好，因此最合理的做法就是将自身的大部分资源，投在少数能够带来最大回报的方向上。

**唐朝：** 再给大家分享一个能展示巴菲特投资理念的故事，同样发生在1997年。

1997年8月17日，微软决策层的三号人物杰夫·雷克斯（主管销售与市场的集团副总裁）曾经给巴菲特发过一封很长的邮件，向巴菲特阐述微软其实很容易理解：微软推出的 Windows 操作系统将成为一座"收费桥"，如果 PC 制造商希望消费者购买它们的机器，就必须通过这座桥。所以微软的经营确定性和可口可乐、喜诗糖果或 NFM 等巴菲特熟悉的企业，并没有本质的区别。他建议巴菲特考虑投资微软。

8月21日下午三点多，巴菲特亲自回复了一封邮件。这本是一封私人往来邮件，但后来在法院审理微软垄断案的过程里，作为呈堂证供被曝光，所以我们今天有运气读到它。

邮件也是谈投资的能力圈及确定性等内容，并不新鲜（而且若论结果，拒投微软少赚太多了），但好歹是巴菲特的邮件。估计很少有朋友知道巴菲特"居然"会发 E-mail，所以，我们也猎奇一下吧。

我手头的邮件中文译本，翻译质量只能用一个词形容：机翻不如。很多地方不知所云，惨不忍"读"。这篇是我在书房美女博士@翻石头的菜菜的协助下，找出往来邮件英文原版对照重译的，谢谢菜菜。邮件原文如下：

你好，杰夫：

在我的朋友中，很少有使用电子邮件联系的，所以我通常一周左右才查看一次邮箱（经常是一封邮件也没收到），因此，这么晚才给你答复，望你多加谅解。至于打字的速度，我还算有信心，但准确性却不怎么样。所以说，只有那些对猜字谜游戏有兴趣的朋友，我才斗胆用邮件回复。

脱壳机队[①]尽管实力雄厚，但确实是问题缠身。我也觉得你对脱壳机队的预测恐怕是正确的。在弗罗斯特无法听到自己声音的比赛场里，可能只有奇迹发生时他们才会赢，而奇迹似乎不太可能发生。我多么希望奥斯本教练教会他用手势来传递信息啊。

至于你认为我应该投资微软的原因，以及我为什么没有投资，你的分析里似乎只谈到了钱的因素。的确，一家在通信领域拥有如此之多

---

[①] 译者注：指内布拉斯加州脱壳机橄榄球队。

垄断权的公司，除了增长，我们几乎想不出其他什么结果。这就如同你若能从涓涓细流的每滴水抽头，最终就能积少成多汇集出一条亚马逊河一样。

但最大的问题在于：微软的提价难度有多大？去年12月年会后，我曾经给比尔[①]写过一封信，专门讨论了这个问题。实际上，贝尔公司先于比尔想到了这方面，因此它们让其他公司承担了通信基础设施的建设，自己坐享其成，持续按时间和距离收取通话费（如果能监控等候时长的话，他们甚至可以按电话的重要程度来收费）。

可口可乐在饮料市场同样有自己的垄断优势：如果平均每杯（听）可乐为1盎司的话，全世界每天就可以喝掉720亿盎司的可乐。只要人们不会在将来发现可乐致癌，我就可以百分之百地肯定可口可乐的发展前景（当然，我也有可能是错的）。

毫无疑问，目前微软的市场地位远比这更为稳固，我肯定不会下注去赌微软会输。但除非有人把枪对着我的脑袋，强迫我作出决策，否则，我只能老老实实说自己没有预测微软未来的能力。甚至让我用80%、55%之类的概率，去判断20年后的微软，我也无能为力。

如果一定要让我作出一个决策，我当然会尽力而为。但我更愿意把投资者视为一个蓄势而发的击球手，等待最好的时机才挥棒一击。前几天，我在电视上看到了泰德·威廉姆斯的节目，他提到了一本叫《科学击球》的书，后来我特意去读了这本书。他在节目里展示了一张将击球区进一步细分的图片。

他把整个击球区划分成很多小格子，在他最擅长的击打位置标出400。它代表在这个位置挥棒击球，击打率可以达到0.40。如果脱离这个区域，击打率就可能会下降到0.26。除非他已经有两次没有挥棒，而第三个来球依然是0.26区域，他只能尽力尝试以避免三振出局。否则，他会坚持等待更好的来球。

我认为这种方法同样也适用于投资。因为不同的商业经验，不同的

---

[①] 译者注：指时任微软CEO的比尔·盖茨。

环境，不同的天分，你有你的"擅长区"，而我的擅长区和你会有显著差异。所以，你眼中的好球，我很可能打不出好成绩。当然，在我的擅长区里，你可能照样击出好球，但我相信，那或许只是来球本身比较理想的原因。

如果有机会见面的话，希望我们可以就此展开更深入的探讨。作为一个初学者，我真担心自己把邮件发到外太空去了。这是我比较担心的问题，我可不希望让朋友觉得我是懒得搭理。

脱壳机队，加油！

沃伦

**伯涵**：巴菲特讲了两点：第一，自己不擅长；第二，微软有点难。其实这两者也是相辅相成的，毕竟"难者不会，会者不难"。不过，对于大多数人而言，微软之类的高科技都属于"七尺跨栏"。

巴菲特能够抗拒来自熟人推荐的诱惑，这点很难得。有不少投资者甚至还会以认识公司管理层，能够搞点"内幕消息"为荣。巴菲特不一样，我自己没看懂的，你说啥也没用，关系再好也没有用。

**BP**：在这个案例里，巴菲特没有否定微软的统治地位，没有否定它可能的增长。但因为他无法对微软商品的未来价格进行判断（如果我们能找到微软的商品价格历史列表，我猜想应该是下降趋势，记得以前Windows操作系统超贵，现在便宜多了），也就没办法做出估值。能力圈以外的事，我们不做。不过，从巴菲特这封邮件来看，我觉得他对微软或者"高科技"这个行业已经比较了解。他能理解微软的行业领导地位，也能一下指出"微软产品未来价格"这个投资判断的关键要素。

**黑牛**：为什么杰夫·雷克斯要建议巴菲特考虑投资微软呢？微软当时缺钱吗？

**唐朝**：在大家的直觉里，巴菲特及其作为投资者一生的投资回报率巅峰时期是什么时候？我相信绝大部分朋友会说"早期合伙基金时期"。因为那时候投资机会多，而且他管理的资金规模小，所以容易取得高回报，费前年化高达29.5%（基金投资者费后收益率23.8%），而且持续了长达 13 年。这是大部分媒体乃至巴菲特自己也有意无意地强调的。

但其实正确答案不是的。正确答案是：1975 年末到 1998 年的那 23 年间，年度明细数据见《巴芒演义》第 352 页。这 23 年，不仅规模远大于合伙基金时期，而且投资回报率也高于合伙基金时期，更要命的是，持有伯克希尔股票的投资者还额外享受了股价从低估到高估的过程，回报率更高。

有多高呢？巴菲特掌控的伯克希尔，在这 23 年里是将 1 元钱变 397.8 元，年化收益率 29.7%。而同期伯克希尔股票则从 38 美元/股变成 7 万美元/股，是 1 元变 1842 元，年化收益率为 38.7%。差额来自 1975 年股价约为 0.4 倍 PB，而 1998 年股价约为 1.85 倍 PB，估值的提升带来了额外的回报。

当然，由于巴菲特是伯克希尔股票的最大持有者，股价上涨他本人的身家涨幅是最大的。1975 年到 1998 年，巴菲特持有的伯克希尔股票市值从约 1800 万美元上涨到约 330 亿美元。

说这个是什么意思呢？是让黑牛及朋友们知道一点：1997—1998 年的巴菲特，是他在股市声誉最高的时候，是几乎没有质疑的"神"。作为一个几十年几乎没有犯过什么重大错误、纯靠投资将 1800 万美元变成 330 亿美元的"股神"，几乎可以说是正确的化身，是点金圣手。再加上他几十年一贯地对所投企业资产质量的高标准要求，对成长确定性近于苛刻的要求，对企业管理层道德和职业操守的无瑕追求，导致巴菲特对某企业的投资，几乎就相当于给企业票据盖上银行的增信公章。

也正因为此，巴菲特的钱和别人的钱，在市场和被投资企业眼里已经完全不是一样的钱，这也是巴菲特经常能拿到一些条件好到变态的优先股的背后原因。但你能说这是作弊吗？不能。这是巴菲特几十年如一日的诚信和付出换来的应得结果。

所以，黑牛所提问题的答案可能是：微软即使不缺钱，依然很想要来自巴菲特的钱。

# 1997年伯克希尔股东大会问答摘要[1]

## 一、关注重要与可知的问题

**股东提问**：您对未来十年金融世界的商业环境有何看法？在未来十年的全球经济竞争里美国的地位会如何？谢谢！

**巴菲特**：你问了两个大问题，但恐怕你只能得到两个小答案（笑声）。这不是开玩笑，而是我们不怎么考虑这些事情。我们只是在寻找好的生意。顺便说一句，我们过去也谈过一些对这些大问题的看法，但后来的事实证明我们的准确率非常低。

我们试着思考两件事：重要的事和可知的事。有些事情很重要，但不可知。你提的这两个问题都属于这个范畴。有些事情是可知的，但不重要。我们不想让这些干扰我们的大脑。所以，我们思考：什么是重要的？什么是可知的？然后，在这两个问题中，看看哪些信息可以转化为对伯克希尔有益的行动。

有很多重要的事情，查理和我都没有答案，所以我们不去想它们。如果我们去关注你提的这些问题，我们会错过很多重要而可知的东西。

**唐朝**：投资只研究重要和可知的事情。不重要的"略"，不可知的"过"。这样的一生，可以在重要和可知的事情上，比其他人多投入几十年时间，自然能让你在这些事情上，比别人知得多、知得深，而且能节约很多时间做自己爱做的事情。

## 二、烟蒂投资的难处

**股东提问**：烟蒂股投资方法在日本会适用吗？

**巴菲特**：通过投资一家ROE很低的公司来致富是极其困难的。你知道，我们总是根据一个企业的ROE来衡量其经营质量。我们想入股好的生意。你真正要做的是买入那些10年后仍然会不错甚至更好的企业。当然，同时我们也想以一个合理的价格入股。

---

[1] 引自伯克希尔-哈撒韦公司股东大会视频记录。

很多年前，我们放弃了所谓的"烟蒂股"投资模式。烟蒂股的投资方式，是试图寻找一家糟糕的公司，只是因为其售价极低而买入，就像能免费吸上一口的烟蒂。我们过去常常捡起湿漉漉的雪茄烟蒂。曾经有段时间，我的投资组合里全是烟蒂股。这些都能免费吸上一口，而且我确实从中赚钱了。但是这无法容纳大资金，我们找不到足够多能吸引我们的烟蒂了。

这类企业的ROE通常很低。如果你投资的企业ROE是5%或6%，而且你持有很长一段时间，即使你一开始买的时候很便宜，这笔投资仍然会很失败。时间是烂生意的敌人，是好生意的朋友。如果你投资的公司ROE是20%或25%，而且持续如此，时间就是你的朋友。

如果你把钱投入低回报的生意中，时间就是你的敌人。你只能希望自己足够幸运，在某个合适的时机把它丢给接盘侠。但我们买股票的时候，我们倾向于认为我们将持有很长一段时间，因此我们必须远离那些ROE低的公司。查理？

**芒格：** 是啊，投资一家企业，试图在其破产前完成清算，可真不是什么有趣的事。

**唐朝：** 通过拥有一家净资产回报率很低的公司来致富是极其困难的。如果你的公司净资产收益率是5%或者6%，而且你持有很长一段时间的话，你的投资收益就不会好，即使一开始你买得很便宜。

巴菲特这里提示了一个烟蒂股的投资难点：需要能够"尽快地"回归价值，然后脱手。然而，因为市场先生不可预测，所以投资人除非有能力主动推动价值回归，否则很大程度上投资回报要被一个无法控制的随机因素左右。优质企业就不一样，你根本不关心什么时候企业能脱手，甚至你会期望越晚越好。

### 三、卖出的标准

**股东提问：** 沃伦，你卖出股票有什么标准？

**巴菲特：** 有时候，我们会像去年那样减持一些股票，但这并不意味着我们对减持的股票持负面看法。我的意思是，我们仍然认为它们是很棒的企业，否则我们就不会拥有它们。但如果我们刚好需要钱买其他东西，我们就会卖掉某些持仓。

我1951年买了盖可保险的股票，然后1952年卖掉了。在1976年盖可保险遇到经营困难之前，其市价也是我1951年的100多倍。但如果我一直持有不卖，我就没有钱做别的事情。所以如果你需要钱买别的东西，那就不得不选择卖出某些股票。

如果你认为不同资产的估值比例不正常，你也可以选择卖出。我们去年就这样做了一些调仓。但这很可能是个错误。我的意思是，如果遇到了一桩伟大的生意，真正要做的，就是紧紧抓住不放。查理？

**芒格**：没错。不过最理想的卖出原因，就是找到了更喜欢的东西。

**巴菲特**：如果当前股市的整体价格能比现在便宜得多，我们可能会追加投资在那些我们已经持股的企业里。这些我们已经持股的企业，肯定是首选。因为它们就是我们最喜欢的那类业务。

**唐朝**：理想的卖出原因，是你找到了你更喜欢的东西；理想的买入理由，是你喜欢的公司正在以你愿意购买更多的价格出售。

注意，巴菲特这里说，因为估值过高而出售是"可以的"，而且自己已经做了一些这样的出售。但此时，他依然说的是"这（因为估值过高而卖出）很可能是个错误"。伟大的生意，最好是紧紧抓住不放。在未来的岁月里，我们会看到他这个口径的微妙变化。另外，估值整体偏低的时候，巴菲特会优先考虑追加已经持股的企业。俺也一样。

### 四、牛市三因素

**股东提问**：我想知道，你们认为过去几年的牛市，在多大程度上归功于婴儿潮一代[①]为退休而进行的投资？

**巴菲特**：我个人不认为这有什么关系。

我认为这个牛市有三大推动因素：一是ROE的提高，这是推动股价上涨的根本因素；二是利率的持续下降；三是股价上涨本身吸引了更多的买入。

在观察到前两项因素的同时，某种程度上，股价上涨本身也构成一

---

[①] 译者注：婴儿潮一代，美国二战后，1946年至1964年18年间出生人口总数高达7600万人，这个人群被通称为"婴儿潮一代"。

种上涨因素。我认为前两个是根本，第三个因素是牛市特有的市场因素，不会永远持续下去。

**唐朝：**企业盈利能力提升、利率下降，这两个核心因素致使股票相比其他资产"更值钱"，从而"勾引"资本在逐利天性推动下买入，这买入会推动股价上涨，股价上涨会吸引短期资金涌入，从而加剧了股价的上涨。

**门前一棵大杨树：**老唐，但长期来看股价上涨的核心因素，还是企业盈利的上升，这是在您这里学习到的。

**唐朝：**是的，短期资金出出进进，拉长看影响会对冲掉；利率变化不会很剧烈，而且通常呈周期性上下晃动；因此"长期"靠谱的因素就只剩下一个：企业的盈利能力。

**五、不懂不做**

**股东提问：**科技行业有很大的社会价值，比如IBM、微软、惠普、英特尔。除了简单这条原则之外，这些科技企业满足你大部分投资标准和投资哲学。你将来会考虑投资这个行业的公司吗？你不觉得错过科技行业的成长很可惜吗？

**巴菲特：**答案是否定的。这可能相当不幸，因为我一直是安迪·格鲁夫和比尔·盖茨的崇拜者，而且我一直希望能用真金白银去表达这种钦佩。但问题是，我不知道微软或英特尔10年后会是什么样子。

我不想参加一个其他人比我更有优势的比赛。我可以把我所有的时间都用来思考未来一年的科技发展，但这所需要的相关智力和知识，我确定我不会是全国前100名、前1000名甚至前10000名。所以这是一个我无法跨越的七尺栏杆。有些人可以跨越它，但我不行。无论我怎么训练，我都无法跨越它。

其他人赚很多钱不会对我造成任何困扰，真的。我的意思是，也许有人靠它赚很多钱，但我对它们一无所知。我对很多领域都一无所知，对很多事情都不了解。

**唐朝：**不参加自己不占优势的比赛。投资本就是一个允许你鸡贼的领域，不利用这规则，可惜了。

### 六、用一样的标准评估所有的入选企业

**股东提问：** 下午好，我是沃顿商学院的 MBA 学生，但请不要因此而鄙视我。你能解释一下在你的现金流估算过程中，是如何区别对待不同类型的企业的？例如，在对可口可乐和盖可保险估值时，如何体现你对它们未来现金流所面临风险不同而做出的判断？

**巴菲特：** 我不会鄙视你，你的学历比我高（笑声）。我们不担心传统意义上的风险——也就是沃顿商学院教你的那些，但你问的是个好问题。

只要我们能完美地预见到每家企业的未来，无论其现金来自于运营有轨电车还是销售软件，在我们看来没有任何区别，从现在到世界末日所产生的全部现金，对我们来说都是一样的。公司所从事的行业，或许能告诉你一些关于创造现金的能力的信息。但只要现金是可自由分配的，行业差异对现金的质量没有任何意义。

从本质上看，我们将风险视为一种判断企业未来的决定因素。换句话说，如果我们认为我们不知道未来会发生什么，这不意味着它一定有风险，这只是意味着"对我们而言"是有风险的。对于了解这家企业的某些人来说，它可能是没有风险的。如果我们不知道未来会发生什么，我们就放弃。我们不会试图预测我们不了解的事情。我们不会说："因为我们不知道未来会发生什么，所以我们将它的折现率从 7% 提升为 9%。"这不是我们的方法。

我们认为，只要企业通过了基础的门槛测试，成为我们眼中确定的事物，那么同样的折现因子适用于一切企业。当我们买入企业时，我们只会尝试做我们非常确定的投资。我们认为"所有"基于不同的风险去调整折现率的定价模型，都是无稽之谈。

如果我们对企业的未来毫无把握，试图去做出估值是毫无意义的，调高折现率不能弥补这一点。声称"它风险更高，我们不知道未来会怎样，所以我们决定用更高的折现率"，这不是我们的方法。

**唐朝：** "只要企业通过了基础的门槛测试，成为我们眼中确定的事物，那么同样的折现因子适用于一切企业。"

同样，老唐认为，符合三大前提的公司，都使用同一套估值模式，不管它所在的行业是什么，历史市盈率是多少。

### 七、不同企业类型下的资本支出

**股东提问**：我们都知道你喜欢产生现金的公司，同时你也希望这些公司能够不断扩大产能，花掉更多现金。我想问的是：你用什么方法或指标去区别公司花掉的钱，究竟是维持性资本支出，还是扩张性资本支出？

**巴菲特**：我从未去想过为了维持竞争地位，吉列是否需要比报表折旧金额多花1亿美元或少花1亿美元。不过，我想它比报表所记录的折旧要小得多。

让人担忧的是企业类型，航空公司是一个很好的例子。对于航空公司，你知道你必须持续疯狂烧钱。不管这么做值不值得，你都得疯狂地花钱。这就是游戏的一部分。我们的纺织业务为了保持竞争力，也需要大量投钱，但即便我们把钱花完了，也看不到任何必然或明显的赚钱前景。这些类型的企业，都是真正的陷阱。它们虽然还以这样或那样的方式生存着，但它们都很危险。

而在喜诗糖果，我们希望能够花费1000万、1亿、5亿美元，并获得与过去类似的回报。但遗憾的是，没有好的方法可以做到这一点。我们会继续寻找，但这不是一个通过多投入资本就能产生利润的行业。

在飞安国际，资本创造利润。随着企业发展，你需要更多的模拟器，这样才能训练更多的飞行员，因此需要投入资本来创造利润。但在喜诗糖果并非如此。

在可口可乐，当新市场出现时，比如在中国或东德或其他类似的某个地方，可口可乐公司自己会经常进行必要的投资，来建立灌装设施以迅速占领这些市场。这样的支出，你甚至不需要计算就知道你必须去做。

你有一个很棒的生意，你想把它扩张到世界各地，你想充分利用好它。你可以去测算它的投资回报率，但就我看来这是浪费时间，因为你无论如何都会这么做，而且你知道随着时间的推移，你想占领这些市场。查理，对此你有什么要说吗？

**芒格：** 我听沃伦讲过，他很早就知道，好的企业和坏的企业之间的区别经常是，好的企业只须抛出一个又一个简单的决定，而坏的企业常常会给你"惨和很惨"两个选项，让你去抉择——你不得不去想：这真的会奏效吗？花这笔钱值得吗？

如果你想要一个系统方法来判断什么是好企业什么是坏企业，那么只须看看这个企业，是否一次又一次地让管理层受挫就行。

好企业的决策都不难，比如对于我们来说，决定在加州的一个新购物中心开一家新的喜诗糖果商店并不难，而且很明显这将会成功。另一方面，有很多企业，你能看到它们的决策结果很糟糕。

**巴菲特：** 我在可口可乐董事会已经有10年了，我们有一个又一个的新项目，而且总有预期投资回报率数据给我看。但这对我来说没有太大影响，因为到最后，你所做的任何决定，都巩固并扩大了可口可乐在全球的主导地位。它在以惊人的速度增长，而且有巨大的潜在盈利能力，你的决定将是正确的，你的员工也会很好地执行这些决定。

然后查理和我进入了美国航空的董事会，痛苦的决策就来了。需要回答的问题是：我们今天是买东方号，还是别的什么型号的飞机？然后你不可避免地把钱用完了。然而，要想保持客流量，你就必须不断花钱，比如是否要在某个机场里再多花1亿美元什么的。结果航空公司总是很痛苦，因为它们别无选择。同时它们也没有任何把握，投下去的钱能在以后转化为更多的真金白银。

一种游戏是迫使你投入更多的钱，还不知道自己手里会拿到什么牌；另一种游戏是你有机会投入更多的钱，且你知道自己胜券在握。这就是不同企业类型下的资本支出。

**唐朝：** 都是再投资，但一种生意是被迫投入更多的钱，以避免在竞争中落败；另一种是清楚地知道投下去的钱会变成更多真金白银回流。我们规避前一种生意，寻找后一种生意，而不是从财报中找出哪些数字是维持性资本支出，哪些数字是扩张性资本支出。

# 1998 年
## 规模阻碍增长速度
## 努力不等于赚得多

年度背景 // 664

规模限制增长 // 667

伯克希尔独有的竞争优势 // 668

自信且心存敬畏 // 671

内在价值没有损毁，波动就
　　不是风险 // 673

难懂的保险业 // 674

投资需要钝感力 // 677

为什么清仓麦当劳？ // 679

保留现金的原因 // 682

不为过去的决策背锅 // 683

非常规投资 // 685

谨慎对待媒体报道 // 687

1998 年伯克希尔股东大会问答摘要 // 688

## 年度背景

1998年的世界充满了惊涛骇浪。东南亚金融危机愈演愈烈，在泰国、印尼、韩国等国股市及汇市尝到甜头的国际炒家，规模越滚越大，胆子越来越大，对政府力量的敬畏越来越小。他们将狙击目标再次瞄准更有国际影响力的香港股市及汇市。

这一次，香港金管局被迫放弃几十年里所坚持的不干涉原则，在中央政府的支持下，直接动用政府外汇储备入市买入港币及港股，与国际炒家展开殊死搏斗。

危机逐步从东南亚扩散至俄罗斯。俄罗斯政府宣布卢布大贬值，同时停止偿还外债并暂停俄罗斯国债交易，俄罗斯债务危机爆发。俄罗斯债务危机（以及美国总统克林顿的"拉链门"丑闻）爆发的连锁反应，是著名的长期资本公司濒临倒闭。

长期资本是一家"每平方英寸智商密度高于地球上其他任何地方"的基金管理公司，在1998年之前的业绩堪称"神迹"。其人员构成、盈利模式、发展规模及危机前后表现，请参看《巴芒演义》297~306页。

1998年9月23日，在俄罗斯债务危机冲击下，净资产已经从47亿美元亏成5.55亿美元的长期资本，还持有约1400亿美元资产及1.25万亿美元的金融衍生品合约。在如此规模下，如果市场认为长期资本不具有履约能力，无论长期资本持有的资产有多么低估，也无法阻挡其他投资机构争先恐后地抛售乃至做空相关资产。而轻微的下跌，就可能将长期资本推向破产。

长期资本一旦坍塌，将引发无数交易对手无法结算，整个市场会丧失流动性，结局可能就是整个美国金融系统的崩溃。所以，美联储紧急召集华尔街大银行商议救灾——必须立刻向长期资本注入约40亿美元资本金，以保证其履约能力。

同时，长期资本也通过多位政经巨头联络巴菲特，寻求被伯克希尔收购。巴菲特在9月23日11时40分携高盛及AIG两家公司董事长，联名传真了一份只有一页纸的收购意向书[1]，核心就三句话：（1）伯克希尔、高盛和AIG同意分别出资30亿、7亿和3亿美元组成一家新公司。（2）新公司愿意出价2.5亿美元，收购此刻长期资本净值为5.55亿美元的全部投资组合。只要资产不要人，不承担收购前责任。（3）不接受内容修改，限12：30前签字，否则意向失效。

长期资本管理团队将这个出价视为人格侮辱，所以没能在12：30前回复。后来，还是美联储敦促14家大银行组成的银团，凑出36.5亿美元实施紧急救助，代价是14家银团获得长期资本90%的股权，剩余10%归长期资本除合伙人之外的原基金投资人，长期资本所有合伙人年初的19亿美元资本金归零。

银团注资36.5亿美元后的两个星期内，长期资本又亏损了7.5亿美元。后来还是美联储在9月29日、10月15日和11月17日连续实施三次降息，向市场注入流动性，才总算止住了长期资本持续亏损的势头。

如此动荡的市场环境下，巴菲特的日子却过得非常滋润。当年除了微量加仓美国运通，清仓了麦当劳等一些零碎仓位，其他持股基本没动。持有市值高于7.5亿美元的主要持股见表31。

不过，股市上没有动作，不代表巴菲特没有投资。1998年6月19日，巴菲特和再保险市场巨头通用再保的CEO弗格森共同宣布：伯克希尔增发272200股伯克希尔A股，按照当日伯克希尔股价80900美元/股计算，总价约220亿美元，换股收购通用再保全部股份。

---

[1] 该意向书事后公开发表在1998年9月30日的《华尔街日报》上。

表 31　伯克希尔历年持股明细（1998 年）

| 股份数量（股） | 公司名称 | 成本（百万美元） | 市值（百万美元） |
| --- | --- | --- | --- |
| 200,000,000 | 可口可乐 | 1,299 | 13,400 |
| 50,536,900 | 美国运通 | 1,470 | 5,180 |
| 96,000,000 | 吉列 | 600 | 4,590 |
| 60,298,000 | 房地美 | 308 | 3,885 |
| 63,595,180 | 富国银行 | 392 | 2,540 |
| 51,202,242 | 迪士尼 | 281 | 1,536 |
| 1,727,765 | 华盛顿邮报 | 11 | 999 |
|  | 其他持仓 | 2,683 | 5,135 |
|  | 合计 | 7,044 | 37,265 |

这笔交易是伯克希尔有史以来最大规模的单笔交易，该纪录一直保持到 2009 年 11 月伯克希尔以 340 亿美元收购 BNSF 铁路之前。不过，这笔单笔最大的并购，却是巴菲特一次失败的决策，相关过程及后续发展请参看《巴芒演义》第 267 至 296 页。

除了通用再保，1998 年巴菲特还以 7.25 亿美元（股票、现金各一半）的价格整体收购了行政专机公司——Excutive Jet Airways，该公司 2002 年改名 NetJets，国内通常译为奈特捷航空、奈捷航空或利捷航空。

美国股市和巴菲特一样，居然没有受到亚洲金融危机及长期资本濒临倒闭的威胁，全年标普 500 指数继续走牛，第一次突破 1000 点大关，随后势如破竹，陆续拿下 1100 和 1200 点，年末收于 1229.23 点，年度涨幅 26.7%。加回成份股现金分红后，全年标普 500 指数含息收益率 28.6%。

巴菲特继续超越指数。1998 年伯克希尔投资回报率 48.3%，伯克希尔股票价格于 6 月冲高至 84000 美元（该股价高点至 2003 年 11 月后才被突破），年底收于 70000 美元。相比 1997 年 46000 美元的收盘价，年度涨幅高达 52.2%。巴菲特入主伯克希尔 34 年以来，股价上涨 5500 多倍，持股股东年化收益率约 28.8%。

## 规模限制增长

**巴菲特**：有一点是可以确定的：我们未来的增长率会远远低于过去。伯克希尔现在的规模太大了，我们已经基本不可能再获得真正的超额回报。如果你不同意这个看法，你应该考虑从事销售工作，不要从事和数学相关的工作。你得明白，这世上只有三种人：一种识数，一种不识数。

（摘自1998年致股东信；摘录时间：2022-10-23）

**唐朝**：让我们从一个冷笑话开始学习1998年度致股东信。

1998年，又是伯克希尔的丰收年，当年每股净资产增加48.3%，其中无疑有很大部分是市场狂热带来的红利。巴菲特继续冷静地提醒股东：1998年公司的内在价值增长绝对没有48.3%那么多。而且由于伯克希尔的规模原因，以后的收益率不可能再像以前那么好，请大家降低期待。可惜这话说过太多次了，就像大喊"狼来了"的孩子一样，大家很容易当作套话忽略。

所以巴菲特这次加重了语气：我说因为规模太大导致未来不可能取得过去那么好的收益率，如果你连这个判断也不认可，你应该去做销售工作，但一定要记得避免和数字打交道，因为你对数字的感觉和判断实在太差了。这里面可能还暗含了调侃，意思是你敢于罔顾事实，把黑的说成白的。

然后巴菲特说了个很冷的段子，说"世上只有三种人：一种识数，一种不识数"。更冷的是，我手头的中文译本，译者应该是没有理解这个笑点，强行给纠正成"世上只有两种人：一种会算术，另一种不会算术"。

这次巴菲特的警告正确了。从1998年底算起的未来10年里，巴菲特不仅收获了66年公开的投资生涯里，仅有的两次年度亏损（2001年和2008年），而且未来10年的年化收益率只有6.46%；即使拉长到未来20年（截止到2018年末），年化收益率也只有9.02%。

因为规模及其他限制，巴菲特 2000 年之后的投资思路和方式与 2000 年之前比较，其实是有了微妙的变化。这一点学习巴菲特的朋友们不可不察。如果注意不到这一点，很容易走上东施效颦的道路。这也是我在《巴芒演义》里特意提醒的，巴菲特最值得我们学习的阶段是 1972—1999 年间。2000 年之后的很多案例和方式，并不值得我们效仿，因为我们没有他面对的那些局限。

**邓聪**：资金规模确实会较大限制超额收益的获取能力。每一种投资策略都有其规模容量，格雷厄姆、施洛斯这种"低估分散不深研"的价值投资，更多选择一些流动性不高的小盘股，所以策略容量不高。施洛斯虽然也获得长期年化 20% 的收益，但必须年年大额分红，把基金规模控制在 1 亿美元左右；很多套利策略的规模容量更低，在小资金时可能获得很高的收益率，但规模稍微一大，收益率立刻变得平庸；巴菲特的价值投资，应该属于众多投资策略中规模容量最大的了。但即使如此，规模太大之后，依然难以避免收益率逐步回归均值的情况发生。

## 伯克希尔独有的竞争优势

**巴菲特**：请允许我插播一个广告，一个针对所有上市公司经理人的广告。

我们一直觉得，对类似托尼这种杰出的 CEO 指手画脚，是极其愚蠢的事情。他们都是商界精英，根本不需要我们去教他们如何经营企业。如果我们坚持指手画脚，估计旗下大部分经理人会挂冠而去。因为他们绝大多数（75% 以上）已经财务自由，并不需要为别人工作。他们是商界的马克·麦奎尔[①]，不需要我们告诉他们如何握棒、何时挥棒。

那么，对于这些经理人来说，伯克希尔的存在价值又在哪里呢？答案是，伯克希尔的体制可以协助优秀经理人发挥他们的最好状态。

---

① 译者注：马克·麦奎尔，当时的美国棒球大联盟比赛单季本垒打纪录保持者。

首先，我们抹掉了所有仪式性活动和非生产活动，经理人可以自由安排自己的日程表。其次，我们给所有经理人的任务简单而明确：（1）将公司当作你自己持有100%股权的子公司那样去经营；（2）把公司当作当前和未来你和你的家人在这世上唯一的资产来对待；（3）假设100年以内，你不会卖掉它或和其他公司合并。为此，我们告诉他们，任何只为美化当期报表的短视行为，都是不必要且不被允许的。我们认为经理人应该考虑什么是对公司有价值的，而不是如何做才能让别人认为是有价值的。

很少有上市公司的CEO可以获得类似的授权，毕竟大部分公司的股东对短期利益盯得很紧。伯克希尔已经利用几十年的时间，聚集了一个相当稳定的、拥有长期眼光的股东群体。事实上，我们的大部分股东是打算持有一辈子的。正因为此，我们才有条件去要求我们的经理人，以终身视角去关注企业的长期利益，而不是去担忧下个季度的报表盈亏。

当然，这并不意味着我们不关心当下的经营效益。事实上，当期利润也挺重要的。我们只是不希望哪位CEO因为追求短期获利，而牺牲或削弱企业赖以发展的长期竞争优势。

我相信GEICO的成功已经展示了由伯克希尔控股的优越性。查理和我过去没有指导托尼做事，未来也不会。我们只是创造一个环境，一个能让托尼彻底发挥才能的环境。他不必把时间或精力浪费在董事会议、媒体采访、投行路演或与分析师的会谈上。此外，因为我们已经持续存在了几十年并将继续存在下去的特殊股权结构，所以托尼无须考虑企业融资、信用评级以及平衡华尔街的盈利预期等问题。在这样自由的环境下，托尼和他的团队可以将全部精力聚焦于企业经营。

如果你正经营的是一家符合伯克希尔收购标准的大型企业，同时也希望获得和托尼一样的经营环境，请拿起电话打给我。我保证很快会给出明确的答复。而且，无论成与不成，除了查理之外，我保证不会向任何人提及你的来电。

（摘自1998年致股东信；摘录时间：2022-10-24）

**唐朝**：1998年的年报里，巴菲特在大力表扬了盖可保险以托尼为首的管理团队后，插播了一个面向上市公司经理人的广告，阐述了企业卖给伯克希尔后，对企业管理层和企业本身的好处。

这则广告可以帮助我们理解，为什么有那么多企业的管理层，愿意推动董事会和股东把企业卖给伯克希尔。甚至有时伯克希尔的出价低于竞购者时，依然会成为笑到最后的买家。它同时也解释了为什么伯克希尔的管理层忠诚度超高，离职率几乎接近0。

从这个意义上说，将巴菲特定义为"股神"，其实低估了他老人家作为一位企业管理大师、人性研究大师、人际关系学大师的隐藏身份。尤其是广告最后一段，特意强调"打电话来吧，我保证除了我和查理不会有第三个人知道你打过电话"，也算是把人性的"贪、怕"二字拿捏得死死的吧。

本部分适合和1990年的"致公司潜在卖家的一封信"一起阅读（见本书第400页）。

**伯涵**：巴菲特不仅仅是一流的投资家，更是一流的管理大师。他深谙人性，知道别人怕什么，需要什么，自己能提供什么。大多数企业主怕被夺权，怕被扫地出门，怕业务被分拆或转卖，巴菲特就明确告诉他们：不会的，伯克希尔是你们永久的家园。

**周明苋**：如果想要说服别人，最好诉诸别人的利益。

**nizoo**：巴菲特始终坚持将声誉置于金钱之上。长久以来的好人复利，终于显露出巨大的威力。

**泺圣天**：正因为巴菲特为那些优秀管理层创造了优越的环境，所以伯克希尔在企业收购中非常有优势。同样的道理，想让优秀的人才会聚在你手下，仅仅给钱是不行的，必须给他创造优越的环境，能够让他充分发挥创造力。

**林世迎**：这里所谓的特殊股权结构指的是什么？

**唐朝**：就是巴菲特本人说了算、大部分股东均为超长期持有者、由大量无业务关联的独立"印钞机"组成的企业集团。

**琢舟**："诚信"已经贯穿了巴菲特的整个生活。（1）对股东诚信。

把自己几乎所有资产都放在伯克希尔，每年的报酬只有10万美元。（2）对旗下管理层诚信。将权力下放，并且依赖股权结构和雄厚的资本，让管理层不再担心"别人怎么看"，使他们将所有的精力都放在企业经营上。（3）对潜在被收购对象诚信。巴菲特在收购时，会给出自己认为最合理的价格，不会故意占便宜，也不会给出泡沫价格。同时还会保密，消除了他们大部分的担忧。（4）对自己诚信。没有在火热的市场情绪中高估伯克希尔的未来，还经常在致股东的信中坦承自己的过失。最重要的，他不会因为别人的批评或者赞赏来欺骗自己。

**周明芮**：对那些已经财务自由的CEO来说，他们卖企业并非不看好企业，只是因为遗产分割等种种原因，需要变更资产持有的方式。他们把自己的企业看作自己的子女，只有这样，才能解释他们为什么倾向于把企业卖给巴菲特这样的永久持有者。他们在出售企业后依然会选择继续留任，这也是巴菲特的条件能够吸引他们的原因。与之形成鲜明对比的是，许多私募股权基金或企业做收购，不是短期榨取一空将被收购企业转卖给下家，就是直接空降管理层，清洗老员工，寻求所谓的"协同效应"。

**nizoo**：巴菲特的坦诚和长久以来建立的信誉，都为企业并购提供了巨大的优势。这让我想到了老唐以前说过的："我们之前做过的所有体面的事情，一定会在未来某个我们不知道的地方帮助我们；同样，我们之前做过的所有不体面的事情，一定会成为我们未来的绊脚石。"坚持做正确的事，你值得被信任，就会被信任。

**ViV**：人的诚信一旦被广泛认可，就犹如商业品牌，也会产生溢价，而且这种溢价会伴随人的一生与日俱增。

## 自信且心存敬畏

**巴菲特**：几十年来，通用再保的名字一直代表着再保险行业质量、诚信和专业的精神。在CEO隆·弗格森的带领下，这块金字招牌变得更加灿烂了。对于通用再保及其控股的科隆再保管理层而言，伯克希尔没有什么能指点他们的。相反，他们有很多能教给我们的东西。

尽管如此，我们依然相信伯克希尔的所有权结构，能够在很多重要的方面使通用再保受益。我们也相信，未来十年通用再保的盈利水平，将会大大超过它独立运营状态下所能获得的利润。我们之所以如此乐观，是因为我们可以给通用再保的管理层提供最自由的经营环境，让他们能够将自身能力发挥到最佳状态。

（摘自1998年致股东信；摘录时间：2022-10-25）

**唐朝：** 这是一项刻骨铭心的收购，是巴菲特在极度乐观的状态下，花费220亿美元巨资收购的一头大象。后来的情况大家都知道了，巴菲特忏悔过，"若不是有伯克希尔的雄厚财力做后盾，通用再保在'9·11'事件之后就破产了"。[①]

致股东信的这两段内容，展示了巴菲特收购之初对通用再保的乐观以及对弗格森的大力赞扬。谁能想到，仅仅两年后，巴菲特会公开炮轰弗格森和通用再保，而且用到了"非常失望，对公司和CEO完全失去信心"这种程度的言辞呢？

投资就是这样的，无论你如何缜密思考，总会遇到意外。无论是巴菲特还是我们，能做的就是在每一次选择的时候，尽可能利用自己的已知信息，做出理智的比较，坚定按照自己的判断行动。然而我们又必须时刻心存敬畏，不忘给自己拴上"我一定会出错"的保险绳（适度分散、绝不使用短期资金、绝不使用杠杆），尽最大努力去保证，不管发生什么意外，自己依然有能力心平气和地去面对和应对。

我相信，经过最近两年，尤其是最近半年的市场波动后，这段话一定会自然而然地浸入许多朋友的骨髓，成为一种不可撼动的本能。

**周明芃：** 这让我想起了老唐在2019年7月9日分享的《对分众案例的持续思考和展望》一文中，谈到的一个重要观点，摘抄如下：

我认为一个投资者脑海里需要且必须要有一对互相矛盾的思想体系同时存在，一个是"坚信自己是对的"，另一个是"坚信自己一定

---

[①] 相关故事的前因后果，请参看《巴芒演义》267~296页。

会错"。如果没有前者，投资者就不可能依据自己的判断去投入资金，尤其是投入较大数额的资金。因为比较好的投资机会往往出现在整个市场利空弥漫、股价大幅下挫的时候，如果对自己的估值和判断没有"坚信"，逆流而上所面对的冲击能把投资者吓傻。真正等到市场上没什么看空声音时，股价往往已经反映了市场的乐观情绪，得到平淡甚至差劲投资回报的可能性反而较大。这是老唐要说的第一个思想体系，"坚信自己是对的"。

然而，自己一定永远是对的吗？任何人直面这个问题时，恐怕都会很理智地嗤之以鼻：当然不可能。可惜，在现实的投资生涯里，拒不认错，甚至到最后借贷上杠杆表达"我就不信邪"，导致巨大亏损甚至爆仓的事迹却发生过很多很多。偶尔也有好运赢家，但这种好运往往鼓励了下一次的继续坚持，直到在某个下一次输光了事。因此，另一个对立的观念至关重要，那就是"坚信自己一定会错"。

**ViV**：决策就是要在寻找确定性和敬畏不确定性中取得平衡。没有对企业深入分析后的自信，你不可能在市场风雨飘摇时仍无惧流言持股不动；如果不承认不确定性的存在，你有可能膨胀自大，单吊加杠杠全上，然后收获惨痛教训。

人不是神，无论过往有多辉煌的业绩，也不能确保往后的每个决策都是正确的。

## 内在价值没有损毁，波动就不是风险

**巴菲特**：我们更愿意要波动剧烈的15%回报率，而不是稳定平滑的12%回报率。

（摘自1998年致股东信；摘录时间：2022-10-26）

**唐朝**：这是巴菲特著名的语录，它和"波动不是风险（巴菲特）""我赚最多钱的股票，常常是从18元跌到8元，然后再涨到40元（彼得·林奇）"一样，是价值投资的信众（包括老唐本人）在面对巨幅下跌时，心中经常默念的鼓劲儿台词。

我们必须注意到，这个说法其实是有前置条件的，那就是"在波动剧烈的15%"和"稳定平滑的12%"中二选一，不存在其他选项。否则，如果有稳定平滑的15%，我相信巴菲特也一样改弦易辙。后面两句也同样有默认条件，只有在企业内在价值没有损毁的前提下，波动才不是风险；未来能涨到40元的，跌成8元才是机会。而对于绝大多数人而言，投资的难度恰恰就在于判断内在价值究竟有没有损毁？未来还能涨到40元吗？这是当股价从18元跌成8元时，无法躲避的两个世纪难题。

遗憾的是，一方面没有人可以给出答案，另一方面即使有人给出答案，你是否敢信也是问题，这都需要知识、经历和信心。比如此刻股价206港元的腾讯（本文发表于2022年10月26日开盘前）就正在经历这种时刻，这是无论结局如何都能让自己的投资理念和能力腾飞的时刻。恭喜大家。别让眼前的郁闷蒙住了双眼，形势的确不理想，但我们要对经济规律有信心，对中国人对美好俗世生活的向往有信心。这是滚滚历史潮流，势不可当。

**林飞**：在市场里待得足够久，一定会见证各种历史时刻，就仿佛此刻。温习历史，可能是帮助我们避免浪费历史时刻的捷径。信心，是最底层的工具。要想长期投资，我们必须对未来有信心。

## 难懂的保险业

**巴菲特**：评估一家保险公司的关键因素有：（1）浮存金数量；（2）获取浮存金的成本；（3）前两个因素的长期前景。

浮存金是一项由保险公司持有但却不属于保险公司的资金。它之所以会产生，是因为保险公司会先向客户收取保费，而损失的发生和赔偿通常发生在一段时间之后，有时这个时间会长达数年甚至更久。这期间，保险公司会将这笔钱用于投资。

当然，这是要付出代价的。通常保险公司收取的保费，并不足以应付最后支付出去的相关赔偿和运营费用，于是保险公司会发生承保损失。这个承保损失就是获取浮存金的成本。只有当一家保险公司获取浮存金的成本长期低于以其他方式获取资金的成本时，保险公司才有存在价值。一旦获得浮存金的成本高于货币市场借款利率，保险业务反而会成为你的拖累。

有一点必须注意，因为损失发生额只能靠估算，所以保险公司披露承保损失时可以有很大的弹性空间。这使得投资人很难正确评估一家保险公司获取浮存金的真正成本。损失发生额的估算错误通常是无心的，但也有故意的。这会导致报表展示的浮存金成本与事实之间的差距可能巨大，从而严重扭曲公司利润表盈利数据。

有经验的行家通常可以通过观察公司计提的损失准备，发现是否存在重大偏差。但对于一般投资大众来说，除了接受财报数据之外，别无他法。虽然这些数据都要经过知名会计师事务所审计，但我个人就经常被某些同行披露数据的偏差程度所吓倒，然而它们却同样可以获得"标准无保留意见"审计结论。

（摘自1998年致股东信；摘录时间：2022-10-27）

**唐朝**：这算是全球顶级保险公司的董事长，手把手教你如何理解保险公司了。

简单来说，保险公司的价值取决于浮存金的数量及成本——包括历史的和未来的。按巴菲特的说法，对成本的估算是最难的，一旦获取浮存金的成本高于货币市场借款利率，保险公司的存在价值为负值。按我的理解，估算未来的浮存金成本和数量同样很难。但如果一家公司的历史数据可信，管理人品质可信，未来是可以通过保守取值的线性外推去大致估算的。

内行可以根据对市场的了解和自己的经验，大致判断保险公司计提的损失准备是否足够，财报数据的含水量有多大。但普通投资者缺乏这种了解和经验，只能采信报表数据。然而，即使是经过知名会计师事务所审计的财报数据，巴菲特也说自己经常被数据含水量吓倒。所以，多年前我就大致明白了，保险真不是我能啃下来的硬菜，乖乖绕道而行比较安全。

**星光《BEYOND》**：保险公司的浮存金数量及成本很难量化，我感觉有点像对赌，既要期望未来不要有大的赔付，还要希望同行不要作死式竞争，这样才能勉强活下去。对于我们普通人而言，这种商业模式确实应该归入"太难"类别里。

**浩然斯坦**：老唐对保险公司的看法，简单说，就三个字：看不懂。复杂点解释，保险公司对我而言，仿佛一个黑箱。其销售保险的收入，类似于生产企业的采购部门，但它采购的是现金。采购有没有买贵，涉及无数假设，核心是赔付率和利率。这些假设及其计算，读八年保险精算专业的人才，加上大量数据（还得假设数据是真实的）支持，也未必搞得正确。确认采购部门没有买亏，然后才谈得上考虑生产部门能不能赚钱。保险公司的投资，就是它的生产过程。判断其每笔投资是否正确，需要自己了解投资对象，能够评估其价值。这个能力圈要求实在太大，老唐做不到。

对保险公司的投资，就老唐的看法而言，要么就是信念性地无条件相信管理团队的能力；要么就是赌牛市来临，享受保险公司用别人的钱买股票的高杠杆收益。至于分析什么内含价值云云，自得其乐的天书吧。老唐既没有无条件相信管理层能力的信念，也因怕杠杆之害而愿弃杠杆之利，因而，包括中国平安在内的所有保险公司，都不是老唐的菜。

以上摘自唐朝 2014 年 7 月 27 日旧帖

**庞震撼**：浮存金的成本，其实要在很多年以后才能确定，也就是等到理赔出现时或者保险到期后，这也是浮存金成本难以精确计算的原因。

**伯涵**：（1）拥有一家保险公司，主要意义在于掌控浮存金投资，单纯靠保险公司运营是很难赚钱的。（2）浮存金也要关注成本，而不能只重规模。浮存金成本为负是最好的，其次就是比债券利率低也行。巴菲特符合上述两个条件，普通投资者实现第一个条件不现实，第二个条件难确定，所以他投，我们不投，我们都有光明的未来。

**儒书屋**：保险公司的生意模式与银行业有点类似，都是使用储户或投保人的杠杆资金投资创造收益。生意本质是：收入 – 成本 = 收益。

它俩的难处是，不管是收入还是成本，都有太多"估"的成分，并且涉及的业务领域都很广泛，外部投资者很难窥视一二。

**唐朝**：是的，主要是假设太多，不仅多、术语难懂，而且还在黑箱里，外人连试图看看假设（还不是看懂）都比较困难。

**六六汉堡包**：银行和保险如果稳健经营的话，算是好的商业模式吗？

**唐朝**：依然不算。太脆弱，对管理层能力和人品要求比较高。

## 投资需要钝感力

**巴菲特**：查理和我在伯克希尔的工作很简单，主要任务就是分配资本，其他我们几乎什么也不做。即便如此，我们的工作态度也不太积极。毕竟在资本分配活动中，做得多不代表能赚得多。事实上，在投资及并购领域里，狂热的行为往往适得其反。因此，查理和我平时的主要工作就是安静地等电话铃响。

然而这期间，我们旗下的经理人可没有偷懒，他们非常努力地工作着。很自然地，他们也希望自己的努力可以得到公平的报酬，但仅凭金钱报酬并不足以解释他们的非凡成就。相反，他们的主要动机，是专注于将自己所运营的企业发展到极致，并渴望成为推动这一目标实现的人。为此，查理和我谨代表全体股东向他们致以深深的谢意。

（摘自1998年致股东信；摘录时间：2022-10-28）

**唐朝**：在整个市场弥漫着绝望气息的此刻（2022年10月28日），巧遇二老说的"在资本分配活动中，做得多不代表能赚得多"，体会可能更加不一样。

投资人的工作就是配置资本，不管是管着千亿规模的二老，还是管着千元规模的"小散"，在这点上都是一样的。我们随时都面临选择：是将自己宝贵的资本配置在A上还是B上？是买入银行存单，还是买入类似腾讯控股、贵州茅台这样的企业股权？

本质上，这永远是一个资产盈利能力的比较行为。我们需要关注的是：使用我们资本的人是否敬业努力？是否凭借已有资源让我们的资本以高于社会资本平均回报率的速度在增值？而不是关注下一刻有没有人愿意接手我已经配置好的资本，以便让我再去玩一次重新"配置"。然而，股市分分秒秒地报价，时时刻刻吸引着人们去关注和从事后者。这也是股市长期获利者很少的核心原因——人们被吸引，越来越活跃。然而，"做得多不代表能赚得多，狂热的行为往往适得其反"。

**星光《BEYOND》**："做得多不代表能赚得多"，这就像种地，标准的流程做完就可以了，额外的无用功反而是拔苗助长式的自我毁灭。

**伯涵**：巴菲特和芒格的两项工作：（1）管人。把合适的人放在合适的位置上，给他们提供舞台，用集团强大的实力做后盾，让他们自由发挥，并给他们以赞美。（2）管钱。缺钱的可以找总部借钱，但必须付利息；钱多的可以送回总部，也给你记工分。然后，总部拿着钱，要么回购，要么加仓旧股，要么买新股，不亦乐乎。

**Javage**：投资有个好处就是可以懒。对于我这种懒人来说，实在庆幸。正如老唐说的：

"投资需要钝感力，最大的优点是懒，是迟钝。对于一切与企业经营无关的事情，要学会懒得关心、懒得看。甚至和企业有关的事情里，也有大量纯属管理层应该操心的、不涉及企业核心竞争力变化的日常工作，投资人也要学会慢半拍，用人不疑，相信雇用的管理团队有思考、能应对。我们的定位是企业老板，不是车间主任，不是销售经理。老板需要的，是去关心那些遥远的、重要而不紧急的事情，是不断阅读思考，让自己有能力识别企业是否持续在扩大核心竞争力的方向努力。"

以上摘自 2022 年 8 月 17 日唐书房旧文《书房拾遗第 80 期》

**周明芃**：只有在球到达我们适合击球的甜点区，我们才会挥棒击球，其他时候，我们情愿躺着而非站着。在错误的方向努力，越努力错得越多。但是，在市场进入极端情绪的情况下，无论是狂热还是恐慌，周围都有一帮人在不停"挥棒"，看起来精彩纷呈，很热闹，只是就像巴菲特所说的那样，"就是不赚钱"。

## 为什么清仓麦当劳？

**巴菲特**：1998年里，我们少量增持了美国运通的股份，这是我们前三大持仓之一，其他两大持仓保持不变。其余的小仓位持股，我们分别进行了减持或清仓。结果，唉，我必须承认：这些忙活实际上减少了我们的收益。尤其是卖掉麦当劳的决定，是一个重大错误。如果我在股市开盘期间溜出去看电影，大家会赚得更多。

（摘自1998年致股东信；摘录时间：2022-10-30）

**唐朝**：1997年末，巴菲特持有约4946万股美国运通，年末股价89.25美元，持有市值44.14亿美元。1998年又花了约7730万美元，在股价跌至77.6美元左右增持了108万股。作为一个总值约370亿美元的组合，新增投入0.77亿美元（0.2%），的确是可以忽略的"少量增持"，看着像是"闲着也是闲着"的手痒。

上文提到的三大持仓分别是：可口可乐36%，美国运通14%，吉列公司12%，前三大持仓占（上市公司投资组合的）62%，再加上房地美和富国银行后，前五大持股占比约80%，可谓高度集中。

巴菲特1998年正忙着卖出旅行者集团（用所罗门换来的）、迪士尼（用大都会换来的），清仓麦当劳以及一些较小的持仓。这里卖出麦当劳是巴菲特着重指出的错误，他自嘲说，如果开盘时间溜出去看电影，可能会赚更多。这是因为1998年麦当劳股价表现极好，当年暴涨60.86%至76.81美元收盘。巴菲特是1996年以均价41.95美元买入的，1997年全年在42.13~54.88美元波动，巴菲特主要的持股减持应该是在这个区间完成的，所以这笔投资其实没赚到什么钱。

这的确是投资市场里常见的一种现象，很多时候，什么都不做就是最佳做法。不过，单就麦当劳这个案例而言，巴菲特没有详细解释自己为什么会卖出，只是调侃自己犯错了，然后一笔带过。但事实上，这次卖出其实情有可原。理解了当时的背景，将心比心，如果我是巴菲特，我也有可能会卖出自己持有的麦当劳。为什么呢？

1997年10月，伯克希尔宣布将收购冰雪皇后公司，整个收购于1998年1月7日完成。冰雪皇后和麦当劳是快餐市场的直接竞争对手，都是以冰激凌、甜品、汉堡包、热狗等快餐为主要产品的连锁餐饮机构。巴菲特可能不想让媒体和舆论批评他试图垄断快餐市场，所以才决定出售麦当劳的。这和对麦当劳的未来和估值发生认识改变而作出卖出决策，其实不完全是一回事。这种事情在未来也有发生，比如2009年宣布收购伯灵顿北方圣太菲铁路公司（Burlington Northern and Santa Fe Railway，简称BNSF）后，很快就清空了持有的联合太平洋铁路公司和诺福克南方铁路公司股票。这类困境，其实是我们这辈子很难甚至几乎不可能遇到的，因此也没有什么学习和关注价值。

说到收购冰雪皇后，这里还有一个小插曲。当时巴菲特的出价是，冰雪皇后的股东可以选择每股收现金27美元，或者按照每股26美元折算成伯克希尔的股票。这是巴菲特一贯的手法，引导卖家尽可能选现金。结果这个方案被著名的《华尔街日报》搞反了。在日报公开发表的文章里，记者写成冰雪皇后公司股东或每股收26美元现金，或者按照每股27美元兑换伯克希尔股票。然后文章作者从这个错误的数据里得出一个结论，说巴菲特诱导冰雪皇后股东换股，同时诱导投机套利活动，并暗示冰雪皇后公司董事长（也是持股35%的最大股东）可能通过损害小股东利益而获利。

巴菲特在文章见报后第二天（1997年11月6日），亲自写了一封言辞激烈的公开信给《华尔街日报》，指出他们犯了严重的错误，并要求纠正和道歉，原文如下：

《华尔街日报》在昨天的报道中，披露了伯克希尔公司与冰雪皇后公司合并的消息。然而你们这篇报道出现了一个严重的错误，从而导致了多种不正确的结论。

我们向冰雪皇后公司开出的报价，是按每股27美元的现金或每股26美元的股票支付收购价款，与你们所报道的每股26美元的现金或每股27美元的股票恰恰相反。具有讽刺意味的是，你们曾在10月22日最初的报道中，提到过正确的数字。

这个错误导致你们得出错误的结论，认为冰雪皇后公司为了获得价差，一直在利用现金报价进行投机性质的交易。事实上，双方的股票一直是按照正常的套算差价交易着。

这篇报道似乎还暗示了冰雪皇后公司的董事长约翰·穆迪，可能在通过损害其他股东的利益而获利。这是完全错误的。持有表决权的B股股东，包括约翰·穆迪在内的股东，并不会比A股股东获得更高的差价。此外，穆迪当然有权接受伯克希尔公司的股票，但穆迪这些股票的折算市价，同样低于伯克希尔公司为其他人报出的现金价格。

你们还认为我们对国际飞行安全公司的收购是"低价"收购。接受伯克希尔公司股票的国际飞行安全公司股东，目前所持有的每股价值已经达到了65美元。根据国际飞行安全公司在1996年和1997年的收入水平，我估计这个价格肯定是明显超过了国际飞行安全公司在独立存续状态下有可能达到的股价。

沃伦·巴菲特<br>伯克希尔公司董事长<br>奥马哈，内布拉斯加州

**明月奴**：陈寅恪有个史学观"理解之同情"，很适合放到这里。我们只有试着把自己变成巴菲特，回到那个时代，认真体会巴菲特的心路历程，才会理解巴菲特卖出麦当劳的真正出发点。不是说他卖出的对与错，而是带着包容温暖的心态去理解人，理解历史中很多历史人物的"不得已"，而不是如看门老大爷一样讨论世界风云变幻，才不会得出"巴菲特也就那样"的廉价结论。

**伯涵**：把麦当劳和冰雪皇后联系起来思考，这简直是绝了！这就是融会贯通。冰雪皇后这位约翰，最后换股了还是拿钱了？

**唐朝**：换股了。整个家族持有的35%冰雪皇后股份，全部换成了伯克希尔股份。

**浩然斯坦**：原来巴菲特卖出麦当劳，考虑的是社会层面的影响啊！

## 保留现金的原因

**巴菲特**：1998年末，我们持有现金及现金等价物（含一年内到期优质企业债券）超过150亿美元。持有现金从来不会让我们快乐，但我们还是宁愿看着它在我们口袋里急得蹦跳，也不愿让它舒舒服服投入别人的怀抱。

当然，查理和我仍将继续努力寻找大型股权投资，若是能发现一家值得整体收购的大企业更好，它们可以瞬间吸收我们手头过剩的流动性。可惜的是，截止到目前我们还没有发现任何值得买入的目标。

（摘自1998年致股东信；摘录时间：2022-10-31）

**唐朝**：巴菲特经常持有大量现金，具体原因我之前谈过两点：

第一，保险公司亮肌肉需要。保险是用一纸承诺换钱，你展示的赔偿能力越强，你就越有可能得到客户的信任，拿下某些保单，或某些条款更有利的保单，尤其是那种一对一定制的大额巨灾保险——巴菲特戏称"霹雳猫"或"超级猫"。

第二，是向潜在的企业卖家展示付款能力。就好像在说："我是一名随时能够全款支付现金的买家，来找我啊！"同时也能在洽谈收购企业条件时，因为自己具备全现金支付能力，而其他买家通常只能部分支付现金甚至完全不能支付现金，而获得谈判优势。

这里巴菲特说了第三个原因，那就是股价偏高估的时候，虽然看着现金在手难受，但想着如果现金去了别人那里自己会更难受，所以也愿意忍受现金在手的郁闷。1998—1999年就是这种情况。

这个第三点事实上反击了那些"持有=买入，买入=持有"的模糊概念。抛开数学意义上的机会成本概念后，我们可以再次清楚地理解，巴菲特和芒格眼里，可以持有的股票并不等于可以买入。比如此刻他就持有可口可乐、美国运通、吉列等多家公司合计市值超过370亿美元的股票，然而他依然持有150亿美元现金，说自己"没有发现任何值得买入的目标"。

**淡泊人生**：巴菲特大部分时间都有钱多的烦恼，可想而知，一个熊市是多么宝贵。不能浪费每一个熊市，一定要在熊市里把自己的闲钱全部打光。

**周明芃**：巴菲特保留大量现金在手，让我想起了一个观点，"我们的生存不能依赖别人的善意"。这不仅仅指投资不能依赖杠杆，不能动用短期资金，其实还告诉我们，需要保留足够现金支付日常生活所需，并为可能的意外支出预留部分现金。毕竟资本市场什么稀奇古怪的事情都有可能发生，有现金在手，能起到两个作用：其一，不会被迫卖出自己的持仓。其二，保证持有股票有好心态。

具体保留多少现金，依照自身情况而定。如果预期将来会持续有现金流流入，比如有一份稳定的工作，保留现金应可以覆盖半年左右的家庭支出；如果家庭开支都依赖于股票投资，考虑投资按照3~5年计算收益率，我个人倾向于保留现金可以覆盖家庭未来3年支出。

## 不为过去的决策背锅

**巴菲特**：对通用再保的合并案敲定后，我们立刻要求通用再保公司投资部门清仓他们当时持有的所有股票——有大约250多只，并不惜为此缴纳了9.35亿美元的税款。这个清仓动作，体现了查理和我在商业和投资中的基本原则：我们不为别人过去的决策背锅。

（摘自1998年致股东信；摘录时间：2022-11-01）

**唐朝**：巴菲特作价220亿美元收购通用再保，买的不是通用再保已有的一年9.36亿美元的净利润，而是通用再保拥有的246亿美元可投资资产（约150亿美元浮存金+80多亿美元净资产+少量其他负债），以及未来继续低成本获得更多浮存金的能力——最后这点他判断失误，几乎把自己拖入深渊，这是后话。

这246亿美元于巴菲特而言，此时至少有两大作用。其一是他自认有能力提升这些钱的年度投资回报率，使220亿美元的作价物有所值；其二，借助清仓通用再保全部持股的行为（不惜为此缴纳的资本利得税额，已经相当于 1997 年通用再保的全部净利润），实现在当时股市已经整体偏高估时，对伯克希尔全部持股的曲线减持[①]。

巴菲特这段表达，我认为还有一个直击灵魂的重击：它说明在巴菲特眼里，对于自己不熟悉或没能力估值的企业，无论处于盈利状态还是亏损状态，立刻清仓是第一选择。仔细想想也确实应该如此。当发现自己（任何原因）持有自己不懂或没有能力估值的企业，不立刻卖出处理，我们究竟是在等什么呢？等股价反弹，等亏损减小，等天降奇迹，还是等其他什么？这岂不是将自己的命运完全地、无保护地交付给市场先生或运气掌控了？即使后来赚了或少亏了，可能也是给自己的投资道路上埋下了地雷。

巴菲特这里说的是不为别人过去的决策背锅，其实看他后来手起刀落斩仓爱尔兰银行、康菲石油、特易购、几大航空公司等自己的投资，也能发现即使是自己的黑锅，他也能很轻松地放下。

当我们确信我们不懂某企业，或没有信心给某企业做出估值时，当我们认识到自己过去的决策有误时，今日之我应该继续背着昨日之我的锅前行吗？怎么做才是正确的？利弊各是什么？我估计这一记重击，会引发很多朋友的深思。

**佛祖门徒：** 成功投资之难，在于患得患失的人性。看着自己的持仓，如果发现自己判断错误，对已经盈利的手起刀落很容易，对轻微亏损的亦不难，可是对于那只巨亏的呢？也许很多人的心态仍是"说不定有哪位接盘侠也看走眼了，说不定是自己分析出错"，这样的理由数不胜数。

**唐朝：** 是的，这种患得患失是普遍存在的。更要命的是，它有时候会带来正确的结果。

**Nick：** 看错、看不懂之后，该企业于我则犹如杂草，斩除杂草应当机立断。然而之所以难，我想有两点：（1）不认为自己看错或看不懂。我想这是大部分人的难点，毕竟承认自己错了或者无知，比割肉更让人难以接受。（2）知道看错了，但存在侥幸心理，想等待奇迹，等待"接

---

[①] 参看《巴芒演义》第 280 至 284 页。

盘侠"出现，让自己解套。

**姚队**：沉没成本不是成本，机会成本才是成本。判断错误就要交学费，当年老唐错误判断了广告主在经济形势下滑时的行为模式，对投资分众传媒作出"买贵了而不是买错了"的判断，重新估值，重新比较，就是类似的案例。

**林飞**：不为别人的决策背锅，也不为自己的历史背锅，错了就是错了，这背后是极致的理性，没有情绪的干扰，没有自尊心的妨碍，也没有一定要为谁负责的负累。怎么才能做到呢？这需要我们决策时就把逻辑清清楚楚地写下来，然后对照后来企业的发展演变，看看当初的逻辑是否有漏洞，预期与现实一致或不一致的点在哪里，锻炼分析能力，提升认知，长期练习。

## 非常规投资

**巴菲特**：如果没有监管的强制要求，我们一贯拒绝披露自己的投资组合。这个惯例在去年被打破了，去年我们主动披露三项正在进行的非常规投资。之所以会这样做，主要有这么几个原因：首先，监管机构对我们所持白银头寸的问询让我们相信，他们希望我们公开承认这项投资；其次，我们持有的零息债券规模如此之大，以至于我们希望股东知道这项投资对伯克希尔净资产的潜在影响；最后，我们也想提醒大家，偶尔我们也会做出一些非常规动作。

（摘自1998年致股东信；摘录时间：2022-11-02）

**唐朝**：巴菲特这里提到的三项非常规投资，就是解读1997年致股东信时谈过的1400万桶原油期货、1.112亿盎司白银和46亿美元面值的零息国债（见本书第626页）。这段回顾比较简单，主要有三个要点：

（1）巴菲特一贯对自己的投资组合保密，除了监管强制要求披露的内容之外，其他代码他是一贯不说的。一是避免被抄作业的人影响了自己的赚钱大计，二是避免引发市场的额外波动。

（2）当时巴菲特的白银投资，已经引发舆论及监管部门的广泛质疑，主要是怀疑巴菲特坐庄白银商品及期货市场，毕竟他买入了全球年产量的25%。但其实这笔投资只占伯克希尔总规模的2%左右，可以说只是巴菲特的一次小尝试。当然，这笔投资前后数年，惹了一身臊之外，还没有赚到什么钱。"庄家"也不好当啊。

（3）巴菲特说自己偶尔也会尝试一些出乎大家意料之外的投资。我个人觉着，这一者是永远好奇的探索精神，二者是钱太多的麻烦，三者也或许是此时的巴菲特，多少有点自信心膨胀。

为什么这么说呢？我们先看68岁的巴菲特所展示出来的投资成绩：自巴菲特1964年入主伯克希尔至1998年年中高点（84000美元），持有伯克希尔股票的股东，获利6600多倍，年化收益率约30%。更难得的是，如果从1974年世界性股灾过后算起，到1998年年末的24年，这几乎是整整一代人的视线跨度，伯克希尔股票的年化收益率约37%——完全就是一个送钱的"财神"，只会涨不会跌。如果其间有下跌（24年里，伯克希尔股价仅有两年是下跌的，1984年-2.7%，1990年-23.1%），那也几乎确定是为了继续大幅上涨而蓄力。那种感觉可能比前几年许多人对"京沪（房价）永远涨"的信心还强大。这种情况下，市场情绪无疑是以崇拜为主流的。

前文提到，迪士尼前总裁迈克尔·伊思纳写的一本书里，记载了1994年太阳谷峰会上，好莱坞梦工厂三巨头之一大卫·格芬当众跪拜巴菲特的场景。

而1998年则是这种崇拜的巅峰时刻。1998年10月12日，《福布斯》杂志采访奥马哈一位慈善家罗伯特·索纳时，这位"唢呐"先生起了个高调，说了这么一段令人印象深刻的话："在我的生命中，最重要的是上帝、沃伦·巴菲特和我的妻子。但是，对前面两位的重要性，我不太确定顺序。"

在一个以基督教、天主教为信仰的国家里，说不知道巴菲特和上帝谁更重要，这可能已经触及崇拜程度的顶峰了。为什么他会这么说呢？因为这位"唢呐"先生，在20世纪50年代末投了1.9万美元给巴菲特合伙基金。他一生的财富，完全是以巴菲特的努力为基石的，自己只做过一个选择，然后就休闲享受了一辈子。

也正是在这篇报道里，《福布斯》杂志再次将巴菲特定义为"美国资本主义的民族英雄"。之所以说再次，是因为1997年7月28日，《福布斯》杂志已经在一篇报道里给巴菲特戴上了这顶帽子。

这种时刻，猜测巴菲特大手笔投资另类资产，其中可能有过度自信的原因，或许是一个大致合理的猜测。与之对应的是，1998年末至2022年末的下一个24年里，伯克希尔股东的年化回报率就锐降为8.2%了，从而将1974—2022年合计48年的年化回报率拉低至不到22%。

## 谨慎对待媒体报道

**巴菲特**：不过，就像是我们在《股东手册》第61页所谈到的，我们认为披露具体投资项目，不会给公司带来任何好处。因此，不是特别巨大的项目，我们会继续坚持保密原则不做披露。当然，法定的定期报告，我们是不会缺席的。

我们这种对投资信息"无论真假，一概不予评论"的政策，可能会让那些想抄作业的人大失所望，但它对我们的股东有利。我们要是公开分享投资细节，大家持有的伯克希尔股票会贬值的。

顺便提醒一句：媒体对我们的投资行动猜测，大多数时候都是错误的。依赖这种评论的人要注意风险。

（摘自1998年致股东信；摘录时间：2022-11-03）

**唐朝**：老唐，你昨晚是不是和西施在一起？不是。

老唐，你昨晚是不是和貂蝉在一起？不是。

老唐，你昨晚是不是和杨贵妃在一起？对不起，无可奉告。

如果这样做信息披露，可能连瞎子也能"看见"老唐昨晚和谁在一起混。巴菲特正是为了避免这种情况，所以涉及任何投资项目的提问，答案一律是无可奉告。

我以前在唐书房写过，记者的职业天性是把事情往大里说，是放大信息里任何能够"耸人听闻"的一面。所以我们阅读媒体报道的时候，一定要学着接收——发生了什么事，完毕。

完毕的意思，是说我们要摒弃记者在文章里附加的猜测、联想、暗示，并认真观察和思考报道里是否有断章取义及误导性引用数据的现象。这些事情该投资人自己做的，如果你让记者帮着做了，市场先生就会替记者从我们的腰包里收取高额咨询费。

**慧思**：（1）投资者收集关于公司的各种信息，应该以事实为主，而不是别人的预测、观点、判断。如果第一阶段——收集事实——做得不恰当，我们就没有进入第二阶段的基础。（2）第二阶段是独立思考，用逻辑推理事件可能对公司产生的影响，注意不要被舆论、媒体的片面、偏激甚至别有用心的结论所影响。

**浩然斯坦**：让我们陷入困境的，并非我们不知道的东西，而是我们知道但并不正确的东西。对于新闻和各种文章，我们需要先读"观点较少、事实较多"的，等积累足够多以后，可以慢慢过渡到"事实较少、观点较多"的；对于"只有观点、没有事实"的，尽量不读或少读。

以上市公司研究为例，三张表及其附注提供的事实最多，优先级最高；财报其他部分（例如管理层分析与讨论）的事实也比较多，优先级次之；券商根据财报梳理的研究报告的事实较少，再次之；财经媒体的点评几乎全是观点，更次之。

# 1998年伯克希尔股东大会问答摘要[①]

### 一、研究企业的方法

**股东提问**：我没有接受过会计和金融方面的正规教育，你可以推荐一份自学书单，以及指导我如何开始自学，如何开始企业研究吗？

**芒格**：如果没有"大量"的阅读，你不可能成为一个优秀投资者。我认为没有任何"一"本书能够帮助你做到这一点。

---

[①] 引自伯克希尔-哈撒韦公司股东大会视频记录。

**巴菲特：**也许你可以考虑挑选 5 到 10 家你非常熟悉它们产品但不熟悉它们财务状况的公司。你熟悉它们的产品，你对这个行业也大致有所了解，然后，你去阅读它们很多年的年度报告。同时，你可以通过互联网等方式，获取近 5~10 年与这些企业相关的报道文章，让自己沉浸其中，就好像你要去为公司工作，或者他们把你聘为首席执行官，或者你要买下整个公司。我的意思是，你可以用任何一种方式来看待它。当你熬过这一关的时候，问问自己："还有什么是我现在不知道，但却需要知道的东西？"

至于企业研究。很多年前，我四处走动，和目标企业的员工交谈，和竞争对手交谈，问一些类似的问题。事实上，当我第一次到盖可保险见到洛里默·戴维森时，我就是这么做的。我一直在问他问题。这就是研究的本质。如果我对 ABC 公司感兴趣，我会问它问题，我还会去它的对手 XYZ 公司，试着多了解一些。现在，获取消息渠道太方便了，你可以很容易得到很多信息，你要学会辨别它。

本质上，你是一名记者。我的意思是，这个过程很像在做新闻报道。如果你问了足够多的问题，比如你问竞争对手："如果你有一颗子弹，你只能选择一个竞争对手，射穿他的脑袋，你会选哪个？为什么？"随着时间的推移，如果你持续问这样的问题，你就会学到很多东西。

你问 XYZ 行业的某个人，你说："如果你要离开公司 10 年，你必须把所有的钱都投到你的一个竞争对手身上，买成他们的股票，不能选择自己的公司，你会投哪个？为什么？"不停地问问问。

对于某些渠道获取的消息需要打个折扣，最终你的头脑中会收集很多相关信息，然后你需要对信息进行转换并独立思考：为什么你要这样或那样去评估这个公司？

你还需要选修一点会计方面的课程。但最重要的是弄清企业是如何运作的。去想这家企业如果是我们经营，我们会怕谁？如果我们经营盖可，我们会担心谁？为什么？我们最想射穿谁的脑袋？当然我是不会告诉你那个名字的。（笑声）

你不停地问这些问题。然后找到那个想要射穿他脑袋的家伙,再找出他想射穿谁的脑袋。这就是你的方法,你将一直在学习。你可以和现在的员工、以前的员工、供应商、分销商、零售商、客户等各种各样的人交谈,这样你会学到很多。

这是一个调查过程,一个新闻报道的过程。最终,你想写一篇报道。我是说,你在搞新闻事业,试图写一篇报道,这篇报道六个月后发表,你要分析目标公司值多少钱。有些公司很容易写报道,而另一些公司则很难写报道。我们试着寻找那些容易写出报道的企业。

**琢舟**:巴菲特说分析企业就像做记者,收集信息然后撰写报道。但我认为分析企业更像是做侦探,收集一切能得到的信息,将信息筛选、整合、分析,最终在脑子里形成一个"残缺的拼图"。

当我们收集到一份企业信息时,就像是从虚空中随机抽取一块拼图,然后观察它,分析它能放在现有拼图的哪个位置?会对整张拼图有什么样的影响?是无关紧要?是画龙点睛?还是画蛇添足?不管是哪一类,都需要我们对这个企业有一个初步印象,否则还真无处下手了。

走出这一步还挺难的,很多人都卡在了这个地方(包括2个月之前的我)。但随着研究的深入,会找到"毛线球的线头",然后牵一发而动全身地将整张拼图逐步搭建起来……

这是一张永远拼不完的拼图,所以它是"残缺"的,所以才需要阅读一切。正因如此,这个过程才相当有意思。

**ViV**:唐书房2019年3月7日发表的《企业分析的30条检查清单》可以作为这条回复的辅助学习资料:

(1)我是否愿意花大量时间研究这家企业和这个行业?(从困难度、兴趣着手)

(2)公司决定聘我担任CEO,3个月后到任。现在我需要赶紧知道哪些东西?

(3)公司现有生意的获利,"真"钱的比例有多大?

(4)公司的核心客户是谁?

(5)说服目标客户购买公司的商品或服务的难度大吗?

（6）客户的留存率如何？

（7）公司帮助客户解决了什么麻烦？

（8）客户对公司商品或服务的依赖程度高吗？假设公司明天关门，客户会受到什么影响？

（9）公司生意是否具备可持续的竞争优势？若有，主要是什么？

（10）公司可否在不流失客户的情况下，上调商品或服务的价格？

（11）行业内竞争激烈吗？主要的竞争手段是什么？

（12）行业主要竞争对手是谁？对手靠什么成为主要竞争对手的？

（13）你认为观察这家公司的核心数据和事件应该是什么？为什么？

（14）公司面临哪些主要风险？

（15）公司的负债是否过高？是否有大量或有债务？利息保障比是否足够安全？

（16）公司资本再投资的回报率是否令人满意？

（17）公司是否采用了保守的会计政策？

（18）公司营收主要依赖持续性营业收入，还是非经常性收入？

（19）公司是否具备占用上下游款项的能力？

（20）公司维持现有盈利能力所需资本支出高不高？

（21）收集主要管理人员履历及相关资料，判断是否是可信任之人？

（22）主要管理人员是怎么走上现在的岗位的？

（23）主要管理人员薪酬待遇如何？是否持有公司股权？如何获得的？

（24）主要管理人员的相关决策，是否是基于股东利益作出的？

（25）主要管理人员过去向股东传达的信息，是否清楚明确、前后一致？

（26）主要管理人员的经营活动是否为独立思考（未受同行行为干扰）后做出的？

（27）公司过去的成长主要来源于内生性增长还是并购扩张？

（28）公司过去及现在的并购是否获得预料中的成功？

（29）公司的并购活动是基于什么目的展开的？资金如何筹集？

（30）行业和公司未来的增长点在哪里？

## 二、投资要尽早

**股东提问**：如果你现在30岁出头，一切重新开始，在当前的环境下，你会做些什么不同的或相同的事情来复制你的成功？简而言之，巴菲特先生，我怎样才能赚到300亿美元？

**巴菲特**：尽早开始。（笑声）

查理总是说，投资最重要的是找到一个很长的坡道，在山顶上尽早堆起一个小雪球。我们很年轻的时候就开始滚雪球了。滚雪球的本质是复利，它的关键是一个很长的坡。这意味着你要么从很年轻的时候就开始，要么就要活得足够久。

对于你的提问，在投资领域，我的做法会和现在一样。如果我今天从学校毕业，有1万美元可以投资，我会立刻开始。我会直接开始浏览公司年报。我可能会把重点放在规模较小的公司上，因为那将适合用较小的金额开始，而且小公司更有可能在投资领域被忽视。

是的，就像查理之前说过的，现在不会像1951年那么容易了。那时，你翻开年报一看，显而易见的便宜就摆在那儿。但即使没有1951年那么容易了，翻开年报去找，依然是你开始投资的唯一可行途径。我的意思是，你必须开始去买入公司，或买入公司的一小部分——叫作股票。你必须买好的公司，而且以有吸引力的价格买它们。即便一百年后，在投资方面的建议也只能是这个。就是这么简单。

**唐朝**：总有些人说，要很有钱以后才能做价值投资。巴菲特说，不！哪怕只有一万块，投资的原理都是这一套，"买股票不是买交易筹码，而是买下一家公司的全部或部分"，没有什么别的秘诀。

## 三、关注宏观经济没有价值

**股东提问**：我想请问，你认为日本持续的经济动荡在未来5到10年内，会如何影响全球经济和美国股市？

**巴菲特**：嗯，查理和我不擅长这些宏观问题。但我想说，日本在金融市场和银行体系方面的问题，已经存在很长一段时间了。因此，我看不出有什么理由，它如今对世界其他地区产生的影响，会比过去几年更大。此外，我想说，在过去的几年里，它对美国的影响无疑是很小的。

就我们明天早上会买卖什么而言，我们完全不考虑这类因素。如果明天有人向我们提供一个好生意，我们不会考虑这些事情。我们只会考虑这门生意的具体细节——除非它与日本直接相关，比如主要业务在日本。

我们并不太在意那些宏大叙事。我们真正关心的是，我们对一家企业的判断在10年或20年里是否会正确。就拿喜诗糖果来说吧，我们是1972年买的，你看看1973年和1974年发生了什么？这个国家经历了石油危机、严重的通货膨胀、世界级的股灾，等等。

假设1972年，有人展示一幅从1972年到1982年期间的宏观趋势图：基准利率会涨到21.5%，长期利率会上涨到15%，同时道琼斯指数会近于腰斩。你知道这些有什么用呢？重要的是喜诗花生糖的味道一如既往地好吃极了。然后随着时间推移，我们就能从糖果销售中赚很多钱。现在你知道了，我们在1972年购买喜诗时，它的税前利润是400万美元，去年的利润则是6200万美元。

如果我们对企业业务的未来判断是大体正确的，宏观因素不会产生任何影响；如果我们对企业业务的未来判断是完全错误的，宏观因素也无法拯救我们。

**唐朝**：1973年和1974年两年时间，美国股市近于腰斩。如果有位神仙提前告诉你这个信息，你会放弃在1972年收购喜诗糖果吗？放弃就傻了。

### 四、关注企业本身

**股东提问**：目前可口可乐的市盈率是35倍，你担心利率上升导致市场估值中枢下降吗？如果不，那是为什么？

**巴菲特**：就像几乎所有的优质企业一样，可口可乐的市盈率的确比较高，但这并不意味着市盈率将会下降。它只是意味着，与市盈率很低时相比，我们的购买欲望会下降。

理想情况下，我们希望随着时间的推移买入更多这类公司，这类我们了解业务的优质企业。我猜，在未来10年内，我们一定有机会再买入更多的可口可乐、吉列、美国运通或其他一些我们已经拥有的优秀企业的股票。

通常而言，我们不喜欢市盈率处于高位。但是，我再次强调，我们不喜欢，并不意味着它会下降。这只是表明我们过去的运气太好了，我们被市场宠坏了。我们希望自己能再次遇到低市盈率的时刻，能再次享受被市场宠坏的感觉。

**唐朝**：不，巴菲特，你预测错了。未来十年里，你一股可口可乐也没增持。

**懒羊羊**：巴菲特在1998年表达过要增持可口可乐，可为什么并没有增持呢？

**唐朝**：因为后来可口可乐的经营情况，远低于他和芒格在1998年时的预期。

### 五、人寿保险

**股东提问**：除了年金业务外，伯克希尔一直在回避人寿保险业务。这是为什么呢？你是否会考虑进军人寿保险？

**巴菲特**：我们对人寿保险业务没有偏见，我们通过通用再保在人寿保险业务上取得了相当大的进展。正如你提到的，我们在年金业务上也做了一些工作。

寿险业务的主要问题在于利润不高，你可以看看大公司的历史利润数据。另外，某种程度上，人寿保险领域的许多活动与股票投资管理有关。查理和我从来没有想过去为别人管理股票，我们的唯一兴趣就是伯克希尔－哈撒韦公司本身。

我们不想身兼两职。我们不愿涉足基金管理业务，或其他任何类型的投资管理业务。因为要是我们（在伯克希尔之外）管理着200亿或300亿美元规模的投资业务，当我们发现一个可以投入10亿美元的好生意时，我们该拿谁的钱去投呢？

我们只戴一顶帽子——伯克希尔-哈撒韦公司的帽子。我们不想去向其他人承诺：只要支付0.5%或1%的费用，就能获取我们最好的投资想法。不，这些想法只属于伯克希尔。如果我们向其他人做出这样的承诺，那就是误导别人了。所以，任何涉及资金投资管理的事情，都是我们不愿意参与的事情。而投资管理是人寿保险业务的重要组成部分，这就是麻烦所在。

另外，如果你去看网上公布的定期寿险的费用，即使不考虑佣金，我们也很难理解它的定价费率。我确定，人寿保险业务是我们能理解的业务。或许当它有合理的利润率的时候，我们会考虑一下吧。

**唐朝**：巴菲特解释为什么伯克希尔不碰人寿保险业务：麻烦+没钱赚。

### 六、收购通用再保的原因

**股东提问**：你收购通用再保，我知道是冲着浮存金去的。你是认为通用再保的浮存金会继续增长呢，还是你觉得你可以更好地利用现有浮存金？

**巴菲特**：两个原因都有。我们预计通用再保的浮存金会在较长的时间里保持增长。同时，我们预计通用再保在国际市场的增速，可能会比在国内市场快得多。

从经营角度、技术角度、管理角度来看，通用再保的声誉一直很好，而伯克希尔的资本实力将给它锦上添花。因此，我们认为随着时间推移，通用再保的声誉可能会越来越高，保费收入也会随之增加，但至少在未来几年内，它们的保费不会爆炸性增长，它会以一个相对稳定的比例增长。

我们之前也说过，我们认为未来有机会让我们更好地利用通用再保的账面浮存金。它们也许不会在1999年产生影响，对2000年很可能也不会产生什么影响。但我们认为，把通用再保险收入囊中，10年后伯克希尔的每股价值将会高于我们没有收购通用再保的情形。我们并不认为影响会立竿见影，我们是基于10年期做的判断。查理？

**芒格**：我想说的是，如果我们利用通用再保的浮存金做投资，能取得我们过去取得的平均回报率的1/3,这笔收购就已经很出色了。

**唐朝**：这是巴菲特最接近失败的一次。对通用再保的预测不仅全盘错误,而且错得离谱。事实是,"如果不是伯克希尔的财力做后盾,通用再保9·11之后就破产了"。

芒格最后那句话也透露了,他们当时收购主要是冲着通用再保的浮存金去的。只可惜他们猜到了浮存金的收益可以大幅提高,却没有猜到浮存金的成本可以更大幅度地提高,提高到足以吃掉收益,还能吃掉股东权益的地步。

## 七、估值

**股东提问**：你在估值时,会给优秀的管理层、公司护城河以及其他经济商誉估出一个具体的数值吗？

**巴菲特**：护城河和管理层是估值的一部分,这影响我们对公司确定性的思考,以及预期公司未来自由现金流的数量有多大。就估值而言,以上这些属于偏艺术的部分。

公式的事情倒是很简单。没有任何一个公式可以精确地告诉你,这家企业护城河有28英尺宽×16英尺深。你必须去了解这项生意的本质。这让学者们抓狂,他们想知道如何计算标准差,但这并没有意义。真正有意义的是,你认为护城河是否足够宽,以及它们未来会扩大还是会缩小。

**唐朝**：护城河和管理层等因素,影响我们对企业确定性的判断,以及对未来可产出现金数量的估计。这个思考结果已经影响估值了,不需要单独再去给它们算一个数值。

## 八、能力圈

**股东提问**：我知道你不喜欢高科技,你认为它们缺乏确定性。但在我看来,微软十年后还是卖软件,这就和可口可乐十年后还是卖糖水一样确定。你为什么会觉得微软缺乏确定性？

**巴菲特**：我认为预测可口可乐保持在软饮料行业的竞争优势,要比预测微软保持在软件行业的竞争优势容易得多。这不是要贬低微软,只是我个人对科技领域的看法没有对饮料领域那么清晰而已。

对软件业非常熟悉的人很可能会和你持相同看法，而且他们有资格这么看。如果他们确实有更深层次的认知，并据此采取行动，他们就有权从自己的深层认知中赚到钱。这没什么不对的。而我知道我自己没有那种知识。我们只愿意为我们能理解的确定性出价，这就是我们做事的方式。

我没有贬低他人能力的意思。1991年，我第一次见比尔·盖茨时，我问他："如果你要在荒岛上待上10年，你必须持有两家高科技公司的股票，你会选哪两家？"他说了两家公司的名字。如果我当时把它们都买下来，我们赚的钱会比我们现在赚的要多很多，甚至比买可口可乐赚的还多。

这就是能力圈。不同的人能理解的生意不同，重要的是要知道哪些是你能理解的，并限定自己只在能理解的范围内活动。软件业不在我的能力圈内，我认为它也不在查理的能力圈内。

**唐朝**：这个关于确定性和能力圈的话题，巴菲特已经重复过无数次了，没有什么新意。但此处巴菲特爆料，1991年比尔·盖茨曾推荐且只推荐过两家公司，这两家公司未来被证明都是大牛股，如果买下来，比当时买入可口可乐持有至1998年赚的还多。这不得不让人感叹，牛人的世界和牛人的朋友圈就这么简单，一句话（一个判断）里面就是天量财富。

**读书卷**：巴菲特有这么强大的朋友，他都能保持自己的定力，不受干扰，按自己的节拍去做，太了不起了。

### 九、好行业不等于好生意

**股东提问**：近年来通信行业发展迅速，以AT&T和诺基亚为例，利润和净资产收益率都很高，从财务角度看，应该都符合伯克希尔的选股标准。伯克希尔是否评估过通信行业，有没有考虑在这个领域里展开投资呢？

**巴菲特**：发现一个好行业和赚到钱之间还有很远的距离。

20世纪上半叶美国最重要的两个行业，大概也是世界上最重要的两个行业，是汽车工业和飞机工业。如果你在20世纪的第一个十年就发现了它们的重要性，而且你早在1905年左右就预见到汽车或者飞机会给世界带来什么，你可能会认为参与其中是致富的好方法。

但是，很少有人是靠汽车业发家致富的，同期通过参与航空业而致富的人可能更少。每天有数百万人飞来飞去，但是通过航空业赚到钱的人却屈指可数。无数资本在破产中损失掉了。这是一个了不起的行业，但它是一桩糟糕的生意。

**唐朝**：一个了不起的行业，完全也可能是一部功率强大的"碎钞机"。投资，不能为情怀买单。这不是说人不可以为情怀买单。情怀可以不考虑回报率，用投资赚来的钱去支付就挺合适。

**志勇**：在正常年份，每天有上百万人飞来飞去，为什么投资航空业不赚钱呢？

**唐朝**：固定成本巨大+产品/服务同质化，导致了设备更新互相拼，日常养护成本高。因为提供的服务几乎无差别，或差别不足以吸引用户付费，所以价格战是竞争常态。

**好亮**：作为一名资深航空人来谈谈感想：（1）买飞机很花钱，天量的钱，一架中型客机的成本价最低要1亿多欧元或者美元。（2）修飞机很花钱，比买新飞机花的钱还多。一架飞机能服役几十年，波音或者空客提供的零配件贵得离谱，超出常人想象。（3）维护飞机很花钱，日常保养的支出很惊人。（4）养飞行员很花钱。在基地一个飞行员真机飞行训练一次，等于他十指戴满金戒指，一天就报销了。（5）航空公司经常打价格战，有时候，只要飞机一起飞就亏本，飞得越多亏得越多。（6）航空公司最喜欢搞一种竞争：我的飞机最先进，飞机最年轻，让外人觉得很安全，这导致更新成本飙升。（7）多数航空公司机构臃肿，有无数的闲职。（8）航空业受外部影响极大，一旦国家经济不景气，坐飞机的人就急剧下滑，一年的亏损能把前几年辛辛苦苦赚的利润一笔勾销。有兴趣你看看国航的数据。（9）这个行业的风险大，安全压力极大。如果出现恶劣的飞行事故，这个公司可能就垮了，投资人的投资也就打水漂了。

总之，这不是投资的好行业，正如芒格说的："我恨这种公司！"

**唐朝**：资深机长现身说法，更精准详细了。

**好亮**：对于投资来说，我恨透了这个行业，它就是您说的"碎钞机"。

**kingroom**：为什么"碎钞机"行业会长期存在，而不是被市场淘汰出局呢？

**唐朝**：简单总结原因：（1）历史成本不是成本；（2）总是阶段性出现"大"赢家示范；（3）企业家的冒险和破坏性创新是资本主义的天性；（4）有某些追求情怀的钱存在；（5）错觉。

**股东提问**：请问，技术进步和生产率提高，是如何影响我们的投资回报的？

**巴菲特**：我们寻找那些不怎么受技术进步影响的企业。我们认为技术进步对投资的威胁大于机遇，这与大多数人看待股票的思路截然相反。

我们对改变不感兴趣，极少有例外。我们寻求的是不变。"不变"会保护那些已经大赚的商业模式，并会让他们在未来赚得更多。我们把变化看作一种威胁。我们研究企业时，如果看到很多变化的可能，我们大概率会喊"过"。当我们看到一些很可能在10年或20年后依然会和现在差不多的东西时，我们才有信心去预测它。

比如可口可乐销售的产品，与一百多年前它所销售的东西高度类似。分销方式、与消费者沟通以及这个层面的很多东西，都没有改变。你50年前对可口可乐的分析，现在也可以拿来用。我们感觉持有这类企业更舒服。这意味着我们可能错过很多大赢家，但我们反正本来也挑不出这些赢家的，因为我们不懂。我们这种方式，只是意味着我们很少选中大输家。随着时间的推移，没有选中输家是投资过程里非常重要的事情。

**唐朝**：我们寻找不变的东西。这意味着我们会错过很多大赢家，同时也意味着我们很少买中大输家。甘蔗没有两头甜，"既要、又要"非常难。在漫长的投资生涯里，避开大输家比选中大赢家要重要得多。

**志勇**：明白。只要能够尽量避免犯下重大错误，投资就可以成功。

投资者只需要做很少的正确事情,就足以保证盈利了。

**李强:** 其实只要按照老唐真经:远离杠杆 + 瞅地,就已经能比别人少犯很多错了,赢的概率就已经很高了,无非赢一点还是赢麻了的区别。这已经超过绝大多数投资者了。

# 1999 年
## 巅峰时刻遭遇重击
## 理性思考坚守本心

年度背景 // 702
巅峰时刻的打击 // 704
股价表现与企业经营 // 707
他不是守财奴 // 708
用人和管理的艺术 // 713
与优秀的人同行 // 716
投行的作用 // 719
坚守能力圈 // 720
时间的价值 // 723
保持理性 // 724
回购的逻辑 // 727
1999 年伯克希尔股东大会问答摘要 // 733

## 年度背景

1999年的宏观环境似乎还是一团糟。东南亚金融危机的阴霾还未散去，拉丁美洲第一大经济体巴西又扛不住了。1月13日，巴西政府宣布巴西货币雷亚尔贬值，9天时间里雷亚尔汇率下跌23.4%，整个美洲市场风声鹤唳。

世纪之交的千年虫问题，成为全球金融市场迫在眉睫的危机。千年虫指的是由于所有电脑程序都是用两位数表示年份，比如用55表示1955年，用81表示1981年，当1999年12月31日后，系统需要跨越世纪的时候，00会让电脑程序在1900和2000之间发生混乱，从而导致系统崩溃，所有依赖电脑记录的资料和程序都可能发生紊乱。而解决所有资料中存在的00标识问题，是一个相当庞大的工程，稍有疏忽就可能造成灾难性的后果。

6月30日，美联储宣布加息；7月中旬，美联储主席格林斯潘在国会发表演讲，表示将继续采用加息措施，向市场释放信号；8月24日美联储再度加息；8月27日，美联储主席格林斯潘公开发表讲话暗示股价处于高危状态；9月微软总裁史蒂夫·鲍尔默指出"包括微软在内的大量科技公司被市场严重高估"；11月16日美联储再度加息……

然而，这一切丝毫没有阻挡美国股市继续狂欢。道琼斯指数年中首次突破1万点大关，全年上涨超过25%；标普500指数连续突破1300点和1400点，收于1469.25点，年度涨幅19.25%，加回成份股现金分红后，标普500指数年度含息收益率21%；更恐怖的是纳斯达克指数，连续突破3000点和4000点大关，全年涨幅高达84.11%，创下指数自1971年诞生后的最大年度涨幅（该纪录直至2023年依然没有被打破）。可以说这一年里，绝大多数投资者都赚得盆满钵满。

除了巴菲特。

其实1999年上半年，差不多还是巴菲特最志得意满的时刻。1999年上半年巴菲特接受《商业周刊》记者采访时，还说过这样一段话："无论我管理着100万美元，还是1000万美元，这都没有关系，我都会满仓投资。在20世纪50年代时，我曾经实现过相当高的收益率，完胜道琼斯指数。你们确实该看看那些数字。但是话说回来，我当时的投资金额微不足道。钱少确实有很大的好处，我觉得如果我只有100万美元的话，我一年应该能赚50%。不对，是我知道我能。我可以保证这一点。"这段话摘自1999年7月5日出版的《商业周刊》，文章题目是《来自奥马哈先知的朴素智慧》。无论是文章标题还是言论内容，我们都可以闻到一股超级自信的味道。

然而，耳光很快就来了。在当年的致股东信及股东大会中，我们会看见很多歉意乃至忏悔，此处我们暂时跳过。

1999年，巴菲特继续艰难地在普遍高估的市场环境下，为旗下一台台"印钞机"送上来的滚滚现金寻找出路。例如，经旗下几家家具公司管理层推荐，10月11日以2.5亿美元的价格收购了波士顿家具行业霸主乔丹家具公司；经中学同学沃尔特·斯科特牵线，10月25日以20.5亿美元收购中美洲能源控股公司[①] 76%股权（但只有10%投票权）。

而上市公司方面，除了清仓迪士尼（主要原因可能是对迪士尼董事长给自己发放过多期权的行为不满），微量减持房地美之外，伯克希尔主要持仓依然变化不大，继续以呆坐为主。

---

① 这家公司英文名MidAmerican Energy Holdings Company，国内通常翻译为中美能源控股公司，但这里的"中美"容易被误解为"中国和美国"，MidAmerican实际指美国中部或者美洲中部，所以我这里译作中美洲能源控股公司。

表 32　伯克希尔历年持股明细（1999 年）

| 股份数量（股） | 公司名称 | 成本（百万美元） | 市值（百万美元） |
| --- | --- | --- | --- |
| 200,000,000 | 可口可乐 | 1,299 | 11,650 |
| 50,536,900 | 美国运通 | 1,470 | 8,402 |
| 96,000,000 | 吉列公司 | 600 | 3,954 |
| 59,559,300 | 房地美 | 294 | 2,803 |
| 59,136,680 | 富国银行 | 349 | 2,391 |
| 1,727,765 | 华盛顿邮报 | 11 | 960 |
|  | 其他持仓 | 4,180 | 6,848 |
|  | 合计 | 8,203 | 37,008 |

注：表中为持有市值高于 7.5 亿美元的主要持股。

不幸的是，这一年里，第一、第三和第四大持仓公司可口可乐、吉列和房地美同时出现经营问题，股价大跌；刚刚收购的通用再保也出现创纪录的大亏损。全年伯克希尔的收益率只有 0.5%，这是自 1964 年巴菲特入主伯克希尔 35 年来，收益率最低的一年（纪录很快将被他自己打破，2001 年他获得了人生第一次年度亏损，当年收益率 –6.2%）。这种基本面加上科技股暴涨的市场氛围，不投科技股的伯克希尔股票被投资者嫌弃，股价逆势大跌 20%，收于 56100 美元 / 股。指数大涨，伯克希尔股价大跌，市场舆论大逆转，巴菲特从高高在上的"神"，跌落为人人皆可踩之的"人"。

## 巅峰时刻的打击

**巴菲特**：我们在 1999 年的表现相当糟糕。论绝对收益，是自 1964 年以来最差；与标普 500 指数相比的相对收益，也是自 1964 年以来最差。相比绝对收益，我们更关心相对收益。随着时间的推移，糟糕的相对收益不可能产生令人满意的绝对收益。

就连糊涂大侦探也能找到去年糟糕表现的罪魁祸首——没错，就是你们的董事长。我看着自己的成绩单，就像得了四个 F 和一个 D 的学生，听到善解人意的老师说："孩子，你只是有点偏科。"

我偏的这一科是资本配置，1999年我在资本配置上的成绩肯定是D。这一年，伯克希尔股票投资组合的表现让人伤心。其中只有很少量是盖可保险的路易斯·辛普森管理的，其他都是我的责任。我们最大的几只重仓股在1999年的表现，全部严重落后于市场平均水平，背后的原因是它们的经营业绩令人失望了。我们仍然喜欢这些业务，并愿意继续持有，只是它们的经营受挫严重影响到我们1999年的表现。而且，现在我们还不能确定，它们什么时候能够恢复状态。

（摘自1999年致股东信；摘录时间：2022-11-11）

**唐朝：** 就在巴菲特封神的巅峰时刻，打击来临了。

占比约36%的第一大重仓股可口可乐出现食品安全问题，持股市值从1998年高点起算，近于腰斩；合计占比约23%的第三大重仓股吉列和第四大重仓股房地美，也因为业绩下滑分别导致股价下跌14%和27%；而刚刚收购的通用再保，似乎专为嘲笑巴菲特而来，收购第一年就创下亏损纪录，直接造成15亿美元损失，而收购时通用再保公司净资产总共才82亿美元。

1999年全年，伯克希尔的收益率只有0.5%，这是自1964年巴菲特入主伯克希尔35年来，收益率最低的一年。更要命的是，当年标普500指数上涨19.5%（加回成份股现金分红后，指数的含息收益率是21%）、纳斯达克指数涨幅84.1%。大幅落后指数的结果，比仅赚0.5%更打击"股神"的形象。

伯克希尔的股票逆势大跌。在标普500指数含息收益率21%的情况下，伯克希尔股票大跌约20%至56100美元收盘，最大回撤超过38%（1998年中高点84000美元跌至1999年末低点52000美元）。这还不算，这封1999年年度致股东信于2000年3月1日发布，而2000年2月28日伯克希尔刚刚创出43500美元的股价新低，相比84000美元的高点跌幅超过48%（3月10日再创下新低40800美元）。

2000年3月，正是标普500指数首次突破1500点，纳斯达克指数首次突破5000点的欢呼时刻，市场遍地都是躺赚和暴富的传说，只有可怜的沃伦以及认可他的股东，享受着跌、大跌和暴跌的待遇。市场展现出来的是《时代》周刊1999年10月25日文章《伯克希尔的巴菲特进行时》一文里的那句话："这也许是一个任何人都比巴菲特聪明的年代。"

市场舆论大转弯。

巴菲特过去是"从不失手的股神"，能踩踩曾经高高在上的成功人士，带来的快感当然比踩无名之辈过瘾千百倍，也吸睛千百倍，所以包括《华尔街日报》《纽约时报》《科技投资人杂志》《巴伦周刊》在内的主流报纸杂志以及网络论坛，处处充满了嘲弄巴菲特的欢乐气氛。随便看看当时的爆款文章标题吧：《巴菲特需要开拓自己的第二产业了！》《巴菲特已经是过去式啦！》《巴菲特编造谎言骗股东购买股票！》《巴菲特是堕落天使，落后的排名让同行替他感到羞耻！》《巴菲特应该向股东道歉！》《人人都通过科技股赚钱，只有顽固而吝啬的巴菲特不在其中，他的股票已经下跌了48%！》《谢天谢地，我的钱不是由巴菲特管理！》《巴菲特是不是已经失踪？》《巴菲特是否就此出局了？》《巴菲特住院，病情危急！》……这里面传播最广、影响最大的报道，可能是《纽约时报》1999年12月25日的《30年的传说失去了光泽》以及1999年12月27日的封面人物文章《沃伦，你怎么了？》等。

在这封致股东信里，巴菲特坦然承认自己搞砸了，给自己1999年的表现打分为D，而且他说这是所投企业经营业绩下滑造成的，暂时还看不到恢复的迹象。

不过，巴菲特其实也不像我们想象的那么坚强。在这些重压下，即将年满70岁的巴菲特真的病了：这封致股东信发布后一个月左右，巴菲特肾结石发作，进了医院接受手术（恰好证实了之前巴菲特病情危急的谣言）。巴菲特后来回忆这段经历说："浑身插满管子，我讨厌那样，那是人们衰老时才会遇到的问题。"

**凡星**：巴菲特有个很重要的思考方式值得我们学习，那就是总是推功揽过。如果旗下公司效益良好，就是管理层能干。当1999年他面临的大环境不好时，他说的是：考试没考好，责任在我。言下之意，这些管理者都很棒。

**武侃**：我记得老唐曾经说过，巴菲特不揽功、不诿过，所以更适合当一把手。

**唐朝**：是的，扛责任、让荣誉，这是优质领头人的典型特征。

**牧非**：以当下的眼光看，1999年虽然持股公司碰上了差年份，但是没有影响这套体系后续持续挣钱。这反而让我们看到了坚持自己的原则，不追逐热点的重要性。

## 股价表现与企业经营

**巴菲特**：我们1999年业绩不佳的直接后果就是股价大跌。1998年伯克希尔股价表现超过了企业经营水平，而1999年股价表现则落后于企业经营，这种落后一直持续到这封信与你见面的时刻。当然，我们相信，随着时间的推移，股价最终必然会与企业经营表现大致相当的。

（摘自1999年致股东信；摘录时间：2022-11-13）

**唐朝**：巴菲特说1998年股价表现超过企业经营增长，而1999年股价表现则低于企业经营增长，短期股价波动就是这样不可捉摸。但只要我们将视线稍微放长一点就会发现，股价涨幅和企业经营增长会保持大体一致。

举例来说，虽然1998年和1999年股价上蹿下跳，但如果以10年眼光去看，10年（1990—1999年）时间里，伯克希尔增长率是年化24.4%（1变8.85），而伯克希尔股价年化增长率是20.5%（从8675美元到56100美元，1变6.47），股价表现落后于企业经营表现。但我们往后面看一眼，就会发现2000年伯克希尔投资收益率只有6.5%，但股价大涨26.6%；2001年巴菲特更是史无前例创下亏损纪录（-6.2%），当年股价居然继续上涨6.5%。这似乎是股市无惧利空，坚持补上之前落后于企业经营表现而形成的差距。因此，如果以1990—2001年的视角看，伯克希尔12年年化19.9%（1变8.84），而同期股价年化19.8%（1变8.71）。就这么巧，神奇。这种规律不仅以十年期去看大致如此，就是以伯克希尔六十多年的投资数据去看，同样是有效的。

股市就这么神奇，短期内看似疯癫的步伐很难预测，但最终目的地却和企业经营结果在同一个地方。这二者结合起来，那就是我们面前的"印钞机"：股价增速大幅偏离企业真实的经营增速时，我们就下注它们必然收敛。多美！

**风儿：**长期视角下，企业利润的增长与股价增长大体一致，价格必然回归价值。这就好比遛狗，狗要么在前，要么在后，但始终在你周围！

**林飞：**看到这些数据，我在想是不是也有反面例子呢？比如企业经营一直好，但是股价长期大幅偏离，最后私有化退市的。或者需要大量融资支持发展的创业公司，结果股价大跌，导致公司经营受影响。要想躲开这些情况，是不是也只能靠修炼自己"不做什么"的判断力？

**唐朝：**肯定有。你说的修炼"不做什么"（也就是排除法）很重要，但也没有必要太过紧张。投资是投组合，下注的是大概率。

**林飞：**也是。不经历几轮牛熊，对投资确实还是不够放松。追求事事完美，真的没必要，也没可能实现。总是站在大概率赢的一面就已经很好了。

## 他不是守财奴

**巴菲特：**尽管我们去年表现不佳，但查理和我预计未来十年伯克希尔内在价值的增长，将会略超标普500指数收益。当然，我们不能写保证，但我们用自己的钱来下注这种信念。你知道的，我99%以上的净资产在伯克希尔。我和妻子从未出售过伯克希尔的股票。未来除非我们穷得过不下去了，否则依然不会考虑卖出1股伯克希尔股票。

请注意，我谈到的目标是"略超"标普500。对伯克希尔来说，能够大幅超越指数的时段已经成为历史。过去的成绩，既是因为股市给机会，存在大量的低估目标，也是因为我们掌控的资本比现在小得多，当时我们的选择面也比现在大很多。

我们对伯克希尔业绩能超标普500的信心，还来自我的一个预期，我几乎可以100%确定,标普500指数在未来十年或二十年的表现,将远不如1982年以来的表现。《财富》杂志最近的一篇文章表达了我的观点,解释了这为什么是不可避免的。我在此处给大家附上一份复印件。

（摘自1999年致股东信；摘录时间：2022-11-14）

**唐朝：** 虽然1999年表现不好,但巴菲特预计未来十年或二十年里,伯克希尔的表现仍然会"略超"市场平均水平,即年化收益率略大于标普500指数含息收益率。

"略超"包含两层含义,一是会超越,二是不会大幅度超越。后一个判断是因为股市估值已高,且自己的资本规模偏大,在这样的环境里,很难大幅超越。而会超,一是因为对自己旗下企业有信心,二是因为认为未来十年或二十年标普500指数的表现不大可能延续自1982年以来的神话。

1981年底至1999年底的18年,标普500指数含股息的年化收益率是18.4%（1变21）。同期伯克希尔的年化收益率是26.8%（1变72）；伯克希尔股价从1981年底收盘价560美元,上涨到1999年末的56100美元（1变100）,股东年化收益率略超29%。

巴菲特认为这是不可持续的。他于1999年11月在《财富》杂志上发表了一篇文章,认为未来十年或二十年股市的表现不可能继续重复1982年以来的数据。

未来究竟如何呢？不得不服规律的威力,哪怕是乱来的市场先生长期也必须服从规律：

标普500指数1999年末收于1469点,10年后的2009年收于1115点,加回期间成份股现金分红后,这个十年期里标普500指数含息总回报为−9.1%；继续持有至2019年末,标普500指数收于3231点,加回期间成份股现金分红后,这20年的标普500指数含息总收益是225%（1变3.25）,折合年化收益率约6.1%。

同期伯克希尔实现10年年化收益率8.4%（1变2.24）；20年年化收益率10%（1变6.9）。伯克希尔股价,1999年末收于56100美元,

2009 年末收于 99200 美元，2019 年末收于 339590 美元，持股股东 10 年年化收益率 5.9%，20 年年化 9.4%。

**食兔君：** 十年不涨的标普 500 和十年长牛的标普 500 是同一个指数，身处 1999—2009 年与身处 2009—2019 年的投资者，对此可能有不同的认知，甚至不同的投资决策。

**拳道（王）：** 巴菲特说要穷到过不下去了，才卖出股票。这真是一个守财奴啊！

**唐朝：** 守财奴是一个严重错误的理解。大家在阅读和学习巴菲特投资理念的时候，一定要记住一件特别重要的事情，巴菲特一生致力于推动伯克希尔内在价值增长（自然而然地也包括了推动股价跟着上涨），但巴菲特及其妻子持有伯克希尔股份，物质上的利益几乎可以忽略不计。

早期他俩合计持有约 47 万股伯克希尔 A 股，此刻的股价也刚巧是大约 47 万美元/股，这些股票此刻的市值约 47 × 47 ≈ 2200 亿美元。这个数字就是我们平时在媒体上会看到的巴菲特的"身家"或财富值数据。

2022 年全球富豪榜榜首是特斯拉的马斯克，身家 2190 亿美元。巴菲特排第五，身家 1180 亿美元。为什么巴菲特只有 1180 亿美元呢？千亿美元的差额哪里去了？

答案是捐掉了。巴菲特夫妻持有伯克希尔股份近 60 年里，一股也没有卖出过。他们从伯克希尔公司身上得到的全部利益有：

（1）伯克希尔 1967 年每股分红 0.1 美元，获得现金红利不到 5 万美元。

（2）1965—1992 年，每年巴菲特从伯克希尔领年薪 5 万美元，没有奖金和期权；1993 年至今，巴菲特年薪调整为 10 万美元，没有奖金和期权。

（3）伯克希尔公司出于经营需要，每年针对巴菲特有几十万美元的安保费用支出（曾经有人持枪到伯克希尔公司大楼，找巴菲特"借"钱）。

（4）用公款为自己买过二手飞机，供自己出行。主要原因是认识巴菲特的人越来越多，搭乘民航飞机老是被揪住询问股票投资事宜，耽误事情，影响心情。

（5）每年利用税务局的免税额度，赠送额度内股票给孩子们。该额度早期是每人每年1万美元，后来上调至每人每年1.5万美元。

（6）1999年，巴菲特给三个孩子每人建立了一个基金会，让他们（都已年过40岁）每个人可以去做自己关心的事情。每个基金都收到市价1000万美元的伯克希尔A股，以后每年巴菲特和苏珊都追加捐赠，到2004年，三个孩子的基金规模都超过1亿美元。

大女儿苏茜的慈善基金主要资助奥马哈的早教事业；大儿子霍华德的慈善基金主要用于改善非洲的贫困农村；小儿子彼得的慈善基金主要关注点是全球女性问题。

（7）2006年巴菲特宣布给比尔·盖茨基金会捐赠市价约370亿美元（分批到位）的伯克希尔股票的同时，给自己的三个孩子的慈善基金，每人追加捐赠了市价10亿美元的伯克希尔股票。

（8）巴菲特同时兼任几家投资对象公司的董事，每年有少量董事袍金收入。

以上大概就是巴菲特这辈子从伯克希尔身上所得全部了。

所以，我们阅读巴菲特的时候，一定要理解巴菲特的所谓"财富"几百亿美元也好，几千亿美元也罢，对他而言没有实际的物质意义，其作用主要是一个传播投资观、商业观、人生观的高大讲台。这个数字越大，影响力越大，前来听讲的人也就越多，正所谓"居高声自远，非是藉秋风"。

同时我们一定还要明白，巴菲特吸引听讲的人，不是为了"流量"，不是为了自己获益，而是让听讲者受益，让社会受益。这本身也是一件庞大而持续的慈善事业，其意义远远超过捐出去的金钱。这一点是很多抱着"无利不起早""人不为己、天诛地灭"思想的人，大脑里很难理解和想象的。

而他自己真正有用，以及能够留下来属于家人的"遗产"，是他的私人投资。也就是1956年没有投入合伙基金的那14万美元。他一直依赖这部分投资，给自己家庭赚取生活开支。这部分私人投资的数据没有披露过，但依照巴菲特几次聊起伯克希尔股票占总资产的比例口径，可以大致推测这部分目前大约有十几亿或者二十几亿美元。假设巴菲特私人账户的年化收益率也是20%，那么1956年的14万到66年后的2022年，应该变成235亿美元，目前"只有"十几或二十几亿美元，就是因为不断从里面支出资金供家庭开销。

**Roger. lee**：建立基金会，给基金会捐款后，这些钱是属于巴菲特子女的，还是只能用于特定用途？

**唐朝**：只能用于慈善事业，但孩子可以有合理的工资和社会地位。

**伯涵**：我以前宣讲巴菲特理念的时候，有个朋友就问我："巴菲特那么有钱，他为什么要将赚钱的方法告诉大家呢？"

这其实是格局的问题，你不会这么做，是因为你还没打出新手村，还没有开放的心态。巴菲特会这么做，是因为他早就过了追逐财富的阶段。

**leegee55**：巴菲特从什么时候决定不卖一股伯克希尔股票的呢？

**唐朝**：他没说，但事实就是自始至终没有卖过1股，估摸着起初是出于财富增长和企业控制目的，后面是慈善考虑。这个具体的转换时间点，老人家没说过。

**武侃**：几十万的安保费用都花费在哪里了？我看冠亚兄2019年去奥马哈，在巴菲特的住宅外可以随意徘徊，拍照，当时就纳闷：这么大的人物，住宅外能这么随意拍照，不怕安全问题吗？

**唐朝**：主要就是雇用保镖、相关安保器材支出和公开场合安保活动的费用，也不是很特别，毕竟一年也就几十万美元而已。

**Mark**：住在一个周围人都因你而富起来的城市，一直富了几十年且未来还会更富，我想应该是安全感足足的。

**周明芃**：巴菲特经常说，"我和你们一样吃的是汉堡，看的电影也是一样的，除了我有一架二手飞机，我和你们没什么不同"，财富对他来说只是一串数字，是他热爱阅读、热爱投资这门生意的副产品。

**星光《BEYOND》**：巴菲特这个"小"账户，才是我们普通人一辈子奋斗的天花板。

**伯涵**：巴菲特真的是厉害，拿"100 美元 + 自己的头脑"建立了庞大的伯克希尔帝国。不仅仅自己的伯克希尔持仓分文未动，连供家用的个人资产"小"账户也一路膨胀至十亿级。

有时候我觉得，巴菲特可能是上帝派来的，特意来演示一个人在"投资上的卓越、生活上的节制"做到极致，会是什么状态。而芒格则更像是我们身边的人，会赚钱同时也会花钱享受生活，过的日子更有人间烟火气。

## 用人和管理的艺术

**巴菲特**：伯克希尔的经营团队在许多方面都与众不同。他们大部分都已经相当有钱，已经靠着各自经营的事业致富了。他们之所以愿意继续留在工作岗位上，并不是因为缺钱或是有任何合约上的限制，而事实上伯克希尔也并没有跟他们签订任何同业竞争协议。他们之所以辛勤工作，完全是因为他们热爱他们的事业。我故意用了"他们的"这个词，是因为他们是这些事业的真正掌舵人。他们不需要到奥马哈述职，不需要总部批预算，对于资本支出也不需要等待批复。我们只是简单地要求他们，就像是自己的家族事业那样去经营就可以了。

查理和我与这些经理之间的互动，就如同我们和伯克希尔所有股东的互动模式一样，只是尽量站在对方的立场去想问题。我本人早就可以不必为钱而工作，但我依然非常喜欢我在伯克希尔的工作。原因很简单，这让我很有成就感，可以自由地去做我认为应该做的事，同时让我每天都与我欣赏和信赖的人一起共事。我们旗下这些经理人，他们在各自的行业内已经是成就斐然的大师，我认为他们继续工作的动力也是如此，所以我们创造了这样的环境给他们。

（摘自 1999 年致股东信；摘录时间：2022-11-16）

**唐朝**：巴菲特和旗下各企业 CEO、COO 们的关系，是世上绝大部分企业难以想象的。旗下主要经理人在长达几十年的时间里没有跳槽的，而且个个似乎都在按照完美标准要求自己的工作。几乎所有经理人谈及努力工作的驱动力时，都提到过一句话："我可不想让沃伦失望"。为什么会如此呢？

首先，巴菲特自己是大师级别的人，用几十年时间建立了成功的事业和无瑕的名誉。其次，他只选择与自己欣赏和信赖的人一起共事。这个标准不会因为金钱利益和社会地位而放松，因而这个选择本身已经类似于一种人品认证或者商业勋章。再次，巴菲特一旦选定了自己欣赏和信赖的人，他会充分信任和放权，并愿意为此承担可能导致的损失，无论多大。最后，巴菲特从来不吝于在公开场合，乃至在那些注定流芳百世的文字和影音资料里，大力赞美旗下经理人的努力和成就。考虑到巴菲特讲台的高度，这些表扬实际上是传播给整个地球文明的，分贝之高在商业世界里可能是排名第一的。

如此，经理人获得了一个能让自己产生成就感，可以自由做事，可以随时和自己欣赏、信赖甚至是崇拜的人共事，并且在商业领域里流芳百世的机会。我们可以想想：若非巴菲特本身的成就和致股东信的力量，谁会知道美国中部内布拉斯加州一个卖地毯和家具的零售企业，以及那个不识字的俄裔老太太？无论她在家具零售业里做得有多成功，知道和关心的人也不会有今日的万分之一。

上述这些东西，是一年加薪几百万或几千万根本换不来的，尤其是如果你本身已经有几亿乃至几十亿的情况下，上述收获和一年多赚几百万美元，哪个更有吸引力，应该是不言而喻的。它们共同构成了"我可不想让沃伦失望"的自我驱动力。

巴菲特对旗下经理人的信任，可不是嘴上说说，是用真金白银表达的。举个例子，在巴菲特只持有约50%盖可保险股份的时期，有个财团想整体收购盖可，大股东巴菲特和CEO杰克·伯恩去谈判。巴菲特上场就给对方说，你们要和杰克谈，不是和我。然后就让杰克主导谈判。到报价时，杰克不停地看巴菲特，希望得到一个价格和暗示，结果一无所获。后来杰克实在忍不住了，把巴菲特拉到一边说，你给我个价格呀！巴菲特说，你做主，你认为什么价格合适，我就接受什么价格。杰克·伯恩当时就震惊了：这可是十亿美元级别的买卖啊，由我来决定价格？让我先晕一会儿。

当然，正是老板这种十亿美元级别真金白银的信任，让伯恩报了一个没有被对方接受的天价（如果被接受则是能让巴菲特赚嗨的价格），他不想给自己换个新老板（若你是伯恩，估计你也不想）。几年后，巴菲特支付 23 亿美元现金收购了剩余的一半股份，让盖可保险成了伯克希尔全资子公司。

各公司经理人只需要每月把报表发到奥马哈总部就行，愿意写当月经营情况说明及下一步考虑的就写几页，不想写也没关系；愿意打电话和巴菲特聊聊的，巴菲特永远有空，随时可以成为倾诉的树洞和提供建议的顾问；不愿意打电话的，没关系，巴菲特几乎从来不会主动打电话询问企业经营情况；愿意到奥马哈坐坐的，伯克希尔永远欢迎，懒得去的也没关系。最极端的例子是喜诗糖果的总裁哈金斯，1972 年担任喜诗糖果 CEO，二十几年后才想起来第一次去奥马哈看看。但凡是个愿意工作的人，遇到这样一个 CEO 岗位，谁又不想在上面坐稳、坐好、坐长久呢？是你，你也会每天早上迫不及待地从床上弹起来，吹着口哨去上班。

**武侃**：被巴菲特看中乃至点名表扬是正向激励。那反过来，旗下企业里有没有经理人在某些方面出问题，被巴菲特点名批评的呢？

**唐朝**：极少极少，记忆里只有通用再保的弗格森。

**K. J.**：中美洲能源的索科尔算不算？曾经的救火家，后来巴菲特也觉得他的行为匪夷所思。

**唐朝**：索科尔的事儿略复杂，巴菲特不是批评，主要表达的是遗憾。而且他自始至终也没有任何结论说索科尔做错了，只是说不符合"完美"的标准，而且很可能是无心之失。

**榜外**：巴菲特有没有对某个 CEO 品行看走眼的例子呢？

**唐朝**：有。前几年就因为看错人，被一家德国管道公司坑了 6 亿多欧元。

**IE**：《巴菲特最推崇的 8 大企业家特质》里面说，巴菲特把这种管理方法总结为"雇得好，管得少"，并且相信这种极致的分权方式，可以削减开支并释放企业活力，从而提高组织的整体效率。

巴菲特在一次演讲里表达过他的人才观：招人的时候看三点：品行、头脑和勤奋。他说一个人要是头脑聪明、勤奋努力，但品行不好，肯定是个祸害。品行不端的人，最好又懒又蠢。

招聘到优秀的人才，他们会自发地完成工作，就像你找到了乔丹加入了自己的球队，你不会再打算教乔丹怎样去打篮球。

**伯涵**：巴菲特识人、用人的管理艺术，非常值得我们借鉴。这里总结一下：第一，自己要做个"德才兼备"的好人，既要提升专业水平，又要提升人格修养；第二，尽可能地通过公开的方式，宣扬自己的理念和价值观，吸引那些志同道合的人；第三，尊重员工，尊重他们的劳动成果，大胆地表扬和赞美他们。

学习巴菲特，不是为了成为巴菲特，因为"股神"只有一个，我们不必对自我期许太高。但是学习巴菲特，按照巴菲特的思路去为人处世，大概率会让我们成为更好的自己。人的一生就是不断精进、不断修炼的过程，每个人起点不一样，我们没必要跟别人比。只要每天比昨天的自己更好，就是人生的欢喜。

## 与优秀的人同行

**巴菲特**：这是有关犹他州家具业霸主威力家居的故事。伯克希尔是在 1995 年从蔡尔德家族买下这家公司的。比尔跟他经营团队的大部分成员都是摩门教徒，因此他们的店星期天不营业。这样的惯例其实不适合用在零售生意上，毕竟对大部分的顾客来说，星期天正是他们购物的大好时机。不过尽管如此，比尔还是带领这家店从 1954 年他接手时的一年 25 万美元营业额，一路成长到 1999 年的一年 3.42 亿美元营业额。

比尔认为威力家居应该也能在犹他州以外的地区成功开拓市场。1997 年我们计划在爱达荷州设立一家分店。我相当怀疑星期天不营业的政策，能否在陌生地区抵抗对手七天无休的强力竞争。当然，由于这是比尔负责的事业，所以尽管我对此持保留态度，但是我还是尊重他的商业判断和宗教信仰。

比尔提出一个非常特别的提案，他愿意个人投资900万美元，以私人的名义买下土地。等盖好商场，确定营运良好后，再以成本价卖回给伯克希尔。要是营运不如预期，那么伯克希尔可以不必付一毛钱。这样，潜在的庞大损失就可以由他单独承担。

我告诉比尔很感谢他的提议，但若伯克希尔想要获取投资回报，那就必须承担潜在风险。比尔坚持说，如果因为个人的宗教信仰而使得公司经营不善，他希望能够单独承担苦果。

这家店于去年8月顺利开幕，立即引发当地的轰动。比尔随即就将产权办理过户，其中包含一些地价已经高涨的土地，并收下我们成本价的支票。还有一点必须特别说明，对于两年来陆续投入的资金，比尔拒绝收取任何利息。从来就没有一家公众公司的经理人会这么做，至少我个人没听说过。所以各位不难想象能够与这样的经理人共事，让我每天早上上班时多么地开心雀跃。

（摘自1999年致股东信；摘录时间：2022-11-17）

**唐朝：** 这是一个今天读来依然令人震惊的故事，这样的职业经理人，我相信我们可能没遇到过，甚至以前连想也不可能想到这种操作方法。这个故事我在《巴芒演义》里全文引用过，并且谈过相关感想，这里可以直接借用。

坚持只和优秀的人打交道的理念，是芒格教给巴菲特的。在此之前，巴菲特是师从格雷厄姆学习只看数字不看人的。格雷厄姆和巴菲特都是从学校毕业就直接进入投资行业，而芒格在接触投资行业前已经有过丰富的商业经验，他开发过房地产、销售过收割机、生产过变压器、经营过印刷厂……通过这些生意，芒格已经亲手赚到过高达140万美元的财富。

正是由于这些从商经历，芒格不需要任何人教，非常容易就能发现：（1）有些生意天然就更容易赚到钱。比如印刷厂就很难提价，因为报纸立刻就能将业务交给其他工厂印刷。而报纸提高广告价格，广告主却很难抗拒。（2）同样的生意，由不同的人管理可能产生巨大差异。比如同样的地块，原来的业主拿着只能是巨亏，而芒格买下来却有办法让它变成暴利项目。

这些生意的特质和人的因素，恰恰是格雷厄姆所忽略的。甚至格雷厄姆还特意叮嘱弟子们不要去关心这些区别，盯住财报数据就够了。

除了商业经验，芒格及其父亲的律师生涯，也让他轻而易举地发现：越是优秀的人，找律师处理麻烦的概率越低。因为优秀的思考和行为习惯，会让他们有意无意地就避开潜在的麻烦。那些生活中麻烦不断的人，往往并不是运气不好，而是因为他们的性格和行为习惯里，天然就隐藏着滋生麻烦的种子。

以烟蒂股思想挖掘到的便宜股票，绝大部分也是遇到这样或那样麻烦的企业，否则也不会便宜到清算价以下。它们就像生活中麻烦不断的人，往往因为公司文化和生意特质，注定解决一个麻烦，后面可能跟着一串麻烦。

在芒格看来，烟蒂投资就仿佛不断寻找一些烂人，和他们做完一次生意就绝交，再重新寻找下一拨烂人，如此周而复始。这种生意不仅在短暂的交易过程中要对交易对手保持高度警惕（永远不要低估烂人的下限），而且由于对于烂企业需要在价值回归后及时出手，对时机的把握和新信息的关注度要求很高。一旦资金量变大后，必然面临心力交瘁的困境，活得非常累。

买下那些由优秀的人掌控的优秀企业则不同。优秀企业和优秀的人一样，因为优秀所以更优秀，反而经常挑战成就的上限。投资者买下优秀企业后，往往并不需要再做什么，只要坐着享受优秀者努力的成果就好。同时，还可能不断接触优秀的人身边那些同样优秀的人和企业，毕竟"物以类聚、人以群分"。

**伯涵：** 人与人之间，如果是相互信任，交流就会非常顺畅；而如果是相互提防，就会活得非常累。因为人不是机器，千防万防，也总有百密一疏。时间久了，容易把自己弄成强迫症。基于信任的关系就不同了，我知道你是好人，我无意提防你，这种对你的信任本身也会让你不愿意去打破这种信任，形成信任升级的良性循环。

**nizoo**：与什么样的人在一起，就会有什么样的人生。与优秀的人厮混在一起，我们开阔了眼界，互相激励，会让我们审视自己，提高自己，逐渐变得更加优秀，进入一个正向的循环。人创造环境，环境也反过来影响人。所以我们要主动挑选值得信任的人或者公司相处。投资即人生，人生的智慧就潜藏在我们的选择里。

## 投行的作用

**巴菲特**：我们的并购方式一直没有变化。在其他公司，高管们通常和投行一起去寻找潜在的并购机会，并通过"价高者得"的方式拿下目标。在这个过程中，投行会给准备一本收购可行性研究报告。这本厚厚的册子很容易让我想起年轻时看过的漫画，进电话亭再出来就会变成"超人"的那本。一家本来平平无奇的公司，进了投行的电话亭，立刻就会变成即将横扫同行、盈利增速比子弹还快的未来之星。

在耀眼的数字面前，那些内心本来就渴望收购的 CEO，会亢奋得眼冒金星。有趣的是，这些数字通常对未来多年的收益做出了相当精确的预测。但是如果你要敢问投行的这位大作家，他自己的公司下个月能赚多少钱，他会立刻警惕地回复你：产业和市场变化莫测，他不能冒险预测。

（摘自 1999 年致股东信；摘录时间：2022-11-18）

**唐朝**：巴菲特嘲讽了那些做出精准预测、给收购对象化浓妆，给内心渴望扩大管理地盘的 CEO 们提供收购借口的投行人士，以及拿着股东的资本满足自己私欲的 CEO 们。其实这也是提醒我们，不要去相信投行那些数字"精准"的研究报告，那只是一种（股票的）促销手段。投资，重要的不是这些数字预测，而是理解企业。理解企业如何赚钱，赚谁的钱，能否持续赚下去……

他在后文还补充了一件发生在 1985 年的真实故事，用来演示上面这番话。故事发生在伯克希尔收购斯科特－费策公司的过程中。当时，斯科特－费策公司有出售意愿，付费250万美元委托了一家投行寻找买家。这期间巴菲特接触到了费策公司总裁，双方一拍即合，一周内便完成了收购。这家投行觉得白拿250万美元有点过意不去，于是将厚厚的可行性报告送了一份给伯克希尔。收到这份资料时，老芒格冷着脸说："为了不读这些垃圾，我宁愿再支付250万美元。"

**伯涵**：巴菲特并购的最大特点之一就是不找中介。因为中介的作用主要在于消除信息不对称，撮合交易。对于巴菲特来说，他每年的股东大会和致股东的信都是"活广告"，有意向的卖家会被自动吸引过来。中介当然会觉得自己有用，CEO为了扩大管理版图当然也会愿意去找中介，但作为企业的股东，自己要有判断力，不要问理发师要不要理发，也不要问水果店老板瓜甜不甜。

## 坚守能力圈

**巴菲特**：1999年，我们的投资组合几乎没动。正如我前面提到的，我们重仓持有的几家公司1999年的表现令人失望。尽管如此，我们依然相信这些公司拥有的竞争优势，将协助其继续稳定地经营下去。它们身上那种必将带来长期好结果的特征，查理和我有自信能够识别出来。

当然，有很多企业我们是识别不出来的，至少没那么确定。这也解释了我们为什么不买科技公司的股票，哪怕我们相信它们的产品或服务确实会改变人类社会的生活方式。主要问题在于，我们无法通过学习来识别它的竞争优势，我们不知道科技领域的哪些参与者能够真正拥有持久的竞争优势。

需要补充的是，缺乏科技洞察力不会让查理和我感到沮丧。因为我们不懂的行业实在太多了，比如在评估专利、制造工艺或地质勘查领域，我们就一窍不通。我们对此的应对就是，完全不去那些领域里刷存在感。

（摘自1999年致股东信；摘录时间：2022-11-20）

**唐朝：** 走到此刻，再看这些表达，可能已经不需要解释了，都是前面说过 N 次的理念。错过自己不懂的东西，二老从来不会觉得遗憾。这就像看到别人拿到奥运金牌一样，那从来就不是你我的菜，热烈鼓掌跟着蹭个高兴就好了。

**庞震撼：** 错过不懂的，并不可惜。正因为不懂，才要不停地学习，这也是投资过程中很大的一个乐趣来源。怕什么真理无穷，进一寸有进一寸的欢喜。

**伯涵：** 巴菲特错过的股票有很多，比如微软、谷歌、亚马逊、英特尔、沃尔玛……但是，巴菲特对这些股票的心态是完全不同的。错过微软、英特尔，巴菲特一点也不难受，因为本来就不懂，时光退回到从前，一样也不会买，这是坚持自己能力圈的原则。错过谷歌和沃尔玛则不同。谷歌是巴菲特后来看懂了的，盖可保险还在上面做了广告；沃尔玛则是买少了，懂了却没有下手，叫人遗憾。

**榜外：** 当我们看到实体经济中各行各业，比如互联网、新媒体，甚至一个餐厅赚钱的时候，大部分人都能明白这可能不是我能赚到的钱。但看到一个完全不明白却暴涨了的股票代码，很多人的想法就变了。

**唐朝：** 是的，面对股票代码，他们以为那只是因为缺了两次键盘敲击，所以才会遗憾，毕竟自己敲键盘的功夫一直是很深厚的。

**邓聪：** 始终守在自己的能力圈内做投资，是被绝大多数人低估的一项能力。很多人强调所谓的走出"舒适区"，扩展"能力圈"，这当然是需要的，但守住能力圈是最难的，也是投资的核心要素。非能力圈内的投资机会，错过了并不值得惋惜。

扩展能力圈并不是必需的，它最多只是锦上添花。如果我们以为的这个"扩展"让我们的能力圈增大了，但实际并没有，那它反而会带来投资的灾难。

**巴菲特：** 如果说我们有什么优势，那就是能够意识到自己只有在能力范围内活动才能过得不错，以及哪里是我们无法突破的能力范围边界。对那些急剧变化的行业和公司的未来做预测，就超出了我们的能力范围。如果有其他人声称他们在这些行业有预测能力，同时他们的说法还被股价表现所证实，我们也不会羡慕他们，更加不会去模仿。相反，我们只会继续坚持我们能理解的东西。

如果我们犯了错，那也只会是不小心导致的错误，而不是我们因为羡慕别人的收益而导致的内心焦躁不安，或用希望代替理性的结果。幸运的是，几乎可以肯定，在我们圈定的能力范围内，伯克希尔照样经常有表现出色的机会。

（摘自1999年致股东信；摘录时间：2022-11-21）

**唐朝：**这番话可以算是巴菲特2000年初委屈的辩解。针对铺天盖地的"时代变了，巴菲特错过网络股，落伍了、过时了、传奇落幕了……"之类的指责，老爷子这几乎是噘起嘴赌气说："对于未来变量很多的行业，我们不懂，我们也不碰。对于那些声称能预测（科技股、网络股）未来的大神，我们视而不见、听而不闻，不管他们预测得多准，股价涨得多好。我们只会在自己的能力范围内努力做好，而且我们相信伯克希尔能力范围的投资一定会有良好表现的。你等着，I'll be back。"

后来的结果我们都知道了。这封致股东信发表于2000年3月1日，3月10日纳斯达克指数创下历史高点5048点（至2015年，该高点才被突破），3月下旬开始无征兆崩盘。纳斯达克指数不到一个月时间就跌掉25%，然后一直持续下跌到2002年，跌掉78%。当时鄙视巴菲特的投资者和媒体，恐怕不得不收回喷出去的口水，悄悄感叹一声："唉，你大爷还是你大爷。"

**伯涵：**纳斯达克指数从顶点开始下跌，跟伯克希尔从低点开始反弹，居然发生在同一天，都是2000年3月10日。冥冥之中自有天意啊！

**冰冻273k：**在嘈杂喧闹的环境下独善其身，需要无比坚定的信念和充分的理性认知。当一个人说你错了的时候，你可以笑而置之；当周围的人都说你错了的时候，虽有疑惑，但复盘选择后，可以挥挥衣袖，置若罔闻；但当全世界的人都说你错了的时候，还能做到处事不惊，那必定是对背后的逻辑反复检查并确认没有漏洞的结果！

**周明芃：**对于那些在互联网泡沫时期对巴菲特冷嘲热讽的媒体来

说，它们只是试图追求眼球效应，并不在乎喷出去的是什么东西。泡沫破灭后，它们会大义凛然地站在巴菲特一边，对它们曾经高歌过的互联网泡沫口诛笔伐，就仿佛从远古时代起它们就一直和巴菲特蹲守在同一个战壕里。

## 时间的价值

**巴菲特：**目前我们所拥有的优质企业，股价都偏高。换句话说，我们此刻依然喜欢这些企业，但不怎么喜欢它们的售价。所以，我们没有买入，但也没有大幅减持。

相对而言，一个很便宜的问题公司和一个有点贵的好公司，如果我们一定要选一个，我们还是愿意选有点贵的好公司。当然，要是有家不贵的好公司，那就更棒了。

（摘自 1999 年致股东信；摘录时间：2022-11-22）

**唐朝：**巴菲特在这里给我们阐述了两个价值投资者群体间经常会发生争论的话题：

（1）持有等于买入吗？巴菲特说目前我们持有的这些公司股价偏贵，我们不愿意买入，但我们也没有大幅减持。故答案很清晰简单：可以持有≠愿意买入。

（2）便宜和优质之间应该怎么选？巴菲特说，在便宜的问题公司和有点贵的好公司之间，我选后者。道理其实也简单，好公司是时间的朋友，有点贵可以通过等待去化解。而问题公司是时间的敌人，你必须和时间（以及时机）为敌，随着时间的流逝，痛苦和失败的可能性在不断增加。

巴菲特公开说过，自己对时间非常吝啬。他说，"我什么都能买到，唯一买不到的就是时间"，所以自己对时间的"估值"很高。"什么都能买到"这几个字可能触发了一些不和谐的声音，后来，他改成"世上只有时间和爱是买不来的"。

正因为对"时间"的估值很高，所以，便宜的问题公司，考虑时间的因素，瞬间就不够吸引人了。价格合理的好公司，才是"不负如来不负卿"的选项。不过，幸福的是，在股市偶尔甚至还有比"不负如来不负卿"更美的事儿出现，那就是便宜的好公司，"怎么算都像送的"。

**儒书屋：** 时间最宝贵，不是每个人的时间标价都一样，我们所有的努力就是在不断提高我们的机会成本，为了让我们自己的时间变得更贵。学习投资以来，最让我受益的是"金钱是有时间价值的"这个概念。

## 保持理性

**巴菲特：** 对目前的股市大盘，我们同样抱着已经高估的看法。我们一贯不会去预测股市下个月如何，或者明年如何，现在我们也没打算预测。不过，正如我在所附文章①中指出的，股票投资者目前对未来回报的预期似乎过于乐观了。

我们认为企业利润的增速在很大程度上与该国 GDP 增速相关。我们估计美国实际 GDP 增速能有约 3%，此外，我们假设有 2% 的通货膨胀率。查理和我不敢确定 2% 的准确性，但这基本是市场的共识：因为市场流通的通胀保值国债（TIPS），收益率就比标准国债低大约两个百分点。如果你确信通胀率将高于这一水平，你可以买入 TIPS 并做空标准国债，轻轻松松获利。

如果企业利润确实以大约 5% 增速跟随 GDP 增长，那么大家对美国企业未来估值时，增长率取值就不能大幅超越这个数据。即使再加上股息，最终股票所能产生的回报，将会远远低于大多数投资者过去经历的回报，以及对未来的预期回报。

如果投资者们有一天突然愿意面对现实，降低自己的预期（这几乎确定会发生），那么随之而来的市场调整可能会很剧烈，尤其是投机气氛浓厚的行业和个股。

---

① 译者注：指 1999 年 11 月 22 日发表在《财富》杂志的那篇文章。

我们坚信总有一天，伯克希尔会有机会将大量现金投入股市。只是对于时点，我们只能哼唱那首歌："不是在此时，不知在何时。"与此同时，如果有人开始向你解释股市为什么会涨这么好，你可能需要记住另一句歌词："傻子说存在即合理，智者曰你们自己玩去。"

（摘自 1999 年致股东信；摘录时间：2022-11-24）

**唐朝**：先解释一下最后一段里两句歌词的翻译问题。这一段里，巴菲特提到两句歌词，第一句英文原文为"who knows where or when"，直译应该是："谁知道在何处或何时"或者"不知在何处，不知在何时"。我们能找到的资料一般都是这么翻译的。

但这里巴菲特主要想表达的是"不知道（大跌）会在什么时间发生"，与"何地"其实没关系，只是他引用的歌词里有个"where"，所以捎带上了。而我们中文世界里，刚巧有句完美贴合的歌词，齐秦的代表作《大约在冬季》，"不是在此时，不知在何时，我想大约会是在冬季"，所以我在这里改用了"不是在此时，不知在何时"。

巴菲特引用的另一句歌词是：Fools give you reasons, wise men never try。在致股东信中，整句原文是：Meanwhile, if anyone starts explaining to you what is going on in the truly-manic portions of this "enchanted" market, you might remember still another line of song: "Fools give you reasons, wise men never try."直译是：与此同时，如果有人开始向你解释这个"令人着迷"的市场中真正疯狂的部分正在发生什么，你可能还记得另一句歌词："傻瓜给你理由，智者从不尝试。"我们能找到的资料基本就是这个直译结果。

但我认为将这里的"never try"翻译成"从不尝试"，有点奇怪，容易引发误解，毕竟我们经常说投资者要保持好奇心、勇于尝试。我认为巴菲特这里真正想说的是，我们已经知道无厘头的上涨是荒谬的，但长期的上涨会导致大家想方设法给疯狂的牛市脑补出"合理"理由。此刻，聪明人需要做的就是随便你们说得天花乱坠，我反正不参与，端起小板凳远远地围观你们玩，所以就有了上文的译文。

歌词、诗句、俗语、爆梗之类的东西，涉及不同文化，直译经常会让人不知所云。我选择让译文表达出原作者的真实意思，为此不惜让句子无法一一对应，特此告知。

另外，还要解释一个知识点。

文中巴菲特提到"通胀保值国债 TIPS"，是美国财政部于 1997 年推出的一种新型债券，目的是帮助投资者抵消通货膨胀带来的购买力下降损失。TIPS 是 "Treasury Inflation-Protected Securities" 的首字母缩写，即财政部通胀保护债券。

这种债券期限主要是 10 年期和 30 年期的，其特点是票面利率及支付方式都和标准国债一样，但债券的本金会按照通货膨胀率（美国国内 CPI 指数）调整。也就是说假设 1997 年发行的 10 年期面值 1000 美元的 TIPS，财政部其间按照约定票面利率支付每年的利息，然后会在 2007 年归还约 1290 美元的本金——《巴芒演义》第 354 页有美国 CPI 数据，用 2007 年的指数 2073，除以 1997 年的指数 1605，即可知这十年美元贬值情况为 2007 年的 129 元 ≈ 1997 年的 100 元，即 CPI 年化约 2.6%。

TIPS 和标准国债都在市场有高流动性的交易，按照 all cash is equal（所有现金都是一样的）的底层逻辑，两种债券的市价会体现出市场对 CPI 的预期变化。注意，1999 年市场可不知道 2007 年财政部会偿还 1290 元本金，这是我们此刻的上帝视角。

市场用预期去交易这个债券最终会偿还多少，债券的价格就会体现这种预期。巴菲特这里说的意思就是，此刻的 TIPS 市价体现了市场的普遍预期是未来十年 CPI 年化约 2%。此刻我们回看，市场错了，巴菲特和芒格也错了，实际结果是 2.6%。当时如果有人认为会是 2.6%，按照巴菲特说的买入 TIPS，同时放空标准国债，就真可以大赚一笔——债券交易利率差异若有 0.6%，会是一笔巨额财富。

这里巴菲特主要表达的意思是：GDP 增速 3%，加上 2% 左右的通胀，决定了美国企业作为一个整体，增速很难大幅超越 5%。而此刻的市场估值水平，起码要 12% 甚至 22% 的预期增长率才能支持，所以他认为必有大跌，只是不知道何时发生。

我们此刻已经知道了，这封信发表后的第 10 天，股市就崩了（尤其是投机气氛浓厚的纳斯达克崩得更凶）。但这个时点只能说是运气，并不是巴菲特有多神。甚至可能下跌能如此迅速地到来，本身也有他的文章和致股东信的推动原因。但投资的舒服之处就在于，我们并不需要知道事情"何时"发生。只要知道某事必然会发生，就足够我们致富了……

**柏霖**：为什么企业增速不超过 5%，市场估值要 12%~22% 预期增长率才能支撑，这个 12%~22% 是如何来的？

**唐朝**：别想复杂了。巴菲特说的意思是，当下这么高的估值，背后必然是高增长率预期支持的。1999 年股市的估值水平，内含至少是 12% 以上（甚至是 22%）的增速预期。他要论证的问题就是 12% 不现实，不可能达到。12% 和 22% 两个数字，出自巴菲特 1999 年 11 月 22 日发表在《财富》杂志上的那篇文章，中文版在《跳着踢踏舞去上班》203~214 页。

**悠见南**：1999 年市场是什么样的估值水平呢？

**唐朝**：当时美联储基准利率 5%，标普 500 市盈率约 30 倍，财富 500 强企业合计市盈率也是 30 倍左右（3300 亿美元净利润，10 万亿美元市值），纳斯达克指数市盈率高到没法算（大部分科技股净利润是负值）。一家著名咨询公司的问卷调查显示，股龄不足 5 年的投资者平均预期未来十年股市年化收益率 22.6%，股龄 20 年以上的老鸟平均预期未来十年股市投资回报率 12.9%。

## 回购的逻辑

**巴菲特**：最近有些股东建议伯克希尔回购股票。这类要求通常是合理的，但有时候背后的逻辑却不一定正确。我们认为，只有在一种组合下回购才是明智的：首先，公司账面可用资金＋合理的借款能力，超过了企业短期的业务需求，导致账面资金富余；其次，公司股票市价明显低于内在价值。

后一条还需要补充一个条件：公司已经将评估企业价值的相关信息公平提供给了全体股东。否则，公司内部人极有可能运用信息不对称的优势，占不知情股东的便宜，以偏低的价格回收他们的股票。不过，这种情况倒是不多见，股市的信息不对称式欺诈，通常被用来推动股价上涨，而不是下跌。

我说的业务需求指两种情况：第一，公司为保持竞争地位而必须支出的费用（例如黑尔斯博格珠宝店重新装修店面）。第二，自身业务规模的扩大，且管理层预计每支出一美元将产生一美元以上的价值（比如威力家居向爱达荷州的扩张）。当账面可用资金超过上述业务需求时，一家以股东利益为导向的公司，可以考虑收购新业务或回购自己的股票。如果恰巧此时公司的股价明显低于内在价值，回购通常是最优选项。

（摘自1999年致股东信；摘录时间：2022-11-25）

**唐朝：** 巴菲特谈了在什么情况下回购是合适的。他说只有两个条件同时发生时，才是回购的时机：其一是公司的账面资金+合理的借款能力，超过了企业短期的业务需求；其二是公司股价明显低于内在价值。

其中业务需求包括维持性支出和主营业务的扩张需求，但后者必须是扩大再生产的回报率"明显"高于无风险收益率才是值得的——只有此时，一美元的投入才可能产生高于一美元的价值。

当上述两项需求都满足后，资金仍然有富余，企业可以选择投资新业务或者回购本公司股份。相比投资新业务而言，回购本公司股份等于是投资最熟悉、最了解的老业务，通常会是更好的选项，除非新业务相比老业务"明显"更具吸引力。

这些内容都不难理解，但针对A股而言，必须补充一点：回购的本质就是免税分红，因此只有在政府征收股息税的环境下，回购行为才是更优选项。巴菲特说这番话的默认前提是美国征收股息税的大环境（目前标准税率是分红所得的30%）。但A股对持股一年以上的股东是免征股息税的，所以对A股长期股东而言，公司回购其实不如现金分红。

回购是强制所有股东同时同比例地买入本公司股份，保持所有人持股比例不变。而现金分红后，不认可股价低估的，也可以自行选择其他更优选项；认为股价低估的股东，可以自行从市场上买入，实现和公司回购相同甚至更好的效果——更好指的是必然有部分股息不会再买入，自己买而别人不买时，自己在公司的持股比例会提高。对两种股东而言，都是现金分红更有利。当然，这仅针对长期股东。预计持股期限低于一年的交易者，在回购和分红之间，还是回购更有利，省税。

**修锦**：价值投资者持有企业的过程中，遇到回购可能是个必然事件，原因是：第一，持有的都是优质公司，不缺钱；第二，时间够长，就必然会遇到市场的极端时刻。

**Kelly**：维持性支出，是用折旧、摊销、减值加利息支出吗？

**唐朝**：这个倒不一定，不能直接用财报数据加减。套用最近流行的词汇"内卷"来说，如果行业内卷，同行都在追加投资，你为了保住市场份额，新追加的资金其实也是"维持性支出"，因为它的作用只是保住你原有的盈利能力或市场份额。

**邓聪**：对于美国有些借钱分红的企业，老唐怎么看？

**唐朝**：股价低估时，借钱分红，是很聪明地利用了税盾效应，最大化有利于股东，我在《手把手教你读财报》里写过。

**读书卷**：没理解巴菲特那句"占不知情股东的便宜"。只要你也不卖，回购也提高了你的股份占比吗？

**唐朝**：他说的是公司回购时，因为信息缺失导致错误判断，将股票"低价"卖给公司，拿着现金离场的那部分股东受到了不公平待遇。

**巴菲特**：在20世纪70年代以及此后的几年里，我们曾特意去搜寻那些大量回购股份的公司。因为这通常代表着一种暗示，表明该公司价值被低估，且由以股东利益为导向的管理层掌控着。

那段时光已经成为历史。现在，回购依然风靡一时，但往往是出于一个不光彩的理由：为了支撑或拉抬股价。高于内在价值的回购，让卖出的股东以更有利的价格离场。而继续持股的股东，却会因为公司以 1.1 美元的价格买下价值 1 美元的东西而受到惩罚。

对于很小一部分企业的内在价值评估，查理和我还有一点自信。当然，这种评估只能是一个区间，而不是一个精确的数字。但即便如此，我们依然能够明显地看到，许多公司的回购牺牲了持股股东的利益，向离开的股东支付了过高价格。

当然，我可以替他们辩护两句。大部分首席执行官对自己的公司更有信心，这也是人之常情，可以理解。他们应该比我更了解他们管理的公司。但不管怎样，我还是会感叹，如今的回购，往往不是出于提升每股内在价值的动机，而是因为管理层想"展示信心"，或者干脆只是因为"别人正在这么做"。

（摘自 1999 年致股东信；摘录时间：2022-11-27）

**唐朝：** 巴菲特抱怨和批评现在的许多回购支付的价格过高，说这些回购只是因为管理层想展示对公司未来的乐观，或者为了某些上不了台面的理由支撑或拉高股价，甚至有些仅仅是因为其他公司在回购而做出的跟风行为，完全不是以股东利益最大化为出发点。

这里我们只需要记住一点即可：并非所有的回购都是"好"的。只有明显低于企业内在价值的回购，才会有利于继续持股的股东。

**佐渡：** 只有显著低于企业内在价值的回购和注销，对于留下的公司股东来说，才是优于现金分红的行为。但是，企业内在价值是个主观的估计值，并没有一个法定的标尺，因此，也会有企业决策层浑水摸鱼，在股价没有低估甚至处于高估状态时，动用公司资金实施回购。其行为相当于举着喇叭喊：本公司目前股价严重低估，走过路过、千万不要错过，大家快来买！

同时，回购资金直接增加了市场买入力量，会从边际上推动股价向上，所以市场炒家喜欢一切回购，从而实现某些不可告人的目的。这是普遍存在的回购的第三条理由，只不过没有哪家公司愿意承认自己是基于这条理由实施的回购。

以上摘自唐书房2021 年 9 月 8 日文章
《回购注销和股权激励那些事儿》

**慢就是快**：只有明显低于企业内在价值的回购才是有利于现有股东的。

现在回头看，格力电器的回购就是负面典型，在距离历史最高价仅20%的地方，管理层为了展示对公司未来的乐观，为了稳定股价，连续三期240亿元回购，大部分回购价在55元左右。

**黑牛**：伯克希尔历史上的回购多吗？

**唐朝**：不多。一者明显低估的时候不多，二者连伯克希尔股价也低估时，巴菲特往往能找到更值得投资的品种。

**巴菲特**：有时，公司会声称回购股票是为了抵消已被行权的低价股票期权。这种"高买低卖"正是许多失败投资者的投资方法，不过，他们并非有意为之！然而，企业高管们却常常有意这么做。

当然，授予期权和股票回购，都可能是明智的选择。但这是两码事，绝不应该在逻辑上产生关联：无论是发行新股还是回购老股，都应该有充分的理由，这两个决定应该是各自独立的。如果只是因为授出了期权所以要实施回购，这是没有道理的。同样，无论是否授出过期权，只要股价远低于内在价值，公司就应该考虑回购。

（摘自1999年致股东信；摘录时间：2022-11-28）

**唐朝**：巴菲特主要反驳了某些管理层的另一种幌子：因为之前我们批出了期权/新股，为避免对股东权益的摊薄，所以我们需要实施回购。巴菲特说，新发股份可能对、可能错，回购也可能对、可能错。但如果因为新发了股份所以回购，则一定是错。这是两件独立的事情，应该各自考虑其价值。

期权或其他形式的股权激励，究竟是有利还是有害，要看激励对象是否有必要激励？激励约定的增长目标和公司支付的股权价值是否匹配？物超所值就有利于股东利益，反之就有害于股东利益。也就是说，股权激励本身的利弊，要取决于激励方案，并不是给钱（或股票）出去就一定对股东不利，不给钱（或股票）就一定对股东有利。

而回购应该考虑的问题只有：（1）市价是否明显低于内在价值；（2）公司账面资金+合理的借款能力，是否超出了企业的业务需求。

这一切与公司是否授出了期权或其他形式的股权激励无关。

我们在日常投资的过程里，也有很多朋友将股权激励和回购两件事混在一起考虑，这是错误的。它们是两件各自独立的事情，利弊也只能独立考虑。

这里要补充一个变化。2004年之前，巴菲特和芒格对美国企业的期权制度（包括其他形式的股权激励）多有批判，是因为在那之前会计制度并不强制要求将期权作为一种费用记录为公司经营成本，所以巴芒二老一直批判这种方式有虚增利润的嫌疑。

正是在包括巴菲特和芒格在内的大量有识之士的呼吁下，从2005年之后，各国会计准则陆续明确了期权（及其他股权激励）要作为公司利润表里的成本记录，从而堵住了这个漏洞。目前A股、港股、美股等主要资本市场里，公司股权激励或期权都是作为成本记录在利润表的。朋友们在阅读致股东信的时候，不要以早期巴芒对期权制度的批评，来评价当下上市公司的期权及股权激励制度——那就是"拿着前朝的剑来斩本朝的官"了。

**周明芃**：说巴菲特不赞成期权，其实是个误传。巴菲特只是不赞成不加分辨滥用期权。他对期权的核心观点就三句话：

（1）期权应该授予对公司整体收益负责任的人，而不是见者有份。

（2）期权价格必须考虑留存利润带来的，自然增长因素以及资本本身的机会成本问题。只有管理层让股东的新旧资本都跑过了资金的机会成本，才配得上得到期权。

（3）很多公司掌舵人完全不同意我的看法，他们将期权作为一种广泛的激励工具，也做得挺好。这样的公司不多，但确实有。我认为实践中做得好的期权，应当鼓励和坚持。

以上摘自唐书房2020年10月8日文章
《老唐问答之如何评估企业价值03》

**六六汉堡包**：我最近研究港美股，发现有助于理解回购的几个案例：

（1）香港交易所。公司无须大额资本开支，经营支出依靠日常现金流即可覆盖，净利润的90%用来分红，港股没有资本利得税，因此，分红优于回购，让股东有选择权。当然，港股通投资者要缴纳20%股息税，比较吃亏。

（2）帝亚吉欧。尽管公司需要一定的资本开支，但比例相对较低，经营支出依靠日常现金流即可覆盖。美股存在资本利得税，大部分富余资金用来回购，少量用来分红，甚至不惜低息借债进行回购/分红。

（3）谷歌。公司处于快速发展中，资本支出一直比较大，管理层可能认为内部投资率更高。回购比例也不低，近几年回购金额达到利润的40%～50%。

（4）苹果。净现金中性，资本开支也有一定的比例，但利润的90%用来回购或分红，保持净现金中性。

那么，上述进行回购的公司，回购的时候公司价格是否低于内在价值呢？只能具体案例具体分析了。但在这一点上，腾讯显然做得不错。腾讯历史上的几次回购，均在管理层认为价格较有吸引力的区间展开，且采取智能定投模式：性价比越高，回购比例越大。

## 1999年伯克希尔股东大会问答摘要[①]

### 一、成长和价值

**股东提问**：您如何看待成长和价值的关系？

**巴菲特**：成长和价值并非对立的两个面。任何一家企业的价值等于其未来现金流的折现值。所以，如果你能准确地估计企业未来所产生的现金流，你就能计算出该企业目前的精确价值是多少。

当前影响企业价值的重要因素，既包括当前的资本回报能力，也包括企业是否能够以高回报率使用额外资本，绝大多数被定义为成长型的公司都具有后一种特征。

我们对价值和成长并不作区分，我们把任何一家企业看作一个价值

---

[①] 引自伯克希尔-哈撒韦公司股东大会视频记录。

判断，企业的成长潜力只是我们对企业做出估值的一个因素。

**唐朝**：这里巴菲特还没有提出"成长是价值的安全边际"的思路，他只是说成长是价值的组成部分，是评估企业价值必须考虑的因素之一。

**周明芃**：股票分为成长股和价值股，基金分为成长型基金和价值型基金，市场对于成长和价值的误解最后都演变成："成长股"的估值都是"市梦率"，甚至估值时间直到 2060 年；"价值股"都是一水儿的"破净股"。其实，价值和成长是评价企业中不可割裂的两个方面，就像老唐所说："成长是价值的组成部分，成长是价值的安全边际，不成长的价值通常危险，无价值的成长更加危险。"

## 二、投机无法永久持续

**股东提问**：有人认为当下的互联网和高科技领域里投机气氛浓重，沃伦怎么看待投机？

**巴菲特**：任何时候出现的投机泡沫，最终都会被市场矫正。格雷厄姆说得对，股票市场从短期看是投票机，从长期看是称重器。企业未来产生的现金流，决定了企业在股市的价值，但这可能需要很长的时间来证明。

讨论投机是个很有意思的话题。如果一家公司并不赚钱，却在市场上以 100 亿或 200 亿美元的价格频繁交易，最终企业没有创造出财富，但交易本身可以完成很大的财富转移。我想你以后会看到的，当我们回顾这个时代，你会看到这是一个巨大的财富转移时期。

但是，只有企业才能创造出财富。这没什么神秘的。一家一文不值的公司以 200 亿美元的市值交易着，如果每天有 5% 换手率，就意味着每天有人从另外一些人那里拿到了 10 亿美元，但全体投资者作为一个整体并未得到任何东西，尽管他们每个人都可能会感觉自己变富。

这是个很有趣的事儿，就跟连锁信游戏的原理是一样的。如果你在连锁信链条里属于较早的收发信人，即使连锁信本身不创造财富，但你确实可能赚到钱。但由于存在摩擦成本——信封、邮资等，所以在连锁信游戏中，总体是毁灭了一部分财富。股市里也一样，交易成本毁灭了部分财富，这些财富都来自投资者的口袋。

狂热总是不时出现的，而且不仅仅是在股市。其他领域里也有类似的狂热，20年前，内布拉斯加州的农场就出现过一次投机狂热。当时一英亩产值不超过70或80美元的土地，价格炒到高达2000美元，而那时市场利率高达10%。那时以高价购买土地的投资者，以及基于土地价格发放大量贷款的内布拉斯加州银行，都遭受了巨大的损失。但在当时的狂热中，每个人都认为购买土地的前景无限美好，因为每个农场的交易价格总比一个月前的价格要高。那时，针对农场的"趋势投资"非常盛行。

虽然最终起决定作用的是内在价值，但投机狂热通常会持续很长一段时间。当市场上有大量人参与投机游戏时，投机就会成为那段时期内无可辩驳的真理。可惜投机无法永久持续。泡沫崩溃会不会冲击经济？或者只是某个行业的泡沫崩溃，并不会殃及其他行业？此刻谁知道呢？但5年或10年后，你就会很清楚的。

**唐朝：** 所有的投机泡沫，最终都会被市场矫正。但投机狂热通常会持续很长一段时间。当市场上有大量人参与投机游戏时，投机就会成为那段时期内无可辩驳的真理。在这种时候，根据投资对象内在价值作出的投资决策，似乎过时了、落伍了、不灵了、价值不仅迟到而且缺席了，一般都会涌出大量"我被价值投资坑了""价值投资是骗人的鸡汤"之类的言论。

怎么应对呢？不需要应对，静静等待就是了。泡沫最终都会被市场矫正的，因为只要投资对象不创造价值，互摸腰包的游戏在交易成本的小锄头面前，垮掉是必然的。这是数学规律，不会有例外的。唯一的问题只不过是何时到来。

### 三、优秀企业的特质

**股东提问：** 在你心目中美国运通是那种注定会赢的企业吗？

**巴菲特：** 美国运通在消费者心目中一直拥有一种特别的地位，也因此而备受欢迎。举个例子，在20世纪30年代许多银行倒闭的时候，运通的旅行支票实际上替代了银行的很多产品。受欢迎意味着运通可以收取额外的费用。运通一直对旅行支票收取 1% 的费用，而它的主要竞争对手花旗银行和美洲银行就做不到这一点。即便运通收取更高的费用，但几十年来运通一直占据着全球市场 2/3 的份额。

如果你的产品或服务能比竞争对手收取更高的费用，同时市场份额不会下降甚至还能增长，那就说明你的品牌在用户心目中有特殊的地位。运通旅行支票如此，运通后来的信用卡也是如此。

今年通过美国运通信用卡消费的金额近 3000 亿美元，运通的平均费率是 2.73%，而万事达和 VISA 的费率要低一个点。所以相比竞争对手，运通的 3000 亿美元消费额上就能多 30 亿美元的收入。有了这 30 亿美元，运通可以为客户做很多事情。

我不会在运通身上用"注定会赢"这个词，但我要说的是美国运通这个品牌有着巨大的价值，而且很可能会随着时间的推移变得更加强大。

我认为它们所经历的一切表明，它们或许会遭受重创，但受创后它们依然会东山再起。但我想你不会愿意让它们经受这样的测试。顺便说一句，这是我们在企业中寻找的特点之一。如果你看到一个企业经历了很多逆境但仍然做得很好，这就说明这家企业具备强大的潜力。

一个典型的例子是美国在线。四五年前，我不是这方面的专家，但我记得有一段时期美国在线遭遇了许多问题困扰，遭到很多客户投诉。但美国在线的客户数量每月仍然保持增长。这是一家很不错的企业。如果一家企业在客户对其抓狂的情况下，仍能保持增长态势，它就通过了我心目中的某项企业测试。

**唐朝：**当你可以比竞争对手收更高费用，而市场份额不会下滑，甚至还会增加的时候，就说明你的品牌具备了价值。如果你看到一个企业经历了很多逆境但仍然做得很好，这就说明这家企业具备强大的潜力。这两句话可以协助我们做许多判断。

巴菲特说自己不懂互联网，还真不是谦虚。2000 年 5 月的这番对话，他罕见地夸了一个互联网企业，结果就神奇地夸中一个未来十年近于归零的典型：美国在线。近于归零的意思是未来 10 年美国在线的市值跌了大约 97%。

**BP**：美国在线的例子表明，在互联网时代，用户增长和用户黏性不完全是一回事。由此我想到了奈飞和哔哩哔哩这样的企业，在发展过程中能够看到用户数量高速增长，但两三年后，数量又会如何呢？我觉得很难预测，这种平台的用户黏性来源于内容，用户觉得内容不值的时候，可能就走了。放弃这项服务的机会成本太低了，甚至比纸媒还低。要准确判断这些企业的未来自由现金流，是一件跨越七尺栏杆的事。

**庞震撼**：奈飞和哔哩哔哩还是不一样的。奈飞已经利用自制内容建立起了护城河，有一定的品牌优势了，比如看到奈飞出品的美剧，用户自动会觉得品质不错。但哔哩哔哩，绝大多数还是用户生成内容，虽然内容有差异化，弹幕的率先使用也吸引了大批年轻客户，但是始终没有特别突出的优势。

**BP**：我同意你的看法，但这跟我说的不冲突。这种平台的问题在于"平台模式不吸引人，而且转换成本很低"。相对平台来说，用户和内容提供者更强势，就算是奈飞自己的作品，也依赖于强势的演员、编剧们来制作。

**姚队**："当你可以比竞争对手收更高费用而市场份额不会下滑，甚至还会增加的时候，就说明你的品牌具备了价值。如果你看到一个企业经历了很多逆境但仍然做得很好，这就说明这家企业具备强大的潜力。"这说的不就是分众和腾讯吗？正是这种逆势的韧性，让企业能涅槃重生，也能让投资者赚得盆满钵满。

### 四、淡然面对股东质问

**股东提问**：巴菲特先生，我想先用一根湿面条，鞭打你和查理十下，不是因为 1999 年的收益，而是因为你俩把我们宠坏了，让我们习惯了从 1965 年开始的每年 25% 增长。结果，糟糕的 1999 年出现了，它打击了我们所有人。

根据我的计算，巴菲特先生，您个人在 1999 年损失了超过 100 亿美元。所以我想，我们不应该过于苛责你。毕竟，你还是帮股东们赚到了很多钱。因此，今天你俩可以躲过被湿面条鞭打了。

我确信，1999年股东们损失的是数千、数万甚至数百万美元（提问者描述了自己1998年11月24日开始买入伯克希尔B股，并遭受巨大损失的经历）。万幸的是，我还买了另外四款科技和电脑软件行业的成长型基金，它们帮我挽回了我在伯克希尔上的全部损失。

我想说的是，作为股东，我们要求你们努力工作，也许你们可以做点投机，比如拿出10%资金投资于电子科技股。这要求不算过分吧？

我读过你写的年报，你说"对于科技企业，预测哪些会破产、哪些会胜出，确实很困难"，对此我表示理解。但难道你们就不能利用你们富余的脑力，挑选一些科技公司来看看吗？（笑声）我今年通过对成长型科技股的投资，已经获得超过100%的收益了。

**巴菲特**：对我们认为无法理解的企业，我们不会买入。而我们对理解的定义，是我们能评估该企业未来10年的发展前景。但是，我们很高兴听到你的投资做得很好。如果你有名片，或许有人愿意跟你一起投资。我们乐意在参展商区域给你提供一个席位，让你吸引任何想要这样做的人。

现在，市场上有太多人说他们能够投资科技股。也许他们能，也许他们不能，也许你能分辨出哪些能、哪些不能。不过，我们知道我们自己不能，我们能够赚钱的唯一方法是尝试和评估企业价值。如果我们无法评估一家企业，我们就不会买入。这并不表示它不是家好企业，也不代表它没有低估。这只是表示我们不知道如何估算它的价值。

世界上有各种各样的人，知道我们所不知道的多种方法来赚钱。但你得知道，这是个自由选择的世界，每个人都可以投资科技股。但是，如果你希望让我们去投资科技股来帮你赚钱，这就大错特错了。现在有那么多人说他们知道如何投资科技股，你完全可以去选择他们，为什么非要逼查理和我去做不可呢？

**唐朝**：可怜的沃伦，"小散"投科技股翻倍了，投伯克希尔巨亏，"小散"要用湿面条抽俩老头，还要求他们拿出10%的资金去投机。

**伯涵**：从股东质问巴菲特这段来看，巴菲特除了有常人难以企及的思想定力之外，还有极好的人格修养。他其实没有任何义务给股东做任何解释，毕竟他不是代客理财。按照一般人的素质，喜欢你就留下，不喜欢就卖股走人。巴菲特没有这样，他面对质疑也没有红过脸。他相信时间会证明一切。

**杏坛路蓝猫**：这正说明了1969年巴菲特解散合伙基金是正确的选择。如果是合伙基金遇到大幅回撤，而科技股翻倍翻倍再翻倍，不少投资人会撤出资金，这会影响巴菲特的持股操作。资金的永久性质作为重要因素，保障巴菲特的业绩长青。

**五、市场癫狂只能利用，不可跟随**

**股东提问**：现在的市场估值水平是否让你忧虑？你有没有担心普遍低估的市场永远不会再有了？你对未来几年股市的情况，持有什么样的预期或观点？

**巴菲特**：我们通常认为，在市场里任何离奇的事情都会发生。我是说，随着时间推移，市场的波动可能非常惊人，但最终一切都会平静下来。

过去我们看到过不少一文不值的公司，市值高达数百亿美元。有时，我们也看到不少有才之士管理的优秀企业，以内在价值的20%或25%的价格在市场上交易。

所以说，今天看到的东西，过去我们已经在股市里见过。这就是市场的本质。随着时间的推移，股市会不断制造不合常理的事情。诀窍在于市场上出现的不合常理，只能利用，我们不能在这类事情发生时跟着一起失去理智。

在目前的市场中，我们看不到有价值大幅低估的情况。也许这种投机狂热只发生在市场的某些热门领域，但我们在其他领域也没有发现有显著低估的情况。市场发生的这一切，可能导致今后几年出现价值低估，也可能不会。坦率说，我并不知道市场未来会怎样。

目前市场上有太多热钱，以至于即使有低估的企业，可能也会迅速地被整体收购的方式矫正其低估。我们偏好寻找市值只有内在价值五折的企业，但目前找不到，反倒是很容易看到许多公司以高得离谱的估值水平在交易。

过去我们也经历过类似的时期——只不过那时是几乎所有的公司都以极其低估的价格被抛售。目前市场走向的是另一个极端。绝大部分时间里，市场会处于这两个极端的中间区域，但时不时地市场会趋向某个极端。

更令人惊奇的是，不少企业的股票在市场上以几十亿美元的市值交易着，但依我们所知，单凭这家企业自己，几乎不可能从市场借到1亿美元的债。我们今年看到不少这类企业。由于这些企业是上市公司，而且拥有很高的估值，所以它们凭借薄薄的一张纸（股票），就可以融到几十亿美元。如果它是非上市公司，它可能借不到相当于目前融资额5%的钱。这类情形过去也出现过，但目前的程度达到了历史上的极端。

**唐朝：** 市场先生是疯的，赚钱的诀窍在于你利用了他的疯癫，而不是和他一起疯癫。有用的是他的口袋，而不是他的脑袋。当市场出现不合常理的疯狂时，远离它而不是去解释它。

### 六、非生产性资产：黄金

**股东提问：** 我想请问，在什么样的环境下，你会建议一位单身母亲把她持有的伯克希尔股票换成黄金？

**巴菲特：** 我从未想过把我的股票换成黄金。我宁愿去下注那些优秀的企业，并相信其内在价值会稳定增长。这些企业是由优秀的经理人运营，销售人们现在和未来都喜爱的产品。相比从南非地下挖出一些金属，经过运输、投保等一系列手续后，再放到诺克斯堡的金库里，人们更愿意用他们辛勤劳动赚来的工资，去买喜诗花生糖、可口可乐或者类似的东西。

虽然我的父亲热衷于金本位，但我从来没有为黄金兴奋过。虽然没有真正拥有过黄金，但我在一个崇尚黄金的家庭长大，我已经给过它机会了。只是我一直不明白黄金的内在价值是什么。你知道，我们会在波仙珠宝店售卖黄金制品，但我永远不会卖掉股票去买黄金。用"生产性"资产去交换"非生产性"资产的想法，对我而言非常陌生。

**唐朝：** 从南非掏个洞挖出来，然后运到另一个地方挖个洞藏起来，这样的"非生产性资产"我们不想要。《巴芒演义》第337页记录了巴菲特对三种投资资产的看法，其中有一段涉及黄金。原文如下：

除了类现金资产，还有一类资产也同样不适合持有——自身不产生任何现金流入，只是期望其他人未来会以更高的价格买走的资产，如黄金、艺术品、古董等。巴菲特将它们称为"无生产力资产"。与之对应的，是自身能够产出现金流的有生产力的资产。

就在2011年致股东信里，巴菲特以黄金为例来阐述两种资产的区别。他说全球黄金储量共计约17万吨，如果熔化重铸可以做成一个边长21米的立方体。这个立方体被人们从地球某处挖出来，提炼熔化后，再挖个洞埋起来，然后派一堆人站在周围守着。它永远不会产出任何东西，大家买它只是期望未来会有更多人愿意出更高价格买它。

### 七、公用事业公司

**股东提问：** 能否谈谈中美洲能源公司的长期竞争优势，您对中美洲能源未来有什么规划？

**巴菲特：** 你不应该期望在一家面向全国消费者出售某种生活必需品（比如电）的企业里，获得很高的利润。就公用事业整体而言，是不允许有高利润存在的。不过我们认为，中美洲能源是非常好的业务。我们认为戴维·索科尔在运营公司的这段时间里，已经证明了自己的能力。在很多项目中，他都提出了不错的点子。我们可能会做一些大事，我们有合适的管理人员、有足够的资金，中美洲能源能给我们提供不错的回报，但你不能奢望多高的回报，这不是那类可以产生高回报的生意。

**唐朝：** 巴菲特的意思是，因为中美洲能源的资金需求足够大，且可以有合理利润，所以能容纳我们太多的、低成本资金，同时还能向美国政府及人民展示自己的善意和贡献。所以，这种投资真不是"小散"可以学习或应该学习的领域，因为我们既没有太多的、低成本资金需要寻找出路，也无须和无法通过投资向人民表达善意，对不？

### 八、榜样的力量

**股东提问：** 你说过，"如果我知道某个人是我的榜样，我应该能描述清楚他是什么样的人，他的未来会是什么样子"，巴菲特先生，我的榜样是沃伦·巴菲特，你觉得我有机会吗？

**巴菲特**：我希望你之所以选择我作为榜样，是因为你希望自己长寿。我想这就是我出现在股东大会上的意义。（笑声）

拥有正确的榜样是值得的。我很幸运，在我很小时就有了一些偶像。随着我的成长，我有了更多的偶像，他们都很了不起，从未让我失望。很多时候，偶像的力量会在心底支撑着你，帮你度过很多艰难时刻。

我认为，你会很自然地模仿那些你仰慕的人，尤其是在你的孩童时代。所以我认为，如果你能影响一个5岁、8岁或10岁的孩子，给他树立正确的榜样，这将对他的人生产生巨大的影响。事实上，每个人最开始的榜样都是他们的父母，所以父母将会对孩子产生深远的影响。如果父母是很好的榜样，对孩子来说是一个巨大的优势。

拥有正确的榜样比生活中其他很多事情都重要。就像我说的，随着年龄的增长，我找到了更多的榜样。他们会影响你的行为，对此我深信不疑。在塑造个人性格方面，你会或多或少地受到偶像的影响。

我曾在课堂上告诉学生们："选出同班中你最欣赏的人，然后把你欣赏他的原因写下来，试着找出为什么你没能拥有那些品质。"通常来说，你写下来的那些你所欣赏的品质，一般不会是把橄榄球扔60码或者百米跑突破10秒之类的。而是那些个性、性格、与人相处的方式，这都是可以模仿和学习的。不过你得早点开始，因为年龄越大，越难改变自己的行为习惯。

反过来想其实也可以。根据查理的理论，你可以找到那些你不喜欢的人，然后问自己："我不喜欢这些人的哪些特点？"然后你需要一点自省的力量。拍着自己的胸脯问问："我身上有这样的特点吗？我要去掉它们。"

这并不复杂，本·格雷厄姆做到了，本·富兰克林也做到了。方法很简单，你真正要做的，是让你自己成为自己钦佩的那种人，而要做到这一点，唯一的方法是找到榜样，并努力去学习他们身上的品质。

**唐朝：** 在 2017 年 8 月 17 日唐书房的文章《抄作业的是与非》里，我曾写过这样一段话："识人，也是一种能力。西谚有云：If your heroes are right, you are lucky——你关注的人靠谱，你就烂不到哪儿去。中文俗语也有类似说法：跟着苍蝇找到粪堆，跟着蜜蜂找到花蕊。"

与上文的问答一样，都是谈榜样的力量。祝福大家都能拥有自己的榜样，踏实而愉悦地拥有自己想要的人生。

# 附录一
# 伯克希尔历年股本及市值

| 年份 | A类股（股） | B类股（股） | 折合A类股总股本（股） | A类股年末收盘价（美元） | 年末市值（美元） |
|---|---|---|---|---|---|
| 1964 | 1,138,000 | | 1,138,000 | 12.7 | 14,452,600 |
| 1965 | 1,018,000 | | 1,018,000 | 19 | 19,342,000 |
| 1966 | 1,018,000 | | 1,018,000 | 17 | 17,306,000 |
| 1967 | 985,000 | | 985,000 | 20 | 19,700,000 |
| 1968 | 985,000 | | 985,000 | 37 | 36,445,000 |
| 1969 | 980,000 | | 980,000 | 42 | 41,160,000 |
| 1970 | 980,000 | | 980,000 | 39 | 38,220,000 |
| 1971 | 980,000 | | 980,000 | 70 | 68,600,000 |
| 1972 | 980,000 | | 980,000 | 73 | 71,540,000 |
| 1973 | 980,000 | | 980,000 | 71 | 69,580,000 |
| 1974 | 980,000 | | 980,000 | 37 | 36,260,000 |
| 1975 | 980,000 | | 980,000 | 38 | 37,240,000 |
| 1976 | 973,000 | | 973,000 | 94 | 91,462,000 |
| 1977 | 1,031,000 | | 1,031,000 | 137 | 141,247,000 |
| 1978 | 1,027,000 | | 1,027,000 | 157 | 161,239,000 |
| 1979 | 1,027,000 | | 1,027,000 | 320 | 328,640,000 |
| 1980 | 986,000 | | 986,000 | 425 | 419,050,000 |
| 1981 | 987,000 | | 987,000 | 560 | 552,720,000 |
| 1982 | 987,000 | | 987,000 | 775 | 764,925,000 |
| 1983 | 1,147,000 | | 1,147,000 | 1,310 | 1,502,570,000 |

续表

| 年份 | A类股（股） | B类股（股） | 折合A类股总股本（股） | A类股年末收盘价（美元） | 年末市值（美元） |
| --- | --- | --- | --- | --- | --- |
| 1984 | 1,147,000 |  | 1,147,000 | 1,275 | 1,462,425,000 |
| 1985 | 1,147,000 |  | 1,147,000 | 2,470 | 2,833,090,000 |
| 1986 | 1,147,000 |  | 1,147,000 | 2,820 | 3,234,540,000 |
| 1987 | 1,147,000 |  | 1,147,000 | 2,950 | 3,383,650,000 |
| 1988 | 1,146,000 |  | 1,146,000 | 4,700 | 5,386,200,000 |
| 1989 | 1,146,000 |  | 1,146,000 | 8,675 | 9,941,550,000 |
| 1990 | 1,146,000 |  | 1,146,000 | 6,675 | 7,649,550,000 |
| 1991 | 1,146,000 |  | 1,146,000 | 9,050 | 10,371,300,000 |
| 1992 | 1,149,000 |  | 1,149,000 | 11,750 | 13,500,750,000 |
| 1993 | 1,178,000 |  | 1,178,000 | 16,325 | 19,230,850,000 |
| 1994 | 1,178,000 |  | 1,178,000 | 20,400 | 24,031,200,000 |
| 1995 | 1,193,512 |  | 1,193,512 | 32,100 | 38,311,735,200 |
| 1996 | 1,206,120 | 783,755 | 1,232,245 | 34,100 | 42,019,554,500 |
| 1997 | 1,197,888 | 1,087,156 | 1,234,127 | 46,000 | 56,769,842,000 |
| 1998 | 1,349,535 | 5,070,379 | 1,518,548 | 70,000 | 106,298,360,000 |
| 1999 | 1,341,663 | 5,366,955 | 1,520,562 | 56,100 | 85,303,528,200 |
| 2000 | 1,343,904 | 5,469,786 | 1,526,230 | 71,000 | 108,362,330,000 |
| 2001 | 1,323,410 | 6,144,222 | 1,528,217 | 75,600 | 115,533,205,200 |
| 2002 | 1,311,186 | 6,704,117 | 1,534,657 | 72,750 | 111,646,296,750 |
| 2003 | 1,282,979 | 7,609,543 | 1,536,630 | 84,250 | 129,461,077,500 |
| 2004 | 1,268,783 | 8,099,175 | 1,538,756 | 88,500 | 136,179,906,000 |
| 2005 | 1,260,920 | 8,394,083 | 1,540,723 | 88,600 | 136,508,057,800 |
| 2006 | 1,117,568 | 12,752,431 | 1,542,649 | 109,900 | 169,537,125,100 |
| 2007 | 1,081,024 | 14,000,080 | 1,547,693 | 141,600 | 219,153,328,800 |
| 2008 | 1,059,001 | 14,706,996 | 1,549,234 | 96,600 | 149,656,004,400 |
| 2009 | 1,055,281 | 744,701,300 | 1,551,749 | 99,200 | 153,933,500,800 |
| 2010 | 947,460 | 1,050,990,468 | 1,648,120 | 120,450 | 198,516,054,000 |
| 2011 | 938,244 | 1,068,843,376 | 1,650,806 | 114,755 | 189,438,242,530 |

续表

| 年份 | A类股（股） | B类股（股） | 折合A类股总股本（股） | A类股年末收盘价（美元） | 年末市值（美元） |
| --- | --- | --- | --- | --- | --- |
| 2012 | 894,955 | 1,121,985,472 | 1,642,945 | 134,060 | 220,253,206,700 |
| 2013 | 859,043 | 1,177,366,608 | 1,643,954 | 177,900 | 292,459,416,600 |
| 2014 | 826,339 | 1,224,855,488 | 1,642,909 | 226,000 | 371,297,434,000 |
| 2015 | 808,422 | 1,252,456,836 | 1,643,393 | 197,800 | 325,063,135,400 |
| 2016 | 776,378 | 1,301,914,165 | 1,644,321 | 244,121 | 401,413,286,841 |
| 2017 | 751,075 | 1,340,656,987 | 1,644,846 | 297,600 | 489,506,169,600 |
| 2018 | 729,316 | 1,367,420,074 | 1,640,929 | 306,000 | 502,124,274,000 |
| 2019 | 701,970 | 1,384,481,533 | 1,624,958 | 339,590 | 551,819,487,220 |
| 2020 | 643,931 | 1,350,043,471 | 1,543,960 | 347,815 | 537,012,447,400 |
| 2021 | 617,113 | 1,290,474,503 | 1,477,429 | 450,662 | 665,821,107,998 |
| 2022 | 591,564 | 1,302,254,076 | 1,459,733 | 468,711 | 684,192,914,163 |
| 2023 | 567,775 | 1,310,561,508 | 1,441,483 | 542,625 | 782,184,712,875 |

注：①表中灰色部分，原始披露数据是精确到千位的，为与后面统一，一律乘以1000来还原显示，所以原本省略的数据只能显示为000了。

②B类普通股于1996年5月8日首次发行。当时伯克希尔已发行的普通股被重新命名为A类普通股。

# 附录二
# 公司名称中英文对照表

## A

阿克塔公司（Arcata Corporation）

奥勒哈尼保险集团（Alleghany Corporation）

奥美广告集团（Ogilvy & Mather）

## B

巴菲特合伙公司（Buffett Partnership Ltd.，简称 BPL）

巴林银行（Barings Bank）

冰雪皇后（Dairy Queen，简称 DQ）

波仙珠宝（Borsheim's Fine Jewelry）

伯克希尔-哈撒韦（Berkshire Hathaway Corporation）

伯灵顿北方圣太菲铁路公司（Burlington Northern and Santa Fe Railway，简称 BNSF）

布法罗晚报（Buffalo Evening News）

布莱科印刷公司（Blacker Printing Company）

布朗鞋业（H.H Brown）

## D

大都会/美国广播公司（Capital Cities/ABC，Inc.）

大都会通信公司（Capital Cities Communications，Inc.）

德克斯特鞋业（Dexter Shoe Company）

第一帝国银行（First Empire，后改名为 Manufacturers & Traders Bank，简称 M&T 银行）

动视暴雪（Activision Blizzard，Inc.）
多元零售公司（Diversified Retailing Company）

E

儿童城（Boys Town）

F

繁星家居（Star Furniture）
飞安国际公司（FlightSafety International）
费希海默兄弟制服公司（The Fechheimer Brothers Company）
富国银行（Wells Fargo & Company）

G

国民火灾与海事保险公司（National Fire & Marine Insurance Company）
国民赔偿保险公司（National Indemnity Company，简称 NIC）

H

好时（The Hershey Company）
黑尔斯博格钻石公司（Helzberg Diamonds Shops）
亨氏公司（Heinz Company）
互助储贷公司（Mutual Savings and Loan）
华盛顿邮报（Washington Post）
霍赫希尔德·科恩百货公司（Hochschild & Kohn Corporation）

I

IPG 集团（Interpublic Group of Companies）

J

吉列公司（The Gillette Company）
家庭与汽车保险公司（Home & Automobile Insurance Company）
健力士（Guinness PLC）
捷威保险公司（Gateway Underwriters Agency）

K

卡夫亨氏公司（The Kraft Heinz Company）
卡夫食品集团（Kraft Foods Group）

堪萨斯银行家保险公司（Kansas Bankers Surety Co.，简称 KBS）

康哈斯特保险公司（Cornhusker Casualty Company）

可口可乐（The Coca-Cola Company）

寇比吸尘器公司（Kirby Company）

## L

蓝筹印花（Blue Chip Stamps）

雷诺兹-纳贝斯克公司（RJR Nabisco，简称 RJR）

联邦住房贷款抵押公司/房地美（Federal Home Loan Mortgage Corporation，简称 Freddie Mac）

联合出版公司（Affiliated Publications, Inc.）

联合零售（Associated Retail Stores）

联合棉纺（Associated Cotton Shops）

罗克福德金控公司（Rockford Bancorp Inc.）

洛克伍德（Rockwood & Co.）

旅行者集团（The Travelers Companies, Inc.）

联邦国民抵押贷款协会/房利美（Federal National Mortgage Association，简称 Fannie Mae）

## M

玛氏（Mars Inc.）

美国广播公司（American Broadcasting Company，简称 ABC）

美国运通（American Express）

摩根保证信托公司（Morgan Guaranty Trust Co.）

## N

奈特捷航空（NetJets）

内布拉斯加家具商场（Nebraska Furniture Mart，简称 NFM）

## Q

乔丹家具公司（Jordan's Furniture）

全美航空公司（USAir Group, Inc.）

## S

塞浦锐斯保险公司（Cypress Insurance Company）

桑伯恩地图公司（Sanborn Map Company）

山谷瀑布公司（Valley Falls Company）

时代出版公司（Time Inc.）

世界百科全书公司（World Book, Inc.）

斯科特－费策公司（Scott Fetzer Company）

所罗门兄弟公司（Salomon Brothers）

## T

太阳报（Sun Newspapers Inc.）

通用动力（General Dynamics Corporation）

通用食品公司（General Foods Corporation）

通用再保（General Reinsurance Corporation）

## W

瓦姆贝壳纺织公司（Waumbec Mills）

威力家居（RC Willey Home Furnishings）

维斯科金融公司（Wesco Financial Corporation）

## X

喜诗糖果（See's Candies）

新泽西州联合城联邦信托公司（Commonwealth Trust Co. of Union City, New Jersey）

## Y

伊利诺伊州国民银行和信托公司（Illinois National Bank & Trust Company，简称 INB）

## Z

政府雇员保险公司/盖可保险（Government Employees Insurance Company，简称 GEICO）

中美洲能源控股公司（MidAmerican Energy Holdings Company）

# 参考资料

[1] 1956 年至 1969 年巴菲特致合伙人信。

[2] 1965 年至 2023 年巴菲特致股东信及历年股东大会问答。

[3] MEAD A J. The complete financial history of Berkshire Hathaway[M]. Hampshire：Harriman House，1998.

[4] 劳伦斯·A. 坎宁安. 巴菲特致股东的信：投资者和公司高管教程 [M]. 杨天南，译 . 4 版 . 北京：机械工业出版社，2018.

[5] 艾丽斯·施罗德. 滚雪球：巴菲特和他的财富人生 [M]. 覃扬眉，等，译. 北京：中信出版社，2009.

[6] 罗杰·洛温斯坦. 巴菲特传：一个美国资本家的成长 [M]. 蒋旭峰，等，译. 北京：中信出版社，2008.

[7] 安德鲁·基尔帕特里克. 投资圣经：巴菲特的真实故事 [M]. 何玉柱，等，译. 北京：机械工业出版社，2007.

[8] 陆晔飞. 巴菲特的估值逻辑：20 个投资案例深入复盘 [M]. 李必龙，等，译. 北京：机械工业出版社，2017.

[9] 罗伯特·哈格斯特朗. 巴菲特之道 [M]. 杨天南，译 . 3 版 . 北京：机械工业出版社，2015.

[10] 丹尼尔·皮考特. 波克夏大学 [M]. 李佑宁，译. 新北：大牌出版，2018.

[11] 雅各·麦克多诺. 波克夏与巴菲特 [M]. 卓妙容，译. 台北：乐金文化，2023.

[12] 叶允平. 资本帝国：巴菲特和芒格的伯克希尔 [M]. 上海：上海远东出版社，2017.

[13] 罗伯特·迈尔斯. 投资大师沃伦·巴菲特的管理奥秘 [M]. 许林海，译. 沈阳：辽宁人民出版社，2003.

[14] 陈惠仁. 巴菲特的幕后智囊团 [M]. 北京：中信出版社，2010.

[15] 卡萝尔·卢米斯. 跳着踢踏舞去上班：巴菲特的快乐投资与人生智慧 [M]. 张敏，译. 北京：北京联合出版公司，2017.

[16] 唐朝. 巴芒演义 [M]. 北京：中国经济出版社，2020.

[17] 黄建平. 巴菲特投资案例集 [M]. 北京：中国经济出版社，2013.

[18] 任俊杰. 穿过迷雾：巴菲特投资与经营思想之我见 [M]. 北京：中国经济出版社，2016.

[19] 瓦罕·简吉恩. 巴菲特也会错 [M]. 马慧，译. 北京：中华工商联合出版社，2009.

[20] 罗伯特·P.迈尔斯. 伟大的事业：沃伦·巴菲特的投资分析 [M]. 张明喜，等，译. 上海：上海财经大学出版社，2008.

[21] 埃琳娜·奇科娃. 巴菲特投资与经营哲学 [M]. 石艳蕊，译. 北京：中国人民大学出版社，2017.

[22] 艾伦·波尼洛，迈克尔·比玛. 集中投资：巴菲特和查理·芒格推崇的投资策略 [M]. 肖凤娟，译. 北京：中国青年出版社，2017.

[23] 杰里米·米勒. 巴菲特致股东的信（投资原则篇）[M]. 郝旭奇，译. 北京：中信出版集团，2018.

[24] 普雷姆·杰恩，沃伦·巴菲特. 价值投资之外的巴菲特：为什么巴菲特在投资时注重公司成长与管理 [M]. 汪涛，等，译. 北京：中国青年出版社，2019.

[25] 格伦·阿诺德. 巴菲特的第一桶金 [M]. 杨天南，译. 北京：机械工业出版社，2020.

[26] 格伦·阿诺德. 巴菲特的伯克希尔崛起 [M]. 杨天南，译. 北京：机械工业出版社，2023.

[27] 劳伦斯·A.坎宁安. 超越巴菲特的伯克希尔 [M]. 王冠亚，译. 北京：机械工业出版社，2023.

[28] 燕翔，等. 美股70年：1948—2018年美国股市行情复盘 [M]. 北京：经济科学出版社，2020.

# 致　谢

这本《投资研习录：伯克希尔没有秘密》是"日拱一卒"的意外成果——因书院约三千位朋友每天清晨那么一小会儿的欢乐互动而诞生。所有参与讨论的朋友，都为这本书的诞生作出了巨大的贡献。谢谢大家！尤其是其中的发言被收录于本书的两百多位朋友，谢谢你们！

特别感谢协助我精校所有英文译文的翻石头的菜荚、姚队和王冠亚。这三位英文高手，协助我一字一句地核对了本书涉及的全部致股东信原文，并对不合适或者不精确的译文提出了他们的修改建议。如果没有三位的支持，我是万万不敢让这些内容成书的。谢谢睿智美丽的菜荚博士，谢谢默默奉献的姚队，谢谢帅气有才的王冠亚。

感谢北京 UiMAX 设计公司张艳军女士和热心的佐渡老师联手奉献的精美书签；感谢 Emma 帮我整理的道琼斯工业指数及标普 500 指数历年数据；感谢 Yeeyoung 协助我核对全书相关公司的英文名称及整理伯克希尔历年股本变化数据；感谢 FLJ、唐晖、星光 Beyond、无语、Lucy.lu、土龙木、潘敏、W 果园、金涛、西子、武侃等多位朋友协助我整理文稿；感谢邢佳磊为本书奉献的书名。谢谢朋友们！

感谢燕翔、战迪、许茹纯、朱成成合著的《美股 70 年：1948—2018 年美国股市行情复盘》一书。这本书按年度汇总的历年宏观政治经济大事，让我在补充巴菲特致股东信年度背景资料时轻松了不少。谢谢四位作者。

感谢中国经济出版社的编辑燕丽丽博士给予的支持和信任。自 2014 年在燕博士的鼓励下创作《手把手教你读财报》一书至今，眨眼已经十年。这十年里，燕博士从未放松她严谨认真的做事习惯，并以极度宽容的态度鼓励我大胆尝试各种稀奇古怪的想法。谢谢燕博士！

感谢夫人小琴。感谢夫人在相知相伴的三十二年里给予我的鼓励和信任，感谢夫人永远将家打理得那么舒适安逸，让我能够安心宅在书房读书和码字。谢谢夫人！

特别需要感谢的，是伟大的沃伦·巴菲特和他一生的挚友查理·芒格——芒格老先生已经于2023年11月28日仙逝，享年99岁。这两位伟大的老人，不仅给我们分享了他们一生获利数万倍的那些经验、教训和背后的思考，同时还以身作则地给我们演示了度过理性人生的美好样板。二老的分享不仅指导我从股市获得了巨额的金钱回报，还直接影响了我的性格、习惯与待人接物方式，可以说我的人生就是因为二老而发生了巨大的变化——积极美好的巨大变化。我写作这本书的初衷，也是希望将这种可以创造美好、改变人生的知识传播给更多人，这也是本书的价值所在。

祝愿本书所有的读者朋友，都能够感受到二老伟大的人格和充满睿智的思想的魅力，能够依靠从中汲取的营养支持自己过上梦想中的生活。在阅读本书的过程中，如果遇到什么问题，欢迎朋友们来微信公众号"唐书院"一起交流探讨。谢谢大家！

唐　朝

2024年2月29日　于苏州